U0630401

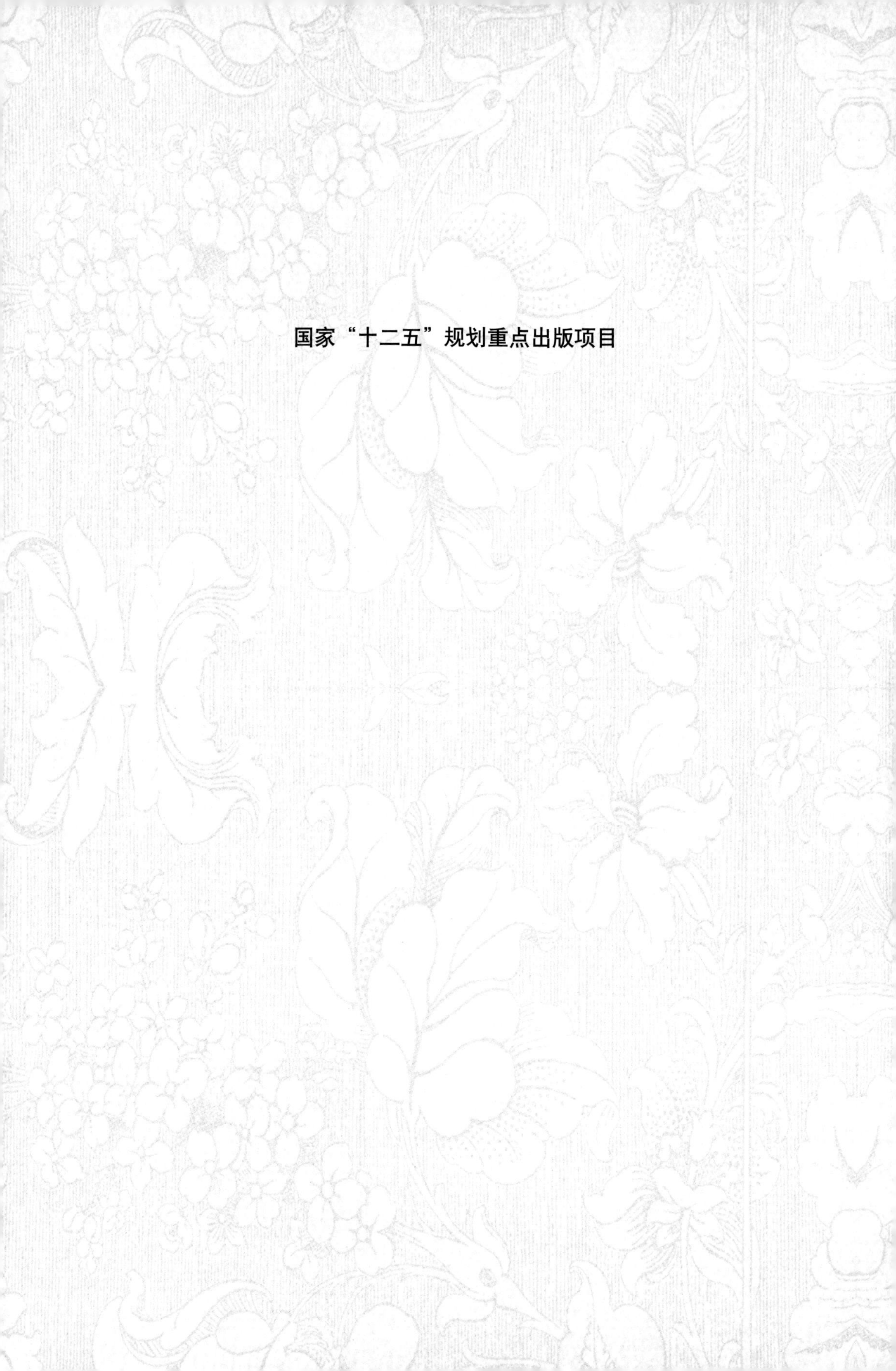
国家“十二五”规划重点出版项目

吕振羽全集

【第八卷】

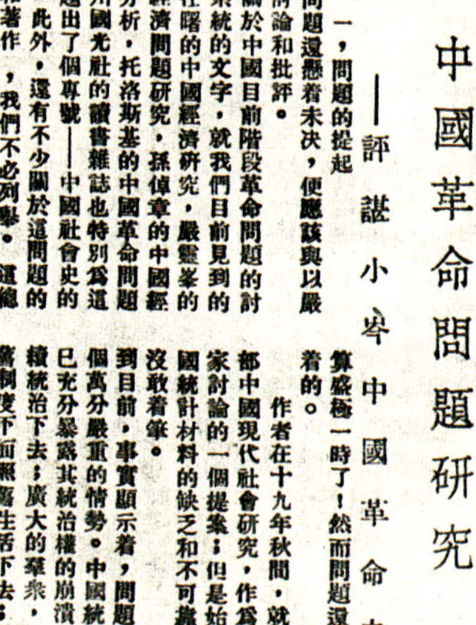

豐台
主編者——豐台旬刊社
代售處——天津天津書局 北平新月書店 開封秋水書店 太原晉民報社
零售——每冊大洋四分
預定——全年一元五角
中華民國廿一年三月廿七日出版第一卷第四期
廣告價目：每方寸每期大洋一元

本期目錄

中國革命問題研究

——評諶小岑中國革命之新的動向——

呂振羽

一，問題的提起

問題還懸着未決，便應該與以嚴謹的討論和批評。

關於中國目前階段革命問題的討論有系統的文字，就我們目前見到的；有任曙的中國經濟研究，嚴靈峯的中國經濟問題研究，孫倬章的中國經濟的分析，托洛斯基的中國革命問題，神州國光社的讀書雜誌也特別爲這個問題出了個專號——中國社會史的論戰。此外，還有不少關於這問題的論文和著作，我們不必列舉。這總算盛極一時了！然而問題還似乎是懸着的。

作者在十九年秋間，就打算寫一部中國現代社會研究，作爲提供給大家討論的一個提案；但是始終感覺中國統計材料的缺乏和不可靠，至今還沒敢着筆。

到目前，事實顯示着，問題已到了一個萬分嚴重的情勢。中國統治階級，已充分暴露其統治權的崩潰，不能繼續統治下去；廣大的羣衆，已不能在舊制度下面照舊生活下去；由於東北問題的狂瀾，暗示着資本主義的國際戰爭快要到來。這表示形成中國革命高潮的客觀條件，漸次成熟。在這時機到來的當中，革命任務的重大，便不言可喻。我們一切實際上的理論問題，尤其對中國社會的構造，更應重新作一正確的估量。諶小岑恰好於此時在「豐台」上發表一篇中國革命之新的動向的論文，他並且和鄧伯贊先生寫信告知我，他們意在引起大家重新對中國革命問題的討論。諶先生的熱心，是值得同情的；而且我是承認替

1932 年，吕振羽发表在《丰台》旬刊上的论文

1954 年,吕振羽与东北师范大学历史系师生合影

1961 年,出席武汉辛亥革命 50 周年学术讨论会合影

苏联学者齐赫文斯基给吕振羽的明信片

敬爱的吕振羽同志：

欣逢苏中友好同盟互助条约十一周年和春节，谨向您致以衷心的祝贺和敬意！

您的挚友 齐赫文斯基

С. Тихвинский

Г. В. Храпак.
Ленинград. Нарвские ворота.

Москва. «Советский художник» Ш 01456.59 г. З. 40-65 т. Ц. 20 к.

АКАДЕМИЯ НАУК
СОЮЗА СОВЕТСКИХ СОЦИАЛИСТИЧЕСКИХ РЕСПУБЛИК
ИНСТИТУТ КИТАЕВЕДЕНИЯ

Москва, Китайский пр., 7 Б 6-82-00

№ 26 августа 1958 г.

敬爱的吕振羽同志！

您为贵著俄译本写来的序文，我们已经收到，深深感谢您能这样迅速的写就并寄给我们。现在我们已着手译这篇序文，译成后即交到出版部。

我们相信在中华人民共和国十周年的时日贵著之俄译本定能问世，那时我们将很愉快的把它为您寄去。此致

敬礼

Н. Эйдлин

越特金

苏联学者越特金来信

史　论

编印说明

本卷收入著者史论文章及讲话、序言等计49篇（有一部分论文因著者早已编有文集，故未收入），时间为1930至1980年。主要内容涉及自1930年著者走上马克思主义史学研究道路以后，对中国古代经济史、古代社会史、古史分期问题、古代思想史、民族史、民族关系史、史学理论、史学方法、近代史教学及历史剧等一系列问题的探讨。反映了著者对中国马克思主义史学发展史上一系列重大理论问题的思考，客观地反映了中国马克思主义史学创建和发展过程中的一些重要理论研讨、学术争鸣。

全集编辑，基本上以论文刊发先后顺序编排（个别论文除外），未刊文章则以撰写时间编排，核对了有关引文。除更正出版时个别错讹，内容与观点均保持原貌。

朱政惠

目　录

变态的封建社会与中国社会思想

中国的社会，在进化的过程上，比较经过了最长的时间，也是人类文明开发最早的一个部分，然而到现在仍没有完全脱离封建的模型，较之欧洲，由原始共产社会内部的崩溃，便完成奴隶制度的社会，到奴隶社会内部的崩溃，便完成封建制度的社会，到封建社会内部一崩溃，便成立现代资本主义的社会，在比较最短的期间，就完成了历史的几个最大阶段的使命。然而另一方面，问题的存在，也自有其内部的成因存在着，在进化的过程上，从纵的方面来研究，各社会自然都是随着一定的阶段去演进，而表现些一般的共同的象征。然而从横的方面来研究，各社会又各有其内部的特殊性之存在，因之就有迟速缓急的分别，所以中国的社会，在封建式的农业社会这一个阶段里面，经过很悠久的历史还是滞留着而没有完成它本身的使命，从它在这个阶段里经过的历史去考察，在很早的时间，也就有商业资本的发生，沿海一带的城市国家，（如齐、越、吴）也老早就成立过，但是商业资本主义制度，终没有起来去推翻封建制度，而担负历史的使命，这是我们今日来研究残存的中国封建社会，应该首先加以考虑的一个问题。其次当我们把握了这个问题之后，还应拿去和各社会发展的历史作一个比较的研究，然后再来讨论中国今日的社会和社会意识形态，究竟是不是还在表现模型的封建社会的本质，所以我原初的计划，拟分作下面的三个部分来研究：

1. 中国封建社会之史的递变之研究
2. 各个封建社会的发展之史的比较
3. 变态的封建社会与中国社会思想

打算把这三个部分合成为《封建社会之历史的研究》，现在因为时间和篇幅的关系，只得暂时把一、二两部分割弃，第三部分也只能作个简单的讨论，但是如果没有特殊的障碍，还想在最近几月之内，完成原来的计划。

一

历史上所谓模型的封建社会，其经济的构造、政治的组织、社会意识的形态，种种方面都是从前封建社会的宗法社会和后封建社会的资本主义社会当中露出其不同的特质来，我们现在须把这种特质，择要的分别来把握一下。

封建时代的技术条件是以农业为主要产业，畜牧等业处于从属的地位，在一定地域中营定住的生活，换言之，封建时代的经济，是一种绝对自足的保守的农业经济，封建领主为土地的最高所有者，也就是生产的最高组织者，他们领地内的人民，有时为家奴、农奴、商人及手工业者、自由农民之分（如中国春秋以前的封建制度），有时则为家奴、自由农民、商人及手工业者、佃户之分（佃户之上，又生出一层地主阶级，如中国汉代的封建制度），然而无论其为何种形式，人民对于封建领主的供给，大概都要包含服役劳动和封建租税两个方面，换言之，封建领主经济的来源，就是向农民采取两种榨取的形式，第一强制农民永远替领主服劳役的义务，第二强制人民缴纳租税而定为一定的常课，而且这种榨取，有时候也如我们在后面要说的他们政治的组织一样，为一层一层的阶级的从属。这里还该补足的，所谓服役劳动，是农民每年须有一定的日数在封建领主的领地上劳动（如所谓王田、公田之类），所谓力役之征，就是这个意思。有时候领主觉得叫农民供纳现物（原初为现物，后渐变为货币）较为有利，便令农民供纳现物代替劳役，所谓丁粮便是这个意思。

封建时代的政治区域，是一种部落的地域的划封的分割，政治的从属关系，原则上农民受封建时代战争的关系，为军事的防卫，便屈服于封建领主而受其保护，小的领主慑于游牧民族或邻封的攻击，又不得不从属于较大的领主，较大的领主基于同样的关系，又从属于更大的领主（国王），是这样一层一层的阶级的从属，上层对于下层是一级一级的作军事上之防卫或保护，下层对于上层是一级一级的都有一种军事威权的信赖，农民对于领主供给劳役和纳税，小的领主对于大的领主，则受其指挥去从事于战争等劳役，换句话说，上层对于下层是一层一层的威权的统治，下层对于上层是一层一层的威权的从属和信赖，这种从属阶级在中国历史上所表现的，横截面则有所谓公侯伯子男之类，纵截面则有所谓自天子以至诸侯，诸侯以至大夫，大夫以至士，士以至庶人之类。在这个阶段里面，天子诸侯士大夫，都是所谓劳心的、治人的、食人的阶级，庶人便是劳力的、治于人的、食于人的阶级，因此封建社会的政治，便在这个食人和食于人的纽带上建筑起来的。

在封建社会里面，人们的思想，依旧是富于保守性的，这种保守的意识形态，受制约于社会的威权，不过在宗法时代，人们直觉上以为一切自然物都是威权的东西，所以人们的意识是系住于主观的“灵物崇拜”上面，封建时代，基于社会内部政治的、经济的机能之扩大，封建领主便成了威权的代表者。所以“灵物崇拜”的观念，渐移向对于领主的威权崇拜，觉得领主是代表天的、神秘的、万能的，领主是一级一级的从属，神也是一级一级的相从属的，阶级从属的领主是代表阶级从属的神来行使威权的，因为由对于无生的、物的威权崇拜而转向对于有生的、人的威权崇拜，就渐渐能够区别“有精神的对象”和“无精神的对象”，但是朴素的思维之发展，对于一切在当时不能理解的事物，便都认为是奇迹和怪异。

这时的道德观念和法律标准，也是以阶级为主观的各不相同，因此“权利”、“美德”、“名誉”、“礼节”在各阶级间也不一样，在这一阶级认为可怕的犯罪的，别一阶级则不过视为微小的过失，在别一阶级引为夸耀的，这一阶级则奉为禁令。总之道德法律的标准，随阶级的身份而不同，中国社会上有一句流行的话，“只准官家放火，不准民间点灯”就是这个意思，但是这种阶级的身份，是各阶级互相承认的融合的，并不像资本主义社会中，各阶级间是互相怀疑的斗争的一样。

总之在这个时代，人们的思想，对于一切都是固执的保守的，认为不可侵犯的，无论对于有形的无形的一切，都由其主观的承认而保守着，绝对不容理智的解剖和反省。

现在把上面所提述的来总结一下，封建时代的政治，是部落的、地域的威权从属为其特质，封建领主的经济是强制农民的服役劳动和封建租税两种榨取形式之构成为其特质，封建时代的思想是一种保守的、固执的、乏理智的、威权的崇拜和服从为其特质。

二

上面已经把封建时代的各种特质，大概说了一下，现在再回顾到今日的中国，实际是否还表现这些封建的象征。

本来中国的模型的封建制度，从秦始皇统一起，便已消灭了，汉唐宋明清各代的藩属制度，一代一代都有变迁，而不是和最初的封建制度为一样的模型，所以我们不能把原初的封建制度，去模型各种各样的封建制度，也不能因为各种各样的封建式的制度不能完全和模型封建制度一样，便认为是脱离了封建制度，那末现在把民国以来的情况来考察一下。

政治方面：各省的民政长官，名义上无论其为都督、督军、督办、总司令等军事人员兼领也好，分领也好，实际上总是以军事为其基础，换句话说，总是受军事的支配，代表政治的威权的，便是军事；另一方面，镇守使则从属于督办，督办又从属于力量较大的军事领袖巡阅使，但是这方面虽然互相从属，他方面镇守使、督办……在其领辖的区域内的军事政治……又都是绝对的各自独立的，他们的关系，乃仅是一种军事防卫上的拥戴和从属，并且这种从属的关系，也是相互的一种承认，这和封建领主间的从属关系完全没有分别。

经济方面：巡阅使、督办、镇守使……经济的来源，也是任意向其领域内人民行使剥削租税和捐款……换句话说，他们在实质上也便成了领域内的土地最高所有者，领域内的人民对于他们的负担，几乎看成了一种当然的义务，服役劳动在表面像是没有，但所谓丁口税的事实，无论在间接上或直接上都还是存在着，人民的经济，无论城市里面已经加入了一些商业资本主义的色彩，但是从整个国民的经济来看，还是一种保守的自足的经济结构——事实上，而且像是退缩的——农民每年的收获，无论能否满足自身生活的需要，对于赋税捐款……的负担，是认为天经地义般的不敢拖延的，这和模型的封建时代农民对于领主的报效，也完全没有分别。

法律和道德，也是有阶级身份之分别的，譬如人民犯了国家的禁令便要受法律的制裁，政府枉杀了人民，便算不了什么。

所以今日中国的社会，自上至下的一级一级的统属，是一种武力威权的统属，下对上的一级一级的从属，是一种对武力威权的屈服和从属，法律和道德，也都是武力威权的表现，这种武力的威权，又发为多种多样的方面，而产生多种多样的偶像的崇拜之一种新的形态……这种社会的形态，我们给它加上一个具象的名词，就只好叫作变态的封建社会。

三

我们在上面既然捉住了中国今日的社会，是一种变态的封建社会，然而社会的意识形态是怎样，这种意识形态是怎样结构起来的，这都是本文应该研究的问题。要解决这个问题，我们不可不从中国目前思想界的趋势来考察一下，照目前思想界的情形来说，大概可以分作两个主要方面：一方面是保守着固执着旧有的东西，拒绝外来的东西，对于旧有的一切，觉得都是神秘而不可侵犯似的；一方面则根本消灭对于旧有的东西的信仰，尽量去接收外来的东西，觉得凡是外来的东西便都是神秘而不可侵犯似的，其实两方面都是主观的、保守的，都没有以客观的、理智的境界为前提的——如果以理智的境界为前提，便脱离封建的窠臼了——因此，前者便作了旧思想的奴隶，后者便作新思想的奴隶。旧思想的奴隶者，代表旧社会的封建思想；新思想的奴隶者，对于新思想为一种盲目的接受和拥护，恰和旧思想的拥护者一样，也是一种封建式的信仰；换句话说，两者都是偶像的崇拜，如学生对于教师，智识界对于思想家，革命党员对于领袖，都是一种以思想为威权的从属或偶像的崇拜，从属者对于其统属者——无论是精神的、物质的——总是一种盲目的从属，对于非统属者，总是一种盲目的反对；换言之，从属者对于其被信仰者，总离不了以虚伪的威权为构成其盲目信念或偶像崇拜的前提，这种新的封建思想和社会的实况连结——本来是社会的事实反映出来的——构成政治的、物质的、思想的多种多样的威权崇拜，或者叫作拜官主义、拜金主义和思想的投机主义。我们看，今日我国人民的脑子里，除开对于几个军事领袖、政治领袖、资本家和徒负虚声的思想家以外，便没有什么了；换言之，人民无论在物质方面、精神方面，都是受这些人的支配而甘为从属。

这种思想之构成，自然也基于社会的原因上面，一方面中国社会的本体还是一种封建式的、保守的农业社会——农业社会不一定就是封建的——农民的思想自然还是一种以从属为当然的保守的封建思想；二方面城市的工商业资本主义虽已萌芽，但是它本身还有把封建势力推翻，反而受其支配；换言之，商人阶级还没有建立其商人的政府，而没有抓住政治的工具，还不能不从属于政治者的威权，所以他们一方面是崇拜商品，一方面又要从属于政治的威权；三方面，中国社会的本身虽然还是受封建势力支配着，而中国以外的各国家都到了资本主义社会的高度发展，因此思想界一方面自己坐在封建的蒲提上，一方面又感受非封建思想，结果便是坐在封建的蒲提上谈非封建的思想，本质还是封建的。因此我常说，“中国人今日的思想情况，就好像大家都是背向背的坐在一个封建的蒲提上面。一个个都走入了极端，然而无论他们怎样的极端与背驰，他们的本身，都没有离开那个封建的蒲提。那些讲主观玄论的，自然是不合逻辑，但是那些讲客观理论的，其实他们的所谓客观，也都是装模作样的主观。”

四

我们今日要解决这个封建的思想的谜，除开把社会的原因暂时割弃——其实是不能割弃的——不讲，我觉得无论是旧思想的拥护者，还是新思想的拥护者，大家都应该把那个封建的蒲提——或者就叫作主观的立场——丢开，平心静气的把历史和事实一件一件收拢来，然后一件一件的来分析一下，这样便可以得着最可靠的结果。因为空的理论，不能概括历史的特殊原因，历史的原因也不能抛弃空间的事实，譬如每个民族都有其民族的历史的特质，同时空间的扩大，那一个民族也不能离开世界而孤立存在的。

一九三〇，一，十，于北平。

（原载《村治月刊》第一卷十一期，一九三〇年一月出版）

中国国民经济趋势之推测

1. 绪言
2. 资本主义的路线走得通吗?
3. 实现社会主义的条件够了吗?
4. 过渡时期的经济政策——国家资本主义
5. 这个政策有机构造中的主要因素
6. 结论

一、绪　言

假使资本主义经济不是一个世界的有机构成的话，殖民地半殖民地的农业经济既在崩溃，便应该跟着转入一个资本主义的工商业经济的阶级；中国的国民经济，目前也只有走入资本主义的可能，必无可否认。然而这究竟是一个无可奈何的矛盾，资本主义已然把全世界都纳入其掌握之内，构成一个有机的统制。我们从这个有机统制的内部去观察：一方面宗主国资本主义本身的发达，殆已十分成熟，完成着世界资本主义的条件——其本身所创制的生产关系，已成了他自身的桎梏，规定了世界资本主义再不能前进一步——他方面，殖民地半殖民地，大多都才开始资本主义的发展。这便显示着资本主义的有机统制所带来的矛盾性。

将跟着资本主义的没落而代起的社会主义经济，其实现的可能的因素，在资本主义宗主国，已经完全具备；然而在殖民地半殖民地的民族经济，根本还相距一个资本主义经济的阶段。这也是资本主义有机统制的场合里的一个矛盾，也就是留给社会主义者的一个难题。

中国始终还没有脱离半殖民地的羁绊，在这里，一方面，正值自身的封建式的农业经济和工商等经济相交替，他方面又值世界资本主义经济和社会主义经济相交替，便构成历史的两个过渡期间同时奔赴的局势。这自然是资本主义历程上所具有的矛盾，然而也就是殖民地半殖民地所看成问题的问题。问题的焦点是这样：

1. 片面的趋重自身经济之演进的程序，由封建式的农业经济过渡到资本主义的工商业经济，在世界经济转化的场合里，有没有可能？

2. 片面的趋重世界经济之转化的场合，由封建式的农业经济飞跃到社会主义经济，自身的经济条件上，够不够？

3. 两个时期的同时过渡——一方面完成资本主义经济这个阶段的任务，他方面从事社会主义经济的创设——有没有科学的根据？

这都是在殖民地半殖民地老早就存在的问题，不过欧战以后，问题的形势转觉迫切，益发生严重的争辩和分歧。在纷争无际的场合里，不外是自由主义者和改良主义者，基于资产阶级——无论是商业的资产阶级或工业的民族资产阶级——的意识，想纳入资本主义的道路；社会主义者无论是科学的社会主义者或空想的社会主义者——便想直接跑入共产社会的经济的建设。然而我们可以丢开一切主观的成见；只要资本主义的路线走得通，能够完成其客观的使命，我们目前便可以不必去反对资本主义；只要共产主义就能够直接完成的话，客观条件已够了的话，我们便不必多费周折——科学的社会主义者，是不能脱开科学的分析，而忽视客观条件的——故意去绕些无谓的圈子。如果客观上已经规定了第一条路线走不通，第二条路线还走不上，便只有一个国家资本主义的道路，把历史的两个过渡期间同时渡过——同时完成历史的两个阶段的使命。本文要讨论的范围，就在这里。

二、资本主义的路线走得通吗？

在这里，我们先作一百步的退让，暂不讨论资本主义应该不应该在中国发达的问题，只讨论资本主义能不能在中国发达的问题。

然而应该先问一句：中国现在是否有产业资本阶级——民族的工业资本阶级——的存在呢？

自然，我们从农村方面去观察，还没有完全脱离封建式的农业经济，直接是受大地主高利贷者支配着，同接受都市的资本支配着。形成地主和农民之对立的从属关系。不过农村经济的崩溃和手工业——包括城市手工业家庭副业——的灭亡，又显示着农业经济已过渡到资本主义经济的一个特征。虽然摧毁中国农业经济和手工业经济的主力，是国际资本主义；然而民族资产阶级总算是推动这个社会经济结构的转化的副角。自然有许多主观的唯心论者，还不肯承认中国有民族资产阶级的存在。但是事实究竟是不可抹煞的，拿下面的统计来看：

线维棉丝纺锤表（单位：千斤）

1921	1924	1926
1, 800	3, 300	12, 426

石炭生产表（单位：千吨）

1913	1920	1925
13, 376	20, 669	20, 500

机械输入表①（单位：两）

	1913	1921
纺织机器	643, 000	5, 109, 000
农业机器	113, 000	2, 192, 000
其他机器	3, 700, 000	26, 732, 000
附属机械	50, 000	931, 000
合　计	4, 506, 000	34, 964, 000

①《动力》一卷二期《再论中国经济问题》12—13。

。又据《申报》的一个统计，全年内可开工的纯粹华商经营的纺织厂如下：

厂　名	地　点	纱　锭	布　机
申新八厂	上海	40, 000	
济生	上海	未详	
益丰	太仓	未详	
华昌	绍兴	10, 000	
宜昌	宜昌	20, 000	
普益	山西	10, 000	150
雍裕	山西	10, 000	
辽营	营口	10, 000	96
沙市	沙市	20, 000	

此外化学工业如火柴工业之类、食粮工业，也都有相当的发展。银行事业的发达，虽然不能提供大企业以大额的资金，和外国银行比较，还是末位，然而已渐渐减少外国银行在中国的重要性了。这些事实，已够证明中国民族资产阶级兴起的一般的趋势。但是重工业方面，有几处官办的军器制造工厂，然而和产业资本的前途，并没有缘分，反而成了它的障碍；几处规模渺小的造船厂（大抵为海军部所经营）制铁厂和铁路工厂——但是中国资本主义的现势又是怎样呢？

把中国当作世界资本主义全领域的一个部分来看，在中国的城市方面已到了资本主义的高度发展，成就了中国的高级资本社会的外形。拿金融资本和重工业发达的情况来看，不仅可以看见资本主义在中国所建立的基址，而且便可以看见资本主义在中国发达的程度。

工厂种类	工厂数目
船渠造船	22
蒸汽机关	22
钢铁及钢铁细工	9

银行资本发展的情形 （单位：金卢布）

年 份	银行数目	分行数目	名义资本	已付资本
1912	23	69	35, 000	18, 159
1914	34	119	58, 970	20, 839
1916	39	161	72, 770	38, 094
1918	48	178	100, 150	59, 985
1920	58	277	188, 890	86, 676

到现在已有一百四十一个银行，内中有十九个为中外合办，四十二个为外国银行。中外合办的银行资本总额为二四，〇〇〇，〇〇〇中洋；四，五〇〇，〇〇〇两；五〇，〇〇〇，〇〇〇佛郎；六〇，二七五，〇〇〇日金。外国银行的确实资本有五〇，〇〇〇，〇〇〇美金；一一，〇〇〇，〇〇〇金镑；一三，〇〇〇，〇〇〇两；一八二，〇〇〇，〇〇〇戈尔登；五四三，〇〇〇，〇〇〇日金（据《动力》一卷二期《再论中国经济问题》一六页）。并且在中国的外国金融资本和工商农资本及交通业的投资，又都是融化为一个有机的动脉体系的。这显然是资本主义高级发展的形态。所以从中国国民经济的全体系——包括外国资本和民族资本——来看，一方面确已达到了相当的高级的程度。

单从中国民族资本来考察，还是偏在轻工业方面的发展，机器制造工业、造船工业、铜铁工业等方面的生产品，几乎还是完全要仰赖宗主国的供给。其次，民族的金融资本和产业资本，还在各自独立的场合。在这里，一方面表示民族的产业资本，才进于初期资本主义的形态；一方面表示在宗主国资本主义势力的支配之下，中国资本主义想脱离宗主国去独立发展，是一个不可能的幻影。从另一方面来看，也可以证明中国民族资产阶级力量的微弱：他们对内不能积极的或单独的去反对不满意的政治与统治，反依附于其统治之下而甘受其支配；对外不能积极的抵抗外国资本主义的侵略，反依附于其势力之下而自为附庸。他们无力量去吸收农村的扩大的失业群众，这也算是中国资本主义发展过程中的一个畸形现象。

上面已经把中国资本主义的现状，作了一个简单的提示。现在便应该研究中国资本主义的前途，究竟会同宗主国资本主义一样的发展的寿命，还是会半途夭折？

这个，我们不问中国民族资产阶级主观的意愿和政府的态度是怎样？我们只问发展中国资本主义客观的条件够不够？如果客观条件不够的话，即使中国的资本家和宗主国资本家有一样精巧的计划和意愿，中国的政府和宗主国政府施行同样的保护和奖励——假使是可能的话——中国资本主义的前途，还是依样无望。如果客观上容许中国资本主义去尽量发达的话，即使中国的资本家都是笨如鹿豕，中国的政府也不肯赞助资本主义的发展——假设政府像一种社会主义者的政府一样——还是不能防止中国资本主义之发展的。

然而发达资本主义，需要一些怎样的客观的基础条件呢？从一般国家的情形说：

> 我按以下的程序：资本、土地所有权、工银劳动、国家对外贸易、世界市场来考察资产阶级经济学的体系。在最初三个题目底下，我考察造成近代资产阶级社会之三大阶级的经济的生活条件；其余三个题目的关连是自身明白的。（见 Karl Marx《〈经济学批判〉序言》）

现在就根据这六个题目来考察吧。但是我们在这里，所谓资本，是要当作产业资本的集积去理解的；所谓土地，是要当作原料的生产和储积去理解的；所谓劳动，是要当作劳动市场的需给和劳动技术理解的；所谓国家，是要当作国家的主权和政治两个节目去理解的；所谓对外贸易和世界市场，这两个题目，都把它当作商品的销路去理解。按着题目的次序，分别去考察：

A. 先拿产业资本的集积来研究。中国产业资本的集积，可以从几个方面来观察：（1）商业资本阶级，由于以中介商品为贸易的场合承运外国大量生产物之国内输入，及国内原料品之国外输出，而形成一种买办阶级之商业资本的集积；（2）官僚资产阶级，由于租税剥削的集积，而化为生产资料构成一种所谓官僚资本。中国有不少的工商业企业，多是军阀官僚的投资。尤其是银行业，几乎多有这种资本的因缘："如梁士饴之交通银行、新华储蓄银行、五族商业银行，王克敏之中国银行，熊希龄之中国实业银行……"（日本伊藤武雄著《中国产业组织和资本主义的发展》）李石曾之中国农工银行；（3）在外华侨之商业资本的蓄积，转向国内投资，而化为工商业企业资本；（4）民间的涣散的物资的力量，向企业资本的集积的进程上，是比较的更要微弱。因此，中国产业资本的集积，自然是过于微薄，然而也可以当作中国资本主义发展过程上之资本蓄积的基础看。不过在外国资本主义支配下的中国，常发见商业资本的集积比工业资本的集积要容易的一个偏畸现象。

B. 从原料的生产和集积来说：在这里，我们应该分作轻工业和重工业两个方面来考察。先拿重工业方面之主要原料煤、铁、石油来看：

石炭储藏量　　（单位：千万吨）

无烟煤	625.2①
有烟煤	1,718.3②
全埋藏量	5,000

（上表根据一九二一年地质调查所测定报告）

照中国现在的消费额——年约二千万吨——可支持二千年之用；假定将来中国工业发达，照美国现在的消费额——年约六亿八千万吨——也可支持七十个年度。现在开采的情形，尚无精确的统计。据一般的估计，一九一七年为一千七百余万吨，一九二〇年为二千万吨，一九二四年为二千三百万吨。但是据一九二〇年的统计，自国所投下的资本为五千零九十万元，出炭能力为七百一十万吨；英国资本为二千二百万元，出碳能力为四百万吨；日本资本为二千七百五十万元，出炭能力为四百五十万吨。依此，则半被支配于日英两国。

铁矿储藏量　　（单位：吨）

矿　石	677,899,000
铣铁含有量	252,068,000

（据一九二一年地质调查所发表）

上表不过是一种推定，还不能视作精确的统计；其所指的区域亦仅以直、鲁、奉、豫、皖、赣、鄂、甘、闽、浙等十省。因此有推定，总数当为十亿吨者（据 K. R. Tegengren）然亦绝不可浸。生产额一九二〇年约一百三十六万吨，一九二一年约一百三十五万吨，一九二二年约一百一十五万吨。大多为日

① 仅就深度一千米以内，炭层一米以上的埋藏量而说。

② 同上。

本所支配。据中国近年铁的消费，一九二一年为二十三万吨，一九二三年为二十六万吨。将来工业发达，扩大消费范围，短期内，当亦不致感铁的消费之不足。

石油储藏量究竟如何，在中国并没有经过一次测验和调查。现在已发见的几处石油矿，如陕西之西北部，甘肃西北之玉门、敦煌以至托尔基斯丹人之倾斜部，新疆之迪化，四川秦岭之南部，热河、抚顺等处，储藏量究竟有多少，也并无精确的测定。据美国狄比脱华脱测量表，中国的石油储量约当于美国百分之二十，然此尤不足浸。

次拿轻工业的主要原料棉、毛、生丝、橡皮来看，就现在的生产状况说：

棉的产量　（单位：担）

1918	1919	1920	1921	1922	1923
10, 968, 832	9, 316, 389	6, 750, 403	5, 438, 220	8, 340, 441	7, 144, 661

棉的消费额（单位：千包）

美棉	1927 年 8 月至 1928 年 1 月	151
	1927 年 2 月至 7 月	161
印棉	1927 年 8 月至 1928 年 1 月	108
	1927 年 2 月至 7 月	201
其他合计	1927 年 8 月至 1928 年 1 月	769
	1927 年 2 月至 7 月	920

同时输出额则为　（单位：担）

1923	1926	1929
738, 812	376, 230	1, 446, 956

生丝产量　（单位：斤）

1915	1916	1917	1918
504, 328, 240	54, 537, 851	35, 838, 596	30, 247, 551

世界生丝供给百分比

国　别	1916	1927
中　国	27.7	21.0
日　本	51.9	66.0
西　欧	15.8	9.0
地中海及中亚	4.0	4.0

中国北部及边隅各地，皆为宜于畜牧而能产毛的地带，但近年畜牧业日见衰落；生产的实际状况，也没有精确的统计。橡皮在中国南部能否适宜种植，还没有试办过。兹撮世界橡皮生产表如下（单位：千吨）：

	1923	1925	1927
马来半岛	165	190	237
锡　兰	34	44	57
荷属东印度	131	193	227
其他各国	41.5	56	71

依此，中国本国的原料生产和储积，虽不能和美国、俄国去比较；较之东邻日本，总算得天惠之厚吧。因此，在中国资本主义发展的进程上，虽不能得到国外原料市场的供给，也不能防止其发展的。

C. 拿劳动市场的供给和劳动技术来考察：中国的劳动市场，自始就不是劳动供给的不足，而是劳动供给的过剩。农业经济的衰落和手工业的灭亡，从这两个部门退落下来的广大的生产群众，城市的新兴产业并无力去吸收，到现在全国的产业工人，拿来和全人口比较，尚不过占二百分之一——全人口以四○○，○○○，○○○计，产业工人约二百万至二百八十万——因此不仅构成城市中的大量的产业预备军，而且形成农村里大量的空闲的生产劳动力。拿中国农村人口分配的情形来看：

有土地的农民（地主在内）	150,000,000 人
无地的雇农	30,000,000 人
佃　农	136,000,000 人

续上

游民兵匪等	20,000,000人
总　计	336,000,000人

中国劳动力过剩的事实，一方面形成游民兵匪，反成了产业资本发展的桎梏；二方面构成劳动工银低廉的原始状态，反成了劳动技术发展的障碍。因此，在中国资本主义发展的程途上，劳动市场的供给，并没有客观的困难。

D. 拿国家的主权和政治两个节目来考察：中国是一个半殖民地的国家，在国际资本帝国主义的协调以各种不平等条约为手段的束缚之下，中国国家主权陷于不完整的状态，不过是一个外壳的形象：中国国家的经济以及与此相关连的政治社会诸方面，都陷于混乱溃决的状况，终是问题的核心。自然，这都是和中国资本主义发展的前途相关连的；关税协定，尤其是中国资本主义前途的致命伤——关税自主权，是一般资本主义国家幼年期的自行的唯一武器，这是谁都了解的。一九二八年的关税条约，仅不过取得名义上的自主，实际上，仍在资本主义宗主国一种新式的协定形势之下（参看拙著《中国外交问题》）。因此中国的商业资本，便不会向工业企业资本方面转化；官僚资本也不能脱离其为外国资本主义的从属的地位；微弱的产业资本想脱离外国资本主义的支配，自己独立起来，不过是一个幻影罢了。

其次，中国的资产阶级，因其本身力量的微弱，还不能树立其本阶级的政治；换言之，他们不仅没有力量去肃清封建势力，而另谋树立资产阶级民主政治，反依附于封建的统治之下去求生存。自然，中国的资产阶级，也有树立其本阶级的政治的倾向和要求，但是究竟缘于力量的微弱，始终还没有揭出鲜明的旗帜——陈廉伯事件，并不是中国资产阶级的自动。然而原则上，封建式的政治和迪克推多的政治，它不仅不能助长中国资本主义的发展，而且会成为其发展的障碍，除非中国的封建军阀向日本的长萨土肥一样，领着官僚资产阶级向资本主义的道路转化——从事实方面来观察，也似乎没有这样转化的倾向。

E. 拿立足于商品贸易的世界市场来考察，这个问题，是资本主义经济的基础问题，没有市场的存在，便没有资本主义的经费，所以便只需拿市场问题来考察，便能决定资本主义经济的命运。

世界市场只能在两个方面存在着：（1）存在于国内的世界市场；（2）存

在于国外的世界市场。在今日世界资本主义已发展到了高级的程度才开始发达的中国资本主义，不仅不能作国外市场之独占的企图，而且想和先进资本主义国家的商品去竞争都是梦想——而且，中国的茶丝已经在国际市场受排挤，此外更无具有特种机能的商品，可以挣得国际市场的地位。所以中国资本主义不能凭藉国外市场去发达，是一个显明的事实。中国资本主义的凭藉，便只有国内市场的一个出路；但是国内市场能否供自国资本主义的发展，第一层是与国家关税主权相关连的，第二层是与建筑于国民经济基础之上的市场购买力相关连的。然而问题便更复杂了，中国的关税主权还是受一种新式的国际的协定原则所支配，在前面已经指摘过。现在只得把这个方面暂时割弃，假定中国资产阶级主观的力量能够支配国内市场：问题的讨论才有可能。

很通俗的解释，国内市场是不能不依存于国民的消费能力。目前中国最大的消费阶级便是农民阶级；但是缘于农业经济的崩溃和农民群众的贫穷化，农民的消费能力便只是一天一天的下降，直接关连到市场的缩小。因此要提高国民的消费能力，恢复市场的繁荣，除非大企业的兴起，能够吸收广大农业群众从事产业的工民劳动，养成广大的适应的新兴消费阶级，便只有扶助农业经济的发展，恢复农民的消费能力。然而才开始发展的中国资本主义，客观上还没有养成适应的新兴的工人消费阶级的能力。

然而在产业资本发展的过程上，又只能推着农业经济的灭亡，而无法扶助农业经济的发展——除非和农民群众不相关的农业资本主义的经营——这显然是一个无可避免的矛盾。矛盾之解开的键钥，在需要农业经济和工商业，并可行发展的条件上，除非一个非资本主义的农业和工商业的统合的经营。

根据上述的提示，中国资本主义的前途，从资本、原料、劳动，那三个题目考察的结果，还有发展的可能；从国家主权和商品市场那两个题目考察的结果，中国资本主义前途的无望，是客观事实所决定了的。

但是中国的资产阶级，他们并不了解这些客观的事实，只管凝神默思的在那里作甜蜜的资本主义的幻梦。事实会要证明的，中国资本主义将在它发展的过程上——假使没有其他社会秩序的变动的话——民众的生活的秩序，会由于民族资产阶级之富的集积的结果，更陷于恐慌和悲哀，徒然造成广大的游民无产阶级的数目。换言之，在中国资本主义发展的进程上，一方面自然是民族资产阶级之富的集积，二方面便是国民群众之普遍的贫穷的数目；在国民经济的现况下面，国民群众的贫乏的物资力，由于资本主义之肌体的掠取，必然会迅速的趋于枯竭，这便是中国资本主义夭折的条件。

然而中国资本主义之不能发展，并不是其自身构成了再无发展的余地；而是先进资本主义替它加上的羁绊。从局部来考究，中国资本主义的自身既还有能够发展的余地，原则上应该不能防止其发展的；但是客观上竟能决定中国资本主义之不能发展。这个矛盾，只能归到资本主义是一个世界的有机的体系上面去解释。因此我们研究中国资本主义，只能把它当作世界的有机统制中的一个部分去研究，不能把它放到资本主义之世界的有机统制以外去研究，总能探着问题的核心。(未完)

(原载《三民半月刊》第三、四期合刊本，一九三〇年十一月十六日出版。据该刊第五卷第五期更正称：第三、四期合刊原系十月十六日出版，但被误排为十一月十六日。)

中国国民经济的三条路线（续）

吕先生这篇文字，在第三、四期合刊中，被手民误为《中国国民经济趋势之推测》，仓卒出版，未及改正。本期仍恢复原题，文中错字漏句，亦所不免，希望读者与作者原谅。　　编者附白

三、实行社会主义的条件够了吗？

根据上节的结论，中国资本主义的前途，根本无望。虽然，它正在开始发展。

第二条路线，便是社会主义的经济路线。

在这里，我们不能像资本主义的学者和中国历史上遗传下来的士大夫本色的知识阶级一样，反对在中国实行社会主义；——社会主义的社会，是一般的社会进程中的必经的阶段，不是可以任意逃避得了的问题——但是我们也不能像空想的社会主义者一样，不管社会主义社会之可能成立的根本因素——客观的经济条件——已经成熟了没有？只知抱住社会主义社会的一个幻影。这同是不理解人类社会的经济进展的程序。所以要能将这个问题把握的正确，便应该拿社会主义的科学的方法，来把握这个经济进展的程序，总能理解社会主义之可能成立的根本因素。

然而社会主义社会之可能成立的根本因素是什么呢？这当然不是人的主观的精神条件，而是社会的客观的经济条件。社会的客观的经济条件不达到成熟

期，新社会便不能产生。

> 一个社会的组织，非到了他的全生产力在其组织之内，更无发展余地以后，是决不能颠覆的。比前此更高的新的生产关系，在其物质的存在的条件没有完全蜕化于旧社会的母胎以前，也决不能产生的。所以人类常只能提示可能解决的问题为问题。拿正确的眼光去观察，就知道凡是成为问题的东西，必是解决这问题的物质的必要条件业已存在，至少也是已经在成立的过程中，才能发生的。
>
> 从大体上说来，我们可以用亚细亚的、古代的、封建的，和现代资本家的生产方法，排列出社会的、经济的、进化的阶段，在这里，资本家的生产关系，是社会生活过程中的最后的敌对形态——敌对，并不是个人的敌对，而是各个的社会生活条件所生出来的敌对——在资本社会母胎内所发达出来的生产力，同时又造成可使解决这种敌对的物质的条件。人类历史的前史，至此便和这种社会的组织同时告终。

所谓在旧社会的母胎内的“物质的存在的条件”，是资本主义社会所发达出来的生产力和生产力自身所开展出来的物质的、存在的条件。社会革命的到来，一方面扬弃旧社会的生产关系、制度，和一切上层的建筑；他方面，新社会是在旧社会的生产力和其存在的物质条件的基础之上，才能建筑起来。所以社会主义的生产关系，必须在资本主义社会的母胎的内部，“物质的必要条件业已存在”才能产生。

资本社会的生产，采取精密的分工和机器的应用。一方面社会生产力的集中和发展都到了最高的程度；他方面便关联到社会财富的集积和资本的集中，构成社会全生产力总体为一个有机的动脉体系的运转；三方面，和此相关连的，便是社会生产成员在资本制的系统里面紧密的连结起来，从事于一种社会化的生产。跟着生产力发展出来的大规模的生产组织，不仅使生产品的成本低廉，而且使生产品的生产额量超过社会需要的消费额量——不过在以商品为交换的制度之下，资本家把大量的商品堆积起来，甚至把它毁坏，他方面消费者反不能得到满足的必要的消费品，这是资本主义生产关系的矛盾。所以新社会在其母胎的资本主义社会的本体内所必要的、存在的物质条件，是跟着生产力发展出来的“资本的集中和大规模的生产”的最高形态。社会主义社会——无论是集产社会或共产社会——是要建筑在这个条件之上的；犹之“资本主义社会，是要建筑在已经没落了的一切社会诸形态的废墟和要素之上”一样（《〈经济学批判〉序言》），但是资本主义到了资本集中和大规模的生产组织这个阶段的最高形态，并不是资本主义幼年期所能具有的象征，而是要到资本主义终老期才能完满成熟——总能达到最高的顶点的程度。

因此，一方面资本主义的生产力在其组织内尚有发展的余地：是决不能颠覆的；而在他方面，新社会的生产关系，“在其物质的存在的条件，没有完全融化于旧社会的母胎以前，也决不能产生的”。在苏俄十月革命以前的俄国资本主义自体的内部，这个“物质的存在的条件”，并没达到成熟的时期；所以苏俄在政治上虽然坚固的树起普罗列塔利亚特的政权，经济上仍不能不绕回到国家资本主义的途上，完成其母胎的资本主义社会所没有完满成熟的“物质的存在的条件”。

在先进资本主义国家像英国和美国，他们由商业资本主义、工业资本主义而达到金融资本主义的阶段，全国的生产机关，都集中在几个脱辣斯、辛提嘉的组织之下的一种动脉般的联系的经营。换言之，他们的全社会的生产机关和生产能力都已集中在几个脱辣斯、辛提嘉的指挥管理之下的一个机体般的构成；全社会的生产品的生产和供给，已经没有自给的生产形迹的存在，完全由几个脱辣斯、辛提嘉，由商品的生产和交换的形式，负起全生产和供给的责任；全社会的分子，一方面裂成拥有全社会财富的操纵社会生产资源的少数者的资产阶级，他方面裂成出卖劳力而参加资本家的生产的无产阶级——在这种社会化的生产的范畴里，无产阶级是实质的生产主体，只不过资本家把生产机关的所有权窃取放在他们自己的手中——而形成为担任全社会生产责任的产业军……在这样的经济条件业已存在的国度里，只须生产关系的转变——由资本主义的生产关系转变为社会主义的生产关系——劳动者自己管理生产机关，蜕化为社会主义的社会化的生产；生产品的分配由商品交换的形式转化为社会化的分配的形式。社会生产和社会消费的适应，是自体上就解决了的问题。这些先进资本主义国家，其经济的成熟程度，已经到了终老的、临殁的时机，所以资产阶级虽然还在那里拿出所谓资本主义合理化运动……这一套的把戏来，企图得到暂时的挣扎，然而也不过暂时的挣扎，究竟是不能逃脱历史所付与的命运的。

回顾把中国的情形来考察一下：产业资本的情形，在上节已大略指摘过，不仅产业的各部门，自身还没有一个具体的联系，工业生产品的供给，还是仰赖先进资本国的大量生产物的国内输入，这不惟是国内生产和消费的不能适应，而且是生产组织的涣散和幼稚。从社会生产成员去考察：产业工人的生产能力，还不能代表全社会的生产力总量，实际还只是代表社会生产全力的一个小小部分——代表社会生产力的大量是从事自给的生产的农业生产——所以产业机构的内部，还没有形成从事社会化生产的最大数量的社会产业军。和此相关联的一个重要问题，手工业虽已破产，还留存一些自给的手工业生产的残渣；代表社会最大的生产阶级的农民，纯粹在一种各个自给的生产的范畴里，他们私有欲的强烈，其程度并不较资产阶级低下。像这样，只要他们去参加社会化的生产，就不是一个随便就可以实现的问题。流氓无产阶级是已经离开生产的队伍，虽然在无产阶级为主力的领导之下，可以为革命斗争中的同盟势力，然而在中国目前决不能就当作新的生产关系范畴里的生产群众看——除非在能代表社会生产力总量的无产阶级的领导指挥之下，才有相当的可能。拿下面中国生产群众分配的统计来看，更可得到明白的了解：

农民（包括地主、佃农、佣农）	316,000,000①
游民兵匪（脱离生产群众）	20,000,000②
产业工人	2,750,000③
手工业工人	2,940,000④

现在再拿中国国内的资本能力来考察一下——不过在本节的范畴里来考察中国国内资本的能力，是把民族的资本和外国在中国国内的产业上的投资，当作在一个整个国民经济的范畴内去看的——民族的产业资本和银行资本的情形，在上节已约略指摘过。现在把各国在中国国内产业方面的投资和民族资本，总括的指摘一下：

① 见上节农村人口分配表。

② 同上。

③ 根据Chinese Year Book和前北京农商部统计。

④ 同上。

纺织业方面（1924—1929）

国　别	工厂数	资本金（单位：千海关两）	公债金	锤　数	织机数
英	4	6, 850	6, 350	205, 320	2, 348
日	44	5, 400, 112, 700（日千金）	127, 060, 000（日千金）	72, 051, 326, 920	
中	73	38, 395	1, 626		
		69, 540（千元）	1, 888, 232, 102（千元）	16, 381	
合　计	122	50, 645	9, 248	3, 414, 062	25, 924
		69, 540（千元）	2, 100（千元）		
		13, 700（日金千元）	60, 005（日金千元）		
		4. 50（奉票千元）	100（奉票千元）		

矿　山　业

国　别	投资额（单位：千元）	矿　山
英	14, 000	开滦（煤）
	未详	南西末（煤）
	2, 000（中英合办）	门头沟（煤）
	12, 000	福中（石炭）
	未详	焦作（煤）
	未详	铜官山（煤）
	1, 000	新疆石油煤矿
日	5, 000（中日合办）	本溪湖（石炭矿）
	2, 000	抚顺（石炭）
	未详	热河大兴（煤）
	1, 000（中日合办）	吉林天实山（银铜）
	1, 000	奉天张天岭
	10, 000（中日）	坊子淄川（石炭）
	未详（日本借款）	汉冶萍（铁）

续上

国 别	投资额（单位：千元）	矿 山
	未详（日本借款）	皖裕繁矿山（铁）
	未详（中日）	鲁金岭镇（铁）
	未详（中日）	安山
	未详	宽子城（煤）
	未详（中日）	赣丰城（煤）
	未详（中日）	鸣山（煤）
	未详（中日）	余干（煤）
	未详（中日）	苏凤凰山（铁）
	未详（中日）	皖桃冲山（铁）
	未详（中东路首）	外蒙圆车两盟（金）
	未详（中东路首）	满洲里札赉诺尔（碣炭）

此外尚有数处。就铁道说，截至一九二五年止，全国铁道已投下的资本为五亿六千三百五十余万——其中外债占三亿元，——已成之铁道长度为二，九九七千米（约七千里）①，照全国人口和面积来比例，实在是相差尚远。银行资本和重工业方面的几个工厂，已在前节约略说过，兹不词费。

照前例各表，棉线方面的纺锤和全国人口比例，差不多六个人总占一个纺锤；铁道方面的投资数和人口比例，每人仅占一元稍强；拿重工业方面的工厂资本和人口比例，更是非常微小。因此，国内生产机关能够生产的物品，还不能供给国内消费的需要。拿每年入超的情形来看：

对外贸易入超总额　　（单位：千两）

1924 年	1925 年	1926 年
246.427	171.512	259.926

从这个入超的数目来考察，至少可以得着两个相连接的概念：第一，可以联想到输入品大概为工业制造品，输入品多属原料品；第二，中国生产组织的渺小，证明中国产业资本的力量，还没有把国家推入工业化的范畴。这足够证

① 据日本伊藤武雄《中国产业组织和资本主义的发展》。

明中国目前实施社会主义的客观经济条件的不够。

或不免有人作这样的痴想：目前只从土地分配社会化的这个问题解决入手，便是社会主义实施的一个捷径。这无异认农民是建设社会主义的主力，社会主义的经济基础，也就轻轻的把它完全放到土地上面。只有空想的社会主义者才会作这个妙想；如果非空想的社会主义者，也不去寻求事实的真际，只作些无益的妄想，那么他已经就变成十足的唯心论者了。

四、过渡时期的经济政策——国家资本主义

在世界经济转化的场合里，中国资本主义前途的根本无望，已经完全证明；才开始工业化的国民经济的情势之下，实行社会主义的客观的存在的物质的条件，还没有成熟，在上节也得到一个明显的指示了；现在应该把第三条路线——国家资本主义——加以考究。

诚然，国家资本主义的推行，在今日的世界上还没有前例可寻——因为严格的说来，苏俄且还在试行的途中。然而苏俄五年计划过去两年的推行成绩，确能加深我们对于这个问题的信念和把握。但是国家资本主义的路线究竟走的通吗？要回答这个问题，便须先考察国家资本主义有机构成的作用是怎样？

> 现在的问题，就是要寻着一个正当的法子，来引导这不可避免的资本主义的发展，引导到国家资本主义一条航路。这是什么法子呢？最简单的就是“租借”，其次为“合作社”。承租者虽是为资本者走的路，然而这种形式来行使国家资本主义，实在可以加大工业生产量。
>
> 合作社虽是难于管理，然而从国家资本主义到社会主义的过程中，合作社是很有利益的。地方商品的自由交换，实现分配的社会化，合作社是不可少的。
>
> 现在最切要的办法，在乎扩张生产。而在实际上，全国民众的怠惰贫穷，和工作缺乏，种种困难，达于极点，使我们不得不牺牲一切主义，而求生产的增进，足以分配于民间。（列宁《在全俄第十次共产党大会中宣言》）

这里明显的指出国家资本主义的作用，在“扩张生产”，使生产的增进，能满足的分配于民间，作为直接达到社会主义的过程；换言之，便是拿国家资本主义去代替私人资本主义，填补由封建的农业经济到社会主义经济之间的私人资本主义经济的这个阶段，充实社会主义的施行上所必需的客观的物质的条件。其构成这个作用的机能，一方面在使农业产业部门和工商业产业部门的联系和统合，他方面在引导民众到社会化的生产途上，训练各种产业部门中的大量的产业军。“租借”和“合作社”，也各为构成这个机能的办法。

因此，我们理解国家资本主义最大的机能，是在使各种产业部门在一个有机的联系和统合之下，不仅可以得到平衡的发展，而且使工业部门能够得到适当的满足的食量和原料供给，农业生产者能够得到满足的工厂制造品。私人资本主义虽然在形式上还不免在某种限度内存在着，实质上不能不屈服在国家资本之下，渐渐丧失其作用，这是问题的本身就能明白的事体。因为国家资本主义的一般的原则上，属于工业部门的大企业如矿山、交通业、电汽业、金属业、机械业、机器制造……等，均置在国家的经营管理之下，小企业在国家所指示的原则和限度之下，才许私人资本去经营。生产品的生产和分配，无论是国家所经营的大企业生产机关或私人所经营的小企业生产机关，都被置营的在适应国家原则的一个随时可以伸缩的统合的一定的范畴里。对外的商业经营，是完全放在国家的经营或指挥之下的。在农业的产业部门内，虽然允许小农私家经营的存在，并允许其农产品交换的自由；不过国家同时为社会化的大规模的农业经营，扩大生产的能力并提高其机能，一方面便由此形成大量的社会化的农业部门的产业军，他方面便由此减少私家经营的重要性，引导小农倾向社会化的经营。这样，不仅各种产业部门能互为呼应，而且各种产业部门都能直接导入社会化的经营。在这样的原则之下，显明的，同时在一方面使农业经济迅速的过渡到工商业经济的高度形态；二方面由资本主义的经济组织直接过渡到社会主义的经济组织。圆满的使两个历史的时期同时过渡。

那末，在前面所指摘过的中国资本主义不能完成其使命的最大症结，乃是在私人资本主义的范畴里，不能把各种产业部门——尤其是农业和工业——统合联系起来；国家资本主义最大的机能，便是其本身就具有解开这个矛盾的键钥。其次，中国国民经济本身的问题上，在于急切能达到工业化的目的，并要求能迅速的达到高度的形态；同时在世界经济急剧转变的场合里，所提供于中国经济问题自身的刺激，是不能不随着世界经济的转化，由资本主义经济转入社会主义经济。解决这个矛盾的键钥，在引导这两个时期同时过渡，然而资本主义和社会主义的自身，都没有这个机能；也只有国家资本主义，才有这个机体的作用，这是在上面已经提述过的。

然而上面所述的，不过是国家资本主义的原则和作用；是否能使这些原则为可能的实施，便要去考察国家资本主义有机构成的因素是怎样？这个题目留到下节讨论。

复次，国家资本主义，自身也有危险的成分。如果国家的政权不在生产群众的掌握中，另有一种统治阶级的存在，危险便无可避免；但是如果生产群众自身成了生产的指导者和政治的主人翁，危险的自身就会消灭的。

五、这个政策有机构造中的主要因素

构成国家资本主义的主要因素，第一是资本，第二是提供到生产技术上的精神劳动者和肉体劳动者。无论在农业的部门里或工业的部门里，都是同样的重要。原料的供给，在农业和工业两个部门在国家统合的互为呼应的原则之下，是被置在资本和技术那两个要素中去决定的；因为土地问题在国家资本主义之下，国家的自身便能为适宜的处决，国家所经营的农业上所需的土地，自能适当的提供。商品的实质，只不过由国家所经营的对外贸易上存在着；对内虽然有商品交换的形式之存在，实质上是置重在消费的供给方面的。

国家资本主义实施的开始，资本确实是成为第一个问题；在中国这样原始资本积蓄薄弱的国家，就更费研究。关于这点，孙中山先生和苏俄新经济政策的实施者，都有利用外资的主张，关于这个问题，我们无须申述。不过在产业组织幼稚的国度里，国家集积资本的力量，一般是能超过私人之集积的。而且在国家资本主义实施的初期，在工业部门内，电汽业、金属工业、机械工业、机器制造——农业机器和工业机器——等，是必须要放在国家经营之下去发展的。在急速完成工业化的原则之下，国家力量所不能经营的其他企业，都可以委托或特许私人资本和“合作社”资本去经营，由国家给以一定的范畴和原则，也是加速国家工业化的一个动力。列宁所说的“租借”，孙中山先生所说的不属于国家的企业让人民自由经营，都是为适应这个原则而说的。这样使私人的资本，也得完全纳到国家资本主义的范畴里去利用。在农业部门内，关于资本的部门中，最主要的是机器和土地，机器是在工业部门中的农业机器制造厂去适应农业上的需要为充分的供给，这可以作为工业部门中的问题。国家的农业经营上所需要的土地，无论是没收大地主的土地（苏俄的办法）或国家出卖收买①（平均地权的办法）的办法，都是可以自为解决且能自为伸缩的问题。同时在其他方面，鼓励合作社的经营——使农民把土地资本和劳力都集中起来，作集体的经营——使小农渐渐感觉其小经营之比较的无利，引入集团经营的途上，使提供在农业部门中的民间的零星资本，由零化整。

第二个主要因素，是技术工人问题。在这个问题的性质上，一方面是包括各种产业部门中的技术劳动者，二方面是包括技术的指导者和肉体劳动者。要使企业的生产和管理，达到完满的科学化的目的，技术工人问题比资本问题还重要；然而国家资本主义的机能能够提高，便完全依存在生产和管理之科学化的成分上。在其他方面，如果各种技术劳动者技术的幼稚和分配不敷，便能成为国家资本主义的危险的因素。

在中国，技术人员，此刻还没有一个统计；大体上在非常缺乏和幼稚的情势下面，便是事实。技术工人，据下面的统计：

纱厂	280,000	电气	80,000
丝厂	160,000	交通（邮电）	90,000
矿山	540,000	市政	250,000
海员	160,000	矿业	250,000
铁路	120,000	烟草	40,000
运输（码头）	300,000	粮食业	60,000
五金	50,000	印刷	50,000
建筑	200,000	其他制造业	120,000

① 一般都是采取发行土地债券的形式。

上表据陈公博《中国国民党所代表的是什么》一〇〇页。上表虽然不能说精确可靠，然而总可以看见一个大概。中国现有技术工人数目的渺小，不能满足国家资本主义的需要，乃是一个绝对的问题。苏俄在过去的教训中，感觉技术人才的困难，是非常之严重的。他们补救的办法，则在大规模的各种技术教育的设备和实施，这虽然不能当作完全可靠的解决办法，但在事实上，也没有其他的补救。在中国，也是眼前就要到来了的问题。

农业部门中的技术人才，在中国，目前还只看见一些绅士们在那里作耕种改良的运动；实际上谈到技术，我们还没有看见科学方法的应用；机器的应用，在中国也还不过几处偶然的试验。总之，中国农业的生产方法，还全部停滞在原始生产的状态里面。——虽然由土地分配面积的限制，有些地方的农民由于个人耕种的经验而能为比较细密的经营，达到比较高度的生产，但是依然是无法抵抗天然的支配的；劳力的浪费，尤属无可讳忌的事实。——在美国只须两天工夫可以耕种一英亩小麦，在中国便须每日工作十小时的二十日之多；中国稻田（如芜湖地方）一人可耕二英亩半，麦地（如盐山地方）一人可耕四英亩六；反之在美国，一人可耕十倍到二十倍大的田地（《东南大学农学部十一次年报》十六页）。但在国家资本主义的范畴里，农业技术人才实和其他产业部门中的技术人才同其重要。农业技术人才和农业上新的生产器具的设备和应用，是自身关连着的。补救的方法，除开大规模的教育的设备和实施，此刻我们也还没有其他方法。

在这里，我们应该抓住生产业机关管理的问题来指摘一下。这个问题在苏俄已经发生了一个重大的危险，即是管理产业机关的人员之官僚化和幼稚化。不过关于这点，一方面应该关系到技术人员的技术程度问题上去讨论；他方面是关系在劳动者的组合上的。

国家资本直接经营的生产机关，应该在国家所指示的原则之下，由直接参加该项生产的劳动者的组合和国家生产业设计机关去共同管理。社会生产群众集资共同经营的生产机关——如合作社的经营——应该放在国家生产业设计机关的指导之下，由生产者自己的组合去实行民主的管理。

六、结　论

在中国国民经济的现势里，并不是中国资本主义本身的生产力没有发展的余地，情势上而且正在需要它去发展；然而在宗主国资本主义的支配和世界经济转化的场合里，规定了中国资本主义前途的黑暗。问题的构成，乃在于农业的生产部门和工商业的生产部门的隔离，资本主义自身没有这个机能能把它们统合起来。同时也并不是实施社会主义的主观的力量的缺乏，而且确有这个主观的要求；然而客观的经济条件，还远隔在一个变态的封建的农业经济之下，相距一个资本主义经济的阶段。问题的构成，乃在于由私人资本主义的范畴以外去补充这个经济的阶段；但是社会主义的自身，并没有这个机能。国家资本主义的第一个机能，便在能把各种产业部门都放到一个联系与统合的范畴里，提供需要与供给之均衡；第二个机能，便在取得私人资本主义的重要性，能使国家工业化的程度，迅速的达到高度的形态。所以国家资本主义，在理论上，是引导两个时期的同时过渡；——由封建的农业经济到工商业的资本主义经济，由资本主义经济到社会主义经济——在事实上，是中国国民经济的惟一可能的出路。

这篇文字就这样结束吧！但是我原意是打算作较有系统的写法，因为催稿甚急；加之我自己在新病之后，精神全来不及，预备好了的一点参考材料，都没能引证进去；写文字的这两天当中。又值她正在看病，我随时还要停笔到她病榻前去侍候汤茶。因此写得非常零乱，错误也必不少。有机会时，还当修改充实，请读者原谅。

（原载《三民半月刊》第五卷第五期，一九三〇年十一月出版）

中国革命问题研究

——评谌小岑《中国革命之新的动向》

一、问题的提起

问题还悬着未决，便应该与以严谨的讨论和批评。

关于中国目前阶段革命问题的讨论有系统的文字，就我们目前见到的有任曙的《中国经济研究》、严灵锋的《中国经济问题研究》、孙倬章的《中国经济的分析》、托洛斯基的《中国革命问题》，神州国光社的《读书杂志》也特别为这个问题出了个专号——《中国社会史的论战》。此外，还有不少关于这问题的论文和著作，我们不必列举。这总算盛极一时了！然而问题还似乎是悬着的。

作者在［民国］十九年秋间，就打算写一部中国现代社会研究，作为提供给大家讨论的一个提案；但是始终感觉中国统计材料的缺乏和不可靠，至今还没敢着笔。

到目前，事实显示着，问题已到了一个万分严重的情势。中国统治阶级，已充分暴露其统治权的崩溃，不能继续统治下去；广大的群众，已不能在旧制度下面照旧生活下去；由于东北问题的狂澜，暗示着资本主义的国际战争快要到来。这表示形成中国革命高潮的客观条件，渐次成熟。在这时机到来的当中，革命任务的重大，便不言可喻。我们一切实践上的理论问题，尤其对中国社会的构造，更应重新作一正确的估量。谌小岑恰好于此时在《丰台》上发

表一篇《中国革命之新的动向》的论文，他并且和蒯伯赞先生写信告知我，他们意在引起大家重新对中国革命问题的讨论。谌先生的热心，是值得同情的；而且我是承认替《丰台》写文字的一个，对这样关系根本问题的问题，更不能缄默。

这问题的核心，无疑的就是中国社会经济性的问题；能正确的认识中国社会本阶段经济的性质，中国革命的“动向”便不难决定；反之，认识的错误，便直接影响革命，必然陷于不可救药的矛盾。但是半殖民地中国社会的经济结构，而是历史上各种社会制度的经济同时存在着——前代各社会的残余，还同时存在。因此便分外容易引起人们的错觉。机械论者和民粹主义者，自然不能寻着问题的真像；就是辩证法唯物论者的阵营中，也不少自陷于机械论的错误。

我在这一篇文字里，可以说是对谌先生理论的一点批评或补充，也就是我和谌先生一点认识不同的意见。

二、前资本主义社会吗？

事实显示着，中国社会是各种经济制度同时存在着的一个社会。因此我们要想正确的认识中国社会的经济性质，只应该去考察究竟那一种经济在中国占着优势的领导地位。把农村经济从整个国民经济中抽象出来，自然是错误；只看见城市社会的形象，而忽略农村经济的实质，也同样是错误。把中外资本“一视同仁”去看待，自不免有点牵强；把整个资本主义的商品在中国国民经济中的作用，硬要强分“中外”，也不免受了资产阶级的愚弄。

现在开始来考察谌先生的理论。他肯定地说：“中国的社会，还是在前资本主义的封建社会，继续转向资本主义社会的一个转变的行程中。”他理论的根据是：（一）“中国的金融资本、工业资本以及农业资本，虽均有相当的发展，然而在整个中国土地和人口的比例上，实在是一个很薄弱的数目。”（二）“中国的农村，有许多地方，还在自足经营几乎不藉货币流通的经济中。土地还是以零碎分割的形态而流转于自耕农的手中……从中国输出的数字可以证明中国现在还是农业经济居于支配的地位，因为除了农产物以外，其他更无所谓输出”;（三）产业工人存在的数量太少；（四）中国的对外贸易总额是入超；（五）构成中国政治上统治阶级的主要成分是军阀和官僚。

但是谌先生在他的第一个根据上所引证的统计材料，对金融资本、农业资本和机械输入量方面，都是十余年前的统计，不能作为中国今日经济性研究的材料；仅指出中国轻工业纺织部门的一点统计数字，并不能对中国经济性直接有何充分的指示。关于谌先生的第二点根据，这问题颇为复杂，可惜谌先生没有拿出可靠的统计材料来。不过就贸易输出的数字来说，即使纯是农产品，对谌先生认定的问题也无何充分的证明。——这仅能证明中国在一方面提供为先进资本主义国家的原料生产市场。谌先生作为根据的第三点，我认为中国产业工人的数字究竟是多少，至今还没有一个实的统计——有估计为一百万左右的，二百七十万至三百万的，四百万左右的种种不同的数字。然而无论如何，产业工人在全人口数量、比例上，自然占绝对的少数。但是在这里，它并不能成为解决问题的惟一绝对的原则。谌先生作为根据的第四点，更犯了一个严重的错误。一国对外贸易总数的入超，对一国经济的性质，并没有什么决定作用的。日本对外贸易总数，也常表现为一个入超的国家——自一九一九年到现在，贸易差额常是入超的——但是我们不能说日本不是资本主义的经济。而且在中国，本国更有一个广大市场的存在。谌先生作为根据的第五点，这似乎可作为中国是前资本主义社会的一个有力证明。但是辩证法唯物论的发明者告知我们，社会下层基础的经济结构一转变，建筑在其上层的一切意识形态的东西也必或速或迟的随之转变；他并没有告知我们，上层建筑物还未转变时，下层基础也就还未曾转变。在这里，我当请诸者注意的，这上层建筑物的转变，是有“或速”、“或迟”之分的。当上层建筑物失去它的依据而在迟缓转变的过程中的时候，我们的观察，便很容易陷于形式逻辑的错误。

谌先生往复又说：“在帝国主义连锁铐镣之下的脆弱中国资产阶级的诞生，恰恰当着整个资本主义没落的时候，我们并不否认中国有新兴资产阶级的存在，实在没有一个充分的时期：允许其从容不迫的完成其本阶段的使命了。”他承认中国有新兴民族资产阶级的存在，这是一个正确的事实，中国民族资本究竟发达到了怎样的程度，谌先生引出的一些材料，并不能证明，这留到下面再讨论。

其次，“在帝国主义连锁铐镣之下的”半殖民地的中国，它们为什么还容许中国民族资本的发展和存在呢？自然，前次欧战，给了中国民族资本发展的一个机会。此后的原因是：当资本主义宗主国还在轻工业时代，那是绝难容许半殖民地民族资本发展！若当宗主国重工业到了高度发展的时代，是可以容许半殖民地民族资本轻工业方面之相当发展的。因为民族资本在轻工业方面的发展，一方面就替它开辟了重工业制品输出的市场——作为生产工具的机器和交通工具等——一方面可以作为它侵略的有机作用的中间工具。但是中国市场上角逐的先进资本主义各国，有的已到了重工业高度发展的时代，有的则还在轻工业为主要生产的时代，因此它们意识着的中国市场的意义，便不免彼此矛盾。所以中国民族轻工业，在这里，一方面得到最小限度的继续发展的许可，他方面又遭受严格的否认。

再次，当这世界资本主义临殁的今日，中国资本主义当然不能从其整个没落的命运中逃脱出来，不过仅从这点去把握，还不能充分说明中国资本主义的前途。中国资本主义前途的无望，并不是他的自身能够决定，而是客观条件决定的。中国社会储着的劳动力及原料的出产储藏量，是尽够中国资本主义发展的；资本积量虽系比较的薄弱，然亦不过是比较的。成为中国资本主义不能充分发展的最大原因，还是被视作资本主义经济基础的市场问题。中国商品不能从国外去得着诸大市场，那是不言而喻的，国内虽然有一个广大市场的存在，而是被先进资本主义国家所支配了的！中国商品，反只能得到一个有限的插足的余地。

这就作为我对谌先生理论的一点补充吧。

三、中国经济性之具体的把握

中国社会的经济，究竟是那一种经济居在优势的领导地位呢？在这里，我们还不能感觉中国统计材料的缺乏和不可靠。所以现在只得勉强就现有的材料作根据。

在这里，我打算分作以下的三个层次去研究：（一）从民族资本发展的程度去考察；（二）从农村经济的生产关系去考察；（三）从整个国民经济作统合的观察。

A. 民族资本发展的事实——封建经济的附庸吗?

在先进资本主义束缚下面的半殖民地中国的民族资本，工业的发展，当然只能限于轻工业方面，因此我们，先就轻工业方面去考察。先就纺织业说:

1928年中国境内中外纱厂统计百分比:①

	资本	厂数	纺锤	织机	工人	消棉量	产纱量	产布量
中	28	60	57	57	65	60	63	64
日	70	37	39	37	30	36	32	36
英	2	3	4	6	5	4	5	—
合计	100	100	100	100	100	100	100	100

据上表，中国纱厂资本总额，尚不及外资七分之三，而消化量、产纱量、产布量、均为外国厂三分之二强。这一面表示中国厂的出品，已居在主要地位，一面可以想见中国厂劳动力强度的过高。一九二九至一九三一年三年间，中国纺纱锭子及消棉量如下表②:

	1931年 1—6月	1930年 7—12月	1930年 1—6月	1929年 7—12月
开工锭数	4, 054, 794	3, 905, 214	3, 827, 900	3, 699, 402
装置中	39, 000	26, 304	200, 950	180, 940
消花量 (单位:包五百磅)	1, 149, 423	1, 180, 535	1, 203, 273	1, 092, 522

再拿世界各国纱厂锭子及消花量来比较一下③:

	锭　子		每年用花量	
	千　锭	百分比	千　包	百分比
英	57, 136	35	2, 909	11
美	35, 542	22	6, 770	27

① 据任曙《中国经济研究》一二四页。

② 据华商纱厂联合会二十年上半年调查，见该会编《中国棉业统计》。

③ 据任曙《中国经济研究》一四七页。

续上

	锭子		每年用花量	
	千锭	百分比	千包	百分比
德	11,153	7	1,585	6
法	9,770	6	1,180	5
印	8,703	5	2,034	8
苏俄	7,311	4	1,864	7
日	6,272	4	2,541	10
意	5,189	3	954	4
捷	3,663	2	546	2
中	3,504	2	2,016	8
其他	16,860	10	3,141	12
合计	165,103	100	25,540	100

据上表，中国每年消花数量，占全世界百分之八，二倍于意，比德国多百分之二十五，比法国多百分之二十八，比苏俄多百之十四，和印度相等，比日本才少五分之一。这自然合中国境内中外纱厂的消量合计的。但照前表，在中国境内的中外纱厂消花量，中国厂占总量三分之二；因此仅就中国厂每年的消花量说，也当多于法意两国，几和德国相等。

又据《三民半月刊》一九三一年发表之调查（见该刊六卷一期），全国华商经营纱厂数为七十二（此与前表厂数亦不符，必系前表有遗漏。此处系将厂名一一列出者），而申新八厂、济生、益丰、华昌、普益、雍裕、辽营、沙市等九厂尚未列入。该调查所载各厂工人数目，制成下表①：

每厂工人数目	厂数
990以下	8
1,000至2,000	21
2,000以上至3,000	13
3,000以上至4,000	8
4,000至6,000	6

① 尚有十五厂该调表内未举出工人数目。

续上

每厂工人数目	厂　数
9,000 以上	

这里指示着，仅能用九百工人以下的纱厂，在全国纱厂业中所占的地位，是无足轻重的。

再拿淞沪浙三地缫丝厂的厂数和机车数来看①：

机车数	厂　数
70—100	5
104—200	42
208—300	90
304—400	13
416—500	9
500 以上	7

该调查并称，各丝厂所用之男女工友，每厂数以千计。这算是堂堂乎大观了。资产阶级的经济学者，还能够说它是一种农业的手工副业吧？

再拿全国华商经营之火柴工业来看，据本月六、七各日天津《商报》载——我国火柴工业——：据《东洋贸易研究》之记载：一九二九年中国共有火柴厂一百八十五家。如下表：

工厂所在地	东北	直	甘	浙	陕	豫	皖	川	鲁	晋
厂数	23	14	3	6	3	2	5	13	23	9
工厂所在地	苏	两广	闽	两湖	滇					
厂数	18	41	3	6	7					

该报并称：“国内火柴之产量，据各方面调查，目下各地情形，兼供过于求。即无瑞典火柴之侵入，亦有生产过剩之虞（注意这点——振羽）……据专家估计，全国火柴销路，国产约占十分之七（注意，国产占十分之七——振羽）”，“国内火柴业，以外忧迭乘，乃力议救济，非联络同业，不足以资号

① 根据一九三一年上引同书六卷四期发表之调查数字所制。

召。江苏省火柴同业联合会，首告成立，东三省东北火柴同业会继之，广东省广东火柴行商业公会，亦应运而生。但……阵线散漫，精神上不能一贯，于是发起中华全国火柴同业联合会……设总会于上海……拒绝外人投资所办或与华人合办之厂家加入……联合会对内互通声气对外为同业代表……凡属与火柴有关之附属事业，亦得加入为准备会员，这是一个如何连贯纵横的伟大组织呵！还不是一个支配全国火柴市场的托拉斯组织吗？

再拿中国工业所用的原动力种类看，就纺纱工业说①：

原动力种类	电力	汽力	电力汽力	电力，油擎	汽力，油擎	共计
工厂数	69	24	14	1	1	109

这表示着中国工业大多已采用最进步的机械动力。

更就上海在各时期的工厂数看，在欧战前一九一二年，仅有工厂一〇一家；从战后至一九二九年，则已增至一七八一家了（据《读书杂志》四五期孙倬章《中国经济的分析》一一页）。这指示着中国民族资本发展的趋势。

上述这些事实，已够替我们指出中国民族轻工业发展的程度和实况，并且还在向前发展。

银行负有资本集积的最高，但任务直接关连着产业资本的发达的。现在从银行资本来考察②：

中外银行资本　（单位：100万元）

	额定资本	实在资本
外国银行	910	682
中外合办	150	104
中国银行	375	158

铁道是经济的大动脉，拿中国现有铁道和世界主要各国铁道里数比较，如下表：

---

① 任曙《中国经济研究》二〇七页。

② 据《新思潮》第五册《帝国主义与中国经济》。

美	苏	德	法	英	意	日	中
253,000	46,000	23,000	27,000	20,000	9,000	80,020	8,812

以人口和面积作比例，中国现有铁道里数，实甚是渺小。而且这其中有六万一千五百万元[①]外国资本的投放在内（投资和割让路会计），或直接在先进国的管理下，或受条约的约束。

煤铁是构成工业机械原动力的因素，拿中国矿业的经营来看[②]：

	资本	每年产额
中	50,000,000（元）	7,000,000
英	22,000,000	7,000,000
日	77,500,000	4,500,000

上述的三种统计，表示半殖民地中国的民族资本，不能不为资本主义宗主国的附庸，而受其支配。

B. 农村经济的现在——资本制呢？封建关系呢？

从农村经济方面来考察，说它已成了资本主义生产的一个部门，自然是荒唐！说它不是在开始资本主义化，也未免抹煞事实。现在从以下几方面去考察。

先就农民的分化和土地集中的情势来研究。土地集中的情势如下表[③]：

所有地面积	农户百分率	占有土地面积百分率
1—10 亩（贫农）	44.45%	6.16%
10—30 亩（中农）	24.73	13.26
30—50 亩（富农）	16.21	17.44
50—100 亩（小地主）	9.57	19.40
100 亩以上（大地主）	5.33	43.00

① 据《新思潮》第五册《帝国主义与中国经济》。

② 严灵峰《再论中国经济问题》。

③ 田中忠夫《革命中国农村之实证研究》一篇二章。

这指示百分之八十的土地集中于少数富农和地主之手；占农户全数约二分之一的贫农，占有地仅为全耕地百分之六，而中农的地位并不重要。土地集中的情势，是如何的严重呵！次拿全国农村人口分配的情形来看①：

有地的农民（地主在内）	农业劳动者	佃农	游民兵匪
150,000,000	30,000,000	136,000,000	20,000,000

上表第一项数字，把地主、富农、中农、贫农混合在一起，非常含糊。再拿他种统计来看②：

农业劳动者	佃农及半自耕农	贫农	中农	富农及地主
6.81%	33.16	30.54	7.14	3.35

上列三个统计，表示农民向两极分化；土地向地主手里集中，大多数农民，忽趋于贫穷化，失去其原有土地继续离开乡村。这已构成农业资本主义生产的前提条件。

农业资本主义生产的前提条件既经存在，便应该发生资本主义制的生产。现在把谌先生在他的大作中引用过的农商统计重复写出来；

年　次	公司数	已交资本额
1916	133	9,761,489（元）
1917	132	10,963,456
1918	191	9,498,309
1919	102	12,468,804

上表据农商统计至已著明，并不完全，尚不足实数二分之一。仅就这个统计表中的数字，一九一九年比一九一六年，公司数减少三十一个，资本反增加二，六七七，三一五元。这在一面表示资本制经营的发展，一面又表示公司间相互的并吞。据田中忠夫在上引同书第一篇第四章中对上表又说明如次："由

① 拙著《中国国民经济的三条路线》。

② 据一九一七年武汉农民部报告，见《中国农民》二卷一期。

此种大资本经营农业，多由股份公司组织的，其中以江苏最为盛行。在淮南沿海一带，彼等经营盐田、垦殖、牧畜等，南自南通吕四的通海垦牧公司，北至阜宁新通公司，转达四十以上。及跨过南通、如皋、东台、故城、阜宁等五县，横亘八百余里，投资达三千余万元。已垦地及未垦地的面积，约达二千数百万亩。”近来的情形，此刻手下没有相当的材料；但拿近五年农业机器输入的统计来看，便可以找着一个轮廓①。

1925	1926	1927	1928	1929
161（千两）	512	666	743	1,407

这统计有人解释说，大部分是在全国各种农业学校学生的实习上和城市用为杀牛的机器。但是这并没有详细数字的证明，在这里可不置论。而农业机器输入额之逐年的惊人的增加，是在表示中国部分的资本制农业经营，正在急速的发展。

再拿点他方面的统计数字来看，中国榨油工厂也在全国各地发现了②。

	东三省	江苏	湖北	山东	河北	其他省区	合计
厂数	176	39	26	25	10	7	283

这表示在农村里的土地资本、高利贷资本等，正在转入产业资本。

然而上述这些事实，不过表示中国农业经济之资本制经营的成分，并没达到中国农业经济中的主要地位。中国农村经济的构成，依然是佃农制居在主要的地位。拿下面的统计来看佃农当（占）全体农民百分比的调查表：

广东广州及其临近	96.4%	江苏昆山	92.0%
河南	94.9	南通	87.0
中部五县	85.0	苏常道	78.0
广大调查诸县	85.0	沪海道	70.2
广大调查七县	70.0	仪征江阴吴江	67.4

① 据《海关报告总册》上卷《机器进口数所制》。

② 任著三一四页。

续上

东江十二县	65.0	镇江	55.0
全省	70.0	金陵道	49.1
山东莒县邵泉乡	24.0	安徽宿县	60.0
全省	33.0	全省	52.4
湖北西部	45.0	河南全省	44.5
全省	60.1	山西全省	30.0
云南全省	40.4	甘肃全省	40.4

（注）江苏广东部分，据任著二〇五页。山东、安徽、湖北、河南、云南、山西、甘肃，系据前引田中忠夫著作第一篇第三章统计数字计算而成，内系包含佃农半佃农。均系一九二〇年至一九二四年之情形，另据山东乡村建设学院十九年所调查见《村治》一卷六期。

又前引土地及农户分配百分比，中贫农合计，占全国农户百分之六十七强。这一方面表示中国土地大部分是在小农制经营下面，一方面表示中国农村经济，主要还停滞在封建关系的佃耕下面。所以中国土地虽已集中，而经营并没有集中。地租的形式，虽然有现物和货币之分。实质上，地主们还是行的封建式的剥削。又加以封建统治阶级所行的苛捐杂税，和“土洋”资产阶级商品间接剥削。这样子，不仅农民每年的剩余价值被剥削，连他们原有的资本都被剥削了。因此，农民便日趋贫穷化，更无余力去改良耕种的工具和技术，不能不保持中世纪的耕种技术和工具。

至于农民的生产品，主要已表现为商品性的产生；他们生活的必需品，也大部分仗资本主义商品的供给。这是明显的已经脱离自足经济的外壳。因此便有人认为农民的生产，已成了资本主义生产的一个部分了。这完全是机械论的认识，不是唯物论辩证法的认识。在先进资本主义国家内，农村经济一离开自足经济的场合，便成了资本主义经济的一个部门；在半殖民地的中国，情形就不是这样的。当中国民族资本还没具备雏形的时候，中国农村经济之自足的防线，就被先进资本主义国家的商品打破了。所以当中国民族资产阶级在城市方面出世的时候，中国农村经济久已脱去自足经济的袈裟，已经替资本主义开辟了一个广大的市场。

上述的事实，表明中国农村经济之封建的成分，不仅是一种残余，正在追随着民族工业资本转向资本主义的前途挣扎，又是一个正确的事实。不过它的前途是否光明，则又以整个附庸地位中国资本主义的前途为转移的。

C. 问题之统合的把握

从上述 A、B 两节来统合的观察：在城市方面的民族产业资本，虽然不能脱离它的殖民地式的资本主义的外衣，然而已发展得有相当的可观。农村经济的主要成分，本质上，虽然还是封建关系占优势，但是已退处在被支配的地位——不能不受资本主义商品势力的支配。

资本主义的商品，在支配农村经济的意义上所起的作用，是无分于中外资本主义的。在这里来强分中外的，我们便不能不认为是资产阶级学者的狂言。

民族资本和在中国境内的外国资本经营的企业，无论如何有不可调和的矛盾。当革命阶级看作社会物质条件之存在的观点上，自当"无分中外"、"一视同仁"；在研究中国经济性的范畴里，也把中外资本混合起来一样看待，这不是故意牵强，便是有意替帝国主义者缓冲。

在帝国主义统治下的中国民族资产阶级，虽然还在向前行，终是得不到独立发展的。在他们未抬头以前，先进资本主义的商品就在催促中国农民的分化。所以民族资本的发展，不能和由农村分化出来的产业预备军数量的增加同其速度。致有无限的劳动之剩余，形成广大的流民无产阶级的数量，反成了民族资本发展的障碍。这广大的流民无产阶级之存在，直接又奠下封建军阀政权的基础，间接妨碍民族资产阶级独立政权的树立，使他们在这个原因上，也不能不为封建统治阶级政权的附属，联合向农民进攻。

我在上面没有把中国对外贸易的问题纳入研究，因为对于半殖民地的广大的中国经济性的研究上，我认为它并不能被视为怎样的重要。这是应附带声明的。

四、相因而至的理论的实践问题——向那里动呢？

理论既已得着一个相当的结果，实践的动向也随着决定了。

形成中国整个统治剥削阶级的，是由帝国主义通过封建统治阶级民族资产阶级的一个全体系。封建统治阶级，还在政治上起领导的作用——自然，正在崩溃转化的过程中——经济上由地主资本、商业资本、高利贷资本对农民行使封建关系的榨取，更直接叠以政治的剥削。民族资产阶级在经济上已开始起领导的作用，政治上正在开始和封建统治阶级争衡，由于他们的素质上，是终不能安于封建政权之附庸地位的。

因此，谌先生说：便是以摧毁这个现有的革命对象为目的民主革命，“打倒封建军阀和官僚以及指挥封建军阀与官僚之帝国主义与帝国主义的走狗买办资产阶级的革命。”原则上是正确的。因为民族资产阶级，不能完成他的历史客观任务，客观上也不能领导这个革命。所以“这里所指的民主革命，不是资产阶级的民主革命，乃是广大的劳苦群众为了他自身的历史使命而行的……革命。”原则上，是正确的。不过谌先生最好是这样说：“目前中国革命的主要任务，是在彻底反对帝国主义，根本消灭封建势力，完成资产阶级所未能完成的任务而行的一种资产阶级性的民主革命。因为资产阶级客观上没有领导这个革命的能力，不能不由工农群众来代行；所以革命的前途便是非资本主义的前途，不过革命是由工农来领导，事实上又不能不含有反资产阶级的任务。”

动向是这样决定了，动不动还是各人的社会意识所决定的。

（原载《丰台旬刊》第一卷第四期，一九三二年三月出版）

中国经济之史的发展阶段

A. 关于历史方法论上的几个问题

人类社会经济发展的法则，是一元的＝均有其一般性的。这在许多前驱者，已指示得十分正确明白，无庸再事申述。

那班抱历史发展法则之多元的观念论者们，只要他们肯转向事实方面去思维一下，或者也有对问题明白的一天——如果肯放弃其主观的立场来研究问题的话。

在中国，在中国经济史研究这一范畴里，问题最纠纷的，莫过于亚细亚生产制、奴隶制、“商业资本制”这三个问题。易言之，其一便是亚细亚生产方法，在社会发展之一般的过程中，是否能独自成为一特定的阶段？在中国是否存在过？其次便是奴隶制度在社会之一般的过程中，是否能独自成为一定的阶段？再次便是商业资本是否能作为一种经济的领导，而构成其独自存在之一社会阶段？

因而在中国经济史研究这一课题中，便发生着各种各样的奇异怪论。就“亚细亚生产方法”说，有谓《政治经济学批判》的作者所指的亚细亚生产的方法，适当于原始共产社会的那一个阶段＝＝且系前于古代氏族社会的那一阶段；有谓在古代共产社会崩溃后，便发生两个可能的前途，其一转入奴隶制，其一转入亚细亚生产制；有谓亚细亚生产制所说明的社会，便是所谓“专制主义”的国家，正所以别于欧洲的封建国家。

关于奴隶制度的问题，有谓在世界若干民族的发展过程中，除古代希腊罗马而外，都不曾有奴隶制度这一特定阶段的存在（?）；有谓中国的奴隶制度，是和亚细亚生产制结合着的；更有人看见在中国历史运动之一长的时期中，都有奴隶之被使用这一事实的存在，便不问其是主要还是残余，无条件的把这些时代划到奴隶制度的社会去管辖。

关于商业资本和高利贷资本的存在，竟亦有人喊出“商业资本主义的社会”来。自然，这不过是波格达诺夫主义之整批的贩运勾当。

把这些议论一一陈列起来，我们很可能发生两个连带的疑问：在我们的历史家们的脑子里，历史运动的法则，究竟是一元的还是多元的呢？在历史连续发展的进程中，有没有中断和“飞跃”的形势之相续的到来呢？他们所握着的历史方法论，是什么历史方法论呢？

关于社会发展之诸阶段的问题，《政治经济学批判》的“序言”中曾有如次的一句话：

> 亚细亚的、古代的、封建的，和现代资本主义的生产方法，构成社会经济发展之相续的诸阶段。

但蒲列哈诺夫对这所谓“亚细亚的”这一问题，曾有所解释。他说：“原著者后来读到莫尔甘关于古代社会的著作之后，他大概对于亚细亚的和古代的两种生产方法间的关系，会有所改变”。蒲列哈诺夫的这种解释，我认为完全是正确的。我们知道，在《家族、私有财产和国家起源》的著者在发表这一著作之后，对于“亚细亚的”这一问题就很少再提及；卢森堡的《经济学入门》更无异在其前驱者之所谓“亚细亚的”题目下面，作了一个详细的注脚；在伊里奇的丰富的著作中，更不常提到“亚细亚的”问题来作为孤立的问题考察过①。

所谓“亚细亚生产”制的基础的最典型的印度村落公社，我完全同意卢森堡的意见，它是和德国的马克、俄国的米尔，本质上完全是同一的东西。这

① 伊里奇虽有时曾提到亚细亚生产方法的问题，但是他并不曾把它当作孤立的问题去考虑，而只是把它当作亚细亚国家的封建主义的一点特色去考虑的。如他曾说：“若是因为在莫斯科的俄国民族有过……土地国有，则他的经济基础是亚细亚生产方法。俄国在十九世纪下半期已巩固了，在二十世纪则已无条件是资本主义的生产方法的优势。至于蒲列哈诺夫的论据是如何呢？在亚细亚生产方法基础上的国有和资本主义生产方法基础上的国有相混含了。他从字之相同上来考察根本不同之经济的即生产的关系”。（转引自马札尔：《中国农村经济研究》）

用不着申述的。

这问题在中国之重新提出，是马札尔开始的。照他所说明的所谓亚细亚生产方法的特征，可概括为如次的几点：

1. 土地属于国家所有，适用一种永佃制转佃于人民，地租采取一种赋税的形式；

2. 全国分成无数的村落公社，每一公社都是闭关自足的小社会；

3. 国家和官吏是社会事业的承担者、水利的掌管者，藉此去统治那些各自独立的小社会，专制政权便由此形成的。

马札尔本是世界的一个权威学者，他所指的这些特征，在中国是否存在，我们暂时把这问题搁置。只是马札尔在这里对问题之认识方法，又不免把首尾倒置起来了。一个忠实而负责的历史家，总不应该单拿上层的政治形态的东西去说明下层的经济的性质，而且关于那些上层的建筑物，并不能当作一个独自存在的问题去研究的。

说到"亚细亚"国家之水利系统的存在这一问题，自然，谁也不能否认那是一个特殊的地理的条件，然也只能对于所谓"亚细亚"国家在形式上多多少少扮演一点特色，它并不能改变所谓"亚细亚"国家之历史法则的一般的特质。波特卡诺夫（L. A. Botcharov）说得对：

> 中国的官僚，若是我们认其是从灌溉制度上生长起来的超阶级的东西，这便是错误。国家在实现对农奴和被压迫大众之封建集团的政策，而行使其支配之各阶级的机关，在中国也是一样，这是我们应该知道的。（《物观世界史教程》）

因而在考察具有这一——水利系统——特殊的地理条件的亚细亚诸国家，而欲说明其历史运动的法则时，只有从生产诸力以及由生产诸力而构成之生产诸关系上去考察，如果在所谓亚细亚国家所代表的生产诸力以及生产诸关系的内容，即土地所有者对直接从事生产者之阶级的相互关系的内容和形式①，能符合了封建主义的内容，则适应于其上层的建筑物，也不能不是封建主义的。李达先生曾介绍如次的一段话：

> 土地所有，是剩余生产物的占有的基础：直接生产者管独立的经济。

①"封建榨取，是名义地主对于农民之超经济以外的强制榨取。（Cap vol III）"

在生产手段所有者与直接生产者之间的关系上，灌溉外的强制实行支配，在土地所有的阶层制度，照应于政治权力的阶层制度。

关于封建主义的这个定义，如果是正确的话，那么，亚细亚的封建主义的问题，就要看那些国家的社会制度中有无因这个表征而显出特征的关系以为断。

这个意见，是十分肯要而正确的。

因而只要人们在研究上肯放弃主观的见解，不把所谓“灌溉制度”故事夸张，不凭“水”的力量去糊人，问题便自然会明白的。我们试考察秦始皇的统一，是否完全借助于“水”的力量呢？照我看来，那不过是旧封建领主政权向新兴地主阶级政权的转移之一问题，此外构成其社会一切特征的条件，只是在其本身内前进了一步，而并无质的改变。而且秦始皇的统一，在实际的内容上，究竟统一到了怎样的程度，这也应该考察的。如果我们不愿意平白受儒家骗弄的话，便可以看见所谓统一的内容，也还不过是形式的。如果我们无条件把儒家所说的就当作历史的真凭实据，那么，便可以推演出如次的一个结论来：在秦始皇时代的中国政治是完全统一了，但现代的中国反完全回复了军阀割据的状态。然而这不是历史的运动在倒退吗？实际，历史是不会开倒车的，所谓历史家的脑子反往往有开倒车的可能。

再则马札尔在上面所指出的所谓亚细亚生产诸特征的问题，在理论的范畴里面，不只是一种错误，而且包含着极大的危险性。他无异把地主的土地占有，在“土地国有”的名义之下隐蔽起来；把土地对于农民的束缚，在“永佃制”的名义之下隐蔽起来；把地主的本身，在“官僚”的名义之下隐蔽起来；把地主对农民的榨取关系，在国家“赋税的形式”下隐蔽起来；把地主的阶级支配的政权，在所谓“社会事业”和“水利调节”的基础上，建起一座空中的楼阁来。这样，当然便没有地主阶级也没有农奴阶级的存在了——无论马札尔怎样去解释——当然便没有历史运动的能力。因而马札尔便无异在取消亚细亚国家的历史变动事实的存在——这不单是一种逻辑上的错误，而且是一种违反事实的结论。在马札尔所指出的那种所谓亚细亚国家的政权形式，在社会科学的范畴里，应该把它归纳为哪一种的政权呢？

关于奴隶制度，是否在社会进程中为一般存在的特定阶段之一这一问题，也是近年才提出的。

他们提出这一问题的中心意见，以为马、恩两氏所指的奴隶制度社会，单在指古代希腊罗马而说的；在欧洲的现代诸国家如英、德、法等，也都不曾经过奴隶制度这一特定阶段。所以除古代希腊罗马而外，在其他各国家中，奴隶制度经济并不曾取得过独自的领导地位，因而它并不能代表一个特定的社会阶段，而是在阶级社会各阶段中附属存在着的因素的东西。

但是马、恩两氏所指的奴隶制度社会，究竟是否系单指古代希腊罗马而说的呢？在希腊罗马而外的世界各民族，在其社会的进程中，是否都不曾有奴隶制这一特定阶段的存在呢？前者只有拿马、恩两氏自己的话来参考，后者只有拿事实来作证据，问题才能解决。

恩氏说到奴隶制度时，都是明白的在指一般的古代阶级压迫之支配形态而说的，并不曾限定为希腊和罗马，他在《英国劳动状况》中说：

> 在……古代，阶级的压迫形态，为对于大众之土地榨取并其人格之剥夺，这便是奴隶制度。

在《家族、私有财产和国家起源》中说：

> 没有奴隶制，便不能有希腊罗马的国家，以及其艺术科学；从而也不能有罗马的帝国。没有希腊罗马帝国的基础，便不会有现代的欧洲文明。

后一段话尤明白的在说，奴隶制度是社会发展过程中一个必经的阶段；若没有这一特定阶段的存在，则后来的文明时代便不能想像。

马氏在其《资本论》第三卷中说：

> 在作为敛财手段之所有形态中的奴隶经济——不是家长式的，而是后来之希腊罗马式的——以货币购买土地和奴隶，为榨取他人劳动的方法，在这种场合里，货币便成为有用，因为他可以这样作为资本去投资，而产生利息。
>
> 古代世界商业的作用和商业资本的发展，常归结为奴隶经济。依照其出发点之如何，其归结，把以直接生活资料的生产为目的的家长制奴隶经济，转变为以剩余价值的生产为目的的奴隶制度。在近代的世界便归结为资本主义的生产方法。

在前一段话中所指的后于家长式的奴隶经济，也不单在指希腊和罗马，而是指一般之“希腊和罗马式”的。在后一段话中，显明的指出古代家长制奴隶制度之直接转化的前途，是“以剩余价值的生产为目的的奴隶制度”。

在他们的文集中，像这一类的话，我们还可以找出许多来。

如次的一种叙述，也是说得很明白的；

社会的══经济的构成之历史的诸形态（Type）：前阶级的社会；阶级社会的诸构成——奴隶所有制、封建制、资本主义制；无阶级的社会。（《生产力论》，白杨社版六页）

其次在罗马国家存在的当时，日尔曼人和罗马国家的关系怎样，这是值得考察的。照我所知，当时的日尔曼人，大部分是在罗马的统制之下的——无论其关系疏密如何？恩氏在《家族、私有财产和国家起源》中说：

曾为罗马属领支配的日尔曼诸民族，他们对被征服后的罗马人，自非加以组织不可……因此，便在残存的罗马地方行政机关的尖端上，附加了罗马国家的代用物。

不宁惟此，而且在罗马国家的末期，奴隶制经济已走上衰退途程的时候，已有大批的日尔曼人，或由于被掠获而参加在罗马经济生产的领域中，作了后代农奴之前驱的科劳士（Colouns）；或是在罗马管辖的区域内，由士兵而作了所谓“边疆佃户”。易言之，在罗马国家解体期中，日尔曼人不仅和罗马发生了很频繁的关系，而且在罗马国家内的日尔曼系人，也已经形成了一种潜伏力量。因而日尔曼民族对罗马国家的文化，是充分地继承过去了的。所以日尔曼民族在其发展的过程中，空白了奴隶制度这一阶段，并不是偶然的。这好像今日的印度一样，她在英国资本主义之下而演进过资本社会这一阶段，将来印度直接由此而跃入社会新的阶段时，我们断不能说印度在历史发展的一般法则中，另有一个途径。欧洲人一走入南北美洲，对其祖国的社会所走过的途程，便不再重复，直接就过渡到资本主义社会。

再次，我们从日本的历史来看，对于中国，这尤其是一个最好的典型的例子。日本历史的发展，依次经过原始共产制、古代奴隶制、中古封建制、近代资本主义制的相续的诸阶段。在这里，因为不是在研究日本史，对其社会演进过程的详细内容，没有检举的必要。（请参阅佐野学的《物观日本史》）在日本著名经济学教授福田德三君的《日本经济史》中，也暗示出这个线索在，不过福田君有他主观的立场，他不肯明白指出来罢了。更就俄国的历史来说，在她发展的过程中，也依样经过原始共产制、古代奴隶制、中古封建制、近世资本制……之相续的诸阶段。（参看嘉治隆一：《俄国经济史》，见《改造经济

学全集》第二十九卷《各国经济史》）

此外在古代地中海沿岸之埃及、希伯来、巴比伦、腓尼基、波斯各国，也皆有奴隶制度的存在过。

最后关于商业资本主义社会这一问题，在中国的所谓学者们，也都是从波格达诺夫那里抄来的现成。这在稍具社会科学常识的人们看来，本是无用申辩的。因为所谓商业资本这东西，它并不能独自的代表何种生产力；也并不能独自的创造出何种生产力，它是在最远的古代就已存在着。

> 货币及商品的流通，可以适用于各种不同的生产范畴。

因而它并不能成为一种独自支配的构成的社会阶段。而且就是在商业资本最发展的封建社会的末期——到资本社会的过渡期，它也并不能对于封建社会的生产关系有何重大的改变——而能创造出何种新的生产力。库斯聂（Kushner）在其《社会形势发展史》中曾正确的说过：

> 若是我们认为商业资本出现以后，封建的生产关系就会随之消灭，这见解是绝大的错误。

不宁惟此，“商业资本之独立的发展……是和社会之一般的经济的发展，正成反比例”。然这在“发明”商业资本社会之理论的人们，也应该是懂得的，但他们也常常去引用旁人的话去证实其自己的理论之正确。像如次的一类话，便是他们最喜引用的：

> 封建生产方法的转变，取两条途径。生产者变为一个商人与资本家，正与中世农业自然经济及城市行会手工业相反对。这是真正革命的路，或则由商人以直接的手段，占有生产……（注意为这虚点所抹去的文句），这种方法，到处都是真正资本主义生产方法的障碍，依后者的发达而常归崩溃的。（朱其华：《中国社会的经济结构》，某君序言引）

如果原文的意义真是如此的话，那么，便谁也不能否认，在封建社会和资本社会之间，显然有所谓商业资本社会这一阶段的存在。但我们为慎重起见，无妨再翻一下原文把它重译一下：

> 封建的生产方法的转变，有两个途径。生产者成为商人和资本家，与农业自然经济以及那和中世都市行会相结合的手工业相对立。这是真正革命的方法。或者，由商人自己直接占取生产，这种形式，也可说有历史的转变作用在里面——如在十七世纪的英国织物商，把独立经济的机织业者

们，置于自己的支配之下，贩卖羊毛给他们，购买他们的毛织物——然而这都不能提供为对于旧生产方法的革命，反而对旧的生产方法与以支持，以为维持其自身之存在的前提条件……

这种方法，到处都成为真实的资本制生产方法的障碍，随着资本制生产方法的发展，它便归于消灭。

把这段原文看过之后，将可以发现在前者的引文中，那占去两个字的地位的虚点中，包含着一个怎样神秘的葫芦呢？

因而，由封建主义的生产方法到资本主义的生产方法之一过渡期间，并不曾有所谓第三种生产方法的存在；无论商业资本在这一过渡期间的作用如何，但它绝不能产生一种由其独自支配的生产力。

资本之作为商业资本独立优势的发展的事，和不能使生产隶属于资本之下，易言之，资本是在一个外来的，从其本身独立的社会生产形态之基础上发展的事，是意义相同的。商业资本之独立发展……和在社会之一般的经济的发展，恰成反比例。

所以所谓商业资本社会，既没有其独自的生产力作基础，那么，在人间的世界内，便没有它独自存在的依据，有的，就只有在那班诡辩论者的脑子里。

B. 中国经济发展之阶段的划分

中国社会经济发展的法则，也和世界其他各民族一样，并没有什么本质的特殊。

中国古代共产社会——原始共产群团、氏族共产社会，依样是顺次的存在过。不过我们目前对这方面的知识，还太缺乏罢了。因为关于旧石器时代的实物，还可说全无发现——在蒙古所发现的还不能确定其是否和中国民族有关。新石器及金石器时代的出土实物，不惟很少，而且至今还不曾完全确定其系统出来。

然而这些实物——新石器和金石器时代的出土古物——和丰富的神话传说，能指示我们古代中国诸民族活动的一副轮廓画，则能确切相信的。

现下研究中国经济史的，大抵都只肯从殷代开始；对殷代以前的那个悠久的传说时代，都很小心的不去过问。可是问题长此的悬下去，似乎太不妥当，若是严格的说，我们对殷代的可靠史料，也还是很不够的。所以我们对那一悠久的传说时代，应该来作一次探险的工作。

照我根据目前能有的材料研究的结果，传说中之“尧舜禹”的时代，正是中国母系氏族社会发展完成的时代。所有能凭神话传说所指出的一些特征，几与莫尔甘和恩格斯对古代社会的研究所得出的结果，完全符合。

不过所谓“尧舜禹”这三位“圣人”，或者都是神化的人物也未可知①。或不免系殷周及殷周以后的人们，根据古代神话传说作底本，又制造出这三位圣人来，拿他们和神话传说相结合，又加入作者的时代意义去粉饰一番，便成功了儒家的“华胥之国”。总之，要决定，还有待于地下的发现。其次“尧”、“姚”、“虞”、“夏”这四个字，我以为或者就由“夏”这一字的讹变而转出来的；“夏”和“雅”也或者就是一字。“夏”或“雅”或者就是当时这一族的总名称。这都在后面还要研究。

传说中之“殷”的时代，是古代中国社会之一大变革期——由男系代替母系之一大变革期。和其所结合着的神话传说，也恰能暗示出这一变革时代的特征来。

“羿因民”而“距”“太康”，是罢免酋长之神话的传说；同时又“立其弟仲康”，是酋长的男系世袭权之确立的一种传说。对偶婚的形迹，在“浇因羿室”和“浞”与“浇”的子媳共宿等传说中，可以得到证明。畜牧业的繁盛，在“庖正”和“牧正”等传说中，可以寻出其形迹来。

在传说中所谓“桀”的时代，我也找着一点由氏族到市区的转变的形迹，虽然不甚充分。

自然，对于古代的许多事情，是我们无法知道的。只有借重于比较的研究，去了解其轮廓，或者再待于地下的发现。

---

① 帝喾在甲骨文中已得到证明，并且帝喾就是帝舜，也已得到多数人的公认。我此刻虽不敢说“帝喾即帝舜”的结论是错误，然而我觉得“帝喾即帝舜”的证物，还不免薄弱一点。在古代，夏商两族，似悉各为一族的，这从其各自散布的地域去考察，可以得到证明。因而，如果“帝喾即帝舜”，则在商族的“帝舜”是人格化的人，而在和“尧”、“禹”结合着的“帝舜”，在目前仍不能说他不是神化的人。“禹”之为神化的人，庄子就曾说过：“无有为为，虽有神禹，且不能知”。（《齐物论》）近有人谓“禹”为一图腾名称，颇近似。

出土的一些新石器和金石器时代的实物，所能指出的时代，和神话传说所暗示的竟能符合——自然，还有空白——而其出土的主要地方，亦竟能和神话传说所寄托的主要区域相当。这不能不算是巧合。

只是有一点，莫尔甘和恩格斯曾有在东半球，直到中期未开化时代的终局，还不会知道种植的一个假说①。这在中国，凭神话传说和出土物所指示的，却并不如此；她在新石器时代，一方面和东半球的其他区域一样，知道畜牧，他方面又能和西半球一样，也知道种植②。不过这并不曾违反莫、恩两氏研究的结果，这是应该声明的。

* * *

殷代的社会，现下国内的历史家，几于一致的判定为氏族社会。若是用投票的方法可以表决，那我们就再没有提出研究的必要了。

但照我的研究，殷代不仅有很繁盛的畜牧③，而且有很盛的农业；不仅在生产事业的范畴里及其他事务上都使用奴隶，而且有专靠奴隶为生的自由民阶级的存在，在上层建筑的政治形态上，已经完全看不见民主主义的形迹，充分在表现阶级支配的机能。

这些特征，在甲骨文字和殷虚出土物中，也都能表示出来；在殷代和周初的文献中，更表现得明白——自然，殷代文献中之后人附加的部分，应该要分别出去。

殷代王位之大部分为兄终弟及的事实，我以为这种上层建筑的东西，是无关重要的。而且终究是男系的父子兄弟的世袭：这种世袭，又不曾有半点选举的形迹。选举和自承，自是氏族社会和政治社会之政治范畴里的划界线，莫尔甘在其《古代社会》中，对此曾再三声述过。而且兄终弟及的事实，不惟在古代国家存在过，就是在此后的国家也存在过的。在中国的例子就很多，如武

---

① 莫尔甘在其《古代社会》中说：在东半球，经过未开化时代初期，直至中期的终局，似乎还不知道谷物及其他植物的种植。恩格斯在其《家族、私有财产和国家起源》中也有与此同样的推论。不过他们都不曾坚决的判定，而只在说“似乎”是那样。

② 在仰韶的出土物中，曾发现用于种植上的石锄和石礴，又发现有印有布纹的陶器，同时又发现谷粒。可是并不曾有铜器的发现。在兼发现铜器的辛店、沙井和寺庙，知道农业的形迹更显然，可是从其出土物作全面的考察，主要还是适应于中期未开化时代的。

③“奴隶制度，多是在畜牧对于纯农业比较占着优势，且是于对外贸易占着有利地位的区域发生的。”（山川均《唯物史观经济史》）如果这是正确的话，奴隶制度的经济，在畜牧比纯农业占着优势的情况下，都是可以的。

王之与周公[①]、赵匡胤之与赵光义……

关于铁的问题，无疑是问题的中心。莫尔甘在其《古代社会》中说：

铁的产生，是人类经济中最重要的事件，再没有能和它等量齐观的东西，其他的一切发明和发现，都只是在其一旁的无足轻重的，至少也是居于它的附属的地位。事凡槌、砧、斧、凿，都由铁制造，犁也须用铁尖，并有铁剑。总之，文明的基础，可说是建筑在这一金属上面的。

恩格斯对铁的任务，也有如次的一个评价：我们在这里（未开化晚期——吕）开始遇到铁制的用家畜拖曳的犁头，它使大规模的田野农业得以实现。且由此得以无限制的去增加食粮的生产，其次的一个结果，是森林的采伐，把森林地转化为耕地和牧场，这若是没有铁斧和铁锄的力量，便是不能作大规模的进行的……这种进步，又实现了人口之急速的增加和小区域内之人口的集中。在田野农业未出现以前，若是让五十万的人口放到一个中央机关的指导之下，而能够得到统一的话，那就只有在异常优良的环境条件下面，才有其可能——这是绝对不会有的事情。

因而田野农业的出现══铁的功用，它无异是文明时代的接生婆（青铜器在相当的条件下，也似乎有这种功用）。可是到现在止，在殷虚的出土物中，还不曾有铁器的发现；然而在出土的铜器中，我们却已找着一点铁的形迹[②]，虽然还不敢判定，系属铜的自然的含量，还是有意的合金的配合。这就是暂时不信任罗振玉所搜集的古物中之铁器为可靠的话。

铁到春秋时代，似乎还把它当作“恶金”，只用作制造农具，而不曾用它来制造兵器，制造兵器是用当时人所谓“美金”的铜。殷虚是殷代的首都，人民所用的生产工具的东西，是否也有一些被政府收容在内？这却还是一个问题。在殷虚的出土物中，都是些祭器、食器和兵器等，关于耕种工具的东西，还不多见——严格的说，可称还不曾发现。据昨年十月三十一日北平《世界日报》所载，董作宾君发掘春秋时代郝国（按即邹）的遗址，亦不曾有铁的发现[③]。如果所发现的果属春秋或战国时代的遗物，并且在该处将来若继续仍

---

① 周公曾为天子，在《周书》及其他周代的文献中都说得很明白。这到研究周代社会的时候，还要详加研究的。

② 殷虚出土铜器经化验结果，主要成分，多为铜、锡、铁之合金。

③ 参阅当日该报。

无铁的发现，这便值得我们特别的注意。不过凭传说去判定古物的时代，还是很危险的。

从文字演进的程度说，甲骨文的文字，并不是所谓象形文字；实际已是演到较复杂之声音文字阶段的文字。这是大家都能看得见的事实问题。那末拿莫尔甘研究的结果来说，即此就能证明是“文明时代”的象征①。

在甲骨文中的“命周侯”三字的发现之后，不仅指出了殷代国家政治支配区域之扩大，同时又指明了贵族诸侯之业已存在。这实在给我们说明了不少的问题②。

商业对于奴隶制度的存立，是有其重要意义的。殷代商业发展的情形，我们不能单凭传说去说明。然而在殷代，从奴隶之作为商品交易《易·旅卦》，以及殷虚中之远方物件的发现的事象去考察，便不难想见其商业上的一个概况出来。

作为商品交换之媒介物的货币形态，便可以作为考察商业发展程度的一个尺度。在古代的希腊和罗马，作为商品交换之媒介物的东西如阿司（ass），也还是货币之一种早期的形态；以 ass 作为货币的单位，真正的意义上，就是意义着以一匹驴为货币的单位。因而不论其代替物是什么，它也还是一种早期形态的货币。我们在殷虚中所发现的珠玉和贝货③，它的性质上，也已经专门在作为商品交换的媒介物而存在了。我国文字，凡关于货币的字类均从贝，从贝字除三数字外，又多系形声，商字的本身，也便是一个从贝的形声字（参看《说文》），只当为最初之专门化的货币。此其一。我在山东，曾亲自见过一块和周代的钱铲形状一样的铲贝，并灼有“文贝”字样，而视其构造大小，又非能作为器物使用者，我以为这便是古代曾专门充任货币任务的贝货。此其二。

但是我并不否认，殷代的奴隶制度，或并不曾发展得像古代希腊罗马的奴隶制度那样繁盛。这当然各受其地理的环境的条件所限制的。古代希腊罗马，占取地中海那样天然交通的区域，和“逆子”般的中国的黄河比较，是不能同日而语的。

---

① 文明时代，以声音字母之使用，以及藉文字而记录的作品而开始（《古代社会》）。

② 殷代有从属的诸侯，甲骨文中尚多见（参看郭沫若《甲骨文字研究》“释封”篇）。

③ 案有真贝、骨贝、铜贝（同上释朋）。这已专门充任货币的职份，郭先生也不否认。

凡此，我们到专论殷代社会时，还要详细研究。

* * *

西周的社会，虽然还有使用奴隶的事实的存在；然在生产领域里，奴隶经济已退出支配的地位，而让渡给了农奴经济；原来的奴隶主，也已如实的让位给了封建领主。所以在西周，奴隶之被使用这一事实，那不过是前代的一点残余，而且这种残余的东西，实通过了所有阶级制度的社会，通同存在着。

这——奴隶的被使用——到战国之末以迄汉代，不仅贵族们多还拥有大批的奴隶，如秦之吕不韦，汉之王侯公主，便是例证，而且卖子鬻女的事情，也还存在着。如果我们只是表面去捉弄，这些表面的事实，便可以蒙蔽我们，能使我们误认秦汉为奴隶制度经济。可是我们一考察谁是担任生产的主要阶级的时候，却看见不是和工具一样的奴隶，而是具有一半人格的农奴的本质的农民；被榨取的，却是用地租、劳役和赋税等表现出来的剩余劳动；榨取的方式，曾充分表现着超经济以外的强制榨取。这而且一直继续到后来一个悠久的时间。

话又说回来，在西周的从事生产的农民，所耕作的土地，不单是公田，并同时有私田，这在《诗经》中之“雨我公田，遂及我私”的一句话便能说明的。农民饲养的牲畜之类，除供纳给领主以外，自己还可以留存一部分，《诗·豳风·七月》对这事，就有确切的说明。凡此都不是工具化的奴隶们所能想像的。这不过一些例子。

政治上之隶属关系，也完全在表现初期封建社会的一种形态。

研究西周的社会，在周金文和《诗经》这一类可靠的材料中，就能找到他的说明。郭沫若先生在其《中国古代社会研究》中所列举关于西周社会的一些史证，大多只能说明封建制度，并不能说明其所谓奴隶制度。

在春秋时代，可说是中国封建制发育完成的时代，而且最典型。无论在阶级剥削关系的内容上所表现的，抑其上层建筑之诸形态上所表现的，均系如此。详细的内容，我们到专论春秋时代的经济，再详细说明。

很有人紧紧握住庄园制度来度量中国的封建社会，一若庄园经济就是衡量初期封建社会的尺度。实际，照我所见，庄园制度，就是在中古欧洲的各国家，也并非一般都是那样典型的存在着的。

战国时代，中国封建社会内部所包含的一种变化，已开始成长。一方面，新兴地主经济之渐次确立和商业资本的抬头，一方面原来的封建贵族之大批的没落。因而直到周秦之际，这种内部的变化的因素已经存在，旧封建领主所支配的农奴经济，不能不让渡到新兴地主的农奴经济；因而建筑于其上层的封建领主的政权，当然不能完全符合新兴地主的要求。秦始皇的地主支配之封建国家政权，便在这个基础上建立起来的。

像这样以地主表现领主职份之一形式的封建社会，为要把它别于原来的封建社会，借波特卡诺夫的话来说，便可以叫做变种的封建社会。实际，阶级剥削关系的内容，本质上并不曾改变。这是应该知道的。

由秦代一直到鸦片战争的前夜，这种经济性质的内容，并不曾改变，只在封建经济的体制内连续的发展，但并不曾中断。

只是一入秦代以后的封建社会，系一变种的形态，因而在政治的形式上表现为一种外表的统一的国家，经济上有商业资本和高利贷资本的存在和活动——实际，这在其前代就已存在着的。这便使许多观念论的历史家们都陷入迷途，只能看见现象，对于其本质上的认识，便显出十分无力的窘状。因为从现象去认识问题，连什么都无法认识的。只有从社会自身之本质的最基础的东西方面去把握，则建筑于其上层的种种东西及一切现象，才能正确的被我们认识；因为一切上层的建筑物，对于其本身都不能说明的。因而要了解入秦以后到鸦片战争前这一阶段的经济性，只有从其阶级的剥削关系的内容上去考察，才是问题的核心，才能说明经济的性质。如果阶级的剥削关系的内容是封建主义的内容，那么，社会也便是封建主义的社会。封建主义的经济以及和其相次的资本主义的经济，都各有其不同的特质，是不容混淆的。

> 农奴的经济？在三种体制上和资本制体制不同。即一，封建经济，系属一种自然经济，反之，资本制经济，是以货币为基础的；二，封建制经济之剥削基础，在把劳动之隶属于土地——受领于领主的土地——之上，反之，资本制经济的剥削基础，则置于所谓从土地解放出来的劳动者的事情上……三，领得一部分土地的农民，便须把其个人从人格上都隶属于领主……因以形成农奴制的超经济的强制……反之资本制则在于自由市场上，资本家与劳动者间的契约之完全自由。（伊里奇）

我们依此去考察由秦到鸦片战争前的中国经济，连半点资本主义的特征也找不出来；反之，封建主义的特征，却完全具备。这到我们专论这一时代的经济性时，还要详细研究的。

可是，自秦至鸦片战争前这一长时期中，社会的内容性质，虽还是不曾改变，却也在连续不断的向前发展中。譬如从地租和赋税的形态来说，在秦代，大体上可说还行着劳役地租和劳役赋税；到汉代，地租和赋税便都以现物为主要特征表现出来了；一到唐代的“天宝”时代，在赋税的范畴里，现物便完全为货币所代替。但在地租方面，直到这一时期之末，还是现物为主要。虽然，通过这一时期的全时间，劳役还常常存在着，不过它的重要性，是随着时代的进展而渐次丧失了的。

地租的本身，在前资本主义社会的场合里，无论用何种形态表现出来，本质上都是剩余劳动即无偿劳动的构成物。

> 地租在历史上……是剩余劳动即无偿劳动之一般形态。在这种场合里，剩余劳动的占有，与资本家的场合不同。在这种场合里，为其基础者……是露骨的奴隶制、农奴制以及政治上之隶属关系。（《剩余价值学说史》）

封建地租之最基本的形态，便是劳役地租，而且“劳役地租，也就是地租之最单纯的形态”。但是“劳役地租向现物地租的转化，在经济学上，不会引起地租本身之何种变化”。就是由现物地租转化为货币地租的时代，构成地租的基础的东西，也还是同一的。

> 货币地租——，那虽属行将崩溃——的基础，与为其始点的现物地租的基础，是同一的。就是直接生产者由其相续或其他的因素，依然对土地的占有者，而须将强制的剩余劳动——易言之，即须将不受相等代价而须给付的无偿劳动——以转化成货币的剩余生产物的形态，支付给为这重要生产条件所有者即地主之手。

不过在这里须慎重指出的，现物地租一转化到货币地租的形态，即由劳役地租递演到货币地租的形态，封建地租的基础，便临于崩溃。同时随着货币地租的发现以后，农村无产劳动者即农村雇佣工人阶级便必然伴着产生，这种农村无产劳动者，他们在表面上之人格的完全自由以及雇者与被雇者间的契约之完全自由这一点上，和后来之产业劳动者是同一的。随着这一新阶级的发生，社会的阶级剥削关系的内容，便随着转变——直到这一阶级在生产领域上占着优势的时候。

现物地租之货币地租化，不仅更使为货币而将其自身卖给他人雇佣的无产日佣劳动者之一阶级，便必然的伴着而形成，而且是依此而先行着的。虽然，这新的阶级，还不过说是开始在这里那里散布的发生期，在占有优良地位的负有支付义务的农民们之间，就必然地发生出用自己的计算从农村工资劳动者来剥削的习惯。这恰如在封建时代的富裕的隶农民，雇佣他们自身或奴隶一样。(转引自《读书杂志》)

货币地租从现物地租的转化，是随着商业、都市工业、商品生产一般及货币流通等显著的发达为前提的。

为说明封建地租之诸形态，不禁引话过多，现在再回到本题来。

由秦到鸦片战争这一长的时期中，社会内部的矛盾，曾暴发为多少次的内战。各次战争的结局，常归结为两个形式：其一是农民常为其同盟者或首领所拍卖，而归结为封建地主政权之延续；其二，农民军往往为地主阶级引来之外力所征服，因而地主阶级的政权，乃在又一形式之下得到延续。前者如秦末农民军之与泗上亭长刘邦，西汉末农民军之与大地主刘秀，元末农民军之与僧人朱元璋……后者如唐代的农民军黄巢，为唐政府引来之沙陀李克用所镇服，宋末农民军为地主阶级引来之鞑靼势力所镇服，明末农民军为地主阶级引来之满洲势力所镇服。这都是些历史上最显明的例子。甚而“太平天国”一役，亦曾把关税特权易来之英国势力（戈登将军）的援助之下才得到平定的。

不过在每一次战争的结局，地主阶级的经济，也不能不一时的呈现衰退，以及因战争的残杀而发生之人口的减少，这往往反使社会内部的对立的矛盾，渐趋于缓和；直至矛盾的发展一达到某种局势，内战便又重新暴发。不过这种战争的范围，总是一次比一次更扩大，内容也便一次比一次更充实。所以这并不是内战之循环的回复。

地主阶级的经济发展之元代，商业资本和高利贷资本的发展，可说已到了尖端。这时的中国，无异已成了中世的“国际市场”。尤其是和海外交通的广州和泉州，手工制造业中心的杭州，内河直连都市中心的苏州和扬州，更成了商业的中心地。可是随着元代政权的崩灭，中国和中亚细亚的交通，便被强制的停止了。然而在地主阶级的经济遭受战争的大破坏之后，明代却仍然在继续作海外通商航路之恢复的企图；可是虽然有太保郑和之“七下西洋”以及其他类此的事情，也终于不能不受其同时代之亚洲封建各国家之封建闭锁政策所影响，而减低其成效。

自鸦片战争到现在的中国经济性质应归“中国现代经济问题”那一课题中去决定。

（原载《文史》创刊号首篇，一九三四年四月出版）

周秦诸子的经济思想[①]

这是北平中国大学教授吕振羽君在国立清华大学的演讲词。承清华大学“现代问题座谈会”寄交本刊发表——编者附记。

上个礼拜，接到同学的信，招我到此间来演讲；个人对学术，也没有多少研究，说讲演是不敢当的。今天的题目是“周秦诸子经济思想”，现在国内学者对这个问题的意见很不一致，原因一是由于方法论的不同，二是由于材料真伪之难选定和所见各异。个人今天只是把我对中国社会史的一点意见，贡献给大家作一参考而已。

谈到思想，可说是社会下层基础所反映着的一种意识形态。所以要说明周代诸子的思想，先有略为解释周代社会的必要。关于此问题，近来国内研究历史的人大抵有两种意见：一说周代是氏族制度社会，一说周代是奴隶制度社会。就现存的周代文献看来，这两种制度的特征，在周代都有残余的痕迹存在。但是若就所有材料作联系的考察，则关于那些残余物，都不能算主要的特征。而且，研究问题，由各个的单独现象去看，很难说明问题的内容及其所以发生。所以联系的考察和比较的研究都是很重要的。要想说明这时代的情形，应该从其当时存在着的社会现象作一联系的考察，否则才脱去旧玄学的网罩，又加一层新网罩，那是很不好的。

周代社会到底如何？依个人的意见，周代是“初期封建社会”。此时的生产力与生产关系，与中世纪欧洲封建时代甚相似，许多特征，都可由可靠文献

① 编者注：本文由清华大学林亮、杨联陞记录。

上得到说明。形成生产力的生产工具与人类劳动力，这两个主要的原素，虽然没有详尽的记录，就大概看，当时已进入铁器时代，用铁作生产工具，《诗经》有“取厉取锻”，《考工记》有制铁的记述。《管子》上有“美金为兵，恶金为农具”之说。所谓美金即是铜，恶金即是铁。孟子问许行“以铁耕乎”，等等，可知春秋战国时定已用铁，由种种方面之证明，可知西周时代已经用铁了。

劳动方面，有所谓“小人”、“庶人”，当即是农奴，是生产主要分子。这时的生产力，正合于封建时代的生产力。农奴的劳动力，一部分用在公田上，一部分用在私田上。农奴除为领主耕田以外，还要服各种徭役，女子则为领主养蚕制衣，还有男子要去为领主射猎去获取领主所需的兽或皮……这种种情形，都与欧洲中世纪的情形，大体相同。

封建经济最初是庄园制度，要问周代有无这种制度，应当追问“井田制度”的有无。现在由种种可靠的证据，知道“井田制度”是存在的。西周时候的金文有“锡某某井五囷”及“锡田”的说法很多。但总不会像孟子等所说的那般典型整列，只是原则如此而已，井田就是一种庄园组织。

此外，五等五服制度究竟是否存在，这问题也同井田制度一样，众说纷纭。据金石文，有“众诸侯侯甸男”，正相当于《尚书》的“庶邦侯甸男卫”。可知原则是存在的，不过也不像周礼王制那般详细严密整列罢了。

总之，周代是封建社会，决无问题。到春秋时，只前进了一步，到战国又前进了一步，也并无质的变化。春秋与西周不同，是小的封建领主已开始被兼并，大领主的领地和势力更扩大。庄园制已渐渐破坏。周时在庄园与庄园之间，因生产品和技术程度的不同，发生交换的需要，而商业兴起，并使小领主负交换的中间责任。原来的最高领主却也失了他的权威，大领主纷纷兼并——有两方面的情形，没有从属关系的小领主，直接由战争所兼并，有从属关系的，因为大领主需要领地管理人过多，乃兼并此等小领主的领地，而使之转化为大领主领地的管理人。此种情形继续到战国，主要只余七个大领主——当然还有其从属的领主——把全中国分成七个大区域。

此时封建地主已经出现，商品经济渐渐抬头，予大领主以威胁。大领主的领地交壤间都有关税，这对商人的通商是很不便利的，因而又促速兼并，同时更促速领主的没落，直到秦统一六国，才又把地主的封建经济重新组织。

周代的社会背景，大概叙述如上。

现在来到正题，要说各家思想了。春秋时，有老子、孔子、管子三家。孔子的《论语》成书的时候，不易判定，大约材料是孔子及其弟子等的谈话，成书约在战国时。老子书更多问题，有人甚至疑说没有老子这人，大概这书也成于战国，但看其文词构造与意识，可说是与《论语》先后。《管子》中所说的经济情形，应当在战国时候才能产生，但是书中事实应有部分是属春秋时的，书成的年代很难断定，今天暂不详细论它。

孔子，根据诸家的叙述，他的祖先原是宋国的大夫，也是封建领主，大概因被兼并而衰落，迁到鲁国。孔子既是没落的领主，他的思想，一方面站在封建领主的立场，主张维持封建制度；同时，也感到没落者的痛苦，起了一种反感，以为停止兼并，维持秩序，改良组织，是惟一出路。所以到各国游说，告诉他们现在的封建制度是不合理的，应当改组，游说齐楚等，传说有七十二国，但是一一指出来，怕是不容易了。孔子的行径，同后代儒家很有关系，因为其本身已没落，只有希望大领主接受他的主张，因此使他不能不成为游说的政客了。但各国对他都不很好，他到齐国，告诉齐景公说“晏婴无能，用我，齐就治了”。景公把他的话告诉晏子，晏子说“这是无聊的政客，不必理他”。后来到楚国，说楚王不必用司马子期。子期怒了，限他即日出境，不然就不客气了。孔子因为要行他的主张，不惜用种种手段，到卫国，去见南子，南子或许就是卫君所嬖幸的一个女子，子路知道此事，很不高兴。孔子只得发誓说“余所否者，天厌之”。这可看出孔子官僚的本来面目及其用心之苦了。

孔子实在也有点本领，当时“士”的问题，是很重要。原来的士，恐怕是武士，孟子所谓上、中、下士都是武士。孔子的时候，因为经济发展，知识范围扩大，士也多有知识。因兼并而士多没落，孔子要改组社会，便想拉拢“士”这个没落集团，因为他们在当时是同一境遇的，失职的士也不赞成大领主兼并，所以能合作。士之变成文士，怕是由孔子时开始的。但是孔子的弟子，不一定都是没落分子，有许多正是在台上的有力人物。只有颜渊很穷，最与孔子同志，生活程度也相近，因而孔子是大圣，便称颜渊为大贤。实在颜渊的特别本领，我们并看不出什么。子路还是一位小领主，所以常同孔子抬杠，孔子边写边教训，告诉他我的政策同你们这种人是不冲突的，子路才不再说话了；子贡同封建领主有联络，在商业上很有势力，起初与孔子有不同意见，孔子又告诉他把社会组织改良，不再打仗，封国与封国间减轻关税，于你的商业发展是有利的。子贡听信了，便替孔子作财政的后台老板，还到处为他作代表。总之，孔子因为自身的没落，由于封建的兼并，所以对当时的情形不满而主张改良。

次当说到老子，但为系统便利，先说孟子。孟子时社会情形已经改变，孔子时，独立小领主还有不少；孟子时候，几乎都已没落，地主阶级兴起。因为战争很多，军费浩繁，各大领主剥削农民，农民反感更厉害起来。还有，新兴地主同封建领主之间也有矛盾，统一物内也有其对立性存在的，他们的利益也有冲突。

孟子以为封建领主的利益应当保持，但新兴地主的利益也不可一笔抹杀，孟子是要缓和他们中间的矛盾，使地主从属于领主之下，共同实行剥削关系，即是所谓生产关系，这是因为时代不同，政策也就改变。又此时矛盾已甚显著，所以孟子由孔子的观念论出发又带着一点唯物论的色彩，所谓有恒产然后有恒心，正是原始唯物论的素朴形态。但从孟子的整个思想体系说，仍是观念论的。

荀子时候，地主阶级势力更大，已有很大的支配经济的能力，虽然上层还在封建领主的把握，但他们的势力已呈衰落。二者中间的矛盾更甚，此时的农民也更苦。荀子乃一反孟子的维持封建领主的主张，而直接断定封建领主全无办法，应由新兴地主把封建制重新改组。封建领主的受命于天说，也为荀子所否定。孟子主张性善，荀子则主张性无善恶而趋于唯物论，普通以为荀子道性恶，但细看荀子书并没有性恶说多少痕迹，荀子是主张性无善恶的。

荀子所代表的是新兴地主阶级，但当时政权尚操于封建领主之手，荀子的主张颇引起他们的反感。推想当时或许也禁止他所著的书，不许人看。但实在荀子还不是否认封建制度，仍是改良主义，已引起封君们大反对，此类事在历史上是数见不鲜的。荀子因受当时领主们的痛恶与宣传，因而更被挤出了儒家的正宗系统。所以道统上，孟轲之死，就不得其传，只好传到韩愈了。至于战国与秦代相交时候的韩非、李斯，却都是继承荀子主张的，汉代的贾谊、董仲舒，骨子里也是荀子，不过名义上自称孟子传下来的罢了。

儒家的孔子，代表封建领主的利益，孟子主张封建领主同新兴地主妥协，荀子则完全代表新兴地主，这也是思想随社会前进的好证据。

再讲老子，现在国内历史家及哲学家，多说老子是无政府主义或社会主义者，实在当时社会条件还不够产生此等主义，尤其是后者。细考老子思想，主张小国寡民却不否认王侯等封建领主的存在，合起来给他个解释，是主张庄园组织的自足经济，同时承认上面的封建领主的存在。老子的思想，有点儿开倒车，大概他看到小领主已没落无法翻身，以为没落原因，全由大领主之兼并，若能相安便可无事了。老子的经济思想，只可寻出这点素朴的部分。

庄子与老子同派，时间与孟子前后差不多。他的思想不否认封建领主存在，但对封建兼并存反感，因为庄子时候，小领主已完全没落，绝难恢复。所以他的思想，只有转成消极、悲观，痛骂大领主及新兴地主。至多可有对其时代消极的批评。

道家还有个列子，但《列子》书似系晋人伪作，此地不讲了。

同儒道两家相反的有墨子与许行。墨子一方面替农民说话，但是他也不否认封建领主的存在，这似乎是一个矛盾，因为农民的利益决不会与封建领主调协的。其所以形成这种矛盾的思想，大约因为墨子也是“士”中的一员（孔子后的士），对下属农民就较接近，因为士是封建团体的最下层，他们没落后的直接前途，就是同于农民的地位。因为他本身曾参加过统治阶级，所以他的意识不否认领主的存在，但又身受农民所受的痛苦；所以去说明自己集团的痛苦，但同时说明了农民的痛苦了。这矛盾起于士本身之没落与变化，有人说墨子可以代表农民阶级，其实并不尽然，充其量也只能算作半个农民阶级的代言人。

许行，有人说他代表手工业阶级，由庄园制度的解体后到春秋战国时候，独立的手工业自然已经存在，但是似乎还不能形成其系统的意识形态，在各国历史中也没有此类情形。所以说许行代表手工业阶级的论据也同样是薄弱的。许行的学说见于《孟子》，一方面谈手工业者的生活，同时也谈农民的经济生活，大概当时农民以手工业为副业，完全独立的手工业，不过供少数大领主的需要。所以说许行完全是代表农民阶级的利益，似乎妥当些。

附论到《商君书》与《吕氏春秋》。《商君书》有人说是汉人伪造，内容无可重视。但吕览系完全代表新兴地主，同时又替商人说话，因当时商业已相当繁盛，吕不韦本身便是商人。《商君书》否认商人利益，由此可知其时代决不在吕览之后，因为社会是不能开倒车的。

许多人讲周秦经济思想，提出什么社会主义、重农主义、重商主义去凑合，但那都是资本主义社会已经相当的排演其历史日程的时候才能发生的，而且在最初，也仅是些片断的思想而已。

拉杂地作了这样一段叙述，不敢说我说的对，也不敢抹杀人家所说的，只供在坐的诸君参考的一种意见罢了。

（原载《劳动季报》第一卷第二期，一九三四年七月十四日出版）

秦代经济研究

这是我的讲稿之一部分，《文史》编者吴承仕先生临时向我索稿，仓促间未能加以补充和修改，勉强以此应命。意在借此去获取学术界的意见。——笔者

由封建领主经济到封建地主经济的转换——秦代══地主经济的组织——农民的徭役输给和秦代政权的没落。

一　由封建领主经济到封建地主经济的转换

由封建领主经济到封建地主经济══由农奴的经营到佃户的经济，在农业生产性的提高上，是其本身的一步前进。

在秦国发生的地主阶级，以其较进步的农业生产══雇役佃农制的生产，很快的就把原来的落后的农奴制的生产代替了。情形大概是这样的，因为有地主经济的雇役佃农制生产的存在，给予负荷奇重的农奴们以一种有力的吸引，而作为他们逃亡的一个归宿地；因而引起领主们领地上的农奴们之不断的逃亡，至领主们的田园因劳动力的缺乏而致于荒芜，从而又把领主们的农奴制生产引向地主经济的雇役佃农制生产，结果使原来的领主也不断的转化为地主。

在这个过程中，领主们虽然对地主们抱着很深的仇视态度，然而事势所

趋，亦终于为地主的势力所克服了。《史记·商君列传》说：

> 商君相秦十年，宗室贵戚多怨望者……赵良曰：君……相秦……刑黥太子之师傅……公子虔杜门不出，已八年矣；君又杀祝懽而黥公孙贾……君之出也，后车十数，从车载甲，多力而骈胁者为骖乘，持矛而操阘戟者旁车而趋……尚将欲延年益寿乎？则何不归十五都灌园于鄙？……君尚将贪商于之富？

商鞅系秦国地主阶级政治上的第一个代理人，这在如次的一段话中便能说出来。

> 今秦之地，方千里者五，而谷土不能处二，田数不满百万，其薮泽溪谷名山大川之材物货宝，又不尽为用，此人不称土也……三晋……韩魏……土狭而民众，其宅叁居而并处……民上无通名，下无田宅，而恃奸务末……此其土之不足以生其民也，似有过秦民之不足以实其土也。意民之情，其所欲者田宅也；而晋之无有也，信秦之有余也。必如此而民不西者，秦士戚而民苦也……不夺三晋民者，爱爵而重复也。（《商君书·徕民》）

这完全系满足新兴地主阶级农业劳动力的一种政策。他的第二个抑制领主的政策，即所谓“作耕战”的奖励有功的办法，对参加作战的有战功的农民，视其功之大小，可以免除徭役的一部或全部，功更大者得准其私有其耕种的土地。这样去把农民从领主的支配下解放出来（自然，并不是让农民得到解放）。他又使这班领有土地的农民，也把自己的土地佃给新来民耕种，让他们仍去从事战争。据他说：

> 兴兵而伐，则国家贫；安居而农，则敌得休息，此王所不能两成也……今以故秦事敌，而使新民作本；兵虽百宿于外，境内不失须臾之时，此富强两成之效也。臣之所谓兵者，非谓悉兴尽起也，论境内所能给军卒车骑，令故秦兵、新民给刍食。（《商君书·徕民》）

这样，便把地主阶级在秦国的支配地位开始树立起来了。又“使民以粟出官爵，官爵必以其力”（同上，《靳令》），给地主阶级辟开一条直接参加政权的道路。由于地主阶级在秦国取得支配地位之后，秦国的经济便得到一个较进步的发展，而形成为当时全中国经济最发展的主要区域。这从其当时对农业的耕作方法上可以看出来。

上田弃亩，下田弃甽，五耕五耨，必审，以尽其深殖之度……是以六尺之耜，所以成亩也，其博八寸，所以成甽也。耨柄尺此其度也，其耨六寸，所以间稼也。地可使肥，又可使棘。(《吕氏春秋·任地》)

晦欲广以平，甽欲小以深。(同上，《辨土》)

此外《吕氏春秋》的《上农》、《审时》各篇，亦均系关于增进农业经营生产性的研究。

秦国的地主阶级在这种经济基础上把全中国统一起来，而树立其封建地主阶级的经济的——政治的支配权。

二　秦代——地主经济的组织

1. 土地私有制的确立

新兴地主是随着土地私有制的发生而存在的。在中国的历史上，土地私有制在春秋时代已开始出现。至秦，土地私有制便得到确定，地主阶级对于土地的兼并，乃为更剧烈的进行。这在汉代的文献中记载得很明白：

秦为无道，厚赋税以自供奉……兼并起，贪鄙生，强者规田以千数，弱者曾无立锥之居。(《汉书·王莽传》)

其视有天子也，与无立锥之地同。(《吕氏春秋·为欲》)

至秦，则不然……小民……或耕豪民之田，见税什五。(《汉书·食货志》)

(陈平)少时家贫，好读书，有田三十亩……伯常耕田，纵平使游学。(《史记·陈丞相世家》)

井田废。田非耕者之所有，而有田者不耕也。耕者之田资于富民，富民之家，地大业广，阡陌连接，募召浮客，分耕其中，鞭笞驱役，视以奴仆……田主日累其半以至于富强，耕者日食其半以至于穷饿而无告。(马端临引苏洵语，见《文献通考·田赋考》)

这一方面表示土地私有制业已确立，而盛行着土地的买卖。一方面说明土地集中到大地主的手中，多数农民已转化为雇役制度下的“浮客”……

2. 佃耕——雇役制和剥削关系

从农奴制度解放出来的自由农民，所谓自由也还是表面的，本质上依旧和前此无何区别。新兴地主依旧把他们束缚在土地上面，对他们实行其在农奴制时代的榨取。

使民毋得擅徙，则诛愚乱农，农民无所于食而必农。（《商君书·垦令》）

今以草茅之地，徕三晋之民。（同上，《徕民》）

避农则民轻其居……凡治国者，患民之散，而不可抟也。”（同上，《农战》）

则民不得无田，无田不得不易其食……田者利，则事者众。（同上，《外内》）

农不上闻，不敢私籍于庸，为害于时也。然后制野禁，苟非同姓，农不出御，女不外嫁，以安农也。（《吕氏春秋·上农》）

因为不如此，地主对农民，便不能实行超经济以外的强制榨取。这种给予农民的土地，就是地主给予农民的作为维持其最低物质生活的工资，同时作为保有其必需劳动力的一种手段，不然，若是农民可以自由移徙，则地主不仅无法施行其超经济的强制榨取，而且其经营上的必要劳动力也无所保障。

农民对于地主的劳动力支付的形态，主要是以“剩余劳动”和“剩余生产物”的两种形态而支出的。前者，仍是由农民除以一部分劳动力在其分有地上劳动外，另一部分的劳动则在地主的土地上劳动。

农民不饥，行不饬，则公作必疾，而私作不荒，则农事必胜。（《商君书·垦令》）

后者，大概由农民向地主缴纳现物地租。

百姓曰：我疾农，先实公仓，余收以食亲。（《商君书·农战》）

至秦……小民……或耕豪民之田，见税什五。（同上）

田主日累其半，以至于富强。（同上）

同时，农民还要随时去供应地主的杂役。此外还须向地主阶级的政府输纳现物赋税，应征徭役。关于赋税，例如：

诸侯所税于民轻重之法，贡职之数，以远近土地所宜为度。（《吕氏

春秋·季秋》）

令送粮无取僦，毋得反庸，车牛舆。（《商君书·垦令》）

故爵五大夫皆有赐邑三百家，有赐税三百家。（同上，《境内》

关于徭役，则下列的事实，更说得很明白：

故为国分田数小，亩五百，足待一役……方土百里出战卒万人者，数小也。此其垦田足以食其民。都邑遂路足以处其民。山林薮泽溪谷足以供其利，薮泽堤防足以畜。故兵出粮给而财有余，兵休民作而畜长足，此所谓任地待役之律也。（同上，《算地》）

民无一日之繇。（同上，《徕民》）

能人得一首，则复夫劳。（同上，《境内》）

城郭高，沟洫深，则民力罢矣。（《吕氏春秋·似顺》）

陈涉起匹夫，瓦合适戍。（《史记·儒林列传》）

高祖以吏繇咸阳。（《史记·萧相国世家》）

二世常居禁中……右丞相去疾……进谏曰：关东群盗并起……皆以戍漕转作事苦，赋税大也。请且止阿房宫作者，减省四边戍转。（《史记·秦始皇本纪》）

在这里，我们可以看出农民所任的赋役和前此的封建时代稍有差异者，便是前此只有其直属领主的一层征发；至此，则有地主和地主阶级的统治机关之两层征发。从而农民在其事实上的负担，还甚于在前此的农奴制时代。

除这种农民而外，参加生产者还有所谓“佣”的存在，如陈涉“为人佣耕”，栾布“穷困赁佣于齐”，便是一例。同时，小自耕农民亦已存在，如陈平有田三十亩，其兄“伯常耕田，纵平使游学”便是一例。

在另一方面，在这时还有大量奴隶的存在，如吕不韦和张良各有大群的“家僮”。不过他们已不是担任生产的主要阶级，而且我们找不出这时的奴隶担任农业劳动的事实来。

3. 商业和工艺

这时的大地主固不必同时便是大商人，但大商人却同时便是大地主。如《汉书·货殖传》说的商人卓氏和孔氏都同时是大地主。

卓氏：田池射猎之乐，拟于人君。

孔氏：大鼓铸，规陂田。

商品的种类，《史记·货殖传》中可列出如次之种类：

谷，丝，漆，帛，絮，鱼，盐，枣，栗，皮，革，竹，木，金，锡，珠玑，犀，玳瑁，果，布，牛，羊，彘，薪藁，僮婢，酒，醯酱，浆，漆木器，铜器，铁器，马，筋角，丹砂，文采，荅布，蘖曲，狐貂羊裘，旃席……

大部分为农产品，其次为手工业制品，再次为海滨及远方物品，更次为人口买卖。在这里，人口买卖和手工业制品是有其关系的。《汉书·货殖传》说“童手指千”。是在说明以奴隶从事手工业制造。同时吕不韦、卓氏、白圭……均系大商人而拥有大群的“童”，这种“童”大概便是为他们制造商品的奴隶，从而童婢的买卖的价值因以发生了。这是由于商业资本的活动所引起的结果，同时便可算是变种的中国封建社会的一个特点。

不过在秦代，担任手工业等制造的，确乎不只奴隶之一种，还有独立手工业者：（A）和专为官府制造物品的工匠；（B）——这似系由工奴转化来的一种遗制。

（A）“齐有北郭骚者，结罘罔捆蒲苇织萉屦，以养其母，犹不足。”（《吕氏春秋·士节》）

“凡民自七尺以上，属诸三官，农攻粟，工攻器。”（同上，《上农》）

（B）“是月也，命工师，令百工，审五库之量，金铁、皮革、筋、角、齿、羽、箭杆、脂胶、丹漆，无或不良，百工咸理，监工日号，无悖于时。”（同上，《季春》）

我们根据上述商品种类和B来看，当时手工业的分业已有相当发展。由于分业的发展，手工技术便也随着发展了，据《史记》所说秦始皇统一六国后，乃销天下兵器，铸为金人十二，是这时的手工技术已发明铸造铜像。其次《吕氏春秋·精通》篇说：“慈石召铁，或引之也。”已具有素朴的物理学知识——这当然由劳动经验而来的。

在秦代的伟大的土木工程的建筑，如“万里长城”与火焚“三月不绝”的阿房宫，却都是农民徭役劳动的结晶品。

再说回到商业，秦始皇的统一，商业在其对商路的要求上，大概曾尽了一个相当的作用。商人和地主在这里本来是二位一体的，秦始皇的地主政权，当然也不能不代表商人的利益。所以吕不韦以一商人而参加政权，为相封侯（文信侯）。他如《史记·货殖列传》说：

秦始皇帝令倮比封君，以时与列臣朝请。而巴蜀寡妇清，其先得丹穴，而擅其利数世，家亦不訾……用财自卫，不见侵犯。秦皇帝以为贞妇而客之，为筑女怀清台。

其次，度量衡的统一是商人所要求的商品交换秩序之建立的前提。秦代的彝器铭文有：

二十六年，皇帝乃兼并天下诸侯，黔首大安，立号为皇帝。乃诏丞相状绾，法度量则不壹嫌疑者，皆明壹之。（《薛氏钟鼎彝器款识》解秦权及平阳斤）

4. 阶级的构成

在秦代的地主的统治权之下，依旧还有封建诸侯的遗制的存在。秦始皇的左右，在秦统一七国后，仍有封侯食邑者。不过经济领域中是地主经济的支配罢了。

因而形成秦代封建统治阶级的，除为其主要的地主——商人外，还有封君。

在被统治阶级方面，主要为农奴本质的农民——雇役佃农（浮客）、自由农民、“佣”和手工业者——独立手工业者、官府的工匠、“童手”——和执贱役的贱奴。

主要对立的阶级为地主和农民。

三　农民的徭役输给和秦代政权的没落

秦代的新兴地主阶级的政权，在短时内就已没落下去了。这在许多机械论者看来，曾引起两种很大的误会；一方面有人因此误认秦代为封建领主的政权，汉代是以地主阶级的势力起来把秦的政权推翻；一方面有人因此也认秦代为地主阶级的政权，由已没落的封建领主的死灰复燃，又把秦代的地主阶级推下历史的舞台，前者显然是不认识秦代政权的性质，后者则显系历史“退化”论的见解。只有辩证的考察，才能认识问题的本来面目。

我们试一考察燃起秦末暴动的第一把火焰的陈涉是属于那一个阶级？他怎样去燃这一把火焰的？照《汉书·陈胜项籍列传》说：“胜少时尝与人佣耕。”“胜……初为王，其故人常与佣耕者，闻之乃至陈。”贾谊《过秦论》说：“陈涉，瓮牖绳枢之子，氓隶之人，而迁徙之徒。”陈涉的本身完全是一个雇佣农民，这是很明白的。再看他是怎样发动这一次暴动的吧，这一班的参加者是些什么人？贾谊在同文中说：“蹑足行伍之间，而俛起阡陌之中，率疲散之卒，将数百之众，转而攻秦。斩木为兵，揭竿为旗，天下云合响应。”班固在同书同文中说：

秦二世元年秋七月，发闾左戍渔阳九百人，胜广皆为屯长，行至蕲大泽乡，会天大雨，道不通，度已失期，失期法斩……胜曰：天下苦秦久矣……今诚以吾众为天下倡，宜多应者。

并杀两尉。召令徒属曰：公等遇雨，皆已失期，当斩，藉第令毋斩，而戍死者固什六七。

再拿秦代大地主们自己的话来看：

右丞相去疾、左丞相斯、将军冯劫进谏曰：关东群盗并起，秦发兵诛击，所杀亡甚众，然犹不止。盗多，皆以戍漕转作事苦，赋税大也。(《史记·秦始皇本纪》)

班固也说：

至于始皇，遂并天下。内兴功作，外攘夷狄，收泰半之赋，发闾左之戍。男子力耕不足粮饷，女子纺绩不足衣服。竭天下之资财以奉其政……海内愁怨，遂用溃畔。(《汉书·食货志》)

从而，揭竿而起的是农民阶级，为首领导的也是农民；激起起义的主要原因，是农民阶级不堪赋税和徭役的苛重的负担，所谓“遇雨”“失期”那一偶然事实，只不过起了促进必然性的作用罢了。

我们再从刘邦来看，他的家庭是自耕农，他自身却是“泗上亭长”——地主阶级的爪牙。据班固说：

高祖常繇咸阳。

高祖以亭长，为县送徒骊山，徒多道亡。自度比至皆亡之。到丰西泽

中亭，止饮。夜皆解纵所送徒，曰：公等皆去，吾亦从此逝矣。（《汉书·高帝纪》）

萧何、曹参曰……愿君召诸亡在外者，可得数百人，因以劫众。（同上）

如萧、曹、樊哙等皆为收沛子弟，得三千人。（同上）

很明显，这些地主阶级的爪牙所领导的武装，也是以农民为主力的。而这些地主阶级的爪牙也去揭起反抗，却是因为处在失职逃亡的境地。

农民暴动的火焰燃起以后，原来已没落了的各“国”领主，也纷纷乘机起来，企图作死灰复燃的挣扎，这虽属历史上数见不鲜的事情，然却并不能对历史引起何种作用。这从汉初政权的构成上去看，是能十分明白的。这到他处再说。

（原载《文史》第一卷第三号，一九三四年八月二日出版）

西周时代的中国社会

A. 周代国家的形成

一　在灭亡前夜的殷代社会状况

周代的封建国家，是建筑在殷代奴隶所有者国家的废墟之上①。因而在这里有略述殷代奴隶制度社会在灭亡前夜的状况之必要。

在古代希腊和罗马奴隶制度灭亡的主因，是由于奴隶制度的生产关系，已经和其自身的生产力的发展相矛盾，易言之，前者已成了后者发展的桎梏；奴隶来源的缺乏，上层阶级的腐败……招致生产力的衰退等等，而归结到社会经济的崩溃。

殷代国家的灭亡，是否和希腊罗马的灭亡为同一原因？（其主要原因，当然不能有二致的。）我们没有充分的材料来说明。我们还只能从《微子》篇中找着一点关于自由民阶级的贫穷化的说明（“殷罔不小大，好草窃奸宄……今殷民乃攘窃神祇之牺牲，用以容，将食无灾”。），依此去推想着当时社会的穷乏和经济的衰落。至于是否发生着奴隶缺乏的何种情形，却还没有具体的材料来说明。大概在当时更由于上层阶级的腐败，战争的力量也已经衰退下去，不能对其四周各族继续着掠取奴隶的战争（《微子》：“殷其弗或乱正四方。我祖底遂陈于上，我用沉酗于酒，用乱败厥德于下。”），这却

① 关于殷代奴隶制度研究，我另有一文在《劳动季报》第二期发表。

是事实。

由于经济的衰落，统治阶级为满足其剥削和维持财政的来源，便只有更加紧对被剥削者的榨取。这在武王及周公的口中，能给予一个简单的说明：

> 乃惟四方之多罪逋逃，是崇是长，是信是使，是以为大夫卿士，俾暴虐于百姓，以奸宄于商邑。(《周书·牧誓》)

> 今商王受无道，暴殄天物，害虐烝民，为天下逋逃主萃渊薮。(《周书·武成》)

> 诞惟厥纵，淫泆于非彝，用燕丧威仪，民罔不尽伤心。惟荒腆于酒，不惟自息乃逸。厥心疾很，不克畏死，辜在商邑，越殷国灭无罹。(《周书·诰》)

> 自时厥后立王生则逸。生则逸，不知稼穑之艰难，不闻小人之劳，惟耽乐之从。自时厥后，亦罔或克寿。(《周书·无逸》)

> 敛怨以为德。(《诗·大雅·荡》)

因而阶级间的仇视，便益益加深，到殷代国家灭亡的前夜，大概遍地都发生着被压迫阶级的骚动。照微子所说，那种骚动的形势，直可以倾覆殷代的国家，其严重可想而知。微子说：

> 小民方兴，相为敌仇。今殷其沦丧，若涉大水，其无津涯；殷遂丧，越至于今。(《周书·微子》)

《诗·大雅·荡》亦说：

> 寇攘式内，侯作侯祝，靡届靡究……如蜩如螗，如沸如羹，小大近丧……内奰于中国，覃及鬼方。

那位微子先生看见当时的险恶情势，便不免害怕起来。因而他又说："从前我们把被征服者都捕来作奴隶；现在，若是我们的国家为人家灭亡，那便无疑，我们也都要去替人家作奴隶了。"(《微子》："商今其有灾，我兴受其败；商其沦丧，我罔为臣仆。")

至于商代国家，究竟替周代创造出一些怎样的历史因素——物质条件，我们还没有可靠的材料来说明。传说中的所谓"殷人七十而助"的原始佃户的经营。论理，这种情形，在殷是有发生的可能。但在没有更可靠的材料前，我们还不敢确定。

二 周代国家形成的过程

周民族的祖先，《诗·大雅》及《鲁颂》均追述自那位传说中的农神后稷；《史记》根据《世本》等书追叙周之先世，更至帝喾，自帝喾至文王—帝喾—稷—不窋—鞠—公刘—庆节—皇仆—差弗—毁隃—公非—高圉—亚圉—祖类—古公亶父—季历—昌，凡十五世。并均载稷居邰（今陕西武功县境），公刘迁豳（今陕西邠县），古公迁岐（今陕西岐山县）。这种记载，是不能完全凭信的，惟《诗·大雅》所载古公事实，则颇足凭信；不过公刘究为文王几世祖，却仍然不能决定。至《史记·周本纪》载"公刘虽在戎狄之间"，则颇有研究价值。大概商周原为不同民族，这从殷虚遗物和陕甘境内出土的仰韶系遗物之显然各为一系看，是能证明的。周族或即羌戎之一族，此证之后稷之母曰姜嫄，太王之妃曰姜女，王季之母曰周姜——古姜、羌或即系一字——似乎不会错误的。不过在殷末，这两族的关系，确乎已很频繁。近中殷虚出土之鹿头骨刻词，亦有关涉"羌"、"涼"的记载：

于倞（涼）田，□□，获白麟，祭于□，在九月，隹王十祀肜日，王来白盂□□。

己亥，王田于羌，□祀，在九月，隹王十祀。（均从董作宾君解）

按羌、涼均在今日甘肃境内，其地位和古代有无变迁，尚无从考证。

我们对周民族的起源，根据上述，只能从公刘来开始研究。据《诗·大雅·公刘》所载，则周族在公刘迁前，还是未定居的游牧民族。

笃公刘，匪居匪康。乃埸乃疆，乃积乃仓；乃裹糇粮，于橐于囊；思辑用光，弓矢斯张，干戈戚扬，爰方启行。

笃公刘，于胥斯原，既庶既繁……陟则在巘，复降在原。何以舟之？维玉及瑶，鞞琫容刀。

逝彼百泉，瞻彼溥原，乃陟南冈……于时处处，于时庐旅。

依此，周民族在"迁豳"前，已知道农业；但他们游牧到豳这个地方以后，才开始营定居生活（这当然也要经过一个相当时间），当时社会的组织，依如次的两段话看，则是村落公社。

跄跄济济，俾筵俾几，既登乃依，乃造其曹，执豕于牢，酌之用匏，食之饮之，君之宗之。

相其阴阳，观其流泉。其军三单。度其隰原，彻田为粮；度其夕阳，豳居允荒。

前节是关于民族的祭典或庆祝的盛大宴会的描写；依后节看，公刘大概为其民族中的一位军事酋长，所谓“彻田为粮”，大概就是村落公社的一种公务上的征税。

从“取厉取锻”来看，大概当时公社的分工，已有专门工匠的存在。因为炼铁并不是简单容易的事情（郭沫若、李季两君均考定“取厉取锻”为炼铁，余意此说甚是）。

自铁的发明以后，不仅农业有更急速的发展的可能，而且它已制造出古代共产社会的丧钟。因而至古公时，农业便达到一个繁盛的境况。《诗·大雅·绵》说：

周原朊朊，堇荼如饴。

能指示出农业繁盛的一点影子来。从而村落公社的组织，也就更典型化，而达到如次的情形。

乃慰乃止，乃左乃右，乃疆乃理，乃宣乃亩，自西徂东，周爰执事。(同上)

工艺的发达，则如次的几句话可略为说明。

其绳则直，缩版以载。

捄之陾陾，度之薨薨。筑之登登，削屡冯冯。百堵皆兴，鼛鼓弗胜。(同上)

从“戎丑攸行”的一句话看，似乎已有氏族的奴隶存在。这“戎丑”显然就是奴隶。

因为周族到文王时便更为强大起来。由于农业的发展，便扩大了土地的需求。于是不废一矢的征服“虞”、“芮”之后，便又去灭亡“密”、“崇”，而至于“四方以无拂”。

只是周族在这时已否建立其国家？从“维此王季……王此大邦”（《诗·大雅·皇矣》），“文王受命，有此武功”来看，这所谓“王”，究竟是意义着罗马的 Rex，还是意义着后来的阶级社会的“王”？颇觉难以说明。不过从如次的一段话来看：

> 呜呼！厥亦惟我周太王、王季，克自抑畏。文王卑服，即康功田功……自朝至于日中昃，不遑暇食……不敢盘于游田，以庶邦惟正之供。（《周书·无逸》）

文王自身还亲自参加农业劳动。但“以庶邦惟正之供”的一句话，又在说周族对其所征服之各族，在征取着一定“贡纳”。以《大雅·皇矣》看，文王又确乎是一个专门以战争为事的军事领袖。惟其如此，所以武王才能在殷代奴隶制国家的废墟上，建立起封建国家来。

B. 封建制成立的经济基础和西周封建制的成立

一　封建制成立的经济基础

封建制度的形成，我们从世界史去考察，大抵有如次的两种过程：一、便是如伊里奇所说的“奴隶制度，在许多国家里，在于其发展的过程中，便转化为农奴制度”（见波特卡诺夫《世界史教程》日译本第二分册）。十五世纪到十六世纪之间的俄国，以及古代日本，便是采取这种过程的；二、便是中世日耳曼式的封建制度形成的过程：一方面有其自身的前一时期的氏族社会的结构，另一方面有被征服者的前一时代的商品关系的残余，由这两种元素合流而形成其封建制度。但这两者间在历史运动法则的根本点上，是有其共同性的。无论其过程如何，从奴隶制到封建制的过渡，总是到前者的生产关系已成了其自身所具备的生产力发展的桎梏，再不能前进一步，同时作为后者之产出的历史的新因素，已在前者的母胎内存在；这样，后者才能在前者的废墟之上，建立起新的社会制度来。

欧洲封建制度形成的过程，尼多尼亚说：“那（封建制度）虽不是必要的阶段，然而那却是在社会进化上共同踏过的阶段。那主要的，就是在已经被王权的，或贵族的种族所组织了的民族内部，其首长于自己的指挥之下，使邻近他自己的集团的若干种族的小集团屈服于他的当中，他注意到征服者使一国顺从，且拉拢被征服的小王或首长，于是自己想处适当的有利的方面和有利的时候，始发生封建制度。”（见熊译山川均《唯物史观经济史》九页）库诺说：“到了很大的土地所有的区别发生，以前的种族首长（即我所称部落酋长——吕）发展而为种族的诸侯，或种族的王之后；更到了特殊的所有愈见其重要性，连带发生了的大地主阶级并小的隶属的农民阶级之后，则一方以侵略的结果，一方以新的地主贵族而抑制土著的农民阶级的结果，封建组织遂到处发生了。”（同上）实际是，库诺和尼多尼亚都还只说明了问题的一半，而忽略了另一半。他们完全忽略了罗马国家给日耳曼民族所创造出的历史的新因素。

作为完成西欧封建制度之基础的，一方面为已存在的村落共产体内的农业和手工业的生产，一方面为在崩溃中的原来的奴主的农主组织。这作了庄园或彩色的组织的出发点。

从这基础点出发而构成的封建制的经济基础，山川均就中世欧洲的情形说：

> 封建时代经济的基础，是在共同体内的农业生产及手工业的生产，此际，纯粹的农业是最主要的要素，牧畜不过立在从属的地位。住居早已在一定的地域内，营定住的生活了，不过生产物的种类还少，剩余劳动占着生产的较大的部分。
>
> 因劳动生产的发展，共同体就逐渐扩张，以至于包含好几千住民。
>
> 在共同体内对抗民族的家族，已成为一个经济单位，农业即由这些家族而为个别的集约的农耕。
>
> 不过结合共同体内家族全体的纽带还残留着——共同牧场、共有森林等。就是空地使用权，在某种程度上，都还在共同体管辖之下，这样，封建的财产，并与封建财产相适应的社会组织，为家族集产主义，更正确的说来，乃是从血族集产主义到资产阶级的个人集产主义的一个桥梁。（拉发格《财产进化史》）
>
> 共同体内的手工业，也以独立的产业而存在了。最初是把应共同体的必要的生产，按照非共同体的命令而施行的，但后来，则成为由各个家族的定货而生产的样子了。
>
> 共同体内的选举公职，逐渐成为世袭，因之发生了氏族的贵族（尤其是军事贵族），这种家族在军事上也是占了优越的地位。

> 富裕的家族，马上把军队的组织者专由自己家族派出的事件也成功了。定住农民当然要受他们的保护，倒不论是战争的时间或饥馑的年头。
>
> 自由农民为要受着完全的保护起见，自己就将自己的所有地，让渡于那些有力的家族，回头又附以条件的承领这块土地，土地以至成为那些有力的家族的所有地。氏族的贵族，已是全体土地的所有者，已是领主了，农民对于他的保护，则以劳动为报酬。
>
> 这种关系并扩大至外面，弱小的封建领主，则靠强大领主的保护，由是就有了国王和诸侯的区别。（山川均前揭书）

不过山川均在这里也一样忽略了问题的另一面——忽略了罗马国家所创造出的经济的条件给予日耳曼民族建立其封建国家的影响。

二 西周封建制度的成立

西周封建制度的形成，采取何种过程？我们从所有材料考察的结果，似乎是采取着日耳曼式的过程。

周民族在古公时，氏族公社的组织已发育完成，我们在前面已经说过。到文王时，文王自身也不曾完全从劳动脱离出来，前面也提述过。据孟子所说“文王之治岐也，耕者九一……泽梁无禁，罪人不孥，鳏寡孤独废疾者皆有所养”。反映在文王时，周民族的内部，还是过着氏族村落公社的生活。

武王伐殷以后，便从其前时期的村落公社和殷代奴隶制所遗留下来的历史条件的基础出发，而转化为封建制度——农奴制度的采邑经济。

在武王伐殷前，其左右已有大批的扈从。

> 王曰：“嗟我友邦冢君御事、司徒、司马、司空、亚旅、师氏、千夫长、百夫长、及庸、蜀、羌、髳、微、卢、彭、濮人。”（《周书·牧誓》）
>
> 武王……东观兵，至于盟津……不期而会盟津者八百诸侯……居二年……乃遵文王，遂率戎车三百乘，虎贲三千人，甲士四万五千人，以东伐纣。（《史记·周本纪》）

前者所说的御事、司徒、司马、司空、亚族、师氏、千夫长、百夫长等，大概就是后者的甲士和虎贲，他们也就是当时的“王”的左右的扈从。后者所说的“八百诸侯”，大概不外就是前者所说的“友邦冢君”，这些诸侯就是和周同盟的各氏族酋长，所谓“庸”、“蜀”等，也就是和周同盟的各氏族。这些武王左右的扈从和随从去伐殷的各氏族酋长，后来便都作了等级不一的封建领主。此外殷代的贵族，也有不少转变成了封建时代的领主的。因而《左传》僖公二十四年说：“封建亲戚，以屏藩周”；《荀子·儒效》说：“周公兼制天下立七十一国，姬姓独居五十三人”；《史记》说，一以封前代帝王子孙，一以封周之亲族，一以封周初功臣；旧说称武王分殷地为邶、鄘、卫，封武庚于邶，使管叔尹鄘，蔡叔尹卫。《左传》定公四年说：“因商奄之民，命以伯禽而封于少皞之虚”；命以康诰而封于殷虚；《左传》昭公二十八年说：“武王克商，光有天下，其兄弟之国者十有五人，姬姓之国者四十人，皆举亲也。”《史记》又说，武王封尚父于营丘曰齐，封弟周公旦于曲阜曰鲁，封召公奭于燕，封弟叔鲜于管，弟叔变于蔡，余各以次受封。又封神农之后于焦，黄帝之后于祝，帝尧之后于蓟，帝舜之后于陈，大禹之后于杞。当时所谓“封国”究竟有多少，有谓“仪刑文王，万邦作孚”（《诗·大雅·文王》），有谓周初盖千八百国（贾山《至言》），有谓周封四百余国（《吕览·观世》）。这种国，无疑就是各氏族酋长、贵族，和“王的扈从所转化过来的领主的采邑”。不过这种采邑，并不如孟轲所说那样整列的分有疆土的百里、七十里、五十里和不满五十里的附庸。大概当时的采邑甚多，甚至数方里之内便是一个采邑，这应系事实；不过大多数的小采邑，在历史上已不可考，可考的只是一些庞大的领邑而已。因为自大诸侯以至小领主，不仅有等级的从属，而且各级的领主自己又常把其领地分封其左右。

但是有人认为周代的“封建”，只是“封土”，而不是“封建”。到底是“封土”还是“封建”?《诗·鲁颂·闷宫》说：

> 王曰：“叔父，建尔元子，俾侯于鲁，大启尔宇，为周室辅……锡之山川，土田附庸。”
>
> 公食贡，大夫食邑，士食田，庶人食力。（《国语·晋语》）

如认为从这些话来看，不能判明是“封土”还是“封建”的话，则我们在他方面又同时看见有建立社稷的事实，并看见有庄园式的采邑组织，问题便算明白了。

C. 西周——初期封建制度的经济组织

一　阶级组织

1. 所谓“五等五服”之制

《周礼·王制》所叙的五等五服，我们暂时把它撇开。先从孟子所说的来看：

> 北宫锜问曰：“周室班爵禄也，如之何?”孟子曰：“其详不可得闻也。诸侯恶其害己也，而皆去其籍。然而轲也尝闻其略也。天子一位，公一位，侯一位，伯一位，子、男同一位，凡五等也；君一位，卿一位，大夫一位，上士一位，中士一位，下士一位，凡六等。天子之制地方千里，公、侯皆方百里，伯七十里，子、男五十里，凡四等；不能五十里，不达于天子，附于诸侯曰附庸……耕者之所获，一夫百亩。百亩之粪，上农夫食九人，上次食八人，中食七人，中次食六人，下食五人；庶人在官者，其禄以是为差”。(《孟子·万章下》)

我们根据上层建筑的意识形态，是下层基础的结构的反映这一原则，似乎不便说这完全系孟二先生的造谣；不过在他的“闻其略”的情形下，曾经过修改而又加入他自己的一些意见，便更加整列，恐系事实。

我们再从周初的金文来看：

> 明公朝至于成周，徃令舍三事令；众卿事寮，众者（诸）尹，众里君，众百工，众者（诸）侯：侯、田、男。(《令彝》)

又《周书·酒诰》有：

> 越在外服，侯、甸、男、卫、邦伯。越在内服，百寮、庶尹、惟亚、惟服、宗工，越百姓里居（君），罔敢湎于酒。

王静安先生认为《酒诰》之“侯、甸、男、卫、邦伯”，即《令彝》之“诸侯、侯、田、男”，“邦伯”即“诸侯”；《酒诰》之“百寮、庶尹、惟亚、惟服、宗工，越百姓里君”，即《令彝》之“卿族寮，众诸尹，众里君，众百工”。罗振玉先生释“侯、田、男为侯服、田服、男服”。我认为这种解释是确切的。因而封建领主的等级的从属，便得到铁一般的确证了。《王制》和《孟子》等书所说的“五等五服”制，或者就是从这一事实而排演扩大了的。不过无论是“五等五服”，抑“四等四服”，于我们的问题并不重要，我们所重视的，只在封建领主的等级从属制度的存在。

2. 阶级组成

根据上节的结论，则：

> 天子建国，诸侯立家，卿置侧室，大夫有贰宗，士有隶子弟，庶人、工、商、各有分亲，皆有等衰。(《左传》桓公二年)
>
> (楚）芋尹无宇辞曰：“天子经略，诸侯正封，古之制也……故《诗》曰：‘普天之下，莫非王土，率土之滨，莫非王臣’；天有十日，人有十等，下所以事上，上所以共神也。故王臣公，公臣大夫，大夫臣士，士臣皂，皂臣舆，舆臣隶，隶臣僚，僚臣仆，仆臣台，马有圉，牛有牧，以待百事。”(《左传》昭公七年)

都只是在说明封建时代的等级的差异。不过《左传》昭公七年条所说的皂，舆、隶、僚、仆、台、圉、牧等，都不是生产阶级，而是为领主使用在家务上的贱奴”。当时主要的生产阶级的“庶人”——农奴，在此处却没有提及。孟子说：“在国曰市井之臣，在野曰草莽之臣，皆曰庶人。”“庶召之役则役”。又说：“公食贡，大夫食邑，士食田，庶人食力。”《诗·灵台》说：“经始灵台，经之营之，庶民攻之，不日成之。经始勿亟，庶民子来。”这已足够说明庶民就是劳力而服役的农奴。

又《左传》襄公十七年条说：

> 宋皇国父为太宰，为平公筑台，妨于农收；子罕请俟农工之毕，公弗许。筑者讴曰：泽门之皙，实兴我役……子罕闻之，亲执朴以行筑者……曰：吾侪小人，皆有阖庐以辟燥湿寒暑；今君为一台而不速成，何以为役？
>
> 世之治也，君子尚能而让其下，小人农力以事其上。(《左传》襄公十三年)
>
> 不知稼穑之艰难，不闻小人之劳。(《周书·无逸》)

是则“小人”亦为力农服役的农奴之一别称。因为有人说，《左传》昭公七年条正是说明西周奴隶制度，便不能不算是绝大的误会。但《左传》襄公十四年条和《左传》昭公七年条，完全为同一事实的叙述，只是曾把主要生产阶级的庶人和工人也指出来了。

天子有公，诸侯有卿，卿置侧室，大夫有贰宗，士有朋友，庶人、工商、皂、隶、牧、圉皆有亲昵，以相辅佐也。（《左传》襄公十四年）

这对于当时阶级的构成上，便说得较明白了。从而金文中之锡臣、夫、庶人等事实，便不难得到解决。例如：

锡汝邦嗣四伯，人鬲自驭至于庶人六百又五十又九夫。锡夷嗣王臣十又三百，人鬲千又五十夫。（《大盂鼎》）

姜赏令贝十朋，臣十家，鬲百人，公尹白丁父兄于戍。（《令簋铭》）

先王作刑亦多虐庶民及傒庶。（《牧簋铭》）

所谓"庶人"，"庶民"，"白丁"，"夫"，大概便都是农奴；所谓"王臣"，"臣"，"傒庶"，便大概都是贱奴或扈从。这在金文中也可以找着说明：

锡汝车马戎兵，厘仆二百有五十家，汝以戒戎作乃用……。（《齐侯镈钟铭》）

这明明在说锡以作战的士兵或扈从。又"鬲"，《周书·大诰》有"民献有十夫"；"白丁"，《周礼·王制》有"司马知师旅甲兵乘白之数"，杨倞注云："白谓甸徒，独今之白丁也。"

二　井田制度

1. 庄园的组织

关于"井田制度"，究竟是否为在中国古代存在过的一种制度，及今还不曾得着一个正确的结论。不过辩证的考察，虽不必有那样井字形的整列的土地区划制度存在过，类似这种制度的存在，则是十分可能的。而且若是没有这种类似的制度存在过，则我们对于历史上的许多材料，便不免难于解说。

中国文字的田字，甲文和金文均作田，周字作圉；《诗》亦有"中田有庐，疆埸有瓜"的记载。前者均极似村落公社的土地的区划形成式，后者则极似公社的一副构想图。要是曾有这种公社的存在过，则其后来的类似井田的庄园的组织，便十分有其存在的可能。幸而金文中还给我们留下一些材料。

锡田于敆，于早五十田。（《敔簋铭》）

锡汝田于埜，锡汝田于渒。（《大克鼎铭》）

侯氏锡之邑，二百又九十又九邑。(《子仲姜镈铭》)

王曰：郝，昔先王既命汝作邑。继五邑，祝今惟疃。(《郝簋铭》)

王曰：中……今括里汝坏□作乃采。(《南宫中鼎》)

王在厈，锡趞采。(《趞卣铭》)

仆庸土田。(《召伯虎簋铭》)

一弄（封）以陟，二封至于边柳。(《散氏盘铭》)

最有意义的，便是如此的一条铭文：

豦拜韻（稽）首休，朕匋君公伯，锡乒臣弟豦井五粜，锡衣胄干戈。豦弗敢望（忘）公伯休，对扬伯休，用作祖考宝尊彝。(《彝铭》)

阮元《释文》云："言以一井公田所入之五粜锡豦也。"这把郭沫若先生的金文中无井田制的记事的推断，又给推翻了。虽然郭先生曾牵强的把"井"释为"母沙"。

从而孟子所谓："井九百亩，其中为公田。八家各私百亩，同养公田。"《汉书·食货志》说："民受田，上田，夫百晦；中田，夫二百晦；下田，夫三百晦。岁耕种者为不易上田，休一岁者为一易中田，休二岁者为再易下田。三岁更耕之；自爰其处。农民户人已受田，其家众男为余夫。"《文献通考·田赋考》说："遂人凡治野，夫间有遂，遂上有径；十夫有沟，沟上有畛；百夫有洫，洫上有涂；千夫有浍，浍上有道；万夫有川，川上有路，以达于畿。"《九通分汇总纂》说："九夫为井，四井为邑。"《通典·卷一》说："六尺为步，步百为亩，亩百为夫，夫三为屋，屋三为井。"便至少该有几分确切性，能互为补充说明。自然，这种数目字的排列和其整然的系统，这都是后代儒家替古人作了进一步的理想的设计在里面。这是应该注意的。

这里还该说明的，从《诗·采芑》"薄言采芑，于彼新田，于此菑亩"来看，当时还在行着"三圃制"的经营。从而《汉书·食货志》所谓上田、中田、下田，便不能不是确切的情形。

2. 剥削关系

封建的剥削关系，不纯是基于经济的条件，而且基于政治的超经济以外的强制榨取。在西周，基于这种——类似"井田制度"的基础上的剩余劳动的剥削，当然便是以赋役为主要形态去表现。赋役经营的必然的前提，照伊里奇所说：一、自然经济支配；二、对于直接生产者，就一般说，必须分给生产手段，就特殊说，必须分给土地，且必须把他们束缚于土地上面不令离开；三、农民在人格上必须隶属于地主，从而才能为“经济外的强制”，那而且是必要……（《经济学》）。

西周封建制度对于剩余劳动的剥削形式，也是令农奴以部分的劳动时间在自己的“私田”上劳动，一部分则在领主的“公田”上劳动。

有渰萋萋，兴雨祁祁，雨我公田，遂及我私。（《诗·小雅·大田》）

噫嘻成王，既昭假尔，率时农夫，播厥百谷。骏发尔私，终三十里；亦服尔耕，十千维耦。（《诗·周颂·噫嘻》）

倬彼甫田，岁取十千。我取其陈，食我农人，自古有年。今适南亩，或耘或耔，黍稷薿薿。（《诗·小雅·甫田》）

按“十千”二字恐系“千百”误文。金文千作丫，十作丨，一十作丅，十十合文作丨丨。千百即什一也。

农民所使用的劳动手段，从下面的两段话看，也有系受自领主的。

大田多稼，既种既戒，既备乃事，以我覃耜，俶载南亩，播厥百谷。（《诗·小雅·大田》）

命我众人，庤乃钱鎛，奄观铚艾。（《诗·周颂·臣工》）

农奴们在领主的“公田”上的劳动，领主们为扩大剩余劳动量而提高劳动强度起见，还常常派人去监督劳动。例如：

曾孙来止，以其妇子……禾易长亩，终善且有。曾孙不怒，农夫克敏。（《诗·小雅·甫田》）

既方既皁，既坚既好；不稂不莠，去其螟螣，及其蟊贼，无害我田稚。（《诗·小雅·大田》）

因而剩余劳动的显化物，便如山的堆积起来了。

曾孙之稼，如茨如梁；曾孙之庾，如坻如京。乃求千斯仓，乃求万斯箱，黍稷稻粱，农夫之庆。报以介福，万寿无疆。（《诗·小雅·甫田》）

此外，农奴并须向领主贡纳牲畜与其他物品，并供采薪和围猎等役。例如：

采菽采菽，筐之筥之，君子来朝，何锡予之？虽无予之，路车乘马。又何予之？玄衮及黼。（《诗·小雅·采菽》）

终朝采蓝，不盈一襜。五日为期，六日不詹。（《诗·小雅·采绿》）

有兔斯首，炮之燔之，君子有酒，酌言献之。（《诗·小雅·瓠叶》）

纠纠葛屦，可以履霜。掺掺女手，可以缝裳。要之襋之，好人服之。好人提提，宛然左辟，佩其象揥，维是褊心，是以为刺。(《诗·魏风·葛屦》)

有狐绥绥，在彼淇梁，心之忧矣，之子无裳。(《诗·卫风·有狐》)

八月载绩，载玄载黄，我朱孔阳，为公子裳。(《诗·豳风·七月》)

取彼狐狸，为公子裘，二之日其同，载缵武功。言私其豵，献豣于公。

嗟我农夫，我稼既同，上入执宫功。昼尔于茅，宵尔索绹。亟其乘屋，其始播百谷。

二之日凿冰冲冲，三之日纳于凌阴，四之日其蚤，献羔祭韭。九月肃霜，十月涤场，朋酒斯飨，曰杀羔羊，跻彼公堂，称彼兕觥，万寿无疆。(同上)

若是农奴们家中的妇女为领主们所垂青，就要一任他们去糟蹋。而领主们家中的妇女，却不准农奴们仰视的。

春日迟迟，采蘩祁祁。女心伤悲，殆及公子同归。(《诗·豳风·七月》)

今女下民，或敢侮予？予口卒瘏，曰予未有室家。(《诗·豳风·鸱鸮》)

领主们的建筑房屋园林，也是由农奴的徭役劳动去担任的。而这种劳役，也恰好是封建经济体系中的特征之一。

经始灵台，经之营之，庶民攻之，不日成之。经始勿亟，庶民子来。(《诗·灵台》)

公功棐迪笃，罔不若时。(《周书·洛诰》)

周公初基，作新大邑于东国洛，四方民大和会。(《周书·康诰》)

鲁人三郊三遂，峙乃桢榦，甲戌我惟筑，无敢不供。汝则有余刑，非杀。(《周书·费誓》)

此外，农奴并须为领主们服兵役。在一般上，共役劳动，亦为封建时代的农奴们的重荷之一。在西周，当然也不能例外。例如：

我徂东山，慆慆不归。我来自东，零雨其濛……果臝之实，亦施于宇。伊威在室，蟏蛸在户；町畽鹿场，熠耀宵行。不可畏也！伊可怀也。

(《诗·豳风·东山》)

大车哼哼，毳衣如璊，岂不尔思，畏子不奔。(《诗·王风·大车》)

王命南仲，往城于方。出车彭彭，旂旐央央。天子命我，城彼朔方。赫赫南仲，玁狁于襄。昔我往矣，黍稷方华。今我来思，雨雪载涂。王事多难，不遑启居。岂不怀归，畏此简书。(《诗·小雅·出车》)

《诗经》中像这一类的记载，真是举不胜举。我们从这些事实去推论，《王制》中的《司马法》、《管子》中的《乘车》，便该有几分可靠的事实作根据，断不是凭空捏造出来的。

此外，在西周，次于农奴的被榨取阶级，便是我们在前面所指出的贱奴。

3. 阶级间的反感

农奴们终岁象牛马般的劳苦，结果只满足了领主们的豪奢生活，而农奴们自己呢，却只落得个“无衣无褐，何以卒岁?”的结果。因为农奴们自己畜养的家畜，要择肥献给领主；所生产的农产物的大部分，为领主所收夺；他们的妻女所织作的“衣”、“裳”，也完全在为领主们效劳……所以他们自己的生活，在住的方面，便是一种黑暗不堪，风雨频袭的茅舍。(《诗·豳风·七月》:“十月蟋蟀，入我床下，穹窒熏鼠，塞向墐户。”)“食”的方面，终岁都是一些藜藿菽果为主，肉类当然是他们吃不到的，谷类也是不得常食的。例如《诗·豳风·七月》说：

六月食郁及薁，七月亨葵及菽，八月剥枣，十月获稻。为此春酒，以介眉寿。七月食瓜，八月断壶，九月菽苴，采荼薪樗，食我农夫。

“衣”的方面呢，他们妻女们的“女执懿筐……爰求柔桑”，“七月鸣鵙，八月载绩”的采桑，养蚕，纺绩……所作成的“载玄载黄”的“衣裳”，自己却不能受用，而是要每年九月送纳给领主（九月授衣），给“公子”们去享受的(“我朱孔阳，为公子裳”)。把那班公子们打扮得十分华贵了，然后他们才好去讲恋爱，并不时去垂青农奴们家中的闺女。至于农奴和其家人呢，却是过着那“一之日觱发，二之日栗烈，无衣无褐，无以卒岁?”（均见《诗·七月》）的景况。

其次，农奴们为领主们服役去参加封建战争，不惟对其家中的父母妻子不容顾及，而且对其自身的生命是一个重大的危险。

在这种情形下，便必然的会发生着阶级间的反感。在农奴对领主的反感的悲声中，同时又可暴露出阶级剥削关系的严酷和阶级生活的悬殊。如次便是表示农奴们之呼声的几首诗。

骄人好好，劳人草草。苍天苍天！视彼骄人，矜此劳人。(《诗·小雅·巷伯》)

陟彼北山，言采其杞，偕偕士子，朝夕从事，王事靡盬，忧我父母。溥天之下，莫非王土；率土之滨，莫非王臣。大夫不均，我从事独贤。四牡彭彭，王事傍傍。嘉我未老，鲜我方将，旅力方刚，经营四方。或燕燕居息，或尽瘁事国，或息偃在床，或不已于行，或不知叫号，或惨惨劬劳，或栖迟偃仰，或王事鞅掌，或湛乐饮酒，或惨惨畏咎，或出入风议，或靡事不为。(《诗·小雅·北山》)

明明上天，照临下土。我征徂西，至于艽野。二月初吉，载离寒暑。心之忧矣，其毒大苦……岂不怀归，畏此罪罟。(《诗·小雅·小明》)

不稼不穑，胡取禾三百廛兮？不狩不猎，胡瞻尔庭有县貆兮？彼君子兮，不素餐兮。(《诗·魏风·伐檀》)

硕鼠硕鼠！无食我黍。三岁贯女，莫我肯顾。逝将去女，适彼乐土。乐土！乐土！爰得我所。(《诗·魏风·硕鼠》)

黄鸟黄鸟！无集于栩，无啄我黍，此邦之人，不可与处；言旋言归，复我诸父。(《诗·小雅·黄鸟》)

荏染柔木，君子树之。往来行言，心焉数之。蛇蛇硕言，出自口矣；巧言如簧，颜之厚矣。(《诗·小雅·巧言》)

相彼投兔，尚或先之；行有死人，尚或墐之。君子秉心，维其忍之。心之忧矣，涕既陨之。

莫高匪山，莫浚匪泉。君子无易由言，耳属于垣。无逝我梁，无发我笱。我躬不阅，遑恤我后？(《诗·小雅·小弁》)

农奴们对领主们所抱的阶级憎恶，在上列各诗中能充分的说明出来。领主们对付农奴们的阶级的愤懑情绪，为防患阶级的叛乱于未然，便常常不惜用暴力去禁止。这是历史上统治者之一贯的愚笨政策。在西周，《诗·小雅》有如次的两段话：

谓山盖卑，为冈为陵。民之讹言，宁莫之惩？召彼故老，讯之占梦。具曰予圣，谁知乌之雌雄？(《诗·小雅·正月》)

> 天方荐瘥，丧乱弘多。民言无嘉，憯莫惩嗟？（《诗·小雅·节南山》）

因而在当时的情形，凡关于唤起阶级意识的言论，不但严格的被禁止，而且一被统治者查觉，就不免还要脑袋开交的（“幽王使监谤者，得则杀之”），因而民众们自然便不免在暴力的恐怖下而禁若寒蝉了。（“忧心如惔，不敢戏谈”——《节南山》）

4.“超经济的强制”和法律

“超经济的强制”榨取，是农奴榨取关系中的一个主要特征。“超经济的强制”的意义，就是领主对农奴的剥削，不单是基于经济的条件上，而且基于政治上的权力，强制农奴在人格上也从属于他，实行超经济条件以外的政治的强制榨取。领主们为实现这种“超经济的强制”榨取的前提，他必须把农民束缚于土地上面，不许他们自由移动；反之，要是农民能自由移动，这种“超经济的强制”，便没有实现的可能。

在西周，我们在上面所说明的所谓“井田制度”的私田，那就是领主给予农民的“分与地”，以此把农民束缚于土地上面。不如此，便不能保证他的“公田”的耕种所必需的劳动力，以及其进行其他超经济条件以外的榨取。《九通分类总纂》有如次的两段话：

> 上地，夫一廛，田百晦，莱五十亩，余夫亦如之；中地，夫一廛，田百晦，莱百亩，余夫亦如之；下地，夫一廛，田百晦，莱二百亩，余夫亦如之。
>
> 凡任地，国宅无征，国廛二十而一，近郊十一，远郊二十而三，甸、稍、县、都，皆毋过十二，惟其漆林之征，二十而五。

我们既已从金文中证明庄园式的“井田制”的存在，那么，这两段话，便可以作为“井田制”的一点说明看。

从而经文中之所谓“赐夫”，赐“白丁”，多少“夫”，多少“家”，便是领主把其属内的农奴连同采地而分赐其左右。因为封建时代的土地财产观念，不是单纯的意义着自然的土地，而是连同土地上的农奴在内的。因之，这不仅说明了农奴被束缚在土地上面，没有自由移动的可能，而且充分说明了农奴对于领主的人格之从属。

但是当农奴们到了被剥削不堪的时候，便免不了或积极的起来反抗，或消极的反抗的逃亡，而致领主的“公田”荒芜的。《诗·大雅·召旻》篇说：

> 瘨我饥馑，民卒流亡，我居圉卒荒。

因农民逃亡而引起土地的荒芜，这里是说得很明白的。如次的两首诗，也是叙述着农民不堪剥削而逃亡的事情。

> 黄鸟黄鸟！无集于谷，无啄我粟。此邦之人，不我肯谷。言旋言归，复我邦族。(《诗·小雅·黄鸟》)
>
> 硕鼠硕鼠！无食我黍。三岁贯女，莫我肯顾。逝将去女，适彼乐土。(《诗·魏风·硕鼠》)

领主们为禁止农民的逃亡，便自由的定出种种残酷的法律来，随意就可以把农们交付监禁或杀害，如《诗·小雅·小宛》说：

> 交交桑扈，率场啄粟。哀我填寡，宜岸宜狱。握粟出卜，自何能谷？

但是把农奴们监禁，对领主并无何经济上的利益。因而他不过是把这种手段向农奴们示威罢了。所以他们又常常对农民说：

> 题彼脊令，载飞载鸣，我日斯迈，而月斯征，夙兴夜寐，无忝尔所生。(同上)

这就是说：“蠢货！看吧！那脊令小鸟，都是不飞就鸣，并不片刻偷闲。你们这班奴才，难道比禽兽还不如吧？我已赏了你们一碗饭吃，你们就应该在每日由早到晚的不要偷闲。每日要如此，每月要如此，每年也要如此。要不然，我就要你们这班蠢才的性命呵！关心吧！”

领主对农民任意处罪，并不须何种法理的系统，领主们的意志和命令便能在其领内发生法律的效力。这是初期封建时代的上层建筑的特征之一。这而且恰恰照应于农民的半人格和其人格之对领主的从属。这在如次的几段话中也能表示出来。

> 今尔尚宅尔宅，畋尔田，尔曷不惠王熙天之命？……我惟时其教告之，我惟时其战要囚之。至于再，至于三，乃有不用我降尔命；我乃其大罚殛之。(《周书·多方》)
>
> 鲁人三郊三遂，峙乃桢榦。甲戌，我惟筑。无敢不供，汝则有无余刑，非杀？鲁人三郊三遂，峙乃刍茭，无敢不多，汝则有大刑。(《周书·费誓》)
>
> 悠悠昊天！曰父母且，无罪无辜，乱如此怃；昊天已威，予慎无罪；

昊天泰忧，予慎无辜。乱之初生，僭始既涵；乱之又生，君子信谗。君子如怒，乱庶遄沮；君子如祉，乱庶遄已。(《诗·小雅·巧言》)

领主对农民，不需要何种法律的依据，可以随意处罚与生杀，在上面的几段话中是表现得很明白的。

其次领主的牲畜，可以随意践踏农民的场圃，农民不但不能去要求领主们赔偿，而且要给他们送还牲畜。例如：

皎皎白驹，食我场苗，絷之维之，以永今朝。所谓伊人，于焉逍遥。

皎皎白驹，食我场藿，絷之维之，以永今夕。所谓伊人，于焉嘉客。

皎皎白驹，贲然来思，尔公尔侯，逸豫无期。慎尔优游，勉尔遁思。

(《诗·小雅·白驹》)

领主们对农民的虐待情事，和中世欧洲的封主们所施于农奴者，殆无两样。其体罚的种类，我们在《周书·吕刑》中所见之所谓“墨”、“劓”、“剕”、“宫”、“辟”等“五刑”，和我们在《德国农民战争》一书中所看到者，殆亦完全类似。他们并曾明白的在说：“我们对待农奴们若不施以极严酷的刑罚，不免是难于统治的。”(《吕刑》：“天罚不极，庶民罔有令政在于天下”。)然而领主们为扩大剥削起见，又作出所谓“金作赎刑”的勾当来。这样一来，就是“疑赦”的嫌疑犯，也就从而“阅实其罪”。不过领主们的榨取而来的收入虽因而扩大，而农奴们便更陷于饥寒之深渊了。看他们怎样去施行其宰割吧。

王曰：吁！来。有邦，有土，告尔祥刑；在今尔安百姓，何择非人？何敬非刑？何度非及？两造具备，师听五辞；五辞简孚，正于五刑；五刑不简，正于五罚；五罚不服，正子五过；五过之疵，惟官，惟反，惟内，惟货，惟来。其罪惟钧，其审克之。五刑之疑有赦，五罚之疑有赦，其审克之。简孚有众，惟貌有稽，无简不听，具严天威。

墨辟疑赦，其罚百锾，阅实其罪；

劓辟疑赦，其罚惟倍，阅实其罪；

剕辟疑赦，其罚倍差，阅实其罪；

宫辟疑赦，其罚六百锾，阅实其罪；

大辟疑赦，其罚千锾，阅实其罪。

墨罚之属千，劓罚之属千，剕罚之属五百，宫罚之属三百，大辟之罚，其属二百，五刑之属三千。

上下比罪，无僭乱辞，勿用不行。惟察惟法，其审克之。

上刑适轻，下服；下刑适重，上服。轻重诸罚有权。刑罚世轻世重，惟齐非齐，有伦有要。（《周书·吕刑》）

这里所谓“锾”，究竟意义着什么呢？《周礼》谓锾为锊。马援云：“锊，量名。”郑玄云：“锾，称轻重之名。”传云：“大半两为钧，十钧为锾，锾重六两。”注意：“六两曰锾，锾，黄铁也。”他们的解释也极不一致。我们从时代的经济情况上去判断，当以马援、郑玄两说为近似。

我们的“历史家”有认为这是“奴主”、“贵族”对“奴隶”所科的罚款。但是事实上，奴隶连其身体都是属于主人所有，何来这“百锾”，“五百锾”，“千锾”的罚款呢？这不是连历史上的常识问题都颠倒了吗？

所谓“上刑适轻，下服；下刑适重，上服”，这在法律上，也显然有一个适应的等级性存在。

三　商业及工业

由奴隶制到封建制的经济，若单从商业上来说，真算是一种“逆转”。因为由奴隶主的使用奴隶经营的“农业”和“工业”经济，到庄园的农奴制和工奴制经济，后者由于封建的封锁性，每个庄园几乎成了一个独立的经济单位。但是庄园和各庄园间的联系，还是比较薄弱，并不是绝无商业关系的存在。

在西周，关系商业上的史料，只有如次一类的话：

氓之蚩蚩，抱布贸丝。（《诗经·国风·氓》）

如贾三倍，君子是识。（《诗经·大雅·瞻卬》）

肇牵车牛，远服贾。（《周书·酒诰》）

第一句话似系说在农奴们之间所行的现物交易；第二句话的交换，则已说明由所谓“君子”的小领主们去承当的；第三句话，传系周人追记商人的商业情形。

关于西周的货币，在可靠史料中，是不容易得着说明的。《周书》及《诗经》中有贝、朋、圭、璧等字；地下出土者亦有铜贝（罗振玉云：往岁于磁州得铜制之贝，无文字，则确为贝形），不过究为何时物，尚无一公认之结论，罗氏认为系晚周时物，予意应为殷及周初物，盖由真贝而骨贝而珧贝而铜贝，固自有一演变之层次也。西周彝器铭文中锡贝、锡朋之事亦甚多，然究为何种贝，苦无说明。但西周甚而殷代使用铜器甚多，以铜制贝，在西周是完全可能的。其次《诗经》中虽有“钱”字（庤乃钱鎛），惟系属农耕器具，而并非货币。后世所见之春秋时代铲币，或即由这种“钱”的转化物。此外《文献通考·钱币考》称：

周制以商通货，以贾易物。太公又立九府圜法。黄金方寸而重一斤，钱圜函方，轻重以铢。布帛广二尺二寸为幅，长四丈为匹。故货宝于金，利于刀，流于泉，布于布，束于帛。周官司市，国凶荒札丧，则市无征而作布。外府掌邦布之入出，以共百物而待邦之用。

泉府掌以市之征布，敛市之不售，货之滞于民用者，以其贾买之物，揭而书之，以待不时而买者，买者各从其抵。都鄙从其主，国人、郊人从其有司，然后予之。凡赊者，祭祀无过旬日，丧纪无过三月。凡民之贷者，与其有司辨而授之，以国服为之息。凡国事之财用取具焉，岁终则会其出入而纳其余。(《周礼·地官·司徒第二》)

《周礼》:“外府掌赍锡之出入，泉府掌买卖之出入。”

《通志·钱币》:“陶唐氏谓之泉，商人周人谓之布，齐人莒人谓之刀。”

《通典·食货》:“夫玉起于禺氏，金起于汝汉，珠起于赤野；东西南北去周七八千里，水绝壤断，舟车不能通，为其途之远，其至之难。故托用于重。以珠玉为上币，以黄金为中币，以刀布为下币。”

《文献通考·钱币考》:“案自上古刀布之用，一变而为九府圜法……三代以后，珠玉但为器饰，而不以为币。”

荀悦云:“夏殷以前无文，周制则有文。盖以宝字系外，自周景王之宝货始。”(《前汉纪》卷六)

这都系后世的追记，不惟难于凭信，且显系以后代的事实作背景而记上去的；只是周景王时的宝货，在周代的文献中也有记载，当系事实。山东图书馆曾在临淄掘出许多刀币，约为春秋时齐国遗物；该馆并藏有春秋时郑卫所用之铲币。这均属我亲自鉴赏过。因而上述的所谓刀，恐亦系春秋时代的事实，而所谓“九府圜法”，就更不能不属后来的事情了。

工艺方面，大抵是附属于庄园之内，主要为供给领主们的需要而存在的。关于纺织工艺和蚕桑，据《诗经》所载：

> 妇无公事，休其蚕织。(《诗·大雅·瞻卬》)
>
> 七月流火，八月萑苇。蚕月条桑，取彼斧斨，以伐远扬，猗彼女桑。七月鸣鵙，八月载绩；载玄载黄，我朱孔阳，为公子裳。(《诗·豳风·七月》)
>
> 纠纠葛屦，可以履霜。掺掺女手，可以缝裳。要之襋之，好人服之。(《诗·魏风·葛屦》)
>
> 小东大东，杼柚其空。纠纠葛屦，可以履霜。佻佻公子，行彼周行；既往既来，使我心疚。(《诗·小雅·大东》)

这里所说的从事纺织工事的妇女——工奴，无论其为农奴家中的妇女，抑系独自存在的工奴，总之，其生产是附属于庄园内的；生产的目的，主要在满足“公子”或“好人”们的消费，却是很明白。

西周的土木工事，也都是由农民的赋役劳动去行使的。如文王的“经始灵台”，系由“庶民子来”的“庶民攻之”而成的。周公的经营洛邑，亦由“四方民大和会”而建筑起来的，这不过是一个例子。

在西周，应用在农业上的工具，有耒、耜、钱、鎛、铚、艾等字。但这些工具究系由何种金属制造？在可靠史料中苦无说明。不过根据我们在他处的研究，证明周民族在公刘时已知制铁（见拙著《殷代经济研究》，载《劳动季刊》第二期；拙著《史前期中国社会研究》，北平人文书店版）；其次象周初那样繁盛的农业，也是必须铁才能开创出来。济南图书馆长王献唐先生曾示予以所藏之一颗周武的铁质印章，其文字与周金文上之文字无异，但不能判明为西周抑为东周时物（王先生对其是否周物，亦不愿判定，特此声明）。《诗·秦风》有“驷驖孔阜，六辔在手”，郭沫若先生说：“有的径作铁，以为是马色如铁的缘故。这当然是有铁以后才有的文字。”我认为这个解释，是很有可能的。孟子说：“以铁耕乎？”在战国时已用铁制农具，便算毫无问题；不仅此也，据传在春秋时代的吴越，已知道炼铁去制造兵器。

> 干将作剑，采五山之铁精，六合之金英……天气下降，而金铁之精不销沦流……于是干将妻乃断发剪爪，投于炉中，使童女童男三百人鼓橐装

炭，金铁乃濡，遂以成剑。(《吴越春秋》阖闾内传第四)

欧冶子、干将凿茨山，泄其溪，取铁英，作为铁剑三枚。(《越绝书》卷十一)

据传说，“干将莫邪”是锋利无比的。但铸铁作成的刀剑，我们应用物理学的知识去考察它，绝不能比青铜制造的刀剑更锋利。从而这一传说，似乎是暗示着知道炼钢的一种说明。但由铸铁演进到炼钢，是要经过一个相当年代的。同时，铁制的犁①，到今日也还是冶铸成的。这似乎可作为春秋以前已知道使用铁犁之一间接证据。

再次，照《管子》所说，春秋时代的各国，工艺和农业工具均普遍的使用着铁。

今铁官之数曰：“一女必有一针一刀，若其事立；耕者必有一耒一耜一铫，若其事立；行服连，轺，辇者，必有一斤一锯一锥一凿，若其事立。”不尔而成事者，天下无有令针之重加一也，三十针，一人之籍。刀之重加六，五六三十，五刀一人之籍也。耜铁之重加七，三耜铁，一人之籍也。其余轻重皆准此而行。(卷二十二)

一农之事，必有一耜，一铫，一镰，一鎒，一椎，一铚，然后成为农；一车必有一斤，一锯，一釭，一钻，一凿，一銶，一轲，然后成为车；一女必有一刀，一锥，一箴，一鉥，然后成为女。请以令断山木，鼓山铁，是可以毋籍而用足。(卷二十四)

上面这两段活中所列的一些器具，也至少须熟铁才能制造；并且铁器工具已十分发展，绝不似刚知道使用铁器的短期所能达到的情形。只是《管子》这部书的时代性，至今还不曾正确的考定。有人认为该书非出自一人之手，而是一部分为春秋时人所作，一部分出自战国时人之手。我以为无论出自春秋或战国时人之手，以其所说明的时代性看，则其对《管子》时的事实，断不致全无根据。照如次的《国语·齐语》的一段话看：“美金以铸剑戟，试诸狗马；恶金以铸鉏、夷、斤、劚，试诸壤土。”则上述《管子》中的两段话，系属战国时人的追述，恐亦无疑；因为在春秋时还称铁为“恶金”，在战国时却已直接

① 孔子：犁牛之骍子且角。是在春秋时已使用犁耕，孔子之门人冉耕字伯牛，耕牛相联，是春秋时已用牛耕。从而在这情形下，用牛曳犁耕作应已非常普遍而由来已久，所以反映在人们的意识上才如彼通俗。

称作铁。这也可作为西周知道使用铁制农具之又一间接证据。

战国时的楚国，据荀子所说："楚人……宛钜铁釶，惨如蠭虿。"(《荀子·议兵》)这惨如蠭虿的兵器，当然非钢不可。这也能作为对于其前代的工具的推究上之一点可靠材料。

最值得注意的，关于周代的遗物，也和殷代一样，至今并无农耕工具的发现。

从而辩证的考察，西周在农业上应用铁制工具，是无问题的；不然的话，对西周时代的一切其他特征——以可靠史料所说明的特征，便要陷于不能说明。

四　财产制度

封建初期的土地，在名义上属于君主所有；甚而在这个时候，他还可以随意的赐予或收回。所以在西周的可靠文献中，大诸侯的土地，主要都由"周天子"所赐予，这在金文及《诗经》中都说得很明白。承受土地的领主，在初期还须向君主缴纳贡物。在西周的可靠文献中对于这一点，虽无确切的说明，但在春秋初期，齐桓公伐楚，所借口加于"楚子"的罪名是"尔贡苞茅不入"。我们于此可以推想出，楚在这时以前，曾负着向周天子贡纳苞茅的义务。同时由一定的贡纳而至于停止贡纳，这正是封建主义内部发展的必然结果。

封建领主把土地分赠其左右，不单是自然的土地，而是连同包括在土地内的农民。山川均说：

> 在封建时代的土地概念中，不单是自然的土地，并包含着劳动于土地上的农民。即被继承被赠予的土地财产，不单是自然的土地，而固著于土地的农奴，也不管他自己的意志如何，反正他们非欢迎新所有者不可。身为中世自由民的农奴，与其说是人类，不如说是还近于家畜。(《唯物史观经济史》熊译一二四页)

在西周的彝器铭文中，和"锡田"同时又"锡夫"、"锡白丁"、"锡庶人"的记录，正是这个历史事实的说明。我们的"历史家"却不肯看见这一点重要的历史特征，便反而把农奴本质的"夫"、"白丁"、"庶人"降级为"奴隶"，这是一个何等危险的论证呵！

其次关于封建初期，下级领主向上级领主的贡物，我们从上述“尔贡苞茅不入”的事实去推论，则下面的一段记载，在原则上，至少便有几分确切性。

> 周武王……分九畿：方千里曰王畿，其外曰侯畿，其贡祀物；又外曰甸畿，其贡嫔物；又外曰男畿，其贡器物；又外曰采畿，其贡服物；又外曰卫畿，其贡财物；又外曰蛮畿，又外曰夷畿，要服也，其贡货物；又外曰镇畿，又外曰藩畿，此荒服也，谓之蕃国。(《王制》及《通典·赋税》)

封建初期的财产承继权，大抵为长子继承制。因为长子代理其父的领主职权的义务，较之其弟辈们，在事实上与能力上都为优越，因而完成其承袭的优越的地位，浸假而演为一般财产之长子承继的优越。所以在西周，承继周公者为其长子（元子）伯禽，承继太公者为其长子吕伋，便是一个例子。不过这并不是一个机械的公式，实际，即弟承兄者也很是频繁。反正是基于男系的血统关系为承袭的标准罢了。

在西周，这种长子承继的习惯，在丧服中也表现得很明白。丧服中规定长子的“服”分加重，若是长子死了，则所谓“承重”的长孙比他的叔辈们的服丧为重，这正是因为主要的大部财产为他们所承袭的缘故。同时，同是父母的儿子的妾生的儿子和女子的服丧最轻，这便是因为他们（或她们）承袭的财产部分最小甚而没有承袭权的原故。这种长子承袭的习惯，到后来虽已失去其重要的意义，但是还有其孑遗的所谓“长子田”和“长孙田”的形迹存在；而与此相适应的丧服制，却也失去其根本意义了。

D. 大领主的兼并和小领主的没落

封建制度下的各封建领主，一到了封建经济本身发展到一个相当程度——发展到庄园内的经济的繁盛和人口的增殖，从而不仅领主们发生着扩大土地的要求，而且已提高了物质的要求，从而便开始其兼并的过程。在这兼并的过程中，较弱小的领主便不绝的趋于灭亡，强大领主的领地则不断的扩大，这种兼并的进行，是以封建战争去实现的。且从而原来的庄园经济，扩大而为广大领域的领地经济，渐次把庄园的藩篱冲破了。所以孟轲答北宫锜周室颁爵禄的问题说：“诸侯恶其害于己也，而皆去其借。”正是这一事实的说明。

1. 小领主的没落

在最初，领主间的领地疆界争执，大概还是用和平的手续，或诉由最高领主去解决。这在《鬲攸从鼎》、《曶鼎》和《散氏盘》的铭文都说得很明白。

鬲从以攸卫牧告于王曰：“汝为我田牧，弗能许鬲从。”王令省史南以即虢旅，《乃史攸卫牧誓》曰：“我弗具付鬲从其祖射兮田邑，则诛。”(《鬲攸从鼎》)

昔馑岁，匡众厥臣廿夫寇曶禾十秭，以匡季告东宫，乃曰：“求乃人，乃弗得，汝匡罚大！”匡乃稽首于曶，用五田，用众一夫，曰益，用臣曰疐，曰朏，曰奠，曰：“用兹四夫。”……东宫乃曰：“贸曶禾十秭，遗十秭，为廿秭；□来岁弗赏，则付册秭。”乃或即曶用田二，又臣□□，凡用即曶田七田，人五夫，曶卬匡卅秭。(《曶鼎》)

用夨戭散邑，乃即散用田。眉：自濡涉以南，至于大沽，一封以陟，二封至于边柳。复涉濡，陟雩徂䢦𨸏，以西封于𢾊𢾊楮木，封于刍逨，封于刍衙内。陟刍，登于厂湶，封割析𨸏陵。陵刚析，封于䍣道，封于原道，封于周道。以东封于𩏂东疆。右还封于眉道。以南封于𠈌逨道。以西至于堆莫眉。井邑田：自根木道左至于井邑封道以东一封，还以西一封，陟刚三封，降以南封于同道，陟州刚登析降棫二封。夨人有嗣眉，眉田鲜且，敚，武父，西宫㝨，豆人虞丂，彔贞，师氏，右眚，小门人䌛，原人虞莽，淮嗣工虎，孛䦘丰父，唯人有嗣荆丂，凡十又五夫正眉，眉夨舍散田。嗣徒屰𡨦，嗣马䍣凰，䣄人嗣工琼，君宰德父，散人小子，眉田戎敚父，效䍣父，𢊁之有嗣槖，州豪，倐从𦋺，凡散有嗣十夫。唯王九月，辰在乙卯，夨俾鲜且𢍜旅誓曰：“我既付散氏田器，有爽，实余有散氏心贼，则隐千罚千，传弃之。”鲜且𢍜旅则誓。乃俾西宫㝨武父誓曰：“我既付散氏𣹢田𤲞田，余有爽变，隐千罚千。”西宫㝨武父则誓。厥受图夨王于豆新宫东庭。(《散氏盘》)①

① 参见郭沫若《中国古代社会研究》二四九页。

这种情形到西周的末期就大不相同了。最高领主——周天子的权威已不能作用，而其他领主间的盟约，也不能照旧维系了。《诗·小雅·巧言》说：

君子屡盟，乱是用长。君子信盗，乱是用暴。盗言孔甘，乱是用餤。匪其止共，维王之邛。

从而弱小领主的采邑，便不断的为大领主所并吞。《诗·大雅·瞻卬》说：

人有土田，女反有之；人有民人，女复夺之。此宜无罪，女反收之；彼宜有罪，女复说之。哲夫成城，哲妇倾城。

这种失去“土田”和“民人”的领主，当然便没落下来了。在他们的没落以后，自然免不了发生着对大领主们的许多反感，和对他人的嫉视。他们的这种情绪，在如次的几首诗中可以表现出来：

彼有旨酒，又有嘉殽。洽比其邻，昏姻孔云。念我独兮，忧心殷殷……哿矣富人，哀此惸独。”（《诗·小雅·正月》）

匪风发兮，匪车偈兮。顾瞻周道，中心怛兮……谁能亨鱼？溉之釜鬵。谁将西归？怀之好音。”（《诗·国风·匪风》）

西人之子，粲粲衣服；舟人之子，熊罴是裘；私人之子，百僚是试。（《诗·小雅·大东》）

对于其自己的日暮穷途的境况，真不免有“不堪回首话当年”之感呵！看他们自己的呻吟吧。

苕之华，其叶青青。知我如此，不如无生！牂羊坟首，三星在罶。人可以食，鲜可以饱。（《诗·小雅·苕之华》）

于我乎！每食四簋。今也每食不饱。于！嗟乎！不承权舆？（《诗·秦风·权舆》）

于我乎！夏屋渠渠。今也每食无余。于！嗟乎！不承权舆？（同上）

有兔爰爰，雉离于罗。我生之初，尚无为。我生之后，逢此百罹，尚寐无吪。（《诗·王风·兔爰》）

出自北门，忧心殷殷。终窭且贫，莫知我艰。已焉哉！天实为之，谓之何哉？（《诗·邶风·北门》）

王事适我，政事一埤益我。我入自外，室人交遍谪我。（同上）

这班穷得没饭吃的没落的领主们，一阵詈骂他人，一阵自己伤叹之后，最后还是由自己去安慰自己：

衡门之下，可以栖迟。泌之洋洋，可以乐饥。

岂其食鱼，必河之鲂？岂其取妻，必齐之姜？（《诗·陈风·衡门》）

2. 由一部分领主的没落而揭起社会的骚乱

那班没落的领主们，虽然他们由没落而至于衣食无着，至趋于厌世。但由他们自身以及旧日依他们为生的左右扈从，至此却形成社会内部的衣食无着的一个集团。他方面，由于封建战争之不断发作所加于农民的影响，使农民的痛苦，较前此益益加深。这便构成其社会骚乱的因子。当时的统治阶级对这种骚乱的记事，却说得十分明白。

天降罪罟，蟊贼内讧。昏椓靡共，溃溃回遹，实靖夷我贬。皋皋訿訿，曾不知其玷。兢兢业业，孔填不宁，我位孔贬。（《诗·大雅·召旻》）

彼何人斯？居河之麋。无拳无勇，职为乱阶。既微且尰，尔勇伊何？为犹将多，尔居徒几何？（《诗·小雅·巧言》）

天降丧乱，灭我立王。降此蟊贼，稼穑卒痒。哀恫中国，具赘卒荒。（《诗·大雅·桑柔》）

上述这几首诗，大概都是咏厉王时那一次社会大动乱的记事。据传说，厉王时那一次的社会动乱，是由人们“谤王”，以及王杀“谤者”的高压手段所激成的。但我根据上述各节的叙述，事情的真象，应该是如次样的：1. 农民们因为生活痛苦的加深，已积成为一个由来已久的阶级间的反感，而由这种反感所发生的怨言，也遭受严酷的压迫，因而愈增高其愤怒情绪。2. 没落的领主们，因生计的无着，而原来为他们所依附的最高领主的“周天子”，现在也不肯（实际已不能）为他们解除危难，从而便转而集怨于“周室”；周家的王室对他们的怨詈，反施以严厉的处置，因而更激动其愤怒。从而这两者的合流，而形成为中国历史上的第一次农民大暴动。据《左传》：

至于厉王，王心戾虐，万民弗忍，居王于彘。（《左传》昭公二十六年）

厉王得卫巫使监谤者。监谤后三年，乃流王于彘。彘之乱，宣王在召公之宫，国人围之，乃以其子代宣王。（《国语·周语》）

王怒，得卫巫使监谤者，以告则杀之。……于是国人莫敢出言。三

年，乃相与畔，袭厉王。厉王出奔于彘。厉王太子静匿召公之家，国人闻之，乃围之。(《史记·周本纪》)

这些记载，只能给我们暗示着事情真相的一个影子，并不能对问题的内容作充分的说明。王国维今本《竹年纪年疏注》转引《庄子·让王》篇释文引《纪年》云："共伯和即干王位"；《史记》索隐："共伯和干王位"；《史记·周本纪》又称："召公、周公二相行政，号曰共和"；又《竹书遗文》云："共和十四年大旱，火焚其屋。伯和篡位立，秋又大旱。其年周厉王死，宣王立。"(转引自郭著)他书又有谓"共伯和"为中山之君者。郭沫若君认为当时大概有两个政府(革命的和复辟的)，这是有其可能的。要不然，所谓周、召二公行政的共和，必系出自《史记》的附会，而革命的政府或者存在的时期很是短促，便被大领主们的协力所扑灭了。

所谓"共伯和"，无疑是没落的领主集团中的一个首要分子。要不然，问题是无法说明的。所谓"国人"，大抵是包含着没落领主和农民而说的；所谓"万民"，大概就指的农奴们。因为所谓市民阶级，依照我们在前面的叙述，是还不曾存在呵！

从而大概自宣王以后，领主间的兼并更加紧，地方的领主愈益强大；而最高领主的周室，则因天灾(旱灾)和戎狄的侵袭，愈促速其经济的衰落，从而其威权愈益旁落，而至于失去其对外族的抵抗能力，终于不能不东迁，反依附于强大的地方领主以自存，西周便这样的没落下去了。

一九三四，于北平。

(原载《中山文化教育馆季刊》第二卷第一期，一九三五年一月)

杨朱派哲学思想的发展

——由杨朱到邹衍

一　杨朱的为我主义

新兴地主——商人这一社会阶层的意特沃罗基的发展，是随着这一阶层的社会力量的跃进而发展的。在春秋末期，他们已开始提出其政治的要求了，这在邓析子的思想中，已能约略的指出来。到战国初期，这一阶层的社会势力更为庞大，于是继邓析哲学而起的杨朱哲学便随着产生了。因而杨朱哲学在其本身上一面是邓析哲学的发展，一面是其这一阶层势力形成时代之意特沃罗基的表现。

杨朱的时代，到现在已难于正确考定；胡适虽说其生存在纪前四四〇与三六〇年之间，但此仅属一种推测，《庄子·应帝王》及《寓言》两篇均说阳子居学于老子，大概阳居即杨朱，《吕氏春秋》亦说“阳生贵已”。依此，杨朱似与孔子同时。但《庄子》书中构意属于拟托者甚多，此亦绝难可信。《孟子》说：“杨朱、墨翟之言盈天下，天下之言，不归于杨，则归于墨。”（《滕文公下》）“能言距杨墨者，圣人之徒也。”（同上）依此，杨朱是生在孟轲之前，当是无错误的。同时在孔子的学说中，不曾有批评杨朱思想的形迹，而杨朱的思想中却似以孔子而且墨翟为批评的对象，是他至早又当与墨翟同时。他的国籍，据胡适考定为卫人，曾游沛、梁、秦、宋、鲁等国。卫在春秋末，新兴地主与商人资本已有相当发展（参看《左传》闵公二年条），亦殊有产生杨朱哲学之可能。杨朱的阶级性，在孟轲的口中便已说得明白。孟轲说：“杨子取为我，拔一毛而利天下不为也。”“杨氏为我，是无君也。”这充分说明他是一个市民的个人主义者。可是在当时，商人和新兴地主原是二位一体的。

照前引孟轲的话来看，到孟轲的时代，杨朱思想支配着的社会势力，已是和墨家平衡，而且没落领主的——儒家的学说，已几于被排斥于学术思想的领域之外。可是其著作，已不曾遗留，只见于《庄子》、《孟子》、《韩非子》及《列子》的《杨朱》篇等，因而我们现在要想寻出其思想的全貌，便是困难的，易言之，我们只能指出其一个大概来。

杨朱的思想从新兴地主——商人的利益出发，一面便表现和封建领主阶层的意识形态相对立，且与以否定；一面自亦不能不与农民层的意识形态相对立，而予以批评。同时，在历史上，新兴地主——商人的意识形态，尤其是商人，多多少少总带着一点个人主义的色彩，这和在商品交换进程中之个人竞争的作用相适应的。他们在其经济生活中，一切都是以个人的利益为转移的；他们从这一最根本的基础上出发，便要求树立以个人为中心的社会秩序，乃是当然的。因而他首先便揭出社会之个人本位的主张来。例如他说：

> 人肖天地之类，怀五常之性，有生之最灵者也。(《列子·杨朱》)

在个人本位的社会中，他认为自然便应该由各自去追求其各自的利益，这而且是十分正当的。在这一点上，他不仅在否定封建的等级制度和家族主义，而且又否定了墨翟的“兼爱”、“互利”和“利天下”的主张。所以他的弟子孟孙阳与禽子的问答说：

> 孟孙阳曰：“有侵若肌肤获万金者，若为之乎?”曰：“为之。”孟孙阳曰：“有断若一节得一国，子为之乎?”禽子默然有间。孟孙阳曰：“一毛微于肌肤，肌肤微于一节，省矣！然则积一毛以成肌肤，积肌肤以成一节；一毛固一体万分中之一物，奈何轻之乎?”(《列子·杨朱》)

孟轲说：“杨朱取为我，拔一毛而利天下不为也。”这种基于个人私利上的拜金主义，与忽视社会公共利益的悭吝鄙陋的气味，正是这一阶级意识形态上的一大特色。在历史上，当他们和农民阶级携手时，便常常因此而表现两者间之矛盾。叶青君不了解这一点，所以才把杨朱和墨翟混淆为同一流派。

因而这一阶层便只认得个人的实际的利益，对所谓名誉和虚名的尊贵与权位，却并不注意。所以他说：实无名，名无实名者，伪而已矣”，“实者固非名之所与也。”（《杨朱》）“生民之不得休息，为四事故；一为寿，二为名，三为位，四为货。有此四者，畏鬼，畏人，畏威，畏刑，此谓之遁人也。可杀可活，制命在外。不逆命，何羡寿？不矜贵，何羡名？不要势，何羡位？不贪富，何羡货？此之谓顺民也。”“故智之为贵，存我为贵。”“太古之人，知生之暂来，知死之暂往。故从心而动，不违自然所好。当身之娱，非所去也，故不为名所劝。从性而游，不逆万物所好。死后之名，非所取也，故不为形所及。名誉先后，年命多少，非所量也。”

他从这里，便又转出商人阶级的纵欲主义的思想来。他托为管仲与晏平仲的对话说：

> 晏平仲问养生于管夷吾。管夷吾曰：肆之而已，勿壅，勿阏。晏平仲曰：其目奈何？夷吾曰：恣耳之所欲听，恣目之所欲视，恣鼻之所欲向，恣口之所欲言，恣体之所欲安，恣意之所欲行。夫耳之所欲闻者音声，而不得听，谓之阏聪；目之所欲见者美色，而不得视，谓之阏明；鼻之所欲向者椒兰，而不得嗅，谓之阏颤；口之所欲道者是非，而不得言，谓之阏智，体之所欲安者美厚，而不得从，谓之阏适；意之所欲为者放逸，而不得行，谓之阏性。凡此诸阏，废虐之主。去废虐之主，熙熙然以俟死，一日，一月，一年，十年，吾所谓养，拘此废虐之主，录而不舍，戚戚然以至久生，百年，千年，万年，非吾所谓养。
>
> 百年寿之大齐。得百年者，千无一焉。设有一者，孩抱以逮昏老，几居其半矣。夜眠之所弭，昼觉之所遗，又几居其半矣。痛疾，哀苦，亡失，忧惧，又几居其半矣。量十数年之中，逌然而自得，亡介焉之虑者，亦亡一时之中尔。则人之生也奚为哉？奚乐哉？为美厚尔，为声色尔，而美厚复不可常厌足，声色不可常玩闻，乃复为刑赏之所禁劝，名法之所进退。遑遑尔竞一时之虚誉，规死后之余荣；偊偊尔，顺耳目之观听，惜身意之是非，徒失当年之至乐，不能自肆于一时。重囚累梏，何以异哉？（《列子·杨朱》）

在这种利己的绝对个人主义所支配的社会中，人与人的关系又当怎样呢？在杨朱说来，认为个人的“利己”、“纵欲”、“乐生”，却也是有社会条件之相当分际的；并不是个人为利己便可以无限制去侵占他人，只是个人各尽其自己所具的智能去为其自身谋利益。所以他又说："故智之所贵，存我为贵；力之所贱，侵物为贱。"这显然又认定社会各个人间，是"任智而不任力"的。因而照他的理论推究，便能归结出如次的一个理论来：社会各个人的贫富，享受之不齐一，易言之，社会的等级的存在和其基础，乃是建筑在各个人之不等的知识才能之上的。所以他说：

> 有生之最灵者，人也。人者，爪牙不足以供守卫，肌肤不足以自捍御，趋走不足以逃利害，无毛羽以御寒暑，必将资物以为养。惟任智而不恃力。

因而他认为只有奉行这种原则的社会，才是惟一合理的社会，所以他归结着又说：

> 古之人损一毫利天下不与也，悉天下奉一身不取也。人人不损一毫，人人不利天下，天下治矣。

这和农民派的墨翟的主张显然在矛盾着——"私利"和"互利"、"兼爱"、"利他"的矛盾，纵欲和"自苦为极"的矛盾，然而这正在表现其各自的阶级根性。

在另一方面，由杨朱的理论的逻辑，便又归结出一个较科学的带有唯物论色彩的关于人生论的见解。他认为只有生是现实的，人对死后的一切是不该去考虑的；并且无论何人，在死后终归是"枯骨一束"而已。因而他很彻底地说："万物所异者，生也；所同者，死也……生则尧舜，死则腐骨；生则桀纣，死则腐骨。腐骨一矣，孰知其异？且趣当生，奚遑死后。""既死，岂在我哉？焚之亦可，沈之亦可。"而且人都有一死的，死且非富贵和恩爱所可缓和的。故他说："理无不死。""生非贵之所能存，身非爱之所能厚。"因为如此，所以人只应去讲求现实生活的物质享与，而且物质还是人所赖以生的前提条件，非此便不能生存下去的呵！故他又说："身固生之主，物亦养之主。"而物质享与又有什么标准呢？杨朱说："丰屋，美服，厚味，姣色。""有此四者，何求于外。"但是这种新兴地主——商人之享乐的物质背景，杨朱却不曾想到：这是农民们所能梦想的么？此所谓历史上各种阶级，总是以自身的社会的经济的环境去解释全社会，从而以本阶级所认定的真理，当作全社会的真理——只有谁才没有这种成见呢？

二 申不害、慎到和商鞅

1. 申不害

《史记·老庄申韩列传》说："申不害者，京人也。故郑之贱臣。学术以干韩昭侯。昭侯用为相……十五年，终申子之身，国治兵强。"又《韩世家》说："昭侯八年，申不害相韩……二十二年申不害死。"按昭侯八年当于周显十八年，在西纪前三五一年，因而其死便在纪元前三三七年。

其著作，司马迁说："著书二篇，号曰《申子》。"《汉书·艺文志》说有《申子》六篇，今皆不传。其篇名为1.《君臣》篇（《御览》二二一卷引《七略》云，孝宣皇帝重申不害《君臣论》）；2.《三符》篇（《淮南子·泰族训》云，今商鞅之《启塞》、申子之《三符》、韩非之《孤愤》）；3.《大体》篇（见《群书治要》卷三十六）。故今日研究申子思想，只能依据汉代之《史记》（《列传》）及《淮南子》（《要略》），以及战国末期之《荀子》（《解蔽》）《韩非子》（《外储》、《说右》、《难三》、《定法》）所引载。

申不害的思想，表现着较邓析和杨朱前进了一步的地方，就是他从新兴地主——商人的利益上，很具体的提出了"法"来；然而也只是由他把法作为具体的提出，并不是由他才开始提出的。据历史所载，在纪元前四一二年，李悝便已创造了《平籴法》，《汉志》并说他著有《李子》三十二篇，《晋书·刑法志》说他著有《法经》，但均已失传。固李悝和杨朱，同是申商的前驱。

新兴地主——商人，在当时第一要求，不但需要从等级制度中解放出来，而且要求保障财产和那适合其发展的新的秩序的树立。因而一面便拿起"法"去否定"礼"，且以之作为"礼"的代用物；从而在"法"的秩序下面，新兴地主——商人和原有封主们，取得在"法"的面前的平等，两者都一同要受着"法"的制约。在这种秩序下，不但使前者的财产得到一重社会的保障，而且是至能适合其发展的。

因而，申不害便以所谓"法家"的资格而出现了。依他看来，认为只有"法"的确立，才是惟一合理的社会秩序，一切社会人事关系上，国家行政机能上才有一个客观的准则。他说：

> 君必明法正义，若悬拟衡以称轻重，所以一群臣也。（据马国翰《玉函山房辑佚书》）
>
> 明君治国而晦，晦而行，行而止，止三寸之机运而天下定，方寸之基正而天下治。（据严可均《辑本》）

所谓“三寸之机运”、“方寸之基”，即所谓法之机能与作用也。因而他认为不以一个法来作为全社会的共同遵守的准则，而想单凭个人主观的道德以维系个人与社会、社会与个人的关系，那完全是空想。所以他说：“失之数，而求之信，则疑矣。”（同上马《玉函山房辑佚书》）“数”亦即其所谓“法”也。他既主张客观性的法的建立，所以主张对社会人事关系上以及国家政治上，都当依这个标准去进行；同时他极力非难从来的以统治者的主观意愿而定政治措施与赏罚的政治。所以他说：“……耳目心智之不足恃也……故君人者不可不察此言也，治乱安危存亡，其道固无二也。故至智弃智，至仁忘仁，至德不德……凡应之理，清净公素而正始卒焉……古之王者，其所为少，其所因多；因者，君术也；为者，臣道也。”（《吕氏春秋·任数》引）“术者，因任而授官，循名而责实，操杀生之柄，课群臣之能者也，此人主之所执者也。”（《韩非子·定法》引）“治不逾官，虽知不言。”（《难三》引）而且在等级制度在“法”的面前被否定后，因之在“见功而与贵，因能而授官”（《外储》引）的原则下，为新兴地主——商人——开辟参加政治的道路。这均在表现这一阶层在历史上之政治要求。

不过申不害不仅提出这种政治的要求，而且在韩国曾一度取得政权，希图把他的政治主张实现。但在当时的韩国，旧领主阶层的势力还相当的坚固，易言之，实现其本阶层所要求的社会秩序之经济的——社会的条件还不充分。所以他的主张终在旧领主的反对下而不曾实现，这在如次的一段话中记述得明白：

> 申不害，韩昭侯之佐也。韩者，晋之别国也。晋之故法未息，而韩之新法又生，先君之令未收，而后君之令又下。申不害不擅其法，不一其宪令，则奸多。故利在故法前令，则道之；利在新法后令，则道之。利在故新相反，前后相悖。则申不害虽十使昭侯用术，而奸臣犹有所谲其辞矣。故托万乘之劲韩，七十（顾广城校改作十七）年而不至于霸王者，虽用

术于上，法不勤饰于官之患也。(《韩非子·定法》)

而且申不害完全不了解这种旧势力对新势力的反抗，是有其社会的——经济的根据的，他反而在这里把自己的主张和实践隔离起来，想从旧领主所掌握着的政权下，希图其主观意识的转换去转变政权的形式。《韩非子·外储》说：

韩昭侯谓申子曰："法度甚易行也。"申子曰："法者，见功而与赏，因能而授官。今君设法度而听左右之请，此所以难行也。"

2. 慎到

据《史记·田敬仲世家》，慎到于齐宣王十八年"赐列第为上大夫"，是年适当于周显王四十四年，纪元前三二五年；其生卒时代已不可考。《汉书·艺文志》称其"先申、韩，申、韩称之"。先韩固矣，但先申与否殊难判定——因据前述，申系死于纪元前三三七年耳。

《史记·孟荀列传》称慎到著十二论，《汉志》称《慎子》四十二篇。《史记》同文《集解》引徐广云："今《慎子》刘向所定，有四十一篇。"《风俗通义·姓氏篇》称"著《慎子》三十篇。"宋《崇文总目》著三十七篇，已亡五篇。王应麟《汉书·艺文志考证》云："案《汉志》四十二篇，今三十篇亡，惟有《威德》、《因循》、《民杂》、《德立》、《君人》五篇，滕辅注。"此外清人钱熙祚、严可均考辑有《知忠》、《君臣》二篇，又今本之所谓《内外篇》，多数学者疑为伪作。

慎到的思想，据钱熙祚《守山阁丛书》本有《慎子佚文》云，所谓"与物宛转，冷汰于物，以为道理"，则似系一唯物论者。

在他的思想的方面，都能较申不害为一步的前进。

其一，他不但提出在政治上的法治的必要，而且提述到经济上的度量衡的确立的必要。他说："有权衡者，不可欺以轻重；有尺寸者，不可差以长短；有法度者，不可巧以诈伪。"(《慎子佚文》)

其二，他从阐明客观性的"法"的立场上去非难政治上的主观是非标准，也有较进步的说明。他说："君舍法而以心裁轻重，则同功殊赏，同罪殊罚矣，怨之所由生也。是以分马者之用策，分田者之用钩，非以钩策为过于人智也，所以去私塞怨也。"《慎子·君人》"《离朱》之明，察秋毫之末于百步之外；下于水尺，而不能见浅深，非目不明也，其势难睹也。"(《慎

子佚文》）

其三，他从法治的立场上极力排击封建领主及其代言人之所谓“人治”主义。他说：“飞龙乘云，腾蛇游雾；云罢雾霁，而龙蛇与蚓蚁同矣。则失其所乘也。贤人而诎于不肖者，则权轻位卑也；不肖而能服于贤者，则权重位尊也。尧为匹夫，不能治三人；而桀为天子，能乱天下。吾以此知势位之足恃，而贤智之不足慕也。夫弩弱而矢高者，激于风也；身不肖而令行者，得助于众也……由此观之，贤智未足以服众，而势位足以诎贤者也。”（《韩非子·难势》）他认为人治是最不合理的。权势在政治上是有其第一义的意义的。因为法律虽是政治上的最高原则，然若无势去推行，也是要丧失其意义的。“法虽不善，犹愈于无法，所以一人心也。”（《慎子·威德》）

其四，在他的思想中之最进步的部分，要算是集权的国家论。这在他的《德立》篇中表现得明白：“立天子者，不使诸侯疑（拟）焉；立诸侯者，不使大夫疑焉；立正妻者，不使嬖妾疑焉；立嫡子者，不使庶孽疑焉。疑则动，两则争，杂则相伤。害在有与，不在独也。故臣有两位者，国必乱；臣两位而国不乱者君在也，恃君而不乱矣，失君必乱。子有两位者，家必乱；子两位而家不乱者父在也，恃父而不乱矣；失父必乱。臣疑其君，无不危之国；孽疑其宗，无不危之家。”在这种集权的统一国家内，“政从上，使从君。”（钱前辑佚文）同时封建领主也好，新兴地主——商人——也好，大家都在法律上从而人格上为平等的享与。

最后，他关于法的说明，认为在集权的国家下，一切都绝对的受着法律的制约，上自人君下至国人都生活于法的下面，便自然会产生社会的良好秩序。他说：

> 为人君者，不多听，据法倚数以观得失。无法之言不听于耳，无法之劳不图于功，无劳之亲不任于官。官不私亲，法不遗爱，上下无事，惟法所在。（《君臣》）
>
> 大君任法而弗躬，则事断于法矣。法之所加，各以其分，蒙其赏罚而无望于君也，是以怨不生而上下和矣。（《慎子·君人》）

易言之，他认为一事皆以法为准则，则社会便自趋安宁，便无纠纷之发生了。否则：“君人者，舍法而以身治，则诛赏予夺从君心出矣。然则受赏者虽当，望多无穷；受罚者虽当，望轻无已。君舍法而以心裁轻重，则同功殊赏，同罪殊罚矣，怨之所由生也。”（《慎子·君人》）但是法既有如此的重要性，又是以什么为依据来创设呢？他具体的提出认为要“因”“人情”作根据去创制。因而他说：

天道因则大，化则细。因也者，因人之情也。人莫不自为也，化而使之为我，则莫可得而用矣……故用人之自为，不用人之为我，则莫不可得而用矣。此之谓因。（《慎子·因循》）

但据荀子批评他所说，则在他之所谓法的理论中，似乎包括有成文和习惯的两个部分。《荀子·非十二子篇》说：

尚法而无法，下修而好作。上则取听于上，下则取从于俗，终日言成文典，及紃（循）察之，则倜然无所归宿……然而其持之有故，其言之成理，足以欺惑愚众，是慎到田骈也。

据《盐铁论·论儒第十一》说：“湣王奋二世之余烈，南举楚、淮，北并巨、宋、苞十二国，西摧三晋，却强秦，五国宾从。邹鲁之君，泗上诸侯皆人臣。矜功不休，百姓不堪。诸儒谏不从，各分散，慎到、捷子亡去。”是慎到亦因与齐国封建领主们政治意见冲突，而自动或被迫“亡去”的。因为在当时，除秦国的新兴地主——商人——已握取政权外，在各国却正在展开了封主们的自救运动。在各国曾因而加深了两者间的斗争。

3. 商鞅

据《史记》，商鞅本姓公孙名鞅，卫人。卒于秦孝公二十四年，即西纪前三三八年，生年不可考。其著作，《汉书·艺文志》称其有著作二十九篇；《韩非子》、《淮南子》、《史记》亦均称商鞅有著作；晁公武《郡斋读书志》云：“本二十九篇，今亡者三篇。”按今本《商君书》，《刑约第十六》已有目无书，第二十一则书目均亡，故存者仅二十四篇而已。此二十四篇，今日以“疑古”为能事之学者，且多认系战国末之伪托。余按此书即或非商鞅本人所写，亦必出之其名下宾客所记述，或其死后时人所追录。盖韩非、淮南王安、马迁固皆称其有著作，韩非生于战国末，其言自可信而有征。其次，不但全书所记，皆商鞅时代之社会背景，且甚合于《史记》各书所载关于商鞅之行事。有此数证，吾人自能以之作为商鞅思想来研究。

中国新兴地主——商人经济，至商鞅时代，齐、秦、郑、卫、宋……各地均已有其相当之发展：尤其是秦国，由于地主经济之较高的劳动生产性之刺激，以及原来的领主的庄邑内之劳动力的缺乏，因而把领主经济的“三圃制”的经营亦引向新的经营转化（领主经济和地主经济，本质上，在这里本是同一的）从而便树立了新兴地主——商人经济在秦国的优势。在这一基础上，商鞅便以其代言者的资格而又以政治代理人的资格而出现了。可是另一方面，在商鞅的当时，即在秦国，旧封建领主的保守势力仍有其相当之庞大的力量。因之，虽属是社会之部分的变革，新兴地主——商人这一阶层却亦不能不找出其历史的根据来，从静止的不变的历史观转化为动的发展的历史观。在这一点上商鞅较其前驱者有其一步伟大的前进。他说：

天地设而民生之，当此之时也，民知其母而不知其父，其道亲亲而爱私。亲亲则别，爱私则险，民众而以别险为务，则民乱。当此时也，民务胜而力征。务胜则争，力征则讼，讼而无正，则莫得其性也。故贤者立中正，设无私而民说仁。当此时也，亲亲废，上贤立矣。凡仁者以爱为务而贤者以相出为道，民众而无制，久而相出为道，则有乱。故圣人承之，作为土地货财男女之分；分定而无制不可，故立禁；禁立而莫之司不可，故立官；官设而莫之一不可，故立君。既立君，则上贤废，而贵贵立矣。然则上世亲亲而爱私，中世上贤而说仁，下世贵贵而尊官。上贤者，以道相出也，而立君者，使贤无用也；亲亲者，以私为道也；而中正者，使私无行也。此三者，非事相反也：民道弊而所重易也。世事变而行道异也。（《商君书·开塞第七》）

他把自人类社会的发生以至他的时代的人类社会史，分作“上世”、“中世”、“下世”三个阶段；照他的解释，所谓“上世”便是母系本位的古代社会；所谓“中世”便是古代国家的人治主义的“政治社会”时代；所谓“下世”便是官治——法治主义的政治时代。这确系商鞅的卓见。历史既是这样在变动着的，因而他认为各时代制度的不同，毋宁有其必然性的；因而每一时代便都有适合其自身需要的政治制度。他说：“以时而定，各顺其宜”，又说：

圣人不法古，不修今；法古则后于时，修今则塞于势。周不法商，夏不法虞，三代异势，而皆可以王。故兴王有道，而持之异理。（同上）

故圣人之为国也，不法古，不修今，因世而为之治，度俗而为之法。（《商君书·壹言第八》）

这不啻在说，历史上之所谓圣人以及其创造的黄金时代便在其所能把握着历史的变动，而能顺应时势；那班“后于时”而“塞于势”的人们是逃不了历史之淘汰的。“是以圣人苟可以强国，不法其故；苟可以利民，不循其礼。”（《更法第一》）不信，他还例举着许多历史上的先例：

前世不同教，何古之法？帝王不相复，何礼之循？伏羲神农，教而不诛；黄帝尧舜，诛而不怒；及至文武，各当时而立法，因事而制礼。礼法以时而定，制令各顺其宜，兵甲器备，各便其用……治世不一道，便国不必法古。汤武之王也，不修古而兴，殷夏之灭也，不易礼而亡。然则反古者未必可非，循礼者未足多是也。（《商君书·更法第一》）

在他看来，历史何常重复过呢？从而保守的泥古不变者，几见不牺牲在历史前进的齿轮下呢？然而那班“呼先王以欺愚者”（《儒效》）的人们，又何异夫“自欺欺人”呢？

他从其历史观上说明其变制立法的主张的正确后，于是便基于新兴地主——商人这一阶层的利益上又具体的提出其立法的主张来，我们细读《商君书》，概见其立法的要旨，不外如次之三点：

（一）把新兴地主——商人的私有财产之一新的形态，在立法上与以重新确定，并确立其法律之保护权。《定分第二十六》篇说得明白：

一兔走，百人逐之，非以兔也。夫卖者满市，而盗不敢取，由名分已定也。故名分未定，尧、舜、禹、汤且皆如骛焉而逐之；名分已定，贫盗不取……故圣人必为法令，置官也，置吏也，为天下师，所以定名分也。名分定，则大诈贞信，民皆愿悫而各自治也。故夫名分定，势治之道也；名分不定，势乱之道也。

从而对于举凡破坏财产所有权的行为（奸邪，盗贼）自应在立法上规定用严刑峻法去制裁，这毋宁是立法上的第一义。所以他说：“夫利天下之民者莫大于治，而治莫康于立君，立君之道莫广于胜法，胜法之务莫急于去奸，去奸之本莫深于严刑。”（《开塞第七》）又说：

国皆有法，而无使法必行之法。国皆有禁奸邪刑盗贼之法，而无使奸邪盗贼必得之法。为奸邪盗贼者死刑，而奸邪盗贼不止者不必得；必得而尚有奸邪盗贼者，刑轻也。刑轻者，不得诛也；必得者，刑者众也。故善治者，刑不善而不赏善，故不刑而民善。不刑而民善，刑重也。刑重者，

民不敢犯，故无刑也，而民莫敢为非。是一国皆善也。（《商君书·画策第十八》）

（二）法律上地位的平等的确立。自然他只在为新兴地主——商人确立和旧领主贵族在法律地位上的平等，易言之，把领主贵族也挪下和他们同样来受法律的制约，并不是同时也给农民以法律地位上之平等。所以他说，无论贵族与地主，一经触犯法律，是要受同等之制裁的。《修权第十四》篇说："故立法明分，中程者赏之，毁公者诛之。"又说："立法明分而不以私害法则治。"所以《史记》说："杀祝懽，刑公子虔，黥公孙贾。""日绳秦之贵公子"，"宗室非有军功论，不得为属籍。"另一方面，"中程者赏之"（《修权第十四》），"有功者"便"显荣"（《史记》）。

（三）立法上之中央集权主义。这不但在否定旧封建领主之地方封锁性的政治，而且又是其本阶层的一个根本要求。因此他便从立法上去确定着集权的原则。他说："权者，君之所独制也"，"权制独断于君则威。"（《修权第十四》）"故君子操权一正以立术。"（《算地第六》）把"权"、"势"、"术"、"数"均操于中央，设官奉法，社会便自趋安宁了。例如韩非《定法》篇说："法者，宪令著于官府，刑罚必于民心。赏存乎慎法，而罚加乎奸令者也。"《商君书·禁使第二十四》篇说：

故先王不恃其强，而恃其势；不恃其信，而恃其数……故托其势者，虽远必至；守其数者，虽深必得……得势之至，不参官而洁，陈数而物当。今恃多官众吏，官立丞监。夫置丞立监者，且以禁人之为利也，而丞监亦欲为利，则何以相禁？故恃丞监而治者，仅存之治也。通数者不然也，别其势，难其道。故曰，其势难匿者，虽跖不为非焉。故先王贵势。

他的法治论从这三点原则上出发，于是制为法令，布之天下，"必使之明白易知……愚知遍能知之。"（《定分第二十六》）于是乎"为置法官，置立法之吏，以为天下师，令万民无陷于罪。"（同上）然后便能达到"以刑去刑"（《靳令第十三》）之功效。然而这怎能呢？他说："圣人立天下而无刑死者，非不刑杀也，行法令，明白易知，为置法官吏为之师以道之知，万民皆知所避就，避祸就福，而皆以自治也。"（《定分第二十六》）但是人民虽然"知"道法令的规定，然而设若人民仍然视法令如"弁髦"又能如何去补救呢？他说："信"。故《史记》等书说，商鞅立法，徙木立信。因而在他的政治原理中，

便归结为："国之所以治者三："一曰法，二曰信，三曰权。"（《修权第十四》）

商鞅的其次一个思想的要点，便是所谓"教耕战"。这在商鞅的政治理论中，是有其重要内容的；一方面在表现其"重农主义"的经济思想，一方面又在表现其创设集权国家的武力统一的思想。

就第一点说，他认为商和工都不是生产的，只有农才是生产的（在重农主义者看来，认为商业只不过改变了物品的位置，工业则不过改变物品的形态，只有农业才是真正的生产事业）。因此，商鞅认为要使国家能达到富强，只有使生产者都去从事农业。他说："故圣人之为国也，入令民以属农……入使民尽力，则草不荒。"（《算地第六》）"入农"，"故地少粟多"。（《慎法第二十五》）"粟多"，国自然就会富强了。因为"百人农，一人居者王；十人农，一人居者强；半农半居者危。"（《农战第三》）易言之，"民不归其力于耕，即食屈于内，不归其节于战，则兵弱于外。入而食屈于内，出而兵弱于外，虽有地万里，带甲百万，与独立平原一贯也。"（《慎法第二十五》）

另一方面，他认为，士人和工商既属非生产者，但他们却应用其所谓"诗书"，交换和技巧去巧取利益；因而如果一国之内这种人一多了，国家便没有不贫弱的。故他说：

> 今境内之民，皆曰农战可避，而官爵可得也。是故豪杰皆可变业；务学诗书，随从外权，上可以得显，下可以求官爵。要靡事商贾，为技艺，皆以避农战。具备，国之危也。（《农战第三》）

因为这种人的性质也都是奸巧的；"国有事，则学民恶法，商民善化，技艺之民不用，故其国易破也。"（同上）而且如果对他们不与以相当的禁止，则人皆尤而效之，谁还肯去从事生产呢？（末事不禁，则技巧之人利而游食者众之谓也）因而他认为这便必然的会把社会国家引入到不可收拾的地步。他说：

> 故事诗书谈说之士，则民游而轻其君；事处士，则民远而非其上；事勇士，则民竞而轻其禁；技艺之士用，则民剽而易徙；商贾之士佚且利，则民缘而议其上。故五民加于国用，则田荒而兵弱。（《算地第六》）

然而怎样去推行这种主张而不致成为空论呢？他说只要提高业农者的利益，易言之，使利益归之于农；禁止"五民"的发展，使之无利益可求，自然便相率而业农了。他说：

……其农贫而商富，故其食贱者钱重。食贱则农贫，钱重则商富，末事不禁，则技巧之人利而游食者众之谓也……故曰，欲农富其国者，境内之食必贵。而不农之征必多，市利之租必重，则民不得无田，无田不得不易其食。食贵则田者利，田者利则事者众。食贵籴，食不利，而又加重征，则民不得无去其商贾技巧而事地利矣。(《外内第二十二》)

但他在这里之所谓农，并不是直接从事生产的农民，而是新兴地主。这是第一要分别的。而对于直接生产的担负者的农民，他并主张要“愚”而“弱”之咧!

就他的创设集权国家的武力统一的见解说，他主张用武力去完成集权国家的创设，那当然是不能避免战争，而且正是要借战争去进行的。在这一点上，一若和其前驱者的非战主义矛盾着。实际上，这也完全是辩证的。这一阶层前此之非战，因为建设其政治秩序的社会条件还不充分，自身还处在被支配的地位。所以他们从避免战争所付与的损失这一观点出发，消极的提出非战的要求。现在他们在秦国的政治——经济上都已取得支配地位，因而他们便转而从积极方面去利用各封国间的相互矛盾，用武力去完成那适合其自身要求的“集权”国家。所以这在实际上，这种政策上的转变，乃和其自身之历史的发展相照应的。

他的这种主张，一方面从秦国内部的生产发展上着手，已如上述。在经济发展之强固的基础上，自然会转出国富，从而兵强的结果来。所以在他看来，认为耕战两者是密切关联着不可分离的。《算地第六》篇说:

入令民以属农，出令民以计战……入使民尽力，则草不荒；出使民致死，则胜敌。胜敌而草不荒，富强之功，可坐而致也。

归结起来说，他以“劝农”去发展经济，去强固其自身的政治的经济的地位，且从而坚定其武力的基础；以“新秦”事农，“故秦”事战，不致因耕而废战，亦不致因战而废耕；以“计军功”去强化军队的素质和其战斗力，并以“边利尽归于兵”的办法，使兵者皆效力疆场。下面的一段话说得明白:

民之外事，莫难于战，故轻法不可以使之……民之内事，莫苦于农，故轻治不可以使之……故为国者，边利尽归于兵，市利尽归于农。边利归于兵者强，市利归于农者富。故出战而强，入休而富者，王也。(《外内第二十二》)

吾人读《商君书》，概见其政治学理，固无不从经济的观点出发者。以吾人今日之理解，固能发见其理论上之多少缺陷；然其于数千年前已能发现此种政治哲理，诚令人不能不深佩其伟大。

三　邹　衍

邹衍亦作驺衍，据《汉书・艺文志》叙阴阳家说："名衍，齐人，为燕昭王师，居稷下，号谈天衍。"其时代已难于正确考定，惟据《史记・封禅书》说"齐威、宣之时，邹子之徒论著终始五德之运。及秦帝，而齐人奏之。"又《史记・孟子荀卿列传》说："邹衍适梁，惠王郊迎；执宾主之礼适赵，平原君侧行撇席；如燕，昭王拥彗先驱。"是邹衍曾与齐威宣、梁惠王、燕昭王、平原君、孟轲等同时；其年事孰长孰后，则无从考定也。其著作《艺文志》说有《驺子》四十九篇，《驺子终始》五十六篇；《史记・孟子荀卿列传》说："终始大圣之篇十万余言。"然今皆亡佚。故今日研究邹衍的思想，只能从《史记・孟子荀卿列传》、《封禅书》、《吕氏春秋》、刘向《别录》等书的叙述引证中去探寻。

就今日所能获得的材料中去探究邹衍的思想，只能探出其片断的轮廓，实无从发现其全体系；然从其思想的断片中，则邹衍的思想的高远与知识的精湛，亦能见出一个大概来；在今所能探究的邹衍的学说为他的"五德终始"说（历史观）和"九州"说（地理观）——虽然对其他方面还有零细的说明，我们在这里试先叙述他的"五德终始"说。

在他的历史学说的根本观点上，他认为历史是动的，宇宙的自体也是动的；而且他认为宇宙体和人类社会又都有其发生的始点的，并不如儒家所说的中国社会一开始就是圣人御极的"郅治之世"，故说：

> 其语闳大不经，必先验小物，推而大之至于无垠。先序今，以上至黄帝，学者所共术，大并世盛衰。因载其机祥度制，推而远之，至天地未生，窈冥不可考而原也。先列中国名山、大川、通谷、禽兽、水土所殖，物类所珍，因而推之，及海外人之所不能睹，称引天地剖判以来，五德转

移，治各有宜，而符应若兹。(《史记·孟子荀卿列传》)

一，他确认历史是变动不居的；二，他确认宇宙自体和人类社会各把他作为一个全体去把握，都有由“始”到“终”的一个全过程。他的研究的方法：一，从现实的分析出发（先序今），而上溯“至天地未生”的种种社会的形态；二，先从单纯的范畴的叙述开始（必先验小物），而达到各种复杂关系所构成的社会（或宇宙）的总体性（推而大之至于无限）。

但是依他看来，历史既是动的，又以什么为其原动力呢？邹衍认为宇宙的实体是由于木、金、水、火、土五种物质原素构成的。他确认这种物质原素的相互关系上有其本质的“相生相克”即矛盾之对立与统一的性质的。因为他认为宇宙自体的运动，全由于那五种物质原素之“相生相克”的作用在作为原动力；从而人类社会的每一历史阶段的性质，也便和某一种物质原素相适应，这样他便把他的宇宙观的原理又应用到人类社会的历史运动的原理上。《吕氏春秋·应同类》篇说：

凡帝王者之将兴也，天必先见祥乎下民；黄帝之时，天先见大螾大蝼。黄帝曰：土气胜。土气胜，故其尚黄，其事则土。及禹之时，天先见草木，秋冬不杀，禹曰：木气胜。木气胜，故其色尚青，其事则木。及汤之时，天先见金，刃生于水。汤曰：金气胜。金气胜，故其色尚白，其事则金。及文王之时，天先见火，赤乌衔丹书集于周社。文王曰：火气胜。火气胜，故其色尚赤，其事则火。代火者必将水，天且先见水气胜。水气胜，故其色尚黑，其事则水。水气至而不知数备，将徙于土。

马国翰辑佚谓此盖“《邹子佚文》也”。此证之左例引述：

五行相次，转用事随，方面为服。(《史记集解》如淳所引)

五德从所不胜；虞土，夏木，殷金，周火。(《文选》）沈休文《齐故安陆昭王碑文》李善注引)

邹子终始五德，从所不胜，木德继之，金德次之，火德次之，水德次之。(同上左思《魏都赋》李善注引)

不啻可互为证明，且马说亦殊有可信之价值。因而邹衍这种学说的政治意义，就是在说明“周”代的火德“必将”为“水”所克服；易言之，封建领主阶层的政权“必将”为新兴地主——商人的政权所代替，是历史自身运动的必然法则。他在这里把他自己所负荷的何种历史任务，已充分说明出来了。从而他认人类社会的文物制度，也不是一成不变的；而是每一历史阶段都有其自己的一种文物制度。故他说：

政教文质者，所以云救也。当时则用，过则舍之；有易则易之。故守一而不变者，未睹治之至也。(《汉书・严安传》引)

不过邹衍在这里所谓历史的运动，并不是把它作为辩证的发展在把握，而是把它画成一个如次的循环运动的图式去把握的：土→木→金→火→水→土→木……而成功了一个历史运动的循环论。

其次我们来考察邹衍的地理观。

在邹衍的当时，由于商业的发展，和交通工具的进步，不但陆上的交通区域大为扩大，而且又扩大了海上的交通。因之从来的“中国即天下”的地理观念便引起一个重大的变化。在邹衍所生长的齐国，不惟因商业的发展而成了商业交通的中心，尤其是一处最便于海上交通的地理区域。第一航海的交通给他们发现了在中国大陆隔海的他岸还有大陆的存在；第二给予他们由不同的地点出发而能达到同一的目的地，而且由甲路线出发而能由乙路线之一周的绕行回到出发点。这样第一给他们发明了“地圜说”之可贵的发现。他说：“如此者九（州），乃有大瀛海环其外，天地之际焉。”（《史记・孟子荀卿列传》引）这在说大陆与大陆之间的“瀛海”便是天边，是明白的在指述地球是圆的。第二给他们推知中国只不过是全地面上的一个部分。所以《史记・孟荀列传》引述其说云：

以为儒者所谓中国者，于天下乃八十一分居其一分耳。中国名曰赤县神州。赤县神州内自有九州，禹之序九州是也，不得为州数。中国外如赤县神州者九，乃所谓九州也。于是有裨海环之，人民禽兽莫能相通者，如一区中者乃为一州。如此者九，乃有大瀛海环其外，天地之际焉。

因而他确认地球上可分作九个环海为界的大陆（州）。这种推论虽然未能达到其实在的正确性的程度，然不图在数千年后的现代，却证明了其盖然性上的妥当。

一九三五，一，廿，于北平临风楼。

（原载《中山文化教育馆季刊》第二卷第二期，一九三五年四月）

墨翟的学说及其劳动思想

一　墨翟的年代及其身份

梁任公先生考定墨翟为鲁人。旧有宋、鲁、楚三说；梁说证之《墨子·公输》篇有“子墨子归，过宋”，《贵义》篇有“子墨子南游于楚”语，《吕氏春秋·爱类》篇有“公输班欲为楚攻宋，墨子闻之，自鲁往”等语。其说甚是。

墨翟的年代，据胡适之先生考定为：

> 生于周敬王二十年与三十年之间（纪元前五〇〇年至四九〇年），死在周威烈王元年与十年之间（纪元前四二五年至四一六年）。墨子生时约当孔子五十岁六十岁之间。（《中国哲学史大纲》一四七页）

据梁任公先生考定：

> 墨子生于周定王初年（元年至十年之间，纪元前四六八至四五九年），约当孔子卒后十余年（孔子卒于纪元前四七九年）。墨子卒于周安王中叶（十二年至二十年之间，纪元前三九〇至三八二年），约当孟子生前十余年（孟子生于纪元前三七二年。）（《墨子学案》一六八页）

更有钱穆先生亦认墨子生于纪元前四七九年“至迟亦不出十年”；卒于纪元前三九四年，“至迟亦不出十年”。上三说均皆有所引证，能言之成理。但三说有一共同点，即均认墨子生于孔子与孟子年代之间，易言之，即春秋与战国相交替之间。其各自所引证之材料，亦率能为此证明。这已足供我们以依据；至于其生卒年代之详细考定，在这里为篇幅所限，暂不论及；且其时代之背景既因之而得明了，此点亦无十分之重要。

至于墨子的社会身份，古籍中关于其生平记载甚少，有不免难于考定之感。司马迁谓他曾为宋大夫；梁任公先生说："查本书中，绝无曾经仕宋的痕迹"。其说甚是。《庄子·天下》篇说墨翟"以自苦为极"。是墨子不曾作过官，疑是事实。他自己又曾说："道不行不受其赏，义不听不处其朝。"他倒不像庄子绝对厌弃政治，而以能否实行其主义为其参加政治之条件。这种坚决精神，决不是腐老阶层中的分子所能有的态度。同时，他"游楚"、"使卫"、"救宋"，亦全在为其主义而奔走。据庄子所说，他自己和其门徒的生活，却是极其困苦的。然此并不能作为决定其社会身份的充分证据。最后，我们只有从其本书中所表现的思想精神看，这是最有效的。在其思想的全体系中，封建领主和封建领主的社会秩序，为他所极力排斥；与新兴地主——商人的要求，亦显示其不完全一致；与没落贵族的意识尤形矛盾。另一方面，大体上却能符合于当时农民的意识。

只是墨子的本身恐非出身于农民阶层者。在当时，自由农民虽已存在，虽或已开始有其求知识之机会；但以求知识作为专业去钻求的事情，恐还不可能。据《淮南子·要略》说，墨子少年时，曾"学儒者之业，受孔子之术；以为其礼烦扰而不说，厚葬靡财而贫民，久服伤生而害事。"《淮南子》虽系西汉著作，言之不尽可靠；然吾人读《墨子》本书，概见其学问之修养与逻辑之严密，一方面虽非从实践生活不能得来，一方面自亦不能不赖于学理之素养。因而墨子的出身，吾意必系一新兴地主之家庭，而随即没落者也。故其思想体系中，又掺入部分之新兴地主的意识。在当时，新兴地主没落后之可能的前途，主要在回复到农民层中去。其学说的大部分能代表农民的意识，或即以此。

二　墨翟的客观主义的认识论

墨子在其思想之出发点的认识论上，便采取着和孔子的独断论、老子的观念论相反的客观主义。他认为客观的存在，是构成人类思维的泉源；因而人类的知识，完全是从客观存在的进求上得来的。在《墨经》的开始，便指出其客观主义的认识论的一个纲领。照梁任公先生的排列：

经 知，材也。经说 知也者，所以知也。而必知，若明。

经 虑，求也。经说 虑也者，以其知有求也。而不必得之，若睨。

经 知，接也。经说 知也者，以其知遇物而能貌之，若见。

经 恕，明也。经说 恕也者，以其知论物，而其知之也著，若明。

这样把意识、思维、客观存在和理解，作为构成认识上之四个不可缺的要件。同时他又以客观存在为最主要的要件，因而他又把那给予人类以“概念”之构成的客观存在，分作三个类型：

经 知：闻、说、亲。经说 知：传受之，闻也；方不虞，说也；身观焉，亲也。

梁任公先生说，此即指闻知的传闻，说知的类推，亲知的经验，是也。不过墨子又特别注重亲知的经验。他说：

天下之所以察知有与无之道者，必以众之耳目之实，知有与亡为仪者也。请惑闻之见之，则必以为有。莫闻莫见，则必以为无。若是，何不尝入一乡一里而问之。(《明鬼下》)

同时，他认为存在着的一切“如此这般”的现象，都有所必然性的，因而人类便应该去究明其“为什麽”？(How)“何故”？(Why)“如此这般”。然而，那只有依据他的这种论理学去推求才有可能。所以他说：

凡出言谈，则不可而不先立“仪”而言；若不先立“仪”而言，譬之犹运钧之上，而立朝夕焉也。我以为虽有朝夕之辩，必将终未可得而从定也。是故言有三法。何谓三法？曰：有考之者，有原之者，有用之者。恶乎考之？考先圣大王之事。恶乎原之？察众之耳目之请。恶乎用之？发而为政乎国，察万民而观之。此为三法也。(《非命下》。按《非命上》“考”作“本”，“恶乎”作“于何”，“察万民而观之”作“观其中国家百姓人民之利”。)

他既注重客观的经验，便又不能不注意到摄取经验的感官性能。因而他认为一切能经验着的东西，都是由人类的感官摄入；只有时间（久）不能用感官去摄入，因为那是不能亲、闻、嗅、触、味的。《墨经》说：

> 经 知而不以五路，说在久。经说 知，以目见，而目以火见，而火不见，惟以五路知。久，不当以目见，若以火见。

虽然人类对于事物的认识都要经过感官，而且人的感官也都是相同的。但因各人所应用的方法工具与社会“身份”之不同，因而对同事物的认识也就各异了。《墨经》说：

> 物之所以然，与所以知之，与所以使人知之，不必同，说在病。（《经下》）

最后，他又举出其三段论的逻辑公式——辩的逻辑。

是—是，非—非：“辩，争彼也。辩胜，当也。”（《经上》）

非甲非乙即丙：“辩，或谓之牛，谓之非牛，是争彼也，是不俱当；不俱当，必或不当；不当，若犬。”（《经说上》）

非甲即乙：“谓辩无胜，必不当，说在辩。”《经下》“谓，所谓，非同也，则异也。同则或谓之狗，其或谓之犬也。异则或谓之牛，其或谓之马也。俱无胜，是不辩也。辩也者，或谓之是，或谓之非，当者胜也。”《经说下》又《经上》“彼，不可，两不可也。”《经说上》“彼凡牛枢非牛，两也。”

其逻辑的方法与功用是：

> 夫辩者，将以明是非之分，审治乱之纪，明异同之处，察名实之理，处利害，决嫌疑。焉摹略万物之然，论求群言之比。以名举实，以辞抒意，以说出故，以类取，以类予。（《小取》）

上一句是说逻辑的功用；下一句说逻辑的方法。所谓“摹略万物之然”，便是说蒐集现象；所谓“论求群言之比”，便是说寻求现象的因果关系和其相互的关联。末句便在说演绎和归纳的方法。但是他的论理学并不是止住在这里，而不去追求因果关系的法则。他在他处又说：

> 经 法，所若而然也。经说 意、规、圆三也，俱可以为法。
>
> 经 一法者之相与也尽类，若方之相合也，说在方。经说下 一：方尽类，俱有法而异；或木或石，不害其方之相合也。尽类犹方也，物俱然。

他在这里，并承认有因果法则的存在；但是他并不知道从本质上去理解其内在的法则，而只止于“或木或石，不害其方之相合也”之类的现象的了解。然这正是他的客观主义的本色。

他的论理方法，在技术上又设定有七个前提。梁任公先生根据《小取》篇把它排列为：一或，二假，三效，四辟，五侔，六援，七推，是很妥当的。请读者参看《墨子》本书《小取篇》和梁著《墨子学案》。

三　“兼爱”和“互利”主义的本质

墨子以“兼爱”的社会观，去反驳孔子的伦理的社会观。孔子主张社会伦理的等级性，他便主张“爱无差等”、《孟子》的“兼爱”，主张用“兼以易别”《兼爱下》；并说：“本原别之所生，是天下之大害”。他认为“凡天下之大害”，都缘于“别相恶”发生的；“别相恶”便不能“相爱”，“不相爱”，便构成一切罪恶的根源。所以他说：

> 凡天下祸篡怨恨，其所以起者，以不相爱生也。……是故诸侯不相爱，则必野战；家主不相爱，则必相篡；人与人不相爱，则必相贼；君臣不相爱，则不惠忠；父子不相爱，则不慈孝；兄弟不相爱，则不和调；天下之人皆不相爱，强必执弱，富必侮贫，贵必傲贱，诈必欺愚。（《兼爱中》）

他认为要想消灭这种“祸篡怨恨”的根源。那便只有消灭当时存在着的“别”的等级制度，用“爱无差等”的平等的“爱”去代替那种绝对伦理的等级制度的“别”。所以他说：

> 非人者必有以易之……是故子墨子曰：兼以易别……今吾本原“兼”之所生，天下之大利者也，吾本原“别”之所生，天下之大害者也。（《兼爱下》）

因而“爱”的内容，并不是“我爱你”，你可以“不爱我”之片面的发动，而是要相互的爱。不仅此也，“爱”也不是各人只爱其亲者近者，而是要“无差等”无亲疏的周遍的爱，那才算是“爱”——才是“兼爱”。《小取》篇说：

爱人，待周爱人，而后为爱人；不爱人，不待周；不爱人，不周爱；因为不爱人矣。(《小取》)

《商君书》解释说：“亲亲则别，爱私则险。民众而以别险为务，则民乱。”

然而他又认为爱并不是从沙滩上建筑起来的“海市蜃楼”，而是要从相互的实际利益上去实现的。所以他曾再三提出“兼相爱交相利”的原理。并说：

吾不识孝子之为亲度者，亦欲人爱利其亲欤？意欲人之恶贼其亲欤？以说观之，即欲人之爱利其亲也，然即吾恶先从事即得此？若我先从事乎爱利人之亲，然后人报我爱利吾亲乎？意我先从事乎恶人之亲，然后人报我以爱利吾亲乎……《大雅》之所道曰：“无言而不雠，无德而不报。投我以桃，报之以李。”即此言爱人者必见爱也，而恶人者必见恶也。(《兼爱下》)

他认为大家在“交相利”的基础上，便能而且才能实现“无差等”的“周爱”，于是平等兼爱的社会便不难出现。在这种平等兼爱的社会中，照他说来，是如次的一种社会主义性的社会：

以兼为正，是故以聪耳明目相为视听乎？是以股肱毕强相为动宰乎？而有道肆相教诲。是以老而无妻子者，有所侍养以终其寿；幼弱孤童之无父母者，有所放依以长其身。(《兼爱下》)

故视人之室若其室，谁窃？视人身若其身，谁贼？……视人家若其家，谁乱？视人国若其国，谁攻？《兼爱上》

梁任公先生对后一段话的解释说：“简单说，把一切含着‘私有’性质的团体都破除了，成为一个‘共有共享’的团体，就是墨子的兼爱社会”。

墨子并确信他的这种理想，有完全实现之可能性的。因而当时有人对他说：“即善矣！虽然，岂可用哉”？他答道：“用而不可，虽我亦将非之。且焉有善而不可用者”？(《兼爱下》)。他自己具有这种坚确的信念，所以才肯“以自苦为极”(《庄子》)，“摩顶放踵，利天下而为之”(《孟子》)。所以才组织那推行其主义的宗教团体。所以“兼相爱交相利”的主义，正充分表现着墨子思想的革命性。

现再进而考察其“交相利”的社会经济的内容。在这里，从他的思想中，可以抽出如次的几个原则：反对奢侈和无谓的浪费；主张平等的享受和平等参加劳动；反对人剥削人的制度；主张人类的劳动力只容在生产社会必需品的生产和全社会公共福利上去正当的利用。最根本的，他认为“爱”和“利”的交互作用，是不能分离的，以此作为其经济学说的出发点。他说：“忠信相连，又示之以利，是以终身不厌”（《节用中》）。“爱人者人必从而爱之，利人者人必从而利之”（《兼爱中》）。“若众利之所自生，此自生……从爱人利人生”（《兼爱下》）。“兼而爱之，从而利之”，“爱利万民”（《尚贤中》）。“天必欲人之相爱相利”（《法仪》）。

他认为相互的利益，是社会一切的基础。而他之所谓“利”，又不是个人主义者之所谓私利，乃是社会的公利，是利他。惟其是公利，是利他，才能因利而生爱。

他反对奢侈无谓的浪费，一方面力斥当时封主们纵情于歌舞声色（《非乐》）的浪费之无谓，不合于社会公共生活的实际利益；一方面力斥儒家所主张的“三年之丧”的“厚葬”之非（《节葬》），认为那不但无益地消糜社会财富，而且无益消糜社会的有用劳动力。同时他极力主张社会生活的节俭化，主张饮食以“黍稷不二，羹胾不重；饭于土塯，啜于土刑，斗以酌”（《节用中》）为限；衣服以“冬以圉风寒，夏以圉暑雨”为限。并云：“衣服，适身体和肌肤而足矣……锦绣文采靡曼之衣……此非云益煗之情也。单财劳力，毕归之于无用”（《辞过》）。宫室以“高足以辟润湿，边足以圉风寒，上足以待雪霜雨露。宫墙之高足以别男女之礼”为限（《辞过》）。总之，他主张“凡足以奉给民用则止”（《节用中》）。对于人类的物质生活，不追求去提高，这正是农民的本色。因而他便极力反对那班“治人者”（孟子）的奢侈生活，认为他们依靠他人的劳动以为生，便是损害他人的生存，是“暴夺民衣食之财”（《辞过》）。因之他认为奢侈是基于人剥削人的制度之上的。

其次他主张人类必须要劳动才能生活，易言之，才有其生存权。梁任公先生把《非乐上》的一段话译成现代语说：

> 人和禽兽不同，禽兽是：“因其羽毛以为衣裘，因其蹄蚤以为袴屦，因其水草以为饮食。”所以不必劳作，而“衣食之材已具”。人类不然，一定要：“竭股肱之力，亶（殚也）其思虑之智”，才能维持自己的生命，所以各人都要有“分事”。什么叫作“分事”呢？就是各人自己份内的职业（羽意墨子所谓“分事”是指“社会职业”而说的）。

因而他认为各人都应该“各从事其所能”（《节用中》）“各必量其力所能至而从事焉”（《公孟》）的共同去参加劳动。“譬若筑墙然，能筑者筑，能实壤者实壤，能欣者欣，然后墙成也”。（《耕柱》）从而他认为那班“贪于饮食惰于从事”的便是“罢而不肖”的分子，根本上便没有其生存的权利——所谓“赖其力者生，不赖其力者不生”（《非乐上》）。但凡能“各尽其所能”以从事的社会成员，便不再有“你的”、“我的”的分别；而是一个“有余力以相劳，有余财以相分”的平等享受。

同时，他不啻又主张把封建领主的享乐和财产，提供来提高大众的物质享受。他说：

> 把那些阔人所嗜好的“珠玉鸟兽犬马”去掉了，挪来添补“衣裳宫室甲盾舟车之数”，立刻可以增加几倍。（《节用上》，从梁启超译）

并否认以农民的劳动力去供少数人之无谓的徭役的存在为合理。他认为劳动力只有在供全社会之公共利益上去使用，那才是合理的。所以他说：“凡费财劳力不加利者不为也。”（《辞过》）“诸加费不加于民利者，圣王弗为。”（《节用中》），又说：

> 若圣王之为舟车也。即我弗敢非也。
>
> 古者圣王亦尝厚措敛乎万民，以为舟车。既以成矣曰：“吾将恶许用之?”曰：“舟用之水，车用之陆。君子息其足焉，小人休其肩背焉”。故万民出财赍而予之，不敢以为感恨者，何也？以其反中民之利也。（《非乐上》）

他同时在这里又主张要“众民”（内无拘女，外无寡夫，故天下之民众——《辞过》），这在当时的新兴地主——商人也有这同一的要求。不过他们是完全从劳动力之获得上着眼的。

最后，他又从公共福利的经济的观点上，提出其“非攻”的主张。他认为战争不但使有形的物质受着破坏，而且直接间接摧残社会的劳动人口，于全社会尤为不利；从事战争者也并得不着利益。（据《非攻上》说，其门徒宋钘曾以这个原则去说罢秦楚之兵）。所以他说：

> 大国之攻小国，譬犹童子之为马也。童子之为马，足用而劳。今大国之攻小国也，攻者农夫不得耕，妇人不得织，以守为事；攻人者亦农夫不得耕，妇人不得织，以攻为事。（《耕柱》）

虽四五国则得利焉，犹谓之非行道也。(《非攻》)

所以他认为即使是有利的事，也应该以全体的利为归趋，才算是有利呵！故他说："杀己以存天下，是杀己以利天下。"这是可以的，反是便不该。

四 "尚同"和"尚贤"说的内容

墨子的理想政治，主要发现在《尚贤》和《尚同》两篇中。其根本见解，是从其平等社会的学说出发的。他一面主张由"贤能"来掌握政权。他说：

王公大人为政于国家者，皆欲国家之富，人民之众，刑政之治……不能以尚贤事能为政也。(《尚贤上》)

古者圣王唯能审以尚贤使能为政，无异物杂焉，天下皆得其利。(《尚贤中》)

今天下之王公大人士君子，中实将欲为仁义，求为上士，上欲中圣王之道，下欲中国家百姓之利。故尚贤之为说而不可不察此者也。尚贤者，天鬼百姓之利，而政事之本也。(《尚贤下》)

他认为若不让贤能来执政，便不会有好的政治出现。但当时掌政的封建贵族（王公大夫士君子），却并没有贤能的，而且都系一些腐败不堪的蠢货。然而他们却偏偏在把握着政权，政治自然会糟糕。因而依据墨子的理论逻辑，当时政治的黑暗，全由于"治人者"的无智，有智能的人反处于"劳力"的"治于人者"的地位；所谓"智者为政乎愚者则治，愚者为政乎智者则乱"，便是这一意义。这也正是客观主义者的墨子的本色。

可是墨子之所谓贤能政治和孟子等人之所谓贤能政治，却是根本异趣的。例如他论政治的起源说：

古者，民始生未有刑政之时，盖其语人异义，是以一人则一义，二人则二义，十人则十义；其人兹众，其所谓义者亦兹众。是以人是其义以非人之义，故交相非也。是以内者父子兄弟作怨恶，离散不能相和合；天下之百姓，皆以水火毒药相亏害。至有余力不能以相劳，腐朽余财不以相分，隐匿良道不以相教。天下之乱若禽兽然。夫明乎天下之所以乱者，生

于无政长，是故选天下之贤可者立以为天子。(《尚同上》)

依此，他的国家政治起源说，是同于卢梭的《民约论》(所谓“君臣盟约也”)，这不但与当时流行的“君权神授说”(所谓天生民而立之君……)以根本的批驳，表现其生产阶级之进步意识；而且他之所谓贤能是要全体人民选择出来的，这也和儒家的见解根本对立着。他的“明乎天下之所以乱者生于无政长，是故选择天下之贤可者立以为天子”的主张，其根本立场便在否认封建贵族的阶级的家族的世袭政治为合理；由人民全员的选举来代替世袭，根本打破当时所给予农民的政治等级性的约束。所谓“天子为天下之仁人”，“由万民选择而立”，从而我们知道他也并不主张君位世袭，而是根本主张选举的。这从其墨教首领之承继的方式上也可以见出来。(《庄子·天下》篇说：“(墨者)以钜子为圣人，皆愿为之尸，冀得为其后世”。)

在另一方面，他的政治思想的归趋，与卢梭的《民约论》也是根本异趣的。在他理想政治中的所谓“圣人”、“仁人”和“天子”，并不是能离开劳动，靠剥削他人的剩余劳动以为生的坐食者；而是和其他社会成员一样，要共同参加社会劳动的。所以说：

> 昔者，禹之湮洪水，决江河，而通四夷九州也，名山三百，支川三千，小者无数。禹亲自操橐耜而九杂天下之川。腓无胈，胫无毛，沐甚雨，栉疾风，置万国。禹，大圣也，而形劳天下也如此。使后世之墨者……日夜不休，以自苦为极。曰：“不能如此，非禹之道也，不足谓墨。”(《庄子·天下》)
>
> 今有人于此，有子十人，一人耕而九人处，则耕者不可以不益急矣。何故？则食者众而耕者寡也。(《贵义》)
>
> 仁者之为天下度亦犹此也。曰，天下贫，则从事乎富之；人民寡则从事乎众之；众而乱，则从事乎治之……若三务者，此仁者之为天下度也。(《节葬下》)

依此，“正长”不仅自己须亲自参加社会劳动，并还须为全社会计划生活品的供给。这和卢梭之只为布尔的政治设计的见解，便完全两样。

另一方面，他认为“万民”在既选择出“圣人”来作他们的“正长”之后，同时这种“正长”又既是“圣人”，“万民”便要无条件的去服从他的指导。因为万民是智愚不齐，“圣人”却是一个全能而在为“万民”谋福利的人。所以他说：

> 正长既已具，天子发政于天下之百姓，言曰：闻善而不善，皆以告其上。上之所是，必皆是之；所非，必皆非之。上有过，则规谏之。(《尚同上》)

> 凡国之万民，上同乎天子而不敢下比。天子之所是，必亦是之；天子之所非，必亦非之。去而不善言，学天子之善言；去而不善行，学天子之善行。天子者，固天下之仁人也。举天下之万民以法天子，夫天下何说而不治哉？(《尚同中》)

万民这样无条件去服从的“天子”，也是以“天子者，固天下之仁人也”为条件的；但若“天子”违反公众的意志而又未能合于公众之福利时，却又有“上有过则规谏之”的伸缩性。因而梁任公先生说：“墨子的社会，可谓平等而不自由的社会”；章太炎先生说：“墨子若行，一定会闹到教会专制”。却都不曾了解着墨子学说的全体系。在墨子学说的体系中，一、“天子”不是世袭，而是由“万民”选择的；二、“天子”和“万民”在经济的地位上，都是平等的；三、在政治的地位上也都是平等的，因为只要你是“圣人”或“仁人”，却不管你是农奴或贱奴，便都有被选出来作“天子”的机会，根本便没有什么身份的拘限。他说：

> 虽天亦不辩贫富、贵贱、远迩、亲疏，贤者举而尚之，不肖者抑而废之。(《尚贤中》)

四、凡是有才智的人，也不管你是农奴或贱奴，“天子”有举用你的义务。例如说：“是故昔者，尧之举舜也，汤之举伊尹也，武丁之举傅说也，岂以为骨肉之亲、无故富贵、面目美好者哉？唯法其言，用其谋，行其道，上可而利天，中可而利鬼，下可而利人。”(《尚贤下》)

他这种社会主义的思想之历史根据，是以“夏代”的氏族社会为根据的。所以说“大夏之道”，“非禹之道也，不足为墨”。历史上革命的农民，几无不以古代哥谋李斯姆为其理想的政治，墨子自亦不能例外。

我本拟再继续叙述一下墨子的宗教思想和其政治运动，但已嫌篇幅冗长。故暂此结束。

(原载《劳动季报》第一卷第四期，一九三五年二月出版)

两晋之际的一个农民派的社会学家——鲍敬言

鲍敬言与葛洪同时，其生卒年代已不可考。其著作亦不可考，大抵已被当时的治者所销灭。因而我们今日要想窥见其思想的全部体系是困难的；我们只能从《抱朴子·诘鲍》篇所引载他的无君论去把握他的轮廓。

近人章太炎先生，说鲍敬言是一个无政府主义者。我们从其无君论看，章说是具有特见的。

他从其生产阶级的现实生活的实践上，根本上便认为国家是治者的机关，是跟着“治人者”和“治于人者”的出现而出现的；“治人者”和“治于人者”的分裂和存在，也是历史的产物。至于儒家认为那都是随人类的出现而俱始的论说，他认为那完全是一个大骗局。因而他说：

> 儒者曰：天生烝民而树之君。岂其皇天谆谆言，亦将欲之者为辞哉？夫强者凌弱，则弱者服之矣；智者诈愚，则愚者事之矣。服之，故君臣之道起焉；事之，故力寡之民制焉。然则隶属役御，由乎争强弱而校愚智。彼苍天果无事也。

随着国家的出现，他说于是在人类的内部，乃发生“治人者”和“治于人者”的分裂：“治人者”乃完全依靠他人的劳动以为生，且从而引出其不劳而食的骄奢淫逸的生活。故他继续说：“夫役彼黎烝，养此在官，贵者禄厚，而民亦困矣”，“君臣既立，而变化遂滋。夫獭多则鱼扰，鹰众则鸟乱，有司设则百姓困，奉上厚则下民贫。壅崇宝货，饰玩台榭，食则方丈，衣则龙章。内聚旷女，外多鳏男。采难得之宝，贵奇怪之物，造无益之器，恣不已之欲。非鬼非神，财力安出哉？夫谷帛积，则民有饥寒之俭；百官备，则坐靡供奉之费。宿卫有徒食之众，百姓养游手之人。民乏衣食，自给已剧；况加赋敛，重以苦役。下不堪命，且冻且饥；冒法斯滥，于是乎在。”从而社会内部的矛盾便随之发现了，人类自己和人类自己间的争斗便展开了。故他说：

劳之不休，夺之无已；田芜仓虚，杼柚乏空，食不充口，衣不周身。欲令勿乱，其可得乎?”

同时他说，攘夺、货财、盗贼、战争等等破坏全体福利的现象，也均在此社会内包的矛盾基础上而一齐发作了。故说：

降及杪季，智用巧生，道德既衰，尊卑有序。繁升降损益之礼，饰绂冕玄黄之服。起土木于凌霄，构丹绿于棼橑。倾峻搜宝，泳渊采珠。聚玉如林，不足以极其变；积金成山，不足以赡其费。澶漫于淫荒之域，而叛其大始之本。去宗日远，背朴弥增。尚贤，则民争名；贵货，则盗贼起；见可欲，则真正之心乱；势利陈，则劫夺之涂开。造剡锐之器，长侵割之患。弩恐不劲，甲恐不坚，矛恐不利，盾恐不厚。若无凌暴，此皆可弃也。

他说这种现象既已存在，于是“治人者”乃从而用刑罚去制止，教育去感化。他认为凡此均不过是无裨实效的空想，且徒然是“火上加油”的笨拙。故他继续说：

君臣既立，众慝日滋。而欲攘臂乎桎梏之间，愁劳于涂炭之中。人主忧慄于庙堂之上，百姓煎扰乎困苦之中。闲之以礼度，整之以刑罚，是犹辟滔天之源，激不测之流，塞之以撮壤，障之以指掌也。

所以救祸而祸弥深，峻禁而禁不止也。关梁所以禁非，而猾吏因之以为非焉；衡量所以检伪，而邪人因之以为伪焉；大臣所以扶危，而奸臣恐主之不危；兵革所以静难，而寇者盗之以为难。此皆有君之所致也。

这种现象的发生，他归结为由于“有君”；易言之，即由于社会有阶级，治者阶级握有强力之所致。所以他又解释说：

使夫桀纣之徒得燔人，辜谏者，脯诸侯，菹方伯，剖人心，破人胫，穷骄淫之恶，用炮烙之虐。若令斯人并为匹夫，性虽凶奢，安得施之？使彼肆酷恣欲，屠割天下，由于为君，故得纵意也。

他从这里便达到否认权力的无政府主义的结论。例如他说：

白玉不毁，孰为珪璋；道德不废，安取仁义。

> 夫死而得生，欣喜无量，则不如向无死也；让爵辞禄以钓虚名，则不如本无让也。天下逆乱焉，而忠义显矣；六亲不和焉，而孝慈彰矣。

他认为今社会有强制权力的存在，然后再去讲求各种治术；不如削灭强权，社会便自复于乐利矣。从这里，他说社会在其原先没有形成国家和阶级的强权以前，本是没有政治权力存在的；人类都是平等的乐利的生活着。所以那时的社会，才是一个极幸福的社会。所以他紧接着又说：

> 曩古之世，无君无臣，穿井而饮，耕田而食，日出而作，日入而息。汎然不系，恢尔自得。不竞不营，无荣无辱。山无蹊径，泽无舟梁。川谷不通，则不相并兼；士众不聚，则不相攻伐……势利不萌，祸乱不作；干戈不用，城池不设。万物玄同，相忘于道。疫疠不流，民获考终。纯白在胸，机心不生。含哺而熙，鼓腹而游。其言不华，其行不饰。安得聚敛以夺民财？安得严刑以为坑穽？

这种以原始共产社会为其理想依据的无政府主义，正是从封建时代以前的人类史上之革命农民阶级的特色。鲍敬言在这里，更进而说明人类在其自然的生成，就是平等的。他说：

> 夫天地之位，二气范物。乐阳则云飞，好阴则川处。承柔刚以率性，随四八而化生。各附所安，本无尊卑也。君臣既立，而变化遂滋。

一九三五，四，一八，录旧讲稿。

（原载《劳动季报》第一卷第五期，一九三五年五月出版）

周人国家创设的过程

在很早的古代①，西来的一个后代称作“夏”族的民族和从东来的商族在黄河流域的中部相遇之后，商族渐以其较进步的生产力把“夏族”追回到西北区域——今日的陕甘一带。回到西北的“夏”族，后来又分化而成为大夏、鬼方、土方、周、秦等族。

周族发展的历史，据周初文献的记载，均以农神后稷②为其男系祖先；《世本》则更追至“帝喾”，以自“帝喾”至文王凡十五世③。《诗经》所载：并谓其男系始祖稷居部（今陕西武功县境），四世祖公刘迁豳（今陕境邠县），十三世祖古公迁岐（今陕境岐山县）。但《世本》所载是难于完全凭信的，因之公刘究为文王前几世祖，我们还没有充分材料以资决定。《史记》说：“公刘……变于戎狄之间。”《国语》说：“我先王不窋用失其官，而自窜于戎狄之间。”足征传说之不一致；然周族原为西北方的蛮族（即传说中夏族之一支系），于此则信而有征。在周民族的内部，又包括有周姜④等族，姜即羌戎，古姜羌原为一字。

据《诗经》所载，周民族在公刘以前虽然已发明农业，但还是未完全

---

① 传说的年代至难凭信，正确的年代已不可考。

② 例如《诗·大雅·生民》追述后稷说：“诞降嘉种，维秬维秠，维穈维芑。”《閟宫》云：“是生后稷，降之百福，黍稷重穋，植稺菽麦。”是后稷即发明农业的农神。

③ 帝喾→稷→不窋→鞠→公刘→庆节→皇仆→差弗→毁隃→公非→高圉→亚圉→祖类→古公亶父→季历→昌。

④《诗经》及《史记》皆云后稷之母曰姜原，太王之妃曰姜女，王季之母曰周姜。殷墟出土之鹿头刻词有“于倞”、“于羌”之记载；其他甲骨文中“伐羌”、“羌人”等字甚多，此羌即周族近亲之姜族无疑。

定居的游牧民族。到公刘时，由于生产力的进步，金属工具的发明①，在豳地才完全定居下来，转化为定居的农业民族。所以《诗·大雅·公刘》说：

笃公刘，匪居匪康。乃埸乃疆，乃积乃仓，乃裹糇粮，于橐于囊。思辑用光，弓矢斯张，干戈戚扬，爰方启行。

笃公刘，于胥斯原，既庶既繁……陟则在巘，复降在原。何以舟之？维玉及瑶，鞞琫容刀。

笃公刘，逝彼百泉，瞻彼溥原，乃陟南冈……于时处处，于时庐旅。

随着人到定居的农业民族的状态，便出现了氏族村落公社的组织，所以《诗·大雅》又说：

乃慰乃止，乃左乃右；乃疆乃理，乃宣乃亩。自西徂东，周爰执事。(《绵》)

相其阴阳，观其流泉，其军三单。度其隰原，彻田为粮；度其夕阳，豳居允荒。(《公刘》)

在这种公社组织的内部，土地是属于公社共有的财产，由公社长行使定期的分配；分有土地的公社内的各家族，则各别的去耕种经营。于是财产的所有形态，乃开始由氏族财产向家族财产转化。因而公社的公共费用，乃开始向各家族作定额的征取，所谓“彻田为粮”，便是这一说明。

从而农业便得到疾速的发展，所谓：

周原朊朊，堇荼如饴。(《绵》)

艺之荏菽，荏菽旆旆，禾役穟穟，麻麦幪幪，瓜瓞唪唪。(《生民》)

诞后稷之穑，有相之道，茀厥丰草，种之黄茂。实方实苞，实种实褎，实发实秀，实坚实好，实颖实栗。(同上)

《生民》虽系咏“后稷”时的农艺情形；然这种农业的情形和其“实方实苞，实种实褎”的经营方式，非在金属工具的发明后是不能实现的。

另一方面，便发展着公社内部的分工，而引出手工业家族的出现。这种手

① 《诗·大雅·公刘》“取厉取锻。”

工业家族的存在，是和冶金术的发明相追随的。由于生产力的发展和手工工艺的专门化，于是居室便也随着由穴居而开始向版筑的居室演进①。

另一方面，在这种经济的基础上，便随着而发现了氏族公有的奴隶，《诗·大雅·绵》有“戎丑攸行”一语，“戎丑”便是由战争得来的奴隶。

据《诗经》和《孟子》所载，周民族在古公亶父时，频频受着北方游牧民族狄人的袭击。在古代游牧民族和农业民族的战争，多是前者占着优越的形势；一因游牧民较农业民具有较熟练的骑射等战术；二因前者是无定居的，得以不时对后者施行侵袭，而后者对于前者，除能行使反攻的追击与遭遇战外，便没有一定的地所去对其行使侵伐。所以古代农业民族虽具有较游牧民族高的生产力，军事上反处于劣势的地位。因而周民族为避免狄人之不时的袭击而南迁至岐山一带。可是古代西北区域的岐山一带是天然的饶沃之区，最适宜于农业的发展。周人以其较进步的农业生产技术，和这样天然的富源相结合，于是农业乃得到急速的发展，其民族的势力便随着而得到迅速的膨胀。

由于农业的发展和人口的增多，便扩大了土地的要求。于是便不断的用战争手段去征服其四周各族。这到王季和文王的时代（纪前 1200 年代之末到 1123 年之间），便更急速的进行其征服他族的战争②，最后到纪元前 12 世初，西北区域内的各族便完全为其所征服了③。因而把部族的中心组织又由岐山而迁到丰邑（“作邑于丰”——《诗》）。他们对于被征服者即战败者的处置，或则没收其土地而以之转化为本族的耕地；或则仅置于其从属之下，像古代印

---

① “其绳则直，缩版以载。”“捄之陾陾，度之薨薨，筑之登登，削屡冯冯，百堵皆兴，鼛鼓弗胜。”（《诗·大雅·绵》）是周民族在公刘时已开始知道版筑。《诗经》中虽然又有“古公亶父，陶复陶穴，未有家室”的记载。然此系记载古公受着游牧民族“狄人”的袭击初逃避到新地的情形；其次这种复穴的居室，实残留到后来一个极长时期；周民族的版筑居室到何时才取得主要的形态，我们还没有材料来说明。

② 例如：《尚书大传》云：“文王受命三年伐邘”；《史记·周本纪》：“明年伐犬戎。”《大传》：“三年伐密须。”（《本纪》同）；“四年伐犬戎”（《本纪》作：“明年败耆国”）；“五年伐耆”（《本纪》作明年）；“六年伐崇”（《本纪》同）。《诗经》：“伐崇灭密。”

③《诗·大雅·皇矣》云：维此王季……奄有四方。”又谓文王为“万邦之方，下民之王。”《皇矣》又云：“维此王季……克长克君，王此大邦。”《周书·武成》云：“惟先王建邦启土；公刘克笃前烈；至于大王肇基王迹；王季其勤王家；我文考文王，克成厥勋……大邦畏其力，小邦怀其德。”《诗》又云文王在伐崇灭密之后，便成功了“四方以无拂”的军事征服。

加（Inca）一样，向被征服者征取税纳①。

另一方面，在殷代——奴隶所有者国家的末期，由于其生产的衰落等关系，因而便加紧对各属领的榨取②，此等属领为期摆脱其严酷的压迫和榨取，于是便纷纷投到较强大的周族的周围，而为其军事上的从属③。周人对于他们，也一样视为从属，而向其征取一定额的税纳。

然而在这时的周民族的自身，却还不曾建立其国家，因为专门以战争为事的军事酋长如王季和文王，据《周书·无逸》说："呜呼！厥亦惟我周太王、王季，克自抑畏。文王卑服，即康功田功……自朝至于日中昃不遑暇食……不敢盘于游田。"还不曾完全从农业劳动中脱离了出来。因而所谓"文王受命，有此武功"一类的记载，不过说文王是一个专门以战争为事的军事酋长。所谓"王"也不外与罗马古代的 Rex 为同样的意义。

但是周民族从其从属各族收获得大量的税纳物，经济的从而社会文化的力量更迅速的发展起来了，而表现为一个具有庞大的政治力和军事力的集团。因以展开其对殷代奴隶所有者斗争的局势，所以在甲骨文字的记载中，在殷代国家的末期，频繁的有着大规模的"寇周"的记载。约自纪元前 1100 年代之末，周民族各族便纷纷的相继而侵入到殷代国家的腹地，至纪前 1123 年代，他们便完全把殷代奴隶所有者国家颠覆了，于是在其废墟上，开始去创设其封建主义的国家。但在自季历以到文王这一长期的斗争过程中，他们对于殷的国家，是在一个战争与和平、从属与敌对之相续的进行中。

他们对殷代奴隶所有者最后的一次战争，从信史考证，为纪元前 1122 年的一次战争。殷代奴隶所有者国家在这一次战争的结局下便全归灭亡了。周人

---

①《本纪》云诗人道西伯盖受命之年称王而断虞芮之讼；《尚书大传》云：文王受命一年，断虞芮之质。是虞芮显系其从属下之氏族。向其从属下各氏族征取税纳，《周书·无逸》云"文王卑服，即康功田功……自朝至于日中昃，不遑暇食……不敢盘于游田，以庶邦惟正之供。"末一语。即系其从属各氏族向其缴纳一定的税贡之意。

②《诗·大雅·荡》云："文王曰咨，咨女殷商……女炰烋于中国，敛怨以为德。"

③《论语》云："文王三分天下有其二，以服事殷。"《左传》云："文王帅殷之叛国以事纣。"《史记》云："纣赐之弓矢斧钺，使西伯得专征伐。"《周书·大诰》云："肆予告我友邦君，越尹氏，庶士，御事……惟以尔庶邦于伐殷逋播臣。"《武成》云："庶邦冢君暨百工受命于周。"《牧誓》云："王曰：嗟我友邦冢君，御事，司徒，司马，司空，亚旅，师氏，千夫长，百夫长，及庸，蜀，羌，髳，微，卢，彭，濮人。"《本纪》又云："武王……东观兵至于盟津……不期而会盟津者八百诸侯。"这里所谓殷之"叛国"，所谓"友邦"，便都是一些氏族；所谓"友邦君"，所谓"诸侯"，便都是一些氏族酋长。他们在原来有些曾为殷的属领，现在则转而从属于周了。

一方面把原来的奴隶解放，一方面把殷代国家的土地所有宣布为“王”的所有；“王”又以这种土地去酬庸其左右扈从和随同去“伐殷”的各氏族酋长①。这种受有土地的王的扈从和酋长，又皆相次的以之去酬庸其自己的左右②。于是他们便转化而成了各级的土地新所有人；从而开始把原来的村落公社转化为庄园，把原来的土地上的居民重新编制而把他们转化为农奴。这样，国家又在这一新的形势上出现了。

这新的国家的社会机构，一方面从奴隶所有者社会的世界原理=国家的土地所有和国家支配下的公社组织的原理出发，一方面从其自身的氏族社会的世界原理出发，这两种原理的合流而创造其国家的新机构。易言之，从国家的土地所有之种族财产形态以及国家支配下之公社内的家族财产形态，和其氏族村落公社之氏族财产形态，各种要素之矛盾斗争的统一而转化为庄园制的封建财产形态和农奴经济。

在这种财产形态下，土地在名义上是属于王的所有，由王去行使分赐。受分赐者，大多数均为王的左右扈从。所以历史的记载说：

载干戈以至于封侯，异族九十七人，而同姓之士百人。尤以周公为天下党，则以同族为众，异族为寡也。(《孔子集语》)

昔周公弔二叔之不咸，故封建亲戚，以藩屏周。管、蔡、郕、霍、鲁、卫、毛、聃、郜、雍、曹、滕、毕、原、酆、郇，文之昭也；邘、晋、应、韩，武之穆也；凡、蒋、邢、茅、胙、祭，周公之胤也。(《左传》僖公二十四年)

周公……兼制天下七十一国，姬姓独居五十三人。(《荀子·儒效》)

魏子谓成缚……武王克商，光有天下，其兄弟之国十有五人，姬姓之

---

① 例如，“王曰：嗟我友邦冢君，御事，司徒，司马，司空，亚旅，师氏，千夫长，百夫长，及庸，蜀，羌，髳，微，卢，彭，濮人。”(《牧誓》)“惟以尔庶邦十伐殷逋播臣。”(《大诰》)“武王……东观兵至于盟津……不期而会盟津者八百诸侯……居二年；乃尊文王，遂率戎车三百乘，虎贲三千人，甲士四万五千人，以东伐纣。”(《史记·本纪》) 所谓“友邦冢君”或“八百诸侯”，都是随同武王去伐殷的各民族酋长。所谓“御事，司徒，司马，司空，亚旅，师氏，千夫长，百夫长”，或所谓“虎贲”，“甲士”，便都是武王左右的扈从。

②“集中于国王、公、侯手中的广大土地，为酬庸军事的勤务，为有条件的所有地形态分赐于其军事助理者、近亲及其陪臣。这些领主，在西欧叫作 Beuefizimm，在俄国叫作 Vannaya Zemlya，把其保有者——家臣——束缚于所有者即领主之下。”(波特卡诺夫：《唯物史观世界史教程》，东京白杨社，1932 年)

国四十人，皆举亲也。(《左传》昭公二十八年)

武王、成、康所封数百，而同姓五十五。(《史记·汉兴以来诸侯年表》)

武王分殷地为鄁、鄘、卫，封武庚于鄘，使管叔尹鄘、蔡叔尹卫。(旧说)

其次为各氏族酋长，大抵周人把其从属下各氏族的土地宣布为国王的所有后，再以封赐的形式，由王的名义去封赐其原有的酋长。或者由这些酋长对氏族的公有土地的侵占，渐次转化为公社土地之惟一占有者。所以历史的记载说：

庶邦冢君暨百工，受命于周。(《周书·武成》)

式商受命，奄甸万姓。(《周书·立政》)

征东之诸侯，虞夏商周之胤。(《大传》)

武王封师尚父于营丘曰齐，封弟周公旦于曲阜曰鲁，封召公奭于燕，封弟叔鲜于管，弟叔度于蔡，余各以次受封。又封神农之后于焦，黄帝之后于祝，帝尧之后于蓟，帝舜之后于陈，大禹之后于杞。(《史记·周本纪》)

焦、祝、蓟、陈、杞等，大抵都于此时在周代封建制的直接影响下，由氏族制内部的变化而转入到封建制，且从而作为周的从属。在周代所存在的蜀、庸、微、卢、彭、濮等封邑，大抵都是由王的名义以其各自原有的氏族土地即封赐其酋长，从而转化为封邑。《史记》说：一以封前代帝王子孙，一以封周之亲族，一以封周初功臣，却未免是夸张。波特卡诺夫说："这些土地所有者的出身是怎样的呢？他们大部为酋长、僧侣，及武士团武士的子孙；他们侵占并把共同体的土地据为私有，故共同体只残存为农业上的生产形态。"①

更次为殷代的贵族，他们中也有一部分转化成为新时代的领主。大抵在殷代奴隶所有者国家的末期，由于奴隶劳动的缺乏，在国家下面的有些公社，已开始转入"原始佃户"制的经营；到周代国家的建立后，便随着而转化成为新时代的封邑，例如"宋国"，大抵便是这样转化过来的。这种殷代的贵族而转化为新时代贵族者，除上述之一原因外，在周初的周人为实现其对殷族的统

---

①《唯物史观世界史教程》第二分册，东京白杨社，1932年。

治，又利用其原来贵族的一部分，所以《周书》说，周公对待殷代的贵族，是有着如次的一种情形："迪简在王庭，尚尔事，有服在大僚"（《多方》）；"甲子，周公乃朝用书命庶殷侯，甸男邦伯，厥既命殷庶，庶殷丕作"（《召诰》）；"今尔尚宅尔宅，畋尔田"（《多方》）；"尔乃自时洛邑，尚永力畋尔田"（同上）；"告尔殷多士，今予惟不尔杀……尔用尚宁干止，尔克敬，天惟畀矜尔；尔不克敬，尔不啻不有尔土，予亦致天之罚于尔躬。今尔惟时宅尔邑，继尔居；尔厥有干有年于兹洛。尔小子乃兴，从尔迁"（《多士》）；"成王既践奄，将迁其君于蒲姑"（《蔡仲之命》），有注云："已灭奄而徙其君及人臣之恶者于蒲姑"。《史记》等书亦称武王封武庚于鄁。

这样土地便完全集中到了新的贵族的手中。他们便成为一新的阶级。

这种土地的新所有者又各以次将其受有地分赐其左右；所以这时的领邑究有多少，盖已没有统计之可能。有谓周初盖千八百国（贾山《至言》）；有谓"周之所封四百余，服国八百余。"（《吕氏春秋·观世》）；又有谓"仪刑文王，万邦作孚"《诗·大雅·文王》。不过极言其数目之多而已。这种最初的领邑，虽大小不一，大抵均占地甚小；据《左传》所说，到春秋时，仍是大都"不过百雉"之规模；《吕氏春秋·慎势》说："王者之封建也，弥近弥大，弥远弥小，海上有十里之诸侯。以大使小，以重使轻，以众使寡。"《论语》也说"十室之邑。"足证最初的领邑原是很狭小的。

王分赐土地于左右，是用册命去行使的。王国维《观堂集林·明堂庙寝通考》揭西周金文云：

> 唯二年五月既死霸，甲戌，王在周康邵宫。旦，王格太室即位。宰弘右颂入门，立中廷。尹氏受王命书。王呼史虢生册命颂……颂拜稽首，受命册，佩以出。反入觐。（《颂鼎》）。
>
> 宰颓右寰入门，立中廷，北乡。史黄受王命书，王呼史减册锡寰。（《寰盘》）

王国维谓此即《周礼·春官》封国命诸侯之礼。《汉书·郊祀志》云："张敞好古文字，按鼎铭勒而上议曰：……今鼎出于郊东，中有刻书曰：'王令尸臣官此栒邑，赐尔旂鸾黼黻琱戈，尸臣拜手稽首曰：敢对扬天子丕显休令。'……此鼎殆周之所以褒赐大臣。"周金中关于锡邑、锡采之册命记载盖甚多。留后再述。

所册锡的，并不只是单纯概念下的土地，其一是连同土地上的人民。例如《盂鼎铭》云："受民受疆土。"《左传》定公四年条云：

> 昔武王克商，成王定之，选建明德，以藩屏周……分鲁公以大路、大旂……殷民六族……使帅其宗氏，辑其分族，将其类丑，以法则周公，用即命于周……分之土田陪敦、祝、宗、卜史，备物典策，官司彝器。因商奄之民，命以伯禽，而封于少皞之虚。分康叔以大路、少帛、綪茷、旃旌、大吕，殷民七族……封畛土略，自武父以南及圃田之北竟，取于有阎之土，以共王职；取于相土之东都，以会王之东蒐。聃季授土，陶叔授民，命以康诰，而封于殷虚，皆启以商政，疆以周索。分唐叔以大路、密须之鼓、阙巩、沽洗，怀姓九宗，职官五正……封于夏虚，启以夏政，疆以戎索。

所以《诗》有"锡之山川，土田附庸"之语；《召伯虎敦铭》亦有"仆墉土田"一语。因而这种土地的赐与，并不是单纯的"封土"；受有土地的贵族，在其所有地上面，同时并具有完全政治的军事的权力，所以《周书·文侯之命》说："其归视尔师，宁尔邦……简恤尔都。"《康王之诰》说："昔君文武，丕平富……亦有熊罴之士，不二心之臣，保乂王家……乃命建侯树屏，在我后之人。"《毕命》说："旌别淑慝，表厥宅里。彰善瘅恶，树之风声……殊厥井疆……申画郊圻，慎固封守，以康四海。"《左传》隐公八年条载隐公问，众仲对曰："天子建德，因生以赐姓，胙之土而令之氏；诸侯以字为谥，因以为族；官有世功，则有官族，邑亦如之。"《周书·立政》云："宅乃事，宅乃牧，宅乃准。"《国语·鲁语》乙喜语齐王云："昔者成王命我先君周文公及齐先君太公曰：女股肱周室，以夹辅先王，赐女土地，质之以牺牲，世世子孙无相害也。"《诗·鲁颂·閟宫》亦云："王曰叔父，建尔元子，俾侯于鲁，大启尔宇，为周室辅……锡之山川，土田附庸。"所以这种土地的分赐，便创设出各级的封建的领邑和庄园，从而便奠下了封建的等级从属的基础。因而《荀子·王霸》篇引述云："传曰：农分田而耕，建国诸侯之君，分土而守。"所以卡尔说："封建时代之军事上及裁判上的最高权力，是土地所有的属性。"

这种领邑和庄园的组织内容，留到他处再说。

周代的封建国家，虽是这样开始出现了。前此的奴隶所有者和奴隶以及支配民族和被支配民族之旧的对立矛盾虽已归消灭，然而在其新制度之创设的过程中，一方面便引出了新的矛盾，即原来的氏族秩序和新秩序的矛盾；一方面招致商族的残存势力在一个长期间之不断的反攻。因而社会内之矛盾的斗争，仍保持一个相当期间的继续。

在周人建国的前夜，其自身还保留在氏族制的状态下，为其仅属的西伯各族，以及曾为殷属领之江淮间各族，其社会自身也还保留在氏族组织的状态中。因之在周人的胜殷后，他们宣布把殷人的土地为从属于王的所有并以之分赐其左右这一原则下，而构成之社会的新的形态，这和其原来的氏族的土地所有以及其社会组织，便构成两种矛盾对立的形态。因而便引发了许多氏族对新秩序的反对，于以爆发了两者间的斗争。集中土地在自己手中的新的贵族，对于这种反抗新秩序的氏族——“不廷方”，发动用武力去平服的战争。关于这类的记事，《诗·韩奕》说：“干不庭方”，《毛公鼎铭》云：“率怀不廷方”。然而这种“不廷方”的势力，在西北区域内，一方面归结为以玁狁为首而形成一个庞大的反动集团，约自纪元前十世纪始初，侵入到新国家的腹部河南西北部——伊洛。《虢季子白盘铭》云：

> 惟十有二年正月初吉，丁亥，虢季子白作宝盘，丕显子白，壮武于戎工，经缕四方，伐厰獻于洛之阳，折首五百，执讯五十，是以先行。趄趄子白，献馘于王，王孔嘉子白义。王格周庙宣榭爰飨。王曰：伯父孔覭有光。王锡乘马，是用左王锡用弓，彤矢其央；賜用钺，用政蛮方。

《不𡠧敦盖铭》云：

> 唯九月初吉戊申，伯氏曰不𡠧，驭方厰允，广伐西俞，王命我羞追于西，余来归献禽（擒）。余命女御追于署。女以我车宕伐厰允于高陸。女多折首𩁹𢦏。戎大同永追女，女及戎大章戟。女休弗以我车甬于蘻，女多禽，折首埶𢦏①。

西北之西戎玁狁诸族，原系周之近亲族。他们这次的斗争失败之后，便被追逐到新的国家的西北境界之外，从而他们得以长期的保留其氏族社会的秩序。后来便渐次形成为周代国家的西北面的外患，不断的对周人行使军事的袭

① 《毛公鼎铭》云：“（率）怀不廷方，亡不闬于文武耿光，惟天畐集厥命，亦惟先正𧧑辪厥辟，劳堇（勤）大命。肆皇天亡斁，临保我有周，不巩王先配命，敃天疾畏。司（嗣）余小子弗彶，邦畐害吉？䚫䚫四方，大从不静……女辪我邦我家，内外惷于小大政……余一人在位，弘唯乃智，余非庸又昏，女勿敢妄寧，虔夙夕惠我一人，雝我邦小大猷，毋折缄。告予先王若德，用印邵皇天，□□大命，康能四国，俗我弗作先王羞。”（此器予疑为宣王时器）

击。在纪元前一千一百年代以后，他们频频大规模的侵入黄河流域。通过西周的全时期以至春秋初期，在他们和周人之间曾执持着长期的相互的战争。不过这种战争，在周初后发动于革命和反革命的战争；后来却渐次把性质变化了。

在北方的鬼方，在文王的时代，也曾和周族一同的在联合反抗殷代奴隶所有者的支配。到现在也和玁狁一样和新秩序敌对，而发动两者间的抗争。《小盂鼎铭》云：

伐䰠方……俘人万三千八十一人。

但在斗争的结局上，他们也归趋为和玁狁获得同样的结局。

在周族的内部，这种敌对新秩序的旧势力的反抗，引发出以管、蔡为首的反动势力。他们曾和以周公为首的革命势力进行着长期的抗争。后来他们又和东土的殷代奴隶所有者的残存势力，在对立物之具有统一性的原则下而联合起来，共同反抗新秩序，于以形成历史上有名的“管蔡以武夷叛”的反动局面。在这一局势的展开后，于是残留在东土（今日的山东和淮徐一带）殷代奴隶所有者集团，便纷纷爆发为敌对新秩序的抗争①。

因为在周的伐殷后，殷代奴隶所有者国家的首脑部；虽属由崩战而死灭了。然而在商族根据地的东土，依旧保留在奴隶所有者的势力支配下，他们对新秩序之立于敌对的地位，自不待言。因而在周代新国家内部之新旧两种势力的敌对形势下，他们便同时发动其大规模的反革命运动，企求作死灰复燃的抗争。

周代的新统治阶级对待这种庞大结合的反动势力的对策他们是用全副力量去处理的。因为这不啻是周代新国家创设过程上之第一个大波澜，所以《周书·毕命》说：“王曰……邦之安危，惟兹殷士。”因而他们在一方而采取一种软化手段，即系在符合于周代国家的新的秩序为原则的条件下，允许残存的殷代奴隶所有者仍得保有其土地和人民。只要求他们（殷代的贵族）把其本族内的自由民和奴隶改编为农奴。在这一点上，却又引发了残存的殷代贵族和

① 《逸周书·作雒解》云：“周公立，相天子，三叔及殷东、徐奄及熊盈以略……二年，又作师旅，临卫政（征）殷，殷大震溃，降辟三叔，王子禄父北奔，管叔经而卒，乃囚蔡叔于郭淩，凡所征熊盈族十有七国，俘维（郭沫若云疑系“淮”）九邑、俘殷献民，迁于九毕，俾康帅宇于殷，俾中旄父宇于东。”这证之《诗经》及金文（如《成鼎》、《疐鼎》均见后揭）记载，均能信而有证。《周书》亦云：“武王崩，三监及淮夷叛”（《大诰》）；“成王东伐淮夷，遂践奄”（《蔡仲之命》）；“鲁侯伯禽宅曲阜，徐夷并兴，东郊不开。”（《费誓》）

其自由民间的敌视。因而矛盾斗争的内容便愈益复杂了。然而周代新国家的统治阶级在这一方面，却获得了相当的成果——残存的殷代的一部分贵族，却因此而转化为新秩序的保护者，其自身而成为新时代的领主。

一方面便发动其阶级的全力去从事武力的征服。于是便开始两者间的战争。这次战争的经过，据《诗经》和《周书》及金文所载，曾经过一个很长的时间；最初由周公亲征"东土"，继续"三年"间的长期战争（所谓周公居东三年，罪人斯得），仅只能对战争作了一个暂时结束的段落，并未能完全把反动势力消灭；易言之，并没有改变其社会秩序。在周公的死后，成王又继续亲征，才完全把反动势力击破（见上页注《蔡仲之命》引文）。周代封建国家的支配权，才开始得到确立；至宣王时，才完成江淮及东土的社会秩序的转化。

关于这方面的战争的经过，金文中有许多记载。例如：

王伐楚侯，周公某（谋），禽祝。（《禽簋》）

惟王于伐楚伯。（《夨令簋》）

䖒淮夷南敢伐内国。（《彔刻卣》）

䖒东夷大反，伯懋父目殷八自征东夷。唯十又一月，遣自䍙自述东陕伐海眉，雩（粤）氒复归，在牧自。伯懋父承王令（命）易自，達征自五齵贝。（《小臣谜簋铭》，郭考定为周初器）

用天降亦喪于上国，立唯噩侯駿方率南夷东夷广伐南国东国，至于历寒，王□命□六自，殷八自。扬六自，殷八自。（《成鼎铭》）

王命趞戡东反夷，疐肇从趞征，攻龠（跃）无啻（敌）。（《疐鼎铭》）

王命毛公以邦冢君，土驭（徒御）践人（职人）伐东国，痟戎咸。王命吴伯曰：以乃以左从毛父；王命吕伯曰：以乃师右从毛父；趞命曰，以乃族从父征。徙戟卫父身三年季，静东国。（《班簋》）

在战争的过程中，他们对于反动的"殷遗"除上述怀柔和军事的镇压两个政策外，又继之以政治的恐吓和诱惑，例如《多方》说："我惟时其教告之，我惟时其战要囚之，至于再，至于三，乃有不用我降尔命，我乃其大罚殛之。非我有周秉德不康宁，乃惟尔自速辜。""我则致天之罚，离逖尔土。"《君陈》说："殷民在辟，予曰辟，尔惟勿辟；予曰宥，尔惟勿宥。"在《周书》的《多方》和《多士》两篇中，完全是周公怀柔殷人的一种政治手段的表现。

随着这些旧势力的消灭，周代封建国家的秩序才开始确固。然随同殷代反抗周代新国家的统治的东方各族，至此便避退到江淮流域。但他们退避到江淮流域后，仍保持其原有的社会秩序，和周代国家的政治支配相对立，此后在殷代封建主义的政治势力之南向的发展上，仍不断的引起相互的战争①。这种对立的局势，直至宣王的时代，由于周代封建主义内部势力的膨胀，和江淮各族其自身的社会内部之变革因素的发育完成，在对立物斗争的形势下，开始向封建主义转化，而达到对立物之斗争的统一。《诗经》关于此事的记载，则云“南国是式。”因而周代的封建国家，在继着其把东土的殷人的反抗势力和其内部所存在的新秩序的反抗力量消灭后，国家的创设并不曾完成，仍不断的在继续其对西北的玁狁各族和南方楚淮各族的战争。这种战争有继续至西周宣王时代，由于封建统治阶级之阶级地位的巩固，阶级经济秩序的稳固与发展，于是才能大举对西北厥允的讨伐和对南国的征服。《诗经》上歌颂“仲山甫”“申甫”等人武功的记事诗，以及歌颂宣王时代的“西征玁狁”与“征服南国”的武功的史诗，便都是关于这种时代事实的描写。因而所谓“宣王中兴”，毋宁是周代封建国家创设任务的完成之一划时期的反映。

（原载《经济学报》［北平］第一卷第一期，一九三五年七月出版）

①《曾伯霥簠铭》云：“悊圣元武，元武孔□，克狄淮夷，印燮繁汤。”《叔邦父簠铭》云：“叔邦父作簠，用征用行，用从君王。”《宗周钟铭》云：“王肇遹相文武，堇疆土，南国𠬝子敢陷虐我土，王章伐其至，戮伐厥都。𠬝子乃遣闻来逆卲（昭）王，南夷东夷具见，二十有六邦。”这均系西周不同时的彝器。《诗经》中关于这事的记载尤详。

孔丘派哲学思想的发展

——由孔丘到荀卿

A. 孔丘的封建制度维持论

一　孔丘的社会身份和其身份的观念

孔子自己曾说："吾少也贱。"（《论语》）《史记·孔子世家》亦称："孔子贫且贱。"但他的先世却是宋的贵族。《左传》桓公二年传说，"宋督攻孔氏，杀孔父。"《孔子世家》亦说："孔子生鲁昌平陬邑，其先宋人也。"且说鲁大夫孟釐子诫其嗣懿子曰："孔丘，圣人之后，灭于宋，其祖弗父何始有宋而嗣让厉公。"似此，他却是一个没落贵族的家世。据孟子说，在他的少年时，"尝为委吏矣，曰：会计当而已矣；尝为乘田矣，曰：牛羊茁壮长而已矣。"（《孟子·万章》下）《世家》亦说："孔子贫且贱，及长，尝为季氏史，料量平；尝为司职吏而畜蕃息。"因而他的自身的出身，又系属于封建统治层的"士"的阶层中。据《家语》说：孔子曾为鲁司寇；《世家》说："由是为司空。"盖在其年三十以前。《论语》也说："颜渊死，颜路请子之车以为之椁。子曰：才不才，亦各言其子也。鲤也死，有棺而无椁；吾不徒行以为之椁，以吾从大夫之后，不可徒行也。"《史记·仲尼弟子列传》亦有同一记载。是孔子后来，在鲁国已跻于贵族的地位。从而有人说："孔丘是平民阶级的学者"，便不符事实。

因而在孔子的思想体系中，便划出一道很深的"身份制度"的鸿沟，而分为"君子"和"小人"的两个对立的壁垒。在当时的坐食者们看来，根本上便认为从事生产劳动，是一种卑贱可耻的事情，是被治者的“小人”份内所作的。因而“樊迟请学稼”，子曰：“吾不如老农”。“请学为圃”，子曰：“吾不如老圃”。樊迟出，子曰：“小人哉！樊须也。”荷蓧丈人批评他说：“四体不勤，五谷不分，孰为夫子?”（《论语》）他自己又说：“富而可求也，虽执鞭之士，吾亦为之。如不可求，从吾所好。”（同上）是在孔子的根本观念中，不啻以劳动为耻辱，认为那只是“小人”的份内事。但是君子又该做些什么呢？在他看来，“君子”只是特别为“治人”而设的一个阶级。如他说：

君子学道则爱人，小人学道则易使也。

“士”何事？在邦必达，在家必达。(《论语》)

子张问：“士何如斯可谓之达矣?”孔子曰：“何哉？尔所谓达者。”子张对曰：“在国必闻，在家必闻。”孔子曰：“是闻也，非达也。夫达者，质直而好义，察言而观色，虑以下人，在国及家必达。”(《史记·仲尼弟子列传》)

君子笃于亲，则民兴于仁。(《论语》)

君子疾没世而名不称焉。

百工居肆以成其事，君子学以致其道。

在他的教育方针上，也只在培植一些离开生产劳动的“治人者”。樊迟不了解夫子这个宗旨，才自讨没趣。试考察他所最得意的那些门徒，究竟是一些怎样的人才吧。例如他自己曾说，“雍也可使南面”；“求也千室之邑，百乘之家，可使为之宰也”；“由也千乘之国，可使治其赋也。”而“一以贯之”的曾参，却缘他不达时务，还不免落得一个“参也鲁”的评语。从这观点出发，他之所谓“儒”，也便有“君子儒”和“小人儒”的分别了。（“汝为君子儒，无为小人儒”。）

从而在他看来，“君子”是应该离开生产劳动专去履行“治人”的责任，“小人”便应该“劳力”去“治于人”（治人者和治于人者为孟轲所惯用的术语)，而且在他们之间，是有一种不可逾越的天生的品质上的悬殊的呵！《论语》说：

君子有勇而无义为乱，小人有勇而无义为盗。(《史记·仲尼弟子列传》“有”作“好”)

君子固穷，小人穷斯滥矣。

君子喻于义，小人喻于利。

色厉而内荏，譬诸小人；其犹穿窬之盗也欤？

君子上达，小人下达。（疏：君子达于德义，小人达于财利）

君子坦荡荡，小人长戚戚。

君子之德风，小人之德草。草上之风必偃。

君子而不仁者有矣，夫未有小人而仁者也。

唯女子与小人为难养也，近之则不孙，远之则怨。（以上《论语》）

小人不耻不仁，不畏不义，不见利不劝，不威不惩。（《易·系辞》下引）

在他看来，“小人”和“君子”在品质上是有如此之悬殊的。在“君子”的群中，自然有坏人存在其间；但在“小人”之中却绝对找不出“达于德”“喻于义”而能有操守有修养的“仁者”来的。他们是生成的劣质——在孔子看来，“小人”、“女子”、“盗”同是劣质的——是天造地设要“君子”去统治他们的。所以因为仲弓的父是贱人，而仲弓却成了他的“高足”，使得他不胜惊异地说：“犁牛之子骍且角，虽欲勿用，山川其舍诸。”（《论语》）

他不了解社会各种人们的意识的歧异是基于其各自的社会地位的异歧，反误归结于“君子”和“小人”之质的不同。在另一方面，这却把人类意识的社会性完全抹煞了。

二　作为孔丘思想出发点的“仁”

在孔子的思想体系中，并没有考虑到宇宙本体论的问题。因为他是一个政治家，所以其学说只从政治问题的解决上出发，只提论到“人生哲学”的问题上；同时因为他系出身于没落贵族的家庭，所以他只肯从主观观念论上去说教，而抹煞客观的存在。但是他也没有论到人的精神是独自的存在与发展的，还是受着何种外的存在的支配的问题。他只是直观的认人有一个“先天的”“秉彝”的“仁”（自然他认为又自有“君子”和“小人”之先天的分别的）。不过在这里，照《中庸》给他所作的注释，“仁也者，人也”来看，他之所谓“仁”，却只是以“人”为条件的先天的秉赋；然而为什么“小人”又不能“仁”呢？这却构成孔子自己理论上的一个矛盾。在这矛盾的交叉点上，后来便演化为孟轲的性善论和荀卿的性恶论——自然，这都是有其社会历史的原因的。同时却正在这种矛盾点上，表现着孔子在哲学上的“独断论”。

孔子自己也曾极力想逃避这种理论上的矛盾，所以他认为“仁”虽属是“人”的先天秉赋，但仍是要克己修养的培持，否则依然会消逝的。其培持“仁”的为学方法，照《大学》给他的注释是；格物→致知→诚意→正心；修养的方法是：知止→定→静→安→虑→得。故此他又非常注意学问，且主张博学。他自己说：“吾十有五而志于学；三十而立，四十而不惑，五十而知天命，六十而耳顺，七十而从心所欲，不逾矩。”“假我数年，卒（《齐论》作五年）以学易。”不过学的中心，便在培养一个“仁”。所以他说：“赐也。汝以予为博学而多能乎？予‘一’以贯之。”（《论语》）从而他进一步说，“君子”的人只要肯专心求“仁”，那却是很容易达到的，“仁远乎哉？我欲仁，斯仁至矣。”“为仁由己，而由人乎哉?”“有能一日用其力于仁矣乎？我未见力不足者；盖有之矣，我未之见也。”（同上）所以他又认“为学”虽在求“仁”，但“仁”却不自“外”求的。他从这里，从“学问”上绕个弯子，便又回到纯粹观念论的领域中去了。

然而他之所谓“仁”，究竟是什么？照他自己的解释，也很不一致。兹略揭数例如次：

颜渊问“仁”。子曰：“克己复礼为仁。一日克己复礼，天下归仁焉……”颜渊曰：“请问其目?”子曰：“非礼勿视，非礼勿听，非礼勿言，非礼勿动。”

子贡问曰：“有一言而可以终身行之者乎?”子曰：“其恕乎！己所不欲，勿施于人。”

樊迟问“仁”。子曰：“居处恭，执事敬，与人忠，虽之夷狄，不可弃也。

樊迟问“仁”。子曰：“爱人。”

仲弓问“仁”。子曰：“出门如见大宾，使民如承大祭。己所不欲，勿施于人。”

子张问“仁”。子曰：“能行五者于天下为仁矣：恭，宽，信，敏，惠，恭则不侮，宽则得众，信则人任焉，敏则有功，惠则足以使人。”

仁者其言也讱。为之难，言之得无讱乎?

仁者先难而后获，可谓仁矣。

刚、毅、木、讷近仁。

志士仁人，无求生以害仁，有杀身以成仁。(以上《论语》)

依此，他自己对于“仁”的解释，也很模糊。但是因为《论语》有如次的几句话：“子曰：‘参乎。吾道一以贯之。’曾子曰：‘唯。’子出，门人问曰：‘何谓也?’曾子曰：‘夫子之道，忠恕而已矣。’”在他处亦常提及“己所不欲，勿施于人”的话。因之多数的学者，便都认为“忠恕”是孔子的“仁”的解释。不过他又曾说过：

忠恕违道不远，施诸己而不愿，亦勿施于人。君子之道四，丘未能一焉；所求乎子以事父未能也，所求乎臣以事君未能也，所求乎弟以事兄未能也，所求乎朋友，先施之未能也。(《礼记·中庸》)

是则所谓忠恕，仍不过是孔子之所谓“仁”的第二义。似此，“仁”的内容便应该是忠、孝、悌、信吧？然而在别处又说：“君子道者三，我无能焉；仁者不忧，知者不惑，勇者不惧。”而且在这里，他之所谓“知”和“勇”是否在仁以外呢？他说：“知及之，仁不能守之，虽得之，必失之。”“未知，焉得仁?”“君子有勇而无义为乱。”“由也，好勇过我，无所取材。”是则“知”和“勇”对“仁”来说，仍不免是第二义的。从“仁”的相反的方面说：“巧言令色，鲜矣仁。”“人而不仁如礼何！人而不仁如乐何!”“礼云礼云，玉帛云乎哉？乐云乐云，钟鼓云乎战?”依此去解释，“仁”又有“仁者诚也”或“真”的意义。又说：“不仁者，不可以久处约，不可以长处乐。”

从“仁”的作用来说，“一日克己复礼，天下归仁焉。”“君子笃于亲，则民兴于仁。”“君子之德风，小人之德草，草上之风必偃。”“夫仁者，己欲立而立人，己欲达而达人。能近取譬，可谓仁之方也已。”依此，“仁”不啻是“治人者”的一个无上的“法宝”。

因而他之所谓“仁”，只是一个无美不备，“施之四海而皆准”的他理想中的“圣人”的“心传”——虽属是先验的独自存在着的东西。因而他认为只要大家都肯去作“仁”的“修养”和实践，则一切社会内部的矛盾，便都能从个人内心的修养上去消灭于无形——下犯上哪，臣弑君哪，子弑父哪，邻国相侵哪……易言之，君臣、父子、兄弟、夫妇、朋友的“反目”哪，便都不会发生（“孝悌也者，其为仁之本与!”“其为人也孝悌，而好犯上者鲜矣”)。乐利幸福的社会，便自然会出现。

因而“仁”不啻是他的理论体系中的核心，其表现到政治上伦理上……也都是从此核心的作用去发动的。犹之果实的“核仁”。不过因为其观念的模糊，所以佛家说他在哲学思想上，只达到其“第六识”；诚然，到两宋的“理学家”才依此而达到佛家之所谓“第八识”即“阿赖耶”的境界——在观念论的哲学上。

三　孔丘时代的政治问题和其对策

初期封建制度发展到春秋末期，由于内在的矛盾的发展，而表现为其从来未有的各种混乱现象，如孟轲所谓：“世衰道微……臣弑其君者有之，子弑其父者有之。孔子惧，作《春秋》。”（《孟子》）齐景公所谓：“信如君不君，臣不臣，父不父，子不子。“(《论语》）总纳当时社会的情形，在孔子的脑子里，不啻浮现着如次的几个问题：一、等级名分的紊乱；二、诸侯相互的侵伐与兼并；三、宗法制度的破坏；四、农民和封建主间的矛盾的发展和封建统治者地位的动摇。在封建领主出身的孔子看来，当然不会了解这均属封建主义之内在矛盾发展的必然结果，不肯从社会发展之自身的运动上去把握，而只肯从抽象的心理学的范畴上去觅取观念论的解释。而且更从其没落的贵族之自身的地位利益出发，对于西周的社会，不但寄予不少的回忆，而且在他看来，那才是最高理想的制度。这在其如次的几句话中能充分的流露着。

> 殷因于夏礼，所损益可知也；周因于殷礼，所损益可知也。
>
> 周监于二代，郁郁乎文哉！吾从周。(《论语》)

这样不啻把他自己固定于封建制度之维护的立场上，且自认为文武周公之唯一继承者。因而他说：

> 天之将丧斯文也，后死者不得与于斯文也；天之未丧斯文也，匡人其如予何？
>
> 文王既殁，文不在兹乎？
>
> 文武之道，未堕于地，在人。(同上)

另一方面，封建主义发展到春秋末期，社会经济的文化发展，已达到一个相当高度，这给予社会上层的意识形态的东西以较高度的发展之基础的物质条件。这样，使孔子得以创造封建统治者的哲学的政治的理论体系，而把从来的思想上的遗产都一一继承过来，予以体系化。且从而与以多多少少的理想化的成分。我们的“夫子”之成为数千年的思想领域中之最高支配者，原因便不难明白。

因而孔子对当时所遭遇的政治问题，便拿出一个“正名主义”来，作为安定封建秩序的武器；更拿出一个“礼治主义”来，作为强化等级制的政治的手段。对于当时所存在着的社会问题，便拿出那由他而把它在理论上具体化的“伦理”的社会原理来，去充实且扩大宗法制度的内容，作为奠定社会基础的精神统治的武器。他的“伦理”的人生哲学和其“正名主义”的政治哲学之相互的作用和关联，在“仁”的下面被统一起来，恰如宗法制度和等级制度之在封建主义的体制内被统一起来一样。

四 “正名”主义与“礼治”

在孔子看来，认为名分——等级制的棼乱，最高领主——周天子政治权威的旁落，地方“诸侯”的衰弱和“大夫”的骄横，“诸侯”僭越“天子”，“大夫”僭越“诸侯”……“庶人”任意而“议政”，不但是一种反常的事情，且属政治上的最大危机。他指述当时的这种情形说：“《诗》云：‘相维辟公，天子穆穆，奚取于三家之堂?’”“三家者以雍彻。”“季氏八佾舞于庭。”（按八佾为鲁侯祭周公的仪节）“邦君树塞门，管氏（仲）亦树塞门；邦君为两君之好有反坫，管氏亦有反坫。”（均《论语》）其意正如《左传》成公二年所谓“惟名与器不可以假人”。因而对前者愤怒不平的说，“是可忍也！孰不可忍也!”对后者，他所推崇过的管仲①，至此也不免失望地说：“管仲之器小哉!”盖以为像这种逾越非分的乱“君臣之义”的事情，和乱“长幼之节”有同一的严重性，都是“乱大伦”的②。然而那却不但齐鲁如此，而是当时普遍的现象。从而他对当时的政治作一个总合的批评道。

> 天下有道，则礼乐征伐自天子出；天下无道，则礼乐征伐自诸侯出。自诸侯出，盖十世希不失矣；自大夫出，五世希不失矣；陪臣执国命，三世希不失矣。天下有道，则政不在大夫；天下有道，则庶人不议。

---

① 孔子曾说：“桓公霸诸侯，一匡天下，民到于今受其赐，管仲之力也。微管仲，吾其披发左衽矣。如其仁！如其仁!”（《论语》）

② “不仕无义，长幼之节，不可废也；君臣之义，如之何其废之？欲洁其身而乱大伦。君子之仕也，行其义也。”（《论语》）

禄之去公室，五世矣，政逮于大夫，四世矣。故夫三桓之子孙微矣！（《论语》）

因而他认为挽救当时的危机，首先便当恢复最高领主——天子的权威，制止诸侯、大夫、陪臣各级领主之僭越与擅夺，使之各退守自己的名分，才能恢复到“天下有道”的政治。但又怎样去实现这种理想呢？他便认为只有“正名”，把等级名分重新确定，这不啻是一切政治设施的前提。从而他理想中的封建制度，便不难实现。所以《论语》说：

子路曰：“卫君待子而为政，子将奚先？”子曰：“必也正名乎！”子路曰：“有是哉？子之迂也。奚其正？”子曰：“野哉由也！君子于其所不知，盖阙如也，名不正，则言不顺；言不顺，则事不成；事不成，则礼乐不兴；礼乐不兴，则刑罚不中；刑罚不中，则民无所措手足。故君子名之必可言也，言之必可行也。”

不过这是要从领主们各自的“正身”为起点的，譬如天子要恢复其权威，便当先正其自己固有的名分；诸侯亦然，大夫要想常保其地应，不使庶人来“议政”，便当退守到其自有的名分上去。但这又怎样能保证其实现呢？那便只有靠各人从“仁”的修养上而得出的观念的转变。“夫子”在这里，自是不免蹈了空。然这在他看来，在解决当时统治者内部的政治问题上，是有无上之功用的。他说：“其身正，不令而行，其身不正，虽令不从。”“苟正其身矣，于从政乎何有？不能正其身，如正人何？”“季康子问政于孔子。孔子对曰：‘政者正也，子帅以正，孰敢不正？’”（《论语》）

他在重新确定等级名分的主张下，然后对那班僭越不守名分者，便由“天子”去主持讨伐。但在这等级名分没有恢复前，他又主张对那不守名分的领主们，为维持名分，便是大家都可以去加以讨伐的。所以：

陈恒弑其君。请讨之。

公山弗扰以费畔（畔季氏）召，子欲往。子路不说……子曰：“夫召我者，而岂徒哉？如有用我者，吾其为东周乎？”

佛肸召。子欲往，子路曰：“昔者由也闻诸夫子曰：亲于其身为不善者，君子不入也。佛肸以中牟畔（畔晋赵简子），子之往也，如之何？”子曰：“然。有是言也，不曰坚乎？磨而不磷，不曰白乎？涅而不缁，吾岂匏瓜也哉？焉能系而不食？”（《论语》）

依此可以看出，在他的政治主张中，等级名分的恢复是先于一切的。在其拥护等级名分制度的政治运动中，并主张不择手段，在这里也说得很明白了。

等级名分的尺度是什么呢？那便是所谓“礼”。《左传》所载师服语云：“名以制义，义以出礼，礼以体政，政以正民。”“礼”不啻是等级制的具体内容。故“礼”又有“天子”“礼”、“诸侯”“礼”、“大夫”“礼”、“士”“礼”的等级的分别；“礼”只是“不下庶人”。此即《左传》庄公十八年之所谓“名位不同，礼亦异数”。第一方面，在朝、聘、会、盟、征、伐上，也是以礼作尺度的。《礼记·王制》云：

> 诸侯之于天子也，比年一小聘，三年一大聘，五年一朝，天子五年一巡守。
>
> 山川神祇有不举者为不敬，不敬者君削以地；宗庙有不顺者为不孝，不孝者君黜以爵；变礼易乐者为不从，不从者君流；革制度衣服者为畔，畔者君讨；有功德于民者，加地进律。

《王制》虽系战国以后之伪作，然《左传》庄公二十三年也说得明白：“夫礼，所以整民也。故‘会’以训上下之则，制财用之节；‘朝’以正班节之义，帅长幼之序；‘征’、‘伐’以讨其不然。”

“礼”又以什么为标准而制定呢？那便是师服所谓“名以制义，义以出礼”。《左传》僖公二十八年所谓：“礼以行义。”又怎样去维护“礼”呢？《左传》僖公二十八年继续说：“信以守礼。”

是“礼”显然为一种制度。

然孔子之所谓“礼”，在《论语》中有如次之诸条：

> 克己复礼为仁，一日克己复礼，天下归仁焉。
>
> 上好礼，则民莫敢不敬；上好义，则民莫敢不服。
>
> 非礼勿视，非礼勿听，非礼勿言，非礼勿动。
>
> 人而不仁如礼何，人而不仁如乐何！
>
> 礼云礼云！玉帛云乎哉？乐云乐云！钟鼓云乎战？
>
> 能以礼让为国乎，何有？不能以礼让为国，如礼何？
>
> 道之以德，齐之以礼，有耻且格。
>
> 礼，与其奢也，宁俭；丧，与其易也，宁戚。
>
> 鲤！学礼乎？不学礼，无以立。

生事之以礼，死葬之以礼，祭之以礼。

夏礼吾能言之，杞不足征也；殷礼吾能言之，宋不足征也。文献不足故也。足则吾能征之矣。

是“礼”不但是政治的骨干，是一种仪文，而且是一种制度，在等级制构成的各阶层中各有其自己之分际的一种尺度——从“名以制义，义以出礼”的。这便是“礼制”的由来。

礼在当时，必然有其一种具体的规定。《周礼》、《仪礼》、《礼记》三书系后人所作是无疑的（我正在另文考证）。故其所述种种，自西周以至春秋是否如实存在，还是一个论争纷纭的问题。惟就《孝经》所载孔子自家“三代出妻”的事实看，则关于“女子七出”的条文，至少其原则已存在于孔子的当时。《孝经》自亦后人伪作，然在宗孔的儒教徒的作品中流露着这种传说，要不失其有几分真实性。因而“三礼”所述的内容，至少有其部分的系依据春秋时代的社会背景。

五 “伦理”的社会观

孔子的“伦理”哲学，和其政治哲学同样，同是以“仁”为核心出发的。并同样由于当时浮现到他眼前的现象——臣弑君，子弑父，弟弑兄，同僚相侵伐，农奴反抗领主，家长不能约束家族成员……等现象使他提出解决的要求。他（孔子）只是从其一定社会立场出发；但并不知道，那在封建社会自己运动的矛盾的发展中，都有其必然性的。因而他不知从动的观点上去把握，也依样是从维持旧制度的观点上去追求补救策。

他的“伦理”观，是以“孝”为中心的。所谓“孝悌也者，其为仁之本与?”（《论语》）但这于农奴和领主、下和上之间有何直接的政治意义上的联系呢？他说：“其为人也孝悌，而好犯上作乱者鲜矣。”（同上）所以他之所谓“孝”是要从狭义（孝父母）而达到广义的（忠）内容的。宗法制度便充任了这两者之联系的桥梁。曾子曰：“慎终追远，民德归厚矣。”（《论语》）所谓“慎终追远”，不啻是宗法制度的精髓。宗法上之所谓“大宗”、“小宗”的派演和构成，便是“慎终追远”的原则之演绎。宗法上，必须是“大夫”，才能成立“大宗”。这便是把个人在家族中的地位和在政治上的地位连成一片。而且“大宗”的成立，在原初的原则上为诸侯之“别子”，“大宗”陪同嗣君得祭诸侯；但原则虽如此，非与诸侯同姓的“大夫”，自亦依样成立其“大宗”，他们对“先君”的祭祀关系，也只得和前者一样。这样，“宗法”的组织，便完全成了附属于政治组织的一种社会机构。其原因当然由于“大夫”所领有的食邑，原则上是诸侯所赐予的；而“大宗”和“小宗”的派演，亦恰在反映其土地的承袭制度。另一方面，基于封建土地关系上，“事父”的意义还要解释到“事君”的意义上去。《论语》说：“迩之事父，远之事君。”“子夏曰：事父母能竭其力，事君能致其身。”故此能归结到“民德归厚矣”。

所以“齐景公问政于孔子。孔子对曰：“‘君君、臣臣、父父、子子。’”可知孔子的伦理观，是以“忠”、“孝”作中心而砌成的。“忠”是等级的政治制度的中心原理，“孝”是宗法的社会制度的中心原理。易言之，前者是适应于政治的特殊机构，后者是适应于经济的生产构成上而成立的。虽然，孔子也常把政治哲学和“伦理”哲学的概念混合不分，例如他说：“孝乎唯孝，友于兄弟，施于有政。是亦为政，奚其为为政?”（同前）然这也正是古代哲学的特色。并和封建主义下的政治概念完全适应着的。其次的一伦便是“兄弟”的“友”，又次的一伦为“朋友”的“信”；更次的所谓夫妇的一伦，我们在《论语》中始终还找不出说明来。并且在孔子的学说中，妇女并没有完全人格的地位。“兄弟”和“朋友”的两伦，也是从属于“君臣”、“父子”那两伦的。在他看书，前者在其社会性上是次于后者的。例如孔子说：“孝乎唯孝，友于兄弟。”“弟子入则孝，出则悌，谨而信，泛爱众，而亲仁。”（《论语》）

事君的“忠”，事父的“孝”，处兄弟的“悌”，处朋友的“信”。孔子虽不曾作过系统的说明，但从其语录中的零细的说明考察，便不难看见其根本的见解。兹略举《论语》中的记载如次：

其为人也“孝”“悌”，而好“犯上”者，鲜矣！不好“犯上”，而好“作乱”者，未之有也。君子务本，本立而道生。“孝”“悌”也者，其为仁之本欤?

今之“孝”者，是谓能养。至于犬马，皆能有养，不“敬”，何以“别”乎?

孟武伯问“孝”，子曰：“父母唯其疾之忧。”

孟孙问“孝”于我，我对曰：“无违”。樊迟曰：“何谓也?”子曰：“生事之以礼，死葬之以礼，祭之以礼。”

父在观其志，父没观其行，三年无改于父之道，可谓“孝”矣。

弟子入则“孝”，出则“悌”，谨而“信”，泛爱众，而亲仁。

一朝之忿，忘其身以及其亲，非惑与？

父母在，不远游，游必有方。

父为子隐，子为父隐。

君子笃于亲，则民兴于仁；故旧不遗，则民不偷。

主“忠”“信”，无“友”不如己者。

子曰：“事君尽礼，人以为谄也。”定公问：“君使臣，臣事君，如之何？”孔子对曰：“君使臣以‘礼’，臣事君以‘忠’。”

子游曰：“事君数，斯辱矣；朋友数，斯疏矣。”

弑父与君，亦不从也。

子贡问“友”。子曰：“忠告而善道之，不可则止，毋自辱焉。”

曾子曰：“君子以文会友，以友辅仁。”

颜渊、季路侍。子曰：“盍各言尔志？”子路曰：“愿车马，衣轻裘，与朋友共，敝之而无憾……愿闻子之志。”子曰：“老者安之，朋友‘信’之，少者怀之。”

与朋友交，而不“信”乎？

子夏曰：“贤贤易色，事父母能竭其力，事君能致其身，与朋友交，言而有信。”

人而无信，不知其可也？

子夏曰：“君子敬而无失，与人恭而有礼，四海之内皆兄弟也。”

有时孝悌相连，有时忠孝相连。这正表示古代哲学之理论体系的欠完密。

然而在当时全社会之各种各样的构成份子，在其相互的社会关系上，在孔子看来，不外是君臣、父子、兄弟、朋友等关系。他对这些关系，不从社会经济之生产关系的构成上去理解，只肯从观念上去理解。这不但由于其社会地位在拘限着。而且正因如此，孔子才取得在中国思想领域中的数千年的支配地位。

他认为在这种伦理的社会观的原理支配下，存在于当时的人与人间的社会关系的破绽，便完全可以弥补起来了；他所拥护的封建主义的社会也便能够“万古长存”了。“犯上”、“作乱”的现象再不致出现，农奴逃亡……的事情也不致发生。后来的一般腐儒，却并不了解“夫子”的学说在政治方面有“如此这般”的积极性，只当作独自的处世修养的教条去理解，那无疑是歪曲了。

六 “德”与“刑”

他以“礼”和“正名”作为维护封建的等级政治制的基本原理，从这样去奠定等级制的政治机构。但是对于被统治者，又怎样去进行其统治呢？在前面说过，他认为“小人”从根本的品质上就是恶劣的，较统治层的人民是低下一等的。同时他也和其他封建统治阶级的分子一样，认为“小人”是没有完全人格的。因而他主张对于他们，根本上便是“民可使由之，不可使知之”的“愚民政策”。但是“治于人者”的觉醒，却不是由统治者之“可”“不可”能够支配的，因而他又主张对他们施以软性的教化。这种软性教育的原理，第一便是“命”，其次便是所谓“德”。

自然，“命”在他的思想体系中，曾被广泛的解释，作为其对实现存在的等级制度之解释的自然的基础。用“安命”的原理作为教大家去各安守其等级地位的说教的教条。所以他说：

> 不知命，无以为君子也。
>
> 吾……五十而知天命。
>
> 丘之祷久矣！
>
> 亡之命矣夫？
>
> 君子有三畏，畏天命，畏大人，畏圣人之言。
>
> 子夏曰：死生有命，富贵在天。

一方面，他又正在这里表现其自然主义的色彩。但在另一方面，不管他的“安命”的说教如何，却无补于“治于人者”之实际生活上的饥饿之苦。他们仍然是：

> 小人不知天命，而不畏也，狎大人，侮圣人之言。

这班该死的“小人”（农民）！他们不但不遵信安命的说教，而且公然把“圣人”对他们所说的当作“无事”一样看待，而且还要来狎弄“圣人”。

其次的一个软性教育的宗旨，便是用“德”。

> 为政以德，譬如北辰，居其所，而众星拱之。

道之以德，齐之以礼，有耻且格。

君子之德风，小人之德草，草上之风必偃。（以上《论语》）

孔子曰：礼云礼云，贵绝恶于未萌，而起敬于微眇，使民日徙善远罪而不自知也。（《大戴礼记·礼察》）

在这种软性教育政策失去效力的时候，他便主张彻底的用刑罚去惩治；不过在他看来，刑罚虽是“治人者”统治“小人”的必要的武器，但却不能专靠刑罚去维持“治人者”地位的久远，所以那只能作为补软性教育之不足的手段去使用。所以他说：

道之以政，齐之以刑，民免而无耻；道之以德，齐之以礼，有耻且格。

不过他之所谓刑罚，却是以“礼乐”去作它的标准的。例如他说：“礼权不兴，则刑罚不中；刑罚不中，则民无所措手足。”因此他主张刑罚要有一个标准，不主张当时那班无标准的对“治于人者”滥用刑罚的领主们的作为。

B. 孟轲的折中主义

一　孟轲传略

孟轲，邹人，受教于孔子之孙子思之门人。据《孟子》本书讲，他曾见过梁惠王、齐宣王；《史记·孟轲荀卿列传》说：“当是之时，秦用商君，富国强兵；楚魏用吴起，战胜弱敌；齐威王、宣王用孙子、田忌之徒，而诸侯东面朝齐。”是他并与商鞅、吴起、孙膑同时。考其生年为周烈王初年，约当公历纪元前三七〇年左右；卒年为周赧王二三十年之间，约当公历纪元前二七〇年左右。

其著作为《孟子》（即所称为《上孟》、《中孟》及《下孟》）。据现在多数学者意见，谓《孟子》一书，大约为孟轲之门人公孙丑、万章等所追述；但为孟轲思想的本来面目，则公认不疑。

孟轲的出身，有人说他先世为“平民”；但是这种见解多系根据孟轲有“民为贵，社稷次之，君为轻”之一类类似民权思想的说教之一种推论，实际孟轲并不是民权主义者，仍是一个初期封建秩序的拥护者。而且他还是鲁公族孟孙氏之后。考《孟子》全书的一贯理论，本质上完全是从孔丘、曾参、子思一脉承继下来的，只是跟着其社会环境的变化而更前进了一步。

在“身份”制度的观点上，孔子把社会人类分为“君子”和“小人”之两种不同的社会身份；他也坚持着这根本观念，不过他更具体的确定“君子”是“治人”的“劳心者”，“小人”是“治于人”的“劳力者”，说明这两者之存在，是由社会需要“治人者”和“治于人者”的分工；因而把“治人者食于人”和“治于人者食人”，也从这个分工上去觅得解释，作为依他人劳动以为生的其本阶级的社会根据。其次，孔子极力拥护等级制度的存在；他更画出一副所谓“周室班爵禄之制”的等级制度的构想图来。再次，孔子认为“君子而不仁者有矣，夫未有小人而仁者也”的两阶级之品质悬殊的成见；他也说：“体有贵贱，有小大。”不过同时从修养方面作了一个更具体的解释。（例如他说：“人之所以异于禽兽者，几希；庶民去之，君子存之。”《离娄·下》）

在思想的出发点上，孔子抱定一个“仁”字；他便依此而解释为内在（仁）和表见（义）的两个方面，并根据时代的要求，以之发挥为“性善”论。在伦理的社会观方面，他也和孔子一样，并亦根据他的时代要求而加了一点“推恩”的说明。孔子的政治思想，他根据而发挥为“霸道”与“王道”；只是孔子主张用“正名”去维护初期封建的政治秩序，他却主张由“定于一”的方式去重建等级制度的秩序。这由于其时代的各异而表现的方式各异，但本质上是同一的。孔子忽视新兴地主——商人，他却主张在统一物的内部去求妥协。这也由于其时代的使然。在知识论上的见解，他也和孔子是同一的。但在理论的系统上，他却比孔丘更要完整、严密。然这也正是上层意识形态的东西之发展的辩证法。无怪孟老先生公然以战国中世的孔子自居。（“乃所愿，则学孔子也”——《孟子》）

二 性善论的人生哲学

在孟轲的时代，一方面新兴地主——商人这一阶层的势力已高涨得利害。在其与旧封建领主间的矛盾并已严重的展开，孟轲在这一点上，第一他认为再想抹煞这一阶层的社会力量已是不可能；第二他却看出他们和封建领主的剥削对象却是同一的；虽然有其利益不一致的关系在，然而他认为那不过是统一物内部的对立性，应该能求得协调的。因而他主张调整两者的利益，即新兴地主——商人的利益要从属于封建领主的利益下面去求发展，封建领主要顾虑到新兴地主——商人的利益。不过他认为要依照这一原则去调整两者的利益，首先必须要打破新兴地主——商人之意识形态上的错觉（在孟轲看来应认作错觉）。所以他一方面主张“薄赋税”和“关市讥而不征”，并提出“民为贵，社稷次之，君为轻”的口号；一方面又极力鼓吹“距杨墨”。

另一方面，在他的当时，“治人者”和“治于人者”之两者的对立形势，亦已严重的展开了。他认为和缓“治于人者”的反抗和逃亡，是妥定当时社会最要紧的一件事。但是这种存在于对立物相互间的矛盾有什么方法去和缓呢？他确认为那只有用饲养母牛的方式去软化，所以他主张“轻徭役、薄税敛”，并揭出“民有恒产则有恒心”的政治原理。但是“治于人者”的自觉意识已在发展着，因而他认为便当首先要打破这种正在发展的自觉意识，是第一重要的。

因而他大声疾呼，认为消灭新兴地主——商人和“治于人者”那两种社会思想的发展，是安定当时政治的先决前提。他说：

> 杨氏为我，是无君也；墨氏兼爱，是无父也。无父无君，是禽兽也。公明仪曰：庖有肥肉，厩有肥马，民有饥色，野有饿莩——此率兽而食人也。杨墨之道不息，孔子之道不著，是邪说诬民，充塞仁义也；仁义充塞，则率兽食人，人将相食。吾为此惧，闲先圣之道，距杨墨，放淫辞邪说者不得作。作于其心，害于其事；作于其事，害于其政，圣人复起，不易吾言矣。昔者，禹抑洪水而天下平；周公兼夷狄，驱猛兽，而百姓宁；孔子成《春秋》，而乱臣贼子惧。《诗》云：戎狄是膺，荆舒是惩，则莫我敢承。无父无君，是周公所膺也。我亦欲正人心，息邪说，距诐行，放淫辞，以承三圣者，岂好辩哉？予不得已也，能言距杨墨者，圣人之徒也。(《孟子·滕文公》下)

第三方面，在他的当时，不但最高领主的周天子已完全没落下去而沦于中小领主的地位；各国的诸侯亦皆权力旁落，而“政在私门”。因势利导，所以他主张贤能政治，并创为尧舜让贤之说；并以“定于一”的主张去代替孔子的“尊周”。但是在当时的统治阶级的内部亦已丧失其精神的统制物，在这一点上，他认为有重新从意识形态上去建立根基的必要。

他的性善论便是基于这三方面的意义上而发挥出来的。

在性善论的基础上，人类的天赋的本质却不问社会地位如何，原是同一的（“民之秉彝，好是懿德”），即所谓精神的人格是平等的。因而不但大夫受禅诸侯，诸侯受禅天子，都有其天然的根据；把新兴地主——商人容纳于统治阶级之内，也便有其天然的根据了。另一方面，从性善论出发，不但可以说服新兴地主——商人，软化“治于人者”，而且把不同的阶级性与不一致的经济利益也给麻痹着了①。

现在进而考察他的性善论的内容。

在孔子还只模糊的说了一个“仁”字，他更从所谓人性上去树立一个根源——性善。但他之所谓“性善”，完全是先验主义的。他说：

> 人之所不学而能者，其良能也；所不虑而知者，其良知也。（《尽心》上）

他认为在人类的头脑中先天就有这种“良知”、“良能”的先验的性能存在着。同时他还举出一个例子去证明这种先验的性能之存在的正确。他继续着说：

> 仁义礼智，非由外烁我也，我固有之也。（《告子》上）
>
> 仁义礼智根于心。（《尽心》上）
>
> 孩提之童，无不知爱其亲者；及其长也，无不知敬其兄者。亲亲，仁也，敬长，义也。（《尽心》上）

他不了解“爱亲”“敬兄”之相对的社会关系，那是无足怪的。

从而他之所谓“良知”、“良能”“便是性善”的说明。但是这种“性善”的先验物是从哪里发生出来的呢？孟轲说是“民之秉彝，好是懿德”，这仍无异说：“先验着的就是先验着的”，并没有前进半步的说明。然而孟轲自己也很知道他这种说明是独断论的，并不足以说服其论敌。因而他又从五官和“四端”去觅取说明的例证，他从所谓“四端”来说：

> 人皆有不忍人之心……今人乍见孺子将入于井，皆有怵惕恻隐之心，非所以内交于孺子之父母也，非所以要誉于乡党朋友也，非恶其声而然

① 这在他的如次的一段话中说得明白：“曹交问曰：‘人皆可以为尧舜，有诸？’孟子曰：‘然……子服尧之服，诵尧之言，行尧之行，是尧而已矣；子服桀之服，诵桀之言，行桀之行，是桀而已矣。’”（《告子》下）

> 也。由是观之，无恻隐之心，非人也；无羞恶之心，非人也；无辞让之心，非人也；无是非之心，非人也。恻隐之心，仁之端也；羞恶之心，义之端也；辞让之心，礼之端也；是非之心，智之端也。人之有是四端也，犹其有四体也。(《公孙丑》上)

孟轲在这里，虽然想极力觅取证明，可是对问题依然没有半步的前进。这种应该从历史的根源上去说明的问题，而他却归之于人类头脑中的先验的东西。而且这些意识形态上的东西，还都不过是从经济关系所发生的相对物。现在再看他的另一说明吧。他说：

> 故凡同类者，举相似也，何独至于人而疑之……故龙子曰："不知足而为屦，我知其不为蒉也。"屦之相似，天下之足同也。口之于味，有同嗜也，易牙先得我口之所嗜者也。如使口之于味也，其性与人殊，若犬马之于我不同类也，则天下何嗜皆从易牙之于味也？至于味，天下期于易牙，是天下之口相似也，惟耳亦然。至于声，天下期于师旷，是天下之耳相似也，惟目亦然。至于子都，天下莫不知其姣也；不知子都之姣者，无目者也。故曰：口之于味也，有同嗜焉；耳之于声也，有同听焉；目之于色也，有同美焉；至于心，独无所同然乎？心之所同然者，何也？谓理也，义也。圣人先得我心之所同然耳。故理义之悦我心，犹刍豢之悦我口。(《告子》上)

原来孟轲当时的闻见，把这种事情作为真理去判定，那是无怪其然的；但把他这种说明交付给现代的生理学去裁判，则是违悖事实了。因而他在这里对问题仍没有得着较好的说明。

至于他对申不害的批判以及在他俩辩论中他所引的一些说明，却更属一些诡辩。

另一方面，孟轲既承认人性的本源同是善的，那么为什么在人类间又有种种相反事实的表现呢？尤其是为什么有所谓"君子"或"大人"与"小人"（所谓圣、贤、智、愚、不肖）的分别呢？他在这里的答案仍是根据"性相近也，习相远也"的原则来说明的；易言之，他认为那完全由于各人的修养。他说：

> 体有贵贱，有小大，无以小害大，无以贱害贵。养其小者为小人，养其大者为大人。

公都子问曰："钧是人也，或为大人，或为小人，何也?"孟子曰："从其大体为大人，从其小体为小人。"曰："钧是人也，或从其大体，或从其小体，何也?"曰："耳目之官不思，而蔽于物。物交物则引之而已矣，心之官则思，思则得之，不思则不得也。此天之所与我者，先立乎其大者，则其小者弗能夺也。此为大人而已矣。"

乃若其情，则可以为善矣，乃所谓善也。若夫为不善，非才之罪也。(以上均《告子》上)

虽然，只要肯修养，是"人皆可以为尧舜"的，然孟轲也只有适用于封建统治阶级——自然要延展到新兴地主——商人，对于小人阶级却是一个例外。什么原因呢？他说："人之所以异于禽兽者'几希'，庶民去之，君子存之。"人之所以不同于禽兽的这点"几希"——先天的性善，"小人"阶级在从他的母胎里一堕下来便已把它"去之"了；因而他们根本上也就无从修养的。我们应该仿照朱熹老先生的办法，在孟老夫子的这句话下作一句注释："呜呼！此小人之所以为小人也耶?"

最末，他之所谓修养的终点和始点，是以性善为根源，经过修养的工夫，以达到孔子之所谓"仁"为止。但是"仁"的本身是"内在"的，"仁"的表现则成为"义"。他说："仁，人心也；义，人路也。"(《告子》上)"仁，人之安宅也；义，人之正路也。"(《离娄》上)"居恶在，仁是也；路恶在，义是也。居仁由义，大人之事备矣。"(《尽心》上)但是怎样去修养呢？虽有所谓"寡欲"、"尚志"、"立命"或"俟命"诸端，但其重要点却在"养吾浩然之气"，亦即所谓"平旦之气"。

三　伦理的社会观

孟轲之非难杨朱说："杨氏为我，是无君也。""无君"，便是破坏封建的等级制度——当时之所谓君，是一种层叠的宝塔式的；"唯士无土，则不君。"他非难墨翟说："墨氏兼爱，是无父也。""无父"，便是破坏"亲亲"的宗法制度。因而他之非杨墨，是从拥护等级封建制度和宗法制度出发的。

他对于从来的宗法组织，在原则上并未提出何种新的意见；而只把宗法组织和封建政治的等级构成间的关系更具体的予以确定，他说：

天下之本在国，国之本在家，家之本在身。(《离娄》上)

使前者（宗法制度）附丽于后者（等级制度）而成为两位一体，作为维系初期封建秩序的两大台基。

关于伦理的解释，原则上，他也完全承袭着孔子，不过他从其性善论出发，更极力发挥孔子的伦理学说在人类心理上的根据。例如他说“父子”的一伦，是由于“父子有亲”，“父子主恩”。因而“三年之丧”及“厚葬”，是在尽“孝子仁人”之心。他说：

> 古者棺椁无度；中古棺七寸，椁称之，自天子达于庶人，非直为观美也，然后尽于人心。（《公孙丑》下）

> 盖上世，尝有不葬其亲者；其亲死，则举而委之于壑。他日过之，狐狸食之，蝇蚋姑嘬之，其颡有泚，睨而不视。夫泚也，非为人泚。中心达于面目，盖归反蔂梩而掩之。掩之诚是也。则孝子仁人之掩其亲，亦必有道矣。（《滕文公》上）

不过在孔子所说的冠婚丧祭之礼是“不下庶人”的；孟轲在这里，关于丧葬却主张适应于“自天子以达于庶人”。盖其时，新兴地主——商人在社会身份上也仍是“庶人”，孟轲既主张与这一阶层调协，便不能不有这点改变。

其次，孔子主张“弟子入则孝，出则弟，谨而信，泛爱众而亲仁”的各亲其亲而尊其尊的主义；孟轲虽也宗奉这一原则，但却把内容的解释扩大了，主张人不独亲其亲，长其长，并要“老吾老，以及人之老；幼吾幼，以及人之幼”的“推恩”主义。这从哲学上说，是从所谓“不忍人之心”出发的。从政治的意义上说，因为在他的时代，社会权在“大夫”，各“大夫”各从其自己的宗法家系出发而互相侵凌的情形，较孔子的时代已变本加厉。因而在这一点上，他认为应该要从宗法伦理的解释上去调和各家的私争。其次，适用推恩的原则，把新兴地主——商人也纳入到宗法的系统中来，因为前此宗法组织的原则，是要食邑的“大夫”才能成为“大宗”的，新兴地主——商人虽已有其土地，但并没有获得“大夫”的政治地位，他们是已经从宗法的防障中溃决出来了的。

再次，他对于君臣一伦，仿佛和孔子的绝对主义在背驰着。例如他告齐宣王说：

> 君之视臣如手足，则臣视君如腹心；君之视臣如犬马，则臣视君如国人；君之视臣如土芥，则臣视君如寇仇。王曰：“礼为旧君有服。何如斯

可谓服矣?”曰:“谏行言听,膏泽下于民。有故而去,则君使人导之出疆,又先于其所往,去三年不反,然后收其田里。此之谓三有礼焉。如此则为之服矣。”(《离娄》下)

这因为在他的时代,周室已没落,各国诸侯亦多名存实亡。因而在他的扶植一新的力量去把天下“定于一”,代替周室,把原来的封建等级制度重新建立的政治理想下,对既存的君臣关系,便不能不从相对上去解释而确立其根据。我们的哲学家们在这些所在,却认为是孟轲的民权主义的说教。实不能不算是对孟轲的一大误会。

四 孟轲的政治哲学

在孟轲的时代,各封建领主各从其自身之私利出发,而发为漫无限制的争斗攘夺。其结果而流为所谓“霸道”。孟轲不解这是封建制度发展之必然的内在矛盾,而认为封建秩序的破坏,“治人者”与“治于人者”之对抗,纯由于所谓“霸道”所引出之结果。因而他从拥护封建秩序的立场上,非难霸政说:“仲尼之徒,无道桓文之事者。”(《梁惠王》上)“五霸者,三王之罪人也。”(《告子》下)且说:

五霸桓公为盛,葵丘之会,诸侯束牲载书而不歃血。初命曰:诛不孝,无易树子,无以妾为妻;再命曰:尊贤,育才,以彰有德;三命曰:敬老,慈幼,无忘宾旅;四命曰:士无世官,官事无摄,取士必得,无专杀大夫;五命曰:无曲防,无遏籴,无有封而不告。曰:凡我同盟之人,既盟之后,言归于好。(《告子》下)

在这样互为盟约遵守封建秩序之“五霸”盟主,犹是“三王之罪人”;则那“皆犯此五禁”(《告子》下)之孟子时代诸封主,当更系破坏封建秩序之罪人了。

他一面非难“霸道”,一面便提出其所谓“王政”来。他认为只有“王政”才能救济当时社会的偏弊,把封建制度重新妥定。所以他说:“尧舜之道,不以仁政,不能平治天下”(《离娄》上);“行仁政而王,莫之能御也。”(《公孙丑》上)但“王政”与“霸政”的分别在哪里呢?他说:

以力假仁者“霸”,“霸”必有大国;以德行仁者“王”,“王”不待大,汤以七十里,文王以百里。以力服人者,非心服也,力不赡也;以德

服人者，中心悦而诚服也。(《公孙丑》上)

孟子见梁惠王，王曰："叟，不远千里而来，亦将有以利吾国乎?"孟子对曰："王何必曰利！亦有仁义而已矣！王曰，何以利吾国？大夫曰，'何以利吾家?'士庶人曰，'何以利吾身?'上下交征利，而国危矣。万乘之国弑其君者必千乘之家，千乘之国弑其君者必百乘之家。万取千焉，千取百焉，不为不多矣！苟为后义而先利，不夺不餍。未有仁而遗其亲者也，未有义而后其君者也。"(《梁惠王》上)

是他所谓"霸道"的中心主义便是"利"，"王道"的中心主义便是"仁义"。他从其先验主义的性善论出发，认为以"利"为归趋的中心主义是社会一切纷争和攘夺的根源；以"仁义"为归趋的中心主义，各人均能"存心"，"养性"以"俟命"，社会便自趋安定了。——因为在性善的根源上，"舍利而取仁义"即"存心"，"养性"以"俟命"是完全有其可能的。这和孔子的以"仁"的修养去代替争取为安定封建秩序的见解，完全是一脉相承的。

但他之所谓"王道"、"仁政"的内容包括些怎样的节目呢?

(甲)在封建统治阶级内部，作为其理想的政治的组织，他依托西周为如次的假定：

天子一位，公一位，侯一位，伯一位，子男同一位，凡五等也。君一位，卿一位，大夫一位，上士一位，中士一位，下士一位，凡六等。天子之制，地方千里，公侯皆方百里，伯七十里，子男五十里，凡四等；不能五十里，不达于天子，附于诸侯曰附庸。天子之卿受地视侯，大夫受地视伯，元士受地视子男。大国地方百里，君十卿禄，卿禄四大夫，大夫倍上士，上士倍中士，中士倍下士，下士与庶人在官者同禄，禄足以代其耕也。次国地方七十里，君十卿禄，卿禄三大夫，大夫倍上士，上士倍中士，中士倍下士，下士与庶人在官者同禄，禄足以代其耕也。小国地方五十里，君十卿禄，卿禄二大夫，大夫倍上士，上士倍中士，中士倍下士，下士与庶人在官者同禄，禄足以代其耕也。耕者之所获，一夫百亩。百亩之粪，上农夫食九人，上次食八人，中食七人，中次食六人，下食五人；庶人在官者，其禄以是为差。(《万章》下)

在这样的一种组织系统下，要保持着如次的一种秩序："春秋无义战。彼善于此则有之矣。征者上伐下也，敌国不相征也。"(《尽心》下)这也和孔子的

“礼乐征伐自天子出”的原则是完全一致的。

（乙）对付被统治者所施的治术，则为所谓“教养”中心主义。所谓“养”是从如次之一种庄园组织的劳动编制出发的：

方里而井，井九百亩，其中为公田，八家皆私百亩，同养公田。（《滕文公》上）

他认为要保证这种庄园内的必要劳动力，必须把农民束缚于土地上。“死徙无出乡，乡田同井，出入相友，守望相助，疾病相扶持，则百姓亲睦。”（同上）然而尤须能保证农民之最低物质生活，不但以之保证必要劳动力之再生产，且以防止其逃亡……故他说：

无恒产而有恒心者，惟士为能；若民则无恒产，因无恒心。苟无恒心，放辟邪侈，无不为已……是故明君制民之产，必使仰足以事父母，俯足以畜妻子，乐岁终身饱，凶年免于死亡，然后驱而之善，故民之从之也轻。今也制民之产，仰不足以事父母，俯不足以畜妻子，乐岁终身苦，凶年不免于死亡，此惟救死而恐不赡，奚暇治礼义哉……五亩之宅，树之以桑，五十者可以衣帛矣；鸡豚狗彘之畜，无失其时，七十者可以食肉矣；百亩之田，勿夺其时，八口之家，可以无饥矣。（《梁惠王》上）

其次他主张课取于农民的劳役和赋税，若毫无一个限度，也不免要引起农民的逃亡与反感的。因为在当时，“治于人者”与“治人者”的对抗形势已十分严重——农民对赋役的负担已超过其负担能力故。所以孟轲又主张“省刑罚薄税敛，深耕易耨”，“勿夺其民时”。认为“庖有肥肉，厩有肥马，民有饥色，野有饿莩”，与“使民无时”等现象，是当时的最大危机。

说到孟轲的所谓“教”，更包含着一个最大的内容。他认为要能使超经济以外的强制榨取，能得到维系与妥固，补刑罚之不足的软性教育是必要的。他说：

善政不如善教之得民也……善政得民财，善教得民心。（《尽心》上）

所教的又是什么呢？他说：“教以人伦，父子有亲，君臣有义，夫妇有别，长幼有序，朋友有信。”（《滕文公》上）易言之，便在把农民的意识束缚于宗法的伦理观下面。

（丙）在当时的新兴地主——商人们，一方面要求在解脱封建赋役的负担，一方面感受商业交通之封建障碍与封建主们对商人的劫掠与苛税榨取。孟轲从调协两阶层的利益出发，一方极力主张减轻新兴地主及其属下农民的赋役负担，并主张让他们也共同去利用公共的池泽和山林（“泽梁无禁”）；一方面主张保证商业的安全，并免除其过关税与市纳。所以他主张：“市廛而不征，法而不廛……关讥而不征……廛无夫里之布。”（《公孙丑》上）他认为如此，则两阶层间的矛盾可以缓和，利益可以渐趋一致，封建主们便能把新兴地主——商人拿到自己的周围：“耕者皆欲耕于王之野，商贾皆欲藏于王之市，行旅皆欲出于王之涂。”（《梁惠王》上）这便是孟轲的“王道仁政”的“教养”内容。

在他的政治哲学中的第二个要点，便是所谓贤能政治与“定于一”的原则。

孟轲很明白当时社会的矛盾，一为存在于封建领主与新兴地主——商人间的利益之不一致，一为存在于“治于人者”与“治人者”间的对立。这种形势在各国都很严重。他认为只有实行他理想中的“王道仁政”能缓和这种矛盾的局势。另一方面，周天子到此时已丧失其实行这种“王道仁政”的地位；但同时他却又认为无论哪一国的诸侯，只要他能接受他的“王道仁政”主张而施诸实行，那便不但能缓和其国内的矛盾局势，而且能得到他国的新兴地主——商人，农民之拥护的。他便由此而能完成其“定于一”的任务，代替垂殁的周室，把封建等级制度重建。故《梁惠王》篇说：

> 孟子见梁襄王，出语人曰：望之不似人君，就之而不见所畏焉。卒然问曰：“天下恶乎定？”吾对曰：“定于一。”“孰能一之？”对曰：“不嗜杀人者能一之。”“孰能与之？”对曰：“天下莫不与也。王知夫苗乎？七八月之间旱，则苗槁矣；天油然作云，沛然下雨，则苗浡然兴之矣。其如是，孰能御之？今夫天下之人牧，未有不嗜杀人者也；如有不嗜杀人者，则天下之民皆引领而望之矣。诚如是也，民归之犹水之就下，沛然谁能御之。”

他曾属望各国的诸侯，劝他们接受他的政治主张来履行这一“定于一”的任务；并说：“汤以七十里，文王以百里”，是不论国土之大小，只要能实行“王道仁政”的便有这种资格。他曾经说教过梁惠王、齐宣王、滕文公……等。例如他和齐宣王的问答说：

> 曰：“德何如？则可以王矣。”曰：“保民而王，莫之能御也。”曰：

“若寡人者，可以保民乎哉？”曰：“可。”（《梁惠王》上）

今王发政施仁，使天下仕者皆欲立于王之朝，耕者皆欲耕于王之野，商贾皆欲藏于王之市，行旅皆欲出于王之涂，天下之欲疾其君者皆欲赴愬于王。其如是，孰能御之……然而不王者，未之有也。（同上）

在这里应附带交代一下他之所谓“仕者”，那便是在当时贩卖“王道仁政”的“士”的集团，孟轲自身也便是这集团中的一分子。

话又说回来，他因而极力鼓吹各国诸侯，教他们不要“罔自菲薄”。是“人皆可以为尧舜”的；“舜何人也，予何人也，有为者亦若是”，“尧舜与人同耳”！他又激励“士”的集团，不必择人太严，教他们去鼓吹各国诸侯。“待文王而后兴者，凡民也；若夫豪杰之士，虽无文王犹兴。”

但是这和他所提倡的“君臣”的伦常岂非矛盾吗？在这里，他却很苦心的又从“民”字上求得其理论的根据。他说：“民为贵，社稷次之，君为轻。”在这一理论的前提下，于是便能更进而说：“齐宣王问曰：‘汤放桀，武王伐纣，有诸？’孟子对曰：‘于传有之。’曰：‘臣弑其君可乎？’曰：‘贼仁者，谓之贼；贼义者，谓之残。残贼之人，谓之一夫。闻诛一夫纣矣。未闻弑君也。’‘桀纣之失天下也，失其民也。失其民者，失其心也。得天下有道，得其民，斯得天下矣。得其民有道，得其心，斯得其民矣。’”我们的哲学家们不了解这一点，因此说孟轲是民权主义者，形成其对孟轲的又一误会。

其次的一个论点是他的所谓“禅让”说。在当时，天子既已不能约束诸侯，诸侯亦已不能约束“大夫”；上权下移，已成定局。主张通权达变的孟轲，为顺应这种情势，便创为禅让说，使之能名实相符，促速其政治主张的实现。而且在当时许多国的“大夫”，不但把国内的主要地域都作成其自家的食邑，而且把境内的人民也都笼络到自己的周围——这在此时以前的齐国的田氏用公量贷出与私量收入的小惠，已经作到使齐国之民尽归心于田氏的事实；这种情形，到孟轲时更甚。《万章》上篇说：

万章曰：“尧以天下与舜，有诸？”孟子曰：“否，天子不能以天下与人。”“然则舜有天下也，孰与之？”曰：“天与之。”“天与之者，谆谆然命之乎？”曰：“否，天不言，以行与事示之而已矣。”曰：“以行与事示之者，如之何？”曰：“天子能荐人于天，不能使天与之天下；诸侯能荐人于天子，不能使天子与之诸侯；大夫能荐人于诸侯，不能使诸侯与之大夫。昔者尧荐舜于天，而天受之；暴之于民，而民受之……舜相尧二十有八载，非人之所能为也，天也。尧崩，三年之丧毕，舜避尧之子于南河之南。天下诸侯朝觐者，不之尧之子而之舜；讼狱者，不之尧之子而之舜；讴歌者，不讴歌尧之子而讴歌舜。故曰，天也。夫然后之中国，践天子位焉……《泰誓》曰：天视自我民视，天听自我民听，此之谓也。"

我们的"历史家"不了解孟轲之所以创为禅让说的时代背景与其政治意义，而说孟轲创为此说为其"士人阶级"去受禅为天子的说教。我想孟轲时代文化水准虽然低，也断没有这样的傻瓜去作这种不可能的妄想。

再次的一个论点便是所谓贤能政治说。在这里的对象上是不能和禅让的对象混同的。禅让是主政者的禅让，贤能是参政者的贤能。这在如次的一段话中说得很明白：

国君进贤，如不得已，将使卑逾尊，疏逾戚，可不慎与？左右皆曰贤，未可也；诸大夫皆曰贤，未可也；国人皆曰贤，然后察之，见贤焉，然后用之。(《梁惠王》下)

这因为在当时，新兴地主——商人受着从来的社会身份的限制，而没有参加政权的机会。孟轲既主张和这一阶层调协，便不能不为之辟一参加政权之途径。在封建的亲亲主义的政治结构下，无权的"士"阀亦已丧失其参加政权的机会。孟轲在这里，便不能不为其自己的集团辟开一参加政权的途径。因此只有从贤能政治的立场上，一面打破身份限制，一面打破亲亲主义，所以他说：

舜发于畎亩之中，傅说举于版筑之间，胶鬲举于鱼盐之中，管夷吾举于士，孙叔敖举于海，百里奚举于市。故天将降大任于是人也，必先苦其心志，劳其筋骨，饿其体肤，空乏其身，行拂乱其所为，所以动心忍性，增益其所不能。(《告子》下)

这还不算明白吗？（我本打算再来一节"'劳心者'与'劳力者'的分工"，但觉太累赘，说《孟子》暂止于此）

C. 荀卿的封建制度改组论

一 荀卿传略

荀卿又名荀况，刘向《叙录》亦作孙卿。其经历及生卒地方，据《史记·孟轲荀卿列传》说：

> 荀卿赵人，年五十始来游学于齐。驺衍之术迂大而闳辨，奭也文具难施。淳于髡久与处，时有得善言……田骈之属皆已死。齐襄王时，而荀卿最为老师。齐尚修列大夫之缺，而荀卿三为祭酒焉。齐人或谗荀卿，荀卿乃适楚，而春申君以为兰陵令。春申君死，而荀卿废，因家兰陵……著数万言而卒，因葬兰陵。

刘向《叙录》亦云：

> 齐人或谗孙卿，孙卿乃适楚，楚相春申君以为兰陵令。人或谓春申君曰："汤以七十里，文王以百里；孙卿贤者也，今予之地百里，楚其危乎?"春申君谢之，孙卿去之赵。后客或谓春申君曰："伊尹去夏入殷，殷王而夏亡。管仲去鲁入齐，鲁弱而齐强。故贤者所在，君尊国安。今孙卿天下贤人，所去之国，其不安乎?"春申君使人聘孙卿，孙卿遗春申君书，刺楚国，因为歌赋以遗春申君。春申君恨，复固谢孙卿，孙卿乃行，复为兰陵令。春申君死，而孙卿废，因家兰陵。

由前之说，荀卿曾两度为齐祭酒，一度为楚兰陵令；由后之说，亦曾两度为楚兰陵令。

由前之说，其出身籍贯为赵地，游齐时年已五十。后适楚，因废居而死于兰陵，春申君死时犹存。刘向亦同此说。按《史记·春申君传》说春申君被刺死于楚考烈王二十五年，是年适当于公纪前二三八年。是他的时代为战国末期，较诸子最为晚出（韩非除外）。至其详确之生卒年代，则殊不敢臆断也。

细读《荀子》一书，其学问较诸家最为渊博；并概见其曾遍读诸子书；其对诸子学说，一一均予以批判，其全书亦几皆从批评之态度而立说。盖因其生当诸子后，兼时代不同的缘故。

二 “性恶”与“伪”

中国初期封建制一进到战国末期，其社会之内含的矛盾已完全暴露了出来而趋于剧烈化，反映着封建领主的相互间以及其与新兴地主——商人及农民间之相互的纠纷，而构成社会自身之极端的混乱，因而反映在意识形态上之错综复杂的情形。而且此种错综复杂的情形，从其表层上看，一若发动于人类之各自的私利与私欲似的。荀卿在这一点上，便发生对其前驱者孟轲之所谓性善论的怀疑。同时在孔子原来之所谓“仁”也并没有明白说出是“先验的”还是后天的，而且他所谓君子之能“仁”是经过修养而来，而“小人”却又是“未有”“仁”的。因之，荀子便确认人性原来是“恶”的，而所谓“仁”与善”则完全系从后天的修养（伪）得来的。这里在他之所谓“伪”，是意义着人类之克服自然的说明。这缘于当时社会生产力的进步（尤其是手工业的发展）和人类对自然的占有程度之增高为其条件的。

现在进而考察其内容。首先他给“性”与“伪”作了一个说明：

> 凡性者，天之就也，不可学，不可事；礼义者，圣人之所生也，人之所学而能，所事而成者也。不可学，不可事，而在人者谓之性。可学而能，可事而成之在人者，谓之伪。(《性恶篇》)

在这里，第一他认为人性是同一的。他说：“凡人之性者：尧舜之与桀跖，其性一也；君子之与小人，其性一也。”这又作为其“法后王”的贤能政治之哲学基础。第二他也认为性是“先验的”存在着的；礼义则是“后天”的由“伪”而来的。但何以证明人类的先验的“性”之存在呢？他说：

> 凡人有所一同：饥而欲食，寒而欲暖，劳而欲息，好利而恶害，是人之所生而有也……是禹桀之所同也；目辨白黑美恶，耳辨音声清浊，口辨咸酸甘苦，鼻辨芬芳腥臊，骨体肤理辨寒暑疾养，是又人之所常生而有也……是禹桀之所同也。可以为尧舜，可以为桀跖，可以为工匠，可以为农贾；在势注错习俗之所积耳，是又人之所生而有也，是无待而然者也，是禹桀之所同也。(《荣辱篇》)

在这里，他也和孟轲一样，对他所要说明的问题依样没有进步，而只是独断的先验的认定。

然而他又是怎样证明“人性”是“恶”的呢？第一他从人之“为利”、

“好声色”、“疾恶”等表征上去企图证明：

今人之性，生而有好利焉。顺是故争夺生而辞让亡焉。生而有疾恶焉，顺是故残贼生而忠信亡焉。生而有耳目之欲，有好声色焉。顺是故淫乱生而礼义文理亡焉。然则从人之性，顺人之情，必出于争夺，合于犯分乱理，而归于暴。故必将有师法之化，礼义之道，然后出于辞让，合于文理，而归于治。用此观之，然则人之性恶明矣。其善者伪也。（《性恶篇》）

其次他又从金石木材等物性去证明：

故枸木必将待檃栝蒸矫然后直，钝金必将待砻厉然后利，今人之性恶，必将待师法然后正，得礼义然后治。今人无师法，则偏险而不正，无礼义，则悖乱而不治。古者圣王以人之性恶……是以为之起礼义，制法度。

更次他又从耳目等感官上去与以证明。

今人之性，目可以见，耳可以听。夫可以见之，明不离目；可以听之，聪不离耳。目明而耳聪，不可学明矣。孟子曰：今人之性善，将皆失丧其性故也。曰：若是则过矣。今人之性，生而离其朴，离其资，必失而丧之。用此观之，然则人之性恶明矣。

最后他又从人类对衣、食、安乐等要求之表征上去证明：

今人之性，饥而欲饱，寒而欲暖，劳而欲休，此人之情性也。今人饥见长而不敢先食者，将有所让也；劳而不敢求息者，将有所代也。夫子之让乎父，弟之让乎兄；子之代乎父，弟之代乎兄；此二行者，皆反于性而悖于情也。然而孝子之道，礼义之文理也。故顺情性，则不辞让矣。辞让则悖于情性矣。用此观之，然则人之性恶明矣，其善者伪也。（《性恶篇》）

这缘他在一方面不了解有机物之生存的本领，一方面不了解人类生活诸关系的核心所在，而流于这种诡辩论，从其历史的地位说，是无足怪的。

但是他既认为人性恶，又怎样能转出那一统制社会的标准——“礼义”和“法度”来呢？他托为问答的口吻说：

问者曰：“人之性恶，则礼义恶生？”应之曰：“凡礼义者，是生于圣人之伪，非故生于人之性也……圣人积思虑，习伪故，以生礼义而起法度。”

然而这“伪”又何自而起呢？

感而自然，不待事而后生之者也，夫感而不能然，必且待事而后然者，谓之生于伪。是性伪之所生，其不同之征也。故圣人化性而起伪，伪起而生礼义，礼义生而制法度。然而礼义法度者，是圣人之所生也。故圣人之所以同于众，其不异于众者，性也；所以异而过众者，伪也。

因而他认为其所谓“伪”是起于人类的感官作用。但“人性”既是“恶”的，“圣人”的感官又怎能“化性起伪”，而不扩大其“恶”的发展呢？荀卿在这里，又构成其自己的一个矛盾。不过他在这里，若是认感官是“化性起伪”的第一义的东西，那却尚不失为客观论的说明：在他，却还有统制感官作用的“心”才是第一义的东西。例如他说：“心也者，道之工宰也。”（《正名篇》）“心者，形之君也，而神明之主也，出令而无所受令。”（《解蔽篇》）然而“心”与“性”及感官的相互作用又怎样呢？他说：“性之好恶、喜怒、哀乐谓之情；情然而心为之择，谓之虑；心虑而能为之动，谓之伪。”（《正名篇》）心为什么有这种主宰作用呢？他说：因为“心”是“虚”而“静”的东西。因而曾经触到客观论之边际的荀卿，在这里，便完全又回到主观观念论的家系中去了。

其次，他既然主张人性是同一的，那为什么又有“君子”与“小人”之别呢？这是很重要的一点。假若他不去找出其解释的根据，那就无以别于杨墨了。惟其从他的人性同一的逻辑出发，当然也不能不认为人人有为“圣人”和“君子”的可能。所以他说：

塗之人可以为禹，曷谓也？曰：凡禹之所以为禹者，以其为仁义法正也。然则仁义法正，有可知可能之理。然而塗之人也，皆有可以知仁义法正之质，皆有可以能仁义法正之具。然则其可以为禹明矣。（《性恶篇》）

他在这里找着了由新兴地主来代替旧封建领主，把等级封建制重建的根系。在另一方面，他认为人性虽属是同一的，但由于“知”的修养与“积伪”的悬殊，因而便发生在统治阶层内部之等级的差异；同时因为“小人”不知修养与“积伪”，只知“纵性情”，所以便成为被统治者。他这种解释，完全同孔孟是同一的。他说：

涂之人百姓，积善而全尽，谓之圣人。彼求之而后得，为之而后成，

> 积之而后高，尽之而后圣。故圣人也者，人之所积也。人积耨耕而为农夫，积斫削而为工匠，积贩货而为商贾，积礼义而为君子。工匠之子莫不继事，而都国之民安习其服。居楚而楚，居越而越，居夏而夏；是非天性也，积靡使然也。故人知谨注错，慎习俗；大积靡则为君子矣。纵性情而不足问学，则为小人矣。(《儒效篇》)

因而“知”的修养与“积伪”，便成了“君子”的专业；同时生产者便也“积”于其所业，而被抛出于“积伪”的领域之外；这样形成“劳力”与“劳心”的分工。而且社会是非有由“积伪”而创立的“礼义”与“法度”来统制不可的，因而“积伪”的君子便获得了“治人”的专责；积业的“小人”却反而非有那班“积伪”的君子来统治不可——他们只知“纵性情”而不知改变恶的本性，便是天生的“治于人”者。他在这里也和孟轲达到同一的结论。

不过荀卿之所谓“伪”，却含着一个对自然斗争的意义。因而在这里，第一他便不能不否定“天”与“命”，第二他便不能不提倡“人定胜天”的说教。所以他说：

> 故君子敬其在己者，而不慕其在天者；小人错其在己者，而慕其在天者。君子敬其在己者，而不慕其在天者，是以日进也；小人错其在己者而慕其在天者，是以日退也。(《天论篇》)

他不但不主张“慕其在天”；而且说“惟圣人为不求知天”。不但主张“不求知天”，而且又主张“制天”——即克服自然。他说：

> 大天而思之，孰与物畜而制之？从天而颂之，孰与制天命而用之？望时而待之，孰与应时而使之？因物而多之，孰与骋能而化之？思物而物之，孰与理物而勿失之也？愿于物之所以生，孰与有物之所以成？故错人而思天，则失万物之情。(同上)

在这一点上，荀卿代表了儒家思想的一个大转换点，同时亦表现了社会意识的一大转换点。

三　社会论——“群”与“分”

荀卿从“性恶”论之人性同一的观点，由“修养”与“积伪”而曲折到“君子”与“小人”之两社会阶级的分裂的由来，而确定其社会观——政治观的立场。

在其社会观的立论上，人必须要“群”才能生存；易言之，即谓人是社会的动物。人所以不同于植物和其他动物，也便在这一点上。所以他说：

水火有气而无生，草木有生而无知，禽兽有知而无义；人有气有生有知亦且有义，故最为天下贵也。力不若牛，走不若马，而牛马为用，何也？曰：人能群，彼不能群也。（《王制篇》）

因而人性虽“恶”，但为其生存而不能不“群”。但“群”与“性恶”却是矛盾的，所以便不能不拿“分”来节制各人的“性恶”的物欲等天性；这样便自然能“群”了。所以他继续又说：

人何以能群？曰分。分何以能行？曰义。故义以分则和，和则一，一则多力，多力则强，强则胜物。故宫室可得而居也。故序四时，裁万物，兼利天下，无它故焉，得之分义也。（同上）

反过来说，无“分”便不能“群”，不能“群”人便不能“胜物”；从而人类全体的生活便都要受着威吓。“人之生不能无群。群而无分则争，争则乱，乱则穷矣。故无分者，人之大害也；有分者，天下之本利也。”（《富国篇》）

“分”何自起呢？他说“以义”，“以义”而定出的“分”的节文便是“礼”。但性恶的人类谁能为“以义”定“分”，从而制“礼”呢？他说：“圣人。”因而在社会学上，他又找着其统治者之发生的由来的根据。故说：

礼起于何也？曰：人生而有欲，欲而不得，则不能无求，求而无度量分界，则不能不争，争则乱，乱则穷。先王恶其乱也，故制礼义以分之，以养人之欲，给人之求；使欲必不穷乎物，物必不屈于欲，两者相持而长，是礼之所起也。（《礼论篇》）

这种“圣人”是哪里生出来的呢？他说：不但由于“修养”与“积伪”，他们而且是天生的（所谓“天地生君子”）。因而从“群”中就“分”出“治人者”的“君子”，那而且是适应着公众的需要而“天造地设”的。故说：

天地生君子，君子理天地。君子者，天地之参也，万物之总也，民之父母也，无君子，则天地不理，礼义无统，上无君师，下无父子，夫是之谓至乱。君臣，父子，兄弟，夫妇，始则终，终则始，与天地同理，与万世同久，夫是之谓大本。故：……君君，臣臣，父父，子子，兄兄，弟弟，一也。农农，士士，工工，商商，一也。（《王制篇》）

他在这里，一面说明“治人者”之发生的由来，而确立其存在之社会根据。一面又以同一的理由去说明孔孟之一贯相传的“宗法制度”之社会根据；一面更以同一的理由去说明“治人者”与“治于人者”以及社会的分工的由来，并把它确固化。

在另一方面，对社会等级的差别，他认为是由各人所具的“知贤愚能不能”之“分”而分化出来的天然的差别，“圣人”不过因这种天然的差别而“制义以定分”。例如说：

> 夫贵为天子，富有天下，是人情之所同欲也，然则从人之欲，则势不能容，物不能赡也。故先王案为之制礼义以分之。使有贵贱之等，长幼之差，知贤愚能不能之分，皆使人载其事而各得其宜。（《荣辱篇》）

当然，假使人人皆去作“治人者”，又谁来供给剩余劳动的生产呢？假使“治人者”多，而“治于人者”少，剩余生产物也自然会发生“不能赡”的现象。因而他认为社会内的治者的数量不要过多，应该把多数人都去作剩余劳动的生产者。《富国篇》说：“观国之治乱……其耕者乐田，其战士安难，其百吏好法，其朝廷隆礼，其卿相调议，是治国已。”反之，“士大夫众，则国贫；工商众，则国贫……下贫则上贫，下富则上富。”所以他认为如次样的一种社会的组织才是合理的：

> 农分田而耕，贾分货而贩，百工分事而劝，士大夫分职而听，建国诸侯之君分土而守，三公总方而议，则天子共己而已……是百王之所同也，而礼法之大分也。（《王霸篇》）

作为维系这种社会的政治的组织之骨干的便是“礼”，“礼”的内容则是：“礼者，贵贱有等，长幼有差，贫富轻重皆有称者也。”（《富国篇》）所以他在这里，一面把封建制的社会的——政治的等级构成，重新说明；一面把孔子的“礼”的等级性重新说明。

四　政治论

在荀卿的政治见解上，他并不否认等级构成的初期封建制，在原则上，且与以确认。不过他认为当时的旧封建领主已经完全腐化；而且新兴地主已成为社会的实际力量者。因而他主张由这种社会的实际权力者——新兴地主把初期封建社会的政治重建，同时便不能不把旧的封建领主否定。但是旧的封建贵族之存在的依据是“天”与“命”；并不是他们的智能如此。荀卿在这一点上，对所谓“受命于天”的原理便予以根本的否定，而主张由贤能来组织政权。不过在他看来，人的贤能的程度也是齐一的，所以该照他们的程度而派生为各级的统治者。故说：“上贤禄天下，次贤禄一国，下贤禄田邑，愿悫之民完衣食。”（《正论篇》）把各级的封建领主在这一原则下重现出来，但是贤能的子孙却未必是贤能，所以在这一点上，他认为封建领主的世袭与否，则以其子孙的贤能与否以为定。“不问其世族也。”所以说：

> 贤能不待次而举，罢不能不待须而废，元恶不待教而诛，中庸民不待政而化。分未定也，则有昭缪。虽王公士大夫之子孙，不能属于礼义，则归之庶人。虽庶人之子孙也，积文学，正身行，能属于礼义，则归之卿相士大夫。（《王制篇》）

在这里所谓庶人，是指新兴地主而说的。

然而各级的领主不世袭时，其所领有的领邑又如何呢？因为在新兴地主土地所有诸关系的基础上，领邑的内容也不同于从前的，而占有土地的封建地主，尽可存在于领邑内，而不必是从前那样的权力者。他们由农民征取剩余劳动，领主则征取什一税。所以他说“田野什一”（《王制篇》）。在这一点上，他的思想，恰表示由旧的封建领主政治到新兴地主政治思想的一个过渡。

但是君子的能力（“贤能”）从哪一方面表现呢？那便是“治人”的本事；生产上的技术智识，却算不得智能，而是在贤能的领域之外的。故说：“相高下，视垸肥，序五种，君子不如农人；通财货，相美恶，辨贵贱，君子不如贾人；设规矩，陈绳墨，便备用，君子不如工人……若夫谪德而定次，量能而授官，使贤不肖皆得其位，能不能皆得其官，万物得其宜，事变得其应。慎墨不得进其谈，惠施、邓析不敢窜其察。言必当理，事必当务，是然后君子之所长也。”（《儒效篇》）易言之，君子所能的便是这一套治术；至那种生产技术的智能，则系“小人之事也”。那么，人只要有这一套治术的本领，那怕你是贫且贱者，便均能候补君子。但这种事情能从哪里去求得呢？他说只有“学”能满足这种要求。所以他说：

> 我欲贱而贵，愚而知，贫而富，可乎？曰：其唯学乎？彼学者，行之

> 曰士也，敦慕焉君子也，知之圣人也。上为圣人，下为士君子，孰禁我哉。(《儒效篇》)

这种由“学”以登富贵的“儒效”——仕途，充分包含着软性的欺骗作用，在此后中国社会的一个长时间——封建地主的社会内，曾尽了一个很大的作用。然而有力去从事这种“学”的，当然又只有“士”；易言之，当然只有有产者的子弟才有可能；那终日“积”于其生产技能的生产者——农工，无疑是无力治“学”的。这样，“治人者”将永远出自“治人者”的集团内，“治于人者”亦将永远为“治于人者”(农之子常为农，工之子常为工)。

他为要使他的理论得到确立，便不能不否定古代，而主张所谓“法后王”。故说：“天地始者，今日是也。”(《不苟篇》)其非古的理由是：“文久而息，节族久而绝，守法数之有司极礼而褫。故曰，欲观圣王之迹，则于其粲然者矣，后王是也。”(《非相篇》)他这里的主要意思是“极礼而褫”，易言之，古法已穷，而当酌斟现实重立法度。他在这里虽仿似稍稍触着了一个动的观点，但实际他并不是从动的观点上去说的；恰恰相反，而在拿出一个“礼”把它永恒化，认为“变”只不过是形式的，而本质的“理”却是永恒不变的。所以他说：

> 以人度人，以情度情，以类度类，以说度功，以道观尽，古今一度也。类不悖，虽久同理。(《非相篇》)

其次说到荀卿之所谓“礼”与“法”。荀卿的所谓“礼”，仍是统治阶级内部的等级的节文，与孔孟的意见，略无不同；而只是更具体了。对于“小人”的统治，则主张用法，他也同样在主张“礼不下庶人”的。所以《富国篇》说：

> 礼者，贵贱有等，长幼有差，贫富轻重皆有称者也。故天子袾裷衣冕，诸侯玄裷衣冕，大夫裨冕，士皮弁服。德必称位，位必称禄，禄以称用。由士以上，则必以礼乐节之；众庶百姓，则必以法数制之。

但在他的随人的贤能而发生的身分流动的基础上，关于“礼”的节文，也自然要不以其人，而当以其“位”和禄为准则，因而便不能不须要一个更具体的说明。所以“礼”在荀卿的理论体系中，亦不能不带着一点“法”内容。于是处置统治层内部的“礼”与统治小人的“法”之两者便显化而成为所谓“法度”。故《修身篇》说：“非礼，是无法也。”“学也者，礼法也。”《劝学篇》亦曰："礼者，法之大分。"且有"法之不行，自上犯之"之语。荀卿在这里的理论，恰充任了由孔孟的"礼治"主义到韩非李斯的"法治"主义之过渡的桥梁。

统治者依照这种法度去行统治，并以之强制人民遵守；只要这两方面都能奉守惟谨，便会形成裕民之政。什么是裕民之政呢？《富国篇》说：

量地而立国，计利而畜民，度人力而授事。使民必胜事，事必出利，利足以生民，皆使衣食百用出入相揜。必时藏余，谓之称数。故自天子通于庶人，事无大小多少，由是推之。故曰：朝无幸位，民无幸生。此之谓也。轻田野之税，平关市之征，省商贾之数，罕兴力役，无夺农时，如是则国富矣。夫是之谓以政裕民。

他虽然认为"法"的重要，依然认定"人治"的重要，认为若是主观的"人"的条件不合，法也是徒然的。《王制篇》说："有良法而乱者有之矣。有君子而乱者，自古及今，未尝闻也。"为什么呢？因为"法不能独立，类不能自行。得其人则存，失其人则亡。"（《君道篇》）在这一点上，正是他只能从维持等级制的政治上去说教，不这样，便和他自己的立场有根本矛盾。

但是"人"和"法"的两种条件都具备之后就满足了吗？他说，这也不然，还必须那执行"法"的人要有势，"法"才能发生力量；否则"法"也不过是具文而已。故他说：

人主者，天下之利势也。（《王霸篇》）

造父者，天下之善御者也。无舆马则无所见其能。羿者，天下之善射者也，无弓矢，则无所见其巧。大儒者，善调一天下者也，无百里之地，则无所见其功。（《儒效篇》）

为什么呢？因为："人之生固小人，无师，无法，则唯利之见耳。人之生固小人，又以遇乱世，得乱俗，是以小重小也，以乱得乱也。君子非得势以临之，则无由得开内焉。"（《荣辱篇》）有了势，然后人民有违法或乱法者、便无拿严刑酷罚去制裁，镇压，故《性恶篇》说：

故古者圣王以人之性恶，以为偏险而不正，悖乱而不治，故为之立君上之势以临之，明礼义以化之，起法正以治之，重刑罚以禁之，使天下皆出于治，合于善也……今当试去君上之势，无礼义之化，去法正之治，无刑罚之禁，倚而观天下民人之相与也，若是则夫强者害弱而夺之，众者暴寡而哗之，天下之悖乱而相亡，不待顷矣。

听政之大分，以善至者，待之以礼；以不善至者，待之以刑，两者分别，则贤不肖不杂，是非不乱。(《王制篇》)

从而他既认为“刑”是“治人者”的必要武器；同时为适应在他的当时，“治于人者”的反抗和骚动的严重化的情势下，他便主张用重刑去镇压。《正论篇》说：

轻其刑，然则是杀人者不死，伤人者不刑也。罪至重而刑至轻，庸人不知恶矣，乱莫大焉。凡刑人之本，禁暴恶恶，且征其未也。

夫征暴诛悍，治之盛也。杀人者死，伤人者刑，是百王之所同也……刑称罪则治，不称罪则乱。故治则刑重，乱则刑轻。犯治之罪固重，犯乱之罪固轻也。

有势，然后名亦得而正也。不过他之所谓正名，一方面是属于其伦理学，这里不具论。一面便是正其礼义法度以及言谈思想等。

他认为“辟说邪言”是妨碍“正名”，破坏“礼义”、“法度”的。所以他主张不与辩争，由统治者应用“势”去制裁；易言之，他主张统治思想和言论。《正名篇》说：

凡邪说辟言之离正道而擅作者，无不类于三惑者矣。故明君知其分而不与辨也，夫民易一以道，而不可与共故。故明君临之以势，道之以道，申之以命，章之以论，禁之以刑。

后来他的弟子李斯依照这一主张在秦国实施起来。因为在荀卿的当时，“治于人者”的阶级意识很是发达，他认为这尤其是应该禁止的；其次凡所以不同于他的主张者，他也认为同属危险物。《正名篇》说：

今圣王没，天下乱，奸言起。君子无势以临之，无刑以禁之，故辨说也。

从而他认为临之以势，禁之以刑，统制是能够实现的。《非十二子篇》说：

一天下，财万物，长养人民，兼利天下，通达之属莫不从服，六说者立息，十二子者迁化。则圣人之得势者，舜禹是也。今夫仁人也，将何务哉？上则法舜禹之制，下则法仲尼、子弓之义，以务息十二子之说。如是则天下之害除，仁人之事毕，圣王之迹著矣。

故凡所谓“六家”、“十二子”的学说，他认为都应在禁止之列的。不过荀卿不懂得，“六家”、“十二子”的书籍学说是能以禁止其流行的，但又有何种方法去禁止人民的思想呢？而况“六家”、“十二子”的学说于荀卿的当时究有何危害呢？

（原载《中山文化教育馆季刊》第二卷第三期，一九三五年七月十日）

隋唐五代经济概论

本文的范围，暂断自安史之乱至宋王安石的变法这一阶段。安史之乱为小土地所有者和大地主利益冲突之爆发。天宝以后，大地主商人的土地兼并之猛烈的进行，和小土地所有者农民之不断的无产化，以及小土地所有者偏倚的负担，于是引出了小地主与大地主之间利益的冲突，农民与地主间之阶级的仇视均呈剧烈化。同时在唐代地主经济复兴的基础上，随之而来的商业资本和高利贷资本的发展，以及海外贸易的扩大，招来了外国商业资本及高利贷资本和中国地主阶级的商业——高利贷资本相勾结联合，来宰割本国的佃农和小土地所有者。因而便引发王仙芝、黄巢等所领导的农民的大起义，由于地主阶级本身对农民起义镇压之无力，于是便去引进沙陀和突厥（东土耳其）来为其平定叛乱。然而结果上，农民的大集团势力虽在地主阶级和引进沙陀和突厥的联合袭击之下而归于失败了，却不曾解除了矛盾；同时地主阶级只有能力去引进沙陀和突厥，却没有力量去排除它，从而在斗争的局势中反增加了一个新的因素，从此便引进了所谓“五代”的“纷乱”。宋代的统一以后，到王安石变法，为此一长期“混乱”的一个结束点，小地主经济的优势，于此得到确立。这直到宋的没落，历史的运动本身又跃进了一步。

A. 地主阶级经济的复兴

一　隋代的统一和其没落

隋代继着北周的政权出现。但在北周的末期，因劳动力的缺乏而引起的“庄园”经济的解体，因而隋代在这种业已解体的“庄园”的废墟上，便从“庄园”的生产组织而转化为地主的经济组织。从而把土地分赐其左右而定为“永业田”。这种“永业田”式的土地的占有，便是地主的土地占有形式，因为受取“永业田”的贵族，对其所受取的土地，取得相当的自由处分与买卖的权力。因而受取“永业田”的贵族们便无条件地都化为地主了。

“隋”在这种转变的基础上，在其原初的统治区域内——从南北朝所统治的区域内的经济，便迅速地复呈活跃了。

同时由于隋代这一生产组织的转变，从而在经济的组织上和南朝是无何区别了。从而南朝的地主——商人阶级敌视“北朝”的前提不存在了。另一方面由于南朝的地主——商人们要和北方的商业交通，加之南朝的统治层首脑部已完全腐化。于是隋代在“南北”两方面地主阶级的支持之下便又把全中国统一了。

从而地主阶级的经济便又迅速地发展起来。从而手工业和商业也迅速地发展了，海外通商也迅速地扩大了。《北史·隋本纪》说：

> （文帝开皇十年）吐谷浑、契丹并遣使朝贡。（《隋本纪》上）
>
> （十一年）高丽、靺鞨并遣使朝贡。突厥遣使献七宝盌。（同上）
>
> （十二年）突厥、吐谷浑、靺鞨并遣使朝贡。（同上）
>
> （十三年）契丹、奚、霫、室韦、靺鞨并遣使朝贡。（同上）
>
> （十五年）吐谷浑……林邑等国并遣使朝贡。（同上）
>
> （十七年）高丽……突厥并遣使朝贡。（同上）
>
> （二十年）突厥、高丽、契丹并遣使朝贡。（同上）
>
> （炀帝六年）倭国遣使贡方物。（《隋本纪》下）
>
> （七年）百济遣使朝贡。（同上）

十一年春正月甲午朔，宴百僚。突厥、新罗、靺鞨、毕大辞、诃咄、傅越、乌那曷、波腊、吐火罗、俱虑建、忽论、靺鞨、诃多、沛汗、龟兹、疏勒、于阗、安国、曹国、何国、穆国、毕、衣密、失范延、伽折、契丹等国，并遣使朝贡。(同上)

(十二年) 真腊遣使贡方物。(同上)

其次从水上交通工具的发展，也可以说明商业交通发展的情形。

吴、越之人……私造大船，因相聚结……间有船长三丈以上。(《北史·隋本纪》上)

(炀帝) 遣黄门侍郎王弘、上仪同于士澄往江南采木，造龙舟、凰艒、黄龙、赤舰楼船等数万艘。(同上,《隋本纪》下)

其次关于商路的开发上，炀帝东征的那一段事实，便是一例。

八年诏云："今宜授律启行，分麾届路，掩勃澥而雷震，及夫余以电扫……左第一军可镂方道，第二军可长岑道，第三军可海冥道，第四军可盖马道，第五军可建安道，第六军可南苏道，第七军可辽东道，第八军可玄菟道，第九军可扶余道，第十军可朝鲜道，第十一军可沃沮道，第十二军可乐浪道。右第一军可粘蝉道，第二军可含资道，第三军可浑弥道，第四军可临屯道，第五军可候城道，第六军可提奚道，第七军可踏顿道，第八军可肃慎道，第九军可碣石道，第十军可东暆道，第十一军可带方道，第十二军可襄平道。凡此众军，先奉庙略，络绎引途，总集平壤……朕躬驭元戎，为其节度。涉辽而东，循海之右，解倒悬于遐裔，问疾苦于遗黎……又沧海道军，舟舻千里，高飒电逝，巨舰云飞。横断沮江，径造平壤……称朕意焉。"(同上)

总一百一十三万三千八百，号二百万，其馈运者倍之。癸未，第一军发，终四十日，引师乃尽。旌旗亘千里，近古出师之盛，未之有也。(同上)

这时的商业，依样完全在满足宫廷和贵族地主的豪奢生活，并不曾影响到农民的自足经济上。如次的两段事实，便是一个例子：

于阜涧营显仁宫，采海内奇禽异兽草木之类，以实园苑。徙天下富商大贾数万家于东京。(同上)

东西行幸，靡有定居，每以供费不给，逆收数年之赋。所至，惟与后

宫流连耽湎，惟日不足。招迎姥媪，朝夕共肆丑言。又引少年，令与宫人秽乱。不轨不逊，以为娱乐。(《隋本纪》下)

课天下富室分道市武马，疋直十余万，富强坐是而冻馁者，十家而九……每幸之所，辄数道置顿。四海珍羞殊味，水陆必备焉。求市者无远不至。(同上)

这对于当时商业的性质，已够说明了。

但是当时经济的最繁盛的区域，已经不是中原和西北，而移到东南了：东南不仅成了农业的丰产区域，而且扬州已成了当时商业的中心。因而为沟通漕运和南北商运的直接联贯上，便使用农民的徭役劳动去开凿横贯南北的运河。例如：

(大业)四年春正月乙巳，诏发河北诸郡男女百余万开永济渠，引沁水南达于河，北通涿郡。(同上)

(元年)辛亥发河南诸郡男女七百万开通济渠，自西苑引谷、洛水达于河，自板渚引河通于淮。(同上)

贯通南北大的运河，便这样在广泛的农奴的徭役劳动的过分的输纳下，成就了中国历史上这一伟大的工程。这运河的建筑工程，一方面由商业的发展而起，一方面由于经济中心之移向东南，西北已不能不依赖的供给，所以不能不设法改便由东南到西北的剩余劳动生产物的漕运。

同时统治阶级为要竭力去追求其生活的享受，又广兴徭役，动员几百万的劳动农民到长安和洛阳去建筑宫殿。为避免游牧民族的侵袭，与企图巩固其统治，又动员大批的劳动农民去建筑长城，例如：

(四年)七月辛巳，发丁男二十余万筑长城，自榆林谷而东。(同上)

从而农民在这样苛重的徭役和兵役的负担之下，加以赋税的繁重恰和统治阶级的享受向两极驰趋，矛盾对立的局势，便急剧地趋于突端。李延寿说：

骄怒之兵屡动，土木之功不息。频出朔方，三驾辽左。旌旗万里，征税百端。猾吏侵渔，人弗堪命，乃急令暴赋以扰之，严刑峻法以临之，甲兵威武以董之，自是海内骚然，无聊生矣。俄而玄感肇黎阳之乱，匈奴有雁门之惊……加之以师旅，因之以饥馑，流离道路，转死沟壑，十七八焉。于是相聚萑蒲，猬毛而起，大则跨州连郡，称帝称王；小则千百为群，攻城剽邑。流血成川泽，死人如乱麻。

无辜无罪，横受夷戮者，不可胜记……六军不息，百役繁兴，行者不归，居者失业，人饥相食，邑落为墟……区宇之内，盗贼蜂起，劫掠从官，屠陷城邑。(《隋本纪》下)

辽东战士及馈运者，填咽于道，昼夜不绝，苦役者始为群盗。（同上）

在这样的矛盾情势的展开下，农民们便爆发着普遍的暴动。

（大业九年）正月壬午，贼帅杜彦永、王润等陷平原郡，大掠而去。(同上)

（同年）平原李德逸聚众数万，称阿舅贼，劫掠山东。灵武白榆妄称奴贼，劫掠牧马，北连突厥，陇右多被其患。(同上)

（同年）济阴人韩进洛聚众数万为群盗。(同上)

（同年）济北人孟海公起兵为盗，众至数万。(同上)

（同年）北海人郭方预聚徒为贼，自号卢公，众至三万，攻陷郡城，大掠而去。(同上)

（同年）济北人甄宝车聚众万余，寇掠城邑。(同上)

（同年）余杭人刘元进举兵反，众至数万。(同上)

同年吴人朱燮、晋陵人管崇，拥众十万余，自称将军，寇江左。（同上）

（同年）贼帅陈瑱等众三万，攻陷信安郡。(同上)

（同年）济阴人吴海流、东海人彭孝才并举兵为盗，众数万。(同上)

（同年）贼帅梁慧尚率众四万，陷苍梧郡。(同上)

（同年）东阳人李三儿、向但子举兵作乱，众至万余。(同上)

（同年）贼帅吕明星率众数千围东郡。(同上)

（同年）齐人孟让、王薄等众十余万，据长白山，攻剽诸郡。清河贼张金称众数万，勃海贼帅格谦，自号燕王，孙宣雅自号齐王，众各十万，山东苦之。(同上)

（同年）扶风人向海明举兵作乱，称皇帝，建元白乌。(同上)

（十年）丁酉，扶风人唐弼举兵反，众十万，推李弘为天子，自称唐王。(同上)

（同年）彭城贼张大彪聚众数万。(同上)

（同年）贼帅宋世谟陷琅琊。庚申，延安人刘迦论举兵反，自称皇王……贼帅郑文雅、林宝护等众三万，陷建安郡，太守杨景祥死之。（同上）

贼帅司马长安破长平郡。乙卯，离石胡刘苗王举兵反，自称天子……众至数万……是月，贼帅王德仁拥众数万，保林虑山为盗……庚寅，贼帅孟让聚众十余万，据都梁宫。（同上）

（十一年）二月戊辰，贼帅杨仲绪等率众万余攻北平。（同上）

（同年）丙子，王须拔反，自称漫天王，国号燕，贼帅魏刀儿自称历山飞，众各十余万，北连突厥，南寇赵。（同上）

（同年）淮南人张起绪举兵为盗，众至三万。（同上）

（同年）彭城人魏麒麟聚众万余为盗，寇鲁郡。壬申，贼帅卢明月聚众十余万，寇陈、汝间。东海贼李子通拥众渡淮，自号楚王。（同上）

（十二年）春正月甲午，雁门人翟松柏起兵于灵丘，众至数万，转攻傍县。（同上）

（同年）东海贼卢公暹率众万余，保于苍山……魏刀儿所部将甄翟儿号历山飞，众十万，转寇太原。将军潘长文讨之，反为所败，长文死之。（同上）

（同年）东海人杜伏威，扬州沈觅敌等作乱，众至数万……安定人荔非世雄杀临泾令，举兵作乱，自号将军。（同上）

（同年）鄱阳贼操天成举兵反……攻陷豫章郡。……鄱阳人林士弘自称皇帝……攻陷九江、庐陵郡。（同上）

（十三年）春正月壬子，齐郡贼杜伏威率众渡淮，攻陷历阳郡。丙辰，渤海贼窦建德设坛于河间之乐寿，自称长乐王……辛巳，贼帅徐圆朗率众数千破东平郡。弘化人到叴成聚众万余人为盗……朔方人梁师都杀郡丞唐世宗，据郡反，自称大丞相……马邑校尉刘武周杀太守王仁恭，举兵作乱……贼帅李密、翟让等陷兴洛仓……自号魏公，称元年，开仓以赈群盗，众至数十万，河南诸郡，相继皆陷……庐江人张子路举兵反……贼帅李通德众十万，寇庐江……金城校尉薛举率众反，自称西秦霸王……贼帅孟让夜入东都外郭，烧丰都市而去……贼帅房宪伯陷汝阴郡……武威人李轨聚兵反，攻陷河西诸郡，自称凉王……太原阳世洛聚众万余人，寇掠城

邑。丙申，罗令萧铣以县反，鄱阳人董景珍以郡反，迎铣于罗县，号为梁王。(同上)

在这样烽烟弥漫的情形下，地主阶级的统治机关及首脑部已完全失去其统治的机能。因而大地主们便只有重新组织自己的武装起来自卫。这其中最值得提出来说的，便是：

(十三年) 五月甲子，唐公起义师于太原。(同上)

这一位大地主“唐公”把他的“义师”组织起来之后，因为有许多的地主们都去依附他，因而他的势力便立见庞大了，同时原来混合在所谓“盗匪集团”中的地主们象魏征之流，于此便也纷纷去投奔他，而且也替他去引诱所谓“盗匪”中的渠魁，从而农民军又终于在地主阶级的势力下，归于消灭了。

二　唐代地主经济的诸构成和其剥削诸关系

1. 生产的组织

唐代的地主阶级从社会大骚乱中，挽回其阶级的统治。但是长期而普遍骚乱的结果，引起劳动人口之大量损失——逃亡与被杀戮；同时土地所有者，也大量地在农民的骚乱中死亡了。因而一方面呈现着大量的荒芜的土地，他方面却是劳动力之过分缺乏。

地主阶级在这种情形下去进行其生产的恢复，而获得其劳动力，先决的前提在使存在着而逃亡的劳动人口的复员，但是要他们依然回来去领受雇役制剥削下的生活，这无疑是没有效力的。因而便改变一个形式，给与他们以土地，使之为表面的自由农民的独立经营。所谓“均田制”，便在这种情势下产生了。

丁男给永业田二十亩，口分田八十亩；其中男年十八以上亦依丁男给……老男、笃疾、废疾各给永业田二十亩，寡妻妾各给口分田三十亩。(《通典》)

(武德) 七年始定均田赋税，凡天下丁男十八以上者给田一顷，笃疾废疾给田十亩，寡妻妾三十亩，若为户者加二十亩，皆以二十亩为永业，其余为分口。永乐之田，树以榆桑枣及所宜之木，田多可以足其人口为宽乡，少者为狭乡，狭乡授田减宽乡之半。其他有地薄厚，岁一易者倍授之，宽乡三易者不倍授。工商者，宽乡减半，狭乡不给。凡庶人徙乡及贫无以葬者，得卖世业田，自狭乡而徙宽乡者，得并卖口分田。已卖者不复授，死者收之，以授无田者……授田先贫后富及有课役者，凡田乡有余以给比乡，县有余以给比县，州有余以给比州。凡授田者，丁岁输粟二石，谓之租；丁随乡所出，岁输绢、绫、絁各二丈，布加五之一，绵二两，输布者，麻三斤，谓之调；用人之力，岁二十日，闰加二日，不役者，日为绢三尺，谓之庸。(《文献通考》)

依此，地主阶级的政府，原在把农民束缚于土地之上，作成实质的国家的农奴，不过既给予农民对其受有的“永业田”和“口分田”有买卖之权，因而事实上除户绝者外，他们便成了事实上的小土地所有者。所谓小地主的经济便是这样产生出来的。

同时，在另一方面，除原有的既存的大地主外，大批的新贵，在“永业田”授受的名义之下，也都成为大地主了。

其永业田，亲王百顷；职事官正一品六十顷，郡王及职事官从一品各五十顷，国公若职事官正二品各四十顷，郡公若职事官从二品各三十五顷；县公若职事官正三品各二十五顷，职事官从三品二十顷，侯若职事官正四品各十四顷，伯若职事官从四品各十顷，子若职事官正五品各八顷，男若职事官从五品各五顷，上柱国三十顷，柱国二十五顷，上护军二十顷，护军十五顷，上轻车都尉十顷，轻车都尉七顷，上骑都尉六顷，骑都尉四顷，骁骑尉、飞骑尉各八十亩，云骑尉、武骑尉各六十亩。其散官五品以上同职事给，兼有官爵及勋俱应给者，唯从多，不并给……诸永业田皆传子孙……即子孙犯除名者，所承之地亦不追。(《通典》)

若从远役外任，无人守其业者，听贴赁及质。(同上)

其官人永业田及赐田，欲卖及贴赁者，皆不在禁限。(同上)

在这里，和土地联系的封建统治层的组织，无异乎是一幅活现的图画。

这种大地主的土地的经营方式，为前者一派承袭下来的雇役佃耕制的经营，承佃者为所谓“私属”、“佃客”、“浮客”或“放附户”。陆贽说：

富者兼地数万亩，贫者无容足之居。依托豪强，以为其私属，贷其种食，赁其田产，终岁服劳，无日休息，常患不充。有田之家，坐食租税……京畿之内，每田二亩官税五升，而私家收租殆有亩主罄输所假，一石者……官取其一，私取其十，穑人安得得足食……约为定限，裁减租价……微损有余，稍优不足。(《陆文宣公集》)

从而所谓受田的自由农民，由国家去征取“租”、“庸”、“调”；所谓“私属”、“佃客”、“浮客”、“放附户”，则直接受地主的现物和劳役的榨取外，并须向国家缴纳什一税和负担徭役。此外手工业的担税，则为“诸工匠不役者收庸，无绢之乡，绝布三丈”（《九通分类总纂》）。役则为“诸工匠岁役二十日，有闰之年加二日。须留役者，满十五日免调，三十日租调俱免”。

所以虽云“租庸调之法，以人丁为本”，实际上贵族地主以及贵族地主的扈从却都是例外的。

武德元年诏曰：“……诸宗姓有官者宜在同列之上；有未职任者，不在徭役之限。”

卫士八等以下……仍免庸调。

华夏诸任官应免课役者，皆待蠲符至然后注免；符虽未至，验告身灼然实者亦免。

因而土地的大部分握在贵族地主的手中，而担税则累于自耕农民——小土地所有者及佃户的身上。这存在着一个根本的矛盾。这个矛盾的存在，便爆发为所谓“安史之乱”。

不过由于农民之转化为小土地所有者，却使大地主相当地感受劳动力之缺乏。因而奴隶买卖事情，又呈活跃了。例如：

元和四年闰三月敕，岭南、黔中、福建等道百姓，虽处遐俗，莫非吾民……公私掠买奴婢，宜令所在长吏，均切加捉搦。（《唐会要》卷八六）

对突厥、吐番、回鹘各处，也均有同样的情形发现。实验主义者或者又可以说，这又是奴隶制的现象。但是这时的奴婢，却也是被改变的而为实质的佃户，和“良民”比较，只是身份上的差异。并且是可渐渐获得良民的地位的，《旧唐书·职官志》云：“［都官］郎中、员外郎之职，掌配役隶……凡公私良贱，必周知之。凡反逆相坐，没其家为官奴婢。一免为番户，再免为杂户，三免为良民。”

同时，随着劳动人口的繁殖和经济之急速的复兴，因而一方面原来的所谓自由农民，虽已如实而成为小土地所有者；他方面，大地主却急速地在进行着土地的兼并。失去土地的农民，土地虽已丧失，而租庸调的负担，却依旧依户存在。这又包含着一个根本的矛盾。为和缓这个矛盾的杨炎的“两税法”，却不曾获得具体的结果。所谓“两税之法，久而生弊”（《续通典》）。而且在业的农民，反因此而负担益重，地主——商人们反因此而获利。所谓：

安居不迁之民，赋役日重，自建中定两税，而物轻钱重，民以为患。至穆宗时四十年，当时为绢二疋半者为八疋，大率加三倍。豪家大商积钱以逐轻重，故农人日困，末业日增。(《文献通考》)

因而在这种矛盾的发展中，便随着而来了两个畸形而残酷的现象。其一便是随着贵族大地主的土地财富的集中，而减少其担税户口。

乾元末，天下计百六十九州，户百九十三万三千一百三十四，不课户总百一十七万四千五百九十二……关口总千六百九十九万三百八十六，不课口千四百六十一万九千五百八十七……宝户自天宝十四载至乾元三年，损户总五百九十八万二千五百八十四，损户总三千五百九十三万八千七百二十三。(《户口考》)

道州旧四万余户，经贼已来，不满四千，天半不胜赋税。到官未五十日，承诸使征求符牒二百余封，皆曰："失其限者，罪至贬削。"……吾将守官，静以安人，待罪而已。(元结《舂陵行序》，见《全唐诗》卷二百四十一)

其二便是农户因不堪负担而逃亡，地主阶级的政府为获取逃亡户口担税的补偿，于是便取偿于所谓"安居不迁之民"。

代宗朝，租调之违负及逋逃者，计其大数而征之，择豪吏为县令而督之，不问负之有无，赀之高小，察民有粟帛者发徒围之，籍其所有而中分之，甚者十取八九，谓之白著；有不服者，严刑以威之。(《九通分类总纂》)

第一方面，农民、小土地取有者，为无力偿付租税的负担，便可告贷于地主——商人们。这样，不仅加重了他们对于商人地主的从属，而且又移入到高利贷的压榨之下。

这种矛盾的现象，随着其经济组成，直通过五代迄宋，到王安石的变法，才进入一个转换点。

2. 商业和高利贷

随着地主阶级经济的复兴与发展，商业资本与高利贷资本也很迅速地又活跃发展起来了。

随着前此不断继承下来的国际通商的范围也更为扩大与积进了。主要的商路，其一为中亚细亚的突厥（东土耳其）、阿拉伯和波斯。这一方面的交通的路线上，一为从波斯湾经过印度洋而达广州，一为由中亚细亚经陆路而直达中国的黄河上游的长安。其一为朝鲜和日本，其一为印度。由中国达印度的交通，一为由海道到广州，一为绕道中亚细亚由陆道达黄河上游的长安。

这些商人都是些大地主官吏在充任。例如：

> 西南大海中诸国舶至，则尽没其利，由是锷家财富于公藏。日发十余艇，重以犀象珠贝，称商货出诸境。周以岁时，循环不绝，凡八年，京师权门多富锷之财。(《旧唐书·王锷传》)

> 故事，使新罗者，至海东多有所求，或携资帛而往，贸易货物以为利，崇敬一皆绝之。(《旧唐书·归崇敬传》)

在对内的贸易上，也是他们在承当的。如《唐会要》卷八六云：“先是诸道节度观察使，以广陵当南北大衢，百货所集，多以军储货贩，列置邸肆，名托军用，实私其利息。”又《资治通鉴》卷二三四云：“……遂使豪家、贪吏，反操利权，贱取于人，以俟公私之乏。又有势要、近亲、羁游之士，委贱籴于军城，取高价于京邑。”

所以中国的地主——商人阶级便要求商路的开发，他们为商路的开发与保持，并采取着强硬的军事行动。为保持由中国经朝鲜的商路以及和朝鲜本国的通商，用强大的武力去把朝鲜克服，在朝鲜组织直属的武装，并派遣使节。对中亚细亚方面，则采取两个办法，强大的东土耳其、波斯和阿拉伯，则和他们缔结和好的条约；对其弱小区域，则用武力去克服，也同样在被克服的区域内，组织直属武装，屯驻使节①。

因而便有大批的阿拉伯和波斯的商人来到中国，据阿拉伯商人的日记载，在广州一隅就不下十二万人，他们并在广州设立工厂（沙发诺夫《中国社会发展史》)。中国地主阶级的政府，并在广州和泉州一带设置许多税关。他们

① 例如《旧唐书·郭虔瓘传》云：“虔瓘以开元初以北庭都护兼瀚海军经略使。”又《新唐书》云：开元二年突厥默啜子同俄特勒围北庭，都护郭虔瓘击斩之，又侵轮台，虔瓘遣张守珪往援，中道逢贼，苦战，斩首千余级，禽颉者一人。又《观堂集林》卷七载：新疆吐鲁番附近西州高昌出土之唐李慈义援勋告身跋云：“瀚海军破河西陈白陈涧等总六阵，准开元三年三月二十二日敕，并于恩洛城与贼战斗，先后序上阵比类府城及轮台等功人，叙勋，则令递减，望各酬勋拾转，白丁西州李慈艺高昌县右可上护军。”“黄门经州梁大钦等十四人并战若风驰，捷如何决，拟如朝奖，俾峻找班，可依首伴主者施行。”

的商品一经纳税之后，不但可以畅行全国，而且经过登记的手续之后，中国政府还负着保护和赔偿损失之责。他们在和中国地主——商人阶级结合的原则下，同时又反而对中国的农民施放高利贷的赔款。（据同上）

由中国输出的商品，大抵为绢、丝、麻、布和粮食等。这都是地主阶级从农民那里征取来的剩余劳动的生产物，易言之，即农奴式的剩余劳动的结晶品。输入的商品，主要为宫廷的装饰品，贵族地主阶级的奢侈消费品……因而这依旧不曾冲破农民们的自足经济的藩篱。

不过这时的商业，究竟比其在汉代时前进了一步。这是由于小地主经济的比重的增大，把国内交换的领域扩大了。

由于交换领域的扩大和商业的发展，需要的货币量便随着增大，因而便扩大去铸造。

> 武德四年，废五铢钱，铸开元通宝钱，每十钱重一两，斗一千重六斤四两。置铸钱监于洛、并、幽、益等诸州。赐秦王、齐王三炉，右仆射裴寂一炉。（《文献通考·钱币考》）

后来由于商品交换的发展，货币具有一般物品的交换的价值，便普遍地当作财富的“基本”形态而被储积起来。这从元和十二年的敕令及文宗太和四年的诏文中可以看出来。

> 敕自今文武官僚，不问品秩高下，并公郡县主，中使，下至士、庶、商旅、寺观、坊市，所有私贮见钱，不得过五千贯。（《文献通考》）

> 诏积钱口以七千缗为率。除合知数外，万缗至十万缗者，期以一年出之。十万缗至二十万缗者，期以二年。凡交易百缗以上者，帛、米、粟居半……未几皆罢。

且从而不仅各藩镇均各自铸缗钱，例如“元和时，京师里闾区肆所积多方镇钱，如王锷、韩弘、李惟简，少者不下五十万贯，于是竞买地屋以变其钱，而高赀大价，多依倚左右军官身为名，府县不能究治。”而且地主——商人也竞相制造私钱。例如各“富商奸人，渐收好钱，潜将往江淮南，每一钱货得私铸恶钱五文，假托公钱，将入京私用，京城钱日加碎恶……”（《通典》）。币制上的这种纷乱情形，正是封建时代的特色。

不过另一方面，因为绢帛是主要的输出品，所以绢帛也同时还在充任货币的机能。例如：

再有人将此图（按即清明游西园图）求售，周封惊异之，遽以绢数匹易得。（唐李绰《尚书故实》）

侍御史马周上疏：贞观之初，天下饥歉，斗米值匹绢……今比年丰穰，匹绢得粟十余斛。”（《资治通鉴》卷一九五，贞观十一年八月条）

同时为适应于这种情形下的赋税，便正式地确定为现物和货币（钱谷）并收了。

天宝三年……停郡县官，日值课钱，但计数多少，同料钱加数充用，即应差充丁日直并停。

天宝中，天下计帐户约有八百九十余万，其税钱约得二百余万贯，其地税约得千二百四十余万石，课丁八百二十余万。其庸租调等约出丝绵郡县计三百七十余万丁，庸调输绢约七百四十余万疋，绵则百八十五万余屯，租粟则七百四十余万石；约出布郡县计四百五十八万丁，庸调输布约千三十五余万端，其租约百九十余万丁；江南郡县折纳布约五百七十余万端，二百六十余万丁；江北郡县纳粟约五百二十余万石。大凡都计租税庸调，每岁钱粟绢绵巾约得五千二百二十余万端屯疋，贯石诸色资课及句剥所获不在其中。其度支岁计粟则二千五百余万石，布绢绵则二千七百余万端屯疋，钱则二百余万贯。（《九通分类总纂》① ）

同时，官吏的俸给，也由现物而转化为货币，例如：“武宗六年敕：文武百寮俸料，宜起三月一日并给见钱，其一半先给，零估疋段，对估价支给。”

因而社会的财富，便集中到了大地主商人的手中。同时因为商人、大地主、官僚的一体，所以把许多农民生活必需品的买卖利益，也操纵在他们的手中，从而所谓盐商大贾，便相联地出现了。例如：《策林》二三云：“自关以东，上农大贾，易其资产，入为盐商，率皆多藏私财，别营裨贩；少出官利，唯求隶名；居无征徭，行无赋税。身则庇于盐籍，利尽入于私室。”（《白氏长庆集》卷四六）又《白香山诗集》卷四盐商妇诗云：“盐商妇多金帛，不事田农与蚕绩……本是扬州小家女，嫁得江西大商客。像鬟溜去金钗多，皓腕把来银钏窄，前呼苍头后叱婢。问尔因何得如此？婿作盐商十五年，不属州县属天

① 宪宗时户部尚书杨於陵奏云：“开元中，天下铸钱七十余炉，岁盈百万，今才十数炉，仅十五万而已。大历以前，淄青、太原、魏博杂铅铁以通时用，岑南杂以金银丹砂象齿，今一用钱货，故用钱不足。”

子。每年盐利入官时，少入官家多入私。”

随着一方面社会财富的集中，他方面，所有者为农民既感穷乏，而负税与各种剥削反日形加紧，因之便又不能不出于举债之一途，从而反促成了高利贷的残酷的发展。

三 地主阶级内部的冲突和社会矛盾的发展

1. 安史之乱和地主阶级内部的冲突

在唐初所发生的小土地所有者的经济，在社会经济的范畴里，和大地主的经济有其同等的重要，而且在他们的本身上，是能离开大地主而独自存在的。但是国家的赋税却偏由小地主们在负荷，大地主们反没有负担。从而随着小地主经济的独立性的确立，他们的愤懑和不平便表现出来了。

在这种经济利益冲突的背景上，便爆发了所谓安史之乱。安史之乱是以小土地所有者的“番户”为背景而爆发的。不过安史之乱，并不曾解决这一矛盾，而只算是这一矛盾之公开斗争的开端，此后的斗争，便已由武装的政治运动而转入于“和平的”政治运动，由小土地所有者的政治代言人和大地主的政治代言人在统治机关内形成不断地政争。这一直继续到王安石变法。

2. 矛盾的发展和“黄巢起义”

另一方面，由于大地主——商人的兼并的进行，又不断的失去其土地，这不惟扩大了佃农的数量，而且制造出大群的失业农民。

农民失去土地以后，而户仍未除，在已死的骆驼的背上，还依样负荷着租庸调的重荷。

关于在业农民，由于商品交换的发展和租税户口的减少，地主更加重对他们的剥削。且使他们更加陷于高利贷的压榨机下面。加之地主商人阶级为开辟商路，又赋予农民以过分的兵役。这对所谓自由农民和佃农是有同样意义的。照马端临所说，情形是如次的：

> 租庸调法以人丁为本，开元后，久不为版籍……丁口转死，田亩换易，贫富升降，悉非向时，而户部岁以空文上之，又戍边者蠲其租庸，六岁免归。元宗事夷狄，戍者多死，边将讳不以闻，故贯籍不除。天宝中，王铁为户口使，务聚敛，以其籍存而丁不在，是隐课不出。乃按旧籍……积三十年，责其租庸，人苦无告……至德后，天下兵起，人口凋耗，版图

空虚……科敛凡数百名……吏因其苛，蚕食于人。富人丁多者，以宦、学、释、老得免，贫人无所入则丁存……是以天下残瘁，荡为浮人，乡居土著者百不四五。(《文献通考》)

这种剥削的惨酷情形，在唐代几个诗人的口中也说得很明白：

合浦无明珠，龙洲无木奴。足知造化力，不给使君须。越妇未织作，吴蚕始蠕蠕。县官骑马来，狞色虬紫须。怀中一方板，板上数行书。不因使君怒，焉得诣尔庐？越妇拜县官，桑牙今尚小。会待春日晏，丝车方掷掉。越妇通言语，小姑具黄粱。县官踏飧去，簿吏复登堂。(《李长吉集·感讽》)

赐浴旨长缨，与宴非短褐。彤庭所分帛，本自寒女出。鞭挞其夫家，聚敛贡城阙。(《杜诗镜铨·自京赴奉先县咏怀五百字》)

国家定两税，本意在爱人……奈何岁月久，贪吏得因循。浚我以求宠，敛索无冬春。织绢未成匹，缫丝未盈斤。里胥迫我纳，不许暂逡巡。岁暮天地闭，阴风生破村。夜深烟火尽，霰雪白纷纷。幼者形不蔽，老者体无温。悲喘与寒气，并入鼻中辛。昨日输残税，因窥官库门。缯帛如山积，丝絮如云屯。号为羡余物，随月献至尊。夺我身上暖，买尔眼前恩。进入琼林库，日久化为尘。(《白香山诗集·秦中吟》)

有吏夜叩门，高声催纳粟。家人不待晓，场上张灯烛。扬簸净如珠，一车三十斛。犹忧纳不中，鞭责及僮仆。(同上，《纳粟》)

杜陵叟，杜陵居，岁种薄田一顷余。三月无雨旱风起，麦苗不秀多黄死。九月降霜秋早寒，禾穗未熟皆青干。长吏明知不申破，急敛暴征求考课。典桑卖地纳官租，明年衣食将何如？剥我身上帛，夺我口中粟。虐人害物即豺狼，何必钩爪锯牙食人肉。(同上，《杜陵叟》)

国感赋更重，人稀役更繁。(《李义山诗集》)

姑春妇担去输官，输官不足归卖屋。(元稹《长庆集·田家词》)

其次关于农民应征兵役的写实诗，在白居易的《新丰折臂翁》和《败旅雁》；杜甫的《石壕吏》和《兵车行》，写得最生动深刻。

所以在政府的这种厚税重役的苛榨下，农民还要担负政府、官吏和地主的再三苛索，其次又加以兵祸的破坏。再次又如商人的食盐等类操纵和高利贷的榨取。因而农村的生产组织便又衰落了下来。一方面形成小地主与大地主的矛盾斗争的持续，一方面便又展开地主和农民的斗争。自然，农民们在这样求生不得的情形下，于是便从矛盾的局势中冲破出来，而爆发为“王化云”、“黄巢”所领导的农民大暴动。暴动发作后，首先便直袭今日广州；他们把广州攻下后，曾表现有两点值得注意的行动：一、屠杀了十二万的波斯和阿拉伯商人及高利贷者，并捣毁他们的工厂；二、击坏公私的积仓，放粟赈济贫民。他们回头便直袭洛阳和长安，消灭地主阶级的统治首脑部，也同样的捣毁其组织，并开仓赈济。同时，僧人也为他们所极端反对，有不少的僧人被屠杀。这已把其暴动的背景，表示得十分明白了。

这一次的暴动，在很短的期间内就泛滥了全中国。地主阶级到了其无力平定暴乱的时际，于是又重抄故事，去假援外力；一方面引来沙陀的李克用，一方面又引进东土耳其来代平叛乱。

黄巢领导的农民军，虽然在地主阶级引来之外力的袭击下被镇压下去了，但是这并不曾消灭了社会的矛盾。同时，地主阶级有引进东土耳其和沙陀的能力，却没有驱出他们的能力。因而反把矛盾斗争的内容扩大了。唐代的政权，便不能不于此崩解，而入于一个长期的混战时期，即入于纷乱的“五代”。

B. 大地主经济的没落过程

一　矛盾斗争扩大的过程和大地主经济的衰落

1. 矛盾斗争扩大的过程

大地主阶级为镇压黄巢所领导的农民大暴动，不惜去引进沙陀和突厥的势力来，因而把社会内部的矛盾斗争的内容，反更为扩大了。黄巢所领导的那一集团的农民武装虽然被解除了，但是存在于农民及小土地所有者和大地主之间的矛盾并不曾消解，而且在继续其发展，因而这两者之间的斗争，也依样在存续着，发展着。另一方面，由于进来的武装集团形成为对中国民族的统治，在历史上，这种由一民族去统治其他民族的局面下，便必然会引发出民族的斗争，这也正是人类历史运行过程中的一个矛盾。

在这种矛盾的复杂对立的局势下，就引起如次样的一个情势。中国的地主阶级和统治民族间，在其对农民的统治上——维护其共同的剥削关系上，两者间是统一的；但在其彼此间利益的矛盾上，两者间又有其对立性存在。在中国的地主和农民之间，在其社会的生产关系上，是根本上对立着剥削与被剥削的两个阶级，而且随矛盾的发展而扩大剥削的①。但前者对统治民族有其利益的冲突，后者对统治民族则有一个剥削和被剥削之根本的对立关系存在，因而这两者间在其对统治民族的反抗上，却又有其统一性存在。“五代”的历史，就是这种矛盾斗争的过程。

因而在五代，一方面爆发为被统治阶级和统治阶级间之不断的战争，一方面爆发为被统治民族和统治民族间的战争，一方面又爆发为各封建集团相互间的战争。战争的持续与扩大，是与社会矛盾的发展相适应的。最后由于长期的混战的结果和大地主经济的衰落，大地主和农民及小土地所有者间的矛盾局势的暂呈缓和，以及统治民族的军事的衰落，归结为由军事的掠夺而成为小所有者的集团的势力的统一。

---

① 统治者对农民的剥削，随着经济的衰落与劳动人口的减少而愈益加重了。例如：据《旧五代史》所载，朱梁一代是有不少次减税明文的，事实上所减者不过是些残欠无法征收的赋税，另一方，自唐以来的所谓“营田”、“庄宅”、“榷盐”等额外苛杂却完全继续着，而且另加了“牛租”等杂税。在后唐，《文献通考·田赋考》有这样的几句话：“租庸使，孔谦……更制括思间君，尽率世使公廨钱，天下怨苦，民多流亡，租税日少。”洪氏《容斋三笔·朱梁轻赋》亦云：“峻法以剥下，厚敛以奉上，民产虽竭，军食尚亏，不三四年以致颠陨，其义无他，盖赋役重，而宣区失望故也。”又《旧五代史·庄宗本纪》云：“时军饥民困，百姓不胜其酷，京畿之民，多号泣于路。”在后汉，同书《王章传》云：“旧制，秋夏苗租，民税一斛，别输二斛谓之雀鼠耗。”“乾祐中输一斛者，别令输二斗，目谓‘省耗’，百姓苦之……章急于财赋，峻于刑法，有犯盐、矾、酒、曲之令，虽丝毫滴沥，尽处极刑。吏缘为奸，民不堪命。”此外如南唐“民间鹅生双子，柳条结絮，皆税之”（《十国春秋·南唐后主本纪》引邵纳《见闻录》）。在吴越，“按吴越每身钱三百六十，是丁钱又最重矣”（同上，卷八一）。在闽，“国小民贫，军旅不息。杨思恭以善聚敛得幸，增田亩山泽之税，至于鱼盐蔬果无不倍征，国人谓之杨剥皮”（《通鉴》卷二八三《后晋纪齐王》上）在南汉，“是时国用日蹙……重民赋敛……课邕民入城人输一钱，琼州米斗税四五钱，制大量每石凡输一石八斗”（《南汉书·卷六·后主纪》）。此外杂税，更形苛重，如后梁特加税者如“牛租”，又增置茶税（《旧五代史·梁书》）。如后晋关于盐税一项，《资治通鉴·晋纪》有这样一段记载：“先是河南、北诸州官自卖海盐，岁收缗钱十七万；又散蚕盐敛民钱。言事者称民坐私贩盐抵罪者众，不若听自贩，而岁以官所卖钱直敛于民，谓之食盐钱，高祖从之。俄而盐价顿贱，每斤至十钱，至是三司使董遇欲求增羡利，而难于骤变前法。乃重征盐商，过者七钱……留卖者十钱，由是盐商殆绝，而官复自卖。其食盐钱，至今敛之如故。”在南唐有所谓“博征”（同上，卷二九三《后周纪》），钱又有所谓“曲引钱”、“盐米”、“鞋钱”、“蔑米钱”（《田赋》载宋咸淳六年江东饶州，乐平县士民白劄子陈所云）。这不过是一些例子。因而社会的矛盾，乃随着赋税加重而更为扩大了。

2. 大地主经济没落的过程

五代的经济完全承袭唐代，并无何种组织上的变更，在经济领域中的各种活动因素也是一贯地存在着的①。

但是长期的阶级间——民族间的混战，既有的生产力不断地受着破坏：劳动人口的死亡逃散，引起土地的荒芜，以及大地主的灭亡，致有主的土地成为无主的荒废状态。失业农民所形成的盗匪和士兵对富有户的抢掠，以及统治民族所施行的无条件的掠夺，又促速了经济衰落的过程。随着经济的愈形衰落和劳动人口的减少，统治愈加紧农民的负担。这样，一方面使生产更为衰退，一方面使社会之内在矛盾愈形扩大。

虽然，在五代的过程中，统治者也虽不断地企图去和缓矛盾，恢复农业生产，例如朱梁太祖（朱温）于开平三年八月敕云：

> 所在长吏放杂差役，两税外不得妄有科配。自今后州县府镇，凡使命经过，若不执敕文券，并不得妄差人驴及取索一物已上。又，今岁秋田，皆期大稔，仰所在切如条流本分纳税及加耗外，勿令更有科索。切戒所繇人更不得于乡村乞讬扰人。(《旧五代史·梁书·太祖纪四》)

又《张全义传》云："初，蔡贼孙儒、诸葛爽争据洛阳，迭相攻伐。七八年间，都城灰烬，满目荆榛。全义初至，惟与部下聚居故市，并邑穷民，不满百户。全义善于抚纳，课部人披榛种艺，且耕且战，以粟易牛，岁滋垦辟。招复流散，待之如子，每农祥劝耕之始，全义必自立畎亩，饷以酒食……数年之间，京畿无闲田，编户五六万。"（详文请看《太祖纪》、《张全义传》及

① 例如生产的组织，仍承袭着雇役佃耕制，人民的主要负担——被剥削的剩余劳动。除地主之直接携取农民的现物地租外，国家所课取者（除苛杂外），在朱梁，仍为租庸调演化而来之"两税"(见上引《太祖纪四》)。在后唐亦为所谓秋夏两税，《旧五代史·明宗本纪》云："天成二年十月戊戌，诏曰：诸道州府，自同光三年已前所欠秋夏税租，并主持务局败阙课利，并沿河舟船折欠，天成元年残欠夏税，并特与除放。"在后汉亦为"秋夏两税"（见前引《王章传》)。在后周，例如《旧五代史·世宗本纪》云："今年所征夏秋税及沿钱并放"，"放今年秋夏秋税。"在吴，《十国春秋·吴藩帝本纪》云："顺义二年，命官兴版簿，定租税，厥田上上者，每顷税钱二贯一百文，中田一顷税钱一贯八百文，下田一顷税钱一贯五百文。皆足陌见钱，若见钱不足许依市价折以金银。并计丁口课调，亦科钱以为率。"在西蜀，同书卷三六《前蜀高祖本纪》云："武成元年，正月壬午，大赦之几内诸州及诸州府，应征今年夏税，每贯量放二百文。"在闽，同书卷九一《闽惠宗王鏻本纪》云："天成三年，十二月王弓量田土为第三等，膏腴上等以给僧道，其次以给土著，又其次以给流寓。科取之法，大率仿唐两税而加重焉。"从和这种税制相适应的土地所有诸形态，自亦不能不是唐以来的地主土地所有诸形态。

《食货志》）然而朱温之劝农，是基于“戎机方切，国用未殷，养兵须藉于赋租，税粟尚烦于力役”（《太祖纪·六制文》）的理由上。而张全义之宽政劝农，却亦基于“系货财”、“货以藩身”（《本传》）的理由之上的。然而事实上，其效果并不甚大，同时在后唐、后晋、后汉和后周也都有这同样的文章。

只是在既存的社会经济关系之下，统治者又为着必需品的获得和维持其军事上的开支与收入，乃不能不竭力去维持商业关系的存续，从而又去无条件地（无时代和地域的限制）承认货币的交换价值。士兵们在各处所掠取财物和货币，其采得的货币当然不只是属于一个朝代和一个封建区域的，但他们要求无条件地与以同等的交换价值，这也获得一个重要的意义。

在上述这两方面的情形下，于是便有离开土地的占有的独立自由商人层的出现。这对于此后的都市经济的兴盛，给予一个更具体的前提，这前提的自身自然是存在于从历史上发展而来的货币经济的基础之上的。但是这种独立自由商人的存在，随着其势力的生长，到北宋初，他们对于独占商业利益之大地主——商人手中的邸店和盐铁等的专利，便引发了利益的冲突。他们为支持其自身的立场，于是便出现了自由商人的城市“基尔特”。

另一方面，在矛盾斗争的过程中，农民们以破坏大地主的经济为其斗争上的消极的策略；在积极方面又同时去发挥其小所有者的根性，采取财物，甚而去获得土地。

随着社会经济的破灭，那班战斗集团中的农民，由于在战争中的掠夺率皆拥有小量的财物，依旧成为小所有者了。他们便普遍地对战争感着厌倦，要求去安度其小所有者的生活。这种群众心理的趋势，在历史上的所谓“陈桥兵变”和赵匡胤的“黄袍加身”那两出悲喜剧中，表现得很明白，沙发诺夫在其《中国社会发展史》中曾引用了如次的一句话：

> 站住！总司唤他们——你们要想这样作，为的是要成为有钱人，但是你们是不是服从我呢？如果你们不服从我，那我就不愿作你们的皇帝。（原注 Textes P. 1556——这句话，我此刻还没找着中文中的原文。）

这样在士兵——小所有者的拥戴之下，便把长期的骚乱作个暂时结束，又把“统一”的局面展开了。

二 “宋代”的统一和“王安石变法”

1. 完成“宋代统一”的社会背景

赵匡胤在士兵——小所有者的拥戴之下，奠定宋代的统治的基础。同时把后周的统治权结束了。这完全由于大地主经济的衰落，和小所有者的时代要求。

在当时和后周并存的各封建国家内，在社会经济上都到了同样的情势，以小所有者为基础势力的“宋代”，很快的便把它们消灭了。易言之，在当时经济的情况下，一方面各国小所有者也同样在对战争厌倦，一方面在小所有者经济条件上所成立的商业资本者——自由商人，他们要求各区域的封锁性的打破，这成为完成宋代统一的主要动力。

其次也正是在小所有者的经济条件上而成立的都市经济，把都市和都市间的联系，较前此更前进了一步，他们——商人们要求都市与都市间的经常交通关系的联结，而不利于封建性的封锁。因而相沿已久的“藩镇制度”①，在赵匡胤的“杯酒言欢”之下，便作了一个暂时的结束。这在各藩镇诸侯的封区内，以及其属下的士兵大众，已先有这个要求的存在，才引起这一“急转直下”的转变。

2. 统一后的宋代初期的经济

宋代政权的树立，原发动于小所有者的要求。因而随着宋的统一的出现，原来的失去土地的农民，又大都已获有一小块的土地，而成为小土地所有者②，而且由于大多数的大地主的灭亡，所以小土地所有的形态，在宋代一开始就占着优势。

---

① 按唐及五代以至宋初的藩镇制度，本质上完全同于秦汉的诸侯王……及南北朝的王公。他们是在变种的封建时代所保存的典型封建时代的地方的封建领主的孑遗。不过后者系属其领区内的政治的经济的绝对支配者，为其领区内的土地的唯一领有者，其领区内的农民则均由他给予“分有地”，他们则对他供纳劳役地租（或现物地租）及其他贡纳和徭役。前者则在其封区内有其占有的私有地，在这一点上，他们是以大地主的资格去表现的；同时又有其他的大地主……等的占有地存在，对于在此种大地主占有土地上耕作的农民的剩余劳动的被剥削，一部分是以地租和杂役等等的形态而贡纳地主，一部分则以赋税和徭役的形态受封建主们的征取，一如中央政府在其直属区域内所行使的一样。

② 同时因地主的死亡与他去，则佃耕土地的农民便获得其土地的所有权。原来自唐以来的小地主至此充任了这一阶层的主要成份，其次便为失去土地的农民，也因此又都获得了一块的土地所有。

另一方面，原来存留下的大地主，以及国王左右的将军军官之占有土地而转化成为大地主者，这也在宋代一开始就存在着。不过他们所占有土地的面积和全国面积比较，在最初，在全经济的领域中，并无何重要的意义。

此外，国家直属的土地如官田的营田、屯田、官庄、职田，公田的义仓田、学田、寺田的总面积，在全量上也无何重要意义。

大地主的土地——即所谓形势户及官户的土地，和官田及公田的经营，则适用一种佃耕制度；不过在后者的关系中，国家统治机关又同时以大地主的资格而出现。

国家对于小土地所有者征取二税（唐代的租庸调一变而为具体化的以财产为标准的两税，再变而为宋代之以土地为标准的二税）和力役。官田和公田的所有者是国家本身，所以二税是被融化在地租之内而仅以地租的名义去征自佃农。同时耕种官田和公田的佃农又以农奴的资格去应征国家的力役。国家对于形势户和官户的土地的赋税是免除征收的。他们所应担的力役，名义上也是被免除的，实际上是令耕种其土地的佃农在负担，这种佃农还须向国家缴纳人头税（丁口税）；——小土地所有者也有这种纳税；——他们对于大地主，则供纳地租和杂役。

这样，小土地所有者的内部，一方面也有以土地出佃去剥削他人的剩余劳动的小地主，一方面有以自己的劳动去耕种自有土地的自耕农民。

这样，在社会的内部，一方面存在着地主和佃农及小农民的两个主要阶级，一方面在地主阶级的内部，又包含着一方面又被剥削的小地主和逍遥在一切负担之外的大地主，另一方面又包含有城市的自由商人。

随着经济的发展和土地的兼并，原来的小土地所有者，当他们的土地被形势户或官户兼并以后，国家虽然还保留他们的纳税户额，但是他们是在逃避事实上的负担了；同时这些被形势户或官户兼并了的土地，便也随着而免除了“二税”的供纳。因而原来的纳税的总额却不曾减少，这便是转嫁到小土地所有者身上。这两者间的矛盾，便随之而愈趋尖锐了。这为引起小地主阶层的政治运动——王安石变法的一个主要的社会的经济的根据。

另一方面，在历史的条件下面而成长起来的都市经济的发展，适应于小地主经济的生产的优势的条件下，一方面发现对农民之借债定货的事情，同时农民及小地主为缴纳赋税上的货币的需要，扩大了向商人们去请求借债的事情，这作为宋代高利贷发展的一个主要的依据；他方面由于商品交换范围的扩大，需要商品的增加，因而把原来的手工业者聚集到都市，进行其行会制度的生产，这无宁是中世都市所存在的吸引乡村农民的一种因素，从而发生着中世都市的流浪之群。但是这时的商人，却拥有邸店而独占商业上之利益的商人地主，同时又因出现了的自由商人，他们和前者是有其根本的利益矛盾的。

随着这种事情的进行，高利贷资本者——商人大地主们对小地主和农民们所行的剥削，高利贷又成了一个食人的恶魔了。同时，小地主及农民们，又随入在高利贷的压榨下，不能动颤了。于是解除高利贷的压榨，便成了当时小地主和农民们一致的要求，另一方面拥有邸店和国家特权的独占业者，对于自由商人的存在与发展是一个大的障碍，推翻这种独占业，却成了自由商人之迫切的要求。因而他们便转和小地主阶层在这点上取得联合。这又作为引发小地主阶层的政治运动——王安石变法之又一主要的社会的经济的根据。

3. 王安石变法的历史意义和其主要内容

根据上节的叙述，当时小地主及农民所最苦者为赋税和高利贷两者。赋税中又以力役为甚；自唐的租庸调法中的庸到宋初已三倍[①]折税，力役依然存在，加之贵族地主，形势户及富户，既不输力役，小地主及农民的负担便更重。加之封建官吏（州官县令）和乡村豪绅（里正、户长）辗转为奸，力役更成了吃人的恶法了。这在当时韩绛的一段中说得很明白。

> 害农之弊，无甚于差役之法。重者衙前，多致破产；次则州役，亦须重费……向闻京东民有父子二丁，将为衙前役者，其父告其子云："吾当求死，使汝曹免冻饿也"，遂自到而死。又闻江南有嫁其祖母及与老母析居以避役者。此大逆人理，所不忍闻。又有鬻田产于官户者，田归不役之家，而役并增于平等户。其余戕贱农民，未易遽数。望以吕所陈，下哀痛之诏，令中外臣庶，条具差役利害以闻。委侍从台省官集议，考验古制，裁定其当。使力役无偏重之患，则农民知为生之利，有乐业之心矣。（按韩绛亦一小地主阶层的代言者）

这在王安石的前驱者李觏也说得明白：

> 君子之于人，裁其劳逸而用之，可不谓义乎？世有仕学之乡，或舍役

① 到"两税"而两倍，到"二税"而三倍。

者半，农其间者，不亦难乎？而上弗之恤，悖矣！贵者有爵命，服公事者有功劳，诚不可役，然复其身而已，世有一户皆免之。若是则老者疾者亦可以阖门不使耶？至于马牛，皆辨其可任者善。夫世有人未尝刍秣，而责以牵傍其僦费败家者众矣。况乎水旱、疾疫之岁，饥饿之弗察，死亡之弗图，而临以定制，驱之给使可乎？故均人“凡均力政”以岁上下，丰年则公旬用三日焉，中年则公旬用二日焉，无年则公旬用一日焉，凶札则无力政无财赋也。(《国用·十五》)

与力役相连者，则为赋租负担的不均，易言之，由于小土地所有者农民的偏负，例如《宋史》云：“至皇祐中，天下垦田视景德增四十一万七千余顷，而岁入九谷乃减七十一万八千余石，盖田赋不均，其弊如此”（卷一七四)。此盖由大地主逃税之故。又如：“畿甸民若税重，兄弟既壮乃析居，其田亩聚税于一家，即弃去；县岁按所弃地除其租，已而匿他舍，冒名佃作”（同上，卷一七三)。

这样，小地主及农民在这赋税和力役的一点上与大地主阶级封建官僚已立到利害矛盾的尖端。

其次则为高利贷，关于高利贷的情形，在唐代已很剧烈，此种情景，在唐人咏农家的诗中说得明白：

二月卖新丝，五月粜新谷。医得眼前疮，剜却心头肉。

这到北宋，便更为厉害，所谓“丝谷预约”，便很普遍地行使着。这由于赋税甚而田租的负担过重，小地主及农民在青黄不接、丝谷尚未成熟之际，经济更感缺乏，剜肉医疮的救急办法，惟有向大地主及商人借债，但是这班鄙吝的高利贷者们，不是无抵押就肯应借的，因而便行使着所谓“丝谷价预约”的事情。在这种“丝谷预约”的原则之下，丝谷的价格是受着极大的限制，而一听高利贷者的指画，所以每年丝谷登场，便由高利贷者以极低贱的价格捆载而去。

和高利贷相并的，大地主在商业独占上的操奇制胜所加于自由商人与小地主所有者及农民的剥削，例如李觏说：“买贱卖贵，乘人之急，必劫倍蓰之利者，大贾蓄家之幸也”（《国用·第九》)。大地主商人持以作为操纵之工具行为所谓“邸店”，这“邸店”制度，把自由商人完全置于其支配下。在这一点上，自由商人与小土地所有者及农民对于大地主商人的利益上的矛盾，是共同的。

和上述这些情形相对比的，第一便是大地主商人（寺院地主和世俗地主是同一的）的土地的兼并，例如《宋史·谢绛传》云：“乱亡之后，田庐荒废，诏有能占田而倍入租者与之，于是腴田悉为豪右所占，流民至无所归”（卷二九五）。同书卷三一一王随言：“民所以饥者，由兼并闭粜，以邀高价也。”《李若谷传》云：“李若谷知寿州，豪右多分占芍陂，陂皆美田”（卷二九一）。又卷一七三云：“（明道后），承平寖久，势官富姓，占田无限，兼并冒伪，习以成俗，重禁莫能止焉”。其一便是大地主商人之集中社会财富豪断乡曲，例如：“抚州民李甲、饶英恃财武断乡曲，县莫能制”（《宋史·王彬传》）。“青州大姓麻士瑶，阴结贵侍，匿兵械，服用拟尚方，亲党仆使甚多，州县被陵蔑”（《宋史·胡顺之传》）。此盖自宋初发展而来者。

两相对比，在这赋役、高利贷和邸店的重重压榨之下的小地主自由商人及农民，自然会去追求其相当的对策；尤其是在生产形态中已占着优势的小地主们，由于其切身的利害出发，在政治上以上述诸问题为基础，和大地主处于利益对立的地位。在这种对立的情势下，很自然地便发生了小地主阶级的政党，以之作为其联合向大地主之政治上的斗争武器（自然，在历史上，由这种阶级的内讧所引发的政治斗争，常不免是温和主义的所谓和平的斗争）。王安石站在小地主阶级的利益的立场上，便为其领袖，而身立于政治斗争的前线。

在另一方面，随着小地主阶层的政党的出现，大地主阶层为其自身的优越的权利的防卫，也便组成政党，在他们的政党中，便是以大地主司马光为其领袖。这种大地主的政党，后来由于在政治上的斗争的失败，便发现其内部的破裂，而分化为所谓“蜀社”及“洛社”等等的组织。

这两者的斗争的当中，由于小地主经济自身在当时社会经济领域中的优势，以及他们的政纲又包含着农民及自由商人的要求在内，所以在对立物的统一的原理之下，把农民及自由商人也抓住在其自己的身边，在斗争上自然便占着一个绝大的优势结局，小地主阶层的政党把政治的首脑都拿到自己的掌握中，把大地主排挤出去。

小地主阶层的政党掌握政权以后，马上便如实地把其政纲中适合其自身急需的几个大原则捧出来实施，那便是“王安石变法”中的“免役”、“青苗”和“市易”等等。

"免役"为平均大地主和小地主的差役的负担，从而去减轻其自身——小地主阶层的重荷；让原来的不任"差役"的大地主们也同样来负担。其办法为：使民出钱募人充役，计民之贫富分五等输钱，名"免役钱"、官户、女户、寺观、单丁未成丁者亦等第输钱，名"助役钱"。凡数钱，先视州若县，应用雇直多少，随户等均取雇直；又增取二分以备水旱欠缺，谓之"免役宽剩余"。

这样小地主阶级及农民得到宽优，贵族豪右则受着裁取，"坊郭品官之家，尽令输钱"，坊场酒税之人，尽令入役。这当然又引出大地主阶级之激烈的反对。于是大地主阶级的一个代表文彦博便马上去向神宗提出抗议，他俩曾有如此的对话：

（彦博）祖宗法制具在，不便更张，以失人心。

（神宗）更张法制，于士大夫诚多不悦，然于百姓何所不便？

（彦博）为与士大夫治天下，非与百姓治天下也。

但是时势所趋，大地主们的反对，也是徒然的。

和免役相并的便是均输，王安石在《乞制置三司条例》上说：

窃观先王之法，自畿之内，赋入精粗，以百里为之差，而畿外邦国，各以所有为贡，又为通财移用之法以懋迁之。其治市之货财，则无者使有，害者使除。市之不售，货之滞于民用，则吏为敛之，以待不时而买者。凡此非专利也。盖聚天下之人而治之，不可以无财，理天下之财不可以无义。夫以义理天下之财，则转输之劳逸不可以不均……诸路上供，岁有定额，丰年便道，可以多致，而不敢或赢，年俭物贵，难于供备而不敢不足，远方有倍蓰之输，中都有半价之鬻……臣等以谓发运使总六路之赋入……令预知在京库藏、年支，见在之定数所当供办者，得以从便变易蓄卖，以待上令。稍收轻重敛散之权归之公上，而制其有无以便转输，省劳费，去重敛，宽农民。

更次为"青苗"。"青苗"为小地主阶层从高利贷压榨下解放出来的一个政策。初由陕西转运使李参试行于陕西，后来小地主阶层的政治机关（条例司）更依之草成具体的政策，普遍地施行于全国。熙宁二年，"条例司"所申请的内容要点如下：

诸路常平、广惠仓钱谷……依陕西青苗钱例，愿预借者给之。随税输纳斛斗，半为夏料，半为秋料，内有请本色或纳时价贵愿纳钱者，皆从其便。如遇灾伤，许展至次料丰熟日纳。非惟足以待凶荒之患，民既受贷，则兼并之家不得乘新陈不接以邀倍息。又常平、广惠之物，收藏积滞必待年俭物贵然后出粜，所及者不过城市游手之人。今通一路有无，贵发贱敛，以广蓄积，平物价，使农人有以赴时趋事，而兼并不得乘其急。凡此皆以为民，而公家无所利其入。是亦先王散惠兴利、以为耕敛补助之意也。(《宋史・食货志》上四)

这样作为把小地主——从高利贷的压榨下解放出来，不但使大地主不得因有无即操纵物价乘人急需而倍乘利息，因以行使其对小地主的土地的兼并；且给予高利贷以根本的打击，使之无其存在的可能。

然这又引出大地主阶级的另一代表司马光现身出来反对他说：

夫民之所以有贫富者，由其材性愚智不同。富者智识差长，忧深思远，宁劳筋骨，恶衣菲食，终不肯取债于人，故其家常有赢余而不致狼狈也。贫者呰窳偷生，不为远虑，一醉日富，无复赢余，急则取债于人，积不能偿，至于鬻妻卖子，冻馁填沟壑而不知自悔也。是以富者常借贷贫民以自饶，而贫者常假贷富民以自存。

这一段黑心的冤话，把历史上大地主阶级的狰狞面孔，却完全暴露出来了。同时，儒家所呼吁称道的“司马文公”，原来是这样一个无耻的下流地主。

和青苗相并者，则为所谓“市易”。“市易”为打击大地主商人的“邸店”的一个政策。市易的办法，王安石的前驱者李觏说：“令远方各以其物如异时商贾所转贩者，为赋置平准于市师，都受天下委输。大农诸官，尽笼天下之货物。如此，富商大贾亡所牟大利则反本，而万物不得腾跃。故抑天下之物，名曰平准”(《国用・第九》)。王安石说：

其治市之货财，则无者使用，害者使除。市之不售，货之滞于民用，则吏为敛之，以待不时而买者。凡此非专利也。(《乞制置三司条例》)

因而“市易务”便取得“邸店”的地位而代使“邸店”的垄断无所施其伎俩，以致使邸店失其存在之依据。这不但是小地主的要求，同时又是自由商人的要求。

小地主政府的这各大政策，虽然在实施的过程中遇着不少的挫折和障碍，然而并不曾因大地主的反攻而打消，恰恰相反，却随着其本身的经济的优势而持续着；而且到很盛时，关于“青苗”钱的内容的改进又前进了一步，根据董遵的意见又把二分的利益改至一分了（虽然，这两个阶层的冲突，是继续到南宋的灭亡才结束了的）。

还该说明的一点，便是小地主阶层也并不是让农民——小作农民及佃农也同样得着利益；恰恰相反，不过为其自己从大地主方面夺回一部分利益，同时把大地主间接直接从农民方面剥削去的利益，夺回到自己的手中来，易言之，把直接间接在大地主支配下的农民，夺回来放到自己的支配下罢了。因而他们之所谓“凡以为民，公家无利”的口号，也包含着一个骗局在里面。历史上的统治者在其夺取政权之初——无论是新阶级的代起或阶级内部的交替——所叫出的口号，总是比较雅观的。

有人误认王安石的改革为发动于市民阶级的运动。实则王安石新法中的各项政策，如果不把“市易”一点去作孤立的考察，而把它联系起来考察，固无一不以小地主阶层的利益为中心也；不过当时小地主的要求，在有些点上又是和农民及自由商人有其同性质而已。在相反的方面，他在其咏诗中述其志愿云：“先王有经制，颁赉上所行。后世不复古，贫穷主兼并。非民独如此，为国赖以成。筑台尊寡妇，入粟至公卿。我尝不忍此，愿见井地平……”（《发廪》）“三代子百姓，公私无异财。人主擅操柄，如天持斗魁。赋予皆自我，兼并乃奸回。奸回法有诛，势亦无自来。后世始倒持，黔首遂难裁。秦王不知此，更筑怀清台……”（《兼并》）他所反对的商人虽系指着那以“邸店”为垄断工具的大地主商人，然而他的志愿却在抑“兼并”，他而且又主张从来未有役的“坊场酒税之人，尽令入役”，而其前驱者李觏也说得明白，“为民父母奈何不计本来，农夫以附商贾”。

（原载《中山文化教育馆季刊》第二卷第四期，一九三五年十月）

老聃派哲学思想的发展

——由老聃到庄周

A. 老聃的辩证观念论

一、《老子》成书的时代及老聃的社会身份

我们研究道家的思想，第一重要的，得略为提述一下老子出世的时代问题。关于这一问题，最初是梁任公先生提出的。但梁氏所提出的六大理由，已在张煦等人的笔下受着“裁判”；此外的一些借“疑古”而闻名的历史家，便不过把梁氏所提出的问题一再重复（我不反对“疑古”，且认为必要；只是不同情以“疑古”为能事的诡辩家。我主张用否定之否定的方法去接收疑古的成绩）。但我这里不能详细引述，请读者去参看《古史辨》第四册三〇三至五一八页。我这里只提述疑古家无可置疑的三点来——因为《庄子》和《孝经》中所列孔子入周见老子的故事，并不曾取得我们的疑古家的同意。

A. 胡适之君说：“《史记·孔子世家》和《老子列传》，孔子曾见过老子。这事不知在何年？但据《史记》，孔子与南宫敬叔同适周。又据《左传》，孟僖子将死，命孟懿子南宫敬叔从孔子学礼（昭公七年）。孟僖子死于昭公二十四年二月。清人阎若璩因《礼记》曾子问孔子曰：“昔吾从老聃从葬于巷党及堩，日有食之。”遂推算昭公二十四年夏五月乙未朔巳时日食，恰入食限。阎氏因断定孔子适周见老子在昭公二十四年，当孔子三十四岁。（《四书释地续》）

B.《论语·述而》说：“述而不作，信而好古，窃比我于老彭。”似此，

老彭至少和孔子同时，或在其前，而且老彭是一位为孔子所崇敬的思想家或著述家。《论语·宪问》篇说：“或曰：以德报怨。何如?”《老子》六十三章说：“大小多少，报怨以德。”《宪问》又说：“仁者必有勇。”《老子》六十七章说：“慈，故能勇。”《论语·卫灵公》说：“无为而治者，其舜也与欤”《老子》说：“无为而治。”又《述而》云：“圣人，吾不得而见之矣；得见君子者，斯可矣……亡而为有，虚而为盈，约而为泰。”这明显的系受了老子思想的影响。传说并有老子教孔子云：“良贾深藏若虚，君子盛德，容貌若愚。”(参看黄方刚《老子年代之考证》)

C.《老子》五千言中所说明的时代社会——无论在经济构成上或意识形态上——以及其所表现的阶级性，一方面恰合于春秋末期之封建兼并的时代背景，一方面恰合于春秋末期之没落贵族的身份言论。若果我们确认人类的思想不能离开社会而孤立存在这一理论的正确，则对《老子》出世的时代便不难明白。那班“疑古专家”把人类的意识和其实践生活隔离起来，去从事其所谓考古工作，其不能得着若何圆满结果，自无足怪。独是叶青君也不知从这一原理上去判定《老子》的时代，也依样俯拾诡辩论者的“牙慧”，殊令人惊异——自然，在他们之间，曾有着血缘关系。

有人说老聃就是太史儋（创此说者为毕沅与汪中），我前此亦颇以为是；但细考太史儋于孔子卒后百零六年见秦孝公(《史记》谓为二十九年)，其时为三十四岁，是其生在孔子六七十年后，与《论语》所说老彭不符。又有谓老子为关尹者。实则这种诡辩尤无必要。因为我们只在说明某一时代有某种思想代表已足。

因而近人唐兰君在其《老聃的姓名和时代考》一文中结论所云：“子、老聃和老子是一人。丑、老聃较在孔子前。寅、《道德经》是老聃的遗言。”“老子《道德经》除了有一部分后人搀入错乱以外，我们可以信为是老聃手著的。”单从唐君的这一结论说，是正确的（参看该文集，见《古史辨》第四册）。

其次我们说到老聃的阶级身份，这是最重要的。否则，我们便无由说明其思想体系。但有人说，老子是西周末没落的奴隶主贵族；可是西周并不是奴隶制度社会（详见拙著《中国社会史》第二分册）。又有人说他是战国末期的具有“士”的身份的“小农”。但老聃非战国末人，而所谓“小农”和“士”

的身份统一的概念，也是十分模糊的。他如胡适之君则谓其为春秋时的“极端破坏派”，梁启超则称之为战国末的“平民阶级”，便更呈概念上的模糊了。这在一方面，缘于各人在哲学的概念上的模糊和社会学理论的欠素养，一方面由于可靠史料的欠丰富。不过较细心的去析解，老子的社会身份却是十分明白的。

据《庄子·天道》说：

> 孔子西藏书于周室，子路谋曰：“由闻周之征藏史。有老聃者，免而归居。夫子欲藏书，则试往因焉？”

司马迁亦称老聃为周“守藏史”。但在孔子以前，求知识是封建贵族的专利，平民是没有这种权利的；故《礼记·王制》俯拾传闻云：“天子命之教，然后为学……天子曰辟雍，诸侯曰頖宫。”至孔子在他的“有教无类”的口号下，才把受教者的范围稍稍扩大；不过事实上，还只扩充到“士”的阶层及一部分新兴地主——商人的子弟。然而《老子》所表现的意识，又是完全和新兴地主——商人相反的。因而老聃便无疑是属于统治层中之一分子。不过他由楚跑到周去作“守藏吏”，必已失去其自有的领地。在春秋数百年间，由于强大领主的兼并，曾引起若干中小领主的没落，这种没落者的呼声和其愤懑情绪，在老聃的全部著作中能充分表现出来。

近人有因老聃思想体系中有辩证的观点，便误认他为属于被统治阶层。然而黑格尔为什么能发现辩证法呢？于是便不能不归究到认识论上去。自然，唯心和唯物正是“治人者”和“治于人者”的认识论上之根本的分野；因而便又有把老聃化装为辩证唯物论者而出现，实则在老聃的哲学体系中具有第一义的决定的东西，并不是“名”和“朴”，而是“玄之又玄”的“道”，下面再说。

二、老聃的认识论

在这里，我们进而考察老聃的认识论。

如上所述，有些学者，把老聃一拿入哲学的范畴中，便说他是辩证唯物论者；一拿入到政治科学的范畴中，他同时便又成了社会主义的学者。实则一个没落的封建贵族，其自身犹附丽在不劳而食的队伍中的老聃，能发明辩证唯物论和社会主义，宁非中国历史上之一大奇迹。

从老聃的整个思想体系中去考察，且从而以之与其实践生活联系起来去加以考察，则在其思想体系中，确曾应用了一个辩证的观点。在其全部著作中常常把事物的现象从对立方面去说明，如刚—柔，牝—牡，雌—雄，善—恶，美—丑，祸—福，利—害，曲—直，洼—盈，虚—实，强—弱，兴—废，夺—与，厚—薄，进—退，得—亡，贵—贱……这是他发现了现象之对立的矛盾性，企图以矛盾的对立性中去说明现象且从而实象。因而他同时把一般认作绝对的“是非”也都否定了。他说：

唯之与阿，相去几何？善之与恶，相去何若？

于是他又进而说明事物之否定其自身的现象，例如他说：

正复为奇，善复为妖。

祸兮福所依，福兮祸所伏。

这就是说：“肯定”的“祸”的自身的“否定”便是“福”，“福”又由其自身的“否定”而转化为“祸”，他从这里又企图进而去说明事物之发展法则，而归结出“道生一，一生二，二生三，三生万物”的原理。同时他可从外在的关联上企图去说明由“量”到“质”的循环变化。他说：

天下皆知美之为美，斯恶已，皆知善之为善，斯不善已。故有无相生，难易相成，长短相较，高下相倾，音声相和，前后相随。

然而老聃恰恰止住在这里便不能前进了。他一方面只了解事物之外的矛盾的对立，而不了解内在矛盾之斗争的统一；因而便无法了解由量到质的变化以及由新质而引入新量的发展之事物的自己运动的内在的必然性，而只是当作观念的变动，从而便认为事物自身是无变动的。从而从浮现于外的矛盾的现象上出发，便很自然的达到其历史的循环运动的见解。因而他从这里便又回到“自然主义”和“复古主义”中去了，这由于在其没落的封建贵族的实践生活中，一方面感到其自身阶级地位的没落，与新兴地主——商人的代起（他也不了解这种在渐变过程中所引起之部分突变的法则）给予他对社会变动现象的认识；另一方面，在历史上，没落的封建贵族，并不能扮演为进步阶级而登场，便很自然的只肯从愤恨现状中去留恋过去，不肯而且不能彻底地去否定现状，作更积极的了解。因此，老聃虽曾把握了辩证法之正反对立的观点，但不能深入到对立物之斗争的统一的理解。一方面仍是形而上学的；他方面，他不能进入到唯物论，仍旧把辩证法的首尾倒置。

因而在他说到物质和精神的依存关系时，虽还承认本体（朴）是先于概念（名）而存在的；但当他进一步去究问本体的究极时，便又绕回去了。本体究竟是自身存在的物质还是什么呢？他的答案是："天下万物生于有，有生于无。"（四十章）这"无"又是什么呢？在他看来，在没有人类社会的出生前，宇宙自体是否就存在着呢？宇宙自体又是在一种怎样的状态中存在着的呢？他的答案是：

有物混成，先天地生。寂兮寥兮，独立而不改，周行而不殆，可以为天下母。吾不知其名，字之曰道，强为之名曰大。

无名，天地之始；有名，万物之母。

是存在系先于概念而自在的。但这"先天地生"的"无名之朴"又是怎样发生的呢？原来由于那不知所以名而名之的"道"在那里生作用。然而道又是什么东西呢？他说：

道之为物，惟恍惟惚。惚兮恍兮，其中有象；恍兮惚兮，其中有物；窈兮冥兮，其中有精，其精甚真，其中有信。

然而在这里，还可以把他的所谓"道"解作星云气体中的各种物质元素，把存在于星云气体的混沌状态中的宇宙解作他的所谓"无"；从星云气体的凝结以致万物的发生解作为他的所谓"有"。可是他又曾说过："吾所以有大患者，为吾有身；及吾无身，吾有何患？""善摄生者……以其无死地。"是明明把精神的"我"和物质的"我"对立着，易言之，在他看来，离开物质的我，还有一个精神的真我存在。又云："夫物芸芸，各复归其根，归根曰静，是曰复命，复命曰常。"在这里，所谓"命"即是精神，亦可意义为所谓"灵魂"；另一方面便由此而达到本体原是静的他的见解。所以他之所谓"道"的内容，并不是物质性的东西，而是精神的东西。

所以在他看来，这"道"的作用，是我们人间世界所不能知晓的"玄之又玄"的东西，是造化的主宰（众妙之门）。所以他又说：

道可道，非常道；名可名，非常名。无名，天地之始，有名，万物之母。故常无，欲以观其妙；常有，欲以观其徼。此两者同，出而异名，同谓之玄。玄之又玄，众妙之门。

天之道，不争而善胜，不言而善应，不召而自来，坦然而善谋。

道常无为，而无不为。

因而不但只有这“常无为而无不为”的“道”，才是自身存在着的（道法自然），而且“天”和“道”，还是意识的在主宰万物。所以在老聃思想的体系中，“道”才是第一义的，“名”和“朴”不过是第二义的东西。“道”是创造宇宙，统治宇宙的最高主宰（道冲而用之…渊兮似万物之宗）。虽然如此，“强为之名”又可称作“大”的“道”，又是“万物归焉而不为之主”的，因为他虽然“无不为”，却又“无为”。老聃在这里，不但是一个不可知论者，而且完全成了一个有神论者。所以他说：“天得一以清，地得一以宁，神得一以灵……万物得一以生，侯王得一以为天下贞。”其公然在承认“神”的存在（自然，在历史上，只有蒲罗来达黎阿才是最彻底的无神论者），因而他在究极上，还是以一个十足的观念论者而出现。

另一方面，从其正反对立之外在矛盾对立的观点上，却达到其循环论的见解。故说：“复归于无极……复归于朴”，“各复归其根”，“其事好还”，“复归于婴孩”。因而归结出取消事物之发展与变化的复古的他的主观期望，更从而否认人类之现实的自生，生存，存在为必要。故说：“夫唯无以生为者，是贤于贵生。”“天地所以能长且久者，以其不自生。”“善摄生者……以其无死也。”这达到其和佛家的同样的人生观。

三、老聃的政治哲学

老聃从他的认识论出发，企图把其理论应用到实践上，便归结出如次的一个原则：“王法地，地法天，天法道，道法自然。”把他所认识的宇宙界和社会界的主宰排成这样一个纵的联系。从而他认为“道”既是“无为而无不为”的，那么“道”所派生的人类社会，也便应该“无为而无不为”。这样把他的宇宙论和社会论在“无为”的原则下面统一起来。因而他说：

处无为之事，行不言之教，万物作焉而不辞，生而不有，为而不恃。

我无为而民自化，我好静而民自正；我无事而民自富，我无欲而民自朴。其政闷闷，其民淳淳，其政察察，其民缺缺。

道常无为而无不为，侯王若能守，万物将自化。

民之难治，以其上之有为，是以难治。

上德无为而无不为，下德为之而无以为。

他认为人类社会间的一切罪恶，都是由于“有为”所引发出来的。“有为”所以才发生大封主并吞小封主，被治者反对治者，以及中小封主的没落和新兴地主——商人的代起之阶级地主的变动。他一方面又看见这个变动是由于社会自身之矛盾的发展，但在另一方面又受着其自身所处的阶级地位的局限，不能从进化的观点上去理解存在着的社会现象之矛盾的发展法则，构成其自身在理解上的矛盾。在这矛盾的交叉点上，不知如何去把握变动的法则，反浮回到表层上，只去作如何消灭这种变动的因子的设想。由于他不了解构成物之自身运动的物之内在的矛盾的斗争，只了解对立物的矛盾的斗争，所以他认为只要消灭外在的矛盾的因子，运动便可以停止了。所以他认为这种变动都是由于“有为”而引起来的；如果人类都肯“法自然”的“无为”，不但这种社会的变动便可以停止，阶级的地位，可以永久地固定着，阶级间的仇视永远不会发生，而且他所梦想的封建社会初期的社会秩序，也便可以永远地维系其存在。同时，他以为引起这种变动的，最主要的在由于封主们和新兴地主——商人们的太重视“有为”，前者由“有为”发动去从事战争，开辟土地，而造成互相兼并的罪恶，后者由“有为”发动，为贪财市利而造成种种社会罪恶。所以他对这两种人的“有为”，便益加深恶痛绝。他痛骂那班“内杂霸”而“外仁义”的封主们说：

大道废，有仁义，智慧出，有大伪，六亲不和有孝慈，国家昏乱有忠臣。

绝圣弃智，民利百倍，绝仁弃义，民复孝慈。

师之所处，荆棘生焉。大军之后，必有凶年。

夫佳兵者，不祥之器，物或恶之。

胜而不美，而美之者，是乐杀人。夫乐杀人者，则不可以得志于天下矣。

天下无道，戎马生于郊。

以智治国，国之贼；不以智治国，国之福。

他不但反对封主们使用智巧去施行横征暴敛的统治；而且根本主张非战，并从当时由战争所发生的各种恶果去阐明其非战的理由。这是完全从其自身所感受的痛苦发露出来的。他又痛骂新兴地主——商人们说：

绝巧弃利，盗贼无有。

天下多忌讳，而民弥贫。民多利器，国家滋昏。人多伎巧，奇物滋起。法令滋彰，盗贼多有。

五色令人目盲，五音令人耳聋，五味令人口爽，驰骋畋猎令人心发狂，难得之货令人行妨。

不贵难得之货，使民不盗。

金玉满堂，莫之能守；富贵而骄，自遗其咎。

在这里，不但痛斥商人为造成社会内所有豪奢盗贼等现象的罪人，且充分表露其对那班暴发户的富人的疾忌。

他认为只要从人类的观念上的转变，改变这种“有为”的观念，则构成社会变动之外的矛盾，便可以消灭了一大半，从而社会的变动便可以大部的转入静止的状态。但是这种“有为”又是客观地存在着的，这一矛盾又怎样去解决呢？于是他又转入到他的主观上的人生哲学的概念中去求补救，易言之，即祈望人们的观念之自动的转变。所以他说：

见素抱朴，少私寡欲。

绝学无忧。

众人熙熙，如享太牢，如春登台；我独泊兮其未兆，如婴儿之未孩，儽儽兮若无所归。众人皆有余，而我独若遗。我愚人之心也哉！沌沌兮，俗人昭昭，我独昏昏；俗人察察，我独闷闷。澹兮其若海，飂兮若无止。众人皆有以，而我独顽似鄙。

他不了解人类社会间各种观念形态的构成和转变，并不是决定于其自身，反而同是被决定的。另一方面，作为其根基的社会矛盾的存在，各种复杂的观念形态便也跟着其存在发展而存在发展的。自然，在这些处所，也正在表现老聃的观念论。

他这样把统治阶级的方面安排之后，于是便转到被统治阶级的农民方面来了。为要使农民能长安于被统治被剥削的地位，在这一点上，他和儒家的意见完全是一致的，在根本原则上，同是愚民政策。他说：

古之善为道者，非以明民，将以愚之。民之难治，以其智多。故以智治国，国之贼；不以智治国，国之福。

不尚贤，使民不争；不贵难得之货，使民不为盗；不见可欲，使民心不乱。是以圣人之治，虚其心，实其腹，弱其志，强其骨，常使民无知无欲。

不过他虽然认为这是统治农民的最根本的办法；但若统治者对他们无限度的剥削，致他们无以为生，那么，"不能言语的奴隶"也会怠工的。农民们虽然"无知无欲"也会为其自身的生存而起来反抗的。所以他又说：

民之乱，以其上食税之多。

民之饥，以其上食税之多，是以饥。

因而统治者所取于农民的剩余劳动物，他并不认为不当，只是主张要有一定限度，不主张无限度的去激成"民饥"和"民乱"。因为超过某种限度外，刑罚也不能维持其效用的，故他曾说："民不畏死，奈何以死惧之!"

最后，归结到他的理想社会，他给示了如次的一个图式：

小国寡民，使有什伯人之器而不用，使民重死而不远徙。虽有舟车，无所乘之；虽有甲兵，无所陈之。使民复结绳而用之，甘其食，美其服，安其居，乐其俗。邻国相望，鸡狗之声相闻，民至老死不相往来。

在这种小国寡民的社会中，依他说来，也依样有"圣人"和"侯王"在那里"处无为之事，行不言之教"的。易言之，他并不否认"我无为而民自化"的"化"者和"为无为则无不治"的"治"者的存在。这犹之他主张复归于"无名之朴"以后，也依样不否认"道"的存在一样。所以他又很明白的说：

故道大，天大，地大，王亦大；域中有四大，而王居其一焉。人法地，地法天，天法道，道法自然。

朴散则为器，圣人用之，则为官长。

侯王得一以为天下贞。

同时在这"小国寡民"的社会中，也依样有等级贵贱制度的存在，所以他说：

故贵以贱为本，高以下为基，是以侯王自谓疏寡不穀。

其次，在"小国寡民"的"小国"之上，依他说来，也并不是没有大国的存在，不过治"大国"也当"无为"罢了。所以他说："治大国若烹小鲜。"

因此，老聃的理想政治，无宁是封建社会初期的一幅构想图。

从而我们归结说：

1. 老聃之所以提出"小国寡民"的政治理想，正因为其自己所代表的社会阶层存在的依据，是封建初期的社会秩序。

2. 他之反对大封主和封建战争，正因为其自身所代表的社会地位，是消失在这种封建兼并的战争之下的。

3. 他之反对新兴地主——商人，正因为其自身没落的另一方面，是这些份子之部分的代起，而且商人又是促进封建战争的一个因子。

最后说到他的政治主张之所以不能实现，一方面，因为社会在其本质上便是不能后退的。一方面，他的主张和大地主及新兴地主——商人都有其矛盾性而立于利益相反的地位；从其所主张的既有剥削关系的维持这一基因上，和农民便根本的对立着；其自身所代表的没落集团，则已失去其社会政治的——经济的依据。

B. 老聃哲学的发展——庄周的“出世主义”

一、庄周传略及其著作

《史记·老子韩非列传》说：“庄子者，蒙（今河南归德）人也，名周。”后人曾称他为宋人，又有称为魏人者。实则蒙地原属宋，后宋为魏所灭即属魏。《史记》并称：“周尝为蒙漆国吏，与梁惠王、齐宣王同时……楚威王闻庄周贤，使使厚币迎之，许以为相。”庄周却之。是：一、庄周曾为小吏；二、庄周与梁惠齐宣楚威同时。且与惠施为论敌，同时兼为好友。胡适之君谓庄周死于纪元前二七五年左右。然据《史记》其与梁惠同时，按梁惠立于周烈王六年，适为纪元前三七〇年，是庄周应生于纪元前三七〇年前后。据张秉同君所考，谓庄周生于纪元前三五五年，卒于纪元前二七五年。此说较确。

其著述，据《汉书·艺文志》称有五十二篇，经晋郭蒙删定，有今本《庄子》三十三篇，内篇七，外篇十五，杂篇十一。从来中外学者均谓内七篇为庄周亲著；其余为战国及秦汉之晚出道家所作，或系出自其门人笔记者，惟其中之《天下》篇，王夫子、姚鼐等均谓为庄周自序，日人渡边秀方亦认为系研究庄周思想之无二好史料。

在他的全部著作中没有提及孟子，因而近有谓庄周生于孟子前者；渡边氏认为此系由于当时交通关系，他们没有接触的缘故。但梁惠、齐宣均见于《孟子》，与孟轲为同时人。故渡边氏所见甚确。特附及之。

二、庄周的人生哲学

据叶青、陶希圣各君的意见，庄周也是一个“辩证唯物论者”。其实这并不曾摸索着庄周思想的边际。

庄周的思想体系是由老聃而一贯继承下来的，是老聃哲学的发展；只是第一点，他把它更深化、更体系化，第二点，他在政治上已完全由老聃的复古论而转化为出世主义。关于前者，由于社会生产力的发展而作成其前提；关于后者，由于到庄周的时代，不但没落的封建领主的地位已全无复活的希望，即还存在着的“各国”领主亦不啻日暮途穷。因而在那一群没落分子的意识中，对一切都感觉根本的失望，由失望而转入到“出世”方面去。在这里，我们试考察一下目前的中国，为什么大批没落的封建残余分子，均在皈依佛法呢？这是可以应用同一的“逻辑”去说明的。

在叶青君他们看来，认为庄周正是一个革命的代表“工商业”者的思想家。果尔，则中国的“工商业”者由战国发展到现在，中国便应该成了“超帝国主义”了。无怪叶青等人估量中国目前的社会为资本主义社会。可惜这种估量始终都只是一种哲学的玄想。其实在庄周思想的全体系中，不但没有替“工商业”者说了半句话，而且根本在否定“工商业”者的存在为必要。《德充符》篇说：“圣人不谋，恶用智？不斫，恶用胶？无丧，恶用德？不货，恶用商？”《胠箧》篇说：“擿玉毁珠，小盗不起……掊斗折衡，而民不争……毁绝钩绳而弃规矩，攦工倕之指，而天下始人有其巧矣。”人类史上恐怕不会有这样“工商业”者的代言人吧？

又有人说庄周是无政府派的虚无主义者。实际上，还同时在主张“明”“君臣之义”（《天下》）的庄周，又怎能和无政府虚无主义发生关系呢？这到后面再说。

在庄周的思想体系中，也确实曾包含着一个动的辩证的观点。例如他说：

> 方生方死，方死方生。（《齐物论》）
>
> 察其始而本无生，非徒无生也而本无形，非徒无形也而本无气。杂乎芒芴之间，变而有气，气变而有形，形变而有生，今又变而之死。是相与为春秋冬夏四时行也。（《至乐》）
>
> 夫大块载我以形，劳我以生，佚我以老，息我以死。（《大宗师》）

> 芴漠无形，变化无常。（《天下》）

在这里，他认为万物都是变动的，由“无”而生“有”，由“有”而后又归于“死灭”。这完全从老聃的思想中承袭下来的。这也由于他亲自感受着阶级地位的变动；他们自身的地位，原是被大封建领主的势力否定的，现在的大封建领主又已走上被新兴地主——商人所否定的途中——虽然是部分的突变形势。这种社会现实生活的事实，给予他对社会之一动的变化的感觉。因而在这种时代变动的潮流中，使他又不能不进而去追求人生的究竟，由人生之究竟之追求上，又不能不进而去追求宇宙的究竟。

在阶级地位变动的当中，使他感觉到：原来甲可以被否定而转化为乙，乙又可以被否定而成为丙。但是他在这里，并不能正确的进行辩证的把握，而只归结到宇宙间社会间的是非并没有固定的位置与标准。例如他说：

> 物无非彼，物无非是。自彼则不见，自知则知之。故曰：彼出于是，是亦因彼。彼是方生之说也，虽然，方生方死，方死方生；方可方不可，方不可方可；因是因非，因非因是……是亦彼也，彼亦是也。彼亦一是非，此亦一是非。果且有彼是乎哉？果且无彼是乎哉？（《齐物论》）
>
> 罔两问景曰：“曩子行，今子止；曩子坐，今子起；何其无特操与？”景曰：“吾有待而然者耶？吾所待又有待而然者耶？吾待蛇蚹蜩翼耶？恶识所以然！恶识所以不然！”（同上）

因而他从这里便由相对论而转入到怀疑主义与不可知论。所以他继续又说：

> 自我观之，仁义之端，是非之涂，樊然淆乱，吾恶能知其辩？
>
> 既使我与若辩矣，若胜我，我不若胜，若果是也，我果非也邪？我胜若，若不吾胜，我果是也，而果非也邪？其或是也，其或非也邪？其俱是也，其俱非也邪？我与若不能相知也。则人固受其黮暗，吾谁使正之？使同乎若者正之？既与若同矣，恶能正之？使同乎我者正之，既同乎我矣，恶能正之？使异乎我与若者正之，既异乎我与若矣，恶能正之？使同乎我与若者正之，既同乎我与若矣，恶能正之？然则我与若与人俱不能相知也，而待彼也邪？（《齐物论》）

这种主观的是非标准的形成，他也不知从构成社会矛盾之根底的生产关系即剥削关系的基础上去说明，而归咎于主观的个性。故说：“猿猵狙以为雌，麋与鹿交，鳅与鱼游。毛嫱丽姬，人之所美也，鱼见之深入，鸟见之高飞，麋鹿见

之决骤。四者孰知天下之正色哉?”(《齐物论》)

由怀疑论的观点出发，一面使自然会达到诡辩主义，所以庄周在这里，同时又表现其诡辩论的色彩。例如他说：

昔者，庄周梦为胡蝶，栩栩然胡蝶也。自喻适志与?不知周也。俄然觉，则蘧蘧然周也。不知周之梦为胡蝶与?胡蝶之梦为周与?周与胡蝶则必有分矣，此之谓物化。(《齐物论》)

庄子与惠子游于濠梁之上。庄子曰：“儵鱼出游从容，是鱼乐也。”惠子曰：“子非鱼，安知鱼之乐?”庄子曰：“子非我，安知我不知鱼之乐?”惠子曰：“我非子，固不知子矣；子固非鱼矣，子之不知鱼之乐，全矣。”庄子曰：“请循其本。”惠子曰：“汝安知鱼乐云者，既已知吾知之而问我，我知之濠上也。”(《秋水》)

从这里转入到他的人生哲学，便形成其“出世主义”的立场。首先，他从相对论出发，第一他认为贵贱在究极上也都是相对的。例如他说：

以道观之，物无贵贱，以物观之，自贵而相贱；以俗观之，贵贱不在已。以差观之，因其所大而大之，则万物莫不大；因其所小而小之，则万物莫不小。(《秋水》)

第二他认为寿夭在究极上也是相对的。他说：

天下莫大于秋毫之末，而泰山为小；莫寿乎殇子，而彭祖为夭。(《齐物论》)

第三他认为死生在究极上也是相对的。他说：

予恶乎知说生之非惑邪?予恶乎知恶死之非弱丧而不知归者邪?……予恶乎知夫死者不悔其始之蕲生乎?……丘也与女皆梦也；予谓女梦亦梦也。(《齐物论》)

彼以生为附赘县疣，以死为决疣溃痈。夫若然者，又恶知死生先后之所在。(《大宗师》)

他从其相对论出发而达到这种结论之后，便自然会归结出出世主义的人生观来。同时他从自然主义出发，便又达到宿命论的见解。他借仲尼的口吻说：

死生，存亡，穷达，贫富，贤与不肖，毁誉，饥渴，寒署，是事之变，命之行也。(《德充符》)

从这里自然归结到安于自然而反对人类在生存竞争中的各种企图与作为。

因而他不但反对社会人类的一切欲望以及为满足此欲望所行使的一切手段，而且反对一切“人知”。一方面他认为“知”是不能究竟的，故说：“吾生也有涯，而知也无涯，以有涯寻无涯，殆矣。”一方面认为“人知”是一种沾染，因而他认为人应该丢去这些沾染，而返归于赤子之心；且不但要“忘”去各种知觉，而且要忘去自己的形骸。《德充符》说：

故德有所长，而形有所忘；人不忘其所忘，而忘其所不忘，此谓诚忘。故圣人有所游而知为孽。

因而便应该使一切“人知”不入于“灵府”，而全其“天”。这“天”的内容是什么呢？在庄周哲学的概念中，便是“道”，是“天机”。能全其“天机”的便是“真人”。因之，“真人”便是庄周的人生观的最高模范。但所谓“真人”是怎样的模范呢？《大宗师》说：

何谓真人？古之真人，不逆寡，不雄成，不谟士。若然者，过而弗悔，当而不自得也；若然者，登高不慄，入水不濡，入火不热，是知之能登假于道者也若此。古之真人，其寝不梦，其觉无忧，其食不甘，其息深深。真人之息以踵，众人之息以喉。屈服者，其嗌言若哇。其耆欲深者，其天机浅。古之真人，不知说生，不知恶死；其出不䜣，其入不距。翛然而往，翛然而来而已矣！不忘其所始，不求其所终。受而喜之，忘而复之。是之谓不以心捐道，不以人助天，是之谓真人。若然者，其心志，其容寂，其颡頯，凄然似秋，暖然似春，喜怒通四时，与物有宜，而莫知其极。

因而他认为凡所谓修养也都是做作，都是“人知”。真人的意境，便是离开形体而自在的“道”。“道”不是修养所得，只是全其所“天”。人能全其所“天”，便是所谓“天地与我并生，而万物与我为一”。能与“万物一体”，与天地共终始。且从而不但能超是非，而且能超社会人事上之贵贱、寿夭、生死……例如他说：

彼是莫得其偶，谓之道枢。枢始得其环中，以应无穷。“是”亦一无穷，“非”亦一无穷也。故曰莫若以明。

是以圣人和之以是非，而休乎天钧，是之谓两行。

可乎可，不可乎不可，道行之而成，物谓之而然。恶乎然？然于然。恶乎不然？不然于不然。物固有所然，物固有所可；无物不然，无物不可……道通为一。其分也，成也；其成也，毁也。凡物无成与毁，复通为一。唯达者知通为一，为是不用而寓诸庸。庸也者，用也；用也者，通也；通也者，得也；适得而几矣，因是已。(《齐物论》)

所以“道”是无上的。而且在这里，“道”又成了一具折中主义的利器。

然而人能全其所“天”，为什么就合于“道”呢？庄周认为万物都是受取于“天机”而成，由这“天机”的作用，而分别的构成为宇宙间的万象殊类。人不过是万象殊类中的一种。只有“天机”或“道”是独自存在的，其他便都是由其派生的。所以全“道”的“真人”，便能因应“天机”的妙用。

同时，人之所以有生，正因为赋有“天机”之一微妙作用；物质体的形骸，那不过是副次的东西，故云“以死为决疣溃痈”。因而在他追究到这一问题时，便达到他的宇宙论。

三、庄周的宇宙论

当他追究到人是怎样来的，又为什么有生呢？他说凡宇宙间的万象殊类（连人也在其中）都是以天地为一大洪炉而铸冶出来（以天地为炉，以造化为大冶——《应帝王》篇）。在未被铸冶成形以前，都是“类”，以后才分类殊形的。所以他说：“一与言为二，二与一为三，自此以往，巧历不能得，而况其凡乎？故自无适有，以至于三，而况自有适有乎？无适焉，因是矣。”“若化为物，以待其所不知之化已乎？且方将化，恶知不化哉？方将不化，恶知已化哉？”万物都是这样辩证的演化出来的。然演化而分成万物，却是形体的；而其所以能成形的本来的赋予却是同一的。故他说：“假于万物，托于同体。”“自其异者视之，肝胆楚越也；自其同者视之，万物皆一也。”在他看来，万物所同者是先天之机，所异者是后天之形。因而他认为这“机”是千变万化的，马所赋有的“机”，可以生出人和其他东西来，反之也当然是如此。因为万物所赋的“机”，原是同一的。故说：

种有几，得水则为㡭。得水土之际，则为蛙蠙之衣。生于陵屯，则为陵舄；陵舄得郁栖，则为乌足；乌足之根为蛴螬，其叶为胡蝶。胡蝶，胥也，化而为虫，生于灶下，其状若“脱”，其名为鸲掇。鸲掇千日为鸟，其名为乾余骨。乾余骨之沫为斯弥。斯弥为食醯。颐辂生乎食醯，黄軦生乎九猷。瞀芮生乎腐蠸，羊奚比乎不箰，久竹生青宁，青宁生程，程生

马，马生人。人又反入于机。万物皆出于机，皆入于机。(《至乐》)

有人认为这是物种由来说，其实由于不曾懂得庄周之所谓“机”。本来庄周确认万物都是以“机”为根源而借天地冶铸出来的；而被演化出的万物，也是实在存在着的，故说“名者，实之宾也”。“名是实宾”。他这里之所谓“实”，即老聃哲学概念中的所谓“朴”。然而进一步去追究到他的所谓本体的起源时，他说：

古之人，其知有所至矣。恶乎至？有以为未始有物者，至矣，尽矣，不可以加矣。其次以为有物矣，而未始有封也。其次以为有封焉，而未始有是非也。

有始也者，有未始有始也者，有未始有夫未始有始也者。有有也者，有无也者，有未始有无也者，有未始有夫未始有无也者。俄而有无矣，而未知有无之果孰有孰无也。今我则已有谓矣，而未知吾所谓之其果有谓乎？其果无谓乎？天下莫大于秋毫之末，而太山为小；莫寿于殇子，而彭祖为夭。天地与我并生，而万物与我为一。既已为一矣，且得有言乎？既已谓之一矣，且得无言乎？一与言为二，二与一为三，自此以往，巧历不能得，而况其凡乎？故自无适有以至于三，而况自有适有乎？无适焉，因是已。(《齐物论》)

故在庄周的哲学概念中，天地万物都是由无而适无的。由无适有的根源便是“机”。然而机是什么呢？是自在的实体还是什么呢？在他，认为是由“道”为根源而发作出来的。而且他和老聃一样认为宇宙也是由“道”所创造的。故他说：

道行之而成，物谓之而然……无物不然，无物不可……恢诡憰怪，道通为一。

官天地，府万物。

道恶乎往而不存。

惟道集虚。

是“道”不但是创造宇宙万物的最高主宰，而且只有“道”才是独自存在的。然而“道”是存在的实在还是什么呢？他说：

夫道，有情有信，无为无形。可传而不可受，可得而不可见。自本自根，未有天地，自古以固存。神鬼神帝，生天生地。在太极之先而不为高，在六极之下而不为深。先天地生而不为久，长于上古而不为老。狶韦氏得之，以挈天地；伏羲氏得之，以袭气母；维斗得之，终古不忒；日月得之，终古不息；堪坏（疏：昆仑山神名也）得之，以袭昆仑；冯夷得之，以游大川；肩吾得之，以处大山；黄帝得之，以登云天；颛顼得之，以处玄宫；禺强得之，立乎北极；西王母得之，坐乎少广，莫知其始，莫知其终；彭祖得之，上及有虞，下及五伯；傅说得之，以相武丁，奄有天下，乘东维，骑箕尾，而比于列星。（《大宗师》）

是庄周哲学概念中的"道"，也和老聃同样，并非什么具有物质属性的东西，而是一种玄妙的精神的解释。而且，他在这里，也同样达到有神论的结论。从而他也把精神的"我"和"形骸"的"我"对立着（"彼何人者耶？修行无有而分其形骸"，"立乎不测，而逊于无有"）。在这里，在玄学的范畴中，道学和佛学便更接近了一步。

四、庄周的政治论

庄周的政治思想，是从他的宇宙论和人生论出发的。他对当时政治上的一切制度措施都感觉失望；但同时又感到新兴地主——商人势力的蓬勃，有如火燎原之势；而旧的封建统治层中的领主们，则一边还在醉生梦死的互相攘夺；其自己所代表的这一没落小领主阶层，却已完全丧失了社会的依据，因而又没有勇气去进行挽回其地位的政治企图。故庄周对现实问题，便只有由失望而至于对一切社会人事的厌绝。所以他对当时的社会，只有消极的批评，而没有积极的政见。

庄周也和老聃一样，认为构成当时社会现状的一切不安，不外由于那存在于各阶层相互间的智巧，争夺和虚伪的"仁义"之观念的谬误；其所以形成这种错综谬误的观念，也认为系由于"有为"。同时他认为"有为"是由后天的"人知"作根源而出发的，因而若能去"人知"而返归于"无为"的"天知"，人类的既有的谬错观念便都可以消灭于无形，从而那一切社会的不安现象便都可以不发生，社会便自然安定了。所以他说：

若亦知夫德之所荡，而知之所为出乎哉！德荡乎名，知出乎争。名也者，相轧也；知也者，争之器也。二者凶器，非所以尽行也。（《人间世》）

去“人知”，复“天知”，这种观念的转变，他认为完全在于各人主观之一念。故说：“汝游心于淡，合气于漠，顺物自然而无容私焉，而天下治矣!”(《应帝王》）自然，他在这里，也和老聃陷在同样的主观观念论的错误中。

其次，他又看到形成当时社会的主要力量，是“小人”的抬头和其对“君子”的反攻。因而在他的没落者的心情中，以为假若社会内没有“君子”和“小人”这两者的分别的存在，又何致发生当时那种敌对集团之对抗的恶局势？他们那一群没落者更何致落得穷无所归的惨局？所以他说：“夫至德之世……恶乎知君子小人哉？同乎无知，其德不离；同乎无欲，是谓素朴。素朴而民性得矣。”（《马蹄》）他从这一观点出发，一面便不免憧憬于原始社会：

> 彼民有常性，织而衣，耕而食，是谓同德。一而不党，命曰天放。故至德之世，其行填填，其视颠颠。当是时也，山无蹊隧，泽无舟梁。万物群生，连属其乡；禽兽成群，草木遂长。是故禽兽可系羁而游，乌鹊之巢，可攀援而窥。夫至德之世……恶乎知君子小人哉？(《马蹄》)

一面又埋怨于分裂社会为诸阶级，而促发“人知”的“圣人”。例如他说：

> 及至圣人，蹩躠为仁，踶跂为义，而天下始疑矣；澶漫为乐，摘僻为礼，而天下始分矣；故纯朴不残，孰为牺尊？白玉不毁，孰为珪璋？道德不废，安取仁义？性情不离，安用礼乐？五色不乱，孰为文采？五声不乱，孰应六律？夫残朴以为器，工匠之罪也；毁道德以为仁义，圣人之过也。(同上)

因而庄周从其自己的立场出发，不但厌绝当时的政治，而且绝心利禄（这或者由于没有参加政治的机会而至于走入其人生的歧途)。故《逍遥》篇说：

> 故夫知效一官，行比一乡，德合一君，而征一国者，其自视也亦若此矣。
>
> 天根游于殷阳，至蓼水之上，适遭无名人而问焉。曰：“请问为天下。”无名人曰：“去，汝鄙人也，何问之不豫也。”(《应帝王》)
>
> 圣人不从事于务，不就利，不违害，不喜求，不缘道……而游乎尘垢之外。(《齐物论》)

可是庄周虽然从其出世主义的立场上而绝情仕禄；在另一方面，他并不否定当时的社会制度，而且和老聃一样，认为统治者的存在是必要的。故他说：

> 天地虽大，其化均也；万物虽多，其治一也；人卒虽众，其主君也。

> 君原于德而成于天。故曰：玄古之君天下，无为也；天德而已矣。以道观言，而天下之君正；以道观分，而君臣之义明；以道观能，而天下之官治；以道汎观，而万物之应备……故曰：古之畜天下者，无欲而天下足，无为而万物化，渊静而百姓定。(《天地》)

他在这里，明显的在肯定为“人卒虽众”之主的“君”的地位，而且在讲求明“君臣之义”与“天下之官治”。不过他也和老聃一样，主张统治者应该要“原于德而成于天”的“无为”“无欲”。这所谓“君原于德而成于天”和老聃的“人法地，地法天，天法道，道法自然”是同一意义的。

最后该附带一述者，道学到秦汉之际而一度变质为统治者的政治哲学，到后汉末以至魏晋，一面则分化为以葛洪为代表的没落贵族的哲学，一面则分化为以鲍敬言为代表的农民派的哲学，后此且演化为农民派的宗教教义。特附及之。

（原载《中山文化教育馆季刊》第三卷第二期，一九三六年四月）

《元史·刑法志》中的《禁令》解[①]

一

自宋卫王祥兴二年即西纪一二七九年南宋之亡，鞑靼人便完成其对全中国的统治；直至西纪一三六八年明太祖洪武的建国，鞑靼人对汉族的统治才完全被驱除。汉族在鞑靼统治下的这前后一百年间——自宋祥兴二年至元顺帝二十七年之纪年确数为八十八年——不但是历史上之一空前遭遇；而鞑靼人对于汉族所行使之统治，其惨毒与残酷，仅就《元史·刑法志》中所表现者，人民之悲惨遭遇，已足令吾人今日犹不忍想像其生活之阴影。

在历史上，无论“异族”的统治与民族自体所创立之统治体系，在社会制度的性质上为同一之体制，而“异族”的统治却分外表现其残酷，被统治者之生活，则陷于分外之悲惨境况。此殆为人类史之公例，而无可希幸者。这缘“异族”之统治，实具备其双重之统治机构，其一方面表现其作为统治阶级之统治机构，一面又同时表现其对他族行使统治之统治民族（或种族）的机构。自然，这又是统一而不可分离之一体的两面。易言之，他们不但要求在一般的政治机能上，行使其对被统治者之一般的宰制；同时在其一个民族统治他一民族之特殊的情势上，更要求行使可能的压力，去防止被统治民族的反抗，企图从强压力下面支持其统治。

① 编者注：本文原题《〈大元通制〉中的〈禁令〉解》。

鞑靼人在其未侵入中原前，其自身犹在氏族社会末期之历史阶段；其军事的构成，则为游牧民众所构成之战斗集团——其军事领袖和其左右以行使军事的掠夺为事。因之，在他们意识到政治剥削的利益时，他们便在欧亚各军事征服区域建立其许多王国——即所谓“汗国”。不过这种王国，并不曾改变被征服者的原有的社会性质；只是从其氏族社会的世界原理出发，在被镇服者的原来的社会基础上给以多多少少的特色。例如在中亚细亚的各汗国，他并没有改变中亚各国之原来的封建主义的性质；在俄国，他也并没有改变斯拉夫人的历史原理，只是在这个原理的条件下，促进斯拉夫人之向封建主义的转化的过程；在中原，也未能改变中原专制的封建主义末期之社会诸构成的本质，只给了一些特色。这由于鞑靼人自身的历史阶段远低于各被征服者之历史的文化阶段，所以他们只有为被统治者所同化，而不能同化被统治者。因此，他们在军事上是胜利了，而在文化上却是根本失败。不过他们以氏族的社会组织和游牧的战斗集团的组织原理，一应用到对“异族”的政治统治上，便构成其严密的如在中原所施行的里社制度，给予被统治者以军事的政治的强制管理。同时由于游牧的战斗集团处置被征服者的经验，一面尽量的施行屠杀与焚掠，例如在中原，在长春真人邱处机的咏诗中，便表现出中原民族在当时被屠杀的一颗血的烙印，他说：“昔年林木参天合，今日村坊遍地开。无限苍生临白刃，几多草屋变青灰。”“十年兵火万民愁，千万中无一二留……”（《长春真人西游记》）或则把被征服者俘虏作为奴隶去役使。另一方面则利用此一被征服种族的人民，作为其助理去统治彼一被征服种族。例如他们利用中亚细亚回回各国的人民来助理其统治中原，同时却又利用中原的人民去助理其统治中亚各国。因而鞑靼人所建立的各汗国内，在政治的表现上，从而法律的规定上，都显示着一种人种的等级差别的待遇。例如在中原，他规定着第一种特权的是蒙古人，其次为色目人，其次为汉人，其次为南人。实则所谓南人和汉人，原都是汉人，只是他名那先被征服的，亦即较长期在“异族”统治下，看来似较驯服的北方的汉人为“汉人”，最后才被征服的中原南方的汉人为“南人”。这四种人在法律的面前，是绝对不能平等的。

在元朝的法律中所规定的，对于蒙古人，可谓完全没有效力，对于色目人也只有部分的约束；可说完全是为汉族人而设的，尤其对于“南人”。所以，除去作为维护封建体制的伦理丧服……等规定外，对于汉族人民之一切法律的社会的权利，是绝对的受着剥削的。

我们细读《元史·刑法志》中的《职制》、《祭令》、《学规》、《军律》、《户婚》、《食货》、《大恶》、《奸非》、《盗贼》、《诈伪》、《诉讼》、《斗殴》、《杀伤》、《禁令》、《杂犯》、《恤刑》等篇，主要上，不但无一而不表示其作为人种别的等级的差别性，而且完全在表现其对于汉族人之剥削与强压的机能——防止汉族人的反抗。我们在这里，暂就《禁令》篇来加以分析。

二

在《元史·刑法志》中的《禁令》篇，值得我们特别指出者有两个要点：一是关于军器及可用作军器的携带和私藏的禁令，一是关于言论、聚会、结社（神社）的禁令。兹先就军器携带和私藏的禁令来略为叙述。第一关于私藏军器的禁令，《禁令》篇规定云：

诸民间有藏铁尺、铁骨朵，及含刀铁柱杖者，禁之。

诸私藏甲全副者，处死；不成副者，笞五十七，徒一年。

零散甲片，不堪穿系御敌者，笞三十七。

枪、若刀、若弩，私有十件者，处死；五件以上，杖九十七，徒三年；四件以下，七十七，徒二年；不堪使用，笞五十七。

弓箭私有十副者，处死；五副以上，杖九十七，徒三年；四副以下，杖七十七，徒二年；不成副，笞五十七。凡弓一，箭三十，为一副。

这样，在一方面，民家有已废弃而不能使他用之军事性质用物者，便是违法触禁；一方面，凡是铁器用物，无论是否可移作军用，都在严禁之例；据传当时汉人五家共一菜刀，并归由鞑靼人充任之特设里社“提点官”保管之说。《禁令》篇虽无明文规定，以此例推，当系事实；只是铁器劳动工具，那却是无法禁止的，因为禁止使用铁器劳动工具，那便无法提供剩余劳动的。

第二关于军器的买卖。《禁令》篇规定云：

诸卖军器者，卖与应执把之人者不禁。

这一条文的解释，是很有伸缩性的。广义的解释，凡在军籍者皆可名之为

“应执把之人”；狭义的解释，所谓“应执把之人”，除应在军籍外，同时还须其他补充的说明，如为军而无军器或其缺乏应持之器者。总之，须为蒙古人或为蒙古人所特许者，才能具备“应执把之人”的资格。汉人，即使系在军籍者，也须受着相当之约束；不在军籍之汉人购买军用性质之器具，是严格的被禁止的；所谓“南人”，却连军籍的取得，也是绝对被禁绝的。

第三关于携带军器的禁令，《禁令》篇规定云：

诸汉人持兵器者，禁之；汉人为军者不禁。

照这一条文的解释，蒙古人和色目人的携带军器是完全自由的：关于汉族人，除去作为其爪牙的“为军者”外，携带军器是严格被禁止的。

鞑靼人统治者为防止被统治的汉族人的反抗与叛乱，用严密的法令来解除汉族人的武装，并防止其再武装。作法可谓已臻于严厉了。可是汉族人自有其历史的经验，如陈涉、吴广的锄杖揭竿，曾灭亡了秦朝帝国那一英勇事业，是永远深刻的蕴藏在汉族人民的回忆中的。而且正确的说来，这也不是汉族人独有的英勇的特性。在统治者无力去解决社会的矛盾，无论其统治技术怎样的严密，作为其致命的被统治者的叛乱，终会从社会矛盾的基础上发生、成长、扩大起来的。何况“异族”的鞑靼人之统治中国，他不但无力解除中国社会之内在的矛盾，而且把社会矛盾诸关系引长了，更加深了。

可是在色目人和少数汉奸的协同设计下，鞑靼统治者似乎也理会到，解除被统治的汉族人的武装，并不能就消灭汉族人的反抗与叛乱的根源，易言之，那并不能保障其统治权的稳固。因而他又给予那禁止汉族人之言论、聚会、结社等严酷的禁令来。在这里，关于聚众结社的禁令，《禁令》篇规定云：

诸以白衣善友为名，聚众结社者，禁之。

诸以非理迎赛祈祷，惑众乱民者，禁之。

诸俗人集众鸣铙作佛事者，禁之。

诸军官鸠财聚众，张设仪卫，鸣锣击鼓，迎赛神社，以为民倡者，笞五十七，其副二十七，并记过。

诸阴阳家者流，辄为人燃灯祭星，蛊惑人心者，禁之。

诸民间子弟，不务生业，辄于城市坊镇，演唱词话，教习杂戏，聚众淫谑，并禁治之。

诸弄禽蛇、傀儡，藏擫撇钹，倒花钱，击鱼鼓，惑人集众以卖伪药者，禁之，违者重罚之。

照这些条文分析，不但一般性质的“聚众结社”被禁止，即佛事、祭祀、迎神、戏剧、杂耍……等等，凡能集合多人之聚会性质诸事宜，概被严格的禁止。意在把汉族人为各个孤立的隔绝起来，不使互相聚谈，以防止其意志的沟通与相互的声诉，以至群力的结合。为企图使这种防范的严密有效，即挨户的零卖与施药等事，也严格的予以禁止。同时，特别的指出所谓“白衣善友”与“阴阳家者流”，因为这是在宗教的名义下的中国农民的一种政治结社；这种政治结社，不但在中国历史上曾反复的表演过，而且到元朝，却更延长及于社会各阶层。在鞑靼统治者看来，这种具有政治内容的汉族人的结社，当然系属一种应予以严格排斥的叛党。

第四关于言论和文书宣传的禁令，《禁令》篇有如次之诸规定：

诸僧道伪造经文，犯上惑众，为首者斩，为从者各以轻重论刑。

诸阴阳家天文图谶应禁之书，敢私藏者，罪之。

诸阴阳家伪造图谶，释、老家私撰经文，凡以邪说左道诬民惑众者，禁之；违者，重罪之。在寺观者，罪及主守；居外者，所在有司察之。

诸妄言禁书者，徒。

诸妄言星变灾祥，杖一百七。

诸以阴阳相法书符呪水，凡异端之术，惑乱人听，希求仕进者，禁之；违者罪之。

诸写匿名文书，所言重者处死，轻者流，没其妻子，与捕获人充赏。事主自获者不赏。

诸写匿名文字，讦人私罪，不涉官事者，杖七十七。

诸投匿名文字于人家，胁取钱物者，杖八十七，发元籍。

诸见匿名文书，非随时败获者，即与烧毁；辄以闻官者，减犯人二等论罪。凡匿名文字，其言不及官府，止欲讦人罪者，如所讦论。

依这些条文考察，鞑靼统治者是采取最严酷的手段去禁止在汉族人中之不利于其统治的言论和文书的发生与流行。一面在防止汉族人之政治的觉悟与其彼此间之政治意志的沟通，以绝灭其政治的结合，与制止其政治的活动；一面在禁止人民讨论与批评鞑靼统治者政治的黑暗，企图把汉族人推入愚暗之深渊。他特别指出释、老与阴阳家，这不但因为释、老与阴阳家是当时思想的策源之一，尤其因为他们是农民的政治运动的发动者与指导者。不过在这里要附带说明的，当时佛教是鞑靼统治者的国教，道教对于鞑靼人的统治也是尽了相当之作用的；所以释、道的上流人物如八思巴、丘处机、张宗演、吴全节、郦希诚之流，却都是充任了鞑靼的统治层中的支柱。然在释、道寺院的下层分子，他们和其上层分子甚至中层份子的立场却完全是相反的，从而他们对于元朝的统治者也立于反对的地位，因之他们利用其寺院的特殊地位，反而充任了反元朝统治权的部分的策动者。例如后来为首建立大明帝国的朱元璋，便系出身于寺院的行走僧。

其次，鞑靼统治者，为防止其鞑靼人内部的动摇，又绝对的禁止有政治嫌疑的汉人与鞑靼人接近，故《禁令》篇又有如次之规定：

诸阴阳法师，辄入诸王公主驸马家者，禁之。

这在一方面，防止“阴阳法师”去鼓动“诸王公主驸马”的谋篡事乱的发生；一方面在防止他们间之可能的勾结。

在鞑靼统治者看来，认为在这样严密的法网的防范之下，被统治的汉族人便再没有发生叛乱与反抗之可能了。然而事实上，这不但没有加强鞑靼人的统治，而且使相互间的矛盾更为深刻化了；反而促速了汉族人的反抗运动在潜在方面为更急速的发展。元朝所以为防止汉族人反抗与叛乱的禁令，终于作成其自己的坟墓。

《禁令》篇中的次要的部分，一方面为防止汉族人对于鞑靼人的侵犯，以至对于其统治权的侵犯，主要又给予如次之诸规定：

诸故烧太子诸王房舍者，处死。

诸故烧官府廨宇及有人居止宅舍，无问舍宇大小，财物多寡，比同强盗，免刺，杖一百七，徒三年；因伤人命，同杀人。

诸犯夜拒捕，斮伤徼巡者，杖一百七。

一方面，鞑靼统治者既欲维持与提高商税的收入，但同时对于汉族之经营商业者又予以严格的约束。从而《禁令》篇又给予如次之矛盾的诸规定：

诸关厢店户，居停客旅，非所知识，必问其所奉官府文引，但有可疑者，不得容止。违者罪之。

诸经商，及因事出外，必从有司会问邻保，出给文引，违者究治。

诸投下并其余有印信衙门，并不得滥给文引。

诸商贾收买金银下番者，禁之，违者罪之。

诸海滨豪民，辄与番商交通贸易铜钱下海者，杖一百七。

这因为元朝的统治权，关于商业上，只在代表与保护中亚细亚商人的利益，对于汉族人之业商者，在他们的认识上，只有征税的意义。同时在防止汉族人之反抗与叛乱的一贯的原则下，又给予商人的交通往来之严密之约束与规定，使之不能获得半点的自由。所以对于商人。在封建的闭锁原则上，又加上一层特殊的政始的闭锁。这样，一方面直接给予中国商业资本以一种不利的打击，一方面却助成了中亚细亚商人对中国的财政和商业的支配地位，而表现其政治对经济的伟大的反作用。另一方面，这却引发了商人们与元朝统治层间的严重的矛盾，驱使着商人们也追随其他诸阶层的人们之后去从事其反“鞑子”的政治运动。

三

在元朝为防止汉族人的反抗与叛乱而施行上述那些特殊严酷的禁令，不但构成人类史上的一种特例——此外便只有后来的有些资本主义国家对殖民地的统治适用过这些法令，如日本之于朝鲜和台湾，现在在中国的东四省也开始在施行了——而且甚至留为中国史上之一种恶劣的习惯法。例如人民的携带武器与武器储藏，原是人类从其原始时代相沿而来的一种习惯；然在中国，自元朝以后，便无形中成为一种当然的禁令似的。盖缘在鞑靼人以“异族”来统治中原，为防止汉族人的反抗与叛乱，而施行这种无情的禁令，无足深怪；然在作为汉族人复国的大明王国的建立后，朱元璋和其从属却只从维护其自己的地位利益的巩固上着眼，对这种凶恶的禁令，不但不予以取消，反而承袭着；到清朝也同样以“异族”来统治中国，更当视为固然而予以承袭；清朝的灭亡，全中国复入军阀之混乱的统治下。这种人民自卫权的被剥削的禁令，竟亦视作习惯的当然。

话再说回来，鞑靼统治者为图完满其防止汉族人的反抗与叛乱，复于那些严酷的禁令上，奠下一个严密监视的统治网。据《元史·食货志一》所载：

县邑所属村疃，凡五十家立一社，择高年晓农事者一人为之长。增至百家者，则设长一员。不及五十家者，与近村合为一社。地远人稀，不能相合，各自为社者听。其合为社者，仍择数村之中，立社长官司长以教督农民为事。凡种田者，立牌橛于田侧，书某社某人于其上；社长以时点视劝诫。不率教者，籍其姓名，以授提点官责之。其有不敬父兄及凶恶者，亦然。仍大书其所犯于门，俟其改过自新乃毁。如终岁不改，罚其代充本社夫役。社中有疾病凶丧之家不能耕种者，众为合力助之。一社之中灾病多者，两社助之。凡为长者，复其身，郡县官不得以社长与科差事。

每一社均设有一个由鞑靼人充任的“提点官”。这种“提点官”为每社的最高权力者，不但生杀予夺为所欲为，他简直把其属下的汉族人却视同牛马奴隶去鞭策。徐大焯《烬余录》有云：“初元之定鼎，编二十家为甲，以北人（即鞑靼人）为甲主，衣服饮食惟所欲，童男少女惟所命，自尽者不知凡几。”即此可以概见了。所以在当时，即使是汉奸，后来也感受种种的约束与不便，而发生复国的思想。如郑思肖《元鞑攻日本败北》一诗云：“纵遇圣明过尧舜，毕竟不似真父母。千语万语只一语，还我大宋旧疆土。”（《铁函心史》、《中兴集》）便是一例。这在今日的“汉奸”之流读来，不悉有无感想？

但是，无论鞑靼统治者的法网怎样严密，统治势力怎样的深入，终敌不过历史的力量；在当时民众的“杀鞑子，灭元朝”的一声口号下，鞑靼人的统治便立即粉碎了。

一九三六，九，八，寓次。

（原载《中华法学》新编第一卷第二期，一九三六年十月出版）

史学新论

近年来由于中国问题之愈益严重地展开，因而引起残余的封建贵族和布尔乔亚……也都企图从历史上去解说其社会存在的根据，以之构成在史学这一课程的论争中之愈益复杂的阵容——而出现了许多欺骗群众的似是而非的史学论述。可惜的，他们并不能建设其自己的系统的理论，只知来诬灭与毁伤新兴阶级的科学的史学。而他们之对付其敌人的手段，也并不是什么新的工具，而只是一种“掘祖坟”的旧办法。例如先后从英美回来的许多布尔乔亚的学者，他们一致地在狂呼着：“恩格斯的《家族私有财产及国家之起源》，莫尔甘的《古代社会》，在欧美已经丧失其科学的价值，而成了历史的神秘小说了。尤其是鲍亚斯和罗温的著作出生后。”而中央大学社会系主任黄文山先生更说得妙些，他说这种在欧美已不为人们注意的东西，在中国则自郭沫若、吕振羽以至某某等诸先生，却奉为经典。（见《社会科学季刊》，不记其卷期）这样，他们一面仿佛还在反击我们的落后，一面似乎在说欧美的学者尚且是那样认定，难道你们还敢去怀疑它们吗？自然，这也并不是中国学者的凭空造谣，而且他们所看见的欧美，只是欧美的布尔乔亚。不过在欧美早经宣布死刑的行尸走肉的神学，现在也公然在莫索里尼的“黑衣”与希特勒的“钢盔”的伪装下复活起来了。这复活的僵尸，并公然地向着科学大施其泼辣的伎俩。这在布尔乔亚的哲学者说来，又何常不认作哲学范畴中划时代的一个伟大进步。这种哲学论、史学论以至一切布尔乔亚的科学论，都与希特勒的回复到农业的自然经济生活的“乐园”同其历史意义的。

另一方面，以疑古而在历史课程上具有功绩的顾颉刚先生，据说他不反对辩证唯物论，而且认为是一种科学方法；但是我们还没有看到顾先生把辩证唯物论应用到历史的课题里去。

*　　　*　　　*　　　*

在中国，应用辩证唯物论来研究历史，严格地说来，还只是一九二七年以后的事情。当时大家适应其深刻而沉痛的教训，引起对中国问题之彻底的清算，从而引起对中国社会史之重新检讨，而引起对史学研究的一度革命。这，在史学上曾获得其重要的进步。同时在这期间，在考古学，以至人类学、土俗学、语言学等诸方面，也均显示其研究的新动向。凡此在适应于中国社会史之现实的过程上，在学术史上获得其划时代的意义。但是在另一方面，作为和现实斗争相适应的意识形态的斗争之此一时期的史学论争，却未曾达到其可能获得的成绩。

在这一时期的史学研究之未能获得可能的成绩，一方面不能不归咎于那作为其时史学理论之指导的波克罗夫斯基理论的错误，未能发生正确的领导作用——自然，参加这时的论战而获得青年史学家之头衔的人们，有些甚至连波克罗夫斯基的著作都不曾涉猎过。一方面，由于参加论战的人们，不但由于史学以至一般社会科学理论素养的不够，而且由于其社会生活的现实给予他们的作用，决定着参与论战的各方面，分别扮演其在政治上之各自的成见——自然，这些成见，都不是个人的，而是有其社会的阶级的内容的。而作为发动论战的主导者方面，由于在错误的史学理论的指导下，又未能树立自己对中国史之科学的系统的认识，去消除那些小布尔乔亚等诸阶层分子的成见，甚至连自己也和他们一样，陷于一种空洞的论争，不能发生其牢固不拔的决定的指导的作用。阵容的混乱，反而助长了错误的——布尔乔亚的、豪绅地主的——历史理论在群众中的影响作用，甚至贻误到政治问题上因此，这时期的史学，还只能算是有辩证唯物论的倾向，并不能说就产生了辩证唯物论的史学体系——在中国，稽文甫先生在马乘风君的《中国经济史》序言中，把这一时期的史学研究动向又细分作三个时期。以郭沫若的《卜辞通纂》等著与拙著《史前期中国社会研究》等，为代表第三时期的目前史学研究的动向。真惭愧，我们还不是在波克罗夫斯基的错误理论的指导下绕圈子吧？关于波克罗夫斯基的错误，我尤特别负责地再三向青年群众介绍过。

因之，这一时期的史学研究，正确的著作自然谈不到；而且除去一二断代的系统的著作外，不但没有贯穿中国社会史的一部系统的著作——可以作为我们初步研究之轮廓的——而且多属于短篇的论文（而有些舞台魔术式的史学新著，那却是有害无益的）。在其中，除去刘梦云等的少数几篇论文外，又大多不外是政治成见的扮演或诡辩。但真理是不容人们执拗的，诡辩家在群众面前却渐渐暴露其原形了。

*　　*　　*　　*

检讨这一时期的史学论争，就参加论战的各方面来说，在方法论的应用和史料的搜集上，大抵都表现一种毫无素养的鲁莽灭裂的态度。例如就方法论方面说，虽然大家都披上一件史的唯物论的袈裟，一若标示出史的唯物论，即能证明其正确与前进似的。而其实，不是属于机械论的经济唯物论，便是属于观念论的实验主义。这都是可以一一指明出来的——虽然，这在进步的青年群众间，大都已获得相当的明瞭。如李季、叶青诸先生，他们虽然也自认在应用史的唯物论，但在其实际应用上，却纯属机械论的，只肯看见一些经济现象，完全忽视了政治，从而他们完全不懂得意识形态所给予下层基础以及其相互上的反作用，以及阶级和其领导者对于历史的创造作用。易言之，他们完全不懂得社会下层基础和其上层建筑之辩证的统一，而是如实看作死的化石的外在对立的东西。从而对于他们所注视的经济构造，也便成了化石般的东西而无法说明了。次如陶希圣先生等，他们本来是采取一种所谓唯实主义的立场，但有些人们甚至他们自己却作为史的唯物论的姿态而出现。他们在中国社会史的研究中，虽然也不肯忽视所谓社会经济现象的把握，正在从所谓社会经济现象去扮演其形式主义的说教；但在其主要上，却又完全从政治现象——而且把这等历史现象看作各自孤立的东西——去粉饰其所谓中国社会史。因而在陶先生的术语中，便有所谓“神权时代”、“王权时代”、“商业资本主义时代”的历史诸阶段。从而当他们一叙述到具有积极意义的现代史时，一方面说目前的中国社会是封建社会，一方面说帝国主义所加于中国社会的影响作用，完全是一种外在的矛盾诸关系。这样，不啻把中国社会经济和其半殖民地性质对立起来，即把中国的半封建经济和帝国主义经济对立起来，而隐蔽其对立的统一性。这无异暗示我们以中国社会之资本主义的前途和反帝国主义运动的没有必要。再次如介于上述两者之间的王礼锡、胡秋源诸先生等，他们虽然始终都徜徉在经济唯物论与唯实主义的两者之间，但他们也同样自命为辩证唯物论者。他们在中国社会史的研究中，有时为经济现象所迷惘，而陷于经济唯物论的泥沼，如他们关于中国社会的封建社会论；有时又恰恰相反，为政治现象所迷惑，而夸大其作用，不惜把脑袋倒排在小腹下面，借树木去概括森林，如他们所谓专制主义论。不懂得像中国的秦以后之“专制的封建主义”的社会性质。然而这却不是他们的自相予盾，而是在经济唯物论和唯实主义之间有其本质的共同。不过这些理论上的错误的形成，也并不是个人的，而是都有其社会的依据的。

另一方面，说到史料问题，在李季、王礼锡诸先生，他们对于历史材料，不但毫未去考证过，而且毫未用工夫去作过系统的搜求；仅在利用陶希圣先生等人的现成的搜集。他们只知搬运其陷于错误的一般社会学理论，来代替具体的历史研究，致连篇累牍的论争，彼此只是“断章取义”地在反复搬运麦、恩、伊诸大师的阶段的文句，完全不曾接触到历史的具体事实与其活现的面目。因而在他们所写出的，并不是作为世界史之一部分的中国的历史，而完全是一种死的一般社会学的抽象的公式。在陶希圣先生等，虽然像特别在注意史料的问题；然由那作为其出发点的认识论的先天的缺陷，所以并没有担负考证、选择、蒐集和应用史料之任务的能力。因之他们所搜集的史料，便不免是片面的，不可完全信赖的。而且，实际上，他们也止限于在有条件的接受实验主义者顾颉刚先生等人的考证结果。从而历史材料在他们的眼前堆积的愈多，便愈使他们的脑筋没有应付的能力，只看见历史上的一些现象在循环，而构成其历史循环与进化论的理论。

因此，我们对于顾颉刚先生以至陶希圣先生等人对于史料的考证和搜集，我们不能完全否认其作用，但也不能完全无条件接受。易言之，我们不反对推翻那“堆砌而成的古史”，但同时不否定其部分的史料价值——经过科学的渗滤后，自仍有其史料的价值。正确地说，在新的科学领域中的史料的考证与搜集，才开始萌芽。这任务本不是过去的权威学者来负担，而是青年科学者的集团的责任。

其次再说到我们的史学家郭沫若先生，他虽然在方法论上想力求正确，在史料的搜集和考证上也不肯随便了事——尤其在考证方面，由他已展开了科学的端绪。但恰恰由于其对哲学和一般社会科学理论素养的不够，以及其对世界史知识的不够，所以不但在历史理论上形成其许多幼稚的错误，而其所考证的史料，也便不能确然无误。自然，这在一方面并不能抹煞其相当的劳绩，一方面却也正是受着历史条件的限制。

这些史学研究领域中的各别错误的形成，并不是个人的，而是社会的、历史的。所以各种各样的错误，都在反映着这复杂的中国社会的一个方面。为欲建设科学的中国史的体系，不能不要求对于过去的错误的清算；所以我们并不是要求来清算个人，而且希望这些个人能自己清算自己，共同来负起建设科学的中国史的体系。

*　　　*　　　*　　　*

在上述的一些各自的错误之外，在这些青年的历史研究者间的一种共同的错误，第一便是大家多在有意或无意的没有把中国史作为世界史的一个部分去研究。这种错误的形成，一方面自然由于大家对世界史知识的不够和其方法论的不见正确作为一个原因；而在最重要的另一方面，还都是由于其政治的成见在横梗着，因而，或者只看见历史自体构成的内在的予盾，而完全无视那由地理环境诸条件所给予的外在矛盾诸关系；只注意到一般性而无视其特殊性，不知这两种矛盾关系对于每个民族的历史有其辩证法的统一的作用。从而把中国史公式化，以至活的中国史的未来面目，便完全在他们的笔下丧失了。或者只看见那由地理环境诸条件所给予的外在矛盾诸关系，即由此所给予每个民族历史的特殊性，而无视那作为其历史发展之决定的根基的内在矛盾诸关系，而陷入地理史观的迷途，公然地走入史的多元论的歧路。还有一些史学研究者，便公然地在倡说史的多元性，否认历史的规律性，把中国史置于一般世界史的规律之外，作为“谜”样的东西去另自辩饰其所谓发展的过程。

第二在这些史学研究者心目中的中国史，是一种纯汉族的中国史。他们对于那些在历史上和汉族发生血统上的融化作用，社会制度上发生矛盾之对立与统一作用的其他种族，完全抱着一种忽视的态度。从而他们不但不肯去注意中国境内现有落后各民族的社会经济制度的研究——自然，这里只是就目前的条件去作可能的研究而说；尽量的研究，在目前有许多不可能的困难——而且对于那在历史上，构成中国社会史之重要因素的其他各族，如五胡、鞑靼、女真、满族等的其时的社会制度，以及其给予中国社会在其史的发展过程上的影响作用的研究，反而抱着一种抹煞一切的态度。只是快意地以圆满其自己的论述为前提。

最后，他们一临到实际的场合，便完全忘记了社会下层基础和其上层建筑之辩证法的统一；不了解从下层基础的正确把握，便不能正确地把握那与之相适应的上层建筑诸形态，反之，能正确地理解上层建筑诸形态，也能正确地反证那作为其根基的下层基础。我们的研究者，却多是有意或无意地在把社会的下层基础和其上层诸建筑对立起来，隔绝起来，一若没有其内的联系性与统一性似的。

凡此在中国的社会史论战上所形成的一切错误，大皆渊源于波格达诺夫主义，以及渗入在波克罗夫斯基学派中的波格达诺夫主义的血液的流毒。波格达诺夫主义在中国能够有其一时的嚣张的机运，正因为中国社会的本身原有其一座幽灵之塔的地基。至于波克罗夫斯基在世界史的研究上，自有其不可磨灭的功绩，而获得其光荣的历史地位。然而他的功绩，并不能掩饰其在史学上的错误与其错误的遗毒。

在苏联，已引起对于波克罗夫斯基学派的历史学之彻底的清算。不过这种清算，不是在清算波克罗夫斯基个人及其学派中的诸个人，而是作为人类科学知识在史学方面之一高度的新的动向的表征；易言之，完全是一个作为实践的科学的真理的问题，而不是任何个人的问题。在这里，我附带地希望被批判的中国史研究者，能谅解这点科学的精神。在苏联，作为这次清算波克罗夫斯基学派的代表文献，有拉狄克的《历史战线上的缺点与波克罗夫斯基学派的错误》与《历史的意义与历史学的新倾向》、布哈林的《论马克思主义的历史学与波克罗夫斯基的错误》、戈林的《历史学上的几个取消主义观点》，斯大林、基洛夫、日丹诺夫合著的《论近代史的基本问题》与《论苏联史的几个基本原则》等。这几篇论文或报告的本身，不但在消极方面清算了波克罗夫斯基学派……的错误，而且在积极上充任了入于一个更高阶段的史学研究的指导原理，对史学研究的新的动向上，无疑有其最高的决定的指导的作用。

但是清算了波克罗夫斯基学派的错误，同时便清算了中国史学研究上之各方面的错误。所以这几篇论文或报告对于中国的史学界是分外重要的。我们目前应该根据这些论文或报告所指出的原理来建设科学的中国史的体系，是必要而不容缓的事情。虽然，在他们以俄国史或苏联史为对象所指出的诸原则，在目前，在我们对中国史的研究上，有还不曾具备那种条件，而为事实所不可能的；不过我们也自有一个可能的限度。

最后在这里，我将附带提起大家的注意，历史并不是一种学究的工作，而是一种和实践不能分离的理论的探究。我们在严重的当前情势下，为着解决现实，不能不彻底地正确无误地把握现实，所以我们应该从历史的追究上来把握现阶段，确证现阶段之唯一的动向；现阶段不是能和过去历史的诸阶段相对立，而能把它截断下来的。但是那些提倡先探明历史再来解决实际问题的议论，却包藏着一个绝大的骗局。我们已经把握着现实，我们只须从历史的探究上来更强调现实的动向；我们要积极地去探究历史，但我们要更积极地去解决现实，这而且有其不可分离的统一性。

一九三六，九，在飘流中。

（原载一九三六年十月三日《北平晨报·历史周刊》）

社会发展过程中之“亚细亚生产方法”问题

承《中苏文化》编者先生的嘱托，要我发表一篇我对于“亚细亚生产方法”问题的意见的论文。可是在我目前这种旅行式的生活中，自己手边既没有什么材料；友人们能代为搜集的我能认识的外国文的材料也是极其缺乏。因之，仅能就我平日对于这个问题的概念写出，较详细的体系的论述，则只好待之将来。如能因此而引起何种反响，那却是我所欢迎的。

一

关于人类社会之史的发展过程中的“亚细亚生产方法”问题，最初在主要上由于一九二五到二七年的中国问题的事实的教训，在苏联并展开了剧烈的论争；接着在日本和中国本土也引起了热烈的讨论。在上述三国，过去数年来的关于这一问题的论争的文字，虽不说“汗牛充栋”，可说已蒐成“洋洋大观”了。

在论战中，曾展开了各种不同的意见；其各种不同的流派和其各异的主要见解，在一九三一年二月在苏联的关于亚细亚生产方法的讨论的速记录中①可以见出其轮廓来——虽然在此后，各人的意见有着多多少少的改变。在中国和

① 速记录辑名为《亚细亚生产方法论》，苏联马克思主义东方学者协会编纂，有早川二郎之日文译本。

日本对于这一问题之各种不同的见解，可说完全是发生于苏联的各种见解的延长。

以哥德思为主干的这一次论争，参加论争的有柯金、休之金、约尔古、柯瓦列夫、思坦因、波卡诺夫、思兹露维、罗列、阿西和夫、布罗多利可夫、莫哈露兹基、巴巴尼等。然而问题并没作出一个决定的结论，到现在还是在进步的历史学者间成为一个争论的问题。

从参加论战的各种不同的意见来分别，大要上可分别为如次之各种不同的见解：

（一）确认“亚细亚生产方法”为东方社会之一种独特的社会形态；

（二）确认“亚细亚生产方法”为人类社会发展过程上之前阶级社会的一般的社会形态，而构成社会史的一个必要的阶段；

（三）根本否认“亚细亚生产方法”成为任何空间上时间上的一种独特的社会形态，认为所谓“亚细亚的生产方法”，那不过是东方社会在人类社会发展的一般的过程上所具备的一种特殊性；

（四）确认“亚细亚生产方法”为人类社会发展过程中之一个独特而必要的阶段，即相当于奴隶制的希腊罗马之世界其他古代国家的奴隶制度的阶段，亦即相当于希腊罗马的奴隶制度的前期。

而且在同一根本见解上的人们，各人彼此的意见，自又不免有多多少少的歧异。

支持第一种意见的人们，在苏联为马扎亚尔及其学派，在中国有王礼锡、胡秋原等人，在德国有威特福格，在日本也有不少这一见解的支持者。支持第二种意见的人在苏联以莫哈露兹基为主干，在中国有郭沫若，在日本有森谷克己等人。支持第三种见解的人们，在苏联以哥德思为主干，在日本有早川二郎和伊豆公夫，在中国有李达教授等。支持第四种见解的人们，在苏联以柯瓦列夫为主干，在日本有相川春喜等人。笔者在一九三三年以前，完全同意哥德思等人的见解；但此后在重谈世界各国古代史，兼之重新搜集史料书写《中国社会史》拙著第二分册，竟不期和柯瓦列夫达到原则上同一的结论——虽然，我对柯瓦列夫的见解也有不同意的地方。此外，在李季，他一方面认奴隶制度是社会发展过程中之一个必要阶段，一方面认“亚细亚的生产方法”是奴隶制以外的一个必要的独特的社会阶段，因而他确认中国自所谓“夏”至殷的社会为奴隶制度和“亚细亚的”合流。这在表面看来，似乎我和他对中国殷代的社会性达到同样的见解，实则在根本的立场上是完全各异的。

凡此不同意见的形成，都是有其历史的政治的原因的。然而在一切可能的现实的条件下，这又是达到问题之正确解决的必然过程。例如在其中的托洛茨基主义者和布哈林派等关于“亚细亚生产方法”问题之一切错误的理论，已渐渐为大家所明瞭，这便是问题之临接真理的必然。

二

在参加论战的上述诸人间，都自认忠实的在应用马氏的学说：然而同一马氏的学说可以能得出各种不同的见解呢？问题的一方面不在于拘泥马氏的节断片字的言说，而在其立言的整个系统的精神；一方面不在拿马氏的文句去当作历史，而在应用马氏的理论，从活生生的历史自身的实践性上去说明历史。可是在上述诸人间，也都能如此说，却不能如此作。其次，在他们之中，或者只拘泥马氏的言说，而忽略了恩格斯氏和列宁氏的学说。实则，马氏的学说，自马、恩二氏以至列氏和列氏学说继承者的言说，是完全为一个不能分离的体系。

上述以马扎亚尔作中心的一派，关于“亚细亚生产方法”问题的错误，在苏联，在中国，在日本，均已受着严厉的批评，尤其是一九三一年在苏联的公开论辩，对马扎亚尔学派的错误理论，可说已作了一个总的清算与结束；并且马扎亚尔本人，闻近来也在东方研究院声明不再坚持其原来的见解。虽然，像威特福格和中国的一些历史研究者还在坚持那种错误的成见。威特福格从地理的特殊性——正确的说，地理史观——的立场上发表其研究结果的《中国经济和社会》等书之后，从他最近在《社会研究杂志》（Zeitschrift für Sozialforschung，Heraus Gegeben im Auftrag des Instituts für Sozielforschung，Yahrgang IR. 1935. Hefti）所发表之《中国经济史的基础及诸阶段》的一篇论文来看，却还不曾放弃其地理的“物质基础”与“技术基础”的见解。我们欢迎这位可亲爱的学术上的同道到中国来研究中国史，但我们又很担心他在史料的搜求上有充作中国实验主义者的俘虏的危险。何况他们正在从种种方面企图去说明中国社会之史的独特的过程呢?

自然，谁也不承认去忽略从不同的空间所给予世界史各部分之各异的特殊性，但同时却更不能把那构成这种特殊性的地理等条件，夸大的作为最根基的东西去把握；只应该从那构成历史运动之最根基的生产方法，从而阶级关系的矛盾的基础上去把握；而地理等特殊诸条件，却只能作为其从属。然这一派的错误，却正是只肯从其所谓地理的“物质基础”与“技术基础”的基础上，只肯去说明生产力之物质的技术的性质方面，而完全遗漏了生产力的性质的社会的方面；易言之，即生产力自身的辩证法。这就限制了他们，使他们无法去正确的说明生产关系，更无法达到生产力与生产关系之对立与统一的辩证的理解，从而所谓生产方法，在他们便完全成为了一种无内容的游戏的术语。从这种错误的基点上，很自然的便达到其超阶级论的结论。于是把那作为社会自身运动之最根基的因素，从东方社会之具体的历史事变中抽出来，作为其所谓东方社会之停滞的原因去说明。因之，便无异把所谓东方社会僵石化，无异取消东方社会之一切历史的革命的内容。这种理论的结构，正无异符合了所谓东方国家的统治阶级的代言人的口吻。这种错误的持续，包含着一种如何严重的危险性呵!

另一方面，我们完全不否认东方社会在历史的一般过程上具有不少的特殊性，而且在其一般的最基础的根基上，应该尽可能去探究这种特殊性，才能说明东方社会之活生生的具体的历史，才不致把具体的东方史抽象地公式化。因为这同样有其重要性的。

莫哈露兹基等人之所谓“亚细亚生产方法”为人类史的前阶级社会之一个必要而独特的阶段的见解，大抵完全从马列二氏的言说上着眼的。一方面因为马氏在《政治经济学批判》的序言中所说。“概括的说来，亚细亚的，古代的，封建的，及近代布尔乔亚的生产方法，作为社会的经济的构成之前的诸阶段”。从这里，他们认为所谓“亚细亚的生产方法”是前于“古代的生产方法”的一个历史阶段，且在两者间为直接的传袭。但是列宁氏又曾经明白的指出奴隶所有者的社会为人类社会之阶级的最初的大分裂，而为阶级社会之最初的构成。因而在他们看来，在马氏的文字的排列上，放置在“古代的”希腊罗马的奴隶制度生产方法之前的“亚细亚的生产方法”，便当然是指前阶级社会的氏族社会的生产方法而说的了。但正如哥德思所说："然在马氏，专政制度是东方社会的典型的标志，即亚细亚的生产方法，在共同体的秩序上是具有其国家的上层建筑的，恐不合于莫哈露兹基同志的安排吧?"另一方面，恩氏的《家族私有财产及国家之起源》，不独在读过马氏的《政治经济学批判》以后，且在读过莫尔甘的《古代社会》以后才写的，如果马氏所谓"亚细亚的生产方法"，如莫哈露兹基等人的推想。即系指前阶级社会的生产方法，为什么恩氏无一语道及呢？谁也不能说恩氏也没有理会到马氏所说的"亚细亚生产方法"的内容呢?

莫哈露兹基等人的这种见解的错误，完全由于其拘泥马列诸氏的节段片字的文句，把马列诸氏学说和历史的自身对立起来去镶嵌历史，而不知从历史自身的具体事实上来阐明马列诸氏的学说，只知替"亚细亚生产方法"从历史上胡凑一个安插的地位，结果，不但丧失了人类社会历史的具体性，而且和马氏所说的"亚细亚生产方法"的诸特征恰恰相反。这不但和马氏没有相同的地方，而且是任意的对马氏立言的一种修正。莫哈露兹基等人的这种错误的见解，直至现在止，在历史研究的领域中还保有其相当的势力。最著者如森谷克已自近年来所发表的许多论文中①，还在尽力作夸大的说明——虽然已受到相川春喜等人之相当正确的批判。

再次，关于"亚细亚生产方法"之哥德思等人的见解，他们在根本的出发点上，一方面把东方史作为世界史的一个部分去研究，一方面不拘泥于马氏的节段片字的文句，而着重其精神。因而确认马氏之所谓"亚细亚的生产方法"只不过是东方社会的一些特殊的色彩，并不能改变东方社会之发展的一般的过程，而变易其本质。这在方法论上，是不失其一面之正确性的。可是，假使把方法论和历史的具体事变对立起来，那仍不能算作马氏所创发的方法论，仍只是一种玄学。如果马氏所说的"亚细亚生产方法"，在人类社会的具体的历史的过程上，没有具备到那些一联的特征的独特的社会构成，我们才可以说不必拘泥其节段片字的文句；否则，也依样要陷于曲解与修正之危

① 参考森谷氏所著《黑格尔和马克思论东方社会》（载昭和八年《社会》二卷一号），《旧时的朝鲜社会经济的构造——特别和"亚细亚生产方法"问题相关联的考察》（载昭和十年七月《社会》四卷六号），《再论所谓亚细亚生产方法》（载昭和十年九月一日《历史科学》第四卷第十号）等。

险的。哥德思等人的错误，正在没有从具体的历史的本身去作过详细的考究，仍只偏于纯理论的说明。因而其所形成的错误，和其他方面在其结果上仍是同一的。

在马氏的当时，虽然对东方史的材料不能有今日这样的充分，然而从马氏的立论之一贯的周密严谨的态度上精神上，断不容许有丝毫粗制意见的掺杂，而且他在《〈政治经济学批判〉序言》中关于“亚细亚生产方法”的指陈，是以十分肯定的言说在指陈的，并且恩格斯氏和列宁氏也并无片字只语的否定（或改变内容的说明）。足证马氏在这里的言说，也同样有其丝毫不能改良的实际的内容的。

最后论到柯瓦列夫等人关于“亚细亚生产方法”问题的见解。关于这一问题，柯瓦列夫本人在最初是完全同意哥德思等人的见解的。后来他们一面从事古代世界史的具体事变的研究，一面又从马、恩、列诸氏的学说中作了一番详密的钩辑，才获得其最近的见解的结论。其见解，从柯瓦列夫所著的《古代社会论》一书中可以表示其轮廓出来；同时，这种见解在雷哈德所著的《前资本主义社会经济史论》（一九三五年出版）① 一书中，更构成一种系统的有力的说明。虽然，在柯瓦列夫对于“亚细亚生产方法”范畴中的农村共同体的内容，缺乏具体的明瞭的分析与说明；在雷哈德，对中国古代的历史材料仍欠缺研究，而误把“两周”的时代当作奴隶制度去说明，即希腊罗马而外之世界史奴隶制度阶段，亦即所谓“亚细亚生产方法”去说明。

高端逸夫的《古代东洋社会》，从许多可靠的古文献上觅取史料，论述古代日本和古代中国的殷代；对柯瓦列夫等人的这种见解，能给以有力的实证。虽然在高端逸夫，在指出一联的特征之后，仍牵强的说那是“父家长制的财产形态”的氏族社会。其次去年五月脱稿的拙著《殷周时代的中国社会》②，自信与柯瓦列夫、雷哈德两氏的著作能互为说明与补充。

---

① 此系日译名，原名为《前资本主义诸构成经济概论》，在苏联、日本已引起不少有力的同鸣。

② 由上海不二书店出版，即拙著《殷周时代的中国社会》。

三

关于“亚细亚生产方法”问题之较适当的研究，却不是一个纯理论的问题，而是历史自身之具体性的问题，所以问题的解决，只有遵照马氏所指示的原理，从世界史之一联的现实的事变中，去究论其具体性。

在这里，我们首先得考察马恩二氏关于“亚细亚的生产方法”曾指示一些什么特征呢？哥德思在清算马扎亚尔学派时曾为如次的指示：“马和恩二氏在其初期的著作中，对于东方社会给以如次之诸特征；（一）土地私有的缺除；（二）人工灌溉的必要，及和此照应的大规模的公共事业组织的必要；（三）农村共同体；（四）作为国家形态的专制政治。”① 这是相当肯要的，问题全在于这些特征的东西，是否在历史具体的事变中能作为一种社会的构成之独特的诸特征，抑仅是在世界史的某些部分之一些独有的附丽的诸特征，或者仅是作为世界史之某些部分的社会的构成之独特的诸特征？假若那仅是作为世界之某些部分的社会的构成之独特的诸特征的话，那么历史发展的法则不显然是多元的吧？且从而史的唯物论便应该转让其王座于地理史观了。然而，这正是普列哈诺夫以至马扎亚尔及其学派的致命的错误。在这里无容赘述了，因而问题便只有从前二论点中去考求。一部分学者的意见，谓马氏之所谓“亚细亚的生产方法”，主要系指中国和印度而说的。然就中国来说，就马扎亚尔及其学派所指证的，周秦以后的中国社会的具体事象中，究竟具备上述那一联的象征没有呢？关于所谓土地私有的缺除之一特征，除非从一些零细的事象中去牵强的附会以外，却完全和历史的事实不相符合的，这在《史记》、《汉书》及其他许多可靠文献中均能够确证②。关于水利的设备之一特征，那却是农业和其特殊的空间的联系上所构成的一种经营技术的问题；从其可能的影响上说，也只能给予某些特定空间的社会以多多少少的特异的色彩，并不能改易其本质。然而并不是中国、印度，以至

① 见《关于亚细亚的生产方法》，日译本，九页。

② 拙著中国大学《中国经济史讲义》有较系统之说明。

埃及的独有的特殊，事实上，像黄河、长江、恒河、尼罗河这样水利系统的构成，在世界史的其他部分也有同样的情形。关于所谓农村共同体之一特征，周秦以后的中国社会，并没有这种农村共同体作为主要形态而存在，把封建的庄园或庄园的组织，不问其内容的构成尤其是阶级的剥削关系之如何，仅从形式上以之解释为农村共同体，那已经是一种观念论的形式主义的勾当了。最后关于作为国家形态的专制政治之一特征。在“古代”和“中世”，除在典型的封建制度之一时期外，在奴隶制的古代罗马以及世界史一切部分的封建主义的末期，都发生过专制主义的政治形态。那却不能作为某些特定空间之独特的政治形态来看的。同时，我们应该特别加强要指出的，在印度，由于地理的辽阔，地理的环境的特殊，以至其境内种族和宗教的复杂，所以其境内各种族在不同的空间中之社会的经济的发展分外的表现着不平衡的参差，以故境内有些区域达到历史的较前进阶段的社会形态，有些区域则还保留在落后的历史阶段的形态下。可惜我们对于印度的史料还甚为缺乏，而不能来作具体的分析。

然而马氏所说关于“亚细亚的生产方法”之一联的特征，究系指的何种历史的具体内容呢？在这里，我们仍只有从世界史的具体事变的分析出发，才能获得问题的解明。从马氏所指明之诸特征，对“亚细亚生产方法”为理论的述说，即是在这种社会的经济的构成内，一方面土地私有形态的缺除，乃是在土地国有原则下由农村共同体去使用；一方面在农村共同体之上却具备一种对一切农村共同体行使统治的国家形态的专制政治。这是最主要的。但是国家却是以社会诸阶级的存在为其存在之前提的，因而在这种农村共同体内部便不能不有其诸阶级的存在，这是无用论辩的。至马氏所说水利和公共事业的设备，那却是次要的东西，并不能作为构成这种生产方法之最根基的因素，而只能作为由特殊的空间条件所给予的特殊性。

从而我们转入历史的具体事象的考察，先从所谓古代东方诸国家来说，据波卡诺夫的叙述，在古代巴比伦，“国土由国王（巴琪西，鲁加鲁）统治，这种国王以封建的官僚层（?）作基础，在这些一切农村共同体中，有其代理人和收税吏，认土地为属于巴琪西所有。农民使用土地，须向巴琪西及其使用人以酒、谷物、牛酪、和绒毛的形态支付一定年贡。”① “土地则由农民（?），

①《世界史教程》日译本第一分册一九五——一九六页。

一部分则由奴隶去耕种。"① 虽然波卡诺夫把这种社会形态作为封建制度去估定，所以便误认这种关系的构成为封建的"官僚层"和"农民"之阶级构成。实则，波卡诺夫对问题并没有深入，他没有从社会之全面的发展上去把握这些一联的特征之发生与存在的必然；他反而只知去玩弄现象。又如在印度，在所谓农村共同体的基础上，"……把人民结合在一定的职业下面。……设定为四个加斯特的制度，即婆罗门（僧侣），库西即得里亚（武士），瓦西雅（农业者、手工业者、商人）及觉多耶（奴隶）。"② 在中国，以甲骨文字及金石文字与出土其他古物等可靠史料的考究，一方面完全为一种农村共同体的组织，这种农村公共体有作为统治种族的"多子族"的农村共同体和被征服异族的农村共同体，在"多子族"的农村共同体中有贵族自由民和奴隶诸阶级的存在，生产的主要担当者为奴隶；被征服的异样的农村共同体，其内部还保持氏族制度的机构，但其对于征服者则负着支付税纳的义务，其首长即同时充任为征服者的代理人或征税吏。在这种农村共同体的上部，存在着国家形态的政治机构。土地为属于国家所有的一种形态，其使用权则属于各农村共同体。③ 此外在古代俄国，据波克诺夫司基的叙述"……据传在俄罗斯平原的最初的大的国家的建设者，不是斯拉夫民族，而是从外来的民族，即在南部——从亚洲大陆而来的倭扎尔族，在北部——从干基拉亚半岛，即今之斯奥特而来的瓦利雅格族。其后瓦利雅格族把倭扎尔族征服，而成了欧俄全城的主人，""这些斯奥特人成为奴隶所有者和奴隶买卖者，捕取奴隶而把他出卖这事情为俄罗斯地方的最初的主权者们的职业。从这等处所，这些库雅基（公）们间有过不断的战争，战争的目的为掠取奴隶。""俄国的最初的君主，便是奴隶买卖者团体的首领"。斯拉夫民族本身在当时还在氏族社会的末期的一种农村共同体的形态下，斯奥特人又从被征服者的斯拉夫民族征取租税④。又如在古代日本，随着"大化革新"，"土地的所有权从族长而转移于国家。"又依着颁田收受法而分颁土地。把氏族的贵族改装为宫庭贵族。他们受有职田和功田，仍沿垄着前此的氏族制时代的"田庄"的组织，使用奴隶劳动去耕种。奴隶的来

①《世界史教程》日译本第一分册，一六八页。

② 同上书一六一页。

③ 请参阅拙著《殷周时代的中国社会》。

④《俄国社会史》日译本第一册，四十至四十二页。

源，主要为由战争而得来的俘虏①。另一方面，在古代罗马据波卡诺夫同书说，“在纪元前六至四世纪时，罗马和其周围诸种族纷争，而次第把他们降服，罗马人将被征服地的共同体的人员，作为奴隶出卖；宣布其土地归国家所有，以之分配于财产少的市民。因之，这些共同体便往往成为同盟共同体。这种同盟共同体虽被准许内部自治，但对罗马则须用货币去支付租税”。依此，所谓“亚细亚生产方法”所表现的主要诸特征，为罗马前期和罗马而外之古代埃及、中亚、印度、日本、中国、俄国之一种普遍存在的形态。

从而我们可以说，在世界史上古代各民族，在其进入到国家的时代的初期，大抵都经过所谓“亚细亚生产方法”的阶段，而以马氏所指明之主要诸特征为其特征，大抵都具备一种农村共同体的社会组织，在共同体的内部有不劳而食的贵族和供贵族剥削的奴隶以及中间的自由民诸阶级的存在；土地在原则上是属于国家的所有而被颁发的；在诸农村共同体上都有其国家的机关。……这种社会诸特征之历史的过程是这样的。由于作为这种初期国家内的统治种族，当他们在氏族社会末期之氏族共同体组织的基础上，土地是属于氏族的公有。但是一方面由于这种氏族共同体内部矛盾的发展，以及由其内的矛盾的基础上而发生之对其四周各异族所行的征服的战争，因而夺取被征服者的土地并俘虏其人民。不过用种族的战争得来的土地便不能不属于全种族的所有，而不能单属于种族内之某个氏族的所有。从而在这种土地所有的新形态——种族所有，和原来之种族内各别氏族所有的土地所有形态两者之间，便发生了矛盾的斗争。由这种矛盾斗争之对立的统一而转化为后来之土地国有的形态；同时在生产力发展之相当的水平上，把原来以俘虏作为奴隶使用的性质改变了，在原来只以之作为劳动的补助，现在则作为劳动的主要担当者了。但是氏族公社内的氏族贵族，他们有获得这种奴隶之使用的许多优越条件，因而他们便首先把其自身从生产劳动中解放出来，完全依赖奴隶去代其劳动，自己便完全成为靠剥削奴隶劳动以为生的坐食者。因此在氏族公社内，原作为氏族成员的诸家族，虽然都获得平等的土地的使用权，可是一部分家族已完全在依赖奴隶去替他们劳动，一部分家族仍不能不靠自身在其分有地上去劳动。从而前者便转化为奴隶所有者贵族，后者则转化为自由民。这样公社内的阶级的存

① 伊豆公夫：《日本社会史讲话》第三章。

在，便把公社内的原来氏族的本质变革了。另一方面在阶级的存在的基础上，种族的原来的共同的机构便亦随着转化为国家的本质而出现了。而在诸农村共同体上面便发生一种国家形态的政治权力。原来的各公社，虽然在形式上还保存着氏族的习惯，但在内容上已改易为阶级的构成了，其自身已完全丧失其原来的政治性质的机能而把它转移给国家了。在各共同体之生产经营组织的共同的必要上，以及其他社会事业的共用的必要上，而需要诸共同体之共同的设备。因之引出国家之共同事业等设备的副次任务——但这并不是其主要的任务，更不是这种国家本身之存在的前提。

另一方面，如果被征服者还是未定居的游牧民，征服者便把其人民俘虏作为奴隶使用，把其土地宣布为国家所有——或藉王的名义去行使——给土地少的氏族去重新组织共同体。如果被征服者为定居的农业民，则在征服者不感受耕地的要求，或者由于空间距离的关系，征服者便只宣布其土地为国家所有，而委任其代理人或征税吏，向其征取年贡与税纳，便不根本摧坏其原来的组织。因而便产生一种异族的农村共同体。这种异族的农村共同体，一方面在征服者的国家权力的从属下，而对其负荷年贡与税纳的义务；一方面在其共同体的内部，仍保持其原来的氏族的机构，作为国家的代理人或征税吏的共同体的领袖，他们并具有两重社会人格，对征服者的国家则以贵族的资格而出现，对其共同体的氏族构成的内部，则以氏族长的地位而存在。在这一点上，表现其本身的矛盾性，亦即这种异族共同体机构和国家的机构之间的矛盾的反映与延长。

因之，在这种初期国家的内部，而表现着氏族社会的诸形相。对这种形相的存在，不从其发展的本质内去理解，便很容易的误解为氏族社会。我们的历史家，对这一历史诸特征的阶级的存在，为现象所迷惑，陷于无法说明的矛盾的苦闷中。因为他们一面看见有具有氏族社会之机构的异族的农村共同体，同时有具有氏族形相的统治种族自己的农村共同体，另一方面又看见有国家机构的政治形态……这些一联的现象的存在，他们便认为那都是不能相互妥适的，而是矛盾的，从而他们便从现象的追逐上而构成其许多错误的曲解，作成各种各样的与历史本身的具体事变不相容的结论，而陷于任意修改历史自身的具体内容的错误中。所以我们特别强调的提出，请大家特别注意去把握历史自身的具体性。

四

依上所述，我们坚决地说，所谓“亚细亚生产方法”的社会构成，为相当于希腊罗马的奴隶制度阶级，亦即希腊罗马而外之世界史的奴隶制度阶段的社会构成。

柯瓦列夫以至雷哈德，因为没有对这种社会构成尤其是农村共同体的构成，加以全面的叙述与分析，以致未曾说服其论敌，这可算是两氏的一种忽略。

从而以“亚细亚生产方法”作为先阶级社会氏族社会构成论者，否认“亚细亚生产方法”论者，以“亚细亚生产方法”作为东方社会之独特的社会构成论者之各种各样的错误何在，是十分明白的。

关于这一问题的讨论，到现在已堆积许多作品。我写这篇论文时当然还有许多新的意见，或为我从来所不曾见到的。

关于这一问题之讨论的重要性，无疑有其关系整个世界之转变的重要意义，所以我们丝毫也不敢作为一种文学的游戏来看待；同时，我们更没有半点成见；如果有更接近真理的不同的意见，是可以无条件的放弃自己的见解去接受的。

最后我并得声明，似乎我在这里对凡讨论过这一问题的世界所有史学家都批评过了：实则我并没有批评过任何个人，而只是以之作为一种意见在批评，犹之我不断的常批评自己曾说过的意见一样。这应该能获得人们的原谅的吧。

（《中苏文化》第一卷第六期，一九三六年十一月出版）

是活的历史还是死的公式？

——答王宜昌君

数年来，国内外学术界对于我的中国社会史见解作批评的，无论说好说歹，都已不少。我除去在拙著《中国社会史》第二册的跋文中略为提及外，却从未答辩过。这并不是我的怯懦，而是因为中国社会史的研究，至今还不曾得出一个十分正确的决定的意见，所以我宁肯给人家以尽量批评的机会，然后再来作一总的讨论，并期待能在总的讨论中对中国社会史问题能获得正确的进步的结论。其次我认为对中国社会史意见之不一致，主要是由于各种不同的政治成见在横梗着。所以在政治见解相同人们间，在一个共同的倾向上，自然能由相互的辩论而达到共同的见解；然在政治见解各异的人们间，无论在形式上有着何种的共同点，本质上是难能获得共同的结论的。因此，数年来我对于我的批评者的意见，如果是正确的话，便都毫不犹疑的虚心接受；如果是"别有用意"的话，便也无暇去作正面的论争，只从我的中国史研究之"立"的方面去答复，意在巩固自己的阵营，充实理论斗争的内容。

王宜昌先生是一位发表中国社会史批评文字最多的人，同时也可说是一位十分肯留意我的《中国社会史》意见的人。这次因为我在拙著《中国社会史》第二册的跋文中曾说："有人不谋而同"的说吕振羽认为历史的封建制存在于奴隶制的阶段之前。其用意如何，殊不敢"深加追究"；不过我在文字上或口头上从不曾发表过这样无智的"谰言"，是大家所知道的，但却不能不使我怀疑到这种批评者的根本态度。便因此而引起王先生的恼怒，在《思想月刊》第二期发表其半武断半漫骂的《评吕振羽的中国奴隶社会论》的大著；虽然王先生还说了许多令我自己也感觉赧然的情面的客套话，例如他说："在我制作难，批评亦觉不易。我写出对于吕振羽先生的批评，是颇觉不易下手的。”其实从王先生的公然的“公式主义”出发。自然便不须再去顾及到活的历史的具体性的问题，从而无论任何批评文字的“写出”，自能“得心应手”，绝不会“颇觉不易下手的”。

王宜昌先生在批评我时，他明白的标出他的根本立场说：“公式主义”，“虽然有许多人反对过这种意见，但我却认为研究中国社会史，永远是要从‘搬家主义’和‘公式主义’，出发的。现在我便从这出发点来检讨吕先生的‘中国奴隶社会论’。”当我读过这段高论后，若从学者式的研究的立场来说，实在再无话可讲了。独是尚不能不说的，还是关于王君的“公式主义”的本身。在王君脑子里的历史发展过程的“公式”，是单一的西欧希腊罗马日尔曼的历史的形式，并且王君所知道的也只是西欧的“古代”和“中古”史的现象形式，并不曾懂得其活的内容。从而在王君的脑子中，便认为奴隶制时代的最主要的特征，是“科学和哲学将非常发达”，而作为封建制时代，主要特征的，却是“宗教神学寺院僧侣的发达”。一若在以这种现象作为特征的前提下，便可以决定一个时代的社会性质似的；从而那具有历史的决定意义的生产方法，在王君看来，一若成了“无关宏旨”的次要的东西了。王君个人应用着这种“公式”，我们本不欲非议；而他却硬将他自己的这种“独出心裁”的公式，托附于卡尔和恩格斯，我们便难于容忍了。

王君关于生产方法的理解，不知生产方法是生产力和生产关系之矛盾斗争的统一，而生产力的内容又有其物质性的和社会性的两方面之矛盾斗争的对立和统一性，所以终肯把生产方法庸俗的还原为单纯的技术的内容。从而当他看见“未开化时代”的物质技术诸现象和后来“文明时代”的物质技术诸现象的类似的地方，便不管其社会性的内容如何，更不管其时代的一切社会因素的联系性如何，而以现象第一主义去概括一切。形式主义者每容易为历史的现象所迷惑，便在这里。可惜在中国，自陶希圣先生以至王宜昌先生等人也同样遇过了这种苦闷。

王宜昌先生依照他的这种“公式主义”和“搬家主义”来研究中国社会史，便由王君的脑子制造一个中国社会发展的图式，指定中国自“夏”商以至魏晋为奴隶制度时代。主要的理由即这一时期的“科学和哲学非常发达”。南北朝以后则为封建制，主要的理由是有“宗教神学寺院僧侣的发达”。

从这里他进行其对于我的批评，依照他们指出的我的错误，第一因为我确认“两周”为“初期封建制”。但是“两周”何以不是“初期封建制”呢？因为有“科学和哲学的非常发达”，而没有“宗教神学寺院僧侣的发达”，自然，最根本的还是因为我没有符合到王君所描画的“公式”。此外王君便再没有举出否定我的见解的任何理由和史证，也没有举出确证其自己主张的任何理由和史证。我想，这种批评，是绝不致“颇觉不易下手的”吧。

其次，因为我的殷代——奴隶所有者社会的“公式”，颇与王君的殷代奴隶社会的“公式”不相符合。因为我系从生产方法以至社会诸阶级的剥削关系的构成上去进行研究，从可靠的史料作根据，不自量的想把殷代社会的活的历史的具体性理解出来；而王君呢，却要“从‘搬家主义’和‘公式主义’出发”，从历史现象之部分的表征上着眼，不要信赖可靠史料，专门信赖自己的脑子和伪书……这样，在我和王君之间自然便找不出相同的地方，从而难怪会引起王君的非难和不满的。因而从苏联的生产技术条件的表征上去看，还和资本主义国家的生产技术条件看不出多大的分别之现象下，难怪王君们也不肯承认苏联的生产方法是社会主义的生产方法了。而况王君所批评我的，却并不是从我的系统的理论上着手，而是一种只去截取几个单字的“瞒天过海”的手段。可是王君还同时提出了“上层建筑与下层构造之适应性”的问题。这即出之王君的尊口，我真不知作何解释了。

关于殷代的历史，王君纵不肯相信我的见解，同时他若留心到柯瓦列夫和雷哈德等人的著作和在苏联及日本的史家的新的动向，也或者不致发生那么大的误会。

最后我要提出一点意见和刻苦勤学的王君商量的：我们研究中国史，拿它和世界史作比较的研究是重要的；但在从这方面去了解历史的活的规律，并不是从这方面去“搬家”和套死“公式”。从正确的历史方法论出发，才能够正确的去利用一切史料；只注重“公式”而不去注重史料，那么所写出的仍不外是自己的脑筋，而不是活的具体的历史本身……我这点浅薄的意见，不知王先生以为如何？

一九三七，三，二三。

（原载《文化动向》第一卷第三期，一九三七年出版）

《中国先阶级社会史》序

自一九二五至一九二七的中国大革命后，大家为求正确的去把握中国社会的前途，因而引起对中国社会经济性质的探讨，同时由于现阶段的中国社会，不是凭空存在的，而是中国社会历史发展过程的一个段落，因此为能更正确的把握中国社会现阶段的经济性质，便不能不延展到中国社会之史之发展的探究。然而由于存在于中国社会内部各种社会群之生活依据的歧异，而各从其自身的立场上表现为对中国社会的估量之各种不同的见解。近十年来，对于中国社会史的论战以及作为论争的各种中心问题的所在，便是从这个基础上发展起来的。这种关于中国社会史的论战，并同时延展到苏联以至日本。

在过去将近十年的论战结果，虽然到现在还没有产生一部较正确的中国社会通史——严格的说来，中国社会通史的著作还是阙如。可是在这期间，关于中国社会史的著作，除许多有价值的论文外，郭沫若的《中国古代社会研究》、李季的《中国社会史论战批判》、陶希圣《中国社会与中国革命》，拙著《史前期中国社会研究》、《殷周时代的中国社会》，以至苏联马扎尔的《中国农村经济的结构》、沙发诺夫的《中国社会发展史》、德国威特福格的《中国经济和社会》等，日本森谷克己的《中国经济史》等都是这时期较有系统而较有价值的著作。虽然，系统而正确之中国社会通史的写作，仍将有待于青年史学家之集团的努力——我自始便这样说。

我个人也同样在一九二七年以后，由烦闷而发生一种与世人同样的见解，认为要能正确的把握中国社会的前途，一方面得从世界诸复杂关系中来认识中国，一方面得从中国社会之史的发展过程来把握中国社会现阶段的动向。因此我在一九二七到二九年三年间，以自己个人的精力，从事世界经济的研究，拙著《最近之世界资本主义经济》便是我初步研究的结果。从一九三〇年起，我才转入到中国社会史研究这一课题。当我把研究的结果一部分公布，即《史前期中国社会研究》的问世后，后一方面虽然引起国内外史学研究者的重视与批判，另一方面，个人却又遭受着许多无理的谩骂与嘲笑。因为在这一部分拙著的公布前，布尔乔亚的实验主义的史学家，固然一致认为中国社会系开始于有甲骨文字可征的殷代；即一些新兴的史学家，也一同在此种错误的影响之下，认中国社会从殷代开幕，为着符合社会之史的发展的一般公式，于是便不问史料所指示的历史的具体性如何，大多把殷代排列为氏族共产社会，以图符合历史的公式。然而周口店龙山镇等处以至仰韶期各地出土古物的存在，却又显明的和历史家的那些公式观念是矛盾的，因此聪明的布尔乔亚的学者在安迪生的登高一呼之后，便一致的竭力把仰韶期各地出土遗物从中国民族文化遗物的范围中排斥出去，认为系西方文化系统的遗物，与中国民族的古代无关。所以我就科学地根据上述那些出土遗物（作为骨干），利用神话传说作说明所写成的《史前期中国社会研究》，也应该遭受同样的排斥和非议，是丝毫也不足惊异的。不过代表事实的真理究竟比常识雄辩些。自安阳后冈的小屯龙山即仰韶各期古物之地质层式的发现后，历史家们的空中楼阁的中国史观便不能不同趋崩溃了，中国史在殷代以前还有一个很长时间的存在。也便因此而渐次取得人们的公认了。

另一方面，关于殷代社会史性质的问题，这不但成为中国社会史研究课程中的一个关键，而且关涉到世界史一般发展的阶段的问题。郭沫若首先估量殷代为氏族社会，并得到王礼锡、胡秋原等以至广大的青年群众的附和。陶希圣最初说殷代的社会性质是所谓“原始封建制”。近来则说是氏族社会初期，陈伯达在批评我的殷代社会观时，也拊拾所谓“原始封建制”这一新颖术语。李季说殷代的社会性质是“亚细亚生产制”和奴隶制度两种生产方法的混血。意见的复杂和零乱，害得许多的中国史研究者只得再推后从西周开始，沙发诺夫便是这其中一位最显著的人物，另一方面便害得世界的许多历史家去否认奴隶制度阶段，而创立历史的二段论。当我在一九三四年指出殷代是奴隶制度的社会性，亦即卡尔所谓“亚细亚生产方法的社会”——希腊罗马而外之世界史奴隶制度阶段的时候，除我的一些学生外，是不会获半个人的同意的。我之所以估定殷代为奴隶制度社会，并不是我先存下公式的念头，而是时时在正确的史学理论的暗示之下，把可能获得的一切关于殷代的可靠史料作全盘的考察，以获得殷代历史自身之具体性的概念，作为我的研究的基本概念。一九三五年我写成拙著《殷周时代的中国社会》，使我对中国殷代社会的估定，更自认为正确。迄后读到日译柯瓦列夫的《古代社会论》以至雷哈德的《前资本主义社会经济史论》，以至相川春喜等人的论文，始知我的关于“亚细亚生产方法”的见解，已有许多世界著名的历史家在作着系统的阐明了。到现在，苏联在清算了波克诺夫司基（清算波氏的主要文献，已由盛岳先生辑译名《史学新动向》）以后的历史教科书的编辑，已推定柯瓦列夫主持古代之部，足征柯氏的古代史的系统意见，在苏联已获得支配的意义了。在苏联和日本，过去否定奴隶制成为社会发展过程中之一必要阶段的史学者们，现已大多改变主张，而承认奴隶制度阶段之一般的存在了，并大半转而认为中国殷代是奴隶制度的社会了。

同学吴泽君多年来埋头图书馆中专攻中国社会史，过去已发表论文甚多，为国内学人所共知。可算是一位最有希望的青年天才史学者。他关于中国社会史的见解，在原则上完全和我一样。他的这一部《中国社会史大纲》第一册的《中国先阶级社会史》，可称是拙著《史前期中国社会研究》的进一步的发挥，比较存着更丰富的材料和说明。虽然在作为神话传说之史料的应用上，以及理论之精细的程度上，未能达到完全严谨的程度，然而终不失为一部有价值的时代巨著，其贡献于史学界者当较拙著《史前期中国社会研究》为大，这是我可以相信的。同时吴君的这部大著在出版前，并完全由我读过一次。并此向他致谢。

（原载《世界文化》第一卷第九期，一九三七年三月出版）

评佐野袈裟美的《中国历史读本》

一

本来中国社会通史的完成，应该在先进国史学家的协助之下，由中国史学研究者来担任，要比较便易些。因为中国文化历史的久长，史料庞杂，真伪混淆。一个外国的史学家，究竟因为文字和其他条件等关系，是较难达到完满的结论的。因此沙发诺夫的《中国社会发展史》，森谷克己的《中国经济史》虽然都能给予中国社会史研究部门以不少的影响与贡献，然而都未能获得相对正确的决定意义，同时也可说是相对的失败了。自然这又是一部较正确的中国社会通史产生前之必然而又必要的经过，而且它必需要建筑在这些既有的成果之上的。另一个方面，中国方面的社会史研究者，到目前止，甚至还不曾写出一部中国社会通史——姑无论其正确与否——着手书写而未曾完成的，除拙著《中国社会史》已出两册，尚缺秦至“鸦片战争”时代的一册和近百年的一册外，便有马乘风君的《中国经济史》出了一册，陶希圣鞠清远君合出一部断代的《唐代经济史》，吴泽君的《中国社会史大纲》第一册则还不曾付梓，王渔邨的《中国社会经济史》，则系森谷克己《中国经济史》的缩本。说到这里，我们真是只有惭愧。

任何人也知道，这一工作——中国社会史的编著——是相当烦难的；不但需要对“史的唯物论”有高深的素养，而且需要对中国的所谓国学，有较深的素养，才能正确的去运用全部史料。可是关于“史的唯物论”即理论的素养，从纯研究的方面来说，也至少要同时对一般社会科学尤其是经济学和世界史有相当的素养，才能进行去认识“史的唯物论”；若说到认识的正确程度，那而且不是单单坐在研究室里的人们所能达到的，必须要从实践上去寻求，即从理论与实践之统一性上去寻求，才有可能。另一个方面，不能应用正确的方法论的人们，即使其对所谓国学有较深的素养，也无法对史料达到正确的选择、蒐集与认识的。像章太炎先生、黄季刚先生以至顾颉刚先生等，便是一些显例。

先进国的史学家，对方法论方面，有许多是不成问题的，而关于中国史料的搜求与考证上便成了问题；我们这一群中国方面中国社会史研究者，却大多在两方面都成为问题，而表现着幼稚。

因此，佐野袈裟美的《中国历史读本》，一方面已引起我们的注意，一方面却也未能例外了。但对这一部新近出版而又为中国史学界所注意的著作，应该把它的内容来加以评介，却又是必要的事情了。

二

著者除在序说中论究中国人种的起源问题和关于秦汉以前的中国古史研究史料问题外；全书的本文共分四篇十一章，第一篇所研究的为先阶级社会，第一章，氏族制以前的社会，第二章，氏族制社会；第二篇所研究的为奴隶制度社会，第三章关于中国的亚细亚生产方法，第四章关于周代奴隶制，第五章周代社会的经济状态，第六章周代社会的意特沃罗基；第三篇所研究的为官僚的——中央集权的封建制时代，第七章官僚的——中央集权的封建制的成立时代，第八章官僚的——中央集权的封建制的全盛时代，第九章官僚的——中央集权的封建的沉滞和发展之交错时代；第四篇所研究的为近百年的社会，第十章外国资本主义的侵入和中国封建社会的崩坏过程，中国民族资本主义的发达，第十一章太平天国革命运动，布尔乔亚民主主义运动，反帝国主义运动。

先从本书的优点说，著者在研究的态度上异常客观，他想尽量去容纳各派的意见（自然，过犹不及，在这里未免不够批判的斗争的精神）。这是值得指出的第一个优点。著者参照了科瓦列夫和雷哈德等人关于“亚细亚生产方法”问题的意见，确认“亚细亚的”社会即是意味着希腊罗马而外之奴隶制社会。这在目前，在史学范畴中是有着决定的意义的。这是值得指出的第二个优点。著者对中国近代社会的观察，原则上还算不错，虽然仍缺乏充分的发挥和有些地方意见上仍陷于朦糊，却并不能抹煞其原则上的正确。这是值得指出的第三个优点。其次，在编制上，我认为有值得提出讨论的地方，著者在大体上虽有一个系统，然关于第三篇的组织，著者把秦、前汉、后汉、隋、唐、宋、元、明各朝代，各自分为一个小节目去论述，这未免太现零乱一点。

另一方面，在理论上，从大体上说，第一，著者没有把中国社会之发展的变动的具体内容明白的叙述出来，去把握其活的历史的具体内容，使读者读完本书之后，反而疑心自秦到“鸦片战争”时代的中国社会内部并没有什么发展，或者在循环。事实上，作为社会存在之各种因素的东西，都是在不断的发展着，变动着，即在较长时期之封建制度时代内，社会本身亦常有部分的质的变化。朝代的更换，也都是从生产方法内在的矛盾基础上发生出来的，并非偶然；而且后一朝代较前一朝代，都有其比较进步的内容。第二，在中国社会的发展过程中，外在矛盾诸关系，如外族的侵入与汉武、唐太、明太之向外发展等，以及地理等条件，这些曾给予中国社会的发展以何种影响作用。著者便完全没有提到。第三，著者没有拿严谨的态度从阶级以及阶级内的各阶层的关系之具体的构成上去分析中国社会各阶段的社会的构成和其运动。恰恰相反，著者在这一方面却异常朦糊。尤其关于意特沃夫罗基的说明，著者仿佛不懂得阶层思想论似的，例如关于春秋战国时代诸子的思想，都未能明确的指出其阶级性来；又如关于近代布尔乔亚的民主运动，为什么有温和派和激烈派的分野，这都是有其不同阶层的立场的，著者也全未提到。第四、著者在术语的应用上也很欠严谨，例如关于秦汉以后的封建社会，仍沿用所谓“官僚的——中央集权的封建制”这一术语，而不知去采用施大灵所发明的“专制的封建主义”那一术语。又如关于“国民经济”和“工场手工业”那些术语，都有其一定的时代性的，著者却未免随便应用。著者写本书时，似乎还没留心去读过苏联关于清算波克罗夫斯基学派的各种报告和论文。

著者在理论上所犯的错误最严重的地方，一、关于中国地主阶级借外力来镇压内乱的历史事实，十九都没有明白的叙述出来。一、关于一九一五年日本帝国主义向袁世凯所提出的二十一条，著者是这样记述着："对此（二十一条——吕）中国政府也不容易与以承诺，交涉便全陷于苦闷的状态。在这里，直至日本政府发出五月七日的最后通牒，延至五月二十五日才被解决。"（三三六页）不明白叙述出承认的只是袁世凯，而中国民众甚至当时的国会，始终都没有承认与通过，所以才成为悬案；而乃模糊的叙述着"被解决"，并以"中国政府"当之。在这里，佐野无异已成了日本帝国主义侵略主义的代言人了——至少也是著者的一种严重错误。

这还仅就其理论上的最重要之点来说的。

三

关于殷代以前的中国社会，著者曾采取了我在《史前期中国社会研究》中所发表的部分意见。关于殷周时代的中国社会，著者在原则上大体采取了郭沫若的意见，只抛弃了郭沫若的关于"亚细亚生产方法"的见解，而另行采取了科瓦列夫等人关于这一问题的见解。在材料上，关于殷代部分，还是以郭沫若在《中国古代社会研究》中所引用的为规模，对郭氏关于甲骨文字的诸种著作中所收集的材料，似乎没有尽量去应用，对近年出土的殷代遗物和其考证，著者也似乎还没有留心到。所以仍不免有仅就部分的史料去说明一个时代的嫌疑，而且在应用史料和历史理论的关联这一点上，也还没能深入似的。关于西周及春秋战国部分，在目前，中国方面本来也有不少和著者同见解的人。我自然不能拿我自己对于这一时期的意见去批评著者。不过著者对西周及春秋时代，只利用一些表现奴隶制象征的材料，去完满其自己的说明；而于另一方面的材料，则完全没有提及，或者把其时代往后拖。同时在有些材料的解释上，也未免勉强一点，例如把"庶人""庶民"都解作奴隶；把同一彝器中与"人鬲"并见的"夫"也解作与"人鬲"为同样性质的奴隶；又如把"十千维耦"解作二万个奴隶在一同耕种，不知此在言耕于陇亩的农奴（或者奴隶吧?）之多，并不是机械的人数的确称。关于秦汉，著者认为系中国封建制的成立期，但又认为当时已行着现物地租。而在中国历史上是否有劳动地租之一形态存在过呢？著者却认为系存在于由奴隶制到封建制的过渡期，且在过渡期也同时已有现物地租的发现；在春秋甚至西周所表现的劳动地租的现象，著者认为不是地租，而是完全为奴隶主人所得的奴隶劳动。这些都是值得详细研究的。

关于“南北朝”，依著者的叙述，则中国历史的运动似乎在后退了。这完全由没能正确的从内在与外在的矛盾诸关系上去说明它。关于唐代，依著者的叙述来看，他似乎对于历史上的封建庄园的内容组织欠明了；其次，他没有明白的叙述出官僚、地主、商人、高利贷者之四位一体，更没有叙述到在高利贷领域中之中亚细亚商人的作用及其与中国政府的勾结关系。关于宋朝，他说从“安史”乱后而崩坏的中央集权至宋朝才又复活。实际由秦汉到宋，根本就没有真正统一与集权过，例如秦之封侯，汉之诸侯王，三国之分立，晋之诸王，南北朝之北中国的地方封镇与南中国之权臣专横，唐朝的藩镇，五代的割据，都是极明白的事实。事实上到宋朝，确实是相对的统一与集权了。这由于到宋朝，自由商人这一因素的存在与发展，曾给予以决定的作用。著者没有理解到这一点，同时更没有理解到在商业资本领域中有自由商人的商业和官僚、地主、商人的三位一体的商业资本的分别。所以著者常把那种独占商人作为商业布尔乔亚去说明。

这也仅就其最主要的几个地方来说明的。

我虽然指出本书的这许多弱点，然在目前的中国，犹可谓此胜于彼，仍是值得一读的。不过读者能明白它的缺点，便能受益更多了。我这篇评介的文字，便在想从这方面去帮助读者。

最后，在殖民地化的中国文化界，无论那一方面，都有一种“洋货胜过土货”的先天观念，所以对宗主国的出版物，总是囫囵吞枣，毫不问内容如何。这实是一种可耻而又危险的现象。我之要评介这本书，从这一点上来说，也是义不容辞的。

（原载《中山文化教育馆季刊》第四卷第三期，一九三七年七月①）

① 编者注：本文由李孝迁新近发现并供稿，谨致谢意。

日本法西斯蒂的中国历史观与三民主义的中国革命

一

关于中国社会之史的发展形势的研究，到现在还留下许多问题待解决。——在我看来，这还有待于集体的努力。

过去十余年，在中国民族解放运动的现实要求下，在这一运动的政治指导下，重新展开了民族文化运动；这时期，中国社会史部门的研究，虽说尚在开展的阶段，却已获得相当成就，解决了不少问题。

过去对中国社会史问题的多次论争，在中国、苏联和日本，曾表现着多种不同的意见——那自然都有其社会现实的阶层的根源。在多次的论争中，大体上我们能看出：一面是为的寻求真理与解决问题，一面却企图在歪曲真理或逃避问题的解决。这种现象的存在，我们并不认为偶然；当问题没有解决而被提出时，我们反认为多方面相互错综的激烈论争，每每是推进运动的发展与问题本身之解决的条件。

在寻求真理与解决问题这一任务的实践上，我们批判了地理史观、人口史观、技术史观、实验主义及一切观念论多元论的史学流派；我们又清算了“商业资本主义社会”论，解决了奴隶制社会阶级的问题，相对地解决了“亚细亚生产方法”问题，给“疑古”派的中国远古史论作了“否定之否定”的答案……

实验主义及其追随者，“否定”了从来儒家“托古改制”的“道统”观；但他们主观地武断地否认中国史在“殷商”以前那一长远阶段的存在，认为中国史的开幕时期是“殷商”。我们从旧石器新石器时代地下遗物的存留及与之相适应的神话传说的研究，在儒家“道统”与实验主义“疑古”的基础上，又正确地作出了“否定之否定”的结论。

在清算中国波格达诺夫主义的“商业资本主义社会”论的工作，我们不仅发生了这种史论的社会根源，暴露其本质的歪曲性与欺骗性；而且认识了那正是中国买办资本之存在的特性的反映，又与帝国主义统治中国的理论相联结。

除希腊罗马外，否认奴隶制为世界史之一般的独特阶段而存在的论点，在本世纪的三十年代前曾支配了世界历史科学的研究领域，波特卡诺夫的“世界史教程”以至佐野学的“物观日本史”等，可说是其中的代表作。我们从古代中国、日本、印度、埃及、巴比仑、亚述和俄国史的具体研究，确证了奴隶制是全人类史发展过程中之一独特阶段，确证了奴隶与奴隶主是人类最初的阶级大分裂这一天才的结论。“历史上有五种生产关系的基本形式，原始公社制、奴隶制、封建制、资本主义制、社会主义制”这一卓越的科学的论断，到今日就再无人加以怀疑了——只要是肯忠实于真理的人们。

马札尔等人的“亚细亚的”国家封建论，是与否认奴隶制之一般性的论点，可说同导源于普列汉诺夫的地理史观——虽则普氏本人对“亚细亚生产方法”与奴隶制问题了解的错误，却以另种形式在表现着。马札尔的“亚细亚的”社会论，虽经过一度清算而解体，但继起的哥德思等人的见解，依旧没有科学地解决问题。一九三四年后，以柯瓦列夫为代表的对“亚细亚的”问题之新的理论体系的形成，才开始达到科学的把握——问题至少已接近于科学地解决。“公式主义”与“历史原理论”之不能解决问题，由于其拿公式和原理去概括具体的活的历史，而不是从活生生的历史本身的具体性去映证进步的正确的理论。我们从中国的“殷商”时代，从纪元前二千年到一千五百年间的印度，从古代中亚各国和埃及……历史的具体研究，却符合了马恩对“亚细亚的”社会所作的结论。易言之，这些古代国家的历史，给了“亚细亚的”社会以典型的说明。

而最近，业已摇身变成日本法西斯匪盗代言人的秋泽修二，为着要曲说日寇灭亡中国之历史的必然，又重新把“亚细亚的”社会作为问题提出，而加以无耻地曲解，从而来曲解中国社会之史的发展形式。但秋泽也依旧无耻地借科学的文词去掩饰其政治阴谋，我们从政治与科学的立场上都不容坐视的。我们欢迎把历史上的诸问题不断地重新提出研究，但不能不反对无耻歪曲。

不过在一九三五年前的史学论争中，是进步的历史学者，也多少都受着波克罗夫斯基学派的影响，从而在论争中不能充分发挥科学的力量，也不是偶然的。波克罗夫斯基学派对新的历史科学自亦有其不少的成就，然同时也有着不少的缺点和错误，特别是其经济史观与大民族中心主义的倾向，对历史之抽象性的叙述和了解，无力把活生生的历史的具体性复现出来。自从对波克罗夫斯基学派实行过清算后，历史科学才重新整备了全副武装。而现在秋泽修二却又在利用波克罗夫斯基学派的错误论点来叙述中国史。

抗战以来，我民族文化已呈献着一种簇新的跃进姿态；不过在将近百年来之殖民地文化的传统影响下，依旧没有洗清那种拜外主义的残余意识，秋泽修二那种法西斯主义的中国史论，还依然能影响着我们的历史研究者。自然，我相信，我们的历史研究者，不是主观上愿意接受那种有害的论断，而只是其了解的未深与态度的欠严谨。在这一点上，我却不能不严重提起我们国内同道的警觉。当全民族与日寇争生死共存亡的今日，我们在文化战线上的每个部门，都应该拿十分慎重而正确的态度去严谨阵容。中国社会之史的发展形势，对民族解放最现实的政治要求，有着基本的决定作用。从而对中国史之歪曲的乃至欠严谨的解释与论断，便能给现实的民族解放运动以最恶劣之影响。因此，一部较系统而正确的中国社会通史的“建设”，愈成了最迫切、最现实的要求。

二

“知己知彼，百战百胜”，看日寇是怎样在曲解中国史，去适合其侵略主义的政治要求吧！

无足惊异，日本法西斯盗匪，说他们侵略中国的战争，是“正义”的“圣战”；秋泽修二正从其“大陆政策”之一预定的政治观念的观点上来判断中国史。其所著昭和十四年出版的《支那社会构成》（白杨社版），秋泽自己在序文中所说明的“本书的主要课题”，是在于：（一）“强调日本社会与中国社会性格的不同”，日本社会之“前进的自立的”特性，“中国社会之特有的停滞性”即“所谓亚细亚的停滞性”；（二）在说明“现在不幸的东亚事态”的由来，是“起因”于两国“社会性格的不同”——“即前进的自立的日本与停滞的依随欧美之中国的对立”，“停滞的”中国和“前进的自立的日本之结合”，就是意味着中国真正的自立化，也就是“新东亚秩序建设的条件”；（三）在说明“中国社会特有的停滞性”和那业已作了英国殖民地的印度社会性格之同型——自然，我们认为印度之沦为殖民地，也并不由于其社会“性格”之所谓“亚细亚的”停滞性——要从日本社会与中国和印度社会“不同性格”的基础上，“去了解现代亚细亚日本的特殊地位”；（四）在说明“此次的中日事变……皇军的武力，把那作为中国社会的“亚细亚的”停滞性的政治支柱，即所谓军阀统治，从中国广大的主要的区域中扫除了。与中国社会之特有的停滞性以最后的克服，与前进的自立的日本结合，拓开其获得真正自立的道路。”这就是秋泽判断“中国社会构成”的预定观念的观点。其全部理论体系，都不过是这种预定观点的延长。

秋泽对《中国社会构成》之研究所达到的自己的结论和发现，正和其前躯者法西斯历史学家，关于人类起源问题所达到的结论和发现，后先媲美。他们认为白种人的祖先是猩猩部类中最优秀的黑猩猩，黄种人的祖先是较劣种的猩猩，其他有色人种的祖先则是最劣种的大猩猩；但是已进入到帝国主义时代的日本民族，却也够称作黑猩猩的子孙，所以希特勒御用的历史学家，又继续发现——日本人是属于“亚利安”人种的系统。但是帝国主义的“专门家”，对中国的山东人也同样有着特别的发现。因为山东也曾产生出“苏格拉底”（孔子）和“柏拉图”（孟子），他们根据白种人的血液才会产生那样大脑袋的哲人之一“论证”，便推定山东人也是属于白种的血统。因此，秋泽修二的中国史观，也算不了什么特奇！不过他还穿上了一件科学的外衣。

秋泽在《中国社会构成》中，断定“殷商”为原始公社制时期，周至秦汉为奴隶制度时期，汉至唐（即纪前二三世纪至七世纪）为由奴隶制到封建制的过渡期，唐宋至清为封建制度时期……。这在社会形势发展论上好像是一种科学的论断。可是他正在一种似是而非的科学方式的隐蔽下，去进行其罪恶的说教。同时，表面上他也批评了马札尔等人“亚细亚”社会论；事实上，却正借助了马札尔之“水”的理论，威特福格的技术史观，以及“陶希圣一群关于中国史的故意歪曲的错误论点……才砌成其《中国社会构成》论的体系。”

我们试先从其罪恶的中国史论加以扼要的简略的分析。

一、在秋泽的中国史断代的基础上，两种社会制度的交替，不须要经过革命的转化。他认为由“殷商”的“氏族制”到周至秦汉的“奴隶制”的转化，是由于周族“征服”商族的结果：可是他又否认周族曾是“商”的从属，只认为是两个敌对的种族，由奴隶制到封建制的转化，也不是经过成功的革命斗争；而是由于“奴隶所有者国家”的统治者汉元帝之对十万“游嬉”无所事事的“奴隶”“免为庶人”的诏令，社会便转入了“过渡期”；到“唐代的中期以后（按即指唐玄宗时期——吕）”，就“成立了封建社会的构成。”同时秋泽又曾暗示着我们，在这“千年过渡期中，由汉朝的匈奴到北朝的异族侵入，曾有着重大的作用。在清朝的“官僚统治的中国封建制的动摇、分解，中国社会经济的近代化的过程，不是发生于中国社会自体内之资本主义生产方法的自生的发展，而是发生于欧洲资本主义之侵入中国”；易言之，“欧洲资本主义之侵入，到了“中国经济之近代化的过程”的转机；再换句话说，由于欧洲资本主义的侵入，亚细亚的停滞的中国社会经济的特征之“农业与手工业的直接结合”终被破坏，以农业为中心的旧中国的生产机构终被解体，终创造出中国资本主义发生的条件，”要不然，中国社会就还会“停滞”在“官僚统治的”“封建制”阶段。这样说来，中国社会之每一历史阶段的跃进，最主要的动力，并不在于“中国社会自体内”之矛盾斗争的发展，成功的革命的结果，而是由于外族的侵略。（自然：在社会内在矛盾的基础上，并不能否认外在矛盾的影响作用，但后者是从属于前者去发生作用的）那么，秋泽在这里，就是教我们要感谢历史上侵略中国的外族，要感谢“欧洲资本主义之侵入中国”，更应感谢“与中国社会之特有停滞性以最后之克服”的“皇军的武力”呀！虽则在“鸦片战争”前，我们在“中国社会的自体内”，已发现了那种为秋泽所否认的资本主义性的工场手工业之萌芽——不过被先进资本主义的侵入所绞杀。

二、在秋泽的“中国社会构成”的“性格”上，是“同一的社会矛盾之反覆”的“循环”“运动”，或“王朝”的“同型”与“循环过程”。因此，由于汉元帝把“奴隶”免为庶人”的诏令已经把中国社会推入由“奴隶制转向封建制的过渡期”，经过后汉三国到魏晋的“过渡”，在“北朝的诸王朝”，“奴隶制”又“成了支配的生产方法”；经过唐——五代——宋诸王朝“封建制度”的发展，“至元代，由于元代征服的结果，奴隶制再复活”。不特此也，由汉元帝到唐玄宗这一千年的“过渡期”=由“奴隶制”向“封建制”转化的过渡期中，不但形成“社会过程（社会运动）之反复的形式”，而且是“复归”到自然经济的退化时期。不要惊异于中国历史运动的循环性与退化性！“这是中国社会的根本性格”呵！

三、“中国社会”之所以“构成”“循环”的退化的“性格”，亦即特别适用于中国和印度的“亚细亚的停滞性”，在秋泽的观念中“构成”了“三个根本规定的要因”：即“第一个根本规定的要因——农村共同体，父家长制”，“第二个根本规定的要因——人工灌溉及与此相关联的中央政府的经济机能”，“第三个根本规定的要因——敌对的社会构成”。

就“第一个根本规定的要因”来说，在秋泽看来，“关于中国集权的专制的统治之第一个根本规定的要因，是中国农村社会之根本特征的农村共同体，及与农村共同体的关系相关联的那种父家长制的诸关系”。“父家长制”之“集权的专制的统治”，是国家之“集权的专制的统治”的基础：“父家长制的诸关系……是基于中国农村内部之生产的——生理的——诸关系之特质，即父家长制。父家长制的奴隶制的关系——子对父，家族成员对父之奴隶的关系”，“中国社会经济之一个重要的特征”的“农村共同体”，又是“父家长制”存在的基础，从而也就是“中央集权的专制”主义的一个基础。而“此一农村共同体的生活与其他农村共同体间”是“缺少”“联系”的各自“孤立”的。这种“农村共同体”与那存在其中的“父家长制的关系”，在中国又“残存”到“极近代”。拿什么来说明呢？在秋泽，认为南中国的聚族而居，特别是“五世同居”、“九世同居”等——这并且在北中国的威海卫也有发现——乡村公有地的存在，以及到处有祠堂、会馆、庙宇，这都能说明农村共同体以及父家长制关系的残存。这种关系支配中国的农业手工业以至商业——即国民经济的全领域和国家政治。其中对于秋泽，最主要的便是乡村公有地的存在及所谓“×世同居”等东西。其实所谓“×世同居”的内容，倒不是存在于阶级社会中的“共产体”，而是一种大土地所有制，他们和其他封建地主家庭的社会经济生活没有两样。为篇幅所限，我不便详细说明。所谓乡村土地公有的残存，那也算不了什么特奇的东西，在那典型的西欧封建制的乡村中，也有共同森林牧场等公有地的存在。在中国，存在的乡村公有地等东西，只足增强了土豪劣绅支配乡村作用；但土豪劣绅却并非由此而产生而存立，土豪劣绅之充任中国封建农村的基层统治势力，也非本质地同于所谓“父家长制的集权的专制的统治”。后面所谓父家长制以及子女与家族成员对“父”的“奴隶关系”，就不过是一种曲解与夸大，而无视了封建家族的一般构成与其财产的形式，无视了中国专制的封建主义时期之土豪劣绅的本质和其存在的社会依据。同时，根据我们的研究，所谓“农村共同体”，在中国，自“春秋”以后就成了仅存的“残余”（参看拙著《殷周时代的中国社会》）。“残余”的东西能给予全社会的经济政治思想以决定之作用，那我们的历史哲学便应当根本推翻。

就“第二个根本规定的要因”来说，秋泽所认为“一般中央集权制，是以全国经济的统一发展为前提；中国的中央集权则与此相反，而以经济的停滞为基础而成立起来的东西”，“以孤立的农村共同体（农村共同体诸关系）为基础而成立起来的”。这在一方面秋泽把资本主义的国家集权与专制的封建主义的所谓国家集权，故意混淆；另一方面，“停滞”的倒不是中国“经济”，而是法西斯主义支配的秋泽的脑筋——这到下面再说。其次，秋泽认为“人工灌溉”是规定中国“中央集权”及“官僚体制”统治的另一“要因”。在这一点上，他只再收了马札尔“水”的理论；可是马札尔的这种错误理论，已经陈腐得没人再提了。

就“第三个根本规定的要因”来说，在农村共同体的构造上有着“共同和敌对，共有和私有”的“二元性”，这是真理。但秋泽认为“在中国，奴隶制及封建制的诸关系，没有完全把农村共同体的诸关系破坏，相反的，农村共同体的诸关系……反给予中国奴隶制及封建制的发展以根本的制约”，“规定了中国的奴隶制及封建制”，而“构成中国奴隶制及封建制——甚至中国社会——的根本特质”，即所谓中国的奴隶制和封建制都发展得“不完全”，不像日本“典型”，农村共同体为何“没有完全”被“破坏”，因为它有父家长制的专制主义作“一个重要基础”。在中国历史发展过程的具体事实上，奴隶制和封建制没有被“农村共同体诸关系”所“根本地制约”，只是被法西斯主义所“根本地制约”了的秋泽的脑筋所曲说的中国奴隶制和封建制，才是“变曲了”的东西。同时，中国的奴隶制和封建制特别是封建制到发展得比较典型（自然不能忽略其特殊）；而秋泽所谓发展得“典型”的日本的奴隶制和封建制，反而由于“文化革新”接受隋唐制度的强烈影响，镰仓时代开始的封建制，也由于接受中国专制的封建主义的强烈影响，倒有些变态。

在上述“三个根本规定的要因”上所砌成的中国“集权的专制的统治”，秋泽认为那是决定中国全史发展的最基本的力量，是“中国社会性格”即“亚细亚的停滞性”的决定的东西，控制着全部的政治和经济。我们半点也不忽视政治形态对社会经济构造的反作用；不过在秋泽，政治形态却成了决定社会经济构造的东西了。然而在这里，秋泽的理论却并非从一般的唯心史观出发，而正是希特勒的“暴力”史观的阐扬。

但是从上面所指出的秋泽的见解，却是以地理史观为基础的。我们虽然反对地理史观，却并不否认地理环境等条件，能给予社会形势发展以相当的影响作用，给各民族各国家的历史以特殊性，作为各自历史具体性形成的一个条作；但那非惟不能溢出世界史之一般性规定的基础，而且并不能决定那作为历史发展最基本的社会内在矛盾的统一及其分裂的自己运动。秋泽修二虽然还同时承认中国社会形势发展之一般法则的适用，但却极力在夸大地理环境和政治形态等等的作用，去圆满其所谓“在全部历史上可以看出的中国型的停滞性”的说教，而达到中国社会之殖民地前途的定命论的结论。

自然，我们也并不忽视中国社会发展的比较迟慢，特别是封建制阶段的持续。至在其全史的形势上，自社会经济结构以是与它相适应的政治形态意识形态，却都是一往向前发展的，而不是“循环的“复归”的。例如由汉至唐这一长时期，衰落的只是在社会矛盾之剧烈斗争基础上的统治阶级的一面，而从总体上去观察其社会形势，却仍是前进的发展的。中国社会之所以发展得比较迟慢，那不是在这里的篇幅容许我作详尽的论述。不过我们可以说，不是如秋泽所“规定的要因”，最主要的，而是中国所处的大陆环境，可耕的土地是一个最广漠的区域。中国民族得以不断地由黄河流域向长江中下流移殖，由长江中下流向珠江移殖，由东部国土向西部国土移殖……四周又没有强大的民族来加以阻挠，这使中国社会内在的矛盾斗争不断地获得缓和，妨碍了生产力的跃进与生产关系的破坏。这就是说："地理环境是社会发展的经常的必需的条件之一，当然地影响着社会的发展——他加速或阻挠社会发展之进程。"至于太残酷而猛烈的剥削关系，使农村经常陷于半饥饿状态，而无力去改进生产技术，那只有次要的作用；中国专制封建主义的政治机构，也有着相当的反作用；友人黄松龄先生在本志的论文中所述侯外庐先生的各点意见，我认为有些是世界史一般的现象，有些是中国特有的现象，可作为这一问题之说明的次要原因（手边没有原文，不能详论）。

三

再看秋泽是怎样在叙述中国的奴隶制与封建制。

秋泽认为"周以前的时代，所谓殷商时代（从纪元前十八世纪到十三世纪），应是氏族制的时代。"因他认为这时代"主要的"劳动工具是"石器、石锹、石犁等"，铜及青铜还没有用作生产工具；"这时主要的生产是牲畜"；"在周种族征服殷种族以前已有的奴隶——恐系种族奴隶"。

事实上，这完全是秋泽的虚构。我们从考古学、文字学，从殷墟出土物与其他可靠文献作科学的考究，在殷代，重要的生产工具是"金属工具"（青铜器），殷墟发现的石器，已证明是前代的残存或业已废弃的遗留物；农业已替代牲畜而成了当时物质财富的生产的主要生产业，牲畜已在步步衰落的过程中，奴隶已广泛地在各部门参加劳动，同时已有脱离直接生产劳动的一个集团存在，这就是人类最初阶段的大分化……（请参阅郭沫若《卜辞通纂》及前揭拙著）。

在历史的时间性上早于殷墟遗物之在周口店与蒙古等地所发现的旧石器遗物，仰韶、辛店、齐家、沙井、寺窪、城子崖等处所发现的新石器、金石器时期等遗物；与殷商以前之传说时代——由所谓有巢氏、燧人氏到"夏代"——的神话传说，不特能互相适应，且不难考出其彼此结合的形迹，给我们说明了中国史的史前期——由图腾制到氏族制（请参阅拙著《史前期中国社会研究》）。

秋泽所画定的奴隶制时期——周至秦汉，其主要论点是：（一）周种族主要使用青铜器，“在周初或春秋时代”“出现了”“铁的耕作农具”；（二）在“商工业”中和贵族的家内有不少奴隶，农业上，虽则“在中国秦汉以前确能看见农奴制的关系”，但那在“实际上，却不外是特殊形态的农奴制”，“本质地是奴隶乃至半奴隶的农民”，“这农奴的形态的奴隶乃至半奴隶这一范畴的存在，是古代中国社会的特征”；（三）“春秋战国时代”有像希腊样的“哲学科学的显著发展”，其发展的条件，正是“奴隶所有者的商工业的成长。”

但是关于第一点，在春秋战国时代，关于干将、莫邪的冶铁术的记载，已证明了冶铁风箱的发明。而“金属工具制造材料的继续改进，转变到冶铁风箱，转变陶器生产，而与此相适合的就是手工业的发展，手工业与农业的脱离，独立手工生产以及手工工场生产的发展。”而此正是封建制度下生产力状态的特点。这并不能说明秋泽的奴隶制，只能说明封建制经过西周的过渡而已经成立。

关于第二点。秋泽在《中国社会构成》中，说“吕氏在所著《殷周时代的中国社会》里面，规定两个时代为‘初期封建制’的时代”的说法，是“不正确的见解”。因为我曾把两周时代的“农夫”看作农奴，秋泽认为“这个‘农夫’=奴隶”。但是两个时代的“农夫”以至春秋战国时代的独立手工业者，已在“对于根据自己劳动之上的生产工具及自己私有经济之个人私有”的情况下而存在，而不是完全附合于奴主过活的“能言语的工具”。秋泽在这里，曾拿出罗马时代的“科劳士”与“边疆佃户”作例证来说明。不过那正是“中世农奴的前驱”，而又是在罗马奴隶制末期之破裂的基础上才产生的东西。自然，秋泽还能拿马克、米尔、印度的农村公社来作例证，而误解那种向国家担任纳税义务的公社内的“农民”就是特殊形态的奴隶。实际上，就殷代作例子来说，曾存在着两种形式的公社，一种是殷族自有的公社，内包着奴主自由民奴隶阶级构成；一种是被征服异族的公社，它一面向征服者纳税，一面在内部还保留着原始公社制的生产方法，假使没有那种起支配作用的前者的存在，而仅只后者的存在便不能构成国家的本质，此所以“印加帝国”不能被称为国家。秋泽的最后一点说明，是根据周至秦汉的“农夫”有被买卖与以之作为赏予的事情。实则，“在封建制度下，生产关系是封建主对于生产手段的私有及对于生产工作者的不完全的私有——农奴制，封建主已不能杀死农奴，但是仍可以买进卖出。”同时，封建主分赏其土地于左右，并不是单纯概念下的土地，而是连同土地上的农民去赏予的。至于在“商工业”中有奴隶参加以及有大群奴婢在贵族的家内服务，那不过是一种残余，事实上不仅存留到中国的现代，而且存留到历史的资本主义时期——“黑奴”就是一个显例。但在希腊罗马而外的其他各国的奴隶制度，由于没有发展到那样典型的程度，社会就转入封建制，所以奴隶制的残余又分外显著。因此秋泽也认有自汉元帝以后直至清代，都还有大群奴隶（奴婢）的存在，如果说不是残余，那么，贯通中国的全史乃至世界史的大部分，便都成了奴隶制度史，秋泽也无法把中国的唐宋以后划为封建时期了！虽然秋泽曾说唐宋以后的“大量”奴隶是要较小于过去时代的“大量”，但并没有给我们指出一个清晰的界限。那不是诡辩是什么呢！何况在奴隶制和封建的生产中支配的东西是农业，而不是“工商业”。（以上请参阅拙著《殷周时代的中国社会》）

关于第三点，那不仅是最彻底的公式论，而直恰恰把首尾倒置，拿现象去决定本质，上层形态去定下层基础。同时，秋泽又把中国史上之统治阶级的哲学，大多都规定为唯物论，而把被统治阶级的哲学，反大都规定为观念论。难怪日本法西斯统治者也有秋泽那样“唯物论”的思想家。（请参阅拙著《中国政治思想史》）

汉至隋唐，是秋泽所断定的千年过渡期。过渡而需要千年，无异说婴孩出胎的经过时间，要长过其母体的年龄，还不算是奇闻吧！

秋泽认为这时期，是中国社会经济倒退的时期，又是封建庄园制出现的时期，也是循回制奴隶制的时期（北朝），实则自后汉末开始，在中国社会内在矛盾之剧烈斗争的基础上，招来了异族的侵略，至四世纪初之西晋的灭亡与刘曜之称汉帝始，社会矛盾斗争的形势便愈益扩大、愈益复杂了。自纪元三百一十六年西晋亡至五八八年阵亡，北中国全陷于异族的统治下，自五八八至六一八年唐朝成立止，全中国均陷于异族的统治下。那些异族在入主中国前，都还在原始公社制的历史阶段。他们以其自己的世界原理，随同其政治的支配权力来应用于中国，图形成其与中国专制的封建主义的世界原理之矛盾与统一。从而给予中国社会以一种“庄园制”的表层现象。以一种奴隶制残余所揭的表层现象、以“复归于自然经济”的表层现象。但是作为统治者的异族的世界原理，只能给予中国社会的特殊色彩，并不能改变其发展的形势与本质，所以在所谓“庄园”的内容上，依旧是秦汉以来的佃耕制；所谓奴隶，在农业上仍是从来的本质的佃农；同时历史自己的动力，也终于冲破了政治的束缚——北朝商人地主的再生与封锁性的破坏——而达到隋王朝的“统一”南北。这就说明了外在矛盾对历史自身的影响作用，同时也说明它只能有影响作用而没有决定作用。忽略了这一点，不是大民族中心主义，就是外力决定论，从而也就无法了解南北朝以至辽金元时期的社会形势。

唐代（玄宗时代）是秋泽所断定的中国封建制的开始成立期。由唐到清的所谓“皇庄”、“官庄”等等，他认为是中国封建“庄园制”的说明；但这种“庄园”的内容却是分别向政府和地主提供租和税的佃耕制。这在秋泽看来，中国的农奴向封建地主所提供的剩余劳动——或者就秋泽自己的话来说，被“吸取的”剩余价值（!），一开始就采取现物地租的形态（那而且在秋泽的中国封建制出世千余年前就发现了呵!）同时这正是中国封建制的发展不“典型”、“不完全”，是由于中国的封建制是官僚统治的封建制”，事实上，倒不是中国封建制发展不“典型”、“不完全”，不是没有“固定化”的“身份制”，而是被秋泽的“史”笔所腰斩了。

在自唐至清的时期，“官庄”和“皇庄”等大的土地占有，在全耕地总面积中只占着小小的比例；占着支配的地位的，而是小地主的土地所有。据秋泽的解释，那正是发生在中国灌溉制度基础上的必然。这是何等地混乱呵!

其次在秋泽所拟定的中国“封建制”，一出世到北宋，照向林冰氏根据秋泽氏意见说，“商业”就“成为相当的自由”，“从来的徭役制度亦趋于崩坏，而变成了雇募”；“手工业的工场，至宋代完成了更进一步的发展，据说当时官营工场中便使用着一千余人、五千余人、四万余人，且其劳动者的大部分为被雇佣的手工业者，用钱与米支付其工资”——并且是“支付工资的工人为主要形态”；“以及依此而来的商业贸易的发展与这大商人的成长，一句话说完，即商工业的自由的发展”，（引自向林冰《中国哲学史纲》）这样说来，“封建制才成立不久的宋代，便已同时就出现了资本主义的重要因素了。但是秋泽又告诉我们，说那种出卖劳动力去换取工资的官营工场手工业的工人，因为工场是官营的，所以他们仍是“奴隶”呵！同时，由于中国的“商业资本”不与“土地资本”（!）对立，而与“土地资本”（!）结合。所以“中国社会的构成”“根本上仍保持着停滞的性格”，直至现在也还不能由自身“获得解放发展的条件”（?!）。”

不过根据我们的研究，一方面由于宋代已入于封建末期，一方面由于唐代的“永业田”制的部分施行，和五代之长期混乱等结果，社会上生出了大群的小所有者，从而便促起北宋时代之商业与手工业的发展，又促起了自由商人的出现。当时自由商人的商业资本，不但和“土地资本”（!）引起冲突，且和地主官僚垄断的独占商业（邸店）引起过冲突。这而且构成了王安石“新法”运动的一个内容。秋泽不单抹杀了这个历史事实，且把这两种商业资本的性质混同了。而大群受雇佣劳动人口的存在，也正是封建末期的特征。

其次秋泽认为中国基尔特和基夫特，只是一种“消极”的“自治”的“组织”，而不是“积极”的与封建统治作斗争的“组织”。照我们看来，这倒是由于“父家长制”的“集权的专制的统治”所规定的“特性”，而是由于基尔特与基夫特本身之封建性的本质，何况在中国的历史土地，也有着它们与封建地主冲突的事实。

再次秋泽认为中国“教权与俗权之对立的阙如”是一个特征。这完全是抹杀事实的谰言。例如在汉代有佛道的斗争，南北朝的儒佛道的斗争，唐代有儒佛的斗争……这都是俗教斗争的表现形式。

关于秋泽的错误与故意歪曲的理论，上面仅是其最主要之点——我拟另写一本小册子，作一较系统而详细之批判。

四

再从中国社会客观发展的形势来考察，究竟是秋泽的“皇军武力”下之“东南亚新秩序”的前途，还是孙中山的三民主义新中国的前途?

中国社会的形势，并没有“变曲”其自身的发展，只是资本主义——帝国主义的侵略，把现代中国社会的发展“变曲了”。

“鸦片战争”固然对现代中国社会的发展有着严重的决定作用，不过它不是使“中国经济之近代化的过程”“转机”，相自生的因素，在其影响之下而重新发生民族资本，自始便被给予以买办的特性，把中国社会，自发的前进过程“变曲了”。

特别是日本帝国主义武装进攻中国之甲午中日战争的结局，便完成中国半殖民地的地位。中国自此便完全以半殖民地半封建的地位，充任国际资本主义共同市场，而成为世界资本主义经济之一环。这自然是秋泽所不肯提及的。

帝国主义自是又转而扶植中国封建势力为其御用工具，来奴役中国人民，妨害中国民族之新生力量的成长发展。因之，以言工业，在其高度化了的资本主义经济势力及其自身和御用的政治军事的束缚下，便只能保持较落后的生产力，在其附属的状态下苟延残喘；同时在外资的压迫下，中国民族工业的生产又转而兼容封建性的生产关系去挣扎。从而便不能获得独立的发展，也不能获得其对国民经济的支配地位。以及金融资本和商业资本，则只是各国资本和商品的经纪，并与国内的封建势力相结合，反而来束缚民族产业资本的发展——特别是其中最典型的买办资本，有其先天的经济的政治的汉奸性。以言农业，在帝国主义与其御用之封建势力的摧毁与束缚下，旧的生产业已衰落而濒于破灭，不容创造新的生产力与生产关系，仍滞连在旧的生产关系的基础上，苟延残喘。以言交通，帝国主义一面控制中国的交通，一面又阻挠中国民族交通事业的发展……

因此，倒不是中国社会有什么“特有的停滞性—亚细亚的停滞性，结局不能不作为欧美帝国主义的附属国——欧美资本的半殖民地。”而是国际帝国主义—特别是英日帝国主义——的侵略，停滞了中国社会的发展。也不是“三个根本规定的要因”巩固了中国政治之“集权的专制的统治”，而是帝国主义在扶植中国的封建势力与培植政治买办，阻止中国政治的民主化。也不是“一般中国人”有什么国家的民族的“统一意识的缺乏”的“特征”，而是由于帝国主义不断在破坏中国民族的团结与国内的统一，束缚中国民族“停滞”于半封建半殖民地的生活状态中，妨害中国民族意识的发展。

这样，现代中国社会的客观形势，是帝国主义的支配与中国民族的解放要求构成矛盾的主导；中国民族解放是“拓开”其社会前进发展的“道路”，帝国主义支配是“停滞”中国社会前进的“道路”。近百年来的中国社会，贯穿着以这两种势力为主导的斗争，一面是鸦片战争、英法联军之役、中日战争、八国联军等之役……另一面是太平天国革命、义和团反帝运动、辛亥革命、五四运动、二七运动、国民革命……

三民主义的革命，正是现代中国社会之飞跃的突变的形势的高涨。它以民族主义为打倒帝国主义的武器，民权主义为打倒帝国主义所扶植之反民主势力的武器，为完成中国政治彻底民主化的武器，民生主义为使中国国民经济现代化的武器；但是打倒帝国主义是中国革命的中心任务，是完成民族解放事业的基本工作，所以三民主义又以民族主义为中心。

但中国革命与反革命的斗争，发展到目前而成为中日战争的严重形势。因之，三民主义民族主义的实践任务，便集中于团结全民族去战胜日寇的工作；民权主义的实践任务，便在于由“彻底的革命民权之高涨”的形势，达成和加强全民族力量之团结在战胜日寇消灭汉奸；民生主义的实践任务，便在于“改善人民生活”去提高其抗战情绪，创设现代化的国防工业，以完成驱敌出境的工作。

中国战胜日寇和三民主义的革命成功，是使中国社会脱离半殖民地半封建的形势，而迈步前进的唯一“道路”，同时也能给“东亚”乃至世界的进步以巨大之影响。这正符合着中国社会以至人类史发展的逻辑。“皇军武力”指导的“东亚新秩序”，在断绝中国史的前进过程，在妨碍人类历史运动，是基于历史退化主义的虚构的幻想。然而历史自身的法则，却不容倒退的东西战胜前进的东西。

一九四〇，二，一二，重庆。

（原载《中苏文化》“孙中山先生逝世十五周年纪念特刊”一九四〇年三月出版）

五四运动的历史意义和教训

一

近百年来，中国民族的自觉与民族解放运动的发展，一面与民族新生力量的发生与成长相依存，一面与步步深化的民族危机相适应。由于帝国主义及其御用的封建势力的束缚，中国民族产业资本的发展，便在极缓慢崎岖的道路上前进；且自始就给予以两面性。因此，民族自觉的发展，也表现着一种迟慢的进程；民族解放运动，也常在一种波浪曲折的状态中前进。

五四运动，正是鸦片战争以来中国社会内在外在矛盾之错综发展的结果；对近百年的民族自觉、民族解放运动，有其“承前启后”的意义。

划时代的鸦片战争的结局，先进资本主义绞杀了中国社会自生的资本主义因素，重新来培植买办资本。然在中国社会内在矛盾斗争的基础上，在先进资本主义影响的条件下，失败了的太平天国革命，却打开了官僚资本，尤其是军事工业发展的“羊肠小道”。与此相适应的曾、左、李、张的洋务运动，是从维护封建统治的立场出发，在“中学为体，西学为用”的原则下进行的。从其内包矛盾的基础上所引发的积极作用的一面说，可算是民族自觉的始基形式。

“甲午战争”的失败，一面结束了“洋务运动”；一面由于官办、官商合办及商办轻工业等在沿海沿江的出现和其微弱的发展，却充任了康、谭、梁等戊戌运动的物质条件。“戊戌运动”是依附于满清皇帝的一种由上而下的改良运动，但康有为的反儒家思想、谭嗣同的反封建主义的“仁学”、梁启超的“民治主义”的宣传以及广学会等的组织，却尽了初期启蒙运动的作用。

同时由于社会经济的变动和阶级关系构成的变化，便产生了以国父孙中山先生为首的革命派——“兴中会”，革命派由“兴中会”到“同盟会”，提出步步前进的革命政纲，与改良派相对立。这表现着民族自觉程度的跃进。虽则由于历史条件的限制，孙先生在五四后，才完成三民主义革命理论的体系。

辛亥革命虽不曾完成其历史任务，却给民族资本打开一条狭隘的道路，益以前次大战期间欧洲各帝国主义资本在华休战的机会，便展开中国民族资本的的一度发展——虽则还是微弱的（多数史家认此时期民族资本的发展，纯由于大战的关系，这是显明的机械论的见解）。这在一方面提起了民族资本者集团的自信力，一方面形成了与之相追随的社会集团的战斗力——并由“自在”到“自为”。

这时期民族资本发展的大势，据统计，自一九一三至一九二二年输入中国的机器，共值一万九千九百四十万美金——其中自亦有帝国主义在华工业的输入在内；中国纺织工业，在一九一五年为二十二厂，纺锤共五四四，〇一〇，布机共二，二五四架，至一九二二年便增至六十四厂，纺锤增至一，五九三，〇三四，布机增至九，八一七架；面粉工业在一九〇〇年仅二厂，到一九一六年增至六十七厂，一九二五年增至一百二十余厂——华商占一百〇七厂，因由战前之面粉输入国而变为输出国——至一九二二年后方开始下降；丝业、火柴业、水泥业等，也都有相当发展；银行业自一九一二至一九二一年间，共新增九十七行，共增加资本三三〇，三五一，〇〇〇元。

这构成五四运动发生的根本依据。

随着民族资本的发展，又改变了社会阶层构成的关系和其力量的配比，从而并改变了国内的政治形势。同时，便又给了社会矛盾形势的发展以新的内容，特别是提高了中国民族与帝国主义间的矛盾，国内进步势力与封建势力间的矛盾。

帝国主义只容许中国民族资本在其附庸的地位下生存；受到帝国主义扶植的封建势力，也同是民族资本发展的桎梏——封建统治层不断地受到帝国主义的卵翼和催眠，便日益腐化，日益反动，至此已完全成了临于人民之上的帝国主义工具，充任戕害民族生命的刽子手。大战期间民族资本在发展过程中，便深切地感到封建势力的束缚；同时，在华英德法等的资本虽暂呈休战状态，而乘火打劫的日寇却以更狰狞的姿态来威迫中国，特别是日寇进兵山东与二十一条的提出，形成中国民族空前的危机，促起民族资本者的利害与全民族利害的一致——提升了矛盾的两面性中之革命性的一面。

大战后，欧洲列强的势力重新来到中国，在英美日，尤其是美日利益冲突的基础上，虽暂时打消了日寇独并中国的企图；而其所加于中国民族资本之暴风雨的袭击，却使它立即萎缩了。因又提高民族资本与帝国主义间的敌对性。北洋卖国政府拱手奉给日寇的特权和亡国条约，也根本在断送中国民族和民族资本的前途；加之亲日的北洋政府和其官僚，在战后的风暴袭击着民族资本的时候，反而在帝国主义的役使下去助长压迫。这不但提高了民族资本者集团对军阀政权或封建势力的反感，且提起了其他进步阶层反封建的要求。但先天不足的民族资本者集团，原先还误信帝国主义的虚伪诺言，特别是威尔逊的“扶助弱小民族”的号召，期望从巴黎和会中能乞取一点恩惠，所以曾向和会提出取消二十一条的陈述书，请求归还日寇在山东夺去之各种权利，并提出：一、希望列强放弃在华势力范围；二、撤退各国驻华军队；三、撤销各国在华邮政电报；四、取销领事裁判权；五、归还租借地；六、归还租界；七、关税自主等希望条件。而和会对二十一条件却避不讨论，对中国其他请求，反正式以和约规定“一概让与日本”，对中国几点希望则根本拒绝。这对于帝国主义自不过是一次公开的强盗分赃，然于中国民族却是一次无情的嘲弄。在这里，懦弱的民族资本者集团，也不能不醒悟到民族权益的收回及其自身的前途，不是乞求所能获得，而是要以全民族联合的力量从斗争中去争取。

同时，随同民族产业资本及外国在华产业资本对比地生长起来的中国劳动者集团，也在大战期间成长起来了。这是担当民族解放事业的一支英勇的生力军，是民族资本者集团在民族革命过程中忠诚的伙伴。而况在半殖民地半封建形势下的中国民族革命，任何单一前进的社会集团都不易完成任务，而需要全民族内部所有革命势力的团结。所以在大战期间伴着民族资本的发展而成长起来的民族新生力量的存在，就不但丰富了民族革命的内容，且助长了民族资本者集团的勇气。

其次，在大战末期和大战结束后，由于俄国十月革命的成功，激起世界无产阶级和被压迫人类革命的风暴：在北欧芬兰、西欧德奥、东欧匈牙利都展开着社会主义的革命，近东的土耳其展开了资产阶级民主革命，远东的日本揭起稻米运动的狂澜，印度、朝鲜及北非的埃及都展开着民族独立运动。这都给了中国民族的觉醒以外在的推动力：尤其是苏俄政府的对华宣言，自动声明归还帝俄时代所掠自中国之一切特权权利……并暗示中国民族如欲获得独立和解放，只有与苏俄人民兄弟般地合作。这给了盘桓苦闷中的中国民族以特别巨大的影响。

在上述的内在外在矛盾诸条件与其影响的推动下，提起中国民族空前的觉醒，便暴发着划期的五四运动。

二

五四运动的内容，是民族资本者集团所领导的反帝反封建的群众革命运动，它体现着空前的民族自觉的发展，是戊戌运动以来的启蒙运动的质变和高涨；其直接表现的形式是“外争国权，内惩国贼”，主要的内容是反日反卖国政府。

反日之所以成为运动的主要内容，是由于日本资本——帝国主义之军事侵略主义的特性，自始就伏下其与中国民族之生死敌对的矛盾。日本资本主义具备着不少的特殊性，特别由于其时代的晚出与先天的不足，一开始就以军事帝国主义的姿态出现；随着明治维新的成功，就确立了对外侵略的国策，即所谓“海洋政策”与“大陆政策”——田中义一所谓“明治大帝的遗策”。但“海洋政策”的目标，多是强大帝国主义的殖民地，而作为“大陆政策”目标的中国，虽系列强共同角逐的半殖民地，却是一个老大的弱国。因这，日本侵略主义自始便以“大陆政策”为中心，“海洋政策”为从属。“大陆政策”的旨趣，在田中义一的奏折中，已发展为“并吞支那，统一全亚，征服世界”；侵略中国的步骤是：“欲征服支那，必先并吞满蒙”，欲“并吞满蒙”，必先攫取朝鲜。在其实施的过程上，自一八七一年并吞中国的藩属琉球到一八九四年“甲午战争”的结局——马关条约，日寇便完成了“大陆政策”的初步工作，并攫取台湾全岛、澎湖群岛，控制南中国的门户，同时把魔手伸入全中国。从这时起到一九〇四年的日俄战争前，日寇一面与列强在中国本部角逐，如一八九九年自划福建及沿海为势力范围，一九〇〇年的八国联军之役，日寇是首先煽动兴师的祸首，后来是鼓吹瓜分中国的小丑；一面积极进行其大陆政策的第二步骤——“并吞满蒙”的步骤。“甲午战争”的结局，日寇的满蒙政策虽以俄德各国的干涉暂受挫折，而结束“日俄战争”的日俄和约及中日满洲善后协约的成立，日寇“并吞中国”的第二步工作，也大致完成了，特别是一九〇六年的东印度公司式的“南满铁道株式会社”的创立与殖民地总督式的“关东都督府”的设置，已不但视满蒙为禁脔，且已视同其殖民地了。欧洲帝国主义战争暴发，日寇便认作进一步推行“大陆政策”的大好机会；出兵山东与二十一条件的提出，就在想一举“并吞中国”；其鼓动袁世凯的帝制，就是企图在制造一个御用的傀儡政权。

当一九一五年一月十八日，日寇对袁世凯提出的二十一条件，以及“五七”最后通牒的泄露，全中国爱国的人民，在“亡国灭种”的压迫下，已开始明白日寇的狼子野心。纷纷向袁贼发出“对日宣战”与“保国保权”的呼声。而只顾一己一派暂时私利的袁贼和其党羽，竟不顾全国民意与民族利害，反于五月九日正式签字亡国条约。至此，全国爱国人民只得去准备一次直接行动的斗争。

因而在当时，客观上反日是反帝的首要工作，反卖国贼是反封建的首要工作，所以便产生如次的行动口号：“外争国权，内惩国贼”、“拒绝和约签字”、“废止二十一条约”、“誓死争回青岛”、“抵制日货”。这种侧重反日反卖国贼的行动口号，正符合当时爱国群众的实际要求——表现了群众自己的呼声。

在这符合民族要求与战斗发动的口号下，运动于五月四日由北京学生五千余人的示威游行与卖国政府的严厉镇压而开始，一方面立即扩大到全国各主要区域——天津、上海、南京、武汉、长沙、福州、两广、山西、陕西、浙江、江西、东三省——一方面由学生的罢课而发展到商人罢市、工人罢工——罢市于六月五日由港市商人开始，渐次扩大到其他商埠；罢工首先由上海铜锡业机器工人开始，而扩大到印刷、纺织、铁道、电车等部门。从而商人、资本家、工人、小有产者都响应知识阶级的号召而卷入运动的洪流了。站在运动前线的青年学生，为集中领导，并于六月十六日在上海成立前所未有的“全国学生联合会”。这说明运动很快的就成为全国性的全民族进步各阶层联合的运动；

群众在斗争的过程中，很快的就自发地组织化了。

这说明由于那些政治口号符合群众的要求，所以能立即得到广大群众的响应。如果不把反日反卖国贼的工作提到首位，运动就不能和当前最现实最具体的事变联结起来，也就是说，不把握到矛盾的主导契机，运动就没有发展性。

但运动虽侧重于反日反卖国贼，却并非与其反帝反封建的任务矛盾，且自发地体现了战略和策略的意义。同时，运动以北京和上海为据点，上海和北京的群众恰立于斗争的前线，正因为上海是帝国主义宰制中国的司令塔，北京是卖国贼或封建军阀的巢穴。

这次群众英勇斗争的革命运动，直接压迫着北洋卖国政府，不能不惩办曹、章、陆等国贼和“拒绝和约签字”向群众塞责，直接使坐在巴黎和会的威尔逊、路易·乔治和克里蒙梭们，也不能不感到“意外”的震惊，让他们开始认识了中国群众的力量，重新考虑其对华政策；特别重要的，使群众认识自己力量的伟大，重新提起民族的自信力。同时，这次运动，是真正群众性的爱国运动与文化运动的合流，是大革命的信号；所以后来的国民革命，可说直接由此进入了准备阶段。——由于这次运动的启示，中国民族获得了世界最进步的革命武器，特别重要的，国父孙中山先生完成了三民主义革命理论的制造；孕育出前进的革命的政治团体，特别重要的是孙先生把中华革命党改组为更健全的中国国民党——继承了发展了同盟会的革命传统。

但五四运动也有其缺点，它没有直接进展到武装斗争，也没有直接把运动进行到底。这在一方面，由于还没有一个健强的政党去领导。一方面在五四运动的领导层方面，特别是几个最中心的人物，当时也还没有其正确的认识与坚决的自信力。例如胡适先生自始就只是从一种改良主义的见地去领导五四运动的，他说：“文明不是笼统造成的，是一点一滴的造成的。进化不是一晚上笼统进化的，是一点一滴的进化的”。(《介绍我自己的思想》) 所以只要“一点一滴的不断的改进”，“一点一滴的解放”。这种“点”、“滴”进化论，不是革命论。陈仲甫先生在领导运动的过程中，自始就从观念论出发，不绝地表现着悲观主义的倾向，他说：“目下一切政治不良的现象，追本求源，都是‘武人不守法律’为恶因中之根本恶因”。(《今日之中国政治问题》) 这是他对当时“政治问题”之观念论的结论。对自己民族的认识，则达到如次之悲观主义的结论：“予求国之老者壮者与乎比诸老者壮者之青年，无论属何社会，隶何党派，于生理上心理上，十九怀抱悲观，即自身亦在诅咒之列”。在这里，他而且是以没落的封建阶层的“心理”和“生理”去概括民族全部，把衰退的东西和前进的东西等等不同的因素看作同一。对群众政治要求的估量上，他竟作出“多数民意相信帝制，不相信共和”的污蔑群众的结论。因之，在当时，群众虽自发地形成了自己的组织，他们却没有切实去推动其发展；全民族各进步阶层的人民虽然在运动发展过程中，已形成“共同奋斗”的初步团结形式，他们却没有切实去推进，使发展为具体的政治结合的民族革命联合战争，也没有准备把运动直接引到反日反卖国贼的民族革命战争。自然，大商人和资本家在运动的进行中，首先就表示休战，也是运动不能贯彻到底的一个重要原因。最后，运动相对地受到美国的精神支助而又没有摆脱其控制，是无可讳言的。在美国，只期望借中国群众的力量给其远东市场的敌人一点打击；但并非同情中国民族解放，所以他又只愿意运动在改良主义的限度内进行。这是一个严重的历史教训。

三

思想斗争与大众化的文化启蒙工作，是五四运动的一个重要内容。

在这一点上，表现着积极和消极的两面；积极方面是提倡“科学”、“民主”和“由庙堂到民间”的白话文的新文学运动，消极方面是反对封建思想和思想解放。《新青年》、《每周评论》和《新潮》是他们的代表杂志。其领导运动的主要人物，则为胡适、陈仲甫、钱玄同、刘半农、李守常、吴虞、鲁迅、吴稚晖等。反对派的刊物，则有《国故》、《国民》、《学衡》以至《甲寅周刊》等；反对派的中心人物是林纾（琴南）、王敬轩、梅光迪、吴宓、章行严（士钊）等。革新派的胡适先生等人，主张“以科学解决宇宙之谜”。在这一根本觉悟的基点上，他们认为：“要拥护那德先生，便不得不反对孔教、礼法、贞节、旧伦理、旧政治。要拥护那赛先生，便不得不反对旧艺术、旧宗教。要拥护德先生又要拥护赛先生，便不得不反对国粹和旧文学。”（陈仲甫：《本志罪案之答辩》）同时又宣布文言文学为“死文学”、“贵族文学”，白话

文学为“活文学”、“平民文学”。(胡适:《文学革命运动》)

以林纾为首的保守派，便从封建统治层的立场来反对革新派的主张；他们从所谓民族性、东西文化对立性、精神文明和物质文明对立性的观点出发，来反对新文化运动，拒绝吸收外来文化，主张“保存国粹”。

梅光迪说：“工商制造，显而易见者也，推之万国，无甚差别者也……若政治法制，则原于其历史民性！……而又以东西历史民性之异，适于彼者，未必适于此。”(《评提倡新文化者》)章行严说：“而吾人非西方之人，吾地非西方之地。吾时非西方之时，诸缘尽异，而求其得果之相同，其极非至尽变其种，无所归类不止。”“凡一民族，善守其历代相传之特性，适应与接之环境，曲迎时代之精神，各本其性情之所近，嗜好之所安”，即是“文化”。(《评新文化运动者》)吴宓说：“物质科学以积累而成，故其发达也，循直线以进，愈久愈详，愈晚出愈精妙。然人事之学，如历史、政治、文章、美术等，则或系于社会之实境，或由于个人之天才。其发达也，无一定的轨辙，故后来者不必居上，晚出者不必胜前。因之，若论人事之学，则尤当分别研究，不能以新夺理也。”(《论新文化运动》)从而他们达到“保国救种”之道在于“保存国粹”的结论。这虽然还是“洋务运动”的旧思想，然在保守派阵营中已算是较开明的见解。

而以满清“遗民”自居的林纾，竟说：“晚清之末造，慨世者恒曰：‘去科举，停资格，废八股，斩豚尾，复天足，逐满人，扑专制，整军备，则中国之必强’。今凡百皆遂矣，强又安在?”(《致蔡元培书》)他不仅从这里来反对“民国”，反对革命，反对新文化运动，而且连曾、左、李、张的“洋务运动”，康、谭、梁的维新运动也加以反对，表示其怀念“胜(盛)清”的“孤忠”。王敬轩在《致新青年编者书》中，又公然从赞成清廷的立场上，称“辛亥革命”为“国变”，并反诘新文化运动者说：“岂犹以青年之沦于夷狄为未足，必欲使之达禽兽不远乎?”这说明林、王保守派理论的汉奸性；从而在他们口中的所谓“国粹”、“孔学”，甚至所谓“种族”也只是便利其反对进步的工具。他们在当时虽已受到蔡元培、刘半农等先生的分别驳斥，却并未改变其顽固的成见。

对于文言和白话，他们认为文言是“载道”的工具，“行用土语为文字”的白话(林语)，却是有伤严典雅章；章行严先生当时甚至说文言文的四书五经，更能普及民族文化，白话文的学校教科书，反而是排除平民受教育的有产者的文化工具，从而并反对学校制度，主张恢复科举制。(《评新文学运动》)这说明了工具和其所表征的思想、形式和其所体现的内容的合致性——即矛盾的统一性。保守派所以反对白话文，正不单是工具和形式的问题，而其中心则是内容和本质的问题。

当时担当新文化运动的战士们，曾给此后的民族新文化打开了一条发展的道路，对二十余年来猛进的学术思想，有着严重的启示，对此后民族解放运动，起了推动的作用。这都是不可磨灭的劳绩。然而他们在当时并未能根本克服其论敌，没有打破旧思想的要害，虽由于保守派所依存的社会的经济的政治的据点，并没有被破坏，而新文化运动的主要领导人自己理论的不健全，也是无须隐讳的事实。

举例来说吧。如关于科学和玄学，陈仲甫先生一面说："我们要改去从前的错误，不但应该提倡自然科学，并且研究一切学问（国故也包含在内），都应该严守科学方法。"(《新文化运动是什么?》)但在另一方面，第一他只反对旧宗教，而要求新宗教；第二他痛恨中国人的无组织力，而不知从历史条件上去说明，乃归咎于所谓"缺乏公共心"（同上）；第三他又同样认为"西洋民族以法治为本位"，"东洋民族以感情为本位，以虚文为本位。"(《东西民族根本思想之差异》)……在这里，在他的哲学见解的究极上，反达到了玄学的结论。胡适先生虽则也坚决主张"科学"的"人生观"，但所谓科学，照他看来，却是："科学律例，不过是一些最适用的假设，不过是现在公认为解释自然现象最方便的假设"，"律例不过是人造的假设，用来解释事物现象"，"一切真理，都是应用的假设。"(《介绍我自己的思想》)这种没有灵魂，没有客观真理性的科学，易言之，建筑在怀疑主义与相对论上的假科学，是同样不能折服"玄学鬼"的。同时胡先生的实验主义，在这里降落到哲学的怀疑主义与相对论。

关于"德先生"问题，陈仲甫先生从其观念论（机械论）出发，一面主张拥护"德先生"；一面反认"多数民意相信帝制，不相信共和"，认为"文化运动"，只在"令劳动者觉悟他们自己的地位，资本家要把劳动者当作同类的人看待，不要当作机器牛马、奴隶看待。"(《新文化运动是什么》)同时又把所谓"政治革命"和文化革命看作各自孤立的东西(《文学革命论》)，把思想和学说看作决定的东西，认为“别尊卑，重阶级，主张人治，反对民权之学说，实为制造专制帝国之根本恶因”，“如今要巩固共和，非先将国民脑子里所有反对共和的旧思想，一一洗刷干净不可。”（《旧思想与国体问题》）这在内容上充满了妥协的因素，是本质的改良主义的理论。胡适先生的“一点一滴的不断的改进”的进化论的结论，自始就是违避“革命”的观点。

关于文言和白话问题，胡适先生对英意各国语言文字的“统一”和“进化”，倒果为因的没有从社会历史发展的过程上去说明，而以之归其决定作用于一二文学家的提倡——虽则我们也不否认伟人和天才的创造作用。如在意国，他认为语言文学的统一，系由于“神怪喜剧”的作者脱斯堪尼（Tuscany）与文学家洛仑查（GorenysodeMediei）、包卞嘉（Boccacio，1313—74）等提倡的结果，在英国，由于赵叟（Chancer，1340—1400）、威克烈夫（Wycliff）等提倡的结果。刘半农先生却是如次的一种“改良”的意见，即他允诺“文言白话可暂处于对待（踦）的地位。”（《我之文学改良观》）自然，这也并不是就掩盖了胡适先生“八不主义”和陈仲甫先生“革命军三大主义”的革命性。

陈仲甫先生在当时的社会主义，也是如次样的：“近世文明之发生也，欧罗巴旧社会之制度破坏无余，所存者，私有财产耳。此制度虽传之自古，自由竞争人权之说兴，机械资本之用广，其害遂演而日深。政治之不平等，一变而为社会之不平等。君主贵族之压制，一变而为资本家之压制。此近世文明之缺点，无庸讳言者也。欲去此不平等与压制，继政治革命而谋社会革命者，社会主义是也。”（《法兰西人与近世文明》）从而达到“保护工人，限制兼并”的结论。对于十月革命的评价，他说：“俄罗斯之革命，非徒革俄国王室之命，及以革世界君主主义、侵略主义之命也。”（《俄罗斯革命与我国民之觉悟》）因此陈先生的社会主义可说是卑斯麦型的，陈先生的“社会主义”“革命”，也只在反“王室”、“君主主义”、“侵略主义”之市民的“社会主义”革命。

不过在当时，吴稚晖、李守常等先生的思想，是比较进步、比较正确的。李守常先生的《青春》、《今》、《由经济上解释中国近代思想变动的原因》三文，可以代表他的新哲学的见解。在《青春》中，他虽然还只了解到矛盾对立的契机，然到民七的《今》中，已达到“宇宙大化，刻刻流转，绝不停留”，“大实在的瀑流，永远由无始的实在向无终的实在奔流。吾人的‘我’，吾人的生命，也永远合所有生活上的潮流，随着大实在的奔流，以为扩大，以为继续，以为进转，以为发展”的认识，在由经济上解释中国近代思想变动的原因中，已把握住了史的唯物论的理论武器。从这种基础上，形成其对“科学”和“民主”问题之较坚决、较彻底的见解。吴稚晖先生对后来“科学与人生观”的论战，发表其有名的《一个新信仰的宇宙观及人生观》的论文，在这篇论文中，虽然没有进一步去解决思维与存在的问题，去科学地解释客观世界，然在一部分人开始向“国故”屈服一部分人已向玄学投顺，一部分人已放弃“民主”要求的当时，他老先生仍坚持唯物论科学和民主，并一面批评梁启超、章行严等人，一面又批评丁在君等人。这连胡适先生也不能不承认其“奠军”的地位。

在清算封建意识形态这一点上，陈仲甫先生在《孔子之道与近代生活》一文中，虽已比较接近着真理，但依旧没有从经济结构的基础上去解释，仍只是一个较急进的进化主义者的见解，与胡适先生的“今日历史进化的观点”，是完全合致的。吴虞、鲁迅、李守常等先生的意见，便比较深入、比较正确了。李守常先生在由经济上解释中国近代思想变动的原因中，吴虞先生在《家族制度为专制主义之根据论》中，都达到了正确的科学的解释。

然而在当时，自胡适、陈仲甫等先生以至进步的青年，对民族旧文化只偏重于“破”的方面，对民族旧文化之优良传统的继承，还没有从“立”的方面注意到。

一九四〇，四，十二，重庆。

（原载《中苏文化》第六卷三期，一九四〇年五月出版）

谈 史 学

——致青年同学

在长沙，许多中学的在学青年写信给我，提出“历史是否是科学”的问题，到重庆后，甚至连大学的同学也有向我提出这类问题的。因此我认为这或者不仅是湖南和四川一部份青年同学所要求解答的问题，而应是全国大多数青年同学，特别是中学在学青年诸同学心中的疑问，我应该对他们提出一个答复——但是在这里，我仍然只作一简略的答复。

近代的一个伟大的哲人说过，“历史是一切科学的基础。”这是说，不但历史自身有铁一般的科学的规律性，而且一切自然、社会和人类思维诸科学的发展过程，也都是适应着历史发展的过程，合法则性的、规律性的发展过程。但这并不是一句空话，而人类历史之活生生的具体的内容，能与以说明与以证实的。

历史学是关于社会科学的范畴，我们不能应用实验室里的方法去研究，而是要应用抽象的、思维的科学方法。但历史又是最具体最现实的东西，所以历史家不应凭他的头脑，去虚构图表，而要运用抽象的、思维的科学方法，根据历史的事象去把握其规律性。正因为历史是最具体最现实的东西，是人类数十万年的社会生活的实践过程，所以抽象的、思维的研究也要通过实践，才能把历史的生动性、具体性表现出来。

历史科学的研究达到今日的水准，借着人类学、民俗学、古生物学、语言学、考古学乃至天文学、地质学等等研究部门的帮助，已经发现了人类社会发展过程之一般的规律的结论，即是说，不管是“黄白红黑棕”的种属如何，只要是人类组成的社会，便都是合法则性地沿着一个共同的规律而向前（螺旋般地）发展的。

由于北平周口店、马来半岛、海得堡、皮尔当等处猿人的发现，虽然证实了人类的原始不是发生于一个“大故乡”中，而是发生于不同的各地，然其过程却是一致的。

由动物转化到人类，都是以知道使用并加工制造的木器工具，乃至火的发明和原始石器工具的加工制造为其标志。由此进到燧石之一边或多边加以打制的，形式不整齐的旧石器→到一端尖锐一端钝厚之扁桃形的石片之拳楔或拳打楔的旧石器→到在石块上钻孔、拳楔附柄和作成扁平式的三角形之锋锐的旧石器→到拳楔成为一边削制的刃、三角形尖端成为锋锐的旧石器→到骨器的出现和应用细长石片材料制作的种类较前繁多的旧石器→到骨器的制造之完成以及石器之磨制更精细与种类更增多的旧石器→到骨器的消灭和石器之形体的缩小与形式之统一的原新石器。由原新石器再过渡到新石器→到金石器。与使用旧石器相适应的社会形势，是由原始群团（Ilord）到图腾制度（Totemism）与使用新石器及金石器相适应的社会形势，是氏族制度。这是全人类都不约而同的顺次地经过了的历史时期，这是锄头在地下的发掘和对美洲印第安人及澳洲原始民族等等社会的实地研究所再三证明了的。

虽然，由于许多外在的条件，特别是地理等自然条件的差异性，形成人类社会在地球上各处发展速度的不等，尤其是资本帝国主义对全世界之殖民地支配，又阻滞了被压迫的落后民族的进步。所以在今日，地球上还有许多民族被阻滞在氏族制阶段。但其他许多先进民族，却由氏族制时代的金石器工具的发明和使用，进到金属工具的使用→进到冶铁风箱或手磨机的发明→进到蒸汽机的发明和机器工具的被使用→进到电汽化时代。和手工金属工具的使用占支配地位相适应而与之结合着的是奴隶劳动，生产过程之人与人的结合关系，是奴主和奴隶的关系，从而给予以奴隶制度的生产方法，规定为奴隶制度特有的社会形势和社会面貌；同样冶铁风箱或手磨机，给予“以封建主为首的社会”；蒸汽机给予“以资本家为首的社会”；电汽化给予以社会主义的社会。这是人类的历史记载所说明的世界发展的共同过程或倾向。虽则像摩洛哥民族自身还只发展到奴隶制阶段，就被沦为资本帝国主义的殖民地，阿比西尼亚也刚从奴隶制转入封建制，就被资本帝国主义所奴化、所灭亡；像埃及、中南亚细亚各国、暹罗、缅甸、安南、朝鲜……才顺次发展到封建制阶段便沦为资本帝国主义的殖民地或半殖民地；像中国和印度社会，自身已顺次发展到封建制阶段，正自己准备条件向资本制转化的时际，便遭受资本主义之世界侵略的暴风雨的袭击，致中国沦为次殖民地半封建社会，印度沦为殖民地资本主义。上述这些民族，都由于外力的摧残和支配，变曲了他们社会发展的形势；但在帝国主义的末日，他们都将或已经提出民族自己的要求，实行对人类历史的共产制。在另一方面，西欧、中欧、东南欧、北欧、日本乃至土耳其各民族，却都顺次由氏族制→奴隶制→封建制，而发展到资本制并到了完成这一历史阶段的时际；俄罗斯且已顺次而达到社会主义的阶段了。美洲的资本主义制，也都是继承欧洲历史发展的过程而出现的。

这说明全世界人类历史发展的过程，显示着一个一般的共同的合法则性的规律。自然，一般的规律只能说明世界史发展的共同过程，并不能说明各别国家各别民族历史的具体内容，因为在一般规律的基础上，由于地理等外在诸条件的影响，而有着各别的特殊性。易言之，人类社会的内在矛盾给以发展的一般性，外在矛盾给以发展的特殊性；前者是主导，后者是从属，前者给以世界史的共同规律，后者给予各别国家、民族历史予具体内容。

因此历史研究的任务，不只在认识过去，从人类的现实要求上，科学地批判地继承过去文化的优良成果——民族文化的优良传统与世界文化的卓越成果；而尤在鉴往知来，正确地把握历史的规律性，认识现社会的客观动向，指导群团、民族、人类努力的方向，提高人类的创造作用。所以历史科学，是人类生活斗争的指南针。但是历史家不是只依靠正确而进步的史学方法，就能正确地认识现社会的客观动向；而是要通过历史创造任务的实践工作，把自己的生活溶化于群团的实践生活，使方法与实践相互渗透，才不致曲解历史和历史的动向。从而对人类实践的创造的路线、方向和目标，才能尽着正确地指导的作用。

所以历史不应是帝王的年谱和伟大人物的起居注，也不应是历史事实的“层层的堆积”，而是群团的民族的平等人类的生活奋斗的武器。

在我民族抗战建国的现阶段，构成历史之主导矛盾的两个契机，一是中国民族的要求解放，一是日阀的法西斯侵略。中国民族解放的斗争，正符合了历史发展的规律和其客观现实的动向，企图灭亡中国的日阀的侵略，却是与人类史现阶段的动向背驰着，是历史前进过程上的反动力。所以说，中日战争，在我们方面是革命战争，在日人方面反革命战争。如果主导契机是属于前进的方面，我们的抗战便能演着历史的主导作用。

但是我民族和日本帝国主义的这种矛盾的拮抗的斗争，也同样反映到史学上的理论斗争。

日阀从其侵略主义的现实政治的要求上，从其反动的法西斯理论的基础上，便不能不以各种各样的方式来曲解历史，来反对历史的规律性。例如日本法西斯历史家秋泽修二，便正以此来曲解中国历史，来反对人类历史发展的合法则性、规律性，暗示出历史不是科学的结论。他说中国社会的历史，一面经常表现着“循环”和“倒退”的过程，一面中国社会自身不能打破其所谓“停滞性”，自身没有前进的动力，而是需要外力的征服，如鸦片战争与这回的日阀侵略，才能推动中国社会往前发展。这种无耻的法西斯侵略主义的历史理论，自然和中国社会历史发展过程的具体内容，丝毫没有相同的地方。然此却不但得到汉奸历史家的赞同，而汉奸历史家又以不同的方式来曲解中国历史，来反对人类历史发展之一般的法则……同样曲说历史不是科学的结论。那么，适应抗战建国的全民族的现实要求，对于历史的解释和研究，就应从严谨的科学立场上，去暴露日阀和汉奸的阴谋，粉碎其反科学的历史理论，科学地深入究明中国现社会乃至世界史现阶段的客观动向，来加强抗战建国的指导原则和实践动力，这是现实课予我们的任务。

我期望可爱的青年同学，科学地来认识本国历史，来担负民族历史这新的一页的创造任务。

一九四〇，五，于重庆北碚。

（原载《学生杂志》第二十卷六期，一九四〇年六月出版）

伟大的历史时代与史学创作

——为抗战三周年纪念而作

一

当前的中日战争，是东洋空前的历史变局，也是世界史的严重变局。

中华民族正以全民族的血肉，在创造这一伟大时代的光辉的历史，日寇也正以无比的暴力在结束其帝国主义的历史时代。这是战争的性质和战争自身的发展规律所规定的。

为争取民族解放和人类自由的我们的抗战，是现阶段人类进步动力的一个主流；日本帝国主义的侵略，是企图用暴力去延长其垂死命运的一种狂妄的反动运动，是临于剧变的世界现局中的一股逆流。表现在敌我两方的这种前进和落后，革命和反动的矛盾的斗争，是中日战争的基础，是现阶段东洋史变革过程的主导契机，体现了世界变革过程的总动向。

前进的势力，不管起初是并不强大，并不坚固，但它是走向上坡的，日趋发展，日趋成长的；反动的势力，不管在现在看来是如何强大、如何巩固，但它总是走向下坡的，日趋衰落，日近灭亡的。所以前进的势力终究能战胜落后的势力。这是人类历史的铁则。战争最能把历史的这种铁则具体地表现出来。

正因为我们的抗战，是站在前进的立场，适应着历史发展的动向，所以我们有发挥伟大的创造力的可能——自然，这还是要通过正确的指导和主观的努力，去争取这种可能性向现实性转化。敌寇正是站在倒退的立场，和历史前进的齿轮相反拨，所以，他们便无能发扬人类的创造性，只能逐渐削弱其自身的力量。这就是“我们愈战愈强，敌人愈战愈弱”的历史规律的实际应用。

所以在抗战前，从日寇的政治、经济、军事、文化各方面看来，好像都是很强大、很坚固似的；在我们看来，从这种种方面，都表现半殖民地半封建形式下的分散性、落后性，看来好像是很薄弱、很不坚固似的。然而在战争演进三周年的矛盾发展的过程中，便表现了敌人力量之逐渐削弱和我国力量之逐渐成长的矛盾对比的背驰过程；虽然敌人凭依其在战前的帝国主义的经济、政治、军事、文化势力的基础，我们所凭依的是战前的各方面都表现薄弱、表现落后的基础，所以自“七七”到湘北会战前的战争第一阶段，敌人还保持着各种力量之总和的优势（特别表现在军事和经济方面），我们力量的成长还不够，还处于劣势；自湘北战争的时候起，也可说自欧洲帝国主义战争爆发的时候起，在敌我力量之削弱和成长的背驰运动的基础上，配合着自然的社会的国际的诸条件，便达成敌我力量之相互拮抗的形式——在这种形式下，又表现着更复杂更多样的矛盾性。

这是说，在战争演进的三个周年的过程中，日寇在政治方面，日益显著地表现着阶级矛盾或反战运动的发展，表现其高潮的迭起，其统治阶级内部矛盾的白热化，其政治机构的日趋麻木；经济方面，表现着国家财政和国民经济的严重现象之“层见迭出”——公债滞销、财政奇窘、原料缺乏、工厂停闭、贸易衰落、民生困苦——表现其资本主义经济之日趋解体；在军事方面，是战斗精神的逐步衰退，兵种来源以及给养弹械等补充的日趋缺乏；文化上，一面是大群进步的科学家与知识分子遭受逮捕、监禁、屠杀种种的虐待和摧残，一面是自由研究的学术精神之完全窒息，全文化部门都堕落到法西斯主义的神道与武断的支配下……。这体现了敌寇“愈战愈弱”的必然过程。但是在我国，抗战三年来，虽有广大的领土被侵占，暂时沦于殖民地状态，众多的同胞被奴役、被屠杀、被污辱……尝受亡国奴的惨痛；然在我国民政府权力达到的区域，政治上，从战前半殖民地的形式下，出现了独立自主的国家权力的雏形，从战前半封建的形式下，踏上了统一团结的现代国家的途程；虽然，在矛盾的多样性、复杂性的基础上，还不断表现着背离的现象，但都是由于进步所引起的矛盾现象，本质上仍是随着一种迂迴曲折的途程在不断进步，不断在克服部分倒退的现象，特别表现在民众的政治文化水准的提高和宪政运动的发展。经济上，在退出武汉以前，战区和敌后的农村，遭受敌寇的强烈破坏，沿海沿江乃至后方的产业机关，备受敌寇的掠夺和摧毁；自退出武汉后，在大后方树立据点的内迁与新生的产业资本，数量上虽还发展得十分不够，还不免是微弱的，还不能适应抗战的客观要求——没有发展到客观的可能程度——但已渐次消失其从来的买办根性，而以革命的民族资本在出现——至少是在这个倾向上成长；敌后游击区的经济，正从敌寇所破坏的农村的废墟上，以进步的姿态在重新建立基础；国家的财政，始终保持着相对稳固的基础，这虽然也不断地要遇着种种困难，但都不是根本上不能克服的困难。文化上，从百年来殖民地文化和封建文化的束缚中，蜕化出大众化、中国化的民族新文化，并以一日千里的姿态在成长着。外交上，抗战不但创造出我独立自主的国际地位，而又打开了有利的国际环境……这体现了我国“愈战愈强”的必然过程。

所以在抗战第一阶段，表现敌强我弱，敌进我退，敌人的胜利和我们的失败。但是随着敌人力量的削弱和我们力量的成长之矛盾背驰的对比的进程，便形成当前敌我相持的局面。在这个局面下，敌人除偏重其敌后“扫荡”工作外，仍不断发动其进攻长沙，进攻广西，进攻襄樊……的攻势战斗；我们虽失守南宁，却又造成湘北大捷、桂南大捷以及此次豫南鄂北大捷……的胜利战果。但是历史的（战争的）规律，并不容局势长期地停滞于相持的状态，必然地要向着两极发展的。诚然，战斗的局势，今后仍是要依照敌人逐渐削弱我们日渐成长的规律性的发展，迂迴曲折的开展，尽早会达到敌退我进的驱敌出境的阶段。自然，这不是自然主义的自发的发展过程，而是要在这种规律之正确的认识的前提上，通过我们主观的正确指导和积极努力。

这说明前进与落后的两个主流，形成中日战争的主导契机，它给了战争发展的过程以决定作用。

这也就是三年来中日战争发展过程中，根本的矛盾形式的总结。

二

在中日战争的全领域中所表现出复杂的多样的矛盾，无非在体现前进与倒退、成长与衰落、发展与死亡的矛盾斗争的内在规律。但是，客观现实的发展，表现在敌我相互的矛盾关系上，表现在敌我各自的方面，并不是分子的等同的发展或机械的运动，而是一种交错复杂的不平衡发展的过程。

作为一个总体来看，我们的抗战，表现我全民族是一个进步的力量，是一个向上发展的总机体；但此不是说，全国各个区域和全民族内部的各个集团各个分子，就能同等的齐一的进步。事实上，战争愈益剧烈的发展和民族这个总机体愈益进步，便必然地要引出全国各区域发展的不平衡。

同样，作为一个总体来看的日本帝国主义的侵略势力，是反动的，倒退的，走向死亡的；但在其往下衰落的矛盾发展的过程中，却成长了反对其自身的前进势力——这就是我们如何去认识敌国人民的反战运动和其前途的契机。不过敌人方面的这种内在矛盾，却是绝对的，不能调和的，迟早会发展成为颉颃的形势而公开地破裂。

如果没有各自的内在矛盾的因素，发展是不能想像的。不过，这在敌人或我们，有一根本不同的特点，即在敌人方面，不管他主观上怎样去避免其内部的纠纷，缓和内在的矛盾，总是无能为力的；在我们方面，不但可能从主观上去避免内部矛盾的发展，而且客观上可能通过主观进步的努力去缓和它、削弱它——应该，而且只有拿主观进步的努力去克服——，敌人却没有这个可能。

因之，在抗战的初期，除去日寇素昔所培植之最少数经济买办、政治买办外，全民族的四万万五千万人民都表现着抗战的要求和参战的热情；但随着战争的延长和战争本身矛盾的发展，随着抗战所推动的民族的进步，及由进步所引起的社会诸构成的变化，便不免引起某些落后分子的动摇和倒退——如汪逆精卫之流，由动摇而倾向于投降妥协，由投降妥协的倾向而至变成公然出卖民族的汉奸——却是无可否认的。

最末，说到进步在全国各个区域发展的不平衡。近百年来，由于全国各地经济发展的不平衡，而反映着各区域革命发展的不平衡；民族抗日战争开始后的矛盾过程，又提高了这种不平衡性的发展。不过在抗战前和抗战开始后，表现着一个不同的特点，在战前许多进步的区域，现在反相对地成了落后的区域。同时，在战前，经济上较进步的区域，是帝国主义势力最深入的沿海和沿江，政治上最进步的地方，是社会矛盾最剧烈最公开的地方；现在，经济上原来较落后的西南和西北，成了前进的区域，是完全摆脱了帝国主义支配的区域，政治上则是以统一团结最进步的地方，成了最前进的区域；质言之，战前政治的进步，是由社会矛盾的剧烈形势去体现，战时政治的进步，则须由统一团结去体现。这种不平衡性，一面也带来了一些矛盾，一面正表现着进步向着全面发展的倾向，表现着抗战前和战时不同的进步过程——体现着半殖民地半封建的旧中国在走向死亡，独立自由的三民主义的新中国正在成长。

这就是在我们抗战建国过程中，由于进步，由于旧中国的死亡和新中国的成长所带来的内在矛盾诸关系。这里虽然体现着前进与倒退、成长与衰落、发展与死亡的矛盾过程；但是走向进步、走向成长、走向发展的方面，是运动的主导，是全中华民族；走向倒退、走向衰落、走向死亡的方面，是旧中国的残渣，是民族内部最小的部分——如汪逆精卫之流。所以说，我们的矛盾，是走向进步、成长、发展过程中的矛盾，这种矛盾是可能被克服的。不断从抗战营垒中逃避出去，从民族集团中堕落下去的——如汪逆精卫之流，不过是机体内的个别细胞的死亡，或废物的排泄。反之，在战争过程中，体现在敌寇方面的矛盾，却是走向倒退、衰落、死亡过程中的矛盾，那是不能被克服的；不断从其内部分裂出来的，正是最进步、最活跃的社会因素。

三

表现在敌我战争中的矛盾诸契机、诸关系，在全面斗争的过程中，也同样延长到意识形态方面的斗争、文化的斗争——这首先表现在不同的宇宙观，特别是历史观方面。

在历史观方面，在敌寇，为着要制造其反动的侵略的历史根据，为着要实行去控制其国内民众的思想，为着要实行来麻痹中国人民的脑筋，便不能不堕落到反动的神学和复古主义的方面去，用神学或假科学的观点，去解释人类的文化和历史——他们和希特勒、莫索里尼一样，科学只是神学的侍婢，任神学去施行残暴；而那种被神学的残暴所污辱了的科学，原来也只能算作假科学。

因之，在他们——日本法西斯匪盗看来，日本民族正是神的子孙，正是“得天独厚”的“最优秀”的人类，其他东方民族都是“劣种”。他们的发展，他们的困难，有“日本神”不断地吹送“神风”来扶助；他们对外的残暴野蛮的侵略，也正是坐在“神社”中的“日本神”意志的体现；“万世一系”的“天皇”，则正是最高“主神”的化身。这种意识形态，自然也不算奇特，而是初期国家的奴隶制时代一般存在过的特征。然此却说明了日本法西斯文化的堕落和倒退。

在他们看来，人类的文化正是“今不如古”的，历史的运动正是一种循环的运动，历史上的兴盛时代都是复古时代，所以开倒车的复古运动，正是人类创造性的表现。

因之，他们一面以神学的、武断的观点去解释日本史，在日本大众的面前宣扬神的观念，培植“神社”的威信，企图以这类无知的武断，去封锁大众的耳目，使大众肯降心为侵略主义服务；一面在中国人民面前，来宣扬其所谓“东方文化”、“王道主义”、“儒学精神”！……这自然完全在表现其毒辣的文化战略的意义和作用，在利用我们的弱点，配合其军事政治来实行文化的进攻，但同时也表示日寇在文化上的倒退和复古的反动性。

就是以假科学的姿态出现的日本法西斯主义的历史理论的宣传，也是和神学史观的“日本精神”完全一致的。这主要表现在秋泽修二等的对中国历史的解释。例如秋泽修二在其《支那社会构成》一书中，表面上还装成一种科学的样子，承认中国社会发展之“一般的”规律性，骨子里则对于所谓“中国社会的特殊性格”，与以神学的夸张，集积着黑格尔、马扎亚尔、沙发诺夫、托洛斯基、波格达诺夫、“陶希圣一群”……对中国史所作的种种有意无意的错误论点、以至马赫主义的哲学理论，而达到中国社会发展之“倒退”、“复归”、“王朝同型”、“循环过程”，甚至是“停滞”的、“静止”的结论，并由此达到“中国社会自体内”不能“发生”进步的“生产方法”，去打破其“停滞”的、“静止”的局面，而是要依赖于外力的“侵入”的结论（依赖“欧洲资本主义之侵入”来创造“中国经济之近代化的过程”的“转机”，依赖“皇军的武力”来“予中国社会之特有的停滞性以最后之克服”）。这较之其主子日阀口中的“东方文化”、“王道主义”、“儒学精神”……并无若何新内容；他不过把“东方文化”转译为“中国社会特有的停滞性”——即所谓“亚细亚的停滞性”，把“儒学精神”转译为“父家长制”的“集权的专制主义”，把“王道主义”转译为“停滞的”中国和“前进的自立的日本之结合”的“东亚新秩序”。他只是借着一件历史科学的外衣，以便利其毒素之传播。

日阀口中的“东方文化”、“王道主义”、“儒学精神”，最易符合郑孝胥、王克敏、梁鸿志、陈中孚一类旧社会残渣的脾胃，他们为着要表示其“亡国大夫”的恭顺，也不能不磨尖一付狗嘴来叫器。改变装束的秋泽修二等法西斯主义的假科学的历史理论的宣传，便最能符合周佛海、陈公博、梅思平、罗君强等一类汪派汉奸的脾胃，何况“鹦儿学语”，他们也不能不响应其主子的文化号召。虽则像秋泽那种假科学的理论，我们中一些在历史科学上素养不够的人士，也容易受其影响，那却是又当别论的。

在敌寇和汉奸的神学史观或复古主义的正反面，展开了我们的史学的阵容（广义的说，全面的民族文化运动的阵容）。

适应着抗战建国事业之现实的光辉的要求，我们在文化战线上所表现的史学研究的方针，在于科学地、阐明历史发展的具体过程和其合法则性、规律性，指陈眼前的世界和中国社会的动向，存在于各种现实问题中之多样复杂的矛盾转化的倾向，提高实践的正确性，加强实践的动力；在于科学地、批判地分析过去的历史文化，从创造三民主义的民族新文化的基础上，继承民族文化的优良传统，吸收世界文化的优良成果；在于科学地打击日寇和汉奸的神学史观和反动的复古主义的宣传理论，暴露其侵略主义或卖国理论的本质，然而在过去的三个周年中，我们在这方面的工作还是不够，成绩还相当微小——只是对战略的研究方面，却创造出光辉的成果。

但在伟大的抗战建国这一光辉的历史事业的实践过程中，理论通过这样活生生的实践工作，愈提高了我们对于历史法则，特别是历史本身之活生生的具体性的认识。这对于现阶段中国社会性的认识上，有着更显明的意义。

在抗战中（正确地说，自“一二九”以后），我们提出对民族文化的优良传统的继承，因此展开了对民族数千年来的哲学思想、政治思想之史的研究。这从表面看来，一若和敌寇口中的“东方文化”、“儒学精神”相类似的，实际上敌我是“背道而驰”的。我们是从前进的创造三民主义的民族新文化的基点上，适用进步的历史科学的观点，批判地去承继民族的遗产。所以我们的出发点是进步，是科学；而敌人的出发点则在麻痹中国人民的脑筋，是愚阉，是倒退，是复古。我敌两者间反而正形成着一种前进与倒退的对立斗争。虽然，在承继民族遗产这一口号下，我们民族抗战的文化战线内部，也发现着或

“过”或“不反”的偏向，即一面表现着脱离科学的批判的立场和保守的倾向，另一面则表现着对传统文化的估价过低；但这也仅是两种不良的倾向，在他们原来的出发点上，前者并不同于敌寇的复古主义，后者也非同于盲目的反古。

在抗战中，基于民族抗战的战略和策略研究的要求上，我们重新展开了革命史、近代史乃至外交史的研究。在这里，特别从中国革命的实践过程上，获得正确的结论和光辉的成果。我在拙著《关于中国社会史的诸问题》中说过：

孙中山先生所领导的反帝反封建的民族革命的指导原则，以至蒋委员长所领导之反日反汉奸的民族抗战的指导原则，都是基于半殖民地半封建社会形势上的客观真理。孙中山先生从中国社会的这种客观形势出发，而作出民族革命实践上之“阶级调和”的结论。“阶级调和”就是中国革命各阶级阶层在民族革命实践任务上的团结合作，去反对民族共同的敌人。他的“农工政策”正是这一原则的实施。蒋委员长从中国社会之半殖民地半封建性的认识的基础上，配合当前民族革命的新形势，在反日反汉奸的民族革命的实践要求上，而作出全民族“统一团结”的结论。“统一团结”就是全民族内部一切抗日势力抗日民众在“抗战建国”的实践任务上之团结合作，去反对民族的共同敌人——日本帝国主义和汉奸。

在辛亥革命国民革命……以来之民族革命的实践过程中，从正面和反面都证实了这种认识是客观的真理，即中国社会之半殖民地半封建性，以及全民族内革命各阶级阶层在“革命建国”或“抗战建国”的实践任务上之团结合作的必要，是客观的真理。

托洛斯基等人曾断定中国现阶级是资本主义社会。而资本主义社会革命的主要形势，是无产阶级和资产阶级的斗争。这在文词上似乎是最“左”的，而其实应用到实践上，便不独在取消反帝反封建的任务，而且在破坏民族革命势力的团结，反教他们去内战。这如果应用到民族抗日战争中，便最能便利日本帝国主义来灭亡中国，便最能为日本帝国主义所赞成。然而将近三年的民族抗战的事实，却无情地粉碎了托氏等人的谬论。

陶希圣等人曾断定中国现阶段是末期封建社会。末期封建社会革命的主要形势，是革命的市民阶级对封建统治阶级的斗争。这样用到中国革命的实践上，不独在取消民族资本者集团以外的革命势力的存在和作用，而

> 且也在取消反帝斗争；这同样要归结于破坏民族革命势力的团结和取消革命。如果把这种结论应用到民族抗日战争中，也同样是最能便利日本帝国主义来灭亡中国，而为日本帝国主义所欢迎。而民族抗战的事实，也粉碎了这种谬论。
>
> ……但是依照托氏等人的上述结论，便不应反汉奸；依照陶希圣等人的结论，便不应反日而只应“反共”……
>
> 所以上述两种谬论，都是和三民主义的理论完全没有相同的地方，都是和孙中山先生及蒋委员长的中国革命方法相敌对的，和全国人民的要求相敌对的，是违反客观真理的。(载《理论与现实》二卷一期)

在抗战中，为着推进三民主义民族新文化的建设，为着打击日寇汉奸的神学史观和假历史科学的理论，为着纠正民族文化战线上实验主义等流派的历史理论的谬误，我们又进行了历史理论的批判工作。在这里，我们民族文化战线上的实验主义等流派的历史理论，由于在方法论上的假科学性，由于对多少实际问题上的偏向，形成其对民族历史的偏向的见解，往往在历史研究上，和敌寇达到不谋而合的假科学的结论，客观上，反而替敌寇的毒素的理论宣传开辟了地盘。但在他们的主观上，我相信不是故意歪曲，其出发点仍是在宣传抗战，在追求进步；在他们的理论中，仍包含着不少进步的科学的成分。所以他们和敌寇汉奸之间，虽在形式上同是一种假科学，根本上却也能表现着相当的敌对性。

四

基于上述的史学研究的根本方针，在抗战三个周年的过程中，我们的历史创作，就其主要的性质说，大体上也可以分作如次的三个方面：一方面，属于与民族抗战的战略和策略研究有关的作品，已出版的有：中国现代史研究会的《中国现代革命运动史》(闻又在重编)、陈昌浩的《世界革命史》、曹伯韩的《中国现代史常识》；尚未出版的，有华岗的《中国近代史》、拙著《中国民族解放运动史读本》；翻译本有《联共（布）党史简明教程》及《苏联内战史》

等；论文有黄松龄之《中国近百年社会史论纲》（载《中苏文化》四卷三期）、胡绳的《论鸦片烟战争》（载《理论与现实》一卷四期）、许涤新的关于抗战期中的中国经济的论文等。一方面属于民族的哲学思想、政治思想及通史的创作，即是基于民族遗产的继承与民族历史发展的过程等方面所作的研究，有“七七”前夜出版的拙著《中国政治思想史》、“七七”以后出版的，有向林冰的《中国哲学史纲》，闻已在印刷中的有谭丕模的《清代思想史》，闻已脱稿而未付印的，有陈伯达的《中国古代哲学史》、吴泽的《中国社会史大系》上册及《中国社会史读本》等；论文方面，如吴玉章的《研究中国历史的意义》（载《解放》五十二期）、潘梓年的《新阶段学术运动的任务》、侯外庐的《中国学术的传统与现阶段学术运动》、李何林的《五四以来的中国文艺思潮的发展》、柳湜的《中国宪政运动的几个阶段》（均载《理论与现实》），以及《中苏文化》的《孙中山先生逝世十五周年纪念特刊》和本年五月号所载之关于这方面的许多论文，多系有价值之著作。一方面，属于历史理论批判方面的作品，有翦伯赞的《历史哲学教程》、《中国历史科学中的实验主义》（载《读书月报》三卷三期）、拙著《日本法西斯的中国历史观与三民主义的中国革命》（载《中苏文化》前揭纪念特刊）、《关于中国社会史的诸问题》（载《理论与现实》）、《谈史学》（载《学生杂志》）等。三年来，全国报章杂志发表的历史论文甚多，均不及一一详为叙录；其他我所不知道的史学专著或译本，当属不少，亦未能提及。

这不独表现在量的方面，还十分不够，而且在质的方面，就我所知道的，还表现着不少的错误和缺点，虽然在大体上有着相当的进步，在一般上表示着方向的正确。

在这里，不必叙述各家著作的优点和成就，只就一些主要的缺点和错误来自我批判——但也只能就我所见到的一些著作来说。

首先是方法论上的机械论的倾向的残留。例如许多研究者，对于“五四”前夜的中国民族资本发展的认识上，都单纯归因于第一次帝国主义的战争，而完全无视辛亥革命那一成功的侧面所给予的作用。在这里，我们自然不容忽视第一次帝国主义战争所给予的影响之重大，可是仍系一种外在的影响；同时，辛亥革命虽然是失败了，但我们不应无视其成功的方面，易言之，假若没有辛亥革命所创造出的一些条件，则大战期间中国民族资本的发展，便是不能想像的。所以像一部分研究者那样颠倒的看法，便可能培植政治上机会主义的偏向。这不过是一个例子。

其二，是方法论上观念论倾向的残留。例如有些研究者对于中国史发展诸阶段的划分上，不从生产力和生产关系之矛盾统一及其分裂过程上着眼，反而把重点放到意识形态方面。他们看见古代希腊哲学和科学有相当发展，中国从春秋到战国时代的哲学和科学也有相当的发展，便由此断定两周也是奴隶制。自然，意识形态和社会下层基础是相适应的，我们可能从意识形态方面去俯瞰下层基础；但此不是在意识形态之发展程度的形式上，而要在于其内容的特征的分析上。同时在这里，除古代希腊乃至罗马而外的古代埃及、古代西南亚细亚各国、古代俄国、古代日本等等各国历史的具体内容如何，便完全没有引起他们的注意。所以两周的社会虽至今还没有得到最后一致的结论，还可以作为另一问题去讨论，而他们那种首尾倒置的方法论，无论如何也是不妥当的，是观念论的偏向的表现。这也仅是一个例子。

其三，向林冰氏在其大著《中国哲学史纲》中，对于中国社会发展形势的了解，误采了秋泽修二的意见，我在拙作《关于社会史的诸问题》一文中已附带批评过，并蒙向氏在原则上接受我的意见，承允修改。但是误受秋泽修二影响的，正不止向氏一人，所以在这里，我还不能不提及。

其四，在中国哲学史的研究上，如陈伯达氏等对于老子哲学，一面认识老子是没落的封建小领主，这是正确的；但同时又认为老子在哲学思想上，是一个辩证唯物论者（见《解放》，陈伯达：《老子的哲学思想》）。没落的封建领主而能在哲学上以辩证唯物论者的面目出现，这是不妥适的——至少是值得商讨的。这也仅是一个例子。

其五，表现在历史科学批判方面过火的倾向。如翦伯赞对于实验主义的史学方法的批判，曾强调地批评胡适等实验主义者在“五四”时代之毫无批判地打击中国古典的“圣贤经传”。毫无批判地盲目地反古，自然是不对的，需要批判的；但他们当时在反传统的封建文化的“革命运动”高涨的时代，对于其所反对的旧文化，自易流于过激的偏向。所以我们在这一点上的批判，应从其在革命的实践情况上出发。同时，在五四运动中，实验主义者和各派社会主义者是联合战线的；前者之反对社会主义，是在其完全堕落到改良主义以后的事情。翦氏在这一点上既已把时间性混淆，便自易忽视“五四”时代的各派联盟的作用和“五四”运动的历史意义。“五四运动”不但对其后新文化运动有着启蒙的功绩，在政治上也可以说是国民革命的前哨战。同时，实验主义者在当时曾起过革命作用，也是不可否认的。这也不过是一个例子。

此外，在我们过去三年来所有的历史著作中，还有不少值得自我批判的较次要的论点，这里限于篇幅，暂不论及。

另一方面，关于战前遗留下来的中国社会发展诸阶段划分的问题，依旧没有达到最后一致的结论，所谓中国社会的“停滞”性问题的讨论，还没有继续展开。在抗战中重新提出的：关于民族文化遗产的继承问题，关于中国哲学史上的诸问题等，不但还没有达到最后的结论，而且在讨论上远未曾深入。在抗战建国的实践上所发生的其他许多现实问题，都需要历史家来提出更正确、更具体的解答；对于敌寇和汉奸的有害的历史理论，也需要予以更根本的打击……

因此，我们更当加紧努力，去克服过去错误，解决那些还待解决的问题，根据现实向我们提出的迫切要求，使历史研究工作与抗战建国的实践工作获得一致。虽然，在抗战中，由于文献史料之被暴敌毁灭、盗夺，以及遗失和分散，我们生活的流动无定，增加了研究进行的困难，不过，这都是并非不能克服的困难。

一九四〇，五，十六，重庆。

（原载《中苏文化》抗战三周年纪念特刊，一九四〇年七月出版）

本国史研究提纲[①]

一

历史不应是王家年谱、伟大人物的起居注，或材料的“层叠堆积”。但这不是说，应该否定伟大人物对历史的创造作用，或元恶巨憝对历史的反动作用；恰恰相反，历史家不能否定人类对历史的创造性，也就不能否定革命领导者等等英雄人物或反动统治者等等反动人物的政治思想、观点、主张和行为对历史所起的或正或反的作用——虽则，人类的主观，在究极上，并不能改变客观的历史规律。

历史研究的任务，在究明历史自身的运动和发展过程的规律性，把握其现实的动向、以及构成历史动力的诸契机与其主导从属的关系，去指导人类社会生活之现实奋斗的方向，提高对历史创造的作用——加强指导原则和实践动力；同时，适应现实的要求，科学地批判地继承过去人类文化的优良成果——承袭民族文化的优良传统，吸取世界文化的优良成果。所以历史是科学，是“一切科学的基础”，是人类生活奋斗的武器。

历史科学发展到现代的水准，由于人类学、民俗学、考古学、语言学、古生物学以至天文学、地质学等科学部门的帮助，对于全人类历史的发展过程的一般的客观规律，已能认识。近数十年来史学和上述各门科学研究的成果，更

---

① 编者注：著者一九六一年版《中国社会史诸问题》一书未收入本文。

确切证实了这个规律。这种一般性的规律，虽不能排除个别国家个别民族历史发展的特殊性，但却是最基本的决定的规律。

但也还有不少的贵族文人和资产阶级学者，怀疑甚至否认历史是科学。他们不但反对历史唯物论，如同反对达尔文的生物学一样，而且反对考古学等部门的实地发现和研究的成果。但周口店、爪哇、海德堡等处所发现的猿人，连稍有科学头脑的资产阶级学者，也公认那就是人类最初的祖先。猿人从地球上不同的区域中发展为人类后，考古学也证实了他们对于劳动工具的制造和使用，都沿着同一的途径顺序演进——这不但为地下所发现的旧石器各期和新石器各期遗物所证实，且又为对各原始民族社会的数十年研究的成果所证实，这不但给予我们以研究无文字记载阶段的人类社会的“残骸”，并使我们得以认识太古社会面貌的大概轮廓。这都不是可以怀疑的材料，而是历史规律性的说明。

形而上学的机械论者和唯心论的实验主义等流派，他们虽亦承认历史是科学，但机械论者从外在矛盾的观点上去歪曲历史的规律性，唯心论者以头尾倒置的伎俩去隐蔽历史的规律性。所以科学一载入他们的字典中，便成了一种假科学。机械论之另一流派的经济主义者，他们则否定人类对历史的创造性和个别特定人物的作用，或从世界史发展之一般性的基础上，否定个别国家个别民族历史的特殊性。所以在他们字典中的历史科学，不但是“社会一般”或“进化一般”的公式主义，且又是庸俗的进化论。

在中国历史的研究上，史学开山司马迁，已知道把“日者”、“游侠”、“货殖”等排入“列传”，虽则他还没有设想去探究历史的规律性。到司马光作《资治通鉴》，便一反其前人“家法”，庸俗地作成王家的年谱。近代中国实验主义的历史家，他们虽极力反对儒家的“道统”观和“记豆腐账”的作史方法，但也只作出“上古”、“中世”、“近世”之时间推移的抽象结论，或“神权”、“王权”、“民权”之政治形式划分的粗浅结论；他们甚至连孙中山先生的“人与自然斗”、“人与神斗”、“人与人斗”的历史概念也不肯承认。应用历史唯物论来研究本国史，是近二十年来才开始的，然至今还没有产生一部正确的中国通史。

抗战建国中的民族革命的战略和策略，都要依靠历史作指南，根据历史和社会现实情况作出决定；当前一切实际问题，只有历史能给予正确的解答，能指示我们实践的方向。所以在目前，对本国史的科学的研究，是迫切需要的。这个提纲的提出，意在对于研究本国史的青年，能给予些许帮助。

二

（甲）对头绪繁复的中国史，根据正确的方法，去和世界史作一比较的研究，是必要的。

在过去，不少新史家对方法论的把握欠正确，对世界史知识也认识不够，所以一提到奴隶制，便以古代希腊、罗马作标本；一提到封建制，便以“中世”日耳曼为“典型”。实则我们对古代希腊、罗马和“中世”日耳曼社会，也还应从世界史的比较研究上，去分别出奴隶制或封建制之一般的诸特征和其特殊的构成形态。过去我们的研究者，是把“古代”希腊、罗马社会构成的全部面貌，当作奴隶制的一般应具的面貌；同样，把“中世”日耳曼社会构成的全部面貌，当作封建制的一般应具的面貌。他们依照这种标本或“典型”，到世界其他各国历史中去寻找奴隶制或封建制阶段。

具体的历史指示我们，只有当人类史还在进行所谓“采集经济”的原始人群的时期，不同空间的自然条件的差异性所给予的影响，还不甚显著；但当人类史一进入到所谓“生产经济”的阶段，即开始进入到氏族制以后，自然条件的差异性（和其他外在诸矛盾），就显著地给予世界史各部分以各自的特殊性。我们和唯心论者不同的地方，就是他们只看见特殊性。我们和机械论者不同的地方，就是他们把特殊性和一般性对立；我们则从一般性的基础上去认识特殊，去把握特殊性和一般性之矛盾的统一。

（乙）在中国历史的发展过程上，汉族和国境内其他部落和种族的相互关系，在社会经济和文化生活上，有着相互影响相互帮助的作用；而对中国社会起了阻滞作用的五胡十六国、北朝、辽、金、元、清诸王朝，对中国社会发展的形势所起的强烈影响，应予以足够的估计。这些民族，今日又都成了中华民族的构成分子，即中国境内的兄弟民族。

在今日中国境内，构成中华民族的各兄弟民族，大致不下几十个。

虽则汉族文化是中国历史发展的主导成分；然以整个中华民族为对象的中国史，便不应作为单纯的汉族史去把握。这是说，不应从“大民族主义”的观点上，而应从马克思主义民族问题的原则上，来整理我们中国各民族的历史，中国历史应包括中国境内各民族的历史；所以对于各少数民族及其历史的研究，是本国史研究部门的一个重要部分。

（丙）中国历史发展的过程，在世界史一般发展法则的基础上，具备了独有的特殊性，特别是封建制时期比较长。我们的研究，应力避抽象的原理式的叙述，而要尽可能去发现活的历史的具体面貌。

（丁）史料的整理和选择，在中国史的研究上，还是一个繁重的工作。第一由于许多文献和文化遗物散失国外；第二由于“托古改制”与真伪著作的杂陈，致一部分古书的记事和其时代性，显得异常混乱；第三由于地下埋藏物的发掘，还在零乱而无计划的手工业阶段；第四由于对境内其他兄弟民族社会的研究，可说还没开始——除去中山大学曾在西南作过点滴调查……这自然不是说，要等待这些问题的全部解决，才能解决本国史的问题；只是说，这些问题的全部解决，便可能使我们达到最完满的结论。也不是说，既有的史料不够说明本国史；只是说，从来的疑古家对古史辨伪和史料整理等工作，虽有相当成绩，却没有替我们解决问题，应用正确方法的史料整理工作才算开始——如郭沫若对甲骨文、金石文的考释和我们对于散在古书中的神话传说的整理等等。

所以，在今日，进行本国史的研究，在史料方面，便不只是整理、考证和选择，还要系统地进行搜集、发掘和实地调查研究。

三

（甲）“开天辟地”的儒家的道统历史观，自未能符合人类历史的发展规律和具体内容；然而只把文字记载的时代作为历史的开始，一若人类社会一开始就有较高度的文化，甚至有国家，并已有专司记载的“历史家”，无条件地把传说时代否定，也不能和历史的发展规律与具体内容相符合。

（乙）与有巢氏、燧人氏到伏羲氏等传说人物相结合的神话，能说明原始人群（Heird）和图腾制（Totemism）的主要诸特征，并不是偶然的。

周口店发现的猿人，已知道用火，据布兰克（Black）医士等的解剖，证明他与现代华北人体的构造相近。这可能与传说中的燧人氏相结合。

根据鸵鸟卵与热带鱼类化石等的发现，地质学家又确认华北与内蒙古等地区在太古某时期会是热带，内蒙古等地区的瀚海是当时热带的内海。人类学家认为那最适宜于原始人类的居住，又具备着由猿到人的发展诸条件，是人类起源地之一。虽然，根据新石器等遗物的发现，已证实新石器期的商族由东来——沿黄河由东向西；夏族由西来——沿黄河由西向东；而商族原先又是由今东北沿海南下到山东半岛的，他们都大抵是起源于今华北内蒙古等地区的人种，在长期过程中向四周散处的。

（丙）与“黄帝”到“尧”、“舜”、“禹”等传说人物相结合的神话传说，能说明母系氏族制的主要诸特征，也同样不是偶然的。

“唐虞禅让”的传说，是两个军务酋长的选举和原始民主制度的被歪曲了的反映。

陕、甘、晋、豫等省境内所发现之仰韶系新石器时期文化遗物，恰与母系氏族制时代的劳动工具相适应；专家解剖其随同出土的人类遗骸，也认为与现代中国人体构造相近；传说所述“黄帝”到“尧”、“舜”、“禹”所散布的地区，主要也不出陕、甘、晋、豫。——儒家对传说人物的安排是混乱的，舜为所谓“东夷之人”，原系商族的一个祖先。

（丁）与“夏代”结合的传说，除去后人的附会外，也只能暗示出氏族制末期的诸特征；与之相当的是仰韶系各期出土的金石器遗物。

“夏禹传子”和“启”、“益”互斗的传说，是母系氏族制开始转入男系氏族制的说明。所以在“启”前，“圣人皆无父”，皆“知母不知有父”，没有父系的血统世系可序；从“启”后，便能叙述父系的血统世系了。

“尧”、“姚”、“虞”、“夏”可能是一字的音转。传说中所谓“唐”、“虞”、“夏”各代，是散在同区域内的夏族的前后名称。

（戊）“成汤革命”，是中国史上第一次革命，它推翻原始公社制，创造出第一种形态的国家——奴隶所有者的国家。

在“夏代”，已出现了家内奴隶和古代市区；氏族公社已开始演化为地域性的农村公社的萌芽。

商族在“殷革夏命”前，为掠取奴隶和耕地，曾扩大地进行了征服其四周各异族的战争——灭皮、灭温、灭有洛，伐葛、伐韦、伐顾、伐昆吾……

“成汤革命”完成的历史任务，据后人写作的《商书·仲虺之诰》所说，是从“无主”的状态中，树立起强制性的政治权力、确立私有财产制度（例如说：“天生民有欲，无主乃乱”“天乃赐主智勇，表正万邦”）。汤并且和人民约法：取缔民主集会的“巫风”，禁止侵犯他人财物的“淫风”，排除不信任首长权力的“乱风”。

（以上参阅拙著《中国社会史纲》）

四

（甲）殷墟是盘庚以后的殷代首都，遗物中虽包括不少前代的遗物；然而自汤至盘庚时期的地下遗物，尚无系统发现。

从殷墟的房屋遗迹考究，它是一个至少包括十平方华里、又是版筑房屋连比的古代都市。在市区中发现有大规模的冶炼遗址，并已有较高度的冶炼术；就出土之炼钢镕炉考察，估计每次能出铜十数斤；同时发现有兵器、铜器、骨器等手工工场的遗址；又发现有规模宏大的宗庙等建筑的遗址。

从出土遗物的埋置情形，特别在后冈所发现的龙山期、仰韶期、殷墟期的遗物，确证出土的石器等，是不再使用的或被残留下来的前代遗物，或系战争中缴获他族的器械。

殷人自己手作的有系统的文献，周初的周人曾说“殷之先人，有典有册”；然除有“典”、“册”残留下来的零乱的甲骨文外，在《商书》中，还只能证实《盘庚》、《微子》等篇是可靠的。

（乙）殷代原先的首都是商邑（“邑”的原始意义是公社，某些公社发展成为城市后才改变其含义的），系以地名为国名。当时殷人自称曰“大邑商”或“大国”，周人则称之为“大商”。

史称殷人自契至成汤凡八迁；按《史记》所载世系（甲骨文已证明其可

靠），在相土前三世凡五迁，自相土至汤十三世才三迁。殷人又祀相土为农神，是其从相土时起已开始进入定居的农业阶段——发明农业应在相土前。

（丙）战争占夺的土地是公有的，原来的土地是氏族所有的，这两种所有形态矛盾斗争的结果，随同青铜器工具代替石器工具的支配地位和国家的出现，归结为土地国有。“盘庚迁殷”运动的政治背景，是国家土地所有和氏族土地所有的两种形态之最后一次斗争。

（丁）殷人自己的农村组织，为农村公社的组织形式，仍保持若干氏族的联系，不过在这种农村组织的内部，包括着奴隶主、贵族、一般自由民（即平民）和奴隶的阶级构成，所以它实质上已成为一种地域性的组织。在殷人统治下的被征服“异族”，一面容许其保持原始公社的机构，及氏族共同体的内部生活；一面则强迫其向国家贡纳物品和奴隶，其原来的公社首长，至此便以国家的税吏或代理人和公社首长的两重人格出现。所以周初有所谓“殷民×族”的记载。

（戊）甲骨文指明殷代的农业和牧畜业都已颇发展；又指明了牧畜业已走向下坡，农业已获得支配地位而向上发展。

手工业有专门的分工；冶金术、兵器制造、骨器制造、土木建筑等手工技术，都已达到较熟练的程度，并出现了各种手工工场。

以奴隶买卖为主要内容的商业，有往来数千里外的商队的组织；殷墟是当时最大的都市。

奴隶是主要的直接生产者：参加农业、手工业、商业交通及家内服役等劳动，并为贵族歌舞。此外只有平民参加生产，家畜也参加了农业和商业交通的劳动。在殷代末期，并令奴隶参加军队——原来是禁止奴隶当兵的（均见甲骨文）；同时，平民已贱视劳动。另一方面，有完全脱离生产劳动的僧侣贵族和世俗贵族的集团存在。

家族财产所有，代替了氏族的财产所有。

（己）殷的军事和政治势力，据甲骨文记载，北达燕营、西北达陕甘、南达芈潜、东南达浙江上虞一带、西南达四川（蜀）。

（庚）国王是军事的首领。征战的主要目的，在征服“异族”、掠取奴隶。

王位的继承，兄弟相及和父子相承并行（古代罗马且有翁婿相承的事情），因为奴隶制时代的国王，必须是一个勇敢善战的军事指挥者。

婚姻制度，有一夫一妻及一夫数妻的记载。其实在资产阶级国家以前的国家存在的时代，统治者特别是国王的一夫多妻，是到资本主义时代才减少的；资产阶级虽然标榜一夫一妻制，但以设娼和玩弄同僚妻女作为补充；只有无产阶级才能真正实行一夫一妻制和贯彻平等的两性生活。

（辛）宗教上，有崇奉“天帝”的一神教，那就是遗留到后代的巫教。

哲学上，在殷的末期，革命的周人把握了朴素的辩证唯物论而演为“八卦”哲学，达到了对客观世界认识的盖然性的正确。奴隶主阶级则有掌握在巫教僧侣手中的神学。

科学上，有暗合于阴阳历之相互参照的天文历数学的发明。

文字进到形声字的阶段，今日已考出的甲骨文字，为一千五百个左右单字。

（以上参阅拙著《中国社会史纲》和郭沫若的《卜辞通纂》等）

五

（甲）甲骨文的“命周侯”等记载，证明周是殷代国家的属领。“武王伐殷”不是外族的征服，而是社会内部的革命。随同周人“伐纣”的，有被压迫各“异族”，并有奴隶参加；在战斗的过程中，反革命阵营里又发生了奴隶军队“倒戈”的情形。

（乙）革命前的周族社会，还在原始公社制末期。殷在其末期对奴隶和属领各“异族”的强烈压榨，引起奴隶的逃亡和属领各“异族”的反抗。在周族，由于铁的发明，益以优越的自然条件，农业获得迅速的发展，它因而成了反殷的中心领导。

山东是殷人的集中地区；殷的首都被革命军占领后，奴隶所有者集团便退到山东，仍继续其反革命的挣扎。武王死后，以管蔡为首的周的内部氏族保守势力，又与以武庚为首的殷的残余势力联合反对革命。所以革命的军事行动，实继续了一个很长的时期，周公、太公是武王死后的两大革命领袖，以“周公封鲁”、“太公封齐”去从事镇压，可见山东是当时反革命势力的最后巢穴。

推翻奴隶所有者统治的胜利，并不是意味着封建制即已在全国取得胜利；而是在殷代奴隶所有者社会的废墟上，进入了建设封建制度的过渡期，经过了二百几十年。在过渡期中，封建制不断上升，封建制的成分不断扩大，残存的奴隶制及氏族制不断衰退，其成分也不断缩小，最后树立起封建制在全国范围的支配地位。

（丙）经过过渡期和封建制在全国范围的胜利，到春秋初期的齐国，冶铁事业已很盛行，实行盐铁专卖，并已有冶铁风箱的发明。赵鞅时代的晋国和原先最落后的吴越也相继发明了冶铁风箱。所以自春秋到战国，不但在农业上的牛耕用铁犁，兵器也改用铁制了。

（丁）周初所封“八百国”，不只王的左右，还有各族酋长和投降的殷贵族；受赐者又依次分封其左右。金文等周代文献所载，受封地者又同时受爵——公、侯、伯、子、男等——并有男服、侯服、甸服、卫服等封邦性质的区别。因而不但形成天子、诸侯、大夫、士各级从属的领地，而且形成等级的爵位和身分。

赐赠的采领，不是单纯概念下的土地，而是连同土地上的人民。

领地内居住着领主、领主的家属、左右、家内服役的贱奴，担任手工劳动的工奴，担任农业劳动的农奴（小人、庶民或农夫）等。领主有军事、政治、经济的独立支配权——只对上级有从属关系。天子、诸侯、大夫、士都有自己的领地；士是中上级领主的扈从。

农奴向领主缴纳劳役地租、贡物和担负徭役，领主分给农奴以分有地；工奴替领主生产手工制造品，领主则给予工奴以衣食；贱奴为领主担任家内杂役外，有时并为领主到领地外去购运境内没有的货物，他们被束缚于领主的家内；领主常把农奴、工奴或贱奴随意转赠或买进卖出。

但是在西周，不只在新兴的封建庄园以外残存着奴隶制以及氏族制的生产，在新兴庄园内也有这种成分；它们并占有相当比重——虽然在不断衰退与缩小。

（戊）到春秋，由于生产力的进步，领邑内出现了独立手工业者和商人，因而临淄、曲沃、咸阳等等地方领邑，便相继成为中世早期的都市。

从春秋末开始，特别到战国，一面由于领主对商人的借贷关系，出现了商人的土地占有；一面由于劳动生产力的提高，开始出现了现物地租。这种土地占有和地租形态，到战国末期已很普遍。同时，高利贷、商业资本、手工业和都市也更为发展了。伴随这种新兴封建地主的土地占有，也出现了小土地所有者。同时便相应地出现了雇佣佃耕制，并出现了地主自己经营和“为人佣耕”的雇农。

在点面交错的土地占有新形态下，由于都市的发展，新的土地占有者要求冲破领主的领地管理和其组织形式，而易之以联合管理机关的郡县制。在这里，原来的地租便开始分裂为租和税。

（已）基于各级领主土地的占有形态，形成封建等级的从属关系和尊卑制度，及法律上的身份的反映。

基于领邑组织和财产及政权承袭的特性，形成家系身份地位的世袭制和亲属系统的宗法制。

（庚）厉王时的连年大旱灾，摧毁了西周的农业，再加以西北蛮族的进扰，乃有平王的“东迁”。

周室权力的旁落和“五霸”的继起，正由于西周经济的衰落和郑、齐、晋、秦等封邦经济的发展。以“五霸”为首的封建主间土地兼并战争的展开与扩大，又是初期封建制内在矛盾发展的必然结果。

土地兼并战争的扩大与持续，一面是若干中小领主的没落和灭亡；一面又削弱了各“国”诸侯，由于财政和军费的困难，不得不向商人举债，同时却壮大了各“国”权臣大夫和商业资本。也正因为商业资本向着高利贷资本的偏向发展，商人又成了新的封建土地占有者。在这种情况下，形成了“七雄”对峙的局面。

在“七雄”对峙的战国末期：一面有“治人者”与“治于人者”间的矛盾，这是社会的主要矛盾；一面在“治人者”的内部，有没落领主与大、中领主间的矛盾，有“七雄”相互间的冲突，有旧的土地占有者的领主与新的土地占有者的商人——地主间的矛盾。领主与商人——地主的权利冲突，表现为“合纵”与“连横”的斗争，即“六国”领主的“合纵”与以秦为中心的商人——地主的“连横”。“连横”战胜“合纵”，便归结为所谓秦的“统一”。

（辛）在上述矛盾的基础上，产生了“诸子百家争鸣”的各派哲学。

（以上参阅拙著《中国社会史纲》和郭沫若的《两周金文大系》等）

六

（甲）秦的“统一”与“百年战争”后法国封建王权的统一，有相等的历史意义——是由初期封建制提进到专制主义的封建制。

在这里，郡县的组织代替了原来的领邑组织，雇佣佃耕制代替了原来农奴制的赋役制，官僚贵族的身份制代替了原来等级从属的身份制，封建政权和土地占有的集团世袭代替了各别领主的家系世袭。同时，由农奴分地制到雇佣佃耕制，正表现着社会生产力前进重要的一步，特别是农业生产的提高。

在这时，商业较以前得到了更多的发展余地，而出现了卓氏、孔氏、巴寡妇清等大商业资本者；一般地说来，大地主不必都是商人，大商人却同时是大地主。大官僚、地主、商人变成了三位一体。

在这时，官工业和独立手工业同时存在；官工业或贵族私有工业中的劳动者，除服役的农民外，是工奴，如所谓“童手指千”，这说明有大量工奴的存在。

主要为官府及为贵族、地主、商人家内服役的“奴婢”，大量地存在——这一直存留到近代。但这只是奴隶制的残余。

（乙）“万里长城”与“阿房宫”等大土木工事的建筑，所征自农民的徭役劳动和输纳远远超过了他们负担的能力，因之激起以戍徒陈胜、吴广为首的农民大起义。在大起义的火焰中，以项羽为首的六国旧领主的残余，利用农民起义以从事于“死灰复燃”的挣扎；同时，刘邦一群的野心家，便利用农民起义和其成果去攫取政权。

（丙）农民起义为刘邦、萧何等所骗卖，以项羽为首的旧领主的恢复运动，也成了历史的殉葬者。继起的汉代，只是秦朝社会形式的继承和发展。

（丁）两汉的农业生产力较秦朝前进了一步，特别表现为普遍地使用牛耕及耧车等（造纸业也是在前汉发明的，罗盘针也许是在汉朝发明，也许是在汉朝改进的）。

农业生产的主要担当者的佃农，须以二分之一的收获作为现物地租缴纳给地主，另外还要送礼和服役；同时还须向地主阶级的政府缴纳“人头税”或“丁赋”及每年一定时日的徭役或役钱。

大规模的手工业工场都由国家直接经营，采矿织造等业都有相当的发展；其手工工人大都是服徒役的犯人、强制性雇佣的手工工人及奴婢。

商业上，盐铁由国家专卖，但商业资本也发展了。由中国到西域的商路，在前汉便正式开发了；武帝的“勤远略”，正是与商业资本的发展和商路开发的要求相关联的。但随同商业资本的侵蚀和开发商路的战争，引起社会的不安，特别加强了贵族地主和商人地主两阶层间的利害冲突，汉朝也和十五世纪末到十六世纪初的法国王朝一样，不断地实施抑商政策。

（戊）汉朝的诸侯王和列侯，并不是其食邑内土地的唯一所有者，而只是专有赋税；自文、景以后，他们完全不得参与其食邑内的行政和军事——那都是中央集权的。这种“食邑制”是过去领地制的残余。

（己）土地的兼并，商业和高利贷的榨取以及苛重的赋税和徭役的担负，使小所有者相继失去土地而沦为佃农或失业者，佃农和失业人民便沦为破产、流离，以至于抵饥饿的深渊，因而形成前汉末的赤眉军及绿林军等的起义、后汉末的黄巾军等的起义。前者瓦解了前汉的政权，后者瓦解了后汉的政权。

（庚）地主集团中的贵族地主和商人地主两阶层的利益冲突，贯串了汉朝的全部历史。王莽、刘歆的复古运动，我以为是从贵族地主的立场出发的；刘秀依靠了商人地主的势力、利用了农民的起义及其成果，恢复了汉朝的政权，所以后汉的政权中，商人地主阶层占有主要地位。

因之反映在意识形态上，在前汉便形成经今文和经古文的两大学派的斗争；在后汉经今文派形成支配的地位，经古文派无异处于从属的地位；但到后汉末，在地主和农民之阶级矛盾的发展基础上，贵族地主和商人地主才达到其阶级内部的协调，从而又反映为经古文派与经今文派间的协调。

与经古今文派相对立的，又产生王充的政治思想和唯物论哲学思想，反映了农民阶级的一些要求及其思想形态。

七

（甲）随着后汉政权的瓦解，地主阶级在进攻起义农民的武装基础上，形成魏蜀吴三分鼎立的局面。秦汉社会制度的本质并未改变。

但在长期的内战过程中：因为社会生产受到严重破坏，劳动人口不断地逃散和死亡，所以农业衰落，田园荒芜，同时，商业资本削弱了，西北商路也中断了。在阶级矛盾的基础上，引发了种族矛盾，便演成“五胡”各族统治集团相互继起的“五胡十六国”的混战局面；社会生产受到了空前的摧残、破坏和阻滞。大地主阶级一部分充任了“五胡”各统治集团的奴才，一部分逃命到南方，建立其偏安江左的局面。

拓跋奴隶主集团的南下，终止了“五胡十六国”的局面，开始了北朝和南朝的对立。拓跋人在南下前才进入奴隶制。在其南下过程中所进行的残暴的军事破坏与奴隶制的野蛮掠夺，给予社会生产的摧残和破坏，不下于“五胡十六国”，对人民生命财产的直接危害，也是同样严重的。

（乙）南朝是秦汉以来的社会形势的直接继承和发展，社会生产也在螺旋式地发展着。南齐祖冲之“日行百里”的“千里船”的发明，以及“横法钢”炼钢术的发明等，就可以说明这时期生产力发展的情况。

北朝在取得一部分汉族大地主的帮助与协作后，在残破的社会基础上建立起它的统治来，它的统治是以拓跋贵族为主体的。因此一方面它实行野蛮的民族压迫，并根据其奴隶制方式来行使其统治和剥削；一方面又允许汉区原有的专制主义封建秩序的存在，因此一面有秦汉以来的雇佣佃耕制和地主的土地占有；一面则有拓跋人的奴隶制，并形成两种生产方式的斗争，结果先进的克服落后的，乃有孝文的改制。

孝文改制以后，北朝的社会形势逐渐和南朝一样，商业资本也逐渐恢复了起来，乃打下了隋朝统一的基础，随同拓跋人的汉化与种族矛盾的解除，便复现了全国的统一。

（丙）在这时期，社会矛盾是愈益复杂了：一面有汉族人民与实行民族压迫的各族统治集团间的矛盾；一面在汉族内部，不但有反民族压迫各阶层与一部分奴才、大地主间的矛盾，且有农民和地主的矛盾。不过社会主要矛盾是民族压迫与反民族压迫间的矛盾，所以在“五胡十六国”和北朝，便不断地此伏彼起地爆发着以农民为主体的人民起义，并得到连中小地主在内的各阶层人民以及有气节和正义感的人士如刘琨一类人的参加，并产生和人民一道的祖逖等英雄人物。“五胡十六国”和北朝的统治是反动的、落后的，违反各族人民利益和历史前进方向的，所以人民和刘琨、祖逖等人的斗争是正义的、进步的。最后，通过人民的斗争，历史终于又回复到其前进的轨道。因而“助桀为虐”的张宾、王猛之流以至为北魏服务的李、崔诸豪族，便都是人民的公敌、历史的罪人。而坐视北方沦陷、不力图恢复的南朝统治集团，也要对历史担负应有的罪责。

（丁）在意识形态方面，佛教是北朝的国教，是北朝的统治者用以统治中国人民的精神武器，同时，由于贵族地主阶层感于大动乱时代的苦闷，亦转而消极地从佛教的教义上去追求解脱。因之反民族压迫斗争，又反映为反佛的儒道联合战线。到隋朝由于种族矛盾的解除，在意识形态上，便又反映为地主阶级的儒、道、佛“三教合一”的论纲。在另一方面，晋朝曾产生了反映农民要求的鲍敬言的“无君”主义。

北朝的云冈石佛等伟大艺术作品，虽然是为统治者服务的；但它是农民剩余劳动的结晶，而且是通过劳动人民的手和心血所创作的。

八

（甲）隋唐的田制，是承后魏、北齐、北周以来的所谓“均田制”，是由于农业人口的逃亡与大量无主荒地的存在，为达到复员劳动人口与实施农业劳动的再编制的要求而行使的。但所“均”的并非有主（官僚、贵族、地主、商人、寺院等）的土地，而是无主的田地和荒地。这在一方面又扩大了贵族、官僚、寺院等的土地占有，一方面也引起了小土地所有制的发展。

在地主的田庄中，依样是行着雇佣佃耕制。在“均田制”下的农民，实质上也是地主阶级政府的佃户，他们把租、税统一缴纳给政府。

同时，在“均田制”的另一面，自始就伴随着土地的兼并；到唐中宗以后，所谓“均田制”已不能继续，兼并的进行也随着扩大了。

（乙）在六朝时代，由于耕牛普遍被杀死充作食粮或军饷，耕犁须用人拉；到唐朝，又普遍地恢复了牛耕。

在灌溉工具方面，春秋时代发明的桔槔，到后汉改变为翻车，到唐朝则更从而发明了汲水机。

在交通工具方面，到唐朝，李皋根据祖冲之的“千里船”而发明了“双轮战舰”。

这表现了社会生产力的发展。

（丙）农民缴纳给地主的是秦汉以来的现物地租，同时向国家担任租、庸、调的课税和徭役。由于土地的兼并，大量人口的失业逃亡，许多税户的户存而土地和户主均空等情况，租、庸、调制便崩坏了，而出现了所谓杨炎的两税法（德宗朝）。代宗时在赋税项下兼收货币，是和商业资本的发展相关联的。

（丁）隋唐（特别在唐朝）手工业发展的特点，即在官私手工业工场中，不但有大批技术熟练的手工工人，在官营作坊中，除服徒役的犯人和应征来服役的劳动力外，主要是被雇佣的手工业工人。在私营手工业工场中的工人，大多是被雇佣的；而且出现了同街同业的基夫特组织。

金、银、铜、铁、锡等采矿事业也颇盛行。

奴婢虽还有参加手工业劳动的，但他们大部是担任官府的杂役，或在官僚、地主、贵族、商人的家内服役；也有在实质上成为佃户的。

（戊）随着商业资本的发展，商路的开发，除国内运河的开凿等设施外，不但重新恢复了西北的国际交通线，而海道交通线的开发与发展，更有重要的意义——自后海道交通便起对外贸易的主要作用。同时，不但长安和洛阳成为国内工商业的中心都市（特别是长安，成了国际商人和传教士荟萃的都市），且在沿海沿江的许多中世都市都发展成为某些特殊手工制造业和商业的重镇。

汇兑制度（飞钱）的出现，也表现了商业资本的发展程度；各贸易港的关税机关（市舶司）的设立，则又表现了对外贸易的发展程度。

与手工业者的基夫特一样，又形成了商人基尔特。

与商业资本相追随，高利贷资本也随着发展了。

不过，在唐朝虽已出现了基夫特和基尔特，而在商业上起支配作用的商人，却是和官僚、地主三位一体的，易言之，大商业仍系国家、官僚、地主手中的垄断事业。

（己）在集权国家的体系中而演出藩镇的割据，那是以封建制的一般特性为基础的；特别在唐朝复杂而剧烈的社会矛盾的基础上，为着加强对被统治者的武装镇压，又助长藩镇制度的发展。唐朝商业资本发展之所以未能加强中央集权，在某种意义上反而作了藩镇跋扈的物质条件，正由于操纵在官僚、地主手中的商业资本的封建性及垄断性。在藩镇割据的情势下，唐朝的财政收入，后来便主要靠盐税和盐的专卖。

（庚）隋唐开始的科举制度，在保持政权之阶级世袭的意义上，在束缚被统治者思想的意义上，较之秦汉以来的保荐和拔擢，是更加具体更加毒辣的。

（辛）唐朝完成了系统严密的成文法典，那可算是专制主义的封建时代最完密的统治者的法律。

（壬）在意识形态上，一面由王通的“三教合一”论发展到孔颖达的“五经正义”，再发展到代表世俗地主的韩愈、李翱的“道统论”，代表小地主阶层的柳宗元的“各教调和论”。一面由于寺院经济的发展，发展了寺院文化，特别是僧侣哲学的佛学达到高度的发展；在教、俗矛盾的基础上，尤其是寺院对于小所有者和农民的荫庇，不但展开了俗权和教权的斗争，且展开了道佛的斗争。另一方面，与上述各流派相反的，又产生了反映农民大众的一些要求和其意识形态的吕才的“道”学论。

唐朝的医学等科学事业和文艺及各种文化教育事业都获得了空前的发展。

（癸）隋朝统一南陈后，一面虽表现社会经济的进一步发展；另一面由于大规模的宫殿建筑以及开凿运河与建筑长城等土木工程，征集了数百万人来服徭役，又征集了数百万人来服兵役，从事东西远征。人民负担不了苛重的输纳，又演至“老弱耕稼，不足以充饥馁；妇工织绩，不足以赡资装”的严重程度，因此就爆发了隋末农民大起义。唐公李渊依靠其子李世民的谋略，在农民起义的火焰中，一面骗取不少农民军领袖的赞助，一面从事削平异己的事业，建立起大唐王国的政权。

在唐朝，在封建的榨取、商业资本和高利贷的重重压榨下，农村中已潜伏深刻的矛盾；益以苛捐杂税的“层见叠出”，拥有大量财产和土地的贵族、地主、商人、寺院又皆置身于税捐输纳等负担之外，而全由农民、其他小所有者以至小地主去担负，所以始则引起“百姓逃散”，继之在这种矛盾的空子中，爆发了“安史之乱”。到九世纪末，便形成以王仙芝、黄巢为首的农民大起义。地主集团于无力镇压起义农民时，便求助于突厥、吐蕃等，用他们的武装来“助平国难”。然而农民军虽消灭于沙陀李克用的屠刀下，而“大唐”的政权也随即瓦解了。

唐朝的经济和文化，是当时人类最先进的经济和文化，是对当时的世界文化起了前导与影响作用的。唐朝恢复并扩大了秦汉以来的版图，它对秦汉以来的国境内各部落和种族，实施了军事镇压和民族压迫的政策，但也以当时人类最先进的经济和文化去影响和扶助他们的发展，特别是加强各族人民在经济上、文化上的密切联系与合作，打下了民族大家庭的基础；它又侵略当时四周的某些部落和种族，但也阻止了他们相互间的侵扰，也给了他们以先进文化的影响……

九

（甲）赵匡胤承五代十国的动乱，建立起宋朝的“统一”政权。

在五代的长期动乱中，兵士们也差不多都成了小所有者；赵匡胤的“黄袍加身”以至“杯酒释兵权”，正是基于小所有者的要求的。

小土地所有制的发展，一面刺激起农业生产的提高，一面刺激起商业和都市的发展，特别是自由商人集团的开始形成。

到宋朝，经济上便进入所谓中世末期，都市行会手工业获得了相当的发展；政治上，中央集权性也随着提高了。

（乙）在宋朝，一面是自耕农等小土地所有者数量的扩大；一面是国家、贵族、地主、商人拥有大的田庄（以后的明朝也是一样）。辽、金、元在最初都强圈耕地为牧场，后来也大多作为庄地。土地的兼并也都是进行得很剧烈的。

在农业劳动的编制上，主要仍是行使雇佣佃耕制。不过自宋以后，农业雇佣劳动者、短工、零工的使用，便日益增多了。但在辽、金、元时，契丹、女真、蒙古贵族庄地内的农民，最初是一种奴隶和农奴的形态，后来逐渐成为农奴式的佃农。

辽、金、元在其南下前，才进入奴隶制。在南下过程中所进行的军事破坏与奴隶制的掠夺，是极端野蛮残暴的，对社会生产的破坏与人民生命财产的危害，形成了“亘古未有之浩劫”。在其南下建立统治后，一面以其奴隶制的社会原理来组织统治机构和编制农村，所以在辽有所谓“头下军州”制，在金有所谓“明安穆克”制，在元有所谓“社田”制。这在本质上是带有奴隶制和农奴制内容的；另方面却都没能取消地主阶级的土地占有、土地买卖和雇佣佃耕制。而且后者不只自始便占有主要的支配的地位，并在两种生产方式斗争的过程中，由于后者属于先进的生产方式，不断地克服属于落后的生产方式的前者。所以在辽、金或元灭亡前，契丹、女真或蒙古贵族一般都已转化为雇佣佃耕制的封建地主，不过在民族压迫制度下，他们对农民的压迫和剥削更残酷，更带有农奴制的特性。到明朝才又回复到宋朝社会形势的发展轨道。

（丙）在宋朝，罗盘术的改进，活字印刷术、火药术的发明，明朝起重机的发明和各种技术的改进，不独表现都市和商业的发展，而且正表现了社会生产力的进步。

辽、金、元南下过程中野蛮残暴的破坏与掠夺，反动、落后的统治与“民族”压迫，是对汉族等各族人民的生活以至生存起了严重的危害作用的，对历史的发展是起了反动作用的。

手工业在各方面都比唐朝前进了一大步，规模扩大了，数量和部门加多了，技术提高了；同时，除去元朝应用极残暴的政治强制力，政府直属官工场中大量（几至全体）使用奴隶和工奴劳动外，无论官私手工业工场，都增加了手工劳动者的人数，特别重要的，是雇佣手工劳动者暂居于主要的地位。到明末，并出现了资本主义性的手工业工场的雏形。

手工业基夫特的组织，自宋朝开始，已由同街组合制而改变为同业组合制（当行）。

国内商业和对外贸易的发展，达到中世末期的全盛期，政府在国内各主要都市都设置市政机关，各通商港口都设置关税机关。

由于商业的发展，在宋朝便出现了作为流通手段的钞票。到明朝的英宗朝，赋税由现物而改收货币，官吏的薪俸也改以货币支付，正表现着商业资本的发展程度；正式免除人头税的"一条鞭法"的税制，是解除对农民人身束缚的一个重大措施，也是和手工业及商业资本的发展程度相关联的。

在元朝，商业主要是在和元朝勾结的阿拉伯（以至意大利）商人的支配下——他们还操纵元朝的财政，并对中国人民进行极残酷的高利贷剥削。

在明朝初期，由于到欧洲和中亚商路的中断及沿海有倭寇等海盗的阻挠，对外贸易一度衰落，并引起从事对外贸易的资本不断向高利贷资本转化。但国内市场较前扩大，加之明太祖的保护商业政策，国内商业却获得了较大的发展。到太保郑和等下西洋以后，对外贸易又活跃起来，并为其后葡萄牙商人的东来开辟了前路。

（丁）王安石的变法，主要是基于中小地主的要求出发的，但也反映了农民和自由商人的一些要求，是一种改良主义的运动。

（戊）在宋朝，一开始便存在着两种主要矛盾：阶级矛盾与民族矛盾；如果较复杂的阶级矛盾不得到适当处理，便没有力量去处理民族矛盾，去阻止契丹、女真、蒙古奴隶主集团的南下。阶级矛盾也是较从来的形势复杂得多：不只有地主与农民间的阶级矛盾，还有邸店（国家、官僚、地主的垄断事业）商人与自由商人间的矛盾，地主阶级内部大地主与中小地主间的利害冲突也较剧烈，形成复杂交错的社会矛盾诸关系。以司马光、吕公著为首的大地主阶层，只看见自己眼前的利益，连一点一滴的社会改良也予以反对，因此助长了不断的内争，削弱了民族的力量；他们对契丹奴隶主集团及其后的女真、蒙古奴隶主集团，始则只是采取苟安的方针；后来便成为保持偏安的妥协和屈服方针。

所以自十一世纪以后，便不断有农民的起义——如王小波、钟相、宋江、方腊等为首的各次起义。然而直至南宋，大地主阶层还忸于"平定内乱"的要求。

当契丹、女真或蒙古奴隶主集团南下时，汉族等各族人民，连同中小地主阶层在内，都奋起反抗。而掌握政权的贵族和保守的官僚等大地主分子，一部分只是退让、妥协、屈服，去保持苟安和偏安；一部分如刘豫之徒，则不惜出卖祖宗和人民，去充任奴才和工具；另一部分如汪伯彦、张邦昌以至秦桧之徒，则从内部“主和”，来破坏“主战”派，甚至残害“主战”派的中坚人物和爱国分子，去配合女真奴隶主集团的军事和政治行动。由于契丹、女真、蒙古奴隶主集团的南下及其统治，是违反各族人民利益和历史前进方向的，所以人民的反抗和李纲、宗泽、岳飞、牛皋等的斗争，都是正义的、进步的；反之，刘豫、秦桧之流便是人民的公敌、历史的罪人。

（己）元朝统治者依种族和地域划分蒙古人、色目人、汉人、南人（南中国的汉人）四等级。使汉族人民不但在政治和经济权利方面，遭受了恣意的残暴的压迫和剥夺，并且连人格和生命也遭受了恣意的污辱和摧残，过着奴隶牛马般的生活。但汉族等各族人民究竟是善于解脱自己压迫的人民，一直向施行民族压迫与残暴统治的统治者，坚持了近百年不间断的武装斗争及各种形式的斗争，最后并汇成反元大起义，终于粉碎了残暴的反动的元朝统治，历史便又为自己打开了前进的道路。

（庚）反元大起义的成果，是大明王朝的建立。朱元璋原系劳动僧，参加了郭子兴为首的“红军”起义，后来并成为这部分“红军”的领袖。在他渡江前接受地主阶级说客李善长等的建议，便开始服从地主阶级的利益。所以明朝的政权，只是宋朝政权形式的继承和发展。在当时的社会条件下，除去建设地主阶级的政权，也是不能有其他前途的。朱元璋在建立起明朝的统治后，却也实施了一系列有利于农民和促进社会发展的政策。但明朝政府没有也不可能解决社会的矛盾。

（辛）在明末农民大起义的形势下，明朝统治阶极中的吴三桂之流，最后便套袭历史上某些反动统治者的故伎，迎接满清入关。

迎上统治宝座的满清统治者，在镇压汉人的反抗和维护统治上，一贯地兼采高压、软化、防范和屠杀政策，因此更使民族间、阶级间矛盾深刻化、复杂化了。满清统治者最恶毒、最反动的第一回合是它实行了屠洗政策及其他一系列的反动政策，绞杀了在萌芽中的资本主义胚卵。

（壬）清朝的社会形式，是明朝社会的继承和发展；只是一方面增加一层残酷的民族压迫；一方面消灭了萌芽的资本主义生产方式；另方面，封建基础却愈形动摇，手工业、采矿业和商业资本则有了进一步的发展。同时在社会内在因素的发展基础上，到鸦片战争前夜又出现了资本主义手工业工场的雏形。

但在新的社会因素日趋成长，旧的社会势力日趋衰落，封建统治者日益腐化的矛盾发展的过程中，便遭遇欧洲资本主义风暴的袭击——鸦片战争。中国社会内部自生的资本主义幼芽被绞杀，旧势力被支持，中国社会由此便沦为半殖民地半封建社会—殖民地半殖民地半封建社会。

（癸）在意识形态上，与社会诸阶层的构成关系及其变化相适应，在宋朝，一面产生了周敦颐、张载的辩证观的唯心论及二程的心一元论，同时又产生了代表小地主阶层的王安石哲学。周、张、程哲学后来又分化为朱熹的心物二元论、陆九渊的主观唯心论。另方面也产生了反映初期自由商人集团一些要求的叶适、陈亮学说。

元朝是中国哲学史的黑暗期，“理学”仅保留一息的残喘；在统治者的豢养下，表现着宗教（佛、道等）神学的叫嚣。

到明朝，陆九渊哲学发展为王阳明哲学。王学又分化为其正统派的“王学右派”，及变质为农民哲学的“王学左派”。到清朝前期，李中孚等人的儒家学，已成了落日的余晖，邓辅纶、邓绎兄弟的理学，便把宋、明以来的理学结束了（参阅邓氏：《云山读书记》）。适应明末资本主义手工业工场的萌芽，便产生了黄宗羲、王夫之等的唯物论哲学，及王夫之的进化论、黄宗羲的民主思想。适应鸦片战争前夜资本主义手工业工场的复生，又产生了龚自珍、魏源的学说，充任了其后康有为、谭嗣同、梁启超学说的前驱。

十

（甲）在英国资本主义登台前，中国对英的贸易是出超；随同英国资本主义的登台，情势便倒转过来了。

东印度公司经手的对华鸦片输出，是英国用以打通对华商路的手段，是用作资本积累的手段，也就是一种变相的海盗政策。满清政府的闭关政策，对于人民说来，是一种反动的政策；对于英美等资本主义国家说来，乃是不应受到干预的独立国家的主权的行使。

鸦片战争的结局，资本主义英国的帝国主义侵略征服了封建主义的中国的腐朽统治者，决定了中国半殖民地半封建社会的前途。此后资本帝国主义便步步进迫地以经济、政治、军事、文化各种各样的手段来攫取权利，特别是英法联军之役、中日战争各次的军事进攻。尤其是中日战争的结局，便完全决定了中国半殖民地半封建社会的地位；从这时起，中国的经济、政治、军事、文化等方面，便完全成了国际帝国主义的附庸。义和团之役，乃是满清政府希图利用群众反帝要求而发动的最后一次挣扎。帝国主义联合干涉的八国联军之役，满清政府便出卖了人民，在帝国主义面前表示最后屈服。

所以说，自鸦片战争以后，中国便开始以半殖民地的资格去参加资本主义的世界经济而成为其一环，资本帝国主义世界的一切事变无不影响到中国，中国的一切事变，也无不与资本帝国主义的历史事变息息相关。中国便成了帝国主义的尾闾或后方。

（乙）资本帝国主义一面征服中国封建势力，一面又重新来扶植中国封建势力去充任其工具；同时，它一面绞杀了中国社会内自生的资本主义幼芽，阻碍中国新生的前进力量的发生和成长，一面又培植中国买办阶级以供其驱策。因此，中国的封建农村遭受帝国主义的破坏而濒于破产，却又被阻挠而不能为新的生产关系开辟道路。在中国社会内在矛盾的基础上、在资本主义的影响下，中国的民族资本也终于发生了，初步成长了；但又被帝国主义和封建势力压迫和束缚，始终不能发展起来，始终是微弱的，自始就被赋予以两面性和软弱性。较民族资本出世还早的国家官僚资本，在戊戌维新变法以前，还表现一定程度的进步性，其后便成为大地主大资产阶级手中的封建性和买办性的垄断资本的一个部分。

（丙）自鸦片战争以后，在资本帝国主义支持下的中国统治诸阶层的生活，便日益腐化、日益无生气，形成国家政治上的麻痹症。然而，中国民族的新生力量，却日益在发育和成长。

（丁）中国民族资产阶级虽有其两面性的特殊性，但那不是平衡的而是矛盾的：是随着它自身力量的发展及帝国主义封建势力压迫的松紧程度如何而转移的，是以人民的革命行动是否超过其要求范围为转移的，所以有时表现为革命性多一点，有时又表现为妥协性多一点。与民族资本及外国在华资本对比地成长起来的中国工人阶级，由于中国社会内部与外部的特殊条件，由于其遭受多重压迫和剥削，便形成其对革命的坚决性、组织性和彻底性，在民族民主革命的过程中，是革命各阶级最好的领头人。在重重压迫下的中国农民，对革命更有着积极的作用和迫切的要求；他们是民族民主革命的一个主要力量，虽则他们不能自己构成进步的领导，而是要受领导；而所谓民族问题的主要内容，也就是农民问题。历史规定他们只有追随工人阶级才能得到彻底解放，而且在中国，农民与工人之间又有着天然的联系。在中国社会的特殊条件下，小资产阶级虽仍有其向两极分化的动摇的特性，虽不能独立担负起何种改造的事业，却能分外表现其对革命的积极性和其重要作用。这四者是中国民族民主革命的动力。但这里有一个特点，中国民族民主革命，天然地需要工人阶级的领导和这四种力量的通力合作。

因此，自鸦片战争以后，资本帝国主义虽遇事来干涉中国，来阻挠中国的进步，然而和资本帝国主义的步步加紧的侵略、和中国统治者集团步步腐败衰落相反的方面，中国人民不断地展开了民族解放运动，最显著的，是太平天国革命运动、义和团运动、戊戌运动、辛亥革命、“五四”运动、北伐革命战争、土地革命。这表现着新生中国的力量的步步成长，民族民主革命斗争的步步高涨，其内容步步丰富。但是，中国人民的革命，在“五四”运动以前，是属于旧民主主义范畴的；在帝国主义时代，旧民主主义革命是没有胜利的可能的。“五四”运动以后，进入了新民主主义革命的阶段。由于伟大的十月社会主义革命的胜利，由于紧接在“五四”运动以后，一九二一年中国共产党的诞生，中国无产阶级成为一个觉悟了的独立的阶级力量登上政治舞台，以巨人的姿态，来领导这个革命。从此，革命才有了坚强的正确的领导和可靠的国际援助，才走上彻底胜利的前途。

自“九一八”到“七七”日本法西斯的进攻，是百年来帝国主义侵略中国的高度发展；神圣的民族抗战，则是百年来中国民族民主革命的高度发展。中国民族将在抗日战争的彻底胜利中获得解放。

一九四〇年五月于重庆。

（原载《读书月报》（重庆）第二卷四、五期，一九四〇年六、七月。后作为附录辑入《中国社会史诸问题》耕耘出版社一九四二年版、华东人民出版社一九五四年八月版）

对德凡先生的简单答复

抗战建国中的民族革命的战略和策略，都要根据历史作决定，依据历史作指南：当前一切实际问题，只有历史能给予正确的解答，能指示我们实践的正确方向。所以在目前，对本国史的科学研究，是迫切必要的。这个提纲的提出，意在对于研究本国史的青年，能给予些许帮助。这是我对拙作《本国史研究提纲》的一点声明和期待。该文发表后，承读者予以注意，并承德凡先生提出批评意见，这是文化战线上的好现象，我个人尤觉感奋。

德凡先生所提出的意见，我丝毫不敢忽视。不过他的意见，却不免对拙作原意有所误会。兹简单答复如次：

关于传说中的“契”和“弃”，依照传统式的古籍（如《尚书》等）及《史记》等书所载，不是生在“启后”，而是生在“启前”，与“尧”、“舜”、“禹”等传说人物同时。大概殷人或周人追述其父系祖先，至“契”或“弃”时便不能再追溯上去，因而产生“契”母“吞玄鸟卵”，“弃”母“践巨人跡”而受孕的神话。《殷本纪》所载自“契”以后的殷人父系祖先，已大多在甲骨文字中得到证实。但这不是说，在“‘启’后”便没有类似的神话；事实上，不惟关于汤、甚至关于刘邦及其以后的某些帝王的出生，也有着类似的神话记载。不过那在一方面，已能叙述其父系的血统世系，另方面，正由于统治阶级为着要夸张“帝王受命自天”的说教，而有意识地特地制造出来的“赝品”。那和“契”、“弃”等人物相合的神话传说，不是同样的意义。

说到殷代自成汤至受辛的三十一世中（不是三十世），“兄终弟及”者十三世（不是十四世）的史实，也只能说明父系的世系。而不能说明母系的世系。因为在母系制度下，男子必出嫁，传子的事实绝对不可能，同时也绝不可能是一个家系的父子兄弟的相承。事实上，由于在古代，帝王是军事的首领，他须是一个具备相当才能的军事组织者及指挥者。当上代帝王死后，其子具备这种条件便传子，否则便传弟……。所以在古代罗马还有翁壻相承的事情。在中国后来的武王与周公，赵匡胤与赵光义的兄弟相承，也正是适应开国初期的军事上的要求。

但我所谓：“‘夏禹传子’和‘启’‘益’互斗的传说，是母系氏族制度开始转入父系族制的说明。所以在‘启’前，‘圣人皆无父’，皆‘知母不知有父’，没有父系的血统世系可序；从‘启’后，便能序述父系的血系世系了。”并不是“把‘启’当作一个分水岭或在这里划一条鸿沟”，认为“‘启’前”就没有“父系”家系发生，“‘启’后”就没有“母系”家系存留；只是说，这种传说暗示了远古的中国社会，由母系支配的氏族制转换到父系支配的氏族制。

在历史上的所谓两种制度的过渡期，绝不能是两种制度的平衡（虽则布哈林一派的机械论者曾了解为“均衡”），其中必有一种起着支配作用。所以，“过渡期”不是两个历史阶段间的“中间阶段”。

二、关于殷人自“契”到受辛的社会经济发展的过程，德凡先生认为“从武汤到盘庚还有十八世凡五迁”，“正是男系氏族制的逐水草而居的畜牧者群斗争的写实”，谓我所说的殷人“从相土时起已进入定居的农业民阶段”，“是把特殊当作一般看所得的结果。”

从殷人的全部史实来考察，第一层，相土以前，三世五迁，相土至汤十三世才三迁，自汤至盘庚十八世又五迁。照殷人的年代记估计，自汤至受辛三十一世共历六百四十五年，平均每世经历不到二十一年。依此作一大略之估计，则相土前的三世五迁，显然是在游徙无定的状态中，自相土至汤的十三世，数百年期间才三迁——相土由“东都”迁回“商丘”，帝芬由“商丘”迁“殷”，孔甲“复归于商丘”，这对于“逐水草而居”的“迁徙无定”的畜牧集团，是不能想像的。第二层，相土为殷人祖先，殷人又祀相土为农神，相沿到后来的“社”，也正濒于“土”，在甲骨文中“土”、“社”同作“土”。依此，相土与殷族农业的关系是不能否认的。但这不是说以相土作为一个“分水岭”，而是说与相土结合的传说，反映着殷人“进入定居的农业民阶段”的社会过程。这种“农业民”，是相对于“逐水草而居”的“迁徙无定”的状况而说的，并非说他们已是“十分安定的农业民”，也不是说农业对他们已获得支配的地位。第三层，从成汤至盘庚的十八世五迁和前此有着不同的内容。殷自成汤革命后，“惟民所止”的“邦畿千里”，正是黄河腹部的南北区域，经常遭受河水泛滥的袭击，殷自汤至盘庚的五迁，也大都与水灾相关联，故盘庚说：“古我先王将多于前功，适于山……今我民用荡析离居”；《尚书正义》说：“郑玄云：‘祖乙又去相居耿，而国为水所毁’”。因此，《史记·河渠书》总结古代的情形说：“河菑衍溢，害中国也尤甚。”这在古代巴比仑，也有同样的情形。单就十八世五迁的本身说，一方面十八世共经历的三百余年间才五迁，也不是“逐水草而居的游牧集团所能想像的；另方面，前此十三世才三迁，这里反而十八世便有五迁，这不是水患的原因，便是殷人的退化，二者必居其一，但退化是不可思议的。第四层，自汤至盘庚时的殷代史，到今天止，虽还感到材料的不充分；但历史上有名的“殷革夏命”的历史意义，在《诗经》之《商颂》、《玄鸟》、《殷武》、《周书·多士》、《齐侯镈鐘铭》，以及甲骨文等关于汤和伊尹之事迹的简单记述，却能反映出来。而盘庚叙述其祖先的迁徙说：“先王有服，恪谨大命，兹犹不常宁，不常厥居，于今五邦”，亦只追述自汤所来的“五邦”，而不及自“契”至汤的八迁，并不是偶然的，另一方面，如果忽略“成汤革命”，则殷代奴隶制社会的产生，是不能想像的——在盘庚前后，并未发生过何种革命的形势。自然“成汤革命”的历史任务，并非一下子就完成了的；事实上，“似乎到盘庚时，这种内部的变革才算完成。”（拙著：《殷周时代的中国社会》）最后，在汤时的殷代经济，依据古籍所载在革命前殷人用战争手段去扩张耕地的情形，却能说明其田野农业的兴盛。但就是到了奴隶制时代，社会物资财富的生产，也并非“纯农业”，而大都是兼营畜牧的。

因而，我并没有“把特殊当一般看”，自信还是从“整个历史现象之客观的相互依存的关系”，“把握与所考察的问题有关系的事实的总体，而不是各个的事实”（伊里奇语）出发的。

三、关于元王朝的灭亡，德凡先生认为“是由于经济的紊乱，政治的腐败，以及农业衰退，农民流亡而惹起的农民暴动”，责难我“仅以‘中国人究竟是善于解脱自己压迫的人类’，颠覆蒙元帝国的统制”，“是近于宿命论者的论调。”首先，我是不是拿“中国人究竟是善于解脱自己压迫的人类”作“仅以”去说明“蒙元帝国的瓦解”呢？我在《本国史研究提纲》中是这样说的：

> 在鞑靼人的统治下，他们依种族而划分出鞑靼人、色目人、汉人、南人（即南中国的汉人）四个等级。中国人民不但在政治和经济权利方面，几完全被剥夺，遭受鞑靼人和色目人之任意的残暴的压迫。并且连人格和生命也遭受着任意的污辱和摧残，而同于奴隶牛马的生活。但中国人究竟是善于解脱自己压迫的人类，首先由农民和手工业者发动叛乱，最后发展为“杀鞑子灭元朝”的种族的运动，粉碎了野蛮残暴的元朝的政权。

很明白，这里正着重地在指出元朝统治下的阶级的种族的矛盾，及中国人民之遭受残暴压迫的实际生活状况作基础，来说明“‘杀鞑子，灭元朝’的种族的运动”和“蒙元帝国的瓦解。”

但是，说“中国人究竟是善于解脱自己压迫的人类”是不是“近于宿命论者的论调”呢？伊里奇在《中国的民主主义与民粹主义》中说道：“该民族不仅善于因自己长期的奴隶状况而痛哭，不仅善于梦想自由平等，而且还善于去向长期压迫中国的人作斗争。”这是不是“近于宿命论者的论调”呢？我想不是的，而是正在说着活的人类的创造性，在说着中国民族的革命传统。

总结德凡先生的三点意见，虽不免烦琐，但有些各别的论点仍是值得重视的。

我的答复，暂止于此。

最后还该提及的：一、由于拙作《本国史研究提纲》过于粗略，致引起德凡先生许多不必要的疑难，不胜惭愧；二、我认为在批判中，应注重于学理的探讨，不要随便乱加头衔，才能树立起严肃的风气。这一点，我不是对任何特定个人而说，而是就目前文化战线上一般现象而说的；三、因为本国史的研究太重要，我愿意就在把拙作《本国史研究提纲》作为青年们讨论本国史的纲要，个人并借以领取各方的意见，从未敢把那个粗略的“提纲”作为定论；一部较完善的本国史的产生，是要依赖集体的努力和史学界之相互启发，因此，我期望大家继德凡先生之后来展开讨论。

一九四〇，九，一六，复旦。

（原载《读书月报》第二卷第八期，一九四〇年十一月出版）

怎样研究历史[①]

过去大多数史家，不了解历史发展的法则性、规律性，把历史看作“一部流水账”，甚至缩小为“皇家年谱”，或伟大人物的“起居注”，那自然是错误的。近代的许多史家，他们虽则曾企图去把握历史发展的法则；但有些人从经济史观出发，完全否定人类对历史的创造作用，另一些人又从相反的方面，把人类的主观创造性，无条件地强调为最基本的决定的东西。这也同样是错误的。而近二十年来，有些史家虽然在原则上把握了新的史学方法，企图纠正经济史观和唯心史观的错误，然又把“社会一般”或“历史原理”去代替具体的历史。因此他们之所谓历史，便成了一种无内容的公式，如说到各国家各民族的奴隶社会史，便拿古希腊罗马史来硬套；说到封建社会史，便拿中世日耳曼史来硬套——实则，古希腊罗马史不只具有奴隶制社会的一般特征，并具有其独特的特殊色彩；中世日耳曼史，也不只具有封建制社会的一般特征，同样也具有独特的特殊色彩。

这种种历史研究法，都不能完成历史研究的任务，到今天都成了陈腐的、过时的东西了。新的史学研究法便与此不同；它不但能正确地把握历史发展的合法则性，而且要把世界各民族各国家历史发展的具体面貌，活生生地复现出来，发挥教育和组织群众的作用，这样才能达成历史研究的任务，历史才能成为人类生活实践的指南针。

因此，只有在新的史学研究法的基础上，历史才是真正的科学，是“一切科学的基础”。

---

① 编者注：著者在刊后抄稿上有一些补充，据此整理。

但我们怎样应用新的史学方法来研究历史呢？首先便要把握历史的一般性，即世界各民族各国家历史发展的共同过程，以及其在相同时代的一般特征。这里所谓一般性，并不是主观的武断或原理的空谈，而是世界史的具体内容所说明了的。例如世界各民族，有些虽还滞迟在原始公社制的历史阶段（如亚美非澳各洲的许多民族），有些虽经过了原始公社制时代，却还滞迟在奴隶制阶段（如中国境内的彝族，亡国前的阿比西尼亚也刚刚经过奴隶制进入到初期封建制）；有些则经过了原始公社制、奴隶制的阶段，还滞迟在封建制时代（如亚洲的许多国家）；但有些民族，在其历史发展的过程上，却经历了原始公社制、奴隶制、封建制等历史时代，并且快走完其资本主义的历史途程（为美、法、德、意、日等），像苏联并依次经历了四个阶段，已跃入到社会主义时代。而全人类共同经历过或正在经历着的原始公社制社会，从地下出土实物等方面研究的结果，证实其生产力和生产关系的演进，实经历着一种共同的步骤、过程。这是说，原始公社制、奴隶制、封建制、资本主义制、社会主义制的前进诸阶段，是全人类历史发展的共同过程，是历史发展的合法则性、规律性的客观表现。

这是说，要正确地把握历史发展的一般性，要从世界史的具体研究出发。

一般性是规定历史发展的最基本的东西，忽视它或把它看成次要，便要陷入历史的多元论的泥沼。

规定一般性的东西，是人类社会内在的最基本的矛盾，即生产力和生产关系发展的矛盾、生产力和生产关系之矛盾对立的统一及其分裂的过程，体现为人类社会历史发展的过程。生产关系虽也作用于生产力，但在基本上前者却是受后者所规定的。所以生产力是最活跃最革命的契机。构成生产力发展的基本动力，是其内在诸契机（即活的劳动力和生产工具等）的矛盾；劳动的人和生产工具等也都具有内在矛盾的两重性，即物质性和社会性或精神力。

但仅只把握一般性，是不够的。因为一般性只能指明历史发展的一般法则、规律、过程，并不能说明各别民族各别国家的具体历史。因此，便需在一般性的基础上去把握各别民族各别国家在各个时代的社会的特殊性。

要从各别民族各别国家的历史中，分别出其何种事象是同一历史时代的世界史共同的特征，何种事象是其独有的特殊色彩，便需我们拿世界各民族各国家的原始公社制度史、奴隶制度史、封建制度史、资本制度史的具体内容作比较的研究。因此，在这里，对于世界史的研究，也是同等重要的。

为什么中国封建制时代分外“久长”？为什么希腊和罗马的奴隶制度发展得较完整？……这是要从中国或希腊罗马历史的特殊性上，从其具体历史进行具体研究上去把握，才能达到正确的了解，才能通过具体历史去体现客观规律，才能从历史上去获得经验教训，才能体会到过去的人类是怎样创造历史的，并从而会如何运用马克思主义理论武器去解剖社会、历史的一定过程，一定事件事变和评定历史人物等等。

一般性和特殊性不是相互孤立的、分离的而是矛盾统一的。虽则前者是主导，后者是从属；但若忽视特殊性的把握，便无法把各别民族各别国家历史的具体面貌复现。离开具体的历史来进行历史研究和教学是不能想像的，是非历史唯物主义的。

而特殊性虽给予各别民族各别国家的历史以特殊色彩，以具体内容和面貌，但它并不能改变历史发展的一般规律或过程。因为特殊性不是被规定于历史的内在矛盾，而是由于外在条件，特别是地理环境等条件的作用所给予的。所以说，把地理环境等条件看作历史发展的决定因素，自然是错误；但若忽视各国家民族所处的地理环境或具体情况，忽视其对历史发展的影响作用，也同样是错误的，是不能设想的。

为什么世界各国家的封建文化，在其相同的本质上，各表现着特殊的各异的色彩和面貌呢？这是由于不同的地理环境等条件的影响作用所赋予的，各自不同的独特传统所形成的等等。为什么同是帝国主义国家，而有德、日、意轴心的法西斯侵略集团和参与反法西斯斗争的美英集团的分别呢？而轴心集团的日德意法西斯形式又表现相互的不同呢？这由于两大集团有着其相互的特殊的利益矛盾等特殊性，同一集团内的各国又有着相互间的利益矛盾等特殊性，其各自独特的传统影响等。

不过特殊性非是不受历史法则所支配，相反的，而是在一般性规定的基础上，表现着合法则性的规律性的过程。但也不是说，特殊性便不能给予一般性以反作用。只是说，要把一般性和特殊性作为矛盾统一的契机去把握，若过分强调一般性，就会流于公式主义，过分强调特殊性，就会流于多元主义。

对历史发展之一般性和特殊性之矛盾统一的法则的把握，是新史学研究法的基本任务。这虽则是把握人类历史及其各别事象的基本法则；可是人类社会史非同于自然史，所以在这个法则的基础上，还不只要去把握历史及其各别事象的运动和联系，更要去把握其发生和死灭、进化和革命的诸契机。

这是说，一切历史事象，都是片刻不停地在运动着，一切历史事象，都不是孤立的而是相互关联着的。所以不要把任何事象看作静止的，而要看作不断运动着的，也不要把任何事象看作孤立的，而要看作相互关联的。

这是说，一切旧的历史的东西，不断地在走完其过程，在走向死灭；一切新的东西不断地在发生，在走向发展走向成长和壮大。所以不要为既成的看来似乎是强大的东西所迷惑，而要看重新生的发展的东西，所以说不要往后看，而要往前看。在前时代新生的东西，一时虽然是微弱的，却能成为继起时代的支配的东西；在此时代强大的起支配作用的东西，迟早都会走完其历史过程而归于死灭的。

这是说，历史是在不断的进化（渐变）和革命（突变）的过程中，但在进化的过程中，也不断有着部分的质变，部分的质变发展到相当程度，突变的飞跃的形式，即革命的时代便要到来。所以说进化并不能完成历史的变革，历史的变革是要由革命来完成的。所以进化主义不是历史发展的客观法则。革命却不是凭空发生的，而是客观的必然，是阶级斗争发展的最高形式，社会内在的基本矛盾发展的最高形式，所以革命不是由人类主观能任意创造，而是历史的具体环境的产物；革命也不是由人类主观所能任意取消，所以一切违反历史动向的反革命的企图，结果都是徒劳的。革命正是人类的伟大创造作用的表现，是历史的必然，是在历史必然性基础上极大地发挥了人类的主观能动的创造作用的表现，所以自然主义或等待主义不符合历史的客观法则。

革命不但不能由人类的主观任意去创造，且不是能够输入或输出的东西，而是从社会内在矛盾的基础上发生和发展起来的，是广大人民群众的巨大的暴力行动和创举。所以我们虽不应忽视外力对革命的影响作用，却不能把任何外力看作完成社会变革的主力，也不能把外来的反革命力量的作用估计过大。所以说外因论是法西斯侵略主义或其他一切侵略者的欺骗理论，又是一切投降、卖国主义或取消主义的欺骗理论。所以不是日耳曼民族征服罗马，便能把社会由奴隶制推进到封建制阶段，而日耳曼民族正“曾是罗马国家的属领”，以日耳曼民族为主力的推翻罗马奴隶制的运动，是发生在社会内部的一种革命形式。

上面仅就一二根本性的问题，也就是说择要试论历史法则的把握和研究方法的运用。

可是并非依靠法则来说明具体的历史，而我们所把握的历史法则，反而正是历史自身的法则，是依赖于具体的历史来说明的。而历史的面貌，却表现为各种相关联的事象，法则只在指导我们通过具体历史事象的具体研究，深入到历史本质的把握。要把握历史的全部事象，对史料的占有是特别重要的。怎样去占有史料呢？这是要经过搜集、选择或考证的过程，才能作到的。在搜集上，最终也要达到其能说明全部历史的具体过程和面貌的程度，不要凭部分去概括全部，拿次要去概括主要，等等；在选择上，要从全部史料所说明的时代基本特征和历史的具体面貌出发，不要拿残余当作主要，拿从属的或被统治的东西当作主导的或统治的东西；在考证上，一方面要分别真伪，避免误解，另一方面却不要完全抹煞伪书的史料价值，像中国的伪书，却保存着不少古代的神话传说，更不要陷入烦锁考据的泥坑，而必须以马克思主义的理论作指导。

不过仅凭文字记载的史料，并不能满足我们的要求，特别对于无文字记载的远古，以及文字记载简略的古代。在这里，我们便需要应用考古学、民俗学、人类学，乃至天文学、地质学、古生物学等科学知识及其研究成果来补助，其中田野考古和民俗学的社会历史调查有着极重要的意义。

最后说到，历史上的各民族，绝没有自始就由单一的种族发展而来的，都是经过一种多元的融化过程；各民族的文化也绝没有孤立地创造起来的，都自始就有着一种国际主义的相互交往、影响和关联。所以我们研究历史，若从大民族主义或地方民族主义的观点出发，便无法究明历史的具体性，无法阐明历史发展的必然趋势和特点、特性，从而我们的研究，也就不能担任起对人民革命和生活实践的南针作用。所以对任何国家任何民族历史的研究，又应极力去纠正大民族主义和地方民族主义或沙文主义的观点，必须要以爱国主义和国际主义相结合。

（原载《中学生》战时半月刊第四十二期，一九四一年四月出版）

中国历史讲座之一[①]（上古——战国）

一、中华民族人种的由来

中国人从那里来的呢?

有人说：在盘古开天地以前，世界是黑漆一团的；自从盘古开天地，才开辟出世界，制造出人来。这是完全不对的。没有这世界和人以前，又怎能有盘古这个人呢？如果说：盘古不是普通的人，而是神仙或菩萨，那么，天地间根本就没有神仙和菩萨这种东西存在过。过去许多奇怪的事情，大家以为是神仙和菩萨在作怪，今日都可以用科学来讲清楚，再没有什么值得奇怪的事实，用科学讲不清楚的了（还有一些讲不清楚的，是由于科学程度还不够）。况且在汉朝以前的多少万年，我们的祖先，从没讲过盘古开天地的故事。在汉朝，一些地主阶级出身的知识分子，才捏造出来这个故事来哄老百姓。

有人说：中国人是东山老人、南山小妹的后裔。说在古代洪水滔天的时候，人们都给水淹死了，只留下他们兄妹两个，他们为着传后代，便兄妹结起婚来。我们今天从地下挖出他们一辈一辈原始人的坟墓，知道在洪水时代留下来的人，并不只一对男女，而是有许多男男女女。兄妹结婚也不是特意为着传

---

① 编者注：本组文章是著者以《常识讲话》专栏陆续发表于延安《解放日报》一九四三年四月至十月。现题目是编者所拟。

后代；也不只一对兄妹结婚，是一群兄弟和一群姊妹结婚（他们当时结婚的办法就是这样的），况且这个故事，也没有说清楚中国人从那里来的问题。中国人的祖先，和世界一切人的祖先一样，开始都是从一种高等猿猴变来的。

在好多万年以前，我们华北和蒙古，不是今日这样的地方，那时一年四季的天气都很热；陕北和蒙古的大沙漠，还不是陆地，是很大的海。当时遍地都生长着茂盛的树林和花草，长年都结着各种好吃的果子。原来产生在这里的一种猿猴，他们便长年住在树林里，靠这种果实过活。空了心的大树，和天然的土穴岩洞，就是他们的住室。由于要去摘树上的果子，他们就慢慢学会了爬树。同时，遍地都有虎、豹、兕、象和毒蛇……常来伤害他们；他们常要和毒蛇猛兽斗争，斗不过时，有时也往树上爬。这样子，不知经过多少年，他们便由地下移居到树上，后来又在树上架筑起鸟巢样的房屋。

他们住在树上，又不知经过多少万年，由于在树上爬来爬去爬上爬下，摘果子和吃东西，经常用前脚去帮助，两个前脚能慢慢变得很灵活，后来又慢慢地变成手。不过他们当时的手，不是完全和脚分开的，仍是半脚半手；他们也还不像人一样，能完全直立起来，仍只能像驼背一样的半直立。这样他们曾变成一种最聪明伶俐的猿猴，或叫做高等猿猴。

有了这种手，他们有时便偶然拾取石块和木枝去使用，久而久之，便又知道经常去使用了。这样，又不知经过多少万年，他们那种半脚半手的手，就不再作为脚使用，才完全变成手。从此，他们的动作就更加方便了。可是有些处所的果子，仍摘不到手，和毒蛇猛兽斗争也还不够力量。因此，他们又慢慢知道用木枝、草藤、树皮、石块，一步步作成棍棒、钩子、叉子、石拳头、石锥子、石刀等东西，来帮助手，代替手。加之在这时候，华北和蒙古这块地方，天气也慢慢冷了下来，只有夏秋两季有果实，天气也比较温暖，冬天和春天，就靠挖草根，捉小动物来充饥。采取山薯样的草根那些东西，光靠手和天然的木枝石块，也是很不方便的。这也逼起他们不能不自己去制作合用的器具。

知道自己制作棍棒、钩子、叉子、石拳头等东西以后，他们就由猿猴变成原始的人了。因为他们产生在华北和蒙古地方，后人就叫这群原始人作蒙古人种。他们就是今日东方许多民族的嫡系祖先。中国的汉族、蒙族、回族、呼尔克、黑凡奇勒族、达呼尔族、鄂伦春族、梭伦族、巴尔虎族、布里雅特族……主要的来源，都是蒙古人种。

其次，今日南洋马来一带，在很早的太古时代，就是热带地方。当时产生在这地方的一种猿猴，也如同产生在华北蒙古地方的猿猴一样，走过同样曲曲弯弯的道路，后来变化为原始的人。这群原始人，就是后人所说的马来人种。他们就是今日有些东方民族的嫡系祖先。中国的黎族、掸族、番民、疍户……主要的来源，都是马来人种。在历史上完全和汉族同化了的山瓯族、扬瓯族、闽瓯族、百越族，也都是马来人种的系统。

今日中国的藏族、苗傜族、唐古特族、罗罗族……是蒙古人种的后裔，还是马来人种的后裔，我还不敢确切的说。今日中国新疆境内的维吾尔族、哈萨克族、他们的嫡系祖先，是所谓“高加索人种”。云南边境的□族，是“内格罗人种”的后裔。西藏境内的东女族、唵哒族、新疆西部的布鲁特族，我们今日还不知道他们的来源。

因此，今日中华各民族，最主要是蒙古人种的后裔，其次是马来人种的后裔，再次是所谓高加索人种的后裔。又次，有些今日还不知道来源的。但这是只以中华各民族的主要来源说的：经过百千万年的相互联系，到今日，大家的血统都相互混合了的。同时，中华各民族，还大都杂有别的人种的血统。这也不只中华各民族是这样，全世界一切比较进步的民族，讲到血统上，都没有不是杂种的；只有最原始的野蛮人，终能保持单纯的血统。因此，希特勒、日本法西斯，宣称所谓其民族的纯血统，不独完全不合历史的事实而又无异污蔑其自己民族。

二、在原始公社制前期我们祖先的生活

有巢氏架木为巢

在中国的传说上称作“有巢氏的人们”，是由高等猿猴变成人以后的我们最早的祖先。

“有巢氏人”的面貌，还同猿猴差不多，全身生着毛，只有后脑较大些。他们和猿猴根本不同的，就是猿猴只晓得使用现成棍棒和石块；他们还晓得用石块把棍棒削尖，把石块打成拳头、锥子、刀的样式，把树枝作成钩子和叉

子，用藤草树皮把棍棒接长，又把棍棒的一头捆上石拳、石锥或刀，都作成合用的东西。他们用这些东西挖草根、打果实、掘地洞，猎鸟兽，也用作保身的武器……。

当时遍地都是毒蛇恶兽，力量比人还要大，人出去找食物，会常常碰到，在人停住的地方，也常常遇到它们来侵害，特别夜间很危险，少数人出去更危险。因此，我们的祖先，在夏天和秋天，仍在树上架起鸟巢样的房屋，冬天和春天就住现成岩洞或掘地洞住。同时，他们无论休息、行动或出外找食物，都大家团结在一起，形成一种原始的群团。这样，他们便能对抗毒蛇恶兽，防卫自己，并有力量去进攻。

他们找食物的集体活动方式，每每在找食物的地方周围，布置侦察哨。他们找些什么食物呢？草木的果实、山薯等的草根、生毛的鸟兽，就是最美的食品；有时肚子饿了，又找不到食品，便连虫子小蛇那些东西，也到手就吃。但他们不晓得储藏食物，肚子饿了，大家成群去找，找着了大家一块吃，吃饱之后就把余剩的丢掉。他们也不晓得用火，一切东西都吃生的，捉着有毛的鸟兽，便先在它身上钻窟窿出血，然后一面把皮毛剥下作衣服，一面吃肉。

他们穿的衣服，除鸟兽的皮毛外，又用树叶和茅草捆成蓑衣样的东西，白天披在身上作衣服，夜晚又用作铺盖。这种衣服，穿在后面便露出前面，穿在上身又露出下身。

在他们这种原始群团里面，并没有“亲戚、兄弟、夫妇、男女”的分别，也没有“上下、长幼”的分别，大家吃饭、睡觉、作活、行动都在一块。男女性交，也分不出什么父女，母子、兄妹、姐弟的界限；小孩子长大后，也认不出谁是他的父母、兄弟、姐妹、伯叔……

他们居住的地方，完全没有一定：为要找食物，在华北、蒙古、满洲一带地区，到处流浪。我们今日在河北、蒙古和北满，已找着几处他们住过的地方，并找到他们用过的石头家具。

燧人氏钻木取火

“有巢氏人们”的那样生活，不知过了多少万年。他们一步步制作更多的用具，并把石刀作得更薄，石锥作得更尖；后来又晓得用石锥在木块上钻洞。由于好多次石锥在木块上钻出火的经验，我们祖先便发明用火。这在当时是一件大事。发明用火的人，后人就叫他作“燧人氏”。

从这时起，我们祖先在寒冷的月份，便晓得用火来温暖身体；夜晚也常在住的地方生起火，防止毒蛇恶兽来侵害，因为毒蛇恶兽都害怕火。最重要的，他们制作用具，也利用火力帮助，把原来不能使用的硬石头，放在火中烧过后再制，于是把原来的石拳、石锥、石刀都做得更合用；又照着石拳、石锥、石刀的样子改造，制出石斧、石标枪和棣式样的石剑来；原来要削尖的棍棒，也用火烧了再削，削了再炮，便作得更尖锐……

晓得作这些用具后，我们祖先便更有办法对抗毒蛇恶兽了，原来不能猎得的飞鸟走兽，也能猎到手了。同时，由于知道把东西烧熟吃，原来吃生的不能进口的腥臊东西，如螺蛳、蚌壳、忘八、鱼、蛇……现在烧熟吃，口味都很好。他们烧东西的办法，是把食物涂上泥土，放到火中去烧，或把食物放到火边的石块上去烤、焙，或者生炮。由于他们吃的东西，比过去受用些、营养些，他们的后脑便长得更大、身材长得更高更有力量，面貌也改变了。

情况变得这样，壮年男子拿着石斧、石枪、石剑……便能猎得飞鸟走兽，也能和毒蛇猛兽对斗了；但这在老年人和小孩子就作不到，要照护儿女的壮年妇女也作不到。这样，在他们的群团内，便生出男女老少的分工，把老年、壮年、幼年的男子分作三群，把老年、壮年、幼年的妇女也分作三群。这种照性别年龄的分工，过去戴墨镜的历史家，把它叫作“丈夫国”、“女子国”、“小人国”……

由于这种分工，他们又改变结婚的办法，实行同辈兄弟姊妹的集团结婚。苗族有个故事，说盘古所生六男六女，自己相互婚配。就是这种结婚办法。他们生的儿女，都作为大家的儿女，由大家养育；儿女也只能认出他亲生的妈妈，认不出亲生的爸爸。

妇女的工作，是领着儿女去找自己的食物，同时要保管用具和男子搞回来的东西，又把食物烧熟分给大家吃。他们的工作很辛苦、很琐碎；但他们便慢慢掌管了群团经济的权力，后来“西王母”那样年老的、经验多的妇女，就作了群团事务的管理人。

他们的群团，现在也开始有名号或姓氏。姓氏的由来，在于他们这时所吃的，只看周围什么东西多，就主要靠什么过活；野鸽多的地方，主要食物就是野鸽，羊多的地方，主要食物就是羊，忘八多的地方，主要食物就是忘八，桃多的地方，主要食物就是桃……后来旁的群团，便慢慢叫吃羊的群团作羊氏、吃忘八的群团作忘八氏、吃三青鸟的“西王母”群团叫三青鸟氏……久而久之，他们自己久已不吃那种东西了，也把旁的群团给他的称呼，作为自己的名号或姓氏。今日中国，姓马、牛、羊、猪、郐、鸟、凤、梅、李、桃、杨、龙、蛇……的，便都是这个来历。不过在原来，群团的名号就是群团团员大家的名号，各人另外的名号是没有的。

伏羲作纲目，以畋以渔

“燧人氏”人们的那样生活，又不知经过多少万年，由于他对用苧麻掺绳索、编衣服的经验，后来又发明作网；同时，由于石枪作法的步步改进，后来又发明作弓箭。这些发明作网和作弓箭的人，后人就叫他们作“伏羲氏”。

没有网和弓箭以前，“燧人氏”人的打猎办法，是大家围着一片山，把林子放起火，看见鸟兽走出来，就围着打，火烧过后，就进林子里去收拾烧死、烧伤的鸟兽。这叫作“焚林而畋”。打渔的办法，是大家围着一片水面，手脚同时动作，把鱼往中心赶；又有把一片水面用泥土围起来，再把水搞出去，这叫作“竭泽而渔”。这样，比较飞得高，走得快的鸟兽，就猎不到手，能捉到的鱼，更是不多。有了网和弓箭以后，情形便不同了。他们平常也把网张在鸟兽常来往的地方，围猎时，就在重要口子张上网，比较飞得高走得快的鸟兽，就拿作弓箭去射它。同时，用网装在出水的坝口上张鱼，又用网从水面上放下去罩鱼，围鱼时，就用手张网去围抄……这样，便能猎得更多的鸟兽，捉得更多的鱼，又节省好多人力。

这样子，我们的祖先，一方面，便不像过去那样，常怕饿肚子，有时还有东西剩，捉回来的小鸟和小兽，也不一定要吃，常留给小孩玩，最后还把它养起来。由此就发明牧畜。一方面，他们又从山林地方，慢慢移住到江边和湖边，所谓“缘水而居”。湖里和江里的鱼，一时并不易打绝，他们住在这里，也就不像从前那样时常流动了。但为的要在水上活动，他们就慢慢晓得把树干挖空，浮在水上行驶，由此又发明了船。一方面，现在只要较小的地方，就能养活更多的人，近亲的各群团，便能住得更近些，这样彼此的接触就更多了，特别是分工的各种男女群在劳动时的接触。这又引起他们改变结婚的办法，实行不同群团间同辈男女的集团结婚，如小典氏男子对有蛴氏女子，方雷氏男子对彤鱼氏女子。这样结婚办法，是一群男子出嫁，一群女子娶老公；子女住在母亲的地方，跟着母亲姓。

三、原始公社制后期我们祖先的生活（一）

“神农之时、以石为兵”

“伏羲氏”人们的那样生活，不知经过多少年，后来到了“神农氏”时代。在“神农氏”时代，住在现在辽宁南部的神龙氏诸群团、住在夏水流域的有熊氏诸群团，都先后知道制作新石器用具，把石刀、石斧等磨光、口子磨得更薄、样子作得更细巧；还知道用兽骨作箭头……。往后又都先后知道制作石锄、石耨、石矛和纺绳索的石轮子。发明这些用具的人，后人统把他们称为“神农氏”。

他们用这些工具砍树木、射鸟兽、宰牲口、挖山薯……也分给各人携带、作防身的武器。从此，他们谋生的本事，便比以前大得多，较小的地区，就能养活比从前更多的人口，住的地方也比以前固定些。他们开始知道用现成石坡盖房屋；同时，由于用里外都敷上泥土的篮子煮东西，好多次烧成瓦块或瓦钵的经验，他们又发明了制作钵钵罐罐的办法。

由于他们的本事比从前大，能得到更多的食物，就能储存些东西作冬粮，捉回活的山羊和小猪……便都畜养起来。这种自己畜养的家畜，慢慢地便成了他们吃穿的主要依靠。从此，牧养家畜便成了他们主要的生产事业，捕鱼打猎便只是副业了。从前完全靠野生东西过活，吃穿都没有保障；现在靠自己牧养家畜过活，情况便完全改变了。

在这样情况下，男女老少便都靠牧畜过活，大家都一块行动。这样，又改变了原来群团内的分工办法，成为男女老少混合的各个小组，原来的群团也变为氏族团体的组织。由于这种分工，一面又改变了结婚的办法；每个女人或男人，都有一个为主的老公或老婆，但对方和旁人相好，双方都不得干涉。一面又慢慢在氏族团体内，出现了家族。

不过在当时，到处有豺狼虎豹，他们看守家畜日夜都要和豺狼虎豹斗争；同时，争夺牧畜的水草地方，又常要和旁的氏族团体斗争，这两种斗争，都只有团体的力量才干得了。所以他们的劳动和作战，都是团体的活动，其中的家族，并不能单独活动。因此，家畜和用具便都是氏族团体共有的财产。

后来由于给家畜储备冬粮，便圈划一些草地，禁止放牲口，有时也把果树、山薯……保留起来。这样，又慢慢知道自己栽植果树、山薯、麦子……的办法。发明这种办法的人，后人也叫他们作“神农氏”。但他们当时的种植，由于土挖得太浅，种过一次的地方，以后便不要了。所以年年要开荒。开荒的办法，先放火烧山、砍伐树木，然后挖土、下种。用石斧砍树、石锄挖土，没有许多人一齐作，是不能完成开荒任务的。所以开荒和耕种，也都是团体劳动，收获也统归团体共有。这时候，耕种所收的东西并不多，他们衣食的大部分，还要靠牧畜。

他们的衣裳，多半是兽皮和麻绳编织的，后来也知道用野蚕丝搓绳子来编织；自从知道耕种以后，又知道自己养蚕了。发明养蚕的人，后人把他们叫做“嫘祖”。

他们的牧畜，是赶着成群的牲口，到处游牧，碰到水草好的地方就停住下来。有熊氏诸氏族团体合成的夏族，便在现在的甘肃、陕西、河南西北一带地区，移来移去，后来又移到现在霍山和太行山地区。神龙氏诸氏族团体合成的商族，便由辽宁南部游牧到现在的山东地区，后来又游牧到太行山东面地带，和夏族碰上头。

“禹穴之时，以铜为兵”

神农氏人们那样的生活，又经过好多年，后来由于作石器的办法进步，把很坚硬的铜矿石放到火里烧，多次烧出铜来的经验，他们便发明冶铜的办法，又知道把泥土作成模型，拿熔了的铜汁倒下去，铸成各种用具。这种发明，正在夏禹时代，所以说，“禹穴之时，以铜为兵”。

铜作的器具，比石头作的锋利得多，合用得多。不过当时冶铜的办法还很笨，冶出的铜还很少，只够作少数用具；大部分用具，还都是石头等东西作的。但他们使用铜刀，能把骨头和木头，作成各种合用的东西，如用牛马骨头制作锄头、编针、纺轮……

因此，从知道冶铜以后，自己就能开辟牧场，栽植喂牲口的草料；比从前少的人力，就能看守更多的牲口。同时，也改良了种地的办法：由于能把土挖得比从前深，开的荒地，便不是种过一年就不要了，把熟地留下来，三五年轮流耕作一次，也能有出产。这样，某个氏族开过的熟地，慢慢的就有成他们自己的耕地。这种氏族团体的耕地，由团体里的人们共同耕种。后来氏族团体又把每年现耕的地，划成一块块，分配各家族担任耕种，耕种的收成，仍是团体公有的；各家族吃的和穿的，统由团体分给。这样，又慢慢的出现了村庄。今日华北有好些地方，都还有这种村庄的基址。不过耕种所收的东西，还只是他们粮食的很小部分，大部分粮食的来源，还是靠牧畜。因此，他们住的地方，仍旧不能常常在一处。

知道冶铜办法以后，又慢慢的知道把铜和锡溶合，化成青铜。青铜作的刀、斧、枪、箭那些东西，又比黄铜作的锋利得多，不过青铜作的用具，当时还很少，大部分用具还都是石头、骨头、木头作的；但这时由于改良了工具，劳动的能力已提高了。各人劳动的收获，除养活自己外，还能有些剩余。这样，他们又改变了处置俘虏的办法：从前各人劳动没有多少剩余，便常把俘虏杀掉，或收作养子，和大家平等生活；现在便开始把他们用作奴隶了。不过他们只是氏族团体公用的奴隶，家族私有奴隶的办法，也只是稍后一点的事情。这时候，又一步步改变分配耕地的办法：由一年一次，慢慢改为三年或几年一次，后来就不再重行分配；耕地上的收成，也由氏族公有，慢慢的变为各家族私有，只是不得团体许可，不准随便动用，后来就听任各家族自耕、自收、自食，只向团体交纳公费了。再后这种办法到处实行，家族私有奴隶的办法也到处实行，氏族共有财产的办法，便给破坏了。

“洪水”灾难和“夏禹治水”

在这个时候，夏族住在现在的甘肃、陕西、山西南部、河南西北部；商族住在现在的山东、河北西南部、河南东北部、山西东南部，这些地方，正是葱岭东斜面的大陆。每年夏末秋初、葱岭的雪水，浩浩荡荡流下来，又没有通水的大河。在当时，许多河道都没有开出来，只有水冲开的几条小河。这样，水流并没有一定方向，只往低处流，流不通时，就堵塞成湖。因此，每年涨水的时候，四处都像水汪汪的湖一样；水涨得顶凶的时候，遍地都是水，只有高处和山岭地方淹不着。所以我们的祖先，每年都要同水作斗争。

他们把治水当作一件大事干，还设置一个酋长，专门担任治水工作。但他们当时治水的技术很差，工具也不够，不能筑堤，也不能开河，只能顺着地势和水流的方向，挖成一条条小沟。这种工程，在当时也是很不容易的。后人把这种治水的人叫作“禹”，为纪念他们治水的功劳，便代代相传，称作“夏禹治水”。

这种治水的办法，只能使高处地方的人，能够往来，仍没法使低下地方不给水淹去。因此当时的人们，大家都往高处和山岭地方挤，特别在涨水的时候。所以现在住在西北高地的夏族，据传也常常闹水灾。后来他们便往霍山、太行山、五台山地区迁移。为争夺太行山和五台山，便同原住的有苗族发生战争；后来有苗族被打败，自愿以平等地位和夏族联盟，太行山和五台山地区，终成了夏族的根据地。住在山东大平原的商族，因为地势太低下，水灾更要严重些，差不多常要搬家。因此，他们一面往鲁中和鲁南的山区发展，一面又步步西进。后来进到太行东面地方，为争夺太行山地，也前后和有苗族、夏族发生战争。

四、原始公社制后期我们祖先的生活（二）

“九族”、“百姓”、“万邦”

我们的祖先，在传说的“神农”和“黄帝”时候，就开始靠牧畜谋生，就改变了劳动分工的办法，也改变了生活的样式：同时，衣食比从前有保障，孩子就生得多些，生出来又能够养活，人口就很快多起来。这样，又改变了社会的组织。

在从前“燧人氏”和“伏羲氏”人们的原始群团，每个群团，都分作男女老少的五六个劳动群，没有群团首长，只有一个年老妇人，经手分配食物，教给大家劳动经验。现在，每个氏族团体里面，都分成许多劳动小组，每个小组都包括有男女老幼，就是家族。同时，每个氏族团体都有一个首长，他们叫作“牧”。首长的工作，不光在教给大家劳动经验，还要领导生产，指挥打仗，执行团体公约。团体内部的生活完全是民主的、平等的；他们每年有几次全体大会，男女老少都有权利参加，议决和修改公约，选举首长。首长违犯公众利益时，也由大会免他的职。一切重要事情，都由大会来讨论。但他们不知道用多数表决的办法通过议案时，有一个人不赞成，就不能成立。公约和决议通过后，谁都要遵守，如果有人违犯，犯罪轻的，就在团体内宣布他的过失，让他改过自新；犯罪重的，就把他赶出去，不让他留在团体里生活，这是最严重的处罚。在当时，离开团体的人，是活不成的，不给猛兽咬死，也会饿死。

当时每个氏族团体里面的组织，大概都是这样。

同时，一些血统近的氏族团体，又合成一个“姓”，血统近的各“姓”，再合成一个“族”，最后又联合各“族”、组成联盟。“族”、“姓”、氏都是同血统的；联盟就没有血统限制，不同血统的“族”，只要双方愿意，也可以平等的参加。当时的夏“族”，就是有熊氏诸氏族团体的联盟，商族就是神龙氏诸氏族团体的联盟。夏族在“尧”的时候，据传共包括九个族（九族），九族共包括百个姓（百姓），百个姓共包括若干氏族（万邦）。

氏合成的“姓”，不设立共同机关，有事时，由“姓”内各氏族首长开会商量。几个“姓”合成的“族”，原先设立有“族”评议会和军事首长；评议会的议员，就是各氏族的首长；军事首长由评议会选举，他违反公众利益时，也由评议会免他的职。到联盟成立后，各“族”就不单设军事首长的职务，评议会也不经常开会了。联盟的组织，一面有评议会、议员是全联盟各氏的酋长，即所谓“四岳群牧”，为最高权力机关；一面设立两个军事首长的职务。军事首长的重要工作是打仗，祭神时当主祭。他们都由评议会选举出来的，谁都有当选的权利；如果他不称职，或违反公众的利益，评议会也有权免他的职。他们可以列席评议会，但只有发言权，没有表决权。

“尧舜传贤”

我们已经讲过，在“伏羲氏”人们的时代，各个群团的财产，都由女子经管，结婚的办法，是一群兄弟出嫁，一群姐妹讨老公，孩子们都跟着妈妈姓。现在各氏族团体的财产，也都由女子掌管；结婚的办法，是每个女子讨进一个为主的老公，子女也跟着妈妈姓；男儿都要嫁出去，由女儿承宗接代。这样，氏族团体的财产，便只传给女儿辈。团体的公共职务，如果需要男子充当，也只得从娶进来的女婿里面选举。自己氏族里面的男儿们，也只有在他们老婆的氏族里，才有被选的权利。氏族团体的首长，自然，都是由大会选举的；但首长自已的女儿和女婿，由于日常生活都在一块，对妈妈和丈人的职务经验，比旁人容易学到手，所以每次选举首长的替手，当选的便常常是老首长的女儿或女婿。这样，就慢慢成了一种家族相传的习惯，只要没有大错，总是从老首长的家族内，去选举替手。所以在当时，首长的职务，有母女和翁婿相传的习惯，没有父子相传的习惯。不过他们当选为首长也只是给团体尽义务，不是享受什么特别权利。

历史上所说的，这时的著名人物，如神农、轩辕、挚、尧、舜、禹、益那些人，都是联盟的军事首长。他们职务的替手，自已都没有权利选择，要由评议会来选举，挚和尧，原来是两个平起平坐的军事首长，挚死后，一个军事首长的职务出缺，联盟评议会便选出舜来补充；后来尧死了，又选出禹来补缺。所以舜来作军事首长，不是尧传给他的，禹来作军事首长，也不是舜传给他的。后人把这个故事弄错了，就说“尧舜传贤”。

每次选出军事首长，和当选人的就职，都举行很盛大的典礼，首长全体参加祭神，祭神后，举行一连数日的大聚餐，每晚又都在野地举行狂欢的歌舞晚会。

那些当选为军事首长的人，原来都是牧人、农夫和工匠；当选任职以后，不独都能把职务内的工作，做得很好，而且都有很好的劳动观念，自已并不完全脱离生产，并时时去照顾全体的生活，所以后人叫他们作“圣人”。

“夏禹传子”

在传说中的夏禹时代，知道冶铜，用铜制作工具。从此，氏族团体的财富增多了，团体内各家族，也开始有些私产了；男子在生产中的工作，更显得重要，他们便开始过问家族的生活，也开始参加去管理宗族财产。这样，女子手里的权利，便慢慢落到男子手里。从此，便开始有男子讨进老婆的事情，也有把自已财物传给儿子的事情……据说到启的时候，这些事情就多起来了。所以启的爸爸死后，启就领导大家，发动一个运动，要求修改公约，规定女子出嫁，男子讨老婆，子女跟着爸爸姓，由男儿承宗接代；氏族团体的财产由男子掌管，儿子得接替爸爸，当选为首长。一部分守旧的人，最初都反对这种要求；但由于大多数男女老少都赞成新办法，运动便胜利了。于是启就作了军事首长，接替他爸爸的职务。从这时起，在商族和夏族，就都能修成男性的家谱了。后人讲到这个故事，就说是“夏禹传子”，其实由“禹”、到“启”中间还可能有相当长的时间。

这以后，军事首长也还是由评议会选举的，不过到后来，由于他权力极大，选举就只是一种手续了。常常跟他去打仗的人，也慢慢的成为一个军事团体，他们脱离生产，去靠打仗过活，打仗得来的财物，最初还把一部分交给公家，后来便完全不交，他们自己分了；捉回的俘虏，后来也不送给公家，都带回家去作奴隶，替自己家族生产。这样，他们的家族，就慢慢的都成了富户，他们自己就成了家长。同时，许多氏族团体的首长，也慢慢的积蓄私产，使用奴隶，自己在家族内也变成家长。

在战争中捉回的女俘虏，也用作奴隶，又作为解决性欲的小老婆。这种小老婆，他们也当作一种财产看待，父亲死了，又由儿子接管，作儿子的小老婆。一个家长有几个老婆的办法，又改变了原来的结婚习惯，男女的地位也开始不平等了。在以前，不论是男子出嫁，或女子出嫁，男女的地位都完全平等的，谁也不能压迫谁。现在就不同了，女子变成家族的奴婢和生育小孩的机器。不论女子对老公爱不爱，她须绝对为老公守贞操；大老婆也不得对老公有半点反抗，作奴隶的小老婆就更不用说了。但是作家长的男子，就不只每人独占好几个大小老婆，而又可以和旁人胡搞，女子都不得干涉他。这种婚姻，是历史上最残暴、最不平等的婚姻关系。

这样家长制的家族财产，家长制的婚姻，到夏桀的时候，就很流行了。在这种情况下，就发生“成汤革命”，推翻古代共产制度，建立奴隶制度的国家。后人怀念古代共产主义的生活，那样自由，那样平等，就臭骂那些破坏古代共产制度的家长，特别是他们的头目夏桀。其实，古代共产制度发展到当时的情况，必然要死亡的，新社会必然要出现的，好比私有财产制度，发展到帝国主义的情况，必然要死亡，共产主义又必然要实现的道理一样。

五、商朝奴隶制度国家（一）

“成汤革命”

到纪元前十八世纪前期，商族发展了冶铜事业，大量使用青铜器，便很快的发展生产，创造出繁盛的农业。黄河下游大平原，原是土质最松、最肥的黄土地带，使用青铜器，就能把地耕得很深。这是商族农业发展的好条件。

由于农业发展了，生产提高了，氏族公社内各富有家族，便积聚起更多的私产，并完全脱离生产劳动，靠使用奴隶过活。这样，公社内便开始分别出奴隶和自由民阶级。自由民里面，也分别出富人和穷人，或奴主和平民。到了这种情况，便只有土地还是公有财产，各家族得平等使用，旁的便都是家族私有了。这时，新兴的富人们，就不断要求扩充耕地面积，和掠取人口作奴隶。因此，成汤所领导的军事团体，便不断去进攻领近各族，先后打败葛族、皮族、有洛族、温族、昆吾族、韦族、雇族……俘虏他们人口、占领他们土地。这种新占领的土地，都归全商族公有，和原来各氏族公有的情况不同；但使用这种土地的，大多是有耕种力量的富户。打仗得回的财物和人口，也不把它归公，都由他们自已分了，或分给左右、亲戚、朋友，或拿去出卖，这样，由于战争胜利的累积，更增大了富人的财产，也不断加多了奴隶的数量。

但这种私有的财产的获取办法，和原来的办法相反，要受到旧制度、旧习惯的拘束。因此，奴主富户便要求改变旧制度，用一种新制度来代替。当时商族的另一部分人，便反对私有财产的办法，主张保守旧制度。这样，就发生革命与保守的斗争。

由于原始公社制度已不合时宜，奴隶制度在当时是进步的东西，所以革命派得到大多数人赞成；同时，他们拥有武装力量，革命领袖成汤和伊尹，又都是了不起的人物……因此，到纪元前一七六六年，他们一面打败其强敌夏族，一面又完成有名的“成汤革命”。

革命胜利了，成汤宣布三条革命的法令：一、取消氏族民主制，禁止一切民主集会；二、保护私有财产，禁止侵犯他人货财；三、创设强制权力，禁止人民反抗。同时，成汤登上王位，伊尹作了宰相；在皇帝和宰相下面，又专设掌管警察和民政的官职（卿士、师师）。这样，商朝的国家就成立起来了。

在这种国家里面，包含四种不同的人；一、皇帝、官吏、巫教徒、富人……等奴主贵族，他们是掌握政权的特权阶层；二、武士、农民、小商人……等平民阶层，他们靠自己劳动过活，但有权分受国家土地；三、叫作小人、臣、奴、仆、僮、妾、役……的奴隶，他们完全没有权利，连身体也属于奴主所有，替奴主担任耕田、牧畜、运输……等劳动；四、弇族、鄘族、邶族、羌族、周族……等被统治种族、他们常要向商政府纳税进贡，商政府允许他们保存自己的组织，不干涉他们内部生活，但他们的首长，兼受商政府委任，充当“邦伯”。

“伊尹放太甲”

商朝国家的行政系统，在中央政府以下，一方面，对商族居住的本土，设立许多叫作“侯“、“伯”的地方官，每个“侯”或“伯”管理许多“邑”，每个“邑”设立一个叫作“师长”的“邑”官。充当“侯”、“伯”、“师长”等官职的，都是奴主贵族。一方面，对本土以外的被征服区域，除在重要地区，派人镇守外，就只委任各种族自己的首长，充当“侯”、“伯”，负责向商政府纳税进贡。商政府通过这种系统，去统治全国，把权力集中到中央。

掌握中央实权的，并不是皇帝，而是宰相，因为商朝的奴主贵族，说自己受有天命，皇帝是天的儿子，一切都假托天帝的意思行事；但谁能知道天帝的意思呢？巫教徒就自称是天帝的使者，专来传达天帝的意思的。因此，叫作“阿衡”的巫教教主，就得以摆布商朝的政治，宰相也成了“阿衡”的兼差。所以伊尹、伊陟、巫贤、巫咸、甘盘等人，都是巫教的教主，又都是商朝的宰相。

巫教的教徒，都是奴主贵族出身的知识分子，有些科学知识，商朝的天文历数学，也是他们发明的。但他们利用这点本领，又独占教育文化事业。

皇帝原来是军事团体的首领，左右多是武人；为的要掠取人口作奴隶，镇压被征服者的反抗，开辟新疆土，常要带军队去打仗，不能常住在首都。这样，军权便掌握在皇帝手中，中央的政治，就常由宰相独断独行。

因此，商朝政府的实权，就慢慢转入到宰相的手中，皇帝反而没有实权。这样，就常常发生皇帝和宰相争权的情况。但皇帝是世俗贵族的领袖，他和宰相的冲突，就是世俗贵族和巫教贵族的冲突。这种冲突，在成汤死了以后，就开始爆发了。

成汤死后，他的儿子太甲登上王位。巫教贵族利用太甲年轻，没有统治经验，就乘机捞取权利，去巩固自己地位；世俗贵族，就起来扶助太甲。这回的冲突，太甲失败了。伊尹把他推下王座，送到桐邑，禁闭起来。后来太甲表示改悔，伊尹才把他放回来。这叫作“伊尹放太甲”，是商朝俗教冲突的第一回大风潮。从此以后，巫教徒在政治上的势力更大了，地位更加巩固了；直到商朝末年，由于巫教的信仰堕落，商王才夺回些政权到自己手中。

“盘庚迁殷”

商朝本土的大部分地方，原是常遭水灾的平原地区；革命以后，商政府也不断作了些治水的工作，但由于技术程度太低，始终没有很好的成绩。所以连首都地方，也常常闹水灾，从成汤到盘庚的两百多年间，就迁过五次都。

盘庚的时候，商朝的首都邢台，也是常受水灾成胁的地方。盘庚为着作长久打算，就决定把首都迁到安阳（殷）。同时，从成汤革命两百多年来，首都的居民和一般奴主贵族，已经腐化了、堕落了；盘庚想把他们迁到新的环境里去，改变一下风气。其次，和盘庚同事的大奴主贵族，占住政府机关，争权夺利，盘庚自己想作些好事，也要受他们牵制，所以盘庚也想利用迁都的机会，把政府改造一下。因此政府机关的大奴主贵族，都反对迁都，还煽惑人民起来抵抗，形成一次群众性的反迁都运动。

但盘庚是一个大有作为的皇帝，他知道反对迁都的人，是怕失去官职。因此，他对他们宣言：只要他们悔悟，仍给他们官作，如不肯悔过，就要严办；又揭发他们造谣惑众的罪恶；同时也说明迁都的重大意义，在中兴王业。他又知道，反对迁都的平民，是受了大奴主贵族的蒙蔽。因此他又向平民宣言：教他们不要听信腐化官僚的“谗言”，跟他们一块来捣乱；如不信任皇帝，他们死去祖宗，也会责罚他们的。他又恐怕那些大奴主贵族，去拉拢地方的

“侯”、“伯”、“师长”，因此，他又通告“侯”、“伯”、“师长”等地方官，教他们不要和反对迁都的分子接近，也不要听信他们的宣传。在盘庚的这种方针下，反对迁都的那部分大奴主贵族，便完全被孤立了。迁都的政策，终于实行了。

迁到安阳新都后，盘庚努力改良政治，减轻平民负担，提倡节约，自己也用高粱杆盖宫殿，作人民的榜样。这样，殷朝的国家又强盛起来了。

六、商朝奴隶制度国家（二）

“纣王无道”

从盘庚中兴以后，到纪元前十二世纪，商朝的情况又变得很坏了。国家的财政，私人的收入，都步步减少。大多数奴主贵族，却醉生梦死，只顾颠倒昼夜的喝酒，玩女人，把国家的事情，全抛在脑后。同时，世俗贵族和巫教贵族，为着争夺私利，把朝廷也闹得乌烟瘴气。商族出身的平民，由于好吃懒做，好多人穷得没饭吃，都去作盗贼、作流氓。

这样，国家的兵力也减弱了，首先由于兵员成份的变坏。在原先，商朝不许用奴隶当兵，兵员都是商族出身的平民；盘庚以后，由于国土扩大，需要兵力更多，便开始用奴隶参加防守部队。到现在，攻战的部队也用大量奴隶参加了，其中出身平民的兵员，又大都是失业群众，出身奴主贵族的军事干部，又大都腐化了。这种军队，是不能有多大战斗力的。由于兵力减弱，不能用战争去掠取人口，奴隶的主要来源就断绝了；被统治种族的反抗，也没有力量去平定了。

由于奴隶的缺乏，更加使生产退步了。但商朝的奴主贵族，却更加紧去压榨奴隶，剥削征服地。这样，一方面，把一部分奴隶活活累死了，一部分奴隶冒险逃跑了，并迫得一部分奴隶，举起起义的旗帜；一方面，又迫得被统治种族不断反叛，脱离商朝的统治。

到纣王的时候，情况更严重了。在商族的本土，到处盗贼成群，甚至在首都地方，连皇帝祭奉天帝的祭品，也常被人偷走，人民犯罪的案子，一天天加多。在西北、周族已竖起反商的革命旗帜，羌族、鄘族、蜀族、微族、卢族、彭族、濮族……也都相继脱离商朝的统治、和周族联合；许多受压迫的人民，也从商朝投奔周族。

纣王和他的左右，面对着这种情况，反更加倒行逆施。他们以为革命势力是消灭得了的，便不断派兵去进攻革命。又以为把革命领袖文王弄死，革命就可能停止的。因此，他们就用了很卑劣的手段，把文王骗到安阳，监禁起来，并把接近文王的九侯和鄂族，活活的处死。幸而文王把自已隐蔽得很好，纣王觉得他并不能干；文王的部下又送了好多宝物和美女给纣王，才把文王救出去。在商朝的朝廷，像微子、箕子那样能干的政治家，都被纣王免了职；许多正人君子，有的无辜被杀，有的受到无理压迫。飞廉、恶来那班坏家伙，却都占据重要职位，纣王很信任他们。他们陪同纣王，日夜想法剥削人民，讲究快活，不知花了多少钱。在好几处地方建筑行宫，为把行宫搞得很舒服，又花了无数钱财，收买奇怪的鸟兽和花木；又挑选好多美女，日夜在宫中取乐……

这样，就加快商朝国家的灭亡了。

“邦畿千里”

从山东连到皖北、豫东、豫东北、晋东南、冀西南的地区是商族居住的本土，他们自已叫作“邦畿”，就是中心地区的意思。这块中心地区，横直共约千里左右，所以说，“邦畿千里”。

商朝本土的面积就有这样大，再加上征服地，便成一个领土很大的国家，据我们知道的，商朝国家的疆域：东边到黄海和渤海，东南到钱塘江，南到安徽霍山、潜山一带，西南到川北，西到甘凉一带，北到河套，东北到冀东。所以在商朝已打下中国领土的基础，也确定了汉族的居住权利。

在商朝的广大征服地内，包含许多的种族，著名的有周族、羌族、芈族、鄘族、 族、蜀族、夷族、土族、马族、羊族、林族、鬼方……等。商朝统治阶级和各族的关系，基本上是征服者和被征服者的关系。不过商朝的统治并不厉害，他从不过问征服地的内政，只要他们年年进贡、纳税，服从商王年号，选用商朝历书。进贡的东西，是当地的特产，有时还进贡人口。

在当时，许多种族统一在一大帝国内，首先使大家在政治上有共同利害。为要反抗商朝奴主的压迫，连同商族在内的各族人民，便常常有联合；后来在反商的革命旗帜下，大家又进一步团结了起来。

其次，商朝奴主贵族的统治，由纪元前一七六六年到纪元前一一二二年，前后共六百多年，由于各种族长期的接触，彼此不断的合作，慢慢的就形成一种通用的语言。同时，原来许多种族都还没有文字，周族前身的夏族，也只有很简单的图画。商朝巫教徒创造的甲骨文，后来也成了各种族共用的文字，甲骨文是一种初步完成的文字（它发展到周朝，成为金石文，到秦朝，成为篆文；到汉朝，成为隶书，汉朝以后，就成为现在的中国字）。

因此，到“武王革命”胜利后，就以周商两族为主干，各种族融合成为一个华族了（也叫作华夏族）。华族就是汉族的前身。所以汉族的组成，原来就在反压迫反侵略的共同基础上开始的。融合成一个民族，又是在革命胜利的基础上实现的。

“甲骨文”和“八卦”

商朝是中国文明历史的开始，他创造出什么文化果实呢？

一、上面讲过，商朝的巫教徒创造出甲骨文字。在这以前，因为文字太少、太简单，我们的祖先，便没法用文字来写文章、讲道理、记载事情、交换经验和知识；自从有了甲骨文，讲道理、写文章、记载事情、交换经验和知识……就都很方便了。

二、商朝的巫教徒，根据当时农业生产的经验，又发明一种天文历数学。他们把太阳绕地球一转的时间，作为一年，把一年分作十二分（叫作月），每分卅日；又根据一年的气候变化，分三个月为一季，把全年分作春、夏、秋、冬四季。但由于太阳绕地球一转的时间，不止三百六十日，还要加五天多点的时间，因此，他们又设立闰年，闰年比平年多一个月，有十三月。这在当时，是一种科学的大发明，这种科学的发明，不光对中国自已的文化，发生大作用，对东亚地区的民族的文化，也发生过大作用。

三、在商朝末年，革命的周人，创造出一种革命的哲学，叫做“八卦”哲学。商朝的巫教徒说：各样事物都有一个神在主持，天、地、山、河、水、火、风、雷各有一个神。最大的神就是天老爷，一切神都归他管，人的生活也归他管；皇帝是他的儿子，特意派来管理人的。“八卦”哲学说，那全是骗人的鬼话，世界上压根儿根就没有什么鬼神；天、地、山、河、水、火、风、雷是八种东西；和旁的东西一样，并没有什么神怪。世界上的东西，有阴性和阳性的分别，由于阴阳两性相冲，就发生变化；世界上所有的东西，都由阴阳相冲变来的，天、地、山、河、水、火、风、雷也是这样变来的。一切都要变，没有一种东西是永久不变的；人也要变，世界也是要变的。因此，他们说：当时商朝的天下，不变就不得太平了；只有变了，天下才得太平。变成怎样呢？那就是把阶级地位翻过面来。这就是“八卦”哲学所讲的革命道理。

四、商朝的人们还创造出一种诗歌、音乐和雕刻。音乐叫作“大濩乐”，雕刻有石作的，也有铜和骨作的，都雕得很好看，诗歌都有韵，读起来很顺口。

七、西周初期封建制度的成立

“武王革命”

周族是夏族的后裔，奉农神后稷作始祖，原先住在陕西武功地方；到后稷四代孙公刘时侯，迁到郇邑的地方；到公刘十代孙古公时侯，又迁到岐山一带。据说在古公以前，周族已发明冶铁，他们迁到岐山后，由于土地肥沃、环境安定，生产进步得很快，农业和牧畜业都很兴盛。因此，到古公儿子季历的时候，周族就开始强大起来，到他的孙子文王时，就成为西北最强大的种族了。但他们还是受商朝统治，常向商政府纳税、进贡，季历和文王也都接受商政府的委任，充当“周侯”。

文王的时期，正当商纣王在位。前面说过，这时商朝的情况已经很糟了，奴隶制度快要死亡了。在那种情况下，文王便来发动革命。他以周族作基础，一面联合反商的羌族、鄘族、蜀族、髳族、微族、卢族、彭族、濮族……一面又联合奴隶阶级和商族的革命分子。这样，就开始了革命和反革命的战争。但革命才开始不久，文王就在纪元前一一二六年死去了。继承文王来领导革命的，是他的儿子武王，周公和羌族的太公。他们都是文武全才的革命领袖，看到和反革命最后决斗的时机已到，便于纪元前一一二三年正月，在河南汲县誓师，宣布纣王十大罪状，然后革命军就从孟津渡河，向商朝的首都进发。纣王统领近百万大军来抵抗，二月，两军进入决战。当时纣王的兵力，要大过革命军几倍，但他的兵员大部分是奴隶，都不愿和革命军作战；革命军就和纣军不同，大家都是一条心，勇气十足，因此，在战斗的紧要关头，纣军大部分倒戈，革命军就打进了商朝的首都，纣王也给大火烧死了。

这回决战的结果，确定了革命胜利的局势，但革命仍没有完全胜利，纣的儿子武庚退到山东后，又联合蒲姑族、奄族、徐戎、淮夷、芈蛮等，和革命势力对抗。革命的方面，在纪元前一一二一年武王死后，自已的队伍里又出现管叔、霍叔、蔡叔等反革命叛徒，他们一面和反革命的武庚勾结，一面散布伤害周公的谣言，想瓦解革命势力。在这个重要关头，周公、太公等革命领袖，就一面“肃清”革命队伍里的反革命叛徒。一面把商族人民迁徙到洛阳，周公并向他们宣言：只要他们不反对革命，就保证他们安居乐业，赞成革命的，并准他领有土地和人民，如果顽固不化、反抗革命，就一律处死。然后太公召公坐镇后方，周公亲领大军东征。周公到山东后，一面进行武装讨伐，一面发动政治攻势，把归顺的商朝贵族（微子启等），封作诸侯。这样，经过三年艰苦的斗争，就把商朝反革命势力消灭了。到这时，革命在陕西、山西、河南、河北、山东的广大地区内，已完全取得胜利。这次革命，后人叫作“武王革命”。

“宣王中兴”

在革命军打下安阳，武王登上王位后，就宣布普天下的土地都为“王土”，由王来分配，后来周公、成王、康王依照这个原则，把陕西、豫西一带作为王室领地；把其他革命胜利的地方，封给亲戚、左右、有功将士、赞成革命的商朝贵族；同时，准许参加革命的各族首长，占领他本族的土地和人民。这班受封的人都叫作“诸侯”，名义上都作为王的部下。受封土地在王室领地内的，或是王的家属，或充当王的直属部下，大的叫作“大夫”，小的叫作“士”。受有大封地的诸侯，又把土地分赐其左右、亲属，大的也叫作大夫，小的也叫作士。大夫和受地少的诸侯，也同样分赐封地给自已的亲属、左右。这样，王、诸侯、大夫、士，就成为各等级的封主，王是最高封主，叫作“天子”；“士”是最小的封主，没有封地的士，就充当王、诸侯或大夫的家臣。他们的封区都叫作“国”，封主都叫作“国君”。王又按照诸侯封地的大小、好坏、地理形势，赐给不同的爵位。爵位分公、侯、伯、子、男五等。伯禽封在鲁（曲阜）、吕汲封在齐（临淄）、召公封在燕（北平）、康叔封在卫（安阳）、唐叔封在晋（曲沃）、微子启封在宋（商丘）……封城都很大、地形也很重要，就封赐公爵或侯爵。受封的土地和爵位，都是子子孙孙世袭的。

封赐的土地、都连同当地的居民在内，若是居民太少的地区，有时还格外赐送劳动人口。

封赐土地，叫作“赐采”或“赐邑”，采就是领地的意思，邑是庄园的意思。王、诸侯、大夫的领地内，都包括好多的庄园，但最小的封主就只有一个庄园，最小的庄园，常只有十户左右的住民。

在庄园的围墙里，住着封主，他的家属、左右（或者只住着封主的管家）、武装卫士、贱奴、和一些工奴；小人、庶民、白丁、夫、农夫等，都住在围墙外的田野间，他们就是农奴。工奴给封主制做衣服、鞋袜等各样用品；他们都有自已的家室，但不准把作出的东西自由出卖。农奴也都有自已的家室，封主分给每家一块土地，叫作“私田”，其余的土地都叫作“公田”。“公田”由农奴共同耕作，收获全归封主；各家农奴自已的生活，就全靠“私田”的收入。另外，农奴要临时听封主使唤，去给他作事；农奴家养的猪、鸡、鸡蛋和新鲜的菜蔬果子等，都要选好的去孝敬封主；还常要帮封主去打仗，他们的妻女、封主也常常拉去开心。贱奴叫作奴、仆、役、皂、隶……地位和原来的奴隶差不多，住在封主家里，给他做各样零碎、下贱的事情。

封主常把自已的农奴和工奴，随意赠送给他人；他们给封主作活作不好，就要挨打挨骂，如有半点反抗，还要判罪。封主并限定他们，要子子孙孙作农奴、作工奴；他们若想改业或迁往他处，都算是犯罪。

每个封主在自已封区内，都好象是一个皇帝，任意处理一切事情；只有他和旁的封主打官司，须服从他上级的判决，对外打仗，须听从上级的命令，同时还要向上级纳贡；但上级对自已的下级，也有保护的义务。

这种新制度，从“武王伐纣”到宣王以前的三百多年间，在黄河流域便完全实现了。但苏北、皖北、湖北的徐戎、淮夷、芈蛮等，却还不断和新制度敌对；周公死后，成王、康王、穆王、昭王……都不断对他们进行过讨伐。直到宣王登位后，宣王才亲自平定余戎，方叔平定芈蛮，召虎平定淮夷。宣王又以江汉、徐、淮间的疆土，封赐亲属和申伯、召虎等那班将士；徐、淮、芈蛮……也从此开始封建化。这叫做“宣王中兴”。

“平王东迁”

在宣王登基以前，西周就发生一次农民和没落小封主的大暴动（纪元前八四二年）。暴动发生的主要原因：是纪元前八五八——八五三年的大旱灾，农民的兵役赋税负担过重，一些小封主的邻地被大封主并吞，宣王的父亲厉王又给以无理的压迫。纪元前八二七年宣王登基后，情况还是不大妙；但宣王相当能干，他的左右大臣，申甫、方叔、召虎也都是有大作为的人物。他们积极改善内政，减轻人民负担；然后又命秦仲西征西戎，尹吉甫北伐獫允，安定西北国防；最后又平定芈蛮、徐、淮，完成武王周公的事业。

“中兴”以后，宣王就不免骄傲自满，对事业不积极了。加之在他的晚年，又遭受严重的天灾；这回的天灾，首先是从纪元前八〇三年开始的大旱灾，河里都干得没有水，一连几年不能下种，耕地都荒废起来，成千成万的农民，挨不过饿，都逃奔他处。旱灾过去以后，接着在幽王二年（纪元前七七九年），又是一次很凶的大地震。这样，西周的生产完全损坏了，元气衰退了。暴虐无道的幽王，在那样的情况下，反只知贪财、好色，日夜和小老婆褒姒取乐，把国事当作儿戏。他宠爱褒姒，便把申王后和太子打入冷官，立褒姒作王后，褒姒生的伯服作太子。申王后的父亲申伯，为着给女儿和外孙出气，便顾不得君臣的名分，联合鄫侯兴兵攻打幽王。

利用幽王和申侯自相攻打的空子，犬戎族就乘机打进来了。犬戎族原是甘肃北边的游牧部落，过去也常常侵入西周边境，来抢掠财物；但每次都给西周赶了出去。西周在这回便完全没有抵抗能力了。纪元前七七一年，犬戎打进西周首都（西郑），大杀大掠；人民的生命财产牺牲很大，幽王自已也弄到身败名裂。平王登基后，害怕犬戎袭击，就在这年东迁到洛阳；他报答秦襄公护驾东迁的功劳，把西周的领地全赐给襄公。后来襄公把犬戎打走，才把西周的国土收复。平王迁到洛阳后，便叫作东周，从此王室威信大大衰落，进入诸侯争霸的春秋时期。

八、初期封建制的发展·春秋时期

“王纲解纽”

从纪元前七百年“平王东迁”，就进入春秋列国时期，也就是初期封建制发展的时期。但它的发展，是参差不齐的。最先发展起来的是齐国，主要由于他发明冶铁风箱，改进了生产技术；土地肥沃的胶东，又很容易发展“五谷桑麻”等生产；他还有海水可以煮盐，海鱼也是一大出产。到齐桓公时，管仲帮助桓公，又极力改良政治，提倡生产事业，齐国就富强起来了。接着就是晋国。晋南也是天然的产粮地区，铁矿又很多……不过原先常有狄族和骊戎的扰乱，自从晋献公把骊戎征服，文公和狄族成立友好关系，在和平环境里，农业生产就大步发展起来了。接着就是秦国。关中一带，本是“沃野千里”的“上田”。又是周朝封建制的老家。平王东迁后，秦国逐步把侵入的戎族赶走，恢复境内和平，又从晋国传入进步的生产技术。因此，到穆公时，秦国也富强起来了。南方的楚国（湖北）、吴国（江苏）、越国（浙江），原先是落后的，但由于地大物博，农业水利等条件都特别好，所以自从他们转到封建制度后，接受北方的生产技术，生产也先后发展起来了。他们的生产，虽然到后来一个长时间都没赶上北方，但由于物产丰富，楚到庄公、吴到阖闾，越到勾践时，也都开始富强了。其次，鲁、卫、宋、郑、燕等诸侯国的经济力量，虽赶不上齐、晋、秦、楚，但其生产，也都先后有相当发展。

在这些诸侯国，跟着其农业生产的发展，手工业和商业也先后开始发展了。这种手工业和商业，原先都是封主们所设立，专为满足他们自己的消费，是由家奴经管的，叫做“工商在官”；到这时，从“在官”工商的旁边，又慢慢出现了私家商人和手工业者，不过他们也和农奴一样，须向封主纳税、进贡、负担徭役，自己的商品和制品，都有买卖的自由。官私手工业的发展，就表现出地域的分工，各地出产不同的特产，如齐的陶器、丝绸，秦晋的玉石、皮毛，楚的铜器，吴越的刀剑……封主们彼此又都喜欢得到自己没有的东西。由于官私商业的发展，不只增加了封主们的商税收入，特别又扩大了他们肠胃的消化力，并且越涨越大。同时，工商聚集的大封主首邑，如临淄、绛、咸阳、寿春、吴、会稽……交通要道的郑州……都先后变成都市了。

另外许多诸侯国，或者生产落后，或由于地小人少，经济力量就很薄弱。

由于地方经济发展，这样参差不齐，齐、晋、秦、楚、吴、越，就先后都成为强大的诸侯国；鲁、卫、宋、郑、燕等公国，就都降为二等诸侯国；另外的许多诸侯国，便变成不能保持相对独立的弱小者。

周朝的王室，东迁到洛阳后，领地丧失了一大半；留下的豫西五六百里地方，后来为着结好诸侯，又把汜水送给郑国，温县济源送给晋国，南面从叶县以南又被楚国占去。加之这块地方的生产，原来就落后些，境内还杂居有落后戎族。因此，收入大大减少，财政很穷困，连王死了，也常常办不起热闹丧事；到东周最后的一个君王赧王，因为没钱还债，常藏起来不敢和债主见面。

由于这种经济情况的变化，周天子越来越没有力量去执行“宗主”职权，维持封建的和平秩序；齐、晋、秦、楚、吴、越各强大诸侯国，便尽量发挥独立性，各霸一方、不听周天子号令，一味欺负弱小，扩充地盘，因此，形成步步扩大的封建内战。后人总结这种形势，说是“王纲解纽”。

“诸侯争霸”

最先起来创立霸业的也是齐桓公，他得到大政治家管仲的帮助，第一步把内政和军事都整理得很好。第二步便向诸侯提出“尊周室攘夷狄”的口号。所谓“尊周室”，就是要大家尊重周天子，实际上，这不过是他“挟天子令诸侯”的步骤。所谓“攘夷狄”，就是教诸侯合力驱除外族，不要利用外族来扰乱华夏；这在当时被外族侵害的诸侯和人民，都是深刻同情的。然后他自为盟主，前后共召集诸侯开了九次会议，大家成立誓约：遵守封建秩序，分别尊卑、上下、长幼、亲疏；同心协力对付夷狄，尊重周天子……谁若不守誓约、不听从他的号令，他就要实行讨伐。但他的主要目的，却在为自己扩充地盘，提高特权，他前后共灭亡三十多个诸侯，自己的领地扩充到三千多方里。齐桓公死后，晋文公也起来称霸了。自此就开始齐、晋在黄河中部的争霸。晋文公一面也拿“尊周”作资本，取得盟主地位；一面也扩充地盘，前后共灭亡二十多个诸侯，领地扩大到河南、河北、陕西的边上。在晋文公的霸权成立后，秦穆公、楚庄公也相继起来创立霸业。因此，一面开始有秦晋两国的争霸，一面又开始有秦、晋、齐、楚在河南山东的霸权斗争。他们连“尊周”的口号也完全不要，公开为自己扩充地盘、争取特权，楚庄公共灭亡二三十个诸侯，领地扩大到三千多方里，秦穆公也灭亡十几个诸侯，扩大了千多里领地。后来吴阖闾、越勾践也起来称霸后，一面就又有吴楚、吴越、楚越在长江流域的霸权争夺，一面有吴越相继和齐国的霸权斗争。霸主以下的诸侯们，彼此间也不断发生战争，互相火并。因此，在春秋三百年间，差不多年年有战争，战争的规模越来越大，形势也越来越复杂。由于大蛇吃小蛇，小蛇吃虾蟆，许多弱小诸侯，不是被灭亡，就作了强大诸侯的附庸。所以周初的“八百”个诸侯国，到纪元前五百年代末，就只有四十个左右了。

强大的诸侯，由于领地的扩大，为着管理的便利，便开始在庄园（邑）的上面，添设一层统治机构——县，管理县的官吏，叫做县令、县尹、县大夫。同时，他们把并吞来的领地，也不断分赐给左右亲族；其中受地多的，又分赐他自己的子弟和左右，因此，一面又不断出现新的中小封主；一面又壮大了各国的大夫，他们慢慢的就掌握了各国的实权。

但从春秋中期以后，各国的诸侯们，由于军费开支浩大，生活上的奢侈浪费也越来越大，就渐渐感受财政的困难了。弱小的诸侯，却还要向强大诸侯缴纳贡税。他们解决困难的办法：就一面向商人借钱；一面便加紧剥削农奴，令农奴贡纳车马、军器和布匹，加多农奴的兵役时间，有些地方并改变由农奴出力耕种“公田”的办法，直接向他们收租……农奴的负担，原来就很重，加之战争又常常损害他们的生命和财产。这样一来，他们的生活就更苦了。因此，到春秋末期，便发生以“盗跖”为首的农民大暴动。同时，对商人的敲榨也很厉害，商人不只要向本地封主纳税、进贡，贩运商品经过多少封主地界，就要缴纳多少次关税；而且往来交通很不便利，还常要受到贪财封主的暗中劫抢。因此，商人们也开始不满意封主的统治了。另方面，丧失领地和权利的那班中小封主，都穷得衣食没着落，也很埋怨那些争权夺利的诸侯。因此，封建诸侯的统治，到春秋末期就发生毛病了。

“夷狄”和“诸夏”

参加“武王革命”的各种族，以周、商两族为主干，到春秋时期，已完全融合为一个大华夏族了。由于华夏各诸侯国的分立，散布地区很广，又统叫

“诸夏”。

南方的楚，原是南去夏族为主干，和原住苗族、徐夷、淮夷的混合种，叫作芈蛮；东南的吴、越，也是南去夏族为主干，和原住东越诸族的混合种。到春秋末期，他们也都成了华夏族的一个部分了。

这时期，和华夏族杂居的，另外还有很多落后种族的小部落：在山东境内的，有莱夷、根牟、颛臾、须句等夷族各部落；在河北境内的，有通古斯族的山戎，狄族的肥、鼓、甲氏、无终等部落；在山西、陕西、河南境内的，有狄族的赤狄、白狄……戎族的骊戎、犬戎、姜戎、茅戎、陆浑戎、伊落戎等部落。他们都靠游牧生活，常来侵害华夏的人民；好多华夏诸侯，也常受他们的骚扰。有些封建贵族，却常去利用他们，作为争权夺利的工具。但从齐桓公和管仲提出“攘夷狄”的号召后，情况已开始改变了。他们并亲自征服齐国境内的夷族，援助卫国和邢国打走狄族。所以孔夫子也很称赞他们。后来晋文公、秦穆公等华夏诸侯，也都进行了这份工作，境内杂居各外族部落，就有的开始停止骚乱，有的被赶走了。他们的生产本来都很落后，文化很低，战斗力很小，人口也很少。华夏族的经济、政治、军事、文化和人口的力量，都占绝对的优势。现在，华夏族到处动员了，所以他们在这种优势力量的影响、包围、压迫里面，便开始和华夏族同化。因此，到后来，他们也先后都成了华夏族的组成部分了。

另方面，这时期，华夏人民和诸侯，又展开和扰乱边境各外族的斗争；在斗争过程中，晋国把国境扩大到山西全境；秦国把国境扩大到甘肃和四川；燕国的北面国境也大大扩张，到战国时，南满也成了燕国的领地；南方的楚国、吴国、越国，也把国境扩大到湖南、江西、皖南和全浙。他们并防御了四境外族的骚扰；秦国、晋国、燕国防御了西北戎族、北方的狄族，东北的通古斯族，秦国、楚国、越国防御了西南的蛮族、南方的苗族、东南的瓯族。

这种平定境内杂居外族的骚乱，防御四境外族的侵害，是当时诸侯、将军、政治家和人民大家的功劳；但为这个事业流血流汗的，主要还是华夏人民。

九、由初期封建制到专制主义封建制的转换·战国时期

“商鞅变法”

晋侯的部下韩虔、赵籍、魏斯，把晋侯推倒，瓜分他的领地；周天子顺水推舟，就加封他们为诸侯（纪元前四〇三年），从此进入战国时期。

战国时期的冶铁事业很发达，多处都大量采矿、冶铁、并知道锻炼熟铁和制钢。因此，兵器都改用铁器。手工业生产也大大进步，封主贵族的官办手工业，开始形成工厂。农业生产进步更大，开始讲究出一套精细的办法，都普遍用牲口代替人力，把土耕得很深，还很注意锄草……到这时期的末尾，又出现一套更精细的办法；如怎样选种、下肥、栽种、利用废地，察看土地肥瘦、抓紧翻土和五谷下种的时间……这样一来，采用这套办法的地方，收成都大大提高了。不过，封主用农奴替他种地的老办法，就不合适了，它妨害农民的生产热情，使他们不愿意也不能够去改良生产。封主的领地和庄园组织，也不合适了，它们彼此封锁得很紧，各个领地和庄园的边界，耕地里面的田阡、陌道，都占去许多耕地。但是大大小小的封主们，一切都还是老一套。

领地和庄园里的耕地，又有好些不归封主们自己所有了。在春秋末期，有些封主欠了商人的债还不起，就划块耕地给他，有时又把一块块耕地，赏给有功的将士，少数富裕的农民，也慢慢买到一些土地，……这样就由封主的领地里面，出现土地买卖的办法，就由封主的旁边，出现另一种封建地主。这种占有土地的新办法，到战国时期就一步步更加盛行了。所以到战国末，封主的领地和庄园，虽然全是归他管理，名义也还是他的领地；实际上，其中的大部分耕地，却都已换了地主。

地主经管土地的办法，是佃给农民耕种，向农民收租：自己雇人耕种的，还极少极少。但地主收到的地租，还要拿一部分作地税去纳给封主，耕种他们土地的农民，也还归封主管理，向封主纳贡，出力……他们都不得过问。因此，他们便须自己去管理农民，让农民给自己送礼、出力……但是他们每个人的土地，都不是连成一块，而是彼此参错的，所以像封主那样，各人单独组织

管理机关，就很不方便，大家联合办理就很容易。因此，他们主张解散领地和庄园的组织，改为郡县的组织，把封主子孙世袭的政权，改为地主们联合的郡县制政权。这样一来，地主们就起来和封主们争政权了。当时地主的势力，在秦国最大，所以他们的代表商鞅，就最早在秦国参加政权，实行“变法”。“变法”的中心，就是取消领地和庄园的组织，废除地界、田阡和陌道、实行佃耕的办法……其次是韩国，他们的代表申不害，也一度参加政权，但他们的主张一点也没能实行。

地主们的主张，在当时是比较进步的。在佃耕制下面的佃农，比庄园制下面的农奴，多有一点自由。在当时，封主给予农奴的赋税、贡物、力役、战争等负担，越来越重，农民生活越来越苦。许多男男女女都私自逃走，甘愿到城市里去当仆役、流氓、娼妓和小偷……所以地主的改良主张，农民也比较同情。其次，在郡县制的下面，通商也是比较方便的，它没有那种封疆重重的关口，也不要缴纳那多次数的关税。加之商人差不多都同时是地主。因此，地主阶层的改良主张，商人是积极拥护的。再次，在郡县制的政治机构里，需要用许多人去作官。这对于失地失业了的没落封主们，也是一个出路。所以那群没落的封主，虽然对富有的地主阶层也很憎恨；但有官可作，又觉得是一件好事。

这样一来，地主阶层的改良主张，就慢慢实现了；他们毕竟把封主阶层推掉，自己来掌握政权了，这种改良的成功，原来的初期封建制，就进到秦朝的专制主义封建制了。

“合纵连衡”

从韩虔、赵籍、魏斯受封作诸侯起，就形成韩、赵、魏、秦、楚、燕、齐七大诸侯并立，叫作“七雄”。全国的土地面积，差不多全成了他们的领地，各占好几千方里。另外的三四十个弱小诸侯国，在战国开始的二三十年间，就大都给他们并吞了：还能存下来的郑、卫、鲁、宋、中山等国，不被他们认为无足轻重，就是在他们冲突的空子里，当作缓冲，但也是“朝秦暮楚”，要面面敷衍周到。从此以后，直到纪元前三百六十年代的秦国变法止，便再没有弱小诸侯国可吃了，“七雄”为着扩充地盘，争夺权利，就只有相互从彼此身上想法子，形成“七雄”互斗的局面；此外，就是秦国还一面向四川、甘肃扩张，燕国向辽东扩张，赵国向塞外扩张，楚国向四川、湖南扩张。

这时，周天子已完全成了空头帝王，半点实际作用也没有了；只还有一点作傀儡的用处，譬如韩、赵、魏分晋，还去利用他来加封，田和篡齐，也利用他的加封来作为合法的名义……“七雄”虽然在名义上还是诸侯，实际上却都是独立的王。到纪元前三二五年，秦惠王开始称王，齐、赵、韩、燕、魏跟着学样，加上早已称王的楚国，就都是名实相称的王帝了；大家并都多多少少仿照周朝王室的一套老排场。自此，周天子就连作傀儡的用处也没有了，但却依旧关上大门称王，直到纪元前二五六年郝王死后，才算完事。

“七雄”并立的局面，从纪元前三百六十年代，秦孝公用商鞅“变法”以后，形势就开始变化了。“商鞅变法”的内容，就是秦国实行地主阶层的改良办法，地主阶层开始在秦国参加政权。因此，“七雄”间的斗争，就不单是七家封主的自相火并，而又加上地主来和封主争政权的内容了。秦国从实行这种改良后，又极力改良生产，讲究农业技术，兴办灌溉事业、开凿渠道……因此，秦国的经济和政治，便比那六国进步，强过六国很多，齐、楚、燕、赵、韩、魏，谁也不能单独敌过秦国了。

秦国对付六国封主的办法，最初是各个击破，先从近邻的韩、魏动手，像蚕子吃桑样的，一块一块吞。这种办法，后来却被苏秦那班人看穿了。苏秦本来也赞成秦的办法，还亲自去过秦国：但他是一个没有原则立场的政客，由于秦国没给他官作，便又跑到六国封主那里去游说，把秦国的秘密告诉他们，劝他们用“合纵”的办法对抗秦国。“合纵”就是六国联合对抗秦国。六国封主相信了他的意见，就在纪元前三三四年，成立攻守同盟的“合纵”公约。因此，他们曾几次合力打退秦兵，并对秦国组织几次联合的进攻。但落后保守的六国封主，大家的孤立性、封锁性都很强，彼此间的岔子也很多，所以他们的“合纵”，每次都给秦瓦解了。秦国对抗“合纵”的办法，是张仪的“连衡”政策。“连衡”就是一面扩大六国封主相互间的矛盾，教他们自相厮打，破坏“合纵”；一面和缓他们和秦国的矛盾，教他们各别亲秦，然后再实行对他们各个击破。这个政策基本上是成功的。但它不知在一定时期该攻击谁，又该与谁妥协。因此在行动上，就表现出错误来了，如几次劳师远征，通过韩、魏的国境，去远攻齐、赵，这是完全没有意义的、有害的举动。纪元前二七〇年以后，又改为范雎的远交近攻政策。远交近攻，只是补充了“连衡”政策的缺点。它规定：先分别和秦国离得远的齐、楚合国妥协，全力进攻韩国或魏国；又挑拨楚国反齐，齐国绝赵，让他们互相削弱。秦国这种政策的执行，是完全成功了的。因此，以秦始皇十七年（纪元前二三〇年）灭亡韩国开始，到纪元前二二〇年灭亡齐国止，恰好十年时间，就逐步把六国完全灭亡，完成秦朝的统一。

秦国在执行“连衡”政策和远交近攻政策的当中，还采用了特务活动的办法，派遣特务分子混进六国政府，进行挑拨离间与其它各国封主的工作。但秦国的成功，并不是这种不光明的特务工作的成功，而是由于秦国的政治和经济，都比六国进步，六国的封主又都很腐朽、昏庸、顽固、保守。反之，巩固保守的势力，若用特务活动的办法去对付其政敌和人民，作法自毙，就只会加快他自己的死亡。

“诸子百家”

春秋战国时期的哲学，共有四个派别：一、孔子的儒家学派，二、老子的道家学派，三、杨朱的法家学派，四、墨翟学派。这时期所有的“诸子百家”，都是分别属于这四个学派的。前三派代表封建等级的三个阶层，后一派代表农民阶级，支配当时文化思想的，却是孔子学派。

孔子是赞成封主的政权，并替他们说话的。他的哲学思想的中心叫作“仁”。“仁”就是最完美最善良的精神，人的生命和一切聪明能耐，都从“仁”那里来的。但是“仁”从哪里来的呢？他说是天生的，在父母二人交合受孕时就有了的，所以他又常常喜欢讲“天命”。其实，父母二人交合受孕，就是精虫钻进子宫里和胚卵结合，变成胎儿，慢慢的长成人样，生出来就是人，另外并没有什么东西参加进去。牛、马、猪、羊等等动物，两性受孕、怀胎，生出崽子来，也是同样的道理。如果说，人不只是精虫和胚卵的结合，另外还有一个“仁”，那么，牛、猪、羊为什么没有“仁”呢？所以孔子这个道理，是讲不通的。就照孔子自己的说法，也应该人人都有那种最完美最良善的精神，为什么又有好人和坏人的分别呢？他说，只有封主们才有那种精神，种地和做工的人是没有的。这就更狡辩了。其实，只有种耕和作工的人，才是最善良的好人，那班吃了饭不做事、专门去剥削和压迫穷人的封主们，压根儿就不是什么好家伙。不过孔子又主张反对外族的侵略，主张人要有坚持性，有气节，至死也不要在恶势力面前低头……却都是对的，我们要学习他这些地方。

墨翟是替农民说话的，他反对儒家的道理，反对封主的政权。他说：人并没有什么天生的精神，只有一套活泼泼的五官百体。人的知识能耐，都是由耕地、作工、干事的经验得来的。人知道想事的根子，也不在脑子里面；而在外面一切东西，经人的眼睛看到、耳朵听到、手脚触到、口尝到，传到脑子里，脑子才思想起来的。但是经验，有自己的经验，旁人的经验，现在人的、过去人的经验……都是知识的来源；不过最可靠的，是亲身的经验，其次是学习旁人的经验，又次是从书本上得来的前人的经验。然而，他并不主张把经验就当作知识，而是要经过五官的传达、脑子的思想，把它变成原则，才算是知识。因此，他说知识也有正确的和错误的两种；这样思想出来的原则是对的，就是正确的知识，否则，就是错误的知识。但是墨翟不懂辩证法，这是他的大缺点。

同时墨翟主张人人平等，人都应该劳动，反对封主们的奢侈浪费，反对人剥削人，提倡艰苦奋斗，号召农民团结……他和他的信徒，并以身作则的、百折不回的、为他的主张去斗争。这都是墨翟的伟大地方。

代表失地失业的封主的老子学派、代表封建地主的杨朱学派，我们在这里暂时不讲了。

中国历史讲座之二（秦——两晋南北朝）①

一、进入专制主义封建制的秦汉时期（一）

“见税什伍”

纪元前二二〇年秦始皇统一六国后，由于：（一）废除封土制度，取消封国间、领地间、庄园间的边界，在全国实行土地买卖的办法，只要得到亲族许可，户主可以卖出和买进土地；并实行诸子均分的土地等财产继承办法；（二）原来闭锁在庄园里的农奴，一般都转成佃户；（三）政府兴办了大规模的水利事业，便利了灌溉和水道交通；（四）原来在秦国较进步的农业生产技术，能够广泛的应用起来；（五）统一了全国度量衡的名目和单位（自然，并没有统一升斗、斤两、尺丈的标准）。因此促起农业生产的一大进步，庄园制的经营，一般都由较细密的小农经营所代替。因此原来的劳役地租，至此也一般都改用货物地租。手工业和商业，也跟着有进一步的发展。

到这时，占有全国大部分耕地的，就是皇帝、贵族、官僚、富商、豪绅等有钱有势的人家了；人数众多的无钱无势人家，却依旧没有土地，有点地的也不够自己耕种，都要佃耕地主的土地，去充当佃户、半佃户。他们佃耕地主的土地，要把全部收获的五成，纳给地主做地租，叫作“见税什伍”，并随时要

① 编者注：著者由于其他工作等原因，《常识讲话》只写到两晋南北朝就未能继续下去。

听地主使唤，逢年节喜事，另外还要送礼；此外，每年又要向官府纳人头税，负担几十天劳动服役。他们如有半点反抗，就要坐牢、割生殖器、杀头、灭族、五马分尸、罚做贱役和苦工……。因此，这种农民光靠种地，还不能养活全家的生命，还要靠家庭手工来生产些用品，还不得不临时出卖部分劳动力。这样，他们就没有余力再去改良生产了。加之租税和徭役的负担不断加重，更妨碍了生产的进步。

自己有足够耕地的农民，情况就要好一些；其中富裕的农户，并能雇用他人，也向他人放债。但他们也同样要负担人头税和劳役，贫穷的还要受高利贷的剥削。一有天灾人祸，也很容易破产，爬得上去的是很少数。同时，这种农民的人数，在秦朝也还不大多。

秦朝的手工业，比战国进步。但主要是皇室、官府、大贵族所办的手工工场，它的目的在生产奢侈品，满足皇帝、贵族、官僚、大地主和他们家庭的享受。工人大多是征来服劳役的人民、犯罪的犯人，地位和从前的工奴差不多。民间的私家手工业，也还限制在粗制业部门，他们主要靠家庭的劳动力生产，带徒弟的还不多；一般只能够维持生活。他们对国家负担人头税和劳役，制品出卖还要纳税；贫穷的还要受高利贷剥削。同时，在官办手工业和独占商业资本的束缚下，他们活动的地盘也很小。另外，各种上门作工的手工工人，却是出卖劳动力的农村户工。

秦朝的商业资本，比战国有一大步发展。但有钱的商人，大都同时是地主，或者还同时是官僚。他们手中的商业资本，主要在包办对外贸易，从外国买进宝石、象牙、香料、海味等等奢侈品；独占盐、铁利益；出放高利贷，并压迫小商人，妨碍国内商品经济的发展。小商人的活动范围相当小，资本也都不大。对国家的负担，和私家手工者差不多。秦朝还进行了特别压迫他们的政策。

这种小商人、自耕农、私家手工业者，都是当时的中间阶层。

秦朝"奴婢"的人数也相当多，他们大抵是由犯罪罚作奴婢的，由人口买卖而来的比较少数。但地主阶级很少用"奴婢"去种地，用到官工业作工的也是极小部分；他们把绝大部分的"奴婢"，都用去担任官府的各种杂役，充当皇帝、贵族、官僚、富商、豪绅的家内仆役。

“郡县制度”

到秦朝，政治上，由诸候割据的分散封建制，进到“一统江山”的专制主义封建制。

为着完成这种“一统”事业的秦始皇，他曾实行了下面的一些政策：（一）取消封疆，划分全国为三十三郡，郡下分县，县下分乡，乡下分亭（每亭约十里左右），构成全国统一的各级行政区域。（二）如前所述，修筑官道，开凿运河，联络全国的交通；统一全国度量衡的名目和单位。（三）统一文字的写法，并把文字的笔划改简单。（四）建立国防线；打败南方的越族，在今日的两广和安南地方，分设南海、桂林、象郡三个郡行政区，并令五十万犯人，移屯五岭一带地区，和越族杂居；在北方，驱逐当时来进犯的匈奴族，在今日的宁夏绥远地区，分设四十四县，并建筑世界著名的万里长城，企图一劳永逸。

他又创立了中央——郡——县——乡——亭各级行政机构，亭设管理警察事务的亭长；乡设分管行政、税收和警察等三老、啬夫、游击；县设分管行政和警察的县令（或县长）、县尉；郡设分管行政和警察兼军事的郡守、郡尉；中央在皇帝下面，分设总理国务、军政、监察的丞相、太尉、御史大夫，在他们的下面，又设分管警察、财政、治军、文化教育、税务的廷尉、治粟内史、将军、博士、少府等官。乡和亭是豪绅统治乡村的机关，充当这两级官吏的，不是豪绅自己，就是替他办事的地方浪人；充当中央、郡、县各级官吏的，大抵都是贵族和地主，有少数由中间阶级出身的文人和武人，也是替他们办事的。

但他又规定各级官吏，都要由皇帝亲自任免；一切大小事宜也都要经皇帝批准；丞相、太尉、御史大夫，原则上都是皇帝的助手。这样，一切权力不独都集中在中央，并且都集中在皇帝的手中，皇帝便成了独裁的领袖了。地主阶级专政的政权，便用皇帝独裁的形式表现出来。

秦始皇和他的左右，企图巩固专制的统治，维持子孙万世的皇位，又利用其专制主义的政权，实行了各种很反动的政策：（一）活埋知识分子，烧毁民间书籍，统制思想言论；（二）没收天下兵器，不准人民私有武装；（三）御用无聊方士，宣扬迷信；（四）对全国人民，实行最残暴的严刑酷罚的镇压；（五）

深恐异己反叛，强迫六国封主后裔和天下豪杰迁居咸阳，以便监视。

筑长城、开运河、凿渠道、修官路，征调了百十万人民，离家废业，去作劳动服役；对外作战和戍边，也不断征调几十百万人民去服兵役。服役的人民，由于饥饿和鞭打，在服役中死掉的不知多少！但秦始皇和他的左右，都全不顾人民的痛苦和死活，为着自己穷奢极欲的享乐，征调几十、百万人民作劳苦服役，去咸阳、长安、关中各处，给他盖造皇宫、别墅，去骊山给他建造坟墓（坟墓内的制作和排场，也和皇宫一样）；七十万判决割去生殖器的犯人，行过这种惨无人道的苦刑后，仍不得被释回家，还要去长安给他盖造规模更大的皇宫。各处皇宫里，共住有万多美女，以备到处随时取乐。这种美女，也都是从民间强迫挑选来的。

“揭竿而起”

秦朝这种专制、黑暗、残暴的统治，终于激起全国各阶级人民的武装反抗。首先揭起义旗的是农民。纪元前二〇九年（秦二世元年）七月，雇农陈涉、吴广等九百人，应征由河南去河北当兵守边，行到安徽南宿州地方，碰着大雨不能前进，眼看就不能如期到达河北。秦朝的法律：应役的人不按期限到达服役地点，就要处死刑。人民本来早就感受徭役的生死威胁了，现在临到这个生死关头，所以陈涉、吴广一提出暴动的出路，马上就得到九百人的赞成，推陈涉、吴广为领袖。他们手中没有刀枪和旗帜，就拿竹竿作旗帜，锄头镰刀作武器，这就叫“揭竿而起”。暴动在当地开始后，多处的人民都自动起来响应和参军；他们攻打淮阳时，就集合成几万人的队伍了；后一路攻打到临潼，队伍便扩大到几十万。临潼靠近秦朝首都咸阳的地方，秦政府便尽全力来和农民军决战。由于农民军没有懂军事的干部，部队的组织很乱，也没有政治的方针和领导，决战失败，陈涉被叛徒庄贾杀死，队伍就瓦解了。

在农民暴动起来后，楚国的旧贵族项梁、项羽叔侄在苏州，中间阶层出身的刘邦在沛县，以及在各地的各国封主后裔，也都竖起反秦的旗帜。秦朝的江山，马上就四分五裂了。派出平乱的大军，全被项羽打垮，咸阳也在纪元前二〇六年被刘邦攻下，秦朝的统治就完结了。

这些反秦军的政治目的并不相同。项羽和各国封主的后裔，企图恢复封主政权；刘邦就并不反对秦朝的制度，只企图去夺取皇帝位置，他虽出身于中间阶层的农家，本人却是一个呼朋聚类的浪人，又是泗上的亭长。他们大家联合推翻秦朝以后，就成了刘邦（称汉帝）和项羽（称西楚霸王）两大势力斗争的局面。纪元前二〇一年的刘项最后的一次决战，项羽被困于垓下（安徽灵壁县），结果全军覆没。刘邦就统一全国，建立汉朝的统治。

项羽的势力，原来大过刘邦，结果项羽失败，刘邦胜利。主要原因是由于：（一）项羽主张恢复战国那样的局面，刘邦不反对秦朝制度，只主张除秦苛法；秦朝的社会制度却比战国进步。（二）项羽不了解人民的要求；刘邦宣布保护人民的生命财产。（三）项羽只顾打死仗，不知运用战略，争取同盟军，刘邦却有其战略步骤；在秦朝没倒台的时候，他联合项羽、各国封主后裔和农民军残部，共同反秦；打倒秦朝以后，他又联合各国封主后裔和农民军残部，共同去反对项羽；最后把项羽打倒后，他又去消灭那些残余的封主势力，驱逐主张复古的张良（他并把刀锋转向其同盟者的农民，这正是他的流氓本色）。（四）项羽没有干部政策，不会使用干部，许多他不能用的优秀干部，都被刘邦拉了去。最后有一范增，也不能适当的使用起来。刘邦有干部政策，并会使用和团结各种各样的干部，他能使用韩信、彭越、黥布那种调皮的军事干部，也能使用叔孙通、郦食其那种自高自大的知识分子干部，更能使用萧何、樊哙那种老老实实的干部，并能把他们都团结在自已的周围（不过他对待干部的办法，不是靠政治，完全靠权谋诡诈，利用干部的封建宗派主义，自已也讲宗派主义，所以他最信任的干部，都是丰沛同乡、亲戚、朋友。袁世凯、蒋介石之流，正学到他这一点）。（五）项羽“妇人之仁”，连项庄那样的内奸，也不肯去肃清；刘邦却知道利用敌人的弱点，去瓦解敌人（自然，他也不是从政治上去瓦解敌人，而只是使用阴谋）。

二、进入专制主义封建制的秦汉时期（二）

“汉承秦制”

汉朝的社会经济制度，都和秦朝差不多，只是比较发展。所以说，“汉承秦制”。汉朝的经济，在最初，由于秦汉间近十年混战的结果，全国生产遭到很大的破坏，好多耕地成了荒山；耕田的牲口，多被军队杀掉或拉走；特别是人口大大减少，许多人在战时死掉，许多人逃在外边不敢回家，还有许多人远远逃到边远地方去了，所以政府和人民都很穷，连丞相都没有马车坐。汉朝政府，便采取好些恢复生产的办法：（一）减轻刑罚，实行宽大政策，招纳逃散人口回家；（二）解散军队，教他们回家种田，有军功的，并给予好的耕地、住宅，免掉全家赋役；（三）命令释放卖身的奴仆丫头，回家作佃户；（四）奖励人口，规定女子十五到三十岁不出嫁，就要罚钱；（五）减轻赋税：如吕后把十分税一分的田赋，减为十五税一，文帝把纪元前九八年田赋减收一半，九七年的全免，文帝子景帝，又规定三十税一为永远定额（得到这种实惠最多的，当然还是地主，其次是自耕农；对半佃农的好处很有限，对二五纳租的广大佃农层，却毫无好处）；（六）提倡俭约，节省国库开支。因此，人口渐渐加多，生产渐渐恢复起来了。到景帝时，中间阶层大都能丰衣足食，地主们的财产更加扩大，官家的赋税收入，粮食堆积如山，钱多到数不清，社会一般情况，也比较安定。到景帝子武帝时，赵过又改良犁耙，发明播种器（耧车），并提倡代田法——就是利用改良的犁耙，扩大牛耕范围，不便用牛耕的陡坡，就用人掩，费力较少，收获较多，把农业生产，提高了一步。由于生产的发展，到纪元前一世纪末，连同外族同化的全国人口，增加到一千三百多万；到纪元二世纪中叶，增加到两千多万。但从武帝末年以后的三百年间，汉朝农业的发展，便很缓慢，并且像凸凹的起落。它的主要原因，是由于绝大多数的农民，常常没有土地，同时他们负担太重，地主阶级剥削太凶。汉朝农民对地主的直接负担，和秦朝一样；对官府的经常负担：丁年男女每年出人头税百二十文、服兵役一月（或免役钱三千），戍边三日（或免役钱三百），童年出人头税廿文。此外还有贪官污吏、地主阶级手中的高利贷、商业资本等等剥削，官府也常常增设苛捐杂税和兵役。

武帝时代，连年对外征伐，征调无数农民当兵，损失大量劳动人口，浪费大量劳动力，又增设了酒税、船税、商工税、赎罪钱等临时税，直接间接加重了农民负担；而这时地主们对农民的剥削，特别是其中的贪官污吏，“子钱家”（高利贷者）、商业资本者，更加厉害起来，他们并疯狂的兼并土地，因而广大农民生活更加痛苦，许多人出卖妻子，大群半佃农、自耕农甚至有些中小地主失掉自己的土地。所以武帝末年，生产就开始衰退了。接着在昭帝、宣帝时，采取一些改良步骤，情况便稍稍稳定。但后来宣帝、元帝，又继续对外征伐，加重人民负担……到二世纪末，生产便更加衰退了。这直到纪元一世纪初，引起农民大暴动。在大暴动和地主阶级的混战中，生产又受到很大的破坏，农民和地主都有大量的死亡或逃散，但许多农民夺得土地——或因地主死亡，或系无主荒地。刘秀坐稳王位以后，便来实行清查，各地农民又都暴动去反对。他看到事情不妙，就立即停止，还宣布把边远地方的土地，分给暴动领袖，并给予粮食。土地问题就暂时和缓了。刘秀和他儿子明帝，孙子章帝，对付农民阶级，又都很小心。因此，在将近一百年的和平环境中，生产又向上发展。但进到二世纪以后，土地问题又渐渐严重起来，许多大官僚、"子钱家"、商业资本者。在连州连郡的地方，买有大量土地、房产；贪官污吏和豪绅勾结，无法无天的敲榨人民之"子钱业"构成系统，许多"中产之家"为它经手；郡县官供它使役，商业资本很大量的囤积粮食，买贱卖贵。这些，都比武帝以后的情形还厉害得多。失地失业，卖身作奴婢，出户当仆役的人数，又渐渐多起来。到二世纪末，再加连年饥荒，生产便空前衰落了。

汉朝的手工业，主要也是官办手工业，有较高发展。官府在长安、胶东、成都设有织绸厂、兵器厂、漆器厂等；从武帝开始，把盐铁和铸钱收归官办。又在各地开设冶铁厂、煮盐场、铸钱厂、农具厂等，并分别设官管理。技术设备也比较进步，如冶铁，有熔铁炉、水力风箱、吹火筒、范型等设备。据传经常有十万工人，大部分是囚徒，小部分是户工和官奴婢。私家手工业，制造民间的各种粗制日用品，在市上出卖。妇女纺麻织帛，是很普遍的家庭手工业；像胶东一带，还有养蚕、织丝、织绢的。

商业资本也有较高发展，但也是官僚地主手中的资本占主要。在武帝以前，它的情形和秦朝差不多。武帝以后，由于盐铁业收归官制官卖，它一面便转向"子钱业"方面发展，一面转而囤积粮食，操纵居奇，一面便扩大对外的奢侈品贸易。小商人的资本也比较有点发展，但因官府和大资本对重要商品市场的独占，他们只得经营豆豉、酱、酒、磨坊、乾肉、丹药、棺材、旅店……等买卖；好些发财的小商人，自已也变成了商人地主。

"吴楚七国之乱"

汉朝社会阶级构成，也差不多和秦朝一样，一面是皇帝、贵族、官僚、富商、豪绅……所组成的地主阶级，即统治阶级；一面是户农、佃农、半佃农等农民阶级，他们和户工、奴婢同是最下层的被统治阶级；在两者之间的，是中小商人、自耕农、私家手工业者等中间阶层。只是大地主的内部，分化为贵族地主和商人地主两相冲突的阶层，中小地主的数量比秦朝大；中间阶层的数量，也比秦朝扩大了。

汉朝的行政系统，也是中央——郡——县——乡——亭。不过到武帝时，在中央和郡之间，加设了州一级，设立管理几个郡的州刺史（后来又改刺史为州牧）。行政机构也和秦朝差不多，只有很少的改变，如最初设立和秦朝一样的丞相、太尉、御史大夫为三公，其他中央九部官吏为九卿，由三公九卿组织中央机关；后来又改三公的官名为大司徒、大司马、大司空，并把管军事的大司马改作首席；随后又把太子师傅加入内阁，组成太尉、太傅、司徒、司空四府……

但刘邦在打败项羽后，又封了自已的兄弟子侄作王爷，许多功臣作侯爷。侯爷都是空衔，王爷就都有封区，叫作“诸侯国”。但封区里的土地，不是王爷个人的，王爷也只是一个最大的地主；封区内郡、县、乡、亭的行政组织，也是地主阶级的共同机关。因此，王爷对自已的封区，只能享有一部分赋税、徭役的权利，和行政首领的世袭职务。所以，这种王爷和封区的存在，是多余的。可是他们的封区都很大，又都是很富的地方（黄河下游和长江中下游）。到文帝和景帝时，由于经济的发展，各诸侯国的财政收入，合共还多过中央一倍。因此就提高了他们的独立性，大家都讲起皇帝的排场，又都在边界上设立税卡，还想争夺皇位。这便和皇帝的地位相冲突，也和商人地主的利益相冲突。所以皇帝左右的政论家如贾谊、晁错等都主张取消诸侯国。景帝接受晁错的意见，就实行削夺他们的封区。纪元前一五四年下令削夺吴王刘濞的地方，吴王便联合楚、赵、胶西、胶东、菑州、济南各王爷，一齐起兵，分路杀奔长安，以“打倒晁错”作口号。他们为着争权夺利，并勾结着匈奴族和东越族。这叫作“吴楚七国之乱”。景帝把这乱子平定后，就命令所有王爷都长住首都，原来各诸侯国的行政，完全由中央派人。因此，又恢复了一统江山的中央集权体制，诸侯国名存实亡了。

“武帝勤远略”

北方的匈奴族，千多年来就常常侵袭中国的边境，刘邦作了皇帝后，也有一次被他们围困在大同，受了大辱。到武帝时，除匈奴族外，东北的朝鲜族，福建的闽越族，也来侵袭边境。但这时中国已人强马壮，兵精粮足，加之武帝又是一个“雄才大略”的人物，部下也很有些政治军事人才，因此，就展开了武帝时代的对外战争，但由于这时中国商业资本的发展，商人地主阶层要求开辟国际商路；皇帝自己和贵族、官僚的生活豪奢，手中很多的钱又没法使用，也要求能得到外国的珍奇物品。因此，最初由民族自卫出发的对外战争，结果就扩大为封建的侵略。

商人地主阶层，为着赞助武帝把战争扩大，他们的代表桑弘羊，就帮武帝办理财政，筹措军费，其他原来的盐铁家，也都去帮助办理盐、铁、铸钱事业。他们的目的，在打通到中亚、印度、南洋和日本的商路。

当时到日本的通路，要由南满经朝鲜，到中亚的通路，由西北国境出发，要经过西域许多部落（甘肃敦煌以西，葱岭以东的区域）；到南洋的通路，一是沿海西南行的海道，一是要经过两广安南的陆道；到印度的通路，是经过南洋或绕道中亚，但汉朝当时想找一条经四川、贵州、云南直达印度的路。除去南满、两广、安南，原来就是汉朝的郡县或藩属，已是华族和外族杂居的地方；但到日本的去路，却仍为朝鲜族隔断，由敦煌到今日的新疆，中间就被匈奴族隔断，闽越族也障碍到南洋的海陆交通。

因此，对外战争，便从纪元前一〇八年开始了。武帝首先派杨仆反攻朝鲜，并把朝鲜划作四郡，因之，日本三十余部落都来“朝贡”，武帝封赠筑前酋长为日本王，随后又派卫青、霍去病、李广三将军，把匈奴驱逐到杭爱山以北，并收降南匈奴，在黄河以南的匈奴地方，设立五原、朔方两郡；又出兵陇西，驱逐匈奴部落，打通到天山南路的交通，并把陇西地方，设立武威、张掖、酒泉、敦煌四郡……。这都是超过自卫范围的。在南方，出兵讨伐了闽越；后来因南越王（汉人）杀汉官吏，占汉地方，便出兵平定南越叛乱，重新把今日两广安南地方，分划为珠崖（琼岛）、南海（广州）、交趾（安南）等九郡。同时，又派外交家张骞出使西域、唐蒙出使夜郎（今贵州桐梓）。张骞和西域三十六部成立和好关系（但他后来又把他们收为汉朝藩属）；并越过葱岭，用卫队战胜大宛，派使者到波斯。唐蒙带去绸子赠给夜郎酋长，附近各部贪图这种礼品，都愿做藩属，汉朝就在这里设立犍为郡。他原想寻找经夜郎到印度的通路，使者到滇（云南普宁）后便不能前进，武帝随又出兵到滇，设立益州郡。这都是由和平交际开始，结果都超过了原来的范围了。

从此，便打开到中亚、南洋、印度和日本的商路，商人便往来各处，中国绸子还传布到了罗马。四周各民族都尊汉朝为“中国”，尊华人为汉人（我民族从这时开始就叫作做汉族）。当时全人类最先进的汉族文化，传布到了世界，特别是亚州各民族，都受到他的推动，同时，汉族也吸收了世界的文化，这是有很大进步作用的。

以后宣帝、元帝、光武帝、明帝、和帝、霍光、班超、甘英等人，又继续了武帝和张骞等的事业，并有进一步的完成。其中最重要的，是开始了中国和欧洲的直接交通。虽然，他们所进行的对外战争，仍是有民族自卫性和封建侵略性两个方面，也有文化上的进步性和政治上的反动性两个方面。

三、进入专制主义封建制的秦汉时期（三）

“王莽篡汉”和“光武中兴”

在纪元前二世纪，地主阶级经济复活的过程中，商人地主阶层就成长起来了。他们独占盐、铁、铸钱利益，作“子钱家”，兼并土地……这都和贵族地主、中小地主的利益冲突。贵族地主就实行抑商政策去打击他们。到纪元一世纪的武帝时代，盐、铁、铸钱事业收归官办，但实际仍归他们经手，而且利用国家专制特权，货色作得更坏，定价更高。他们并由此掌握国家财政全权，抑商政策，反成了他们压制小商人的工具。同时，他们手中的商业资本，便更疯狂的用到“子钱业”和土地兼并上去，用去囤积粮食，买贱卖贵。这也都和贵族地主、中小地主的利益相冲突。所以为着这些问题，就形成彼此间的严重政争。武帝以后，特别是宣帝以后，由于经济情况越来越坏，引起犯罪人数年年加多，山东、四川、河南各地，还发生了农民、工徒和囚犯暴动……贵族地主想缓和那种严重形势，便主张实行限田政策就是按照身份、爵位、官阶，限定各户占田的顷数，使用家内奴婢的人数，多的充公，少的可以买足。这对他们自已，全无损失，对于商人地主，却大大不利。这种政策，结果并没实行。

进入到纪元一世纪后，情况又变得更严重。以王莽、刘歆为代表的贵族地主，就坚决主张复古，即恢复周朝的制度；商人地主便主张维持现状。为着实行复古主张，王莽便在纪元八年篡夺皇位，自号大新皇帝。于是他便实行了以下的政策：（一）宣布田地为“王田”，禁止买卖，重新组织领地和庄园，恢复分给农民耕地的农奴制；（二）盐、铁、铸钱、酒、借贷、囤积货物等业务，都由官府经办，并在城市设立经理这些事物的机关，私人资本不得在这些部门活动；山林、河流、湖海统归官有；（三）商人营业所赚的钱，照全数抽税十分之一；（四）只准官府使用犯人作奴婢，私家不得买卖人口……他们以为这样可以和缓农民的土地要求，取消私家高利贷和商业资本的活动……但是这种开倒车的结果，农民生活更痛苦，小商人成群破产，商人地主遭到严重打击，引起各阶层一致反对。王莽使用残酷的刑罚，五家连坐的法律去压制反抗者。当然遍地饥荒，王莽也全不在意。结果，人民更加愤怒，激起农民纷纷起义，商人地主也用武装来对抗。

农民暴动发生后，王莽就派出大兵去镇压。官兵到处都奸淫掳掠，杀人放火。这更加使暴动的狂潮，很快就泛滥到全国。普遍到全国的农民军，共总有几十起；声势最大的，是发生在鄂西北的下江兵、新市兵、平林兵（他们是合伙的），发生在鲁南的赤眉军，后来都发展到几十万人。纪元二三年，新市兵首领王匡北上进攻洛阳，洛阳平民起义响应，攻入王宫，把王莽碎尸万断。复古运动就这样下场了。

以南阳为中心的商人地主，早就有反对王莽的政治酝酿；农民暴动开始后，李通、刘秀等就商量起兵，想从混水里捉鱼。李通是大商人地主，刘秀是刘邦的后裔，也是囤积粮食的商人地主。他们一开始就打定主意，要利用农民军。所以刘秀起兵以后，就去和新市、平林合伙；并从中骗取他们，共立他本家刘玄作皇帝。他知道刘玄不能成大事，正好利用他来约束新市、平林，转移他们的目标。打到洛阳以后，他自已就设法带兵到河北，去对付那些小股农民军，建立根据地，扩充实力；让新市、平林留在河南，好和东来的赤眉军相攻打。后来赤眉军进到河南，这两股声势最大的农民军果然自相厮打起来。结果，战败的新市、平林，全部瓦解，赤眉军占领洛阳。后来赤眉军西去陕西，刘秀便乘机南下，占领洛阳，自称皇帝（叫作光武皇帝）。赤眉军在陕西因为没饭吃，老乡们又都想回山东，便又转回河南。但刘秀知道这一着，先就布下了圈套，因此，赤眉军就在洛阳以西、潼关以东的地方，完全被他打散了。然后他又打垮公孙述（成都）、隗嚣（甘肃）、窦融（甘肃）——各霸一方的地主武装，就统一了全国，恢复汉朝的统治。这叫作“光武中兴”。

“党锢之祸”与“黄巾之乱”

从纪元二四年刘秀作皇帝以后，差不多有一百年左右，农民和地主的阶级斗争，比较和缓；中间阶层的地位，也比较稳定；地主阶级各阶层最初都没恢复元气，加之政府偏袒商人地主，所以他们相互间的冲突，也比较和缓——主要只在儒学教条的争论上兜圈子。

但进到二世纪以后，阶级斗争的形势，便步步紧张了。从和帝以后，直到百九十年代的农民大暴动期间，差不多经常有农民的骚乱发生。中间阶层和一部分中小地主，由于地位越来越不好，同大地主阶层的矛盾，也天天在扩大。同时，政治的黑暗、混乱和种种倒行逆施，更步步扩大了阶级间的矛盾。

汉朝政府的内部，从和帝登台开始（纪元一〇五），直到灵帝时的一百年间，不是国舅专权，就是太监执政，皇帝简直成了傀儡。因为这些皇帝，都是早婚、早死，留下的小寡妇抱着娃娃登台，一切都没主张，只好靠娘家人来帮忙，因此大权就落到国舅的手中。娃娃长大了，受不了恶气，便找那些终日在他左右的太监商量。但太监帮他把国舅打倒，大权又落到他们手里去了。因此，形成国舅和太监互相起落、互相毒害的政局。加之在那种动摇的时局中，彼此又都有不少无耻小人去捧场。这样，便结成了争夺权利的国舅私党和太监私党——一种中古式的特务组织。因此，只要是捧臭角的私党分子，不管是地痞还是无赖，就都算角色，都得官作；只要是正人君子，就都要受排挤、打击。弄得一切都是黑暗，一切都不讲是非。弄得整个官场，都被一种豪奢、腐化、贪污、趋炎附势、颠倒是非、寡廉鲜耻的风气所笼罩。

因此，一方面，就由候补官僚的队伍中，引发了太学生的改良运动。汉朝的太学，本是地主阶级培养官僚的机关，也是它欺骗人民，团结中间阶层的工具。所以它不光收大地主子弟，还收一部分中间阶层和中小地主的子弟。在原先只要进入太学当太学生，就算取得候补官吏的资格，迟早会有一官半职到手的。但到现在，你既不作国舅的私党，也不作太监的私党，太学生资格就等于零了。因此，在中间阶层中，中小地主和大地主阶层矛盾的基础上，一部分中间阶层和中小地主出身的知识分子，在桓帝时，便从太学里发动了反皇亲国舅、反太监、反“豪强”的学生运动。他们一面和范滂、岑晊相呼应——范、岑是拼命反抗“豪强”（即大地主）的小职员；一面又得到李膺、陈蕃等正人君子的同情。不过他们只要求把政治改良，把“豪强”抑制一下，并不主张取消他们。但仅仅这点可怜的要求，也不只没有得到允许，可杀的特务太监，还是拿危害国家的罪名，连同李膺、范滂等共逮捕两百多人，叫作“党人”，严刑拷打。由于各方面都反对，才没把他们处死；但仍“禁锢终身”——即剥夺终身的政治权利，后来到灵帝时，那些特务太监，又以革命党的罪名，重新逮捕所谓“党人”近一千人，有的活活处死，有的分发远方充军，有的“禁锢终身”。这就是他们改良运动的下场。他们当时，如果和正在蓬勃发展的农民运动相结合，就不会是这样的结果。另方面，在太学生运动发生的前后，在广大的农民群众中，正展开一种宗教性的组织运动。在中原一带，有张角为首的“太平道”派；在汉中一带，有张修、张鲁为首的“五斗米道”派；在三辅一带，有骆耀为首的“缅匿法”派……他们都组织有成千成万的群众，势力最大的是“太平道”派，最先起义的是“缅匿法”派、“太平道”和“五斗米道”，都是随后在纪元一八四年起义的。但其中也是“太平道”派农民军的影响最大。

“太平道”的起义，原先本决定在甲子岁（即一八四年）三月五日，各地同时发动；因内奸唐周告密，马元义等千多人被逮捕、处死，官府并下令各处搜捕同党。暴动就提早在二月开始。张角教大家都首缠黄巾，所以叫作黄巾军。黄巾军一开始就有二三十万人，山东、河南、河北、江苏、湖北都卷入浪潮。到处攻城池，杀贪污，打“豪强”，烧衙门……各州郡官吏、豪强纷纷逃命，地主阶级都非常恐慌。汉朝政府一面派刽子手皇甫嵩等领兵围剿，一面号召各州郡官吏、豪强、组织武装“平乱”。他们采用残酷的烧杀手段，农民被残杀的不知其数，单单皇甫嵩等官军所杀死的农民就不下三四十万人；农民房屋被烧的，也不可胜计。但烧杀并没有动摇黄巾军的战斗意志，他们仍坚持了斗争。后来黄巾军虽终于在纪元一九三年，完全被地主阶级所消灭，张角兄弟也在战斗的过程中英勇牺牲；但汉朝地主阶级的统治也被黄巾军的火焰烧毁了。

“五斗米道”的张鲁，和另一继黄巾而起的黑山军张燕，在大暴动的过程中，虽然都起了相当的作用，但可耻的流氓根性未改，使他们熬不过最后的试炼，终于出卖了千百万群众，都在纪元二一五年投降曹操。

“春秋”和“论衡”

汉朝的哲学，有代表地主阶级的各流派，也有代表农民阶级的哲学。

汉朝地主阶级哲学的最大代表，是自比孔子的董仲舒。他说万事万物都是天老爷创造的，人也是它创造的，但它所创造的人，是分作三类的：第一类是本性善良的，生出来就懂得三纲五常，即农民服从地主，子弟服从家长，老婆服从丈夫等等道理，就叫他们作皇帝、贵族、官僚、富商、豪绅；第二类是本性最坏的，不懂得那种“三纲五常”的道理，就叫他们作农民、户工、奴婢；第三类人的本性，是可好可坏的，就叫他们作自耕农、中小商人、手工业主。同时，皇帝还是天老爷的儿子，是它派来统治人民的；皇帝左右的三公九卿，便是他的耳、目、口、鼻、手、脚变化来的，天地间一切现象，都是它有意给皇帝和臣民的指示。他这些歪论，都被农民派的王充驳倒了的。在他以后，又有什么经今文学派和经古文学派。前者在理论上主张疑古，政治上主张维持现状；后者在理论上主张信古，政治上主张复古。但两者都赞成董仲舒所说的“三纲五常”，也赞成迷信。他们的经典，都是“春秋”——不过版本不同。除去发明扯谎讲迷信以外，大家又都是啃儒家的教条。

代表农民阶级的，就是王充，他的著作叫做《论衡》——就是“批评”的意思。他说，天和地都是无知无觉的物体，是一对矛盾的东西。由于它们相互冲突，就自然生出万物来。男女也是一对矛盾的东西，男女交合就自然生出孩子来。这都没有什么奇怪。因此，他说天地间一切现象，都没有什么神道作怪，只有一个因果关系，譬如打雷，由于天地间有两种相矛盾的东西，碰到一块猛力的相冲击，就生出雷声来……他也说人的品质有三类：第一类最善良，就是勤劳阶级；第二类最坏，就是不劳而食的地主阶级；第三类可善可恶，就是中间阶层。不过他认为这都由环境造成的。他的最大缺点，在没有科学作基础，只是笼统的推论。

此外，汉朝还有些重要的科学发明，如张衡发明测验气象的仪器，蔡伦发明造纸。

四、封建专制国家的分裂·三国时期

“地荒民散”

三国的经济制度，基本上和汉朝一样；不过由于人口的死亡，逃散太多，生产被战争破坏得太苦，始终没有恢复到汉朝的水准。

纪元二世纪末到三世纪初的二三十年间，最初地主阶级为镇压农民暴动，把兵祸扩大到长江以北和黄河全部流域；农民大暴动过去后，大小军阀及豪绅武装的混战，兵祸更扩大到全国。他们到处都肆行疯狂的大屠杀，动不动就屠城、洗村，并到处焚烧房屋，掠夺妇女、财物、家畜，破坏生产……因此，中原一带生产遭到空前的大破坏，人口的损失，被屠杀的不下千百万人，逃命到辽东、四川、两湖、江南、江西、福建、两广和安南的，数量也很大。所以中原一带的情况，真是惨得很，到处堆着死人的骨头，几十百里地方常看不见人烟，到处都有田没人耕，有人也不能安居乐业。这叫作“地荒民散”。这样，就落得皇帝老子和军阀的部队，都常常没有饭吃、没衣穿，袁绍的队伍在河北曾吃桑子过活，曹操的队伍在山东曾吃人肉。

到纪元二〇八年赤壁大战前后，所有大小军阀和豪绅武装，都被曹操、刘备、孙权并吞了；曹操占据黄河流域，以至辽东、高丽；刘备占据四川和鄂西、湘西，后来又占领贵州和云南；孙权占据长江中下游，后来又占领珠江流域。各人占据的地方，除去边境还常受战争的破坏外，就比较平静了。他们为着巩固其统治集团的利益，便都开始注意去恢复生产，争夺劳动人口。黄河流域，原先是生产最发达的地区，这时却一片荒凉，人烟稀少。曹操和他的儿子曹丕，在这个残破的基础上，实行了下面的一些办法：一、实行用兵士去屯田；二、在许昌一带修筑河渠，开辟稻田，招纳农民耕种；三、令各州郡官吏奖励人民开荒，招纳劳动人口；四、严禁军队损害庄稼；五、创设户调制，规定每亩地向官府纳地税粟米四升，每户人家出绢二匹、绵二斤、作户口税（农民耕种官府或地主土地，另纳地租）。这样，生产才慢慢有点起色，首先解决了官吏和军队的粮食问题。江南的生产，原来赶不上北方，人口也比较稀少；但江南的地方很好，受战争的破坏也少些；加之这时有大量人口，从北方逃到江南，又带去较进步的技术。孙权又派兵渡海到镇海、崇明、辽东、掠回人口作农户。因此，江南的生产，就开始赶上北方了。刘备占据的地方，云贵当时全是落后民族居住，荆州又不久就被孙权夺了去，四川的生产原来也比北方落后，人户也较稀。但因四川也是很好的地方，这时从陕西、山西、河南流亡到四川的人口，数量也很不小；刘备和诸葛亮又极力奖励农业，爱惜民力，严禁官府和军队妨害人民生产；为着军事上的目的，诸葛亮又亲自领导前方的军队实行屯田。因此从这时起，四川的生产也开始赶上了北方。所以曹、孙、刘在经济上的条件，就大抵相当了，只是曹操因为地方较大，人口较多，始终保有较多的财政收入和人力。

但曹、孙、刘三家的政府，为着巩固其封建统治，一面都晓得照顾生产和争夺劳动人口；另一面三国间的封建战争，又不断摧残生产和劳动人口，加重人民负担；特别在生产稍有起色以后，三国统治阶级，又都完全不顾人民死活，对人民施行无限制的剥削。所以三国的生产，以及人口的总数量，还没有达到汉朝的水准，便又开始下落了——一直到三国局面的结束。

三国时的国内商业，特别衰落；只有地主阶级对外的奢侈品贸易，如东吴和南洋、印度一带，曹魏和日本，却都比从前发展。

由于战争不断，却引起军用技术上的一些进步，如诸葛亮发明木牛流马、十箭同放的连弩箭，马钧发明利用机械力量的发石车；同时，由于长江流域耕种水田办法的进步，又改进了车水的翻车。

“三分鼎立”

二世纪末，汉朝的地方，封建官吏和豪绅，都纷纷组织“讨黄巾”的武装；太监的孙子曹操，刘邦的后裔刘备，由于大商人地主的帮助也都组织起这种地主武装，孙权的父兄也由“讨黄巾”起家，掌握一些武装。这些靠着杀农民、靠“讨黄巾”起家的官僚豪绅，在平定农民暴动以后，就成了各据一方的大小军阀，董卓挟持汉献帝作傀儡，占据长安；公孙瓒占据河北；公孙度占据辽东；袁绍占据山西，后来又占据河北和胶东；袁术占据河南；孙策、孙权兄弟占据江南；曹操占据山东；陶谦、刘备、吕布先后占据徐州；刘表占据湖北；刘焉、刘璋父子占据四川……各个小股的豪绅武装，都先后归附了大股的军阀。在封建性的基础上，由军权分散，就形成了封建割据。他们都想扩充地盘，争夺皇位。因此又形成军阀的混战。在所有的军阀中，只有曹操、刘备、孙权知道，不去骗取民心，就难取胜，都假仁假义的表示他们也爱护人民（其实他们这种封建军阀，都是杀人的魔王）。其他的军阀，都是更坏的家伙，全不顾人民死活，人民的生命财产，毫无保障。由于当时没有代表人民的势力，此善于彼，人民就比较赞成曹操、孙权、刘备。在他们的周围，又都有一批较能干的军政人才。因此，到赤壁大战前，除远在四川的刘璋外，旁的军阀就全被曹操消灭了，只有孙权还保有长江中下游，刘备寄居荆州，还保有相当武装。“赤壁之战”，曹操“八十三万”人马，被孙刘的联军打得一败涂地。从此刘备也得到荆州的地盘，后来又用诸葛亮的计策，夺取了四川。这样，就成了曹操、孙权、刘备三分天下的局面。到纪元二二〇年，曹丕把汉献帝推下皇座，自称皇帝，刘备和孙权也接着在二二一年称帝称王。因此，就成为曹魏、蜀汉、东吴三国鼎立的局面，俨然三个封建专制的国家。

曹魏的地方最大，人口最多，军政人才也比较多些；但由于曹操父子残杀皇后篡夺皇位，加之他们都很奸猾、很凶恶。这都是封建道德不相容的，因之便引起当时许多人的反感。东吴地方较小，人口较少，但也有鲁肃、周瑜、黄盖、周泰、甘宁、吕蒙、陆逊等军政人才；蜀汉的地方最小，人口最少，军政人才如诸葛亮、庞统、关羽、张飞、赵云、黄忠、马超、魏延、姜维等人，质量虽然较高，数量却不及曹魏；但刘备和诸葛亮在政治作风上比较正派。所以吴蜀两国的力量，都不能单独胜过魏国，只有两国联合，才有战胜魏国的把握。所以诸葛亮的战略计划，是一面联合东吴，共抗曹魏；一面搞好内政，训练军队，巩固自已地盘；一面平定南蛮，安定后方；然后约同东吴出兵北伐。军事上的预定计划，是吴军北出淮海，牵制曹魏，蜀军一路由荆州出襄阳樊城，直向许昌洛阳；一路由汉中出甘肃陕西，下潼关，和荆州军配合，钳制洛阳许昌。灭亡曹魏以后，然后制服东吴，恢复汉朝“王业”。曹魏的对策，是对东吴威胁利诱，破坏蜀吴联合，然后各个击破。

诸葛亮的战略计划是失败了。一方面，他的联吴政策，先后被关羽和刘备破坏；加之东吴君臣除鲁肃外，都没有政治的远见，常常由于曹魏的威胁利诱，就背弃盟约。一方面，诸葛亮太相信自已个人的才能，不会团结、使用和培养人才，对赵云那样有才有德的老将，始终没有重用，和魏延的关系，始终没有弄好；他所培养提拔的军事人才，像样的只有姜维，最错误的，他没有培养四川当地的军事人才。所以从五虎将死去后，蜀汉的军事人才，质和量都大大减色了！同时，他也没有注意去培养自己的适当替手。不过诸葛亮自已始终没放弃他的战略计划，在失掉荆州以后，也只在军事计划上有点改变。凭着他的天才，和他对蜀汉的无限忠诚（这种不是忠于民众，而是忠于主子的忠，当然是狭隘的，要不得的），他多次组织北伐军，六出祁山，把蜀汉国境扩大到凉州。当他在世时，曹魏的军队，始终没能进入四川。由于他领导蜀汉，对曹魏的不断打击和牵制，曹魏始终没能大规模南侵，从没渡过长江，东吴才得在蜀魏相持的空子里偷安。

“司马氏灭蜀、篡魏、平吴”

蜀汉的军国大计，原先都有诸葛亮作主，那些坏人，也不敢放肆；纪元二三四年诸葛亮死后，情况就变了。刘备的儿子刘禅本是蠢才，一切都没主张；诸葛亮死后，他便听信坏人的摆布，胡作乱为，把政治搞得很糟，统治阶级内部不和，人民更反对他们。姜维资望不够，才干也不如诸葛亮，眼见情况一天不如一天，有主张也拿不出来。因此，姜维虽努力继承诸葛亮遗志，九次领兵北伐，想恢复刘家天下；但这种战争，对人民毫无好处，只是加重了人民负担，所以得不到人民赞成，声势便越来越小。后来魏国的司马昭，看清了蜀汉的情况，便在纪元二六三年派邓艾、钟会统领大兵，分两路攻蜀。姜维和钟会还正在剑阁交战，邓艾由小路袭入成都，刘禅就投降了。

曹丕的儿子曹叡，也是暴虐无道的大混蛋，他为着自已享乐，常任意夺取人民的田地、财产，任意把人民处死；但他对政权却抓得很紧，只把对付蜀汉的军事任务，全交给司马懿。因此，兵权就慢慢落到司马懿的手里。司马懿本是魏国第一个人才，诸葛亮死后，三国都没有人能胜过他了；不过他有才无德，野心特别大。纪元二三七年，曹叡临死时，叫他和曹真共同辅佐幼主。后来他用计把曹真杀死，曹魏的军政大权，就全落到他手中了。他的儿子司马师、司马昭，也都很阴险、毒辣，又不断排除异己，布置私党。后来乘着司马昭灭亡蜀汉的功劳，他的儿子司马炎，就在纪元二六四年，强迫曹奂把皇帝的位子让给他，他就建立起晋朝的统治。

东吴方面，在纪元前二五五年孙权死后，由于皇位继承问题，内政闹得很乱；多亏一些老臣支持，才暂时把局势安定下来。纪元二六三年，孙皓继承皇位，东吴的情况更坏了。孙皓又是一个很粗暴、很凶恶的家伙，他为着想巩固皇位，就用了种种阴险毒辣的手段，去排除亲族和正派的部下——原来的老臣，也都死光了；对人民，也行使最残酷的剥削、镇压；他更不懂唇亡齿寒的厉害，当蜀汉的形势严重时，曾向他求救，他却坐视蜀汉的灭亡。蜀汉灭亡后，司马炎本来就能够专力来进攻东吴了；只由于司马炎篡魏以后，需要相当的时间去巩固内部；加之东吴有长江的天险，他需要训练相当的水军，才能进攻；东吴北面的国境，从陆抗开始就有相当的防御布置，防军和人民的关系，也还不坏。因此，孙皓得到十多年的安闲，到纪元二八〇年，司马炎派杜预、王濬、王浑统领大军伐吴，一路水军由重庆沿江东下，两路由陆道前进；吴军全无战斗能力，孙皓便和刘禅一样，投降司马炎。至此，便结束了三国的封建分立局面，江山都归了晋朝，恢复了专制主义封建制的大一统国家。

五、由封建专制国家恢复统一到外族侵略·两晋南北朝（一）

“占田法”

纪元二八〇年司马炎（西晋武帝）平吴后，第一，恢复了全国范围的和平环境；第二，大量无主的荒地，可以由国家去支配。这是能使社会生产恢复的好条件。坏的情况：仍是生产残破，劳动人口特别缺乏，许多土地找不到人耕种。但是晋朝政府，没有无条件把荒地分给农民，只采取下面的一些办法。一、实行“占田法”把大量荒地，赐给贵族和官僚，作为他们私产，并特准他们得包庇几家佃户，免除赋役；把荒地分给无地及新来农户，却又令他们出力为官家耕种一定地亩（这是过去的农奴制办法，所以不久又改为：用官牛耕官田，官民六四分，用私牛耕官田，官民对分）。二、准五胡各族杂居内地，招纳他们作官私佃户、雇农或农奴。三、用服杂役的官奴碑去屯田，准他们配成夫妻，充当农奴样的屯户。四、解散各州郡军队归田，并实行田兵办法，把官田佃给兵士耕种，用官牛的八成纳租，用私牛的七成纳租。五、把耕牛三万千头，借给鲁西南豫东人民，收获后，用粮食偿还牛价。六、奖励人口：女子年十七不出嫁，由官家强制择配；一家生有五女的，免去劳役。……这些办法，对于恢复生产，增殖劳动人口，虽也起了些作用，特别吸引了许多胡人、官僚和大地主，后来都有不少胡客当佃户、雇农。但大多数农民仍没有土地，他们佃耕官家和地主土地，地租反而特别高（普通地对分、六四分，最高的七三分、八二分）。这又是妨害生产的。

人民的赋税劳役负担，虽然比三国时变动小些，但西晋政府根据曹魏办法定出的户调制（户口税制），仍旧很重。它规定：壮丁为户主的，纳绢三匹，绵三斤，寡妇为户主的折纳一半；边远州郡民户，照数折纳三分之二，更远的折纳三分之一；境内外族每户纳布一匹，边远地方的每户纳一丈。同时，他们把田赋也加到户口税内，不论有地无地，每户纳米二斛一斗，或一斛五斗。另外还有劳役。而贵族和官僚的家族，都有免赋免役的特权。这种苛重的赋役，也是妨碍生产发展的。

所以在西晋初期，虽表现生产向上发展，人口逐渐增加的趋势，但是进步不大。到太康年间，是西晋生产情况最好的时期，生产水准和人口数量，也还比汉朝差得多。实际在太康年间，已表现出地主阶级疯狂的并吞土地，生活的穷奢极欲等现象。许多大地主，在多处占有田园、水碓、房屋，手下有几十几百佃户，成群的丫头、仆役，满箱满柜的金银宝石。

太康以后，生产就开始衰落了。政府和大地主反更加紧剥削人民，表现"赋敛繁重"的现象。而对于水利灌溉等设备，却听他毁坏。因此又使好多地方发生旱灾。这样，就开始了二九〇年以后的饥荒，和人民流亡的现象。再加上皇族争权的"八王之乱"。司马氏兄弟叔侄自相撕打，前后纠缠二十年，人口死伤几十万，生产又受到很大的打击。因而便到处发生严重的饥荒，人民纷纷逃散。接着在"五胡乱华"的局面下，华北的生产，便完全被毁坏了。

"良田万顷"

纪元三一六年西晋灭亡后，北方一部分大地主逃难到南方，便联合南方的大地主，在三一七年建立起东晋朝。东晋保全的国土，华中和华南，当时还比较平静，加之北方有大量财物和人口，流入江南，因此促成江南生产的向上，特别表现为荒地开发，耕地加多。但东晋政府，并没有利用这种情况去发展生产，更多的吸引北方人口，加强抗战力量；他们反而只顾大地主的利益，倒行逆施。东晋元帝把大量官田分赐给大地主（特别是北方逃去的大地主），作为他们各人私产，并让他们用买卖、放货、霸占等手段，到处去占领房屋、田地、池塘、山林。他们不独占领官田和荒山，并不断并吞中小地主和自耕农的土地，渐次把大量的土地集中到手里，少的也有几十百顷，多的就有几千顷、万顷。所以动不动就是"良田万顷"，而逃难到南方的人民，却得不到一点土地。没有土地的当地人民和难民，靠耕田过活，就不能不佃耕地主的土地；但他们故意不规定地租比例，让佃东双方商定，以便地主任意提高地租。

同时，掌握东晋政权的大地主阶级，在那样国难严重、民族危亡的情况下面，不独没有把西晋那样苛重的户调减轻，反而规定得更重了。起初规定：每户纳布绢合四丈、丝三两、绵半斤、外纳州郡官绢八尺、绵三两；他们自已占有那样多的土地，却仍旧把田赋加到户口税里面，规定每户纳米三斛。在"御侮"等名目下，后来还不断加多。兵役和劳役，一面强迫抽丁（从东晋到陈朝，有三丁抽一、三丁抽二、二十户抽五丁等办法），一面无限制指派劳役。叫作"士族"的大地主集团，却一概免役。另外还有种种苛捐杂税。甚至卖鱼、卖柴、卖炭都要纳税。

因此，到元帝的孙子成帝时，生产情况就变坏了。超过负担能力的人民，到处都表现怨恨。成帝便把田赋从户口税里面抽出来，改为每亩地纳米三升的办法。后来到孝武帝时，大地主又借故恢复原先的办法。

广大的农民，由于没有土地和剥削过于残酷，纪元四世纪末，便爆发东南八郡的大暴动，这暴动就把东晋结束了。

纪元四一九年刘裕篡晋以后，改称南宋，从此就叫作南朝。刘裕为欺骗人民，虽减轻了一些赋役；但不敢损害大地主半点利益，所以并没有把情况改变。后来他的子孙，又不断把赋役增加，还加设了不少杂税，竟收税到屋瓦、桑树。纪元四七九年萧道成夺取皇位，改称南齐。他也实行了一些改良：取消人民旧欠赋税，发官仓救济穷人，减经人民负担……情况又暂时好些。但他的子孙并不比刘裕的子孙好，同样的不顾人民死活，只顾奢侈享乐，想法子敲榨人民。到六世纪初，皇位落到萧衍手中，又改称南梁。他死硬的拥护大地主利益，一开始就加重人民的赋税；并建造皇宫的寺院，寺院原来就是占有很多土地的大地主，他又号召贵族、官僚、地主把大量的土地、财物捐给寺院。所以到南梁朝，生产更衰退了，农民暴动起来了。纪元五四八年陈霸先掠夺皇位，又改称南陈朝。这时国土更加缩小，生产更加衰落，赋役更加繁重，人民生活与国家财政都一天比一天更穷困，而皇帝、贵族、大地主穷奢极欲的生活，却越来越不像样。因而南朝的灭亡（纪元五八一年）就不可避免了。

东晋和南朝的大地主，大抵兼营商业。他们对外包办和安南、暹罗、缅甸、马来、柬埔寨、印度、锡兰等处的奢侈品贸易，用丝绸等东西去换回琥珀、象牙、玳瑁、珊瑚、棉布、胡椒、海味等东西；对内囤积居奇，并用种种苛重的商税，去压制中小商人和小商品买卖。

手工业，仍是官工业占主要地位，有皇室专有奢侈品制造场，有官府的丝绸、绫罗、绸缎、锦绣厂、冶铁厂、兵器厂、农具厂、铸钱厂、盐场、金、银、铜、锡的采冶……最发达的是冶铁业，产铁很多、并制炼精钢（所谓横法钢）。同时，也有知道炼钢、制针、日用小铁器等私家手工业；纺蚕织绢是普遍的家庭副业……另外，由于海上交通的发达，造船技术有很大进步，南齐朝的科学家祖冲之，造出一种能逆风日行百余里的“千里船”。

“均田制”

西晋灭亡以后，全部华北国土沦陷敌手，匈奴、鲜卑、氐、羌、羯等，所谓“五胡”各外族，到处建立起军事统治，形成四分五裂、烽火连天、杀人如麻的悲惨情况。他们从秦汉以来，就先后居住在中国内地或边境，其中许多人参加过晋朝的军队，也当过佃户和雇农，学到中国的一些办法；但他们的社会制度，都还在原始公社制时期。当东晋灭亡前后，他们便纷纷组成军事集团，起来建立统治。这样军事的统治集团，并没能建立一定的经济秩序、政治秩序。因此，一方面对汉族和他族人民，到处实行残酷的屠杀、掠夺；一方面对他们统治下的汉人，又仿照原来西晋的办法，榨取赋税，强征劳役，而赋税却没有一定的制度，只是任意征收，每每超过人民的全部收入，劳役用抓人的办法，每每占去人民的全部时间和生命。所以在“五胡乱华”的百三十六年间，全华北的生产，便完全被毁坏了，千百万的汉族人民被杀戮了，幸存的也过着还不如牛马的生活。而一些大地主出身的汉奸，却妄想从这种残暴侵略者那里，去保存封建剥削的利益，却也只落得悲惨的结局。

纪元四世纪末五世纪初，由大同南下的的拓跋族（鲜卑族的一支）统一华北，建立北魏朝，结束了“五胡”分立的局面。

拓跋族原是原始公社制末期的部落。纪元四世纪末，他们把战争中俘虏的户口，带回到大同一带。一面仿照西晋“占田法”的办法，给予俘虏土地和耕牛，向他们收地租和赋税；一面又按照氏族村落公社的样子，把他们组织起来。这到后来，在黄河南北各地，就变成一种封建庄园。到纪元五世纪初，他们在一群无耻大地主的帮助下，统一了全华北，从此就慢慢成为下面这样的情形：一方面，主要仍是汉族地主阶级（也有他族出身的）占有好多土地，他们仍用秦汉以来的办法，把土地佃给农民耕种；在过去的不断战争中，不少大地主并把自已的佃户组成武装自卫的部曲。另一方面，有北魏政府，五胡各族出身的贵族、官吏、军官，由于吞占一区一区的土地，组织成庄园；庄园内有叫作“耕奴”的农奴，叫作“织婢”的工奴，向庄园主人缴纳地租、绢绵，并给服劳役；他们大抵都是从它处掠来的户口，有汉人、匈奴人、鲜卑人、氐人、羌人、羯人，不准离开庄园。一方面，是寺院占有的土地，或者组成庄园，用“佛图户”（农奴）耕种，或者和汉人地主一样，佃给“僧祇户”（佃户）耕种。另一方面，还有占得少数土地的汉胡各族农民，但大多数不够自己耕种。同时，仍有大量无主的荒地。

后来到孝文帝时，北魏政府根据那种情况，第一，在纪元四八五年便宣布了所谓“均田制”。所谓“均田制”，就是把官私庄园内的农奴分有地，规定男十五岁以上露田五十亩，女二十亩，耕牛一头三十亩，人到年老身死，牛到出卖或死掉，退还露田；另给每户桑田二十亩，树桑养蚕，作为永业田。官庄园农民，共受露田七十亩的一夫一妇，纳地租粟谷二十石，私庄园的农户纳税五石（他们每户向庄园主纳地租谷子十五石），并依照这种章程去组织新庄园。第二，纪元四八六年，宣布普遍实行邻里党制，五家为邻设邻长，五邻为里设里长，五里为党设党长，统一庄园的组织管理制度；并把这些办法，用于其他乡村。第三，纪元四八八年，抽取各州郡民户十分之一，充作屯民，规定由官牛耕屯田，每户纳地租六十斛。这是从汉族地主的手中，掠夺佃户。

但这种庄园里的农奴比佃户受剥削更残酷，更没有政治自由。因此，官私庄园里的农奴，便不断逃走，隐姓埋名去大地主门下当佃户。由于逃亡的农奴户口过多，纪元四九〇年，北魏政府便派员到各州郡严查；查出的漏户、漏丁虽不少，但并没有阻止农奴逃亡。本来佃农制就比农奴制能生产多的地租。因此，那些庄园主也步步学习汉族地主的办法，改用佃耕制。到纪元六世纪后期，这种农奴制就差不多都改成佃耕制。

人民的赋役负担，在孝文帝以前，虽然规定用西晋的户调办法，每户纳户口税帛二匹、絮二斤、粟多少石，另外纳州库帛一匹二丈。但在实际上，每每任意掠取，并无定额。纪元四八六年，以孝文帝为首的北魏政府，又重新宣布户调制，规定除享有特权的王公贵族大地主外，所有北魏户口，一夫一妇出帛一匹，粟二石；年十五以上的未婚男丁，四人出一夫一妇税额；私庄园内的农奴工奴，八人出未婚男丁四人税额、耕牛二十头，除这种农奴工奴八人税额。这已经很重，后来还不断增加。人民担负徭役，没有一定章程和限制；当兵、筑城、盖皇宫、造寺院、修街坊……常随意指派成千上万人民去长年服役，当作牛马看待。另外还有不少苛捐杂税。到北魏末期，又规定按地亩每亩纳赋五升，农民耕种官田每亩纳一斗，原来归在户口税里面的田赋，所有户口仍照旧完纳；人民入城一次，纳税钱一文：由于商业渐次恢复，又规定所有店铺分五等纳税。

后来北齐和北周的情况，基本上没有改变；只是到北周，农奴制完全改成了佃耕制。

北朝的商业，最初曾退到物物交换的情况；中小商业渐次复活起来，到纪元六世纪后半期，北周时代商业的情况，便和南朝差不多了——只是对外贸易，还是很落后。同时，和南朝的通商是绝对禁止的。

手工业，在北魏侵占全华北前，一律不许私家手工业存在，所有手工技术工人，都集合起来，给官府作工奴。到纪元五世纪后半期，才释放一部分工人，准许私家手工业存在，准他们制造各种物品，但仍把他们的人格和身份，压制在农民以下。官府的手工业，有织绸厂、锦绣绫罗厂、盐场、冶铁厂、兵器厂、农具厂……在商业复活以后，又有铸钱厂、冶铜场等。这些官办手工工厂、规模和技术都赶不上南朝，只是到北周时（纪元五五〇到五七七年），冶铁也比较发达，并赶上南朝的炼钢术。

六、由封建专制国家恢复统一到外族侵略·两晋南北朝（二）

“九品中正”

司马炎从纪元二六五年夺取曹魏政权，到二八〇年平定东吴，又建立起一统江山的西晋国家。

在西晋国家的内部，一面是占有大量土地的地主阶级，其中皇帝、王公等贵族、官僚、世家、富商等，各人占有几十顷至几万顷土地，便形成大地主阶级；占地较少的农村地主、乡绅、所谓“寒门”就成为中小地主阶层。一面是叫作佃客、胡客、部曲、衣食客、屯户、田兵……等各式各样的佃农，出卖劳力的户农、手工工人、官办手工工场中作工的工徒以及给官府和私家服杂役的奴婢，其中都有“五胡”各族的人民，但主要都是汉人。一面是自耕农、中小商人、私家手工业主等中间阶层。一面还有散居中国境内的“五胡”族各部落。但由于几近百年间的不断战争，商业资本比较衰落，富商和中小商人的作用，都不及秦、汉。

所以西晋仍是地主阶级统治农民的国家。但以司马炎为首的地主阶级，他们害怕局面又重新分裂，便尽量把权力集中到中央，加强中央的专制机构。因此，一方面就减小地方郡县政权的权力，解除各郡兵权，规定大郡官兵不过百人，小郡不过四十人，郡太守和县长（或县令），只负责管理民政和征收赋役的职责。一方面，便把许多功臣和大官，都集中到皇帝左右，扩大中央政府的组织，在皇帝下面，分设太宰（宰相）、太傅（太子师傅）、太保（太子侍卫）、太尉（管军令）、司徒（管内政）、司空（管教育文化）、大司马（管军政）、大将军（管打仗）等八公：八公下面的九卿衙门，内部组织也都比秦汉的九卿衙门庞大些；特别为提高皇帝的专制权力，把皇帝左右的秘书侍从等官，扩大为分管政务、机要、侍从交际的尚书、中书、门下三省，地位在八公以下、九卿以上，但是事实上，三省后来却掌握了中央的实际权力。

充当八公、三省、九卿和郡县主官的，都是地主阶级出身的人物，并且多是大地主；中小地主阶层，便掌握县以下的乡村政权，但也要受地方世家的支配。

地主阶级内部对政权的分配，实行了一种所谓“九品中正”制的选举办法。在汉朝，原由各州郡官负责从地主阶级里面选荐“人才”，作为候补官吏。曹丕根据这种办法，在各州郡设立“中正官”，专管鉴别和提拔“人才”；“中正官”把管辖区域的“人才”，分作上上、上中、上下、中上、中平、中下、下上、下中、下下九等，开列名单，递交中央，中央根据这种名单去用人，所以叫作“九品中正”。西晋也实行了这种办法。但“中正官”鉴别“人才”，完全不拿才德作标准，只拿势力作标准，凡是有势力的大地主子弟，都列作“上品”；无势力的中小地主子弟，或少数中间阶层出身的人，即使才德双全，也只得列入“下品”；农民、手工工人和奴婢，就连“下品”也不许列入。而名列“下品”的，也终身不得作大官，只可能去充当小公务员，主持乡村政权。因此，在“九品中正”制下面：中央、郡、县各级政权，事实上由大地主独占；中小地主就分占乡村政权和充当小公务员；农民、手工工人、奴婢，就完全没有政权。

他们对于人民，又制定《晋律》二十篇，其中心精神，在保护封建私有财产，防止人民的反抗和暴动，禁止人民逃亡，规定人民须互相告密……为着想达到这种统治目的，又规定各种最残酷的刑罚；连坐、灭族、砍头、腰斩、坐监、鞭打、杖击、罚款……

但到纪元四世纪初，由于人民负担过重，再加上旱灾，山西、陕西、河南各处便都发生严重饥荒。在那种情况下，严刑酷罚的统治，就没有效验了，而统治阶级仍旧只顾自己豪奢的享乐，全不管人民死活。因此，到处都发生几千、几万、几十万人民成群的流亡，统治阶级却还想拿严刑酷罚去制止，去强迫流亡人民回家，便在好多地方，都激起“流民”的暴动。司马炎的儿子惠帝，本是著名的傻子，他面对着这种严重情况，便更加没有主张；而地主阶级的内部，特别是司马氏皇族内部，却都想乘机来争夺权利。因此又演出司马氏兄弟叔侄自相火并的悲剧“八王之乱”。“八王之乱”的结果，一面又大大损害了国力和民力，一面又引起“五胡”各族的叛乱；最后，西晋便在纪元三一六年被匈奴族灭亡了。

“世族”和“寒门”

西晋灭亡后，全华北沦陷在外族的宰割下；华北的大地主，一部分投降外族作汉奸，一部分逃难到南方，和东南大地主联合，纪元三一七年，在南京组织起东晋政权，便开始了半壁江山的偏安局面。

东晋社会的阶级构成，基本上和西晋一样。只是：（一）佃农的形式比较单一，主要都是佃客的形式；（二）没有充当佃农和雇农的胡人；（三）大地主的支配作用更大，并且大多数后来都兼作富商；（四）中间阶层的数量比西晋大。这种情况，到纪元五八八年南朝灭亡止，都没有多大变化。所以从东晋到南朝（宋、齐、梁、陈），政权的组织形式，和一切法律制度，都一套一套的承袭西晋，只有很少的改变。

但由于东晋政权，是由两个大地主集团联合组成的，并以北方逃难到南方的大地主集团为骨干，所以中央政府的大权，大部分都掌握在他们手中；而东南的“世族”大地主，就支配郡县政权。这两个大地主集团，就这样把东晋政权瓜分了。在当时，半个国家沦陷，广大人民受外族奴役。毫无心肝的大地主们，反只顾采取各种倒行逆施的步骤，去巩固其权利地位，更加紧来束缚人民。他们把各阶级阶层的身份地位，严格的区分为“世族”、“卑族”、“寒门”或“素族”；大地主的门第都列为“世族”，其他中小地主和中间阶层，则列为“卑族”、“寒门”、“素族”……“世族”里面，也分别为各种等级门第，载入家谱，作为子孙世袭的特权。同时，一面严格禁止变更自己的门第；一面规定门第不相当的人们，不准通婚，不得平起平坐；最主要的，还规定“世族”子弟才有作大官的特权，他们的家族有不负担徭役和赋税的特权。因此国家任用各级重要官吏，都只得按照“世族”的家谱去任用。这叫做“世族”制度。因此，政权便固定在“世族”大地主的手中；农民、工人、奴婢，子子孙孙都得作农民、工人、奴婢；中间阶层以至中小地主，也便没有参加县以上政权的希望；门等低下的大地主家族，政治地位也是被固定了的；同时，皇帝的用人权，也被“世族”剥夺了。

因此，在那样国难严重的情况下，不只没有改善地主和农民的阶级关系，激发人民的爱国心；而且使农民、手工工人、中间阶级、以至中小地主的不满情绪，反一天一天地高涨。当权的大地主，反更加倒行逆施，企图用严刑酷罚去压制人民的不满和反抗。而没有出路的中小地主，却也不放松其对农民的压迫。结果，在五世纪初，反促起以农民为主的东南八郡人民的大暴动。同时，“世族”大地主集团内部，相互间的争权夺利，也把小朝廷弄得笑话百出；其次，皇帝想提高自己权力，便去利用“卑族”、“寒门”、“素族”人士，来对抗“世族”；再次，“卑族”、“寒门”、“素族”为着想提高自己地位，便常去靠近武力，组织政变。所以在五世纪初的人民大暴动过去后，平定人民暴动起家的刘裕，在一些“卑族”、“寒门”、“素族”人士的赞助下，就发动了四一九年的政变，自己作了皇帝，把东晋改为南宋。结果呢，一面只改换了朝代和皇族，一面只是少数赞助政变的“卑族”、“寒门”、“素族”人士作了大官，其他全无改变，世族的统治地位和特权，半点也没去动摇。以后在纪元四七八年的政变，把南宋朝改为南齐朝，五〇一年的政变，把南齐朝改为南梁朝，五五六年的政变，把南梁朝改为南陈朝，国内政治形势，每次都没有大改变。

所以，在东晋和南朝的二百几十年间，政局经常动摇不定，内政也越来越腐败。掌握政权的“世族”大地主，大都是昏庸腐朽，浮薄少年，除去懂得例行公事、官场应酬。和善于剥削人民及贪赃枉法外，就只晓得作诗、喝酒、玩女人，此外就连什么也不会，甚至走路也要人扶撑。结果，他们不仅葬送了南朝，也葬送了自己。

“三长制度”

纪元四世纪初，在地主阶级镇压流民暴动，和司马氏皇族内讧的空子里，散居国内的“五胡”族各部落，各依靠着几万几十万人口，都先后形成军事集团，脱离西晋统治，向汉族进攻，并各据一方，建立起军事统治。首先起来叛乱的，是以刘渊、刘聪父子为首的匈奴族，占据山西离石一带，建立汉国。这种叛乱开始后，以怀帝、愍帝为首的西晋大地主集团，都只顾忙于攘内和争权夺利；对外族的进攻，反采取不断屈服、投降的步骤。结果，怀帝、愍帝和其文武百官，都先后投降刘聪，去充当下贱的“奴才”。另一部分大地主，自始就认贼作父，充当汉奸，帮助外族来进攻祖国。这样，他们就把全华北的国土，都断送给外族了。

从纪元三〇八年，刘渊开始叛乱，后来以刘曜为首的匈奴族，又占据长安，建立前赵国；以石勒为首的羯族，占据河北邢台，建立后赵国；以慕容廆为首的鲜卑族，占据辽宁锦州，建立燕国；后来慕容垂又率部占据河北定县，建立后燕国；慕容德占据河南滑县，建国南燕国；以苻健为首的氐族，占据关中，建立前秦国；以姚弋仲为首的羌族，占据长安，建立后秦国；以乞伏国仁为首的一个鲜卑部落，占据陇西，建立西秦国；以赫连勃勃为首的一个匈奴部落，占据长安，建立夏国；以拓跋珪为首的鲜卑系的拓跋族，占据大同，建立北魏国；以吕光为首的一个氐族部落，占据敦煌以西和新疆，建立后凉国；以秃发乌骨为首的一个鲜卑部落，占据兰州，建立南凉国；以沮渠蒙逊为首的一个匈奴部落，占领甘肃武威，建立北凉国；以李雄为首的賨族，占据成都，建立蜀国。在外族侵掠的这种混乱状态中，华北各处汉族人民，为着团结自卫，和外族斗争，也组织了自己的力量。因此和冉闵联合的一部汉族人民势力，曾驱走羯族，恢复邢台一带的国土，建立魏国；以张轨为首的一部汉族势力，保全甘肃凉州，建立前凉国；以杰暠为首的一部汉族势力，恢复甘肃临洮一带的国土，建立起西凉国；鲜卑族败亡后，汉人冯跋凭借一部汉族势力，收集后燕残部，占领锦州，建立北燕国。前后百余年间，在华北和四川，除汉族自已建立的各个独立政权外；各外族部落，共建立了十五个政权。但这些外族，最初都不懂得统治的办法，只晓得行使军事的压迫和掠夺，并肆行杀汉人；后来由于大地主分子崔游、裴嶷、高贱、王堕、王猛、张宾、范长生等汉奸，教导他们如何建立统治机关，对人民行使统治和剥削。因此，一方面他们也都组织政权，设置官吏，并仿照西晋的办法，向人民征收赋税和徭役；但另方面，却并不符合汉奸的打算，他们对付汉人，连汉奸在内，仍同时实行最残酷的军事统治、屠杀和掠夺。所以，他们始终都没能建立起一定的统治秩序。

从四世纪末到纪元五世纪前半期，鲜卑族系统的拓拔族，得到大地主投降派的帮助，先后灭亡各国，镇压汉胡各族人民的反抗，统一华北，建立起北魏朝的血腥统治。

北魏的社会构成，从种族地位说，一面是处在侵略和统治地位的拓跋族，一面是处在被侵略被统治地位的汉族、匈奴、羯、氐、羌及其他鲜卑部落。从阶级构成上说，一面是成为大庄园主的拓跋贵族、投降他的其他五胡各族出身的贵族，和佛教寺院大地主、汉族的大地主汉奸集团，形成封建统治阶级；一面是庄园里的农奴、工奴（又叫作耕奴、织奴）佃耕地主土地的佃农等，形成被统治阶级。另外还有大量公私的奴婢，比农奴工奴的地位还低。最初，完全不许私家手工业和中小商人存在；雇农和自耕农的数量也大大减小。农奴、工奴、佃农、奴婢、雇农、自耕农等诸阶层的人民，主要是汉人，同时也有拓跋族和其他五胡各族的人民。这种阶级关系，从孝文帝以后，就开始有些变化；庄园主慢慢变成普通地主，农奴变成普遍佃户；一部分官府的工奴开始被释放；雇农、自耕农、私家手工业主、中小商人又开始成长。到北周朝（纪元五五七至五八一年），北朝的社会阶级构成，便完全和南朝一样了。

因此，北魏的政权，一方面是拓跋侵略者统治被侵略的汉胡各族的政权；一方面是以拓跋贵族为中心，加上汉胡各族的庄园主、大地主联合统治各族人民的政权。其政权的组织形式，在孝文帝以前，一面仿照西晋的办法，一面也实行最残酷的军事统治、屠杀和掠夺。从孝文帝以后，统治机构、行政系统、法律制度，形式上又仿照南朝，只是：（一）对县以下的乡村政权，实行所谓“三长制度”，即五家编为一邻。设立邻长，五邻编为一里，设立里长，五里编为一党，设立党长；这里一个庄园制的管理系统，也是拓跋侵略者控制汉胡各族人民的毒辣办法。（二）对汉胡各族人民，仍继续实行很残酷的军事统治；动不动就没收财产，全家处死，诛连九族！连汉奸也没有例外；霸占民间妇女，强迫良民作奴婢，更是很平常的事。

同时，拓跋统治者，还采用中国大地主集团的办法，实行“世族”制度，把拓跋贵族、投降他的汉胡各族大地主或庄园主，列为“世族”，分别门第，规定特权；但掌握大权的，还是拓跋贵族，其他列为“世族”的汉胡大地主、庄园主，仍只能充当帮凶的奴才。因此，在北魏的统治下，汉胡各族的农民、中间阶层以至中小地主，都完全没有权利，都是牛马样的被压迫，奴役；甚至拓跋族的穷人，也没有什么权利。

在拓跋侵略者的民族压迫，庄园主大地主的阶级压迫下，以汉族农民为主的汉胡各族人民，此伏彼起，前后共举行了几十次暴动，民族斗争和阶级斗争交织在一起。最后，他们并终于结束了北魏的统治。后来由于北朝经济赶上南朝，特别是庄园制转化佃耕，“三长制”变成豪绅统给乡村的机构，以及拓跋族和“五胡”其他各族与汉族同化，民族界限消灭，农民才放下反侵略的民族斗争的旗帜，斗争便完全成了农民和地主的阶级斗争的形式。

七、由封建专制国家恢复统一到外族侵略·两晋南北朝（三）

“五胡乱华”和“刘裕北伐”

匈奴、羯、鲜卑、氐、羌等“五胡”各族，开始叛乱的主要原因：（一）最主要的，由于他们都是西晋境内的落后民族，其中叫做“胡客”……的一些人民，又被迫充当佃户、雇农、奴婢，遭受大地主集团的民族压迫、阶级压迫；（二）很久以来，地主阶级常在军事上利用他们，使他们得到军事知识和武装；（三）前面说过，由于皇族争权的“八王之乱”，特别由于西晋政府，只顾用全力去镇压“流民”暴动，给了他们一大空子；由于西晋政府对外族叛乱，采取放任、妥协、投降的方针，让叛乱步步扩大。

在最初，好些“胡客”都参加“流民”暴动，共同反对大地主的阶级压迫。但他们后来形成种族的武装团体后，反而对汉人一律仇视，骂汉人为“汉子”，对汉族人民肆行屠杀、掠夺和压迫，并行使残暴的军事统治。自然这也由于大地主民族压迫政策的恶果；但他们却也变成了侵略者，把阶级斗争的形势，转化为民族斗争。

这种民族斗争的烽火，很快就笼罩了北中国，到处都表现汉族人民和“五胡”各武装侵略团体斗争，同时也表现为此伏彼起的“五胡”各武装团体，相互间的火併、厮打、仇杀和征服，形成所谓“五胡乱华”的惨局。

在当时，沦陷在“五胡”糟踏下的汉族人民，特别是农民，自始就发扬了反侵略的传统，采取了公开的、秘密的、个别的、集团的、武装的、以至政权形式的……各种各样的办法，去和侵略者斗争；他们也时常盼望东晋政府出兵收复国土，每次本国军队到沦陷区，都自动去劳军、送粮、助款、参军、带路、协助作战。陷身在敌军中的汉人，也有不少身在敌营，心在祖国的志士，如苻坚进攻东晋的“淝水之战”，朱序把苻坚的军情密告晋军，并在前线倒戈，扰乱苻军的战斗序列，助成晋军大胜，把苻坚六十万大军，打得落花流水；又如慕容皝派刘翔去东晋打听情况，刘翔却将胡虏情况报告东晋，并激励东晋政府去报仇雪耻，收复失地……。在大地主阶级里面，一部分人如王导、谢安之流，最初逃到南方，组织东晋政府，也还声言要雪耻报仇；但另一部分人如崔游、王猛……之流，一开始就公开作了汉奸。

以王谢为首的东晋政府，如真有雪耻报仇、收复国土的决心，就应当利用当时的有利形势，一面改进内政，团结人民，积极反攻；一面配合沦陷区人民的斗争，并积极援助他们；一面有计划的组织朱序、刘翔一类人的内应；一面利用“五胡”各侵略集团相互间的冲突，一面肃请内部的投降派，明令申讨叛国汉奸……驱除侵略势力，是完全可能的。但东晋大地主集团，却只在拿雪耻报仇的口号，去欺骗人民，维护自己的统治地位；对人民的经济剥削、政治压迫，比西晋更凶；政治上的贪污黑暗，生活上的腐化堕落，也比西晋更严重。所以他们始终没有组织一次有过计划的反攻，而只是招架。在华北沦陷不久的时间，冀南、豫北的人民，曾联合冉闵打倒羯族的后赵国，收复邢台一带的国土，聚合很大的力量；并请东晋出兵，“共灭逆胡”，光复华夏。而在妥协投降派把持下的东晋政府，竟置之不理，坐视他们失败。

到五世纪初，刘裕曾举行了两次“北伐”。由于沦陷区人民和北方志士的响应，又得到南方人民的赞成，刘裕便在四一〇年打垮南燕，收复滑县一带国土；四一七年打垮后秦，收复西安。当时全华北的汉族人民都很兴奋，到处准备响应。但这两次“北伐”，不是东晋政府的主张；刘裕的目的，也不在收复国土，而在拿“北伐”去欺骗人民，提高自己地位。所以在四一七年的胜利后，刘裕便只顾回南京争皇位，又令滑县和西安沦陷，使千百万同胞再受外族践踏。四五〇年，南宋朝抵抗北魏的战争，中原人民纷纷组织义勇军，协助作战，并帮助国军粮食。因此南宋军又得打到豫东北，围攻滑县。而南宋朝的大地主们，害怕人民比害怕侵略者更厉害；他们把人民义勇军的领袖，一律排除，企图把士兵都编入官军。这样倒行逆施的结果，一面打击了人民的抗战力量，一面帮助了北魏侵略者并吞了华北。

从此以后，南朝的大地主阶级，一面连雪耻复仇、收复国土的口号，也完全收起来了；一面在信佛的面具下，公开响应侵略者的投降派，也更加放肆，甚至像所谓儒学大师王肃之流，竟由投降派变成公开的汉奸。另方面，由于北魏侵略者并吞了华北，以及拓跋和其他“五胡”各族阶级的分化，也把斗争的形势改变了。到这时，已不只汉族人民要反对拓跋侵略者、汉奸和北魏统治集团，其他“五胡”各族的人民，也有了同样要求，后来连拓跋族的最下层人民，也有反对其统治阶级的要求了。因此，坚持反侵略斗争的汉族人民，便以农民为中心，在“五胡”各族人民的参加下，不断采取了扩大武装暴动的形式；从北魏孝文帝到孝明帝的五十七年中，前后起义五十次，规模一次比一次大。最后在河北发动的一次起义，以葛荣为首，人数达百万，成份主要是汉族农民，并有拓跋族和其他“五胡”各族的人民参加。暴动扩大到河北、山西、豫北的全部地区；到处铲除拓跋贵族和帮凶的奴才，摧毁拓跋的统治机构。但由于他们不晓得去建立自已的政权，也没有一种革命的纪律和秩序，所以虽粉碎了北魏侵略者的统治，胜利的果实却落到投机分子宇文泰和高欢手中。

“元魏改制”

所谓“五胡”族的各部落，从秦、汉开始，就先后住到中国境内——辽东、辽西、山西、陕西、甘肃一带；他们和汉族在经济、政治、文化上，早就有着多多少少的联系。到西晋时，他们大都已开始参加了封建专制国家的经济、政治生活；汉族的语言文字，成了他们交际上共用的语言文字。从四世纪初开始，他们的各个军事集团，先后在华北各地建立起军事统治后，由于他们在经济上、政治上、文化上，都远比汉族落后，人口上，又都是数量很小的集团；所以他们的经济、政治、军事、文化、人口力量的总和，都比汉族小得多。加之汉族人民，从各方面对他们进行不断的斗争，又使汉族的优势力量，能发生作用；他们在现实生活的各方面，便只得都去学习汉族的办法，不然就无法生活。因此，在“五胡乱华”时期，他们就渐次丧失了固有的经济特性、语言和部落的生活组织形式，加快地和汉族同化。

进到五世纪后半期以后，一方面，拓跋族以外的“五胡”各族人民，和华北的汉族人民，遭受同样的命运，共同进行着斗争；在长期的共同斗争、共同生活环境的过程中，民族的界限就慢慢消失了，遗留的就只是一种传统的观念了。一方面，在拓跋族里面，由于阶级的分化，由于阶级都混合在广大的汉人里面生活，上层统治者在经济生活上，追随汉族的地主阶级，下层人民在经济生活上，追随汉族的农民、手工工人和中间阶层。在这种经济同化、阶级同化的基础上，就加快了同化的过程。因此，到孝文帝时代，便有所谓“改制”

的措施。“改制”的内容，就是宣称鲜卑族为黄帝的后裔，说原来也是汉族；把拓跋人的姓氏，一律改为汉姓——如皇族改姓元，拓跋改姓长孙；禁用鲜卑语言，一律用汉语汉字；宣布拓跋人为中国洛阳人；禁止拓跋人相互通婚，提倡和汉族通婚；把拓跋和其他“五胡”贵族，都列为中国“世族”；禁着鲜卑服装，革除鲜卑旧习惯……实际上，这都是当时已经普遍存在的现象；所谓“改制”，不过根据同化的事实，再加以法律的承认和提倡。

北魏灭亡以后，到北周武帝（宇文邕）时，拓跋族及“五胡”其他各族，已完全同化在汉族的各阶级里面，在经济生活、文化生活、语言文字等方面，已无从再作区别；所能区别的，也只是阶级而不是民族，民族的界限只留下一种传统的残余观念了。因此，北周的崇尚儒术，恢复汉朝和曹魏的统治办法和制度，正由于北周的政权，已失去民族统治民族的内容，而只是地主阶级统治者的政权了。

“儒”“道”和“佛”

佛教产生在印度，是没落封建贵族的宗教；其中有大乘教和小乘教的分别。大乘教说，世间的一切东西，一切现象，连同自已，自已抱着睡觉的老婆，自己生出的儿子在内，都是空虚的幻像，都是不存在的；只有一种精神也叫作佛，才是存在的，是不生不灭的；它不是一种什么东西，也不是一种什么现象，但它又变化无穷，能表现为万事万物的景象，和各种神奇鬼怪的东西。因此，它教人脱离一切现实的斗争，把现实世界统统忘去；同时，不只不要斗争，而且连思想和知识也都要忘去，这样就可以觉悟到佛的地步，可以不生不死，不存在也不毁灭。小乘教就更无聊，宣传因果报应，说今生吃亏行善，来生就得好报；今生行恶，来生就得恶报。人和牲畜死了，同样的变成鬼，鬼又投胎变人、变牲畜。你若怕来生变牲畜，或仍作穷人，今生就得行善，什么叫作行善呢？就是信菩萨，即服从地主阶级的那套歪道理，绵羊样地听他宰割……你若要去作斗争，去反对封建制度。去反对统治阶级，就是大恶大逆，死后要堕地狱，来生要变牲畜。所以佛教所讲的道理，都不是替人讲的，而是替鬼讲的；都不是教人怎样去作人，怎样去斗争，把人的现实生活搞好，而是教人怎样准备去作鬼，以便过鬼的生活。

“五胡乱华”和北魏时代，外族侵略者就尽量利用佛教来统治汉族人民：

他们自己和汉奸大地主，就普遍信仰大乘教；小乘教就用作欺骗汉族下层群众的工具。

东晋和南朝的地主阶级，一面要和侵略者及汉奸相敌对，一面也要用欺骗的道理去统治人民，所以他们就宣传儒学和道教。由于儒学和道教，一面是中国的国货，一面也是统治阶级统治人民的道理。因此，就形成反对佛教的儒道联合战线。他们说佛是外国货，是外国人用来扰乱中国、灭亡中国的东西，并说佛祖是老子道德君的私生子。这种道理，和他们反对外族侵略的行动一样，完全是一种没有力量、没有积极内容的空谈。而且，他们的观点，是很狭隘的，不知把各民族文化的交流，和反侵略的文化斗争区别开。其中只有范缜“神灭论”，却有着唯物论的内容，他认为天地间并没有什么佛和鬼怪的东西存在过；但他的理论，同样缺少积极斗争的内容。

在侵略者御用下的寺院大地主、汉奸和东晋、南朝的暗藏汉奸及投降派，却从佛的、即侵略者的立场上，来反驳儒道。最无耻的，他们说佛所产生的地方，才是居天下之中的“中国”，“五胡”侵略者并不是野蛮民族也不是外国人；而又尽量侮辱祖国，说中国算不得“中国”，是偏野的国家，并嘲弄祖国同胞的语言、服装、饮食等习惯。

在这时期，科学方面，数学有相当的进步，著名的有甄鸾和祖冲之，甄鸾著有《五经算术》，祖冲之发明较精确的圆周率（圆周盈数为三、一四一五九二七，朒数为三、一四一五九二六），天文学、地理学、音韵学、雕刻术、建筑术、绘画等，也都有相当的进步。

要纠正两种倾向

河南的新史学研究，过去由于文澜、文甫诸同志的影响，早已打下了根基；解放以后由于同志们努力，听说已做了不少工作。

贵会最近举行了“爱国主义与历史教学”座谈会，估计一定能得出许多宝贵的意见，把历史教学与爱国主义教育的问题，在认识上更提高一步，并期望提供给他处作参考。在东北，历史教学与同学们，对本国历史的研究与学习，一般还算积极。但曾存在过两种偏向：一是割断历史的偏向，这是较普遍的；一是国粹主义的残余思想，现在开始在纠正，并在史学系的学生中开始获得成效。

（原载《新史学通讯》第一卷第四期，一九五一年七月十日出版）

六年来的新中国的历史科学[1]

一

中国有着极其悠久的历史和优秀的文化传统。就历史学来说，从孔子、司马迁以来，许多杰出的历史学家曾经写出了不少的历史著作。他们依据他们可能有的观点，总结过历史的遗产。作为历史学的一个部分的考古学，早在公元十一、二世纪，它就以金石学为名而成为一种专门的学问。其后也曾继续不断地向前发展。但是不可否认，近一百多年来，由于帝国主义的侵略和帝国主义所支持的封建统治，使中国社会的生产力受到了重重束缚。因而建基在这种经济基础之上的历史学和考古学也得不到正常的发展。特别是在国民党反动统治时期，这两门科学遭受了严重的摧残。它们被国内外反动统治者所利用，变成了他们辩护阶级剥削、辩护殖民主义的工具。然而，就在这个黑暗时期，中国的进步的历史科学工作者和其他进步的学术工作者，在中国共产党的领导和影响下，把保卫科学、保卫真理当作自己的任务，并进行了艰巨的工作。

中国的进步的历史学家运用马克思列宁主义的理论来研究中国历史是在俄国十月革命以后开始的。在中国有悠久历史和丰富遗产的历史学也只有从与马克思列宁主义有了接触时起，才逐渐成为科学，成为对于中国人民解放斗争起

---

① 编者注：本文系一九五五年十月五日著者在德意志民主共和国莱比锡召开的“东方学讨论会”上的演讲。

着重大作用的一门科学。三十多年来，中国进步的史学家一贯地在和各式各样的反动理论进行复杂而尖锐的斗争中胜利地开辟前进的道路。

远在十月社会主义革命胜利以后不久，李大钊就首先倡议把马克思列宁主义应用在中国的历史研究上。最先用历史唯物主义来系统地研究中国史及思想史，并一直从事于这种专门著述的是现在中国科学院院长郭沫若等人。他们一些关于中国近代、现代的历史著作，对于马克思列宁主义在中国历史上的应用起了颇大的作用。还有不少进步的历史学家，在第一次国内革命战争失败后的艰苦时期，他们以辩证唯物主义与历史唯物主义为依据，写出了中国社会发展史、中国人民革命史、中国近代史、中国古代史等方面的专著以及中国史、中国思想史上其他一些比较重要的问题，并且取得了一定的成绩。此外，有一些进步的史学家和翻译工作者还陆续地翻译了马克思、恩格斯、列宁、斯大林的各种经典的历史著作。

应当指出，这些成绩的取得是和马克思、恩格斯、列宁、斯大林的无比深刻的理论指导分不开的；是和毛泽东同志的著作分不开的。马克思、恩格斯、列宁、斯大林的著作是研究中国历史的经典性的依据。毛泽东同志的著作，对于用马克思列宁主义来研究中国历史，具有极其重要的意义。在他的著作里，不但对中国近代、现代史的各项基本问题做了精辟详尽的历史唯物主义的分析，而且对中国古代史上的若干关键性问题也做了极为扼要的说明。因而，他的著作就为马克思列宁主义的历史学在中国奠定了基础。

虽然如此，一直到解放以前，中国马克思主义的史学的成就仍然是有限的。中国史学工作者的队伍仍然是小得很。

二

随着中国人民革命的胜利和中华人民共和国的建立，由于我们人民民主制度的优越性，中国历史科学的研究正如其他科学研究一样，获得了广阔的发展前景，进入了一个崭新的时期。与国民党发动派摧残和扼杀科学研究相反，中国共产党和人民政府对于科学事业是异常重视的，在各方面都经常给予科学家以深切的关怀和支持。中华人民共和国宪法中明确规定了公民有进行科学研究的自由，并对于从事科学的创造性工作给以鼓励和帮助。党和政府给新中国的科学事业的蓬勃发展创造了前所未有的顺利条件。

一九四九年中国人民解放战争取得全国胜利以后，原来分隔在解放区和国民党统治区的两部分进步的史学工作者联合起来了。长期处在国民党政府黑暗统治下的其他史学工作者都获得了解放，他们之中有不少人是在整理和考证史料方面有成绩的，其中陈寅恪、陈垣等都有着一定的贡献，绝大部分的史学工作者和站在其他岗位上的知识分子一样。解放后，不断地进行自我教育、自我改造的学习，他们一般都抱着学习马克思列宁主义的要求，大都开始在力图应用历史唯物主义的观点来进行科学研究。这一切表现了中国史学工作者大团结的新情况。

中华人民共和国成立后不久，全国科学研究中心——中国科学院就建立起来了，当时在科学院内设立了近代史研究所和考古研究所。随着新中国科学事业的发展，中国科学院曾设了历史研究所第一所（研究自有史记载到南北朝的历史）、历史研究所第二所（研究自隋唐到鸦片战争以后的历史），并把原来的近代史研究所改为历史研究所第三所。属于科学院的上述四个历史、考古研究所的研究人员的数目每年都有增加。

除了科学院以外，全国十四所综合大学和三十多所师范类学院和其他高等学校中集中了大批史学工作者。目前有教授、讲师、助教近一千人。北京大学的历史系还成立了一个考古教研室，专门培养考古人材。此外，在党和政府的宣传、出版等机构内，也还有一部分历史、考古研究者。这些都充分说明六年来新中国的历史学、考古学在研究机构和人力方面都有发展。

六年来，新中国的史学工作者在科学研究方面已经做了不少工作，并且取得了一定的成绩。许多历史学家分别完成了一些专门性的著作和正在从事各种专题研究。中国史学家的主要注意力集中在近代史，特别是近三十多年的现代史方面。这是容易理解的，因为正是在这个时期，中国共产党领导中国人民进行了伟大的革命斗争，并且取得了具有世界意义的胜利。在中国现代史和中国共产党史研究方面，史学家们写出了一部分专著，陈伯达的《毛泽东论中国革命》和胡乔木的《中国共产党的三十年》是其中重要的著作。在中国近代史研究方面，也已经出版了不少的专著，范文澜的《中国近代史》和胡绳的

《帝国主义与中国政治》以及其他史学家们的一些著作也都是比较重要的著作。大量的有关近代史、现代史的论文在各种报刊上发表。

中国的史学工作者同样地以极大的兴趣研究中国古代史，在这方面出版了一些专著。如郭沫若的《奴隶制时代》等，重新修订出版的有范文澜的《中国通史简编》等等。许多高等学校的历史教师，根据新的教学计划和要求，有计划地重新编写了历史课程中有关古代史和专门史的各种讲义。有些在教学中比较有成绩的讲义，例如北京大学、中国人民大学、东北人民大学的中国通史讲义；山东大学中国土地制度史、中国手工业及商业史、中国农民战争史讲义；武汉大学魏晋南北朝史、中国经济史等讲义；中山大学魏晋南北朝史、隋唐历史讲义等，都经过推荐，互相交流，其中一些且已出版。

六年来中国的考古工作也做了很多重要的工作。首先，是配合各地基本建设工程，进行了大规模的调查和发掘，发现了很多重要的遗址和遗物。在旧石器方面，新发现了四川资阳的头骨化石和中国猿人的牙齿。在山西汾城丁（汀树）村发现了一个重要的旧石器时代遗址。新石器时代遗址的发现，截至一九五四年止，就已有一百五十处以上。殷代的遗址，除在安阳继续发掘外，又在辉县、郑州、洛阳等地有新的发现。西周和战国的墓葬，也有新的发现，汉代的墓葬发现最多，总数在一千处以上。此外新发现的有六朝、隋、唐的陶器和墓志，宋、辽、金、元、明的墓葬。这些重要遗址和遗物的发现，大大地丰富了我国的文物史料，为中国历史研究，提供了新的资料。

中国的考古工作者在大力进行调查发掘的同时，进行了整理研究、编辑出版的工作。目前已经出版的有《高昌砖集》、《吐鲁番考古记》和有关甲骨文的一些论文。正在整理研究的有《辉县发掘报告》、《洛阳烧沟区汉墓发掘报告》、《塔里木盆地考古记》、《湖南长沙发掘报告》、《洛阳发掘报告》、《西安近郊仰韶遗址发掘报告》、《安阳大司空村发掘报告》、《汉唐墓葬发掘报告》和《殷墟卜辞综述》、《铜器断代学》等等。

解放以来，中国的考古工作者已不是为考古而考古，而是为了究明中国的历史而考古，我们相信，中国的历史研究将因考古学的不断发展而得到更多订正与补充。

中国的史学工作者也很重视史料的编辑和整理工作，几年来我们正在编辑着《中国近代史资料丛刊》、《中国现代史资料丛刊》和《中国近代经济史资料丛刊》等卷帙庞大的历史资料，其中有不少资料已经出版。中国古代史的资料也在有计划地编辑之中，其中包括经济史、政治史、农民战争史、民族史、哲学史、文学史的各种资料。目前还在有步骤地整理、出版古典历史著作，如标点《资治通鉴》及绘制《中国历史沿革地图》等。一些历史方面具备考参价值的在解放前写成的著作也在陆续出版印行。

在期刊方面历史科学的期刊有：《历史研究》、《历史教学》、《史学》、《新史学通讯》、和《历史研究所第三所汇刊》等。《新建设》、《文史哲》以及新近出的各大学学报也都经常刊载历史科学的论文。考古学的周刊有：《考古学报》、《考古通讯》和《文物参考资料》等。在这些刊物上，不仅刊载了大量老一辈史学家和考古学家的论文，而且也刊载了一些年轻史学工作者和考古学工作者的文章。这些刊物发行的数量，远远超过了解放前的任何一种历史学和考古学的刊物，而且还在日益增加。

中国的史学工作者和考古学工作者还进行了一些重要的学术活动。各大学在最近一、二年都举行了科学讨论会，有不少史学工作者和考古工作者在会上作了重要的学术报告。今年6月间，科学院学部成立大会开会时，在哲学、社会科学部的分组会上，宣读了历史学和考古学的论文，进行了讨论。一九五四年十二月间，在北京举行了“中国猿人第一个头盖骨发现二十五周年”的纪念会。在这个会上总结了过去对于中国化石人类的发掘研究工作，并提出了今后工作的方向。此外，解放后大批出土的古物也曾在各地进行展览。经过这种展览对广大人民进行具体的爱国主义教育，使他们更加认识了我们伟大祖国的丰富文化遗产。

中国历史工作者在进行科学研究工作的同时，非常重视清除资产阶级唯心主义思想遗留在我国学术界中的有害影响。我们完全懂得：辩证唯物主义和历史唯物主义对我国社会主义建设，对各门科学的研究起着巨大的指导作用。在我国过渡时期，外国帝国主义和国内已经被消灭将要被消灭的阶级，力图破坏我国社会主义事业，他们经常用资产阶级思想来反对无产阶级思想，用唯心主义世界观来反对唯物主义世界观。因此阐发唯物主义思想反对资产阶级唯心主义思想是各门科学研究工作中极其重要的任务。一九五一年中国学术界集中讨论对电影《武训传》和武训进行了批判，这次批判是着重反对了资产阶级改良主义思想，严格划分了资产阶级改良主义思想和人民民主革命思想的界限。

从一九五四年十月开始对以胡适派为主的资产阶级唯心主义的有系统的批判，更是在中国学术界中一次空前的思想斗争。史学工作者积极地参加了这个斗争，写了很多有关文学史、哲学史以及其他有关历史科学和考古的批判论文。我们举办了多次胡适思想批判的学术会议，从各方面来批判胡适派的反动历史观点和反科学的“历史方法”。毫无疑问，随着这次批判资产阶级唯心主义的逐步深入，我国的史学工作者将在战斗的唯物主义旗帜下前进，使我国的历史研究更富有科学的战斗精神，从而更加推动我国历史科学的发展。

与资产阶级唯心主义的批判有区别，但同样也是推动我国科学事业向前发展和提高我国学术水平的另一重要工作，是展开学术上的不同的意见的自由争论。几年来，我们在这方面已经有了一些进展。目前在中国史学家中正在展开讨论的有：中国近代史分期问题、中国奴隶制向封建制过渡的问题、中国资本主义萌芽问题和汉民族形成问题等等。

关于中国自鸦片战争到五四运动的八十年间的中国近代史的分期问题，目前基本上存在三种不同的意见。一种意见认为可以基本上用阶级斗争的表现来做分期的标准。由于在中国近代史上，出现了三次革命高潮，太平天国革命、义和团运动和辛亥革命，因而就可以将这三次革命高潮来做划分的标准，把中国近代史划分为七个时期。另一种意见基本上也赞成前面的分期标准，但主张划分为五个时期。第三种意见，指出自一八四〇年鸦片战争以后，中国社会以帝国主义为主，封建势力为辅的反动势力成为矛盾的一面，人民大众成为矛盾的另一面，依据毛泽东同志的《矛盾论》所指出的“被根本矛盾所规定或影响的许多大小矛盾中，有些激化了，有些是暂时地或局部的解决了，或者缓和了，又有些发生了……”用这一原则来看中国近代史，主张把近代史划分为四个时期。

关于中国从奴隶制向封建制过渡的问题，目前中国史学界的意见还有分歧，争论的焦点是公元前十二世纪到八世纪的西周社会是封建社会还是奴隶社会。有人主张当时是封建社会初期或过渡期，另一些人主张当时还是奴隶社会，中国封建社会的开端是在春秋战国之际或是秦汉之际。还有一种说法，则是认为直至汉代仍然是奴隶社会，主张把奴隶制的下限定在东汉末与魏晋时代。不过这只是极少数人的主张。

关于中国资本主义萌芽问题和汉民族形成问题也正在史学界展开广泛的讨

论，不少刊物上发表了这方面的文章，也举行过一些讨论会。

为了解决这些问题，中国史学工作者正学着运用马克思列宁主义来对历史上各时期的生产力的发展与生产关系的变化等问题进行全面的深入的研究。我们认为只有究明了因生产力和生产关系的变化而引起的历史过程的客观规律才能阐明和解释上述问题，并从而阐明和解释中国历史发展的全部过程。

以上就是六年来新中国的历史科学研究工作的大致情况。可以看出：这门科学在解放以后的短时期以内，是大大地发展了。我们的研究机构和人力有了很大的增加，研究工作已经开展起来。史学工作者和考古工作者的马克思列宁主义的水平已有所提高，学术讨论和自由争辩已经成为一种风气。

三

尽管六年来新中国的历史研究工作是有成绩的，但是这些工作对于我国人民的日益增长的文化要求来说，还有很多缺点。摆在我们面前的还有许多工作要做。

今后在近代现代史方面，我们将着重研究中国共产党领导中国革命和社会主义建设的历史；研究近百年来中国经济发展的历史，中国近代各阶级特别是工人阶级和资产阶级发生、发展的历史；研究近代和现代的思想，国内各少数民族的历史。同时，我们需要用很大的人力研究中国古代史，研究古代史各种专门史的问题和悬而未决的问题，作出科学的总结。对于亚洲史、世界史和苏联史也应更有计划地进行研究。考古学方面，将以我国古代史上各种专门问题为中心，结合国家规定经济建设中的各地基本建设工程，进行调查和发掘。对已发掘的大量资料将更快地进行整理、研究。

编写若干这种适用的教科书，也是我们今后的重要工作。一部好的教科书对培养干部和推进学术工作有很大的重要性。它需要用马克思列宁主义的观点把科学研究的成果条理化、系统化。我们正在提倡大家努力来做这个工作。

我们还准备整理、总结历史学和考古学已有的研究成果，为进一步研究打下基础。在这方面，首先将抓紧整理、研究出版近代我国有价值的学术著作，同时对收集和整理学术资料的工作也将加强。

宣传唯物主义、反对唯心主义是中国学术界的一个长期思想斗争。我国史学工作者今后还将更加积极地来参加这个斗争。现代的唯心主义思想，曾经在中国史学界长期地传播过。为了彻底清算唯心主义思想，今后将对近些年来出现在这门学科中的各种唯心主义思想有重点地进行批判，对于历史唯物主义同唯心主义的长期斗争所获得的成果，要做出基本总结，写出这一方面的专著。

中国史学界目前存在的各种学术争论问题，将继续展开充分的自由讨论。今年六月，中国科学院成立了四个学部，标志着我国科学事业发展的一个新阶段的开始。有六十一位科学家所组成的哲学社会科学部负责领导全国哲学社会科学的研究工作，这就将大大有助于中国的历史学和考古学的加速发展。

在我们国家走向社会主义建设的光明大道上，中国史学工作者的任务是很艰巨的。我们有着人民民主的优越制度，我们有着中国共产党的英明领导，我们还有苏联先进的科学榜样和各兄弟国家先进科学的成就以供我们学习。中国的史学工作者正满怀信心地在马克思列宁主义的旗帜下迈进。

关于中国近代史的范围、任务等问题

——在中共中央高级党校历史教研室近代史教学座谈会上讲话[①]

同志们都已对中国近代史作过一定的教学和研究工作，对经典著作和史料，相信都比我熟悉。大家知道，我有一个相当长的时间没能专门从事历史研究工作，对目前中国史的新著作也没能一一细读，情况颇隔膜。我的发言可能有错误，请同志们批评、指正。下面就几个问题谈谈。

一、中国近代史的范围问题

首先，我想可以提出这个问题来谈谈。一般对近代史划期，始自十七世纪，终于一九一七年，即始于资本主义开始在西欧胜利，终于俄国伟大十月社会主义革命的胜利；十月革命胜利以后，即划作世界史的现代时期、社会主义革命和社会主义、共产主义的历史时代。

从世界史的范围来说，西欧资本主义的胜利开始了世界资本主义历史的纪元，伟大十月社会主义革命的胜利，开始了社会主义共产主义世界的新纪元，也正如斯大林同志所说："十月革命的胜利是人类史中的根本转变，是世界资本主义历史命运中的根本转变，是世界无产阶级解放运动中的根本转变，是全

① 编者注：根据著者撰的发言要点手稿整理。题目为编者所拟。原稿未具时间，据中央党校马鸿模等同志回忆约在一九五六年十月左右。

世界被剥削群众地斗争方法和组织形式、风俗和传统、文化和思想体系中的根本转变”（十月革命的国际影响）。也就是说，它开辟了世界历史的新时代、新纪元。因而这是无问题的。但从个别国家来说，开始了无产阶级的革命或无产阶级领导的革命，只是开始了俄国这种革命的时代，是否能说开始了社会主义共产主义的历史时代呢？这是应该从决定社会性质的生产方式去加以研究的。革命在全国范围胜利以前，还不能说就开始了社会主义共产主义的时代。因此，中国史的近代史到何时终止，即现代史从何时开端，是还可以研究的。

因此，我们暂时同意目前一般的说法，从鸦片战争到五四前为近代史时期，同时提出上述的问题。

其次，中国没有经过资本主义的历史时代，从鸦片战争到现代史开幕以前，乃是一个半殖民地半封建社会形态的过渡时期。这种过渡时期应以何时为终点呢？从无产阶级领导的革命来说，则应为五四以前。若从社会经济的领导成分说，则社会主义经济成分在全国范围的领导作用，是从新民主主义革命取得全国范围的胜利时期开始的。

二、中国近代史的任务

中国近代史是一种断代史的性质，即属于中国通史的近代史阶段，即半殖民地半封建社会形态的过渡时期。因此，它属于通史的性质，不同于近代经济史、政治史、军事史、思想史等等专门史。

为着科学地分析近代中国的历史进程，阐明其发展规律，尽可能复现近代中国人民社会生活的真实面貌，必须从生产方式及与之相适应的上层建筑物等等全面的分析出发。

但是，在帝国主义支配下的近代中国社会经济成份，表现着一种极其错综复杂的变化过程的图画。毛泽东同志在《中国革命与中国共产党》等著作中已给了我们一个极其明确的科学分析，我们可以而且必须在此基础上去进行创造性的研究和发挥。

在各种社会经济成分中，资本主义经济成分中的各种成分是比较更加复杂和变化较多的。由于各种经济成份的比重的变化，而引起社会诸阶级、阶层间的关系和力量对比的变化，形成各个时期的阶级斗争的情况和政治形势，并反映为各阶级、阶层间思想斗争及各自的意识形态的具体表现。

在这里，在每个时期，作为指导中国人民解放战争斗争或反抗外国侵略的斗争，应重视每个时期有较正确的、进步的方针、主张和办法。如果当时已存在有较进步的主张和提出较正确的方针和办法而没有为负责当局所采纳，使斗争遭受失败，那他们就要担负更多更大的罪责。要重视普遍的、大量的东西，同时也要重视前进的、或进步、正确的东西。

其次，中国是多民族的国家。中国的历史是中国各民族人民的历史，近代史也不能例外。在近代中国，各族人民一同遭受了帝国主义、封建主义和官僚资本主义的奴役，共同进行了斗争。特别在共产党的领导下，共同为争取美好的前途，为现代中国社会的建设而斗争。因此，我们不只不应把近代史只写成为汉族人民的历史，要恢复近代中国各族人民的社会生活的真实面貌，避免陷入资产阶级大民族主义和狭隘民族主义的泥坑，那而且是违反历史事实和马克思主义原则的。

又次，中国是世界的一个部分，不能离开世界而单独存在。在近代，中国是殖民地半殖民地的地位，成为资本——帝国主义的大后方或尾闾。中国的问题和世界的问题都不是彼此孤立的，中国社会情况的变化和事变，与世界情况的变化和事变都有着相互的关联，互为条件，互为影响的；不仅后者对前者，而且是前者对后者常产生一定的决定性的作用。如俄国伟大十月社会主义革命的胜利。自十月革命以后，中国人民解放的命运便与苏联存在的命运分不开的。所以毛泽东同志说要站到苏联的一边，走俄国人的路。

三、我们对中国近代史的研究和教学怎样和经典著作相结合呢？

我们是要依据马克思恩格斯所创立、列宁斯大林所丰富的历史唯物论作为出发点和理论基础来研究中国近代史，也只有历史唯物主义才能科学地分析近代中国社会的发展过程，阐明其客观规律，把近代中国人民社会生活的真实面目尽可能复现出来。这是不消说的。

马克思主义的经典著作，都是历史唯物主义地研究社会生活，揭示社会发展规律，特别是解剖近代社会和指明建设现代社会的规律的典范。《资本论》对资本主义社会经济以及对过去人类社会基本规律和生活面貌。列宁的“帝国主义论”对于垄断时期的资本主义、斯大林的《苏联社会主义经济问题》对垂死的资本主义和社会主义建设。我们可以看到马恩列斯和毛泽东同志，我们的历史唯物主义的导师们对社会生活是如何科学地分析社会生活、揭示社会规律、指导人类实践。

其次，导师们对近代个别资本主义国家个别具体历史事变的著作，如马克思的《拿破仑第三政变记》、恩格斯的《德国农民战争》等，是马克思主义的近代史方面的经典著作，我们应以之为典范。

再次，经典家们对中国近代史方面经典著作，如马恩论中国，列、斯论中国，阐明中国近代史的论文或论旨，尤其是毛泽东同志的著作，是我们所依据的科学结论和指针。

四、关于史料问题

我们研究历史，近代史自然也是一样，光是掌握了正确的方法，懂得历史发展的规律，还只解决了理论和方法问题，还不能复现社会生活的具体面貌即历史的具体性和具体的历史。因此，必须正确地掌握和处理史料。

关于史料，第一，主要史料和传说资料。主要史料是依以说明历史的情况，传说资料只是作为帮助说明的资料，如神话传说类。主要史料，一方面必须是真实可靠、第一手的；一方面必须是较全面，即能说明历史的具体情况和规律，而不是片面的。所以它要力避以片面当全面，以次要当主要，更要反对以假易真和粗糙讹传。第二，考证和审核史料的工作是必要的。这门学问叫作考据学。但我们的所谓考据学，是历史唯物论基础上的考据学，其任务在为马克思主义历史学担负考据史料的工作，或者说解决史料问题，而不是实验主义所谓考据学，为考据而考据等等。但这门学问，目前流行的基本上还是旧的。马克思主义的考据工作才开始有一些端绪。

五、关于同志们对目前中国近代史一些著作的意见

我因病近两年对中国近代史的一些著作大都没看过或没有仔细看过。如同志们所说，有些著作是存在一些问题的。如某某书店出版的一部《中国近代简史》，其中包含的机械论观点是相当严重的。如对近代中国资本主义经济的产生和某些时期的某些发展，一一都归结于外因，而没有从中国社会存在的基础上，从革命前途的作用上去分析和说明。对这些著作中的错误观点，原则上是应该加以系统的批评。这主要是为着保卫马克思主义、为着解决中国近代史问题来进行。如果不是有意在散布毒素，也是应帮助其改正错误，提高认识。但第一我认为我们高级党校对问题的发言应采取慎重的态度，必须在意见较成熟，而又能有益于问题的解决时才提出去。第二必须诚意虚心，我们现在认为有些著作的某些见解是错误的，也许人家并没有错而是我们自已的认识错了。第三除去反革命分子外，我们应该以同志的相互帮助和解决问题的立场出发，要力避成见、找岔子或互相批评。

在我们还没有成熟的意见以前，对一切主观上试图应用马克思主义的中国近代史著作，在我们的教学和研究工作中，都应该抛弃错误的东西，吸取其所有长处和优点，哪怕是只有微小的一点可取之处。

六、如何解决目前教学提纲的问题

马上写一个新的提纲，我认为是费力不讨好的，甚至是有困难的。

胡绳同志曾经撰写的教学提纲，我大致看了一下。我认为目前仍可以用它作为基础。在这个基础上，根据这两年研究的新成果和提出的新意见，或者加

以研究和补充修改，并可以和胡绳同志商量。在这样的基础上，我们可以稳步地去从事编写新的教学提纲的准备工作。这样既不耽搁教学工作，也不改变对新提纲的编写意图。我以为这也就是教学与研究相结合的一种具体方法。

必须有一个史学战线上的大跃进

目前在全国范围各个战线上展开的社会主义生产大跃进，正是我国劳动人民以极大的革命干劲，来创造历史的一个无比宏伟的生动场面。这一一均将载入辉煌的史册，我们的后代将会以何等仰慕和感激的心情来叙述、阅读和歌颂这段辉煌的历史。

历史科学战线是文教科学战线的一个方面，在这个战线上同样必须有一个大跃进。在大跃进中，历史研究和教学工作者，必须鼓足革命干劲、力争上游：努力提高马克思主义的历史研究和教学的水平，对一切反马克思主义假马克思主义的历史观点进行无情的揭发和批判，使它在群众面前无所遁形；通过具体历史，提高工人阶级国际主义和爱国主义相结合的研究和教学质量，生动地具体地将历史发展的客观规律、生产大跃进的客观规律去教育人民，把党的正确领导所反映的客观规律去教育人民，把工人阶级领导人民革命的艰苦传统、光荣伟大正确的传统去教育人民等等，去鼓舞革命干劲；历史研究和教学工作者自身，必须使脑力劳动与体力劳动相结合，必须置身于群众的队伍中去进行锻炼，从根本上解决红与专的问题。

（原载《历史教学》一九五八年四月号）

关于《文成公主》

最近，北京演出了田汉同志的话剧“文成公主”，和北方昆曲剧院在许宝驹先生遗作的基础上集体整理的昆曲“文成公主”。这两出戏都以汉藏两族人民中流传的历史佳话——文成公主和吐蕃赞普松赞干布的婚姻为题材，表现出早在一千三百多年以前，就奠定了汉藏两族人民间的血肉相连的关系；反映出西藏到元朝正式成为中国领土的一个组成部分，是经历了一个长期历史发展过程的，是符合汉藏人民的共同利益和愿望的。这两出戏的演出，不仅使我们回顾汉藏两族人民和好团结的历史渊源，尤其使我们更进一步认识应当如何珍视今日社会主义民族大家庭中民族团结与祖国统一。

田汉同志的话剧“文成公主”已有好几位同志作过详细的介绍，我不再多说了。因此，我只就昆曲“文成公主”来谈一点个人感想。我认为昆曲“文成公主”基本上反映出历史的真实，也作了必要的艺术夸张，是具有一定的思想性和艺术性的水平的，并体现了戏剧为无产阶级政治服务的方针的，因而是比较成功的一出历史剧。

首先就作为这出戏的历史背景来说：唐太宗在我国历史上，是一个比较特出的封建皇帝。创建唐朝的统一局面，奠定秦汉以来的祖国版图，唐朝经济文化发展成为其时人类最先进的经济文化，密切了汉藏和其时国内其他各族间经济文化的联系，增强中外（中国与亚洲各邻邦间、中国和欧洲间）的经济往来和文化交流等等，他都是起过作用。就国内民族关系来说，当时在唐帝国内，若干部族和部落，自秦汉以来即在中国疆域之内，如东北的靺鞨、室韦、奚、契丹等，北方和西北的东西突厥、吐谷浑等，即今东北以迄新疆、青海境内各族，南方的南诏等等，但都是在一种比较更不稳定的情况下；到唐初，情况有了进一步的稳定，所以唐朝曾在若干地区，按内地建制区划州县。史书记载，吐蕃的前身曾是南北朝的秃髪，以至更早的羌。如果是这样，它与汉族及其他兄弟民族的关系也是很早的。但由于唐蕃的辽远和亲，却重新奠定和密切了唐蕃间的经济文化的联系，并建立起政治上的隶属关系。

唐初从太宗起，处理其时国内各部族、部族关系的基本方针，是所谓“弱者德以怀之，强者力以制之”，以其时最先进的封建经济和文化为基础，配合强大的军事力量，号令和他直接发生关系的各部族部落，彼此敦睦和好，息止兵战，服从唐廷的约束，否则便使用兵力去威服。这种政策是有着两重性的，从其进步性的一面来说，客观上是符合当时各民族人民的利益的。例如唐太宗对那些依附唐朝的部族和部落，都给予安居乐业的保障，甚至把那些流亡的没有归宿地方的部落，安置于先进的汉族地区居住和进行生产；把先进的汉族的生产技术经验和文化，广泛传播给国内各族以至国外；在经济和文化的交流上，一面以较高价值的大量绸缎、布帛、金属器具、粮食种子等输给各部族和部落，吸收各部族和部落的为值较小的马匹、皮毛、药物、宝石、奇禽异兽等土产。这样使远远落后的各族的经济、文化与先进的汉族经济、文化联系起来，建成了日益密切的不可分割的联系。其次，唐太宗不仅使各族与唐廷建立和好的、密切的关系，并从各方面去阻止和调处各部族、部落相互间的侵掠和争夺。因此，在一个相当长时期内，保持了各部族、部落间的和好关系，阻止了彼此间的武装冲突，如唐蕃和亲阻止了吐蕃奴隶主集团对新疆、青海境内各部族部落的武装侵掠，也保障了欧亚丝道的畅通。

这在客观上都是符合当时各族人民利益的，对社会发展起了推动作用，对我们伟大祖国的民族大家庭的形成，也是起了奠基作用的。

唐初在处理民族关系的办法上，联姻是其中的一个方式；当时唐廷和国内许多民族成立着通婚关系，公主宗女出嫁与他族，和他族女子选入后宫。在唐廷的统治集团内的不少重要人物都出身于其他部族和部落，国家职事人员几乎包含有国内所有各族的成分；唐太宗的母亲独孤太后和皇后长孙氏也都是鲜卑人。唐朝的首都长安，不只居民中包含有各种民族成分，而且聚集了来自国内外各民族各国家的使者、商人与留学生等等。长安成为各族人民学习文化和生产技术的中心，也是经济交往、文化交流的中心。所以李世民自称对国内各民族是采取一视同仁的政策的。

在唐蕃和亲前，除吐蕃外，唐廷与国内各族及四邻间已建立了较正常的关系。而且当时集居在青海境内唐的属领吐谷浑，常受到吐蕃的侵掠。因此唐廷乃遣回原先留住在隋朝的吐谷浑王子慕容顺，立为可汗，慕容顺在吐谷浑上层集团相互间争权夺利的冲突中被杀，唐太宗乃于公元六三四年派李靖、侯君集、李道宗等率兵平定叛乱，立他的儿子慕容诺曷钵为可汗，并封为河源郡王。慕容诺曷钵到长安朝见，太宗又妻以宗女弘化公主。自此吐谷浑就成为拱卫唐朝西陲的屏蕃。

这时吐蕃刚完成了奴隶制度的改革，奴主贵族不断武装侵袭青海、新疆一带，掠夺人口、牲畜和财物。这不只其时青海、新疆境内各族人民的利益、生命财产受到危害，也使吐蕃人民受到损害，同时也阻碍了欧亚丝道的交通。由长安经东西突厥通往中亚、欧洲的欧亚丝道，是唐朝和中亚及欧洲各地方、各国家间经济往来和文化交流的交通要道，它把中亚和欧洲与其时最先进的唐朝经济文化直接联系起来，是有利于人类发展的。因此，吐蕃对欧亚丝道的阻碍，不仅损害了唐朝的统治和威信，也是不符合欧亚各族人民的共同利益的。

吐蕃当时的主要生产是牲畜，经济、文化都是比较落后的。而当时与唐建立了密切联系的各部族和部落，都由汉族的先进生产技术、生产经验和文化的传入，促进了自己的发展。这是摆到松赞干布及其左右面前的一种情况。同时，由于吐谷浑与唐廷建立和亲的关系，并得到唐廷的经济、军事等各方面的支持，吐蕃在军事掠夺上也受到了抑制，这是摆到松赞干布及其左右面前的又一种情况。因此，从吐蕃本身的利益出发，便有与唐朝建立和好关系的必要。贞观十二年（公元六三八年）吐蕃赞普松赞干布遣使向唐求亲，正是从这个基础上出发的。松赞干布虽是奴隶所有者集团的首领，但他是为首完成了吐蕃的奴隶制改革的。所以他是一个带有革命性的、进步性的人物。因而能够设想和提出通过联姻来建立唐蕃和好，接受当时人类最先进的唐朝经济、文化，以促成吐蕃的发展。松赞干布的求婚，也正符合唐太宗安定西陲、保障欧亚丝道的要求的。贞观十五年（公元六四一年）唐太宗于再三地考验了松赞干布的诚意后，便允许以文成公主远嫁。从此唐与吐蕃在经济、文化上开始了日益密切的联系，政治上也初步确立了隶属关系，建立了唐蕃人民和好相处的关系，也平息了吐蕃和其时青海、新疆境内各族间的军事冲突。这是有利于西藏的社会发展，也是有利于各族人民间的经济来往和文化交流，因而是有利于历史的发展的。

剧本选择了文成公主远嫁吐蕃的历史事件，通过形象化的艺术表演，反映出汉藏两族团结和好关系的建立与发展，和我国民族大家庭形成的历史过程，表现出历史人物唐太宗、松赞干布、文成公主、尤其是汉藏两族人民对民族和好的愿望与所作的斗争。这样的选材是符合历史真实的、恰当的，对加强祖国统一和民族团结来说，是有现实意义的。

剧本不是把这次唐蕃联姻，当作一个偶然性的事件来处理，一开始就突出唐太宗允许松赞干布的请婚，同时，并突出了唐太宗教诲文成公主要辅助赞普，造福百姓，加强唐蕃和好关系，促进吐蕃与其他各族的和好关系等等。这样就突出地表现出唐蕃和亲的政治意义，文成公主远嫁吐蕃的意义，表现了剧本的思想性。

剧本描写唐蕃联烟，不仅是写唐蕃关系，而又描写了唐廷对吐蕃与其他民族间关系的处理，表现了唐与吐蕃间的关系的建立与发展，也表现了吐蕃与其他民族间（剧本突出了吐谷浑）关系的建立与发展。以处理唐蕃间的关系为主流，在此基础上又适当地处理了吐蕃与他族之间的关系。在松赞干布到河源亲迎一场，李道宗举杯为松赞干布与慕容诺曷钵祝贺道：“往日干戈相见，今日兄弟相联”，谆嘱他们体念唐天子的心愿，从此“化干戈为玉帛，永结和好，造福百姓”。在描写反对派阴谋破坏和亲所进行的挑拨离间，企图挑起战争；松赞干布和文成公主揭发了破坏者的阴谋奸计，吐蕃与吐谷浑共同平定了叛乱，达到了唐蕃和好以及吐蕃与吐谷浑各族间的和好；这反映了一种较复杂的矛盾关系的历史过程，也加强了这出戏的戏剧性。

唐蕃联姻，这是有利于汉藏民族和好的好事。当时在唐廷与吐蕃内部都有赞成与反对的两派。在唐廷，唐太宗和魏征、李道宗等人，是坚决主张通过联姻与经济文化的联系，去建立和巩固两族间的和好关系，以中原文化去帮助吐蕃发展和进步，并从而安定西陲、保障亚欧交通；领兵镇守青海、川边一带的侯君集等，则固执军事方针，反对和亲。在吐蕃，松赞干布等是坚决主张唐蕃通过联姻，来迎接和学习中原文化；剧中的俄梅勒赞则害怕唐朝先进生产技术经验和文化的输入，会动摇吐蕃社会秩序，便极力反对和破坏。剧本描写了在和亲同题上和好与反对、进步与保守的两派的矛盾与斗争，而且这不只表现出在求婚与允婚的进程中，也表现在成婚以后，都贯穿着这种矛盾和斗争。这出戏，把这种反映历史真实的矛盾，以生动的具体形象表现出来，引导人们去体会：民族间的团结、和好是经过长期的曲折、艰苦的斗争过程的，不是轻易得来的，因而就必须千方百计地去加以珍惜、维护和促进。

关于文成公主的事迹，在历史上的记载虽然不多，但新旧唐书对她的记载和其他有关记载，是能够反映出历史的真象的：尤其在西藏人民中，一直流传到今日的关于她的优美动人的故事，歌颂她帮助松赞干布开发西藏和对汉藏和好上所起的作用，等等，几乎是有口皆碑的，如寺庙中保存的壁画和人民中流传着多种粮种、工具、工艺技术，以及通过文成公主带动汉族人民如何把这种东西送进西藏和传给西藏人民，等等，这都是极其丰富而珍贵的史料，时间已过去了一千三百多年，文成公主在藏族人民中间仍然是一个家喻户晓的人物，这就绝非偶然；为人民做过好事，对历史有过贡献的人，是不会被人民忘记的。

文成公主是一个能文能武、有政治识见的青年女子。她体会了唐太宗的意旨，毅然远嫁吐蕃，在当时并不是容易的。随着她的入藏，中原的先进生产技术、经验、文化，农业工艺技术人员和文人学者等等，都不断传入吐蕃，这对于促进西藏社会的发展，加强唐蕃人民间经济、文化的交流和不朽友谊，起了何等重大的作用！由于她和松赞干布的联姻，建立并密切了唐蕃间的关系，并曾实现了唐蕃以及吐蕃与西北各民族间一个较长期间的和平局面，这是符合各族人民的利益和要求的。入藏以后，她和松赞干布夫妇间鱼水相谐，也不是偶然的，而是由于他们政治上的意愿的一致性，而是由唐太宗和松赞干布所表达出来的唐蕃关系的历史发展的反映。文成公主的才智和毅力，对于松赞干布治理吐蕃所起的助手作用，也是不可磨灭的。

在叫她远嫁吐蕃的时候，唐太宗表示给予她一份异常珍贵的妆奁，即随她入藏的各种各样的粮种、蚕种、生产技术及日用品、文化品等等，如随她一同前去的大批农业和手工业者、技术员工、文人学者等等，教她帮助赞普把吐蕃开发得同中原一样，她立即转忧为喜，欣然同意。这以后，吐蕃不只从唐朝不断获得金属、布帛等各种先进产品，学习了唐朝的城郭、宫室等进步的建筑术，“遣……子弟”到长安“入国学”，请去内地文人，“典其表疏”，而又不断由唐廷得到蚕种、造酒、碾槤、纸墨等样品和技术人员，去开创和传授这种先进的生产技术。从此吐蕃便与内地建立起经济文化上的不可分割的密切关系。在这里，应该提到相继从唐入蕃的各种技术员工和文人学者及其他劳动人民对促进吐蕃历史发展所作出的贡献是实际而又巨大的。离开他们，唐太宗、李道宗、松赞干布、文成公主等人是不能有所作为的。而他们的血液又都已溶合在藏族的血液里面。因此当我们追溯汉藏两族不可分割的兄弟之谊的建立和发展的历史时，是不能忘记这些无名英雄的功绩的。随文成公主的入藏，打开了内地生产资料、生活资料等等的源源不断输入西藏的大道，也打开了吐蕃的皮毛、马匹、麝香、红花等等不断输入内地的大道，这是有利于两族人民的共同发展的要求的。

昆曲“文成公主”以较大的篇幅来着重描绘文成公主入藏以后的政治生活；描绘了由于她的入藏把中原文化传播到吐蕃，对唐蕃文化的交流，特别是对促进吐蕃经济和文化发展所起的作用；同时也描绘了她确实遵循唐太宗的意旨，辅助赞普，弭战息兵，和睦邻封，带给藏族人民和促进了有关各族人民一段较长期的和平生活。这一切都是对社会发展起了促进作用的，是符合人民利益与愿望的，也正是文成公主入藏的意义所在，和藏族人民对文成公主久念不忘的原因。对于这一段生活的着重描绘，说明了剧本对题材的处理是适当的，并加强了剧本的思想性。

剧本形象地描绘了文成公主入藏带去了“妆奁千种、农艺百工”、“经典诗书、稻谷粱秫、蚕茧绘繻、纸墨筵竽”、“粮食种子三千八百种、技艺工匠五千五百名”等等。在她入藏之后，藏族人民学会了耕种、纺织、饲蚕……妇女们穿上红罗裳。李道宗奉命再次入藏探望文成公主，又带去大量五谷、碾磨、农医、书籍等物。这样的描写，反映出先进的唐朝文化的传入吐蕃，和对吐蕃人民生活所起的进步影响作用，是深刻的、久远的。同时也描写出西藏红花等物不断运到长安，虽然着墨不多，也是意义深长的，这反映了唐蕃在经济文化上的相互交流的关系。这也是符合历史真实的。两个民族之间的和好和经济文化的交往，决不会只是单方面的输送，它必然是彼此间相互交流，相互影响。虽然唐朝当时在政治、经济、文化上都是最先进的，但是唐朝的文明是在中国长期以来历史发展的基础上，在唐初国内和平的环境下，各族劳动人民共同创造出来的。当然，唐初的一些至少在客观上起了进步作用的政策，也是起了一定作用的。这样的描写，也可以说，反映出了唐朝的文明，是各族劳动人民所创造，是各族文化的融汇与总和。这样就可以深入的反映出历史的本质。

剧本也写到了唐蕃人民之间亲密无间的兄弟之谊，随文成公主入藏的农艺百工等技术员工和藏族人民，共同劳动、共同生活，彼此之间完全忘记了民族差别，建立起兄弟的情谊。这是很重要的，它并且在汉藏两族人民的传统中保存着和不断发展着。这也符合于历史的客观过程的。这样写，也增强剧本的思想性。

在“远行”和“辨奸”两场中，刻划了文成公主所起的作用。“远行”，在剧本创作、表演、音乐等各方面都很不差；似乎吸取了传统剧目“出塞”的表现方法，又有所创造。剧本交代了文成公主去吐蕃的一路上所遇到的艰难险阻，和她千里跋涉、坚韧无畏的情景，是发挥了戏曲艺术的特点的，把写情与写景揉合在一起，突出刻划出文成公主的胸怀与心情。

“辨奸”一场，似是这出戏的高潮，戏剧性较强，大论俄梅勒赞派人以吐谷浑的毒剑行刺文成公主，企图借此挑起吐谷浑与吐蕃的武装冲突，以达到挑起唐廷出兵破坏和亲的目的；随又设计趁松赞干布出征时，图篡吐蕃王位；松赞干布觉察出群臣中必藏有内奸，接受了文成公主所设的摸钟之计去分辨忠奸，扭出奸臣，揭露出俄梅勒赞的阴谋，清除了阻挠和破坏和好的障碍。这表现出松赞干布的年少英明，文成公主的机智多谋和她在辅佐赞普治理吐蕃，加强各民族间的友好方面所起的作用。

总的说来，戏中人物的塑造，是紧紧结合历史背景，掌握了这些人物的具体情况、性格和思想感情的。如对剧中的主要人物文成公主的刻划，基本上是成功的，塑造出一个有政治抱负、性格坚强、能文能武的青年女子的形象；而且描绘比较有层次。在“送别”一场写她留恋长安，留恋家乡，“骨肉情难舍，父女爱难抛”。文成公主远嫁吐蕃时，不到二十岁。一个深宫少女，一旦抛别亲人、千里远嫁，流露出这样的感情是很自然的。这样的描写并没有削弱人物，或降低这出戏的政治性，而是合乎情况的。在“远行”一场写出她的乡思，也写出她对去至吐蕃后辅佐赞普，造福黎民的雄心壮志。当和亲的反对派在中途渡河时恐吓她：“适才山路，公主有堕马之惊，如今渡河，怕有复舟之险，公主你要拿定主意！”企图威胁她中途折回长安。但她说：“你说那里话来，想我万里远行，纵有艰难险阻，何足惧哉！与我强渡此河！”在这样的关头表现出她的坚强性格。进入吐蕃后，直接参加复杂的政治生活与斗争，受到了锻炼，在“辨奸”、“平叛”等场中，表现出她的在政治上的才智。这样一步步有过程地发展这个人物，把文成公主的思想性格，刻划得比较真实，在舞台上呈现出生命力。

松赞干布，是一个对社会改革起过进步作用的、有政治远见的、精明干练的部族首领。剧中对这个人物的刻划也是合乎历史实际的，符合戏剧要求的。在“奸阻”一场，描写他严厉驳斥了俄梅勒赞等反对派的阻难。断然去河源迎亲。在“辨奸”一场，描写他识别出群臣中有内奸。剧本在塑造这个人物时，也能表现出他的性格和思想，并突出地刻划了他的英武明达。此外，对唐太宗、李道宗等人物的刻划也是反映了历史的实际情况的。

最后以文成公主插柳的场面来结束全剧。西藏民间，流传着许多关于“唐柳”的传说。至今相传拉萨大昭寺前有一棵柳树是文成公主亲手种植的；并带着不少神话式的传说，如说那袅袅的柳丝就是文成公主的头发等等。这说明了西藏人民对文成公主的怀念与敬仰。这棵杨柳树，多年来象征了汉藏两族久远以来的和好关系，象征了汉藏两族的文化交流，象征了祖国民族大家庭中各民族间的和平、团结、友爱。因此，用插柳来结束全剧，这样的写法，不仅适于昆曲载歌载舞的艺术形式来表现，而且使剧作的意境优美、寓意深远。

应该提到演员同志们在表演上，也都是很认真负责的、成功的。这出戏是许宝驹先生的遗作，北方昆曲院同志们集体整理的。在创作方法上是贯彻了群众路线，遵循多快好省方针的。在创作、排演过程中，曾经广泛地吸收各方面的专家、导演、演员和观众的意见，反复修改，一再加工，使这个戏日臻完美。这是一个非常好的创作方法，也是创作成功的主要原因。北方昆曲剧院这种做法也是应该肯定的。

昆曲是一个古老的剧种，是一种比较成熟的艺术形式。正因为如此，也就有了一定的局限性；它虽然也经历过不断的改变，不断吸取了民间的新血液，但近百年来，却改变较少，而呈现了停滞不前的状态。给这个剧种重新注入新的血液，使它能适应今天我们时代的需要，发挥为工农兵服务的作用，则是一件很有意义的工作。此次北方昆曲剧院演出的“文成公主”，既在一定程度上保持昆曲原有的风格，又突破了传统的艺术规格。在剧本、音乐、舞台美术等方面都有所革新。这样的做法，我认为是正确的。我对戏剧的修养是不多的，但我认为所有的艺术形式，包括连同昆曲在内的所有剧种，从来都是在不断的发展与演变的过程中，都不是一成不变的；到了社会主义革命与建设的新时代，在革命的现实主义与革命的浪漫主义相结合的创作方法指导下，更应该适应时代的要求，有所革新，那就是必须在毛泽东思想的基础上不断跃进，必须使艺术本身能够更完美地为工农兵服务，为社会主义革命和社会主义建设服务。这样才能为观众喜见乐闻，完成革命文艺工作者的光荣使命。

（秦瑾、凝华记录）

（原载《北方戏剧》一九六〇年六月号）

在百家争鸣的方针下，大力开展创造性的历史科学研究工作

我想就历史科学方面发表点不成熟的意见。

解放十一年来，我国历史科学研究工作，在党的正确领导和亲切的关怀下，在通史、断代史、哲学史、文学史、民族史、地方史的编著和专题研究、资料整理等等方面，都有了很大的成绩。尤其可喜的是新生的历史科学研究力量已开始成长起来，不少旧的历史研究工作者，也改变了或正在改变旧的立场、观点和方法，已能运用或愿意运用马克思列宁主义的理论武器来进行研究；集体研究的方式和方法，也已摸索到一些经验，显示了党的百花齐放、百家争鸣方针和群众路线的巨大作用。但这并不是说，不存在着缺点和不够的地方。就我所感到的来说，这主要表现在下述三个方面：一、我们的历史科学，是以马克思列宁主义为理论基础的，但我们在历史研究的实际工作中，有些同志往往满足于对经典著作的文句引用，而不是去掌握经典著作的精神实质，不是从毛泽东同志给历史唯物主义作出的创造性发展的系统的基础上去进行研究。这是最基本的。二、在我们的历史科学研究领域中，资产阶级史学观点、修正主义观点还没有清除，还没有一一都得到及时的深入的批判。三、不少人，包括我自已在内，用马克思列宁主义的观点、方法去处理资料的工作，还做得较差，不只表现在全面性的史料占有上，更重要的还表现在选择和取材上，仍有烦琐考据的倾向或残余。自然，比起成绩来，这不过是一个指头的问题。

在我国，发展历史科学的创造性的研究，对马克思列宁主义的历史科学作出创造性的贡献，从而丰富历史唯物主义，是有着极其有利的条件的。首先，我国是富有革命传统的国家，尤其是四十年来，在党和毛泽东同志领导下的人

民主革命、社会主义革命和建设，具有极其丰富的经验。领导革命不断获得胜利的毛泽东思想和党的正确路线所指明的道路，就是一部活的创造性的历史唯物主义教科书。二、我国是一个有悠久历史的国家（从进入国家时代起已近四千年，从原始公社起有五十万年左右），典籍文物和地下遗存极为丰富，并有极丰富的历史著述的传统；而又从早期以来就是一个多民族的大国，在社会主义改造完成以前，各民族、各部落间交错并存着各种不同的生产方式。三、我国和亚洲、非洲、拉丁美洲各国家各民族，大都有着长期的友好往来的历史；在资本帝国主义时代，又遭遇着共同的命运。我国人民民主革命的伟大胜利和社会主义革命和建设已经取得的巨大成就，给了他们以巨大、深刻的影响。鸦片战争后的一百零九年间，我国沦为殖民地半殖民地状态是一件大坏事；但它给了我国人民以不少较实际的世界知识，尤其对帝国主义的本性有了亲身的感受和认识，这又是一件好事。四、我国马克思主义史学战线，有较长期的光荣斗争传统，一开始就是在党的领导下和围绕党在每个时期的政治任务进行斗争的。为捍卫革命和马克思主义，一开始就是和地主资产阶级的史学流派、伪马克思主义的托洛茨基派和“新生命”派（包括“食货”派）等流派进行了坚决的斗争，在极端艰险的条件下，战胜了敌对流派，壮大了自己。五、社会主义制度的优越性，三面红旗的光辉照耀，为科学研究工作展开了极广阔的道路；党的领导和关怀是战胜一切困难的保证。六、有各兄弟国家学者和其他国家的进步学者在历史科学方面的优秀研究成果可以吸取。此外，还有其他有利条件。

在毛泽东思想指导下，充分利用和发挥有利条件的作用，对我们祖国的历史，尤其是近代现代史，从各方面去进行科学的总结，阐明其客观的规律性，首先是人民民主革命及其转变到社会主义革命和建设的内在逻辑和客观规律；对社会主义各兄弟国家史，亚洲、非洲、拉丁美洲各国史，帝国主义各国史，尤其是各国的近代现代史，进行具体、深入的科学研究，就不只能使我们扩大已有的成果，改变薄弱的环节，获取创造性的成果和丰富历史唯物主义，而且对国际共产主义运动的战略和策略，各国人民的革命斗争、民族解放斗争的战略和策略，提供历史的科学论证。这样，就能不断扩大和提高我们历史科学的研究成果，通过具体的历史事实和经验，来进一步阐明马克思主义的历史唯物主义所表述的客观规律，阐发毛泽东同志关于社会发展的各个学说来提高人民群众的认识水平和斗争信心，有力地批判和清除资产阶级历史学的各种错误观点和邪说。

因此，历史科学研究战线的任务，是光荣、严肃而又艰巨的。为了更好地完成这样的任务，历史科学研究工作必须通过群众路线，发挥集体力量，树立高度的革命性和科学性相结合的学风，不断提高和壮大我们自己的队伍。以往几年的经验证明，和其他学科一样，百花齐放、百家争鸣的方针是发展历史科学的正确方针。几年来，各研究机关、学校、编辑出版部门等，在编著和编审通史、史学史、哲学史、文学史及其他专门史等的过程中，大都通过百家争鸣，解决了集体著述和编审中的若干问题，发挥了群众性的集体力量，提高了书的质量，还初步摸到集体研究的一些规律和方法。对那些存在着争论的学术问题，通过百家争鸣，不只提高了大家的认识，而且促使了彼此见解的接近以至达到一致。如不久以前，《新建设》编辑部召开的以“关于中国历史上农民战争的性质、作用和特点问题”的座谈会，《哲学研究》编辑部召开的以“哲学史上唯心主义与唯物主义的对立统一问题”为主题的座谈会，中国戏剧家协会召开的以话剧《甲午海战》为主题的座谈会，等等，都是百家争鸣的一种形式，我认为效果都不差，不只大家都心情舒畅，畅所欲言，鸣出不同意见，还都在报纸或杂志上发表，供那些没有参加座谈会的人参考。

在人民内部，由于认识和认识水平的不同，不同学派、不同意见的存在是合乎客观规律的。我认为，到将来的共产主义社会，仍将有不同学派、不同意见的存在，不过那将完全不存在阶级的性质，而成为一种完全不同于阶级社会的社会性质的东西。在我国马克思列宁主义历史科学战线的内部，自始就存在大同小异、小同大异的各种不同意见，特别表现在古代史的分期等问题上，争鸣了几十年，至今还没有完全达到一致，有些问题可能留到下一辈或下几辈去解决。实践证明，在学术问题上，对于学术见解的是非，采取慎重的态度，提倡自由讨论，不轻率地下结论，不仅有利于彼此的提高，同时也锻炼我们能够更好地去判断正确的东西和错误的东西，并且通过对错误的思想和观点的斗争，不断促进马克思列宁主义历史科学的发展。

因此，我以为：

一、不同学派、不同意见的存在，是合乎客观规律的，因而其相互间的斗争或争论不只是不可避免的，而且是必要的。马克思列宁主义历史科学，不只是在和敌对流派的斗争中，而且是在自己阵营内的不同学派、不同意见的斗争中成长、壮大、发展起来的。人民内部不同学派、不同意见，马克思列宁主义阵营内部不同学派、不同意见，都应该广泛地展开争论和讨论，真理愈辩愈明，问题愈辩愈深透；对于一些资产阶级的史学观点，通过争鸣能得到最有效的批判和改正。

二、在集体研究和著述中，由于组成集体的各成员间，不可避免的会存在着彼此意见的分歧或对某些问题看法的不一致，这是一个矛盾；在集体作用和个人作用的结合上，也是存在着矛盾的。经验证明，通过争鸣就可逐步解决这类矛盾，使大家在论点上或至少在编著上达到一致，体系上构成严密的逻辑，体例上得到贯通。

三、迷信资产阶级“权威”，资产阶级的宗派门户之见，是妨害学术发展的。只有通过群众性的争鸣，才能辨明是非，破除宗派思想。像“一本书”主义之类的肮脏的东西，通过群众性的争鸣，便能使它无所遁形。

四、书籍和论文，通过群众性的集体评论，能最有效地发现缺点、错误和提高质量，减少以至消灭它对读者的有害影响。

五、在进一步开展百家争鸣中，我以为要重视新生力量。青年人勇于上进，敢想敢说，容易接受正确的意见，放弃自己不正确的意见。所以，我一向主张，把那些用马克思列宁主义或试图用马克思列宁主义去进行研究的历史著作——书和论文，交给大学历史系的高年级学生和青年专家，通过争鸣的方式去进行集体检查和评论。这样就不只使著者能不断得到提高，不致抱残守缺，把自己闭塞起来，而赶不上时代对我们的要求；同时还可以大大开展百家争鸣，发挥集体力量，活跃学术空气，把历史科学研究大大往前推进。

六、在争鸣中，有批评，又应该有自我批评和反批评。因此，要求被批评者能虚心听取旁人的意见，勇于接受正确的意见，如有不同的见解，也应该无保留地发表出来；如不同意对方的批评，也完全可以说道理，摆论据，坚持自己的论点。也要求批评者，尤其是青年人，要采取实事求是的、严肃认真的、虚心的态度，既要帮助旁人，也要从中学得东西和提高自己。总之，在争鸣中，无论是批评者，或被批评者，都能做到心情舒畅，畅所欲言，一切要从发展和提高马克思列宁主义的历史科学水平出发。

（原载一九六〇年十二月二十四日《光明日报》，
并刊《新建设》一九六一年第一期）

以史为鉴，古为今用[①]

齐燕铭、吴晗、田汉同志已经提了许多很好的意见，我都同意。这个戏的头一场，我去晚了没有看到。这出戏，我看，首先应肯定基本上是成功的，是写得好的，有一定的思想水平和艺术水平，符合和体现了党的文艺的方针。这出戏反映了历史的真实，并在古为今用的方针上，对史料作了适当剪裁，这就是革命现实主义，同时也有一定的戏剧夸张，那就是同革命浪漫主义的结合，也就是说，有理想主义。关于理想主义，我觉得本剧的最后一场，倒不一定就是写人民群众胜利了，不如把坏蛋收拾作结场，表示人民的愿望和历史的趋向。（田汉插言：主要是写人民群众表示战斗的决心。）这个故事的结尾本来是不好处理的，戏开场时，我就担心怎么结束的问题。后来看到戏是这样结束，个人觉得颇为满意。这是革命浪漫主义的，理想主义的。内奸和奸细嘛，群众可以抓住他们处理他们。因此说这个剧基本上应肯定。我现在讲一讲当时的形势和这个戏处理的矛盾。

我们编剧同志是把戏的基本矛盾放在国内方面，即封建统治阶级里的守旧的、妥协投降的是一边，人民群众、下级官兵，连某些有进步倾向的官吏在内是一边。有进步倾向的官吏指清廷清军中的主战派如翁同龢、丁汝昌等。当时，世界资本主义已进入帝国主义时代，帝国主义的市场再分割已把世界分割完毕，这是总的世界形势。在中国，距鸦片战争已有四十多年，中国已有资本主义经济、资本主义生产。所以，翁同龢等人虽不能说是代表资本主义的要

① 编者注：本文系著者于一九六〇年十月十八日在中国戏剧家协会主持召开的话剧《甲午海战》座谈会上的讲话，发表于《戏剧报》一九六〇年十月三十日，第十九、二十期。

求，但在某些方面代表了新生的资产阶级的一些利益和要求的倾向。我这样估价，黎澍同志，你看对不对？如果不对，请指正。除翁、丁外，邓世昌、林永升那些人都是到英国留学过的，受过外国资产阶级的一些影响，又生长在广东、福建一带。（田汉：邓世昌是严复的同学。）您这一说，就支持了这个论点。刚才有同志介绍，您对这段历史是作过专门研究的，我早就了解。剧的主要矛盾放在这方面，我看抓得对。剧本还处理了一个基本矛盾，即帝国主义对中国的侵略和中国人民的反帝斗争。日本帝国主义在美、英等帝国主义的协助下，武装侵略中国，并且已经打进来了，它与中国民族的矛盾在这时就不能不突出起来。剧本也试图处理这样一个矛盾。当然，在当时的历史情况中，也还包含其他一系列的矛盾，象帝国主义之间的矛盾，投降、妥协派内部的矛盾，等等。剧中把帝国主义的丑恶、凶残的侵略性，各个帝国主义共同一致地对中国进行侵略，也都写了一点。这也是合乎事实的；至于写得够不够，则是另一个问题。当时的情况是：帝国主义各国，总的讲来，英帝支持日本，它想利用日本，把沙皇俄国挡住。美帝在这一点上，与英帝有一个共同的企图；不只如此，它还想利用日帝的进攻，把自己的魔掌进一步伸入朝鲜和中国，攫取更多的特权利益，所以它帮助日本进攻，配合日本暗算中国，比英帝更积极、更露骨。同时，它们当时又都认为日本是小国，力量不强，可以控制得住，认为它们是能够支配日本的。正由于美帝有这样的打算，所以在甲午战争中，它在各方面都是很帮日本卖力气的。如美国驻华公使和在中国服务的美籍洋员，不只从政治上配合日帝行动——像那些为李鸿章和清政府派遣充当随员到日本去的美籍洋员，在那里丝毫也不起随员的作用，他们鬼鬼祟祟，完全是帮助日本政府来暗算中国。

另方面，俄、法、德等国，情况有些不同。沙俄当时因为西伯利亚的铁道还没修通，出兵到中国不容易。法、德在中国，也没有像支持日帝的英帝那样的军事据点，英帝不仅在中国有租界，还占据香港，在印度、缅甸也比较立住了脚。至于法国，侵占越南还不久，还没立住脚。德帝在东方，更是还没有夺得立足点。所以他们对日帝的行动，在利益上有不同程度的矛盾，但当时还来不及伸手来正面争夺。这是情况的另一个方面。剧本试图这样来处理这方面的矛盾，即帝国主义和中国民族之间的主要矛盾以及帝国主义各国相互间的矛盾。这样写，表现很有魄力。虽然，同时形象化地处理两个主要矛盾，是不太容易写的。

清政府中妥协、投降派和主战派，的确是代表不同的政治要求和思想倾向的。请注意，我只说是代表不同的思想倾向，而不是说它们已分化为不同的阶级。我看，这方面是否可多写一些，写深一些。对帝国主义的侵略本性，我看，可以结合对《列宁主义万岁》等三篇文章的学习来表现帝国主义的侵略性、反革命性。狗不改吃屎，帝国主义从来就是那么丑恶、凶残和反动的，对帝国主义抱任何不切实际的幻想，都是错误的。在甲午战争中，慈禧、李鸿章之流，不只向美、英等国的公使及其政府说尽了好话，表示过良好愿望；而且为着乞求和平，对已经在进攻中国的日寇，也是如此。他们把一切希望都寄托于和平的幻想，寄托于希望美、英各国出面调停；而结果是愈来愈不能得到和平，和平完全成了空想，不只葬送了北洋舰队，而且葬送了祖国根本利益。古为今用，厚今薄古，我想是可以和当前的学习结合起来的。这是不是出了个难题，在戏剧上能不能表现，我对戏剧是外行，就不知道了。（田汉：就是要出难题，把难题提出来，努力作好，我们才能提高。）我想，可以在这两方面把思想性提高一步，同时要更现实些，和历史现实的情况结合。

再谈谈当时中日力量的对比。首先这次战争的性质，应当尽可能地反映出来。战争的性质应当这样看：日本当时已成为帝国主义，并且是封建的军事的帝国主义。日本帝国主义从一开始就带着这样的特性。但那时，世界已被那些老牌的帝国主义国家分割完毕。中国和朝鲜当时正处在半殖民地状态，而且距离它很近。所以它一开始就对朝鲜和中国大陆打主意，他在军事上的准备以及种种方面，一开始就把棋子下在这里，就是以中国为假想敌。日帝在甲午战争中是侵略国，所以在日帝方面，是帝国主义的侵略战争、非正义的战争。中国和朝鲜方面，则恰恰与它相反，是进行民族自卫的、正义的战争。不是我们去打它，是它来打我们，要来奴役我们。正因为我们是正义的、自卫的，所以中朝两国的人民都颇能敌忾同仇，广大的士兵群众和下级军官，能发扬英雄主义、视死如归的顽强的战斗精神，某些进步的高级军官和官僚，也能在新的基础上继承我们民族反侵略的优良传统。战争的性质就是这样。

其次，当时日本的力量并不太强，距明治维新还不久；它是小国，物资资源贫乏，人口也少；只是它已进入了资本主义，而且进到了帝国主义时期。中国则是地大、人众，资源丰富，有丰富的革命斗争传统、反侵略的传统；只是中国当时已是一个半殖民地半封建的国家。军事力量上：日本的舰队船小、炮小，就是走得快，炮快；中国舰队船大、炮也大，但打得较慢；中国陆军下级军官和士兵战斗精神很强，战斗力也并不弱，而且是在自己的国土内作战，日本的陆军是在被侵略的国家内作战，等等。从这些方面来对比看，当时日本并不比中国强，中国实际力量不比日本弱，所以当时英国公使馆的人曾经说：中国的潜力很大，究竟谁胜谁负，要看打几仗再说，现在还难以估计。日本的兵舰、炮弹等，大都是从英、美各国，主要又是从美国购买。中国也是如此。不过它们卖给日本的质量较好。当时战斗中的表现，在陆军方面，中国不少爱国主义的军官，如左宝贵、聂士成、徐邦道等人都英勇善战；在他们指挥下的中国士兵都能表现出顽强的战斗精神和较高的战斗力。如左宝贵所部三营死守平壤北门和牡丹山，表现了出色的英勇精神。据传最后五百人退守乙密台，我曾到那个地方去看过，当时打仗的炮弹痕迹还在，我还赋过两首诗。据两位九十多岁的朝鲜老人说，左宝贵部最后在牡丹山，以少敌多，还打死了千多日军官兵，全军英勇战死，没有一个投降。据历史记载，在平壤的战斗中，左部坚守了北门和大同江畔的牡丹山，日军发动多次猛攻都没能攻下；后来由于统军的叶志超将全军撤离平壤，左和所部三个管带连同全军都先后英勇战死，最后死守乙密台等处的士兵，都是背靠背英勇战死。但日军付出了更多的代价。这可见当时日本的陆军不是很强的。不仅是左宝贵部。又如聂士成，后来表现不够好，但这时聂军打了许多好仗，多次违抗叶志超的撤退、逃跑的命令，坚守了阵地，给了日军以沉重的打击，还活捉了不少日本官兵。他如马玉昆部防守的阵地，日军也都没能正面攻下。辽东半岛的守军，如徐邦道和他的部下，全军都表现了爱国主义和英勇善战的精神。聂、马、徐各部，都是由于贪生怕死的统帅下令撤出其他方面阵地，在遭到腹背受敌或围攻等情况下才撤出阵地的。最出色的，当时聂部有四个武备学生，于风雨之夜前去侦察日军动向，发觉日军正出动向聂军阵地偷袭，便一方面向上级报告，请求约同各部配合聂部布置反击和应援，一面四人即前去埋伏于日军必经的一个桥侧，日军前队到达，即予突击，日军死伤多人，即行后退。后日军因大队接上，又见中国方面并无应援，乃复前进，但他们还抵住了四刻钟，四人均英勇战死，日军才得前进。由此可见，中国的下级军官与士兵是真正有爱国主义的，特别是人民和士兵。

因为是正义战争，外国帝国主义打到中国来了，人民一定要反对它。因此，关于力量对比，就不能说当时日帝比中国强，中国很弱。其实，日本的力量，在经济、政治、军事和人口的总和上，并不比中国强。正因为如此，日本帝国主义在其处心积虑所发动的这次战争中，自始就拼命抓两个方面：一个是和美、英帝国主义扣得很紧，取得在政治上的协助和战争物资及财政上的支持，以至必要时在军事上协助行动，去对抗沙俄，同时借以抵制、缓和俄、德、法的干涉。第二，另一方面，也是更重要的一面，是通过美、英，尤其是美帝在政治上的协助和配合，用和谈之类的诡计来麻痹清朝政府，解除它在思想上、政治上和军事上的武装，使中国不能发挥出各方面的力量，在不宣而战的方式下，把中国的陆、海军一个一个地吃掉，即各个歼灭。这具体表现为让慈禧、李鸿章等投降、妥协，一面牵制主战派和阻止人民抗战，一面把希望完全寄托在美、英等国来出面调停上面，把全盘棋子都押在和平幻想上面，不作打仗的准备，所以清政府始终没有战争部署，甚至宣战后也没有作战计划、后勤部署，甚至连舰只、弹药、枪炮都没作检查和修葺。总之，没有任何战斗准备。剧中也写到了炮弹同炮的口径不对，有的炮弹里放了沙子。我见到的材料中还记载，有的炮弹中放的是蜡，一烧就溶解了，根本打不出去。护送陆军的邓世昌等率领的致远等舰，在大东沟遭到日帝优势舰队有计划有部署的袭击，还是给了日舰以沉重的打击，最后由于没有炮弹，才惨败的。因为有的炮弹不对炮口，或炮弹装的是沙子、蜡，不能杀敌，就这样，使清政府自己束缚了自己的手脚，解除了自己的武装。同时，在全部战争的过程中，不只日谍的活动深入到清朝军政机关的内部，而又通过美、英公使和洋员的协助，日方完全掌握了清廷的动向以至任何一项军事行动的详情，才得以出于中国军队之不备，进行海盗式的偷袭和狙击。因此，可以说日帝的战胜，一方面由于清朝投降、妥协派把全部希望放在和平幻想上，毫无作战准备；另一面，更重要的，就是由于美、英，尤其是美帝国主义的丑恶阴谋，配合日寇对中国的阴谋陷害。中国的失败主要是遭受帝国主义协同的阴谋陷害的惨局。我们一直被陷害，而这次不过是突出的例子之一而已。如果不是这样，甲午战争的结局，情况就可能不同。

田老讲过李鸿章是不好的，但不在于他主观上愿意投降。是的，他的主要罪责，在于当日帝打进来了，还把全盘棋子押在对和平的幻想上，制止人民斗争，解除自己的武装，以致遭到歼灭性的失败，以致多年经营的北洋舰队，全军覆没。因此，我同意田汉同志的这个看法。但是，或者还可以问：李鸿章为什么还作了一些军事上的行动，如派遣海军护送陆军往朝鲜和东北方面增援，还打了一些仗呢？我看，这正是因为清政府中有互相牵制的两派：以光绪、翁同龢等为首的主战派，以慈禧、李鸿章等为首的妥协、投降派。剧本对此也有了一些描绘。在古为今用的原则下，这方面是否可以更增强一些、深入一些？请考虑。

甲午战争中的主战派，前面提到如翁同龢等人，虽然不能说是资产阶级的代表，但他们反映了初生的中国资产阶级的一些要求的思想倾向。他们虽然主战，但也是动摇的，也有两面性的表现：如一打胜仗就高兴，一打败仗就动摇，翁同龢后来甚至也有妥协、投降的倾向。

我上面的这些分析不一定对，甚至可能错误不少。如果对于历史事实可以这样分析的话，希望剧本在这些方面加点工。对帝国主义的描写，特别是美、日、英的勾结，由于今天它们不只还是一样坏，在作垂死的挣扎，又以假和平、真备战的手段，在发挥其侵略特性、好战特性、反革命特性；剧本如进一步加强表现帝国主义的特性，就可以更多地体现古为今用的方针，就可以有更大的教育意义。同时，要注意不要让日本人民看了发生错觉，以为美、英帝国主义在当时是帮助日本，是帮日本忙的。要让日本人民认识到，在甲午战争中的美、英，尤其是美帝，它不只不是帮日本人民，而正是小视日本，危害日本人民的利盆，它们是阴谋利用日本人民的头颅，为自己从火中取栗，狂妄地认为日本是小国，觉得完全可以控制日本，正象美帝今天在日本的所作所为一样。

同时，当时中国陆海军士兵和下级军官及一些有爱国主义思想的高级军官的英勇抗战，两国的力量对此，慈禧、李鸿章等人把希望全寄托在和平幻想上，麻痹人民和解除自己在政治、军事、思想上的武装等方面，是否也可以有所表现，形象化地把它反映出来？这样作，是有现实教育意义的。还有，当时由刘坤一等率领，北上增援的淮军和湘军，它们原来都是由反对太平天国、捻军和少数民族起家的，加之这时腰包装得很满，更加腐朽，已没有什么战斗力。不过，出身淮军的丁汝昌，在甲午战争中虽不能和邓世昌等人相比；但是不掩人之善，我以为基本上还是应该肯定，可作为正面人物来表现，他表现了一点传统的爱国主义。

在这里，附带说到，不要相信罗惇曧的《中日兵事本末》一类的材料，那是从李鸿章立场上写的，歪曲事实、混淆黑白的地方很不少。

田老再三要我讲话，我只能谈点历史情况仅供参考，并请指正。

（原载《历史剧论集》第一集，一九六二年十一月）

论我国历史上民族关系的基本特点

我们党的民族政策，是以毛泽东同志关于国内民族问题的理论为指导而制定的，是毛泽东思想的具体体现。毛泽东思想是马克思列宁主义和中国历史实际革命实际的结合。因此，谈谈我国历史上民族关系的特点，对我们学习毛泽东思想和党的民族政策，可能有一些帮助。

一　对历史上民族关系的看法的两种民族观

在我国，同其他多民族国家一样，在民族问题上，曾经存在着马克思列宁主义和资产阶级民族主义或其倾向间的斗争；后者又表现为大汉族主义或其思想和地方民族主义或其思想。在这个问题上，还表现为历史唯物主义和历史唯心主义两种民族观的斗争。

正如毛泽东同志所教导："今天的中国是历史的中国的一个发展；我们是马克思主义的历史主义者，我们不应当割断历史。"① 民族主义者和抱有民族主义思想以及有其他错误认识的人，都从历史唯心主义的民族观出发，在不同程度上来歪曲民族历史和历史上的民族关系，来"割断历史"，这在民族主义与民族主义思想及其他错误认识之间，是有着性质的区别，在民族主义思想及其他错误认识之中，也有着方面和程度的不同。

---

①《毛泽东选集》，人民出版社，1952 年版，第 2 卷，第 522 页。

首先，他们有意或无意地来抹煞各民族劳动人民为主体的民族关系的光明面，或历史上民族关系的主流，片面地甚至臆断地夸大各民族统治集团间所发动的战争，把我国民族关系的历史，描绘成黑漆一团的相互“仇杀”和“掠夺”的虚构图画，甚至用极端唯心主义的人性论去加以渲染，来歪曲和抹煞历史的真实面目。他们常常是把各民族人民间的关系混同于统治阶级间的关系，把民族矛盾和阶级矛盾对立起来，并把民族矛盾绝对化；而又无分析、无区别地把各民族统治阶级所发动进行的战争，一律看待（虽然，各民族的统治阶级，在其对劳动人民进行剥削的阶级利益上，彼此总是一致的），而不是通过具体历史进行具体分析。这无异于抹煞民族问题、民族关系历史的阶级内容。列宁说道：“我们要向一切民族的社会党人说：每一个现代民族中，都有两个民族。”① 这在原则上，对于资本主义社会以前的各个阶级社会时代都是适合的，每一个奴隶制或封建制的部族或古代民族，也都有两个部族或古代民族，有奴隶主或封建主阶级的部族和部族关系，还有奴隶阶级或农奴阶级等劳动人员的部族和部族关系。资产阶级、奴隶主阶级或封建主阶级所进行的压迫和剥削，是民族压迫和剥削的基础；消灭了阶级制度的社会主义的社会，便根除了民族压迫和剥削。

其次，有的史学家把历史上早已成为祖国的组成成员的某些兄弟民族看作“外国”，把国内各民族间的关系作为敌国的关系处理。这基本上是承袭了某些地主阶级历史家的大汉族主义观点。至于那些祖国和民族的叛徒，如逃往国外的西藏叛乱集团的大农奴主和新疆的乌斯满之流，像鹦鹉学舌一样，依照帝国主义和国外反动派，胡说什么西藏或新疆是“独立的国家”。那是完全违反历史真实的。文献记载、地下遗存、民间口碑、现实生活和人民愿望，等等，在他们看来，好像都是不存在！这在他们，不只和那些有民族主义思想及其他错误认识的人不同，而且已不是什么地方民族主义，而是卖国贼的谰言呓语。

其次，有些人又曾经有过这样一种错误思想，他们妄图把民族隔绝或孤立起来，并以一种虚无主义的态度，去对待各民族人民共同进行生产斗争、阶级斗争的久远历史及其对祖国历史和文化的巨大创造作用，各民族人民交插杂居、互助合作及其为追求美好未来的巨大愿望；好象把民族从统一的伟大祖国

① 《列宁全集》，人民出版社，1958 年版，第 20 卷，第 15 页。

大家庭中孤立起来，还可以独自能得到“解放”似的！这是对历史实际和革命实际的无视，对人民的根本利益和真实愿望的无视。

其次，有些人又曾经存在这样一种错误思想和错误认识，他们自觉或不自觉地把民族看成绝对的、无条件的、永恒的存在，不承认马克思列宁主义认为民族只是一个历史的范畴的真理。在我国的长期历史过程中，各民族人民，在坚强的经济纽带和共同斗争的基础上，在交插杂居的关系上，不分彼此地交往、亲近、互助、合作，相互吸收和不断丰富彼此的语言和文化，以至彼此人口的部分融合（溶合）或同化，等等，对此，他们都不肯承认是历史发展的必然趋势和有利于祖国和各民族的发展，甚至加以否认和反对；甚或对社会主义祖国大家庭中各民族共同性日益增长、差异性日益减少的历史趋势和进步作用，也不愿意承认而抱有反感；对先进民族人民给边疆和民族地方的帮助、各族人民在社会主义建设的共同劳动中的兄弟般的亲近和互相影响、互相学习，等等，也不是给予欢迎和赞成。他们把所谓民族的独特性或差异性绝对化，叫嚣什么“民族特点消失”等等谰言。这在实质上，不外是在所谓“民族特点”、“民族利益”、“民族文化”的幌子下，包藏着资产阶级或其他剥削阶级的思想、利益和要求，它们妄图挽回历史车轮的梦想。马克思、恩格斯、列宁、斯大林分析和总结了人类全部历史，论证了民族和阶级、国家、政党等等一样，都只是个历史的范畴——虽然，又正如斯大林所说，民族不是个简单的历史范畴——都有其发生、发展和消亡的一定历史过程。存在于我国（其他国家也是一样）历史上的氏族，在原始公社制时代已走完了它的历史过程；在它消亡前的相当长的时期内，就出现了不同血统的部落间的平等联合、不同氏族的人们间的地缘结合。部族（或古代民族）在奴隶制和封建制的时代已走完了它的历史过程；在它的发生、发展和消亡的过程中，自始就有着不同部族人们间的融合和同化。近代资本主义民族的形成，列宁举例说：“纽约州好象是一个碾碎民族差别的大磨坊”，“在纽约州以巨大的国际规模发生的那种过程，现在在每个大城市和工厂区也发生着。”[①] 斯大林论证了意大利、法兰西、英吉利、美利坚等近代资本主义民族，都是由一些不同的种族和部落所组成的。他们对历史上的民族“融合”、“溶合”、“同化”或“局部同化”，认

---

①《列宁全集》，人民出版社，1958年版，第20卷，第12页。

为只要“不是借助于暴力或特权进行的”，不是通过“反人民、反革命”的“同化政策”进行的，都是符合历史发展的趋势和人类长远利益的，是不可避免的。到将来共产主义社会的高级阶段，全世界各民族都将融合成为一体。因此，无产阶级反对资产阶级“宣传民族分裂和疏远”、“宣传民族独特性和沙文主义”，而“宣传民族接近”，“宣传一国的各族工人在统一的无产阶级组织中的融合”，并把“不但坚持各种民族和各种语言必须有最完全、最一贯、最彻底的平等，而且还坚持各个民族工人必须在各种统一的无产阶级组织中融合起来”，作为“马克思主义的民族纲领与任何资产阶级的……民族纲领的根本的区别……”① 因此，列宁又教导说：

> 反对一切民族压迫是绝对正确的。
>
> 马克思主义提出用国际主义即用各民族高度统一的溶合来代替一切民族主义，这种溶合我们亲眼看到正在随着每一俄里铁路的修筑，随着每一国际托拉斯的建立，随着每一工人协会……的建立而增长。
>
> 无产阶级不仅不坚持每个民族的民族发展，相反地，还警告群众不要抱这种幻想……欢迎民族的任何同化，只要它不是借助于暴力或特权进行的。
>
> 无产阶极不能赞同任何巩固民族主义的作法，相反地，它赞同一切帮助消除民族差别、打破民族壁垒的东西，赞同一切促使各民族之间的联系日益紧密和促使各民族溶合的东西②。
>
> 布里亚特同志提出在创立全人类的无产阶级文化的过程中个别民族的同化问题。毫无疑问，有些民族可能会经受到、恐怕一定要经受到同化过程。这样的过程从前是有过的……因为个别民族的局部同化过程是各民族一般发展过程的结果③。
>
> 拥护一切民族发展，拥护一般“民族文化”是绝对不正确的。
>
> 我们应当教育工人“漠视”民族的差别，这是无可争辩的。但是，不能教育他们漠视兼并主义者。……要作一个社会民主党人国际主义者，就不应当专为本民族着想，而应当把一切民族的利益、一切民族的普遍自

---

①《列宁全集》，人民出版社，1958年版，第20卷，第287、288页。

②《列宁全集》，人民出版社，1958年版，第20卷，第17、18、19页。

③《斯大林全集》，人民出版社，1953年版，第7卷，第118页。

由和平等置于本民族之上①。

那末，列宁、斯大林、毛泽东同志和苏联共产党、中国共产党，为什么又坚定不移地，采取一切可能的步骤来帮助少数民族发展经济和文化（包括民族的语言和文字等等），而且都已获得了在以往时代不可想象的、辉煌的、巨大的成就！帮助少数民族发展经济，使之赶上先进，正是为了社会主义和实现民族在事实上的平等，促进民族的融合和团结，为未来的民族消亡奠定物质基础；帮助少数民族发展社会主义内容的民族形式的文化，正是为创造无产阶级的国际主义文化，包括全人类的共产主义文化准备条件。发展各民族的经济、文化，和民族间的差别性日益减少以至消失、共同性日益增长以至形成，乃是一个对立统一的辩证的发展过程。

由此可知，马克思列宁主义的民族问题，是改造现实社会制度的总问题的一个部分，是以服从于无产阶级事业、社会主义和共产主义事业为最高原则的；无产阶级反对一切民族压迫、剥削、特权和不平等，等等，都是从这个原则出发的。马克思列宁主义对于历史上的民族关系，是在厚今薄古的方针下进行历史唯物主义的考察。

二　我国历史上民族关系的基本特点

我国各兄弟民族长期以来大都就住在祖国的土地上，都经过一定的历史发展过程而来的，各兄弟民族间的关系也都经历了一定的历史发展过程，在和其他多民族国家所具有的共同性外，又具有许多不同的特点或特殊性。毛泽东同志在“中国革命和中国共产党”中，对多民族的我国历史的特点、我国各民族的历史和民族关系的特点、汉族的主体地位和主导作用的特点等等方面，作了高度的科学概括。他写道：

我们中国现在拥有四亿五千万人口……十分之九以上为汉人。此外，还有蒙人、回人、藏人、维吾尔人、苗人、彝人、僮人、仲家人、朝鲜人

① 《列宁全集》，人民出版社，1958年版，第20卷，第18页；第22卷，第341页。

等，共有数十种少数民族，虽然文化发展的程度不同，但是都已有长久的历史。中国是一个由多数民族结合而成的拥有广大人口的国家。

中华民族的发展（这里说的主要地是汉族的发展），和世界上别的许多民族同样，曾经经过了若干万年的无阶级的原始公社的生活。而从原始公社崩溃，社会生活转入阶级生活那个时代开始，经过奴隶社会、封建社会，直到现在，已有了大约四千年之久。在中华民族的开化史上，有素称发达的农业和手工业，有许多伟大的思想家、科学家、发明家、政治家、军事家、文学家和艺术家，有丰富的文化典籍……所以，中国是世界文明发达最早的国家之一，中国已有了将近四千年的有文字可考的历史。

中华民族不但以刻苦耐劳著称于世，同时又是酷爱自由、富于革命传统的民族。以汉族的历史为例……在汉族的数千年的历史上，有过大小几百次的农民起义，反抗地主和贵族的黑暗统治。而多数朝代的更换，都是由于农民起义的力量才能得到成功的。中华民族的各族人民都反对外来民族的压迫，都要用反抗的手段解除这种压迫……在中华民族的几千年的历史中，产生了很多的民族英雄和革命领袖。所以，中华民族又是一个有光荣的革命传统和优秀的历史遗产的民族①。

毛泽东同志指明了如何去认识统一的多民族的我国历史、我国各民族的历史和历史上的民族关系的方向，是爱国主义和国际主义相结合的高度原则。

我国历史上的民族关系，在阶级社会时代，一面是占统治地位的民族的统治阶级和其本民族的人民及其他各民族的人民间的关系，一面是处于被统治地位的各民族的统治阶级或上层集团各自和其本民族人民及其他各族人民间的关系，一面是处于不同地位的各民族的统治阶级或上层集团相互间的关系，一面是各民族人民相互间的关系。这形成了一种极其错综复杂的矛盾。其中以占统治地位的民族的统治阶级为中心构成的统治阶级和各民族人民间的矛盾是主要的矛盾；在某些时候的短期间，民族矛盾才居于突出的地位。包括占统治地位的民族的人民在内的各民族人民间的关系，是民族关系的主流，在他们之间本质上不存在着压迫、剥削、特权和不平等的关系，在某种情况下出现过的疏远、隔阂、敌视等现象，是统治阶级所制造和强加于他们的；所以，在他们，

① 《毛泽东选集》，人民出版社，1952年版，第2卷，第616、617页。

利于彼此间的团结、友爱、互助和合作，也不断发展了这种团结、友爱、互助和合作。历史上统治阶级或个别人物对民族关系所起的作用，我们应通过具体史实进行具体分析。总的说来，某些朝代的统治集团或个别人物，采取和实施了一些有利于民族和祖国历史发展的步骤，不只是迫于人民群众的要求，而又是从维护其统治利益出发的；但这至少在客观上是起了进步作用的。可是，在他们，不论是以汉族统治者为主体或其他民族的统治者为主体的某些朝代的统治集团或个别人物，却作过许多不利于各民族人民和祖国历史发展的坏事，实施了民族压迫和歧视的政策，人为地制造民族间的疏远、隔阂、不团结，等等。

以各民族人民间的关系为主流的我国历史上的民族关系的基本特点，我认为，主要可归结为以下的几个方面。

（一）在原始公社制时代，还没有阶级和剥削制度存在，各部落或人们集团间的关系，本质上都是劳动人民间的关系。数十年来，尤其是十一年来在经济恢复和社会主义建设的过程中，各省（区）市大量发现的各个系统的新石器文化遗存：黄河中下游的仰韶文化和龙山文化，长江中下游和沿海地区的“百越文化”，沿东北、西北迄西南沙漠草原地带的细石器文化，以及东北、西北、西南地区的其他系统的新石器文化，大抵都是我国各兄弟民族的祖先在原始公社制后期的遗存。这些遗物和遗迹表明，他们当时就有着相互的影响和交往，其中属于汉族祖先遗存的仰韶和龙山文化是最先进的，它们给了其他系统的新石器文化以更深远的影响和更多的推动，表现了主导的作用。在各种文化系统的结合部，常表现有两个以至两个以上文化系统混合的色彩，如湖北屈家岭文化便包含着青莲岗文化（百越系）、仰韶文化、龙山文化三者的成分。这可能是不同血统的部落间平等联合和相互融合的结果，显示着由血缘关系的人们集团到地缘关系的人们集团转化的线索。

（二）我国历史上的四个革命都是各民族人民共同进行的。文献记载、地下遗存和殷商或两周历史发展的情况表明，成汤、伊尹等为首的奴隶制度革命，武王领导的革命战争即封建制度革命，都是所谓“万方”、“万邦”等等，即各部落和部族的人民共同进行的；经过革命而创建的奴隶制度国家或初期封建制度国家，都是多民族的。中国共产党领导的民族民主革命（及其以前孙中山为首的旧民主主义革命）和社会主义革命这两个伟大的革命，都是国内各民族的人民共同进行的，并都是我们亲身经历和目见的。属于民族民主革命一个组成部分的新疆“三区革命”，是新疆各民族人民共同进行的，又是“协同人民解放军”的入疆，而确保了胜利和作出了“对于全新疆的解放和全中国的解放”的“一个重要的贡献”，正如我国各民族人民的伟大领袖毛主席所评价[①]。无数次规模较大的农民起义和反对外来民族压迫的战争，其中大多是以汉族人民为主体进行的，也每每有其他各族人民的参加；又有不少次是由某一个或某几个少数民族人民为主体和有汉族及其他民族人民的参加共同进行的；只有个别和很少几次是由一个民族的人民单独进行的。这种由各族人民共同进行的革命和战争，是我国社会历史发展的真正动力，实现了我国社会历史由每一个较低级的社会阶段向较高级的社会阶段过渡，并推着长期的封建社会波浪式地向前发展、推着各民族的历史波浪式地向前发展。这是我国各民族人民共同创造祖国历史和文化的集中表现和伟大创举。各民族人民在共同进行的革命和战争中，尤其在革命战争的过程中和革命胜利以后，为着革命和建设新社会，便很自然地打破了彼此住处的界限和不断引起大量人口交流；在为着共同的目的和事业，在共患难、同祸福、同生死、同生活的斗争中，结成了不分彼此的密切关系，血肉相连的兄弟情谊，互相影响、帮助和学习，便很自然地逐步减少差别性，增长和形成共同性，形成和发展了彼此不可分割的密切联系。

（三）在欧洲和美洲，“各个民族更加接近，彼此杂居”的情况，特别像犹太人“以少数民族资格杂居在其他民族地区里”[②] 的情况，主要发生在资本主义时代，列宁和斯大林都认为这是一种进步的现象。在我国，各民族住区的交插和人口杂居、或所谓大杂居小聚居的情况，却有了一个长远的历史过程。其所以形成这种情况，除上述的原因外，还有：1. 在起义和反压迫失败后的劳动人民，常扶老携幼以至只身逃往其他民族地方或边疆（以至远走国外），或者为着组织起义而到其他民族地方或边疆，这其中尤以汉人为多；2. 历朝差不多都有不少汉族劳动人民及内地其他民族的劳动人民，被征募到民族地方或边疆驻防、屯田而留住当地，某些边疆少数民族劳动人民被征募到内地服兵

① “伊犁、塔城、阿山三区人民的奋斗，对于全新疆的解放和全中国的解放，是一个重要的贡献，谨祝三区人民和全新疆人民团结一致，协同人民解放军，为共同建设人民民主的新新疆而奋斗。”（1949 年 10 月 21 日，电复新疆保卫和平民主同盟，载 1949 年 10 月 25 日《人民日报》）

② 《列宁全集》，人民出版社，1958 年版，第 20 卷，第 401 页；《斯大林全集》，人民出版社，1953 年版，第 7 卷，第 328 页。

役而留住下来，或迫于部落间的械斗而安置到内地生产和谋生；3. 历朝都有不少汉族劳动人民，为着反剥削、反迫害和谋生，常成群结队地去到边疆少数民族地方，斩荆披棘，重建家园；4. 由内地去到民族地方或边疆和由民族地方或边疆来到内地的商人，在当地留住下来；5. 殷商奴隶制度时代和后来实行过奴隶制度生产的某些民族地方，奴隶主所使用的奴隶大都来自其本族以外的各族，周代农奴制度时期和其后实行过农奴制度生产的某些民族地方，农奴主所使用的农奴和奴隶等，也不少系来自其他部落、部族和民族；6. 历史上以汉族统治阶级为主体的皇朝，和以某些兄弟民族统治阶级为主体建立的皇朝，为着其国家机器的需要和对全国各族人民行使统治，还引起驻防、屯田以外的人口的大量移动和交流，等等。因此，在长期的历史过程中，到解放前便形成了各民族住区的插花、交错和大杂居的情况，尤其是全国每个少数民族地方，无不有相当数量的汉人①，形成了我国各民族住区的不可分割性。这种情况是符合历史发展的要求和人类长远利益的。相继去到其他民族地方的人民，和当地人民共同进行生产，开发祖国疆宇，带去当地所没有的生产经验、技术和文

① 据少数民族社会历史调查，1957年和1958年的人口统计，全国没有一个少数民族地方只居住着一个民族的人民，都是除本族外还住有汉族和其他少数民族。如内蒙古自治区共人口8,735,606人，蒙古族人133,426人占11.64%，汉人8,452,614人占80.82%，还有回、满、达斡尔、朝鲜、鄂温克、鄂伦春各族共149,566人；另方面，又有329,530口蒙古人居住在辽宁、新疆维吾尔自治区、吉林、黑龙江、青海、河北、河南等省区。少数民族人口比较集中的新疆维吾尔自治区，共人口5,853,459人，内维吾尔人3,962,972人占67.70%，汉人998,205人占17.05%，还有共占人口892,282人的哈萨克、回、柯尔克孜、蒙古、俄罗斯、塔吉克、乌孜别克、锡伯、塔塔尔、达斡尔、满各族；据《西域琐谈》稿本所述，这些兄弟民族（除个别系其后迁入者外），在成书当时（即清乾隆时），已形成了住区交插和人口杂居的情况；另方面，又有一部分维吾尔人住居在湖南桃源，一部分哈萨克人散布在甘肃、青海。在西藏比较集中的藏族，却有一半以上的藏族人口散布在青海、甘肃、四川、云南与汉族等兄弟民族交插杂居；在西藏境内有汉人、回人等杂居外，可能还有其他少数民族。少数民族中人口最多的僮族，在广西僮族自治区，只占总人口19,790,044人中的36.83%，汉人占58.43%，境内还有瑶、苗、侗、仫佬、毛难、回、彝、水、仡佬等九个兄弟民族交插杂居；同时又有493,337口僮人散布在云南、贵州、广东各省。在解放前比较闭塞的大小凉山彝族自治州共人口1,087,012人，其中彝人703,655人占64.78%，汉人379,231人占34.89%，还有其他少数民族人口4,126人杂居；另外，又有2,460,777口彝人散布在云南、四川、贵州、广西等省（区）。少数民族地方汉人占比例较小的地方之一为云南怒江傈僳族自治州，共人口216,329人，其中傈僳人128,171人占56.63%，其他民族人口共89,148人占39.49%，汉人9,010人占3.98%；一为新疆克孜苏柯尔克孜族自治州，共人口80,786人，其中克孜人52,151人占28.85%，其他少数民族人口共25,737人占69.55%，汉人2,898人占1.6%。以上少数民族总人口系1957年统计数字，散布在实行民族自治地方以外的本民族人口，系用1957年统计的总人口数字减去1958年统计的实行自治地方的本民族人口数字。由于1958年少数民族人口普遍都有了增加，因此，这种折算可能不够准确，但不会相差太大。

化成果；尤其是相继去到少数民族地方或边疆的大量汉族人民，把整个中世纪时代都居于人类最先进地位的汉人的生产经验、技术和文化等等，带到各个兄弟民族地方①。这对祖国历史的发展，尤其是落后地方的发展都是起了推进作用的，对祖国的文化、全国各民族文化的发展都起了促进和丰富的作用的。

（四）各民族长期生活在一个国家内，逐渐形成了经济上相互交往、影响、联系、依赖、推动和渗透的不可分割的纽带，并表现为带有一些地区分工性质的供求关系，尤其是边疆和少数民族地方对较先进的内地产品的需求。内地出产的铁器、铜器、锡器、金银器、陶瓷器、绸缎、绢帛、布匹、盐、茶、农产品及其他工艺品等等，边疆和少数民族地方生产的皮毛、药材（如麝香、牛黄、红花、白药、人参……）、木材、珠宝（宝石、珍珠、琥珀、翡翠、玛瑙、玳瑁……）、骆驼、马及其他土特产等等相互供求的东西，其中不少是相互间必需的生产和生活资料。国际间贸易往来的主要商路，在中世纪的很长时期内都必须通过边疆民族地方。历史上的“贡”、“赐”、“互市”、内地和边疆的成群结队的贸易往来，不但从没有中断，而且次数越来越多，且频繁和经常、交换量越大。不论在中央朝廷如何衰弱或战争纷更的时代（如五代），边疆各族的统治者或头人，都把“贡”、“赐”、“互市”、贸易作为对中央朝廷的重要要求；中央朝廷的统治者也常以这种不可分割的经济联系作为所谓“抚绥”的手段，并常以“闭关”、“绝市”的反动致策去控制那些他们认为不驯顺的代理人、即某些边疆民族的统治者或头人，使他在本族人民中和在当地各部族部落中遭受到反对和孤立；边疆各民族的统治者，通常也都以得到中央朝廷的册封、诰命和印绶作为行使统治的合法根据。这正是不可分割的经济联系的反映，是关涉各族广大人民的实际生活的利益和要求的反映，各族人民利于生活在统一的祖国内的要求的反映。这种不可分割的经济联系，只有在鸦片战争后的百零九年间，个别民族地方如新疆和西藏有着一些变化；那也正表现了英国帝国主义和沙俄帝国主义对新疆和西藏侵略的更加深入和险毒，当地的农奴主和买办更加无耻地出卖祖国、民族和人民的利益。所以新疆和西藏的人

① 例如把首先出现在民族地方的植棉、纺纱技术、烤酒、医道和药材、优良品种的牲畜以及菠菜、葡萄、苜蓿、胡萝卜、胡茄、胡琴、音乐、舞蹈等等传入内地；把汉族地区的冶金术、金属工具和器具的制造、育蚕、缫丝和丝织、造纸术、印刷术、火药制造术、农作物种子和耕作技术经验、医道以及其他科技知识和书籍、笔、墨等传入少数民族地方和边疆。

民，也和全国人民一样，在这百零九年间是更加穷困了。

（五）在各民族人民长期间的共同斗争、居住地区的不可分割、经济联系的不可分割的基础上，又形成了我国自秦汉以来就是一个统一的多民族的国家这个重大特点。从秦汉以来，其间虽有着以某一少数民族的统治集团为主体的所谓“五胡十六国”（其中的北燕、冉魏、西凉都是以汉族上层为主体）、北魏、北周、北齐、南诏、大理、辽、金等在国内局部地区建立起独立性的政权，但是一方面，他们都是包括不同民族的统治阶级或上层人物的联合政权，而且都包含有汉族地主阶级在内；一方面，它们都不是把自己看作有固定疆域的独立国家，只是与国内其他政权相争夺的敌对集团，始终都是不稳定的。因此，它们基本上都是同于三国、五代十国的分立的性质。至所谓“回纥汗国”，自始就没有成为独立性的政权。据新旧《唐书》及其他有关文献记载，可汗（王）及其属下都只是唐朝朝廷统治“西域”的代理人，所以可汗、可敦（王妃）及其属下重要文武官吏，都是由唐朝朝廷册封、任命和颁给印绶。因此，我国从秦汉以来的总的历史过程，是统一的多民族的国家，在鸦片战争以前，则是一个统一的多民族的封建国家。这个统一的多民族的封建国家，一面存在着斯大林所论述的居鲁士帝国或亚历山大帝国的一些情况，“是历史上形成的，是由不同的部落和种族组成的”，并有着一些短暂时间的、某种程度的“分”；但又存在着极大不同的特点，它不是“偶然凑合起来的，内部缺少联系的集团的混合物”①，而是在长期的历史过程中，形成了经济上、住区上以至政治上不可分割的内在联系。

（六）从鸦片战争开始，由于外国资本帝国主义的侵略，我国沦为殖民地半殖民地半封建社会，规定了我国各民族人民的共同命运和共同要求。在这样的社会形势下，毛泽东同志指出：“帝国主义和中华民族的矛盾，封建主义和人民大众的矛盾，这些就是近代中国社会的主要的矛盾……而帝国主义和中华民族的矛盾，乃是各种矛盾中的最主要的矛盾。”② 这表明在国内各民族间不存在着近代殖民主义的支配和被支配关系，历史给中国各民族人民提出的任务，是共同需要从帝国主义的殖民主义及其工具封建主义、官僚资本主义的压

---

①《斯大林全集》，人民出版社，1953 年版，第 2 卷，第 291、292 页。

②《毛泽东选集》，人民出版社，1952 年版，第 2 卷，第 625、626 页。

迫、剥削下解放出来。要战胜这样凶恶的强大的敌人，全国各民族人民如果没有中国共产党的领导和在党的周围团结起来，共同进行艰苦、顽强、持续的斗争，胜利是很难想象的，胜利了，要想保卫住胜利的果实和把胜利往前发展，也是不可能的。毛泽东同志关于民族民主革命的理论，和在这个理论的指导下制定的我们党的方针和政策，是我国各民族人民获得解放的唯一武器和道路。这都已为我国的革命的实践所证明，历史还将继续给予证明。

解放前中国社会的半封建性，是从全国范围内占支配地位的东西和起主导作用的方面来说的。由于历史发展的不平衡，还由于国内较落后的民族和较先进的民族间相互影响、相互推动、相互联系和渗透的深度与宽度不同，形成了各兄弟民族间社会发展进程也很不相同，帝国主义的侵略和封建的地方的封锁性又扩大了这种不平衡。因此，在解放前，连同较先进的汉族在内，谁也没发展到资本主义生产占领导地位的时代，汉族和接近汉族发展水平的一些兄弟民族都处在半封建的状态，有些兄弟民族进到了封建制后期的状态，有些则为封建制前期的农奴制状态，有的还停滞在奴隶制状态下，还有一些兄弟民族则还停滞在原始公社制、或由原始公社制到阶级制度的过渡状态下，还有不少少数民族，同一民族的不同地区的发展进程也很不相同。这又给中国共产党提出了这样一个严重的课题和历史任务：在民族民主革命胜利后，把发展进程不同的各兄弟民族都及时地转入到社会主义革命和社会主义建设的轨道，使落后赶上先进，共同建成社会主义和将来共同进入共产主义社会的高级阶段。毛泽东同志和我们党，沿着列宁所指明的道路，在理论上、政策上、实践上胜利地解决了这个严重的问题，如果不是按照党和毛泽东同志所指明的道路，各民族在统一的祖国大家庭内团结、友爱、互助、合作，先进帮助落后、内地带动边疆，让那些停留在各种社会状态下的兄弟民族，沿着各自的历史道路前进，那末，业已实现的到社会主义的过渡是不能想象的，民主改革也是不能想象的。

三　历史上民族关系的特点对民族政策的规定作用

马克思列宁主义解决民族问题的总的战略方针和要求，在一切国家都是一致的，都是为着无产阶级事业、社会主义和共产主义事业，在全世界实现共产主义以后，达到民族消亡和全世界各民族都融合为一体。而为要实现这种方针与要求的具体方针政策和方式方法，必须适应各别国家民族的历史特点和革命特点，即在共同性或一般规律的基础上适应于各自的特殊性而有所不同。列宁教导说：

> 要达到使一切民族完全平等、密切亲近和进而融合的共同目的，显然要走各不相同的具体道路……
>
> ……无论如何不能建立在使斗争策略规律千篇一律、死板划定、彼此雷同的基础上①。

毛泽东同志又反复地深入地阐发了列宁的这个伟大思想，并教导我们，“……马克思主义必须和我国的具体特点相结合并通过一定的民族形式才能实现。”②

适应我国历史发展的特点、革命特点和民族关系的历史特点及当前时代的形势，无产阶级领导的工农联盟为基础的多民族的我国的国家制度和民族地方的组织形式，只能是单一的国家制度和区域自治，这都是历史的必然趋势，两者间又是互为因果、互相适应的。

在我国的情况下，按照民族和民族居住的地域去划分是不能设想的。因此，正如斯大林所说：“正确解决问题的唯一办法就是区域自治”，“区域自治是解决民族问题的一个必要条件。”他并指出：

> 区域自治的优点首先在于实行的时候所遇到的不是没有地域的空中楼阁，而是居住于一定地域上的一定居民。其次，区域自治不是把人们按民族划分的，不是巩固民族壁垒的，相反地，是打破这种壁垒，把居民统一起来，以便为实现另一种划分即按阶级划分开辟道路的。最后，它使大家不必等待总的中央机关的决议而能最适当地利用本地区的天然富源并发展生产力……”③

这在列宁也反复论证过的。毛泽东同志和我们党以之结合我国的具体情况，把区域自治确定为我国解决民族问题的基本政策，是适应于单一的国家制

① 《列宁全集》，人民出版社，1958年版，第22卷，第340页；第31卷，第73页。
② 《毛泽东选集》，人民出版社，1952年版，第2卷，第522页。
③ 《斯大林全集》，人民出版社，1953年版，第2卷，第353页。

度，正确地反映了客观规律的。

在我国的情况下，单一的国家制度、即统一的多民族的国家，是我国历史和我国革命发展的必然结果，是民族关系的历史特点规定的，和民族的区域自治的组织形式相适应的。这种统一的多民族的大国最有利于无产阶级事业和各民族人民的共同事业，在社会主义阵营和帝国主义阵营两个阵营对立的世界形势下，它既能极大地发挥全国各民族人民团结的力量，来保卫我们共同的胜利果实和建设社会主义，又能在反对世界帝国主义和坚持两条阵线的斗争中，为保卫和平、民主，为支援民族解放和人民解放的革命斗争，能极大地发挥我国人民的力量和作用。毛泽东同志曾多次阐明了各民族在平等的基础上共同建立统一的国家的原则，加强和巩固我国各民族间的团结共同建立我们伟大的祖国的原则；在新政治协商会议筹备会上的讲词中，又详尽地阐明了我们这个统一的多民族国家的“共同的政治基础”① 和其巨大作用；在“关于正确处理人民内部矛盾的问题”中又一次指出：“国家的统一，人民的团结，国内各民族的团结，这是我们的事业必定要胜利的基本保证。”对于无产阶级说来，这类“大国家”的好处，列宁曾多次指出过，例如在“社会主义革命和民族自决权”中说道：“因为无论从经济发展或群众利益来看，大国家的好处是不容置疑的……”在“关于自决权问题的争论总结”中说道：“因为大国在社会主义制度下将意味着：每日劳动时间较少，每日工资较多。争取摆脱资产阶级桎梏的劳动群众，为了取得这种‘文化援助’，一定会尽一切力量来同先进的社会主义大民族建立同盟和融合……”在“无产阶级在我国革命中的任务”中说道：“无产阶级政党力求建立尽可能大的国家，因为这对劳动者是有利的；它力求各民族的接近以至进一步的融合……”②

毛泽东同志关于解决国内民族问题的理论和原则，又集中地反映在庄严的《中华人民共和国宪法》：“序言”、“总纲”、“民族自治地方的权利机关”与《中国人民政治协商会议共同纲领》的《总纲》和《民族政策》中。乌兰夫同志在《认真学习毛泽东思想，广泛宣传毛泽东思想》一文中说道：

> 关于我国国内的民族问题，毛泽东同志有一个一贯的、最基本的思

---

① 载1949年6月20日《人民日报》。

②《列宁全集》，人民出版社，1958年版，第22卷，第140、333页；人民出版社，1957年版，第24卷，第51页。

想，就是在共产党的领导下，联合与团结全国各民族共同进行革命斗争，建立统一的祖国大家庭，在祖国大家庭内，实行彻底的民族平等，实行民族的区域自治，充分调动各民族人民的积极性，共同建设社会主义和共产主义。

照我的理解能力看来，认为乌兰夫同志的体会是正确的。

四十年来，解放十一年来，尤其是1958年以来，在党的三面红旗的光辉照耀下，除台湾的高山族和汉族人民尚待解放外，全国各兄弟民族都已得到解放，继民族民主革命胜利以后，又基本上取得了社会主义革命的胜利和社会主义建设的巨大成就，西藏也已基本上完成了民主改革，国家的面貌、民族地方的面貌改变了，各兄弟民族都已经成为社会主义的民族或社会主义范畴的民族。这充分表明了毛泽东思想关于国内民族问题的科学的伟大胜利，党的民族政策的伟大胜利。

一九六一年一月二十九日

（原载《学术月刊》一九六一年第六期）

怎样学习历史

关于怎样学习历史，是一个大问题。我自己还没有把历史科学学好，只能讲点个人的不成熟意见。

首先，谈一谈为什么要学习历史。

我们学习历史，不是为学历史而学历史，而是为了提高我们的马克思列宁主义理论水平，更好地认识、掌握和执行党的路线、方针和政策，来为我们的社会主义革命和建设服务，为共产主义事业服务。大家都知道，马克思列宁主义理论，是通过对社会历史和阶级斗争，特别是无产阶级革命的斗争经验总结出来的。毛主席在《整顿党的作风》中说："马克思列宁主义是马克思、恩格斯、列宁、斯大林他们根据实际创造出来的理论，从历史实际和革命实际中抽出来的总结论。"① 例如：马克思的《资本论》，就是对资本主义社会的发生、发展和灭亡，及其必然为社会主义社会所代替的历史过程的分析和总结。恩格斯在《家庭、私有制和国家的起源》一书中，揭示了关于原始社会的发生、发展和灭亡，及其必然为奴隶社会所代替的规律，是通过对原始社会历史的发展过程总结出来的。列宁的《帝国主义是资本主义的最高阶段》一书，关于帝国主义是垂死的资本主义，是无产阶级革命的前夜，无产阶级社会主义革命必然取得胜利的科学结论，就是通过对帝国主义的研究总结出来的。毛主席在《中国革命和中国共产党》一书中，关于中国革命的对象、性质、任务、动力和其转变的前途等等，就是通过对中国历史和中国近百年来的民族民主革命斗争的历史，特别是党领导的新民主主义革命总结出来的。……由此可知，不学

① 《毛泽东选集》第3卷第2版，第816页。

习历史和不懂得历史，是无法深刻地领会马克思主义理论的精神实质的；不领会马克思主义理论的精神实质，就不可能正确地掌握党的路线和方针政策。

学习历史，是为了认识人类历史发展的客观规律，认识历史发展的前途，鼓舞斗争的信心，更好地发挥群众的主观能动作用。中国的今天是从中国的昨天和前天发展而来的，是按照历史发展的规律进行的。我们为了要更好地从事社会主义革命和建设，就必须认识和掌握社会历史的发展规律，而单凭主观愿望和热情是不能解决任何实际问题的。学习历史，特别是学习党史和中国近代现代史，就能极大地帮助我们认识和掌握党的路线、方针、政策及其所反映的客观规律性。

学习历史，是为了吸取历史上的经验教训，不只为着吸取有用的东西，而又为着避免或少犯错误，以便更好地推动我们的革命和建设事业前进。在人类的历史上，是有过许多成功的经验和失败的教训的，例如，近代各国的资产阶级革命，为什么各自采取不同的形式，表现不同的过程？又如，为什么以列宁为首的俄国布尔维什克党领导的伟大十月社会主义革命取得了胜利，而当时另外一些国家的无产阶级革命却都失败了？再如，为什么以毛泽东同志为首的中国共产党领导的中国民族民主革命取得了胜利，而以陈独秀为首的机会主义领导却使革命遭受失败？……对于极丰富的革命的经验教训，历史的经验教训，我们应该加以很好的总结。历史证明，不论反动统治者如何强大、阴毒和狡诈，最终都是在人民面前一个个地倒下去了。同样，不管现代帝国主义如何凶恶，也必然地要倒下去的。但要做到“魔高一尺，道高一丈”，就必须加强历史的学习，以便从历史的发展过程中，具体地认识各种剥削阶级的反动本质，认识那些大坏蛋像希特勒、莫索里尼、东条英机、蒋介石等人的本质，他们反人民的各种阴谋、欺骗、暗算等等恶毒手法，以之来提高人民群众的阶级觉悟和政治警惕性。

学习历史，是为了批判地继承历史的遗产，来为共产主义事业服务。列宁教导我们说，不掌握人类积累起来的知识，是不能成为共产主义者的。以为不领会产生共产主义学说的全部知识，而只要领会共产主义的口号和共产主义科学的结论，就能成为共产主义者，是完全错误的。因为“马克思主义就是共产主义从全部人类知识中产生出来的典范”。在我国，毛主席说：“中国是世界文明发达最早的国家之一，中国已有了将近四千年的有文字可考的历史。……中华民族又是一个有光荣的革命传统和优秀的历史遗产的民族。"①因此，"从孔夫子到孙中山，我们应当给以总结，承继这一份珍贵的遗产。这对于指导当前的伟大的运动，是有重要的帮助的"②。

学习历史，是为了学会应用马克思主义的理论和方法，通过具体的、全面的、准确的史料去系统地理解和研究社会的经济结构、阶级关系（包括民族关系）的发展过程，以及重大事件、事变和历史人物，等等，并揭发其本质，作出科学的结论，从而使我们学会应用马克思主义的理论和方法，去观察、研究周围的环境，当前的重大事件、事变，或关于当前的经济、政治、军事和文化等等，作出科学的结论。

学习历史，还能够培养和发扬我们的爱国主义和国际主义精神。

从上面这几点就可以看出，学习历史是很重要的。我们应该把学习历史当作自己重要的学习任务之一，要学习世界历史，更要十分认真地学习中国的历史，从鸦片战争以来的中国民族民主革命的历史，尤其是党领导人民革命的历史，社会主义革命和建设的历史。

现在来谈谈如何学习历史的问题。这要涉及到历史唯物主义的全部问题，它的内容是无限丰富的。由于我的水平限制，只能就以下几个问题来谈谈个人的粗浅体会。

毛主席在《整顿党的作风》中说过："现在我们党的中央做了决定，号召我们的同志学会应用马克思列宁主义的立场、观点和方法，认真地研究中国的历史，研究中国的经济、政治、军事和文化，对每一问题要根据详细的材料加以具体的分析，然后引出理论性的结论来。"③

这就是我们学习和研究历史的纲领或根本方法。

立场问题是一个根本性的问题，党性的问题。在阶级社会里，所有的人无不站在一定阶级的立场上，也无不从一定的立场上去观察问题、处理问题。古今中外的历史家，也无不站在一定的阶级立场上去研究和编写历史。在我国，从左丘明、司马迁到王国维、章太炎等人，哪一个不是这样？在西方，从孔德、韦尔士到当代美国的宣扬绝对唯心史观的"新史学"派、相对主义、现

---

①《中国革命和中国共产党》，《毛泽东选集》第2卷第2版，第617页。

②《中国共产党在民族战争中的地位》，同上书，第522页。

③《毛泽东选集》第3卷第2版，第816—817页。

代主义等等流派，也无不是这样。我们是而且必须要站在历史上最先进最革命的无产阶级的立场上，站在历史上的劳动人民的一边。历史是劳动人民创造的，劳动人民通过生产斗争和阶级斗争来创造历史，阶级社会的历史就是阶级斗争的历史。因此说，只有站在无产阶级立场上，劳动人民的立场上，才能正确地认识劳动人民在历史上的地位和作用，认识他们是怎样创造历史的，并从而揭发历代剥削阶级及其御用的文人学者对劳动人民的恶毒污蔑。站在无产阶级的立场上，也就是站在真理的立场上来研究历史，这样才能揭发问题的实质，认识历史发展的客观规律。因此说，马克思主义历史学是真正的科学，并且是一门党性很强的科学。历史是包罗万象和充满着极其复杂的矛盾的，其中又有主要的矛盾和主要的矛盾方面，如在阶级社会，表现为各主要对立阶级间的矛盾，人们不能不站在阶级矛盾的一定方面去看待、处理或解决矛盾。否则就是客观主义。客观主义是不要斗争，不要解决矛盾，它表面上好像不站在矛盾的任何一方，而实质上正是站在资产阶级和历史上其他剥削阶级的立场上的。有人说，“对历史上的农民和地主阶级间的战争，要客观地去看待”。这是不对的，这就是客观主义。但是如果只夸大一面，只讲农民而不讲其他，也同样是不对的。毛主席在《中国革命和中国共产党》中说：“在中国封建社会里，只有这种农民的阶级斗争、农民的起义和农民的战争，才是历史发展的真正动力。”① 这是千真万确的，是我们研究中国封建社会历史的指南。地主资产阶级历史家把历史发展的动力，归结于个别英雄人物、神的意志或“绝对精神”。当前的美国垄断集团豢养的历史家，则以之归结于洛克菲勒、福特之类的思想，归结于主观信仰，等等。这都是违背历史实际的胡说，是历史唯心主义。但我们不能因此就否认个人在历史上的作用。在这一点上，普列汉诺夫的论点是完全正确的。我们认为伟大人物，尤其是无产阶级的伟大的导师们，他们对历史所起的作用是极其巨大的、显著的，并已为历史实践所证明。我们不应把历史上统治阶级和其人物的活动一笔抹煞，把历史简单地理解为只要叙述人民，而不要写王朝、写帝、王、将、相等人物。我们是马克思主义的历史主义者，我们不能割断历史。阶级社会的历史，是劳动人民和占统治地位的剥削阶级对立的历史，劳动人民同剥削阶级之间有对立和斗争的一面，又有互相

①《毛泽东选集》第2卷第2版，第619页。

依存和联系的一面，没有剥削阶级、压迫阶级，也就没有被剥削阶级、被压迫阶级了。只要人民的一面，不写统治阶级和帝、王、将、相，是不能成其为历史的，也是不可想像的，因而是不符合历史研究的实际要求的。历史上的统治阶级和其帝、王、将、相等，其各个统治集团及其个别人物的活动，对历史是起了促进作用，还是促退作用，他们在历史上有什么功和过，是和非，我们都应该给予具体的分析和合乎事实的恰当评价，绝不能因为岳飞是地主阶级朝廷的将军，就否认他是民族英雄和对历史所起的促进作用；不能因为朱元璋作了地主阶级的皇帝，就否认他在恢复和发展社会经济方面的功绩；也不能因为司马光在政治上是可耻的保守派，又是从大地主"资治"的立场出发编写《资治通鉴》，就否认《资治通鉴》一书的成就；也不能因为李后主是那样一个没出息的皇帝，就连他所填的"词"的艺术成就也一笔抹煞。这就是说，我们不能按今天的条件去要求历史人物，要求古人十全十美，这是不合实际的。如果这样，历史上就很少有可取的人物。与此相反，美化历史人物，为他们擦脂抹粉，夸大他们在历史上的作用，把他们说得十全十美，也是非历史主义的。我们应该认识到，任何历史人物，都不能不受到其当时历史条件和他们的阶级性的限制，也就是历史的局限性。因此我们只应站在无产阶级立场上，依据历史人物所处的历史时代的条件，给予实事求是的评价。

马克思主义的立场、观点和方法是一致的。观点是辩证唯物主义，方法是唯物辩证法，把它应用到人类社会的研究上，就是历史唯物主义。历史唯物主义是马克思主义历史科学的理论基础。所以列宁说：马克思主义的根本理论——辩证法，即关于包罗万象和充满矛盾的历史发展的学说。有了这种学说，先进的人们才有了以科学的态度研究历史的途径，即把历史当作一个十分复杂并充满矛盾，但毕竟是有规律的、统一的过程来研究的途径。宇宙就是这样包罗万象和充满着矛盾的，社会历史也是包罗万象和充满着矛盾的，但又是有规律可循的。我们应该怎样从复杂的矛盾中寻找规律呢？这就是要正确地运用唯物辩证法。而研究阶级社会历史的观点和方法，则是阶级分析的方法。因为阶级社会各种各样的现象，各种各样的东西，不管它是属于经济方面、政治方面，还是属于文化方面的东西，他们都是有阶级性的，都表现着一定的阶级关系和阶级矛盾。毛主席说："阶级斗争，一些阶级胜利了，一些阶级消灭了。这就是历史，这就是几千年的文明史。拿这个观点解释历史的就叫做历史的唯物主义，站在这个观点的反面的是历史的唯心主义。”① 因此，研究阶级社会的历史，要从阶级分析出发，还要着重分析当时最主要的社会矛盾。同时，我们还要掌握一点，就是在一个阶级里面还有若干阶层，如地主阶级中有当权的大地主，还有中小地主。奴隶主阶级、封建主阶级、资产阶级的内部都存在各个不同的阶层。在各个阶层里面还有各种不同的集团和派别。在剥削和统治人民方面，它们的利害基本上是一致的；但彼此间也存在着矛盾，他们常常为了本身的利益而争吵，甚至互相排斥、倾轧和撕打。所以，研究阶级社会的历史，还要根据各阶级内部不同阶层、集团、流派在经济、政治等方面的具体情况，加以具体分析，才能深入地把握问题的实质。

我们除了看到两个对立的主要阶级和其中的不同阶层以至集团、流派以外，还要注意两个主要阶级之间的中间阶层。在重大历史事变的过程中，中间阶层在政治上，常是表现动摇不定的；但他们却是很重要的社会力量。他们与被统治阶级的利益有许多共同的地方，但也与统治阶级方面常常有或多或少的联系，所以他们有时向革命阶级方面靠拢，有时又向反动统治阶级方面靠拢。这也正是历史自身的活的辩证法。

学习和研究历史，必须坚持和贯彻理论和实际相结合的方针。马克思主义的观点和方法是理论和实际的统一，“史”和“论”的统一。“论”就是观点，就是马克思主义理论，毛泽东思想的基本原理；“史”就是史料。“史”和“论”的统一，就是运用马克思主义的理论和方法，通过对具体历史进行具体分析，揭示出历史发展的规律性。当然，我们所说的对历史进行具体分析，根本不同于地主资产阶级历史家的现象罗列、史料堆积、“皇家年谱”，或所谓“历史就是史料的选择和排比”，而是在详细占有史料的基础上，运用历史唯物主义进行系统的深入的分析，既要复现历史自身的具体性和生动性，又要通过历史的具体过程反映出它的规律性。换句话说，既要体现不同国家、不同民族历史发展的共同规律，即社会历史发展的一般性，如关于生产力与生产关系的对立统一的规律、基础和上层建筑的对立统一的规律、阶级斗争的规律，等等，又要复现不同国家、不同民族历史的具体面貌，即社会历史发展的特殊性，并把这种一般性与特殊性有机地统一起来。近代资产阶级历史学，在资本主义上升时期，曾经对社会历

① 《丢掉幻想，准备斗争》，《毛泽东选集》第 4 卷，第 1491 页。

史的研究作出了一定贡献；但是由于历史条件和资产阶级阶级性的限制，他们始终没有能够阐发历史的客观规律，使历史真正成为科学，仍然只能把历史划分为所谓“上古”、“中世”、“近世”、“现代”的进程，仍然只是历史现象的罗列，归根结底，还是从历史唯心主义出发的。到了帝国主义时代，他们的历史学更堕落到神学的附庸地位，以所谓“混杂一团”的现象罗列，或以所谓“符号”和“象征”的综合等手法，来千方百计地假造历史，掩盖历史真象和曲解史实，贩卖各种各样的历史唯心主义的货色。例如，现今在美国流行的现代主义、相对主义，妄图以之来反对马克思主义，反对社会主义阵营，拖延帝国主义反动的垂死的统治。供美国垄断资本役使的托洛茨基派和现代修正主义派，也和“新史学”派、现代主义、相对主义等流派一样，只不过“新史学”派等老牌帝国主义史学流派，是公开宣扬殖民主义、奴隶主义，不承认社会历史发展的规律等等，而托派和现代修正主义派，则用夸大特殊性等手法，来宣传历史多元论和唯心史观，为维护帝国主义统治效劳。

另一方面，公式主义者则不是以马克思主义的理论作为研究历史的指南，而是任意裁割史料，或只罗列一些个别历史事例去填充他们现成的公式。这就是历史公式主义。所谓“以论代史”或“以论带史”，实质上也无非是公式主义或类似公式主义。他们不是对不同国家、民族的具体历史作具体研究，而是妄图用千篇一律的公式去硬套各国历史。从形式上看，他们好像是掌握了历史发展的共同规律性，只是稍微忽视了不同国家的特殊性；但在实际上，由于他们抽去了各别国家历史发展的具体内容，因此不只不能重新复现不同国家、不同民族的生动、具体的历史面貌，并使历史科学变成没血没肉的僵尸。因而他们丝毫也不能揭发历史的共同规律性。所以说，公式主义也是历史唯心主义的一个流派。我们反对资产阶级历史家把历史学当成史料学，并不等于我们不重视史料，恰恰相反，我们研究历史，要从历史事实出发，要详细占有史料；我们学习历史，要掌握历史事实，而不能满足于一些空洞的结论。当然，在强调“史”的同时，“论”也是重要的，它是研究历史的指南，是历史科学的灵魂，只有掌握马克思列宁主义理论，才能从复杂纷纭的历史现象中，找出历史发展的规律性，才能使我们对社会历史的发展达到系统的、深刻的、正确的认识。

学习和研究历史，还要坚决贯彻“厚今薄古”的方针，反对厚古薄今的错误倾向。我们应该着重中国历史，特别是中国的近代和现代史。但这不是说，我们可以放松中国通史和世界历史的学习，而是说我们学习历史要有明确的目的，要使我们的学习为今天中国的革命和建设服务。

学习历史和研究历史，还须从多民族国家的正确原则出发。如果我们从大民族主义或地方民族主义观点，或其他错误观点出发，都要损害历史研究的科学性。我国从古以来就是一个多民族的国家，我国的历史和文化是各民族劳动人民世世代代共同辛勤创造的。长期以来。各民族人民共同进行生产斗争和阶级斗争，并突出表现为共同进行了我们历史上的奴隶制度革命、封建制度革命、孙中山领导的旧民主主义革命、中国共产党领导的民族民主革命和社会主义革命和建设；由于长期历史发展的结果，形成了经济、文化以至住区等方面的不可分割的关系。因此，对于我国历史上的民族关系，其中包括民族矛盾和阶级斗争，如各民族统治阶级或上层集团相互间的战争或联合统治，特别是各民族劳动人民间的关系，等等，我们都应通过具体历史进行科学的研究，写出包括全国各民族历史的中国通史和每个民族的历史，来教育群众，为我国的社会主义革命和社会主义建设服务。以往中国马克思主义历史学家编写了几部中国通史，在编写中是认识到了这一点的，但由于条件限制，未能达到这个要求，现在我们正在创造和准备这个条件。

学习和研究历史，不仅要占有史料，还要对这些史料进行选择和审查。马克思、恩格斯、列宁和我们的领袖毛主席，在解决任何一个理论或策略问题时，无不系统地进行调查研究，批判地审查和严格地选择材料；反对任何只凭各别现象主观的臆想和轻率武断，在有条件的情况下，绝不使用未经批判审查的第二手材料。我们对史料的批判审查或考证，是以历史唯物主义为指南，与地主资产阶级的繁琐考证，或者史料就是史学的谬论，是有根本区别的。在我国历史上，从汉唐以来，特别是乾嘉以来的传统考据学，是作出了很大成绩的，这是我们应当批判地继承的；但绝不容许用它来代替或抵制新生的马克思主义考据学。在这方面，我们还必须付出艰苦的努力。以字考字和以文考字的方法，必须在历史唯物主义的基础上去加以批判的改造。我国有优良的史学传统和极为丰富的史料，这是发展我国历史科学的良好条件。从史料说，文献资料浩如烟海，民俗资料俯拾皆是，文物遗存，仅就已经出土和发现的来说，已为世界上所仅有。在这方面，我们还有许多工作要做，如考证、整理、汇编等等。这些仅靠个人或少数人的力量，即使皓首穷年，也不能尽其涯矣。因此，为历史研究服务的考据等等，和历史研究一样，必须在以个人钻研为主的基础上，个人钻研和集体研究相结合，把史料工作做到又系统，又真实，又准确。

学习历史，依据我个人片面的粗浅的经验，可以分作“约”、“博”、“精”三步走。“约”就是对马克思主义的理论和方法与历史知识打基础，选读有关经典著作和历史著作。在经典著作方面，马克思的《政治经济学批判》的《序言》、恩格斯的《家庭、私有制和国家的起源》、列宁的《什么是“人民之友”以及他们如何攻击社会民主党人?》、斯大林的《辩证唯物主义与历史唯物主义》，毛主席的《实践论》与《矛盾论》，以及《关于正确处理人民内部矛盾的问题》等，揭发了自然和社会的客观规律，是马克思主义历史学的经典。我们应该把它们作为基本读物。在中国历史著作方面，可以读范文澜的《中国通史简编》和《中国近代史》第一分册、胡绳的《帝国主义与中国政治》、吴玉章的《辛亥革命》等。在读的时候，不妨由粗读到精读，必须把它读懂；对其中疑难的地方，随时参阅别的书籍，校对原始材料。通过学习，掌握历史的基础知识和别人的研究成果，为进一步钻研打下基础。在史料方面，可以读《纲鉴易知录》、历代历史演义或舒屋山人著《二十六史演义》，进一步可以读《史记》、《资治通鉴》等。“博”就是扩大知识领域和眼界，不只是要博览经典著作以及有关马克思主义理论和方法的著作，而且要博览现代、近代、古代各家的历史著作和史论，博览有关原始资料性的主要书籍和文物，还要阅读其他学科同历史有关的重要著作。这些书怎样读呢？那就应该“博”中有“约”，或浏览，或翻阅一过，知其大概；同时要由“段”而“全”，即由断代史到全部通史，由“博”而“通”，即选读经济史、文化史、军事史等专史，再到通史，然后加以分类排比，加以贯穿。“精”就是选择一门（或专史或断代史），深入钻研，求得精通，集中各方面有关的书籍和资料，博览、细读、深钻，用马克思主义观点去研究，斟酌诸家之言，互相印证、校勘，材料期于精当，论点区分正误，重现历史面貌，洞察内在联系，等等。

上述意见，并不包括学习历史的全部问题，只是个人不成熟的意见和经验。

（原载《历史教学》一九六一年第十期）

新疆和祖国的历史关系

新疆从前汉时代起，一直是祖国疆域的一个组成部分。从汉至清都称作“西域”，正如顾炎武《天下郡国利病书》第二十四册《西域》所述，即东接玉门关，西至葱岭的西部地区之总称。这个地区，“唐、虞、三代、汉、后汉、自魏及晋、唐、宋、元、皇明”都是中国的一个部分，即所谓“西域土地内属”，也就是说，西域是国家的西部疆土。清乾隆时设伊犁将军及副都统领队大臣等官，留西征军驻防，改称新疆。光绪九年（一八八三年）改设行省。新疆即新设的直辖行政区域或行省之谓。新疆境内各兄弟民族，有的很早就住在当地，有的是较后移入的，但都已有相当长期的历史。他们与汉族等国内其他兄弟民族人民，经历了悠长岁月的劳动创造和社会斗争，共同开辟了壮丽富饶的新疆，奠定、发展、巩固了新疆和祖国的不可分割的关系，共同创造了祖国的历史和文化。历代中央朝廷和新疆各族的上层或统治集团及某些人物的某些积极性的举措，也至少在客观上是起了正面的促进作用的。

下面从政治、经济、文化等方面来申述。

一　新疆从前汉起就是祖国的组成部分

据现有可靠记载，新疆从前汉起，两千多年来，一直是祖国的组成部分。新疆和祖国的关系，就要更早。

早在原始公社制后期，新疆出土的新石器文化遗物中的彩陶，很可能和仰韶文化（包括甘肃仰韶文化）遗存的彩陶有关，而仰韶文化，正是后来形成为汉族的一个主要来源——夏人在原始公社制后期的遗存。

在西周（公元前一一二二—前七七〇年），约成书于战国时（公元前四〇三—前二二一年）的《穆天子传》和《山海经》，都有关于昆仑山、赤水及新疆、青海其他一些情况的记述，还说周穆王（公元前一〇〇一—前九八七年）和他的一群随从，曾爬上昆仑山，探看黄帝故居即所谓“黄帝之宫”，又和西王母等母系氏族部落接触过①。其他古籍也有“黄帝之族”曾居住过昆仑山下的传述。这虽还没有足够的材料来确证，但关于自然环境的有些叙述，似是确切的；关于其时散布在今新疆境内的各人们集团的社会情况，也可能是确切的。因此，至迟到战国时，周人的足迹已达到新疆并爬过昆仑山。

因此，说新疆在上古为三危与荒服地，三代时为宾服地，不是没有根据的。

依据可靠文献和地下出土遗存，新疆正式成为祖国的一个组成部分，是从前汉武帝时（公元前一四〇—前八七年）开始的。这还不是从一般的朝贡和封赐来说，而是表现为国家行政权力的行使。从前汉起，两汉政府都在今新疆设置统辖所谓西域三十六国或五十余国的军事、行政机构——都护府及其所属的戊己校尉等。当时所谓西域三十六国或后来又分化的五十余国，除大月氏（今克什米尔及阿富汗王国北境）、大宛（苏联浩罕地）、康居（苏联哈萨克共和国境）、奄蔡（康居西北、黑海北）、安息（今伊朗王国境）等部外，车师、

---

①《穆天子传》卷二：“（天子）遂宿于昆仑之阿，赤水之阳……吉日辛酉，天子升于昆仑之丘，以观黄帝之宫……癸亥，天子具蠲齐牲全，以禋□昆仑之丘。甲子，天子北征，舍于珠泽。……天子□昆仑以守黄帝之宫，南司赤水，而北守舂山之瑶。……季夏丁卯，天子北升于舂山之上，以望四野，曰：舂山，是唯天下之高山也。孳木华不畏雪。天子于是取孳木华之实……壬申，天子西征。甲戌，至于赤乌……赤乌氏，先出自周宗……曰：□山，是唯天下之良山也，瑶玉之所在……曰：赤乌氏，美人之地也，瑶玉之所在也……癸巳，至于群玉之山……寡草木而无鸟兽。……癸亥，至于西王母之邦。”卷三：“吉日甲子，天子宾于西王母……好献锦组百纯，䌷组三百纯……天子遂驱，升于弇山（弇，弇兹山，日入所也），乃纪丌迹于弇山之石。西王母又为天子吟曰：徂彼西土，爰居其野，虎豹为群，于鹊与处……”《山海经·海外南经》：“昆仑墟在其东，墟四方……羿与凿齿战于寿华之野，羿射杀之在昆仑墟东。”《海外西经》：“轩辕之国在此穷山之际……白民之国在龙鱼北，白身被发……”《海内东经》：“国在流沙中者埻端，玺㬇，在昆仑虚东南……国在流沙外者大夏。”“昆仑山在西胡西，皆在西北。”《大荒西经》：“大荒之中有山名曰日月山，天枢也……日月所入……人面无臂。”“西海之南，流沙之滨，赤水之后，黑水之前，有大山名曰昆仑之丘……其下有弱水之渊环之，其外有炎火之山，投物辄然。有人戴胜虎齿、有豹尾，穴处，名曰西王母……有山名曰常阳之山，日月所入。”“有轩辕之台”、“有女子之国”、“有丈夫之国”、“有轩辕之国”。《大荒北经》：“有大泽方千里……有毛民之国。”

焉耆、龟兹、哈密、疏勒、于阗、莎车……等部，都在今新疆境，当时他们都处在原始公社制的不同时期。在建立都护府以前，匈奴奴隶制国家宰割和统治着他们，并设置奴隶总督府即所谓“僮仆都尉”①，作为掠夺财物和人口的机构。这是对当时新疆各部人民的生死威胁。另方面，匈奴奴隶制国家，也不时侵入汉朝沿边各郡，掳掠人口和财物，并肆行烧杀，给予沿边人民以严重的威胁和灾难。汉朝朝廷出兵讨伐和追击，它便率部退入西域地方。汉廷为彻底击败匈奴，永绝后患，便必须截断它到西域的退路，即所谓“断匈奴右臂”。同时，随着汉朝国家经济的发展和适应商业资本的要求，开发经西域通中亚及欧洲的商路，即所谓“亚欧丝道”，便提到了日程上。自商路探险家张骞从西域回来后，武帝便以之作为确定的方针了。这对于西域各部以及能与“丝道”发生联系的亚欧各地，能和其时人类最先进的汉朝建立经济、文化的联系，都是有利的，符合于人类发展的要求的。因此，汉廷对于西域的部署和击灭匈奴的方针，不只适合汉廷统治的要求，同时也是符合西域和内地人民的共同利益与要求的。因此，除那些曾为匈奴代理人甚或还与之有姻亲关系的所谓楼兰（即鄯善）王、车师王等依附于汉匈之间者外，西域各部和内地人民，都支持汉廷的方针和举措。这就是当时形势的基本特点和基本矛盾。从前汉武帝到后汉和帝时基本上解决了匈奴问题止，汉匈在新疆地方亘数百年间的斗争，都是围绕这个中心进行的。

因此，汉廷的正规军进入西域，如武帝时贰师将军李广利率军远征大宛，和帝时（公元八九—一〇五年）大将军窦宪率军分路穷追匈奴西迁……那样的军事行动是不多的，它主要依靠内地人民和西域各部人民的合作和支持，自动前去或被征调前去的内地人民，即所谓“郡国少年”或“徙民”等等由汉廷所“置使者校尉领护”，充当“田卒”，在轮台、渠犁、车师、伊吾……等处屯田，一面解决自身和其他武装部队的供给，一面满足商路交通的供给需要，即所谓“以给使外国者”，也为西域的农业生产和冶铁等手工业生产开辟了道路。成为当时屯田重点之一的吐鲁番盆地的地下发掘证明：开始在当地植棉的是汉人，他们也可能是这种“田卒”和其家属。由于西域各部人民以至

① 《汉书·西域传上》：“匈奴西边日逐王置僮仆都尉，使领西域，常居焉耆、危须、尉黎间，赋税诸国，取富给焉。”《后汉书·西域传》谓匈奴奴隶主集团乘两汉之际的空子，又奴役西域，即所谓（西域）复役属匈奴。“匈奴敛税重刻，诸国不堪命。建武中，皆遣使求内属，愿请都护。”

其上层的支持，所以傅介子、常惠、郑吉、班超等人，仅以为数不多的随从或部卒为骨干，在西域各部的配合与支持下，能击败匈奴和其策动下的叛变，推翻匈奴的“僮仆都尉”，即所谓“僮仆都尉由此罢”，开创和维护了都护府的建制及其权力的行使。在两汉之间，亦即汉新之际，汉朝朝廷无暇西顾的时际，各部也“皆遣使求内属，愿请都护”。都护府是统辖西域的行政权力机关，也是控制匈奴、防护西域的军事镇守机构，维护“丝道”的权力机构。都护府以下，除由汉廷直接设置戊己校尉、戊部侯等军事行政机构外，并就各部上层给以王、侯、将、相、大夫、都尉等等职衔，受都护府的管辖行使行政权力和服从军事调遣。大都还设有译长；“亚欧丝道”所经之处，又兼司驿站职能①，从而又开辟了“亚欧丝道”。所谓“自敦煌西至盐泽，往往起亭”，即建立驿站。这种驿站，往往都是屯田据点。同时，设置专员管辖盐泽以西商道。“自敦煌西出玉门阳关，涉鄯善，北通伊吾千余里，自伊吾北通车师前部高昌壁千二百里。”“自鄯善逾葱岭出西诸国有两道：傍南山北波河西行，至莎车为南道，南道西逾葱岭则出大月氏、安息之国也；自车师前王庭随北山波河西行，至疏勒为北道，北道西逾葱岭则出大宛、康居、奄蔡、焉耆。”

西汉时这种开创性的措施和建树，奠下了新疆成为祖国疆土的基础，也奠下了新疆各兄弟民族成为今日民族大家庭中的成员的基础。这是既符合于新疆和祖国的历史发展，也符合于人类发展的共同要求的。这个基础，是在汉朝朝廷的方策下，通过张骞、郑吉、班超等人的具体活动，内地和新疆各族人民的共同斗争而奠定的②。

在唐朝，由于西汉以来的关系的发展，还由于形势的变化，唐朝朝廷对于西域的统治，一面承袭两汉以来的都护制度，一面又将西域和突厥人散布的地区，按内地行政建制区划为府、州、县，而仍授予各部族和部落上层以各种官

① 《汉书·西域传》：如且末：王以下设辅国侯、左右将、译长各一人；精绝：王以下，都尉、左右将、译长各一人；扜弥：王以下，辅国侯、左右将、左右都尉、左右骑君各一人，译长二人；于阗：王以下，辅国侯、左右将、左右骑君、东西城长译长各一人；莎车：王以下，辅国侯、左右将、左右骑君、备西夜君各一人，都尉二人，译长四人；疏勒：疏勒侯、击胡侯、辅国侯、都尉、左右将、左右骑君、左右译长各一人；其他各部，也都设这类职衔的人员，只是有的部不设译长。

② 参阅《史记·大宛列传》、《汉书·西域传》、《后汉书·西域传》以及有关诸人传、《资治通鉴》卷二十至五十一，《通鉴纪事本末》卷三、卷六。

衔，并常任用和通过他们去进行统治。

当时的形势是这样的：（一）反映东西贸易的“亚欧丝道”更大大地发展起来了。以贩运丝绸为主的内地商人，经新疆入中亚，沿阿姆河与波斯、阿拉伯等地贸易者，不绝于途，中亚等处商人也不断随同来华，长安成了各国商人所奔赴和聚集的国际都市。管辖商道的西域镇守机关和部队甚至可以仰给于商税的收入，即所谓“各食其征”①；（二）由于和内地先进的经济、文化的联系，受到直接推动，加快了生产的发展，因而在各部族部落的上层集团相互间的侵伐和掠夺，尤其是大压小、强凌弱，不只常影响商道交通，且影响了唐帝国的统治。自回纥部族（维吾尔族的主要来源，属突厥系）从漠北等处西徙后，相互争夺的情况便更加复杂了；（三）吐蕃（藏族的主要来源）已建立起奴隶主的政权，常武装进入今青海、新疆地区，掳掠财物和人畜，阻塞商路，威胁唐帝国的统治。唐朝朝廷为维护统治和商路畅通，必须制止各部间的争夺与吐蕃的侵掠，维护西域的和平环境。内地沿边和西域各部人民及国内外商人也对唐廷提出了这种要求。

唐朝朝廷的方针，对于原来不属于回纥系统的各部，如高昌、龟兹、于阗、疏勒等“汉时旧地”：（一）制止各部相互侵夺，令其和平相处，不服从号令和调处的，实行讨伐②；与吐蕃实行和亲，停止其对青、新的侵掠；（二）重开“碛路”，讨伐“壅掠”“贡道”的高昌贵族麴氏③，保障“丝道”畅通；（三）大都按照内地行政区划和建制，划各部地为州、县，即所谓“披其地皆州县之”。州以下设县，州以上设府。州置刺史，府置都督。如划高昌为西昌州，后改西州，后又改设廷州和西州，廷州置都督为都督府，西州置刺史。以焉耆“为焉耆都督府”，以龟兹地“为龟兹都督府”，“于阗为毗沙都督府，析

① 《新唐书·西域传》：开元时，“安西节度使汤嘉惠表以焉耆备四镇。诏：焉耆、龟兹、疏勒、于阗，征西域贾，各食其征。由北道者，输台征之。”

② 《旧唐书·西戎传》：“西突厥国乱，太宗遣中郎将桑孝彦领左右胄曹韦弘机往安抚之；仍册立咥利失可汗……令与焉耆为援。”《旧唐书·突厥传》：太宗对突厥咄陆，“谕以敦睦之道”。咄陆不听，乃令“安西都护郭恪（疑是郭孝恪之误——吕）率轻骑二千自乌骨邀击，败之”。《西戎传》：高昌壅掠贡道，不服号令，又与处月处密“攻陷焉耆五城，掠男女一千五百人，焚其庐舍”。焉耆告于唐廷，乃令侯君集率军入西域，救焉耆，“讨高昌”。

③ 《旧唐书·西戎传》：贞观六年，焉耆部长“突骑支遣使贡方物，复请开大碛路以便行李，太宗许之。自隋末罹乱，碛路遂闭，西域朝贡者皆由高昌。及是，高昌大怒，遂与焉耆结怨。”《新唐书·高昌传》：“（麴）文泰与西突厥通，凡西域朝贡道其国，咸见壅掠。”

十州”，等等。并任用各该部的贵族或头人为都督、刺史等官，如任麹智湛“以左骁卫大将军西州刺史”，授焉耆贵族素稽“右骁卫大将军为（焉耆都督府）都督”，“伏阇雄（为于阗）都督，以于阗贵族尉迟曜“为太仆员外卿，同四镇节度副使，权知本国事。”天山北路共设置四十五个都督府，一百五十个州，州下还设了不少县。都督府以上共设置了两个都护府：安西都护府辖天山南路，原驻西州后驻龟兹，北庭都护府辖天山北路，驻今孚远县；后又改为安西、北庭两节度使。都护府或节度使是分掌天山南路、北路的军事、行政的权力机关。在原先都护府下还设有节度使，如安西都护府在军事上，统龟兹、于阗、碎叶、疏勒“四镇”。前后任都护府的还有不少著有“政绩”的人物，如《旧唐书·西戎传》说：“安西都护，则天时有田扬名，中宗时有郭元振，开元初则张孝嵩、杜暹，皆有政绩”，为当时各族人民所称道。

唐朝朝廷对散处在漠南北及天山附近的东西突厥各部，也都一一划为府、州、县，任用其首领为都督、刺史、长史、司马等，并分设都护府去实行统辖。其中的回纥族，《新唐书·回鹘传》说：“贞观三年始来朝，献方物。突厥已亡，惟回纥与薛延陀为最雄强。菩萨死，其酋胡禄俟利发吐迷度与诸部攻薛延陀，残之，并有其地，遂南逾贺兰山境诸河，遣使者献款。太宗为幸灵州，次泾阳，受其功。于是铁勒十一部皆来，言延陀不事大国，以自取亡，其下麕骇鸟散，不知所之。今各有分地，愿归命天子，请置唐官。有诏，张饮高会，引见渠长等，以唐官官之，凡数千人。明年复入朝，乃以回纥部为瀚海，多览葛部为燕然，仆骨部为金微，拔野古部为幽陵，同罗部为龟林，思结部为卢山，皆号都督府。以浑为皋兰州，斛薛为高阙州，阿跌为鸡田州，契苾羽为榆溪州，奚结为鸡鹿州，思结别部为蹛林州，白霫为寘颜州，其西北结骨部为坚昆府，北骨利斡为玄阙州，东北俱罗勃为烛龙州，皆以酋领为都督、刺史、长史、司马。即故单于台置燕然都护府统之（按高宗龙朔中又改为瀚海都护府，领回纥），六都督、七州皆隶属。以李素立为燕然都护。其都督、刺史给玄金鱼符、黄金为文……作绛黄瑞锦文袍、宝刀、珍器赐之……尚书省中渠领共言：‘生荒陋地，归身圣化，天至尊赐官爵，与为百姓，依唐若父母然，请于回纥突厥部治大涂，号参天至尊道，世为唐臣。’乃诏：‘碛南鹈鹕泉之阳置过邮六十八所，具群马、湩、肉待使客，岁纳貂皮为赋。’”

散布在鄂尔浑河一带的回纥各部，由于自然灾难、内争及黠戛斯的袭击，而被迫西徙。其中大部徙至葱岭西的葛逻禄一带，一部徙至新疆境内的安西一带，一部南下到河西走廊，即所谓“本是大唐州郡”的沙州、甘州一带。（《新唐书·回纥传》、《旧唐书·回纥传》、《北平图书馆馆刊》九卷六号，王重民著《金山国坠事拾零》）徙入新疆者，受都护府或节度使统辖，徙入河西走廊者曾一度受吐蕃统属。在西迁前和其后的可汗（王）、可敦（王妃），如英武威远毗伽可汗磨延啜、英义建功毗伽可汗移地健及其妻光亲丽华毗伽可敦、武义成功可汗（长寿天亲毗伽可汗）顿莫贺及妃知惠端正长寿孝顺可敦，等等，都是由唐朝朝廷册封的。老可汗死了常要向唐廷报丧。新可汗继任常要有唐廷的册命。他们并常兼任唐廷的司空、仆射等高级官职。顿莫贺改易“回纥”为“回鹘”的汉译名称，也报请唐廷批准。以后在五代、两宋、辽、金时期，回鹘各部，散布在河西的是西夏的属领，散布在葱岭西及新疆境内的是西辽的属领，并曾与宋、辽、金发生着隶属关系。如金在哈喇火州并置有“监国”等官①。

因此，到唐朝，新疆和祖国的关系，较之两汉有了进一步的密切和确定。在五代、辽、金、两宋内地各个政权相互争夺和分裂的期间，也没有断绝它和内地的经济、政治、文化的联系。

在元朝，新疆一开始就同内地（腹里）一样，元政府设立元帅府、都护府管理军事，按察司、宣慰使、提举司、交钞库、达鲁花赤、断事官等管理民刑、财政等政事。新疆且是元军进入中亚和欧洲的兵站基地，所在又都设立“军站”、戍守和屯田，并于别失八里设立织造局。由于亦都护率先率畏吾儿各部归服，成吉思汗命他为第五子，并对畏吾儿贵族特加信任，即所谓“宠异冠诸国”。因此，畏吾儿上层又构成为元朝统治集团中仅次于蒙古贵族的重要成分，如岳璘帖木儿、哈刺普花、廉希先、廉希贡、廉希贤、桑哥、阿里海涯、普颜、道童、偰哲笃、叶仙鼐、脱力世官、阿鲁浑萨理等，位至宰相、部长、疆臣或都元帅的，为数不少。他们为元朝的军事、行政、财政等方面，都

① 以上参阅新旧《唐书·西域传·回鹘传·回纥传·突厥传》及有关诸人纪传，《通鉴纪事本末》卷二十八、三十七，《资治通鉴》卷一百九十二至二百三十八有关回纥、回鹘部分，《唐会要》卷七十三、九十七、九十八，《和林金石录》有关各碑，《册府元龟》卷九六二、九九九，李德裕《李卫公会昌一品集》卷二。《宋史·于阗传·回鹘传·夏国传》，《宋会要稿·蕃夷》，《五代史记·回鹘传》，《辽史·本纪·地理志》，《契丹国志》卷二六、二七，拉施得《史集》。

作出了不少的贡献和劳绩。太祖末年设立四个汗国时，以“畏吾儿隶察哈台”，也并未改变新疆的行政地位和性质。所以新旧两《元史》都不为新疆立传，而列同国内其他行省①。

元明之际，蒙古贵族各据一隅，并每每互相伙并，新疆亦分裂为吐鲁番、别失八里、于阗三大部和一些小的所谓地面的封建统治势力。除吐鲁番的速檀（王）阿力家族，许进在《平番始末》中说他为“冒认残元之裔”外（似属畏吾儿人），大都为“残元之裔”。明朝朝廷为孤立和分化元王室残余，便：（一）宣布对国内各民族“一视同仁”，对元室后裔实行“抚绥”，承认他们对各自所占地区的统治权力，只要表示臣服，一一都给予册封或任命；（二）于河西走廊置重兵镇守外，并于吐鲁番一带建立哈密、赤斤、安定、曲先、阿端、罕东、罕东左及沙州八卫，其下均分设千户所等，以畏吾儿、回回、哈剌灰等部上层为指挥同知及所属千户等官，一面借以控制位于其东面地方的“鞑靼”部和位于其东北而又地跨蒙新的瓦剌部，一面控制全疆和维护商道；（三）于哈密建立起统辖全疆的权力机构——哈密王府，封元皇室后裔安克帖木儿及其侄脱脱家系相继为忠顺王（后又另封安克帖木儿后人为忠义王），颁给金印，并直接派员充任王府长史、纪善辅导等要职，去掌握实权，“使为西域襟喉”和“……领西域职贡”。尽管明廷后来把金印和王位，即“领西域职贡”的权位，又授予素赖丝道为生的吐鲁番速檀阿力的孙儿满速儿，而作为明廷统辖新疆和掌管丝道的权力机关和其性质，并没有多大变化。同时，统治别失八里或于阗的封建权力者所谓王，也都是由明廷册封的，死了要“告丧”，嗣王要有明廷的诰命才能继位；其属下的指挥、千户、都督、佥事等官属，也都要由明廷给予诰命，即任命；他们相互间的争执都要服从明廷的裁处，并服从军事调遣。如《明史·西域传·于阗传》说：“西域惮天子威灵，咸修职贡，不敢擅相攻；于阗始获休息。”便是一例②。

到清朝和民国时期，清廷对新疆，最初是在明朝的基础上进行统治的。但由于英国等西方资本帝国主义侵占了印度，并对中近东实行殖民主义的支配和

① 以上参阅新旧《元史》有关诸人纪传，《元朝秘史》，《蒙兀儿史记》，《元书》，《元史新编》，《长春真人西游记》，《蓬莱轩舆地丛书》第一辑，《元经世大典图地理考证》卷一。

② 以上参阅《明史·西域传》及有关诸人纪传，《明史纪事本末》、《兴复哈密》，《明实录》、明陈诚《使西域记》，许进《平番始末》，马文新《兴复哈密国王记》，王树楠《新疆图志》。

统治；沙俄也成了资本帝国主义，他们都步步加紧的来侵略和阴谋分裂我国。新疆和西藏的危机便步步加深，各部上层集团相互间的争夺也每每夹有外国侵略者的阴影，个别不顾大义的分子还每每充当外国侵略者的走卒。因此，清朝朝廷对准噶尔所发动的内争、大和卓木布罗尼特和小和卓木霍集占的叛乱、受英国帝国主义役使来分裂祖国的张格尔的叛乱，等等，都采取快刀斩乱麻的军事行动和善后措施，设置将军府（驻伊犁）和参赞大臣衙门（驻喀什），筑城、建官、屯田，并于喀什噶尔、叶尔羌、英吉沙尔、和阗、乌什、阿克苏、库车、辟展、哈密、吐鲁番、哈喇沙尔等城，设办事领队大臣。这样由清廷直接行使行政权力和配置防军驻守，虽然在于维护清王朝的统治和边防，客观上却起了维护祖国统一和领土完整的积极作用。在这些方面，我们对于康熙皇帝、乾隆皇帝以及其后的左宗棠等人，是应该予以肯定的。到清末和北洋政府时代，清政府、北洋政府和国民党政府一样，作了许多丧权辱国以至公然出卖祖国和人民利益的事；但清政府及其后的北洋政府把新疆作为行省，客观上却是有利于制止分裂主义的活动和便利于反对帝国主义的侵略的。由杨增新、金树仁到盛世才的军阀统治，都是罪恶滔天的；但新疆始终仍是祖国的一个行省，却是大好事，为维吾尔自治区的出现提供了前提和条件。

二　不断加强的经济、文化联系是这种关系的坚强纽带

新疆和祖国的上述政治关系的发展，又为不断加强的经济上的联系和发展开辟了道路；政治关系和经济联系的不断增强，又引起文化上的日益紧密的联系，以至共同性逐步形成与增长；不断发展与增强的经济、文化上的联系，又成了政治关系上的坚强纽带。

以汉族为主体的我国封建时代的经济和文化，从秦汉到清朝前期，都处在世界最先进的地位。把落后的边疆民族地方的经济、文化，纳入和中央地区的先进经济、文化日益密切的联系的轨道，是大有利于各民族的经济、文化的发展的，也是大有利于人类的发展的。

在前汉先进的经济、文化影响到西域并在那里起作用，以及汉人到那里进行生产和文化建设以前，新疆地方的生产是较落后的，人口也是较少的。《史记·大宛列传》说："自大宛以西至安息……其地皆无丝漆，不知铸铁器。"当时较新疆各部进步的大宛、安息是这样，新疆各部的情况又是怎样呢？据《汉书·西域传》所述，各部中最大者也还只有牧畜，即所谓"随畜逐水草，不田作"。人口大都只有几百户，最多的也只有几千户①。所以当他们一见到张骞等人带去的锦绣、缯、帛等丝织品和铜、铁等金属器，就都非常珍视，即所谓"皆贵汉财物"，纷纷要求在经济、文化上和汉朝挂钩。新疆各部，由于：（一）与内地先进经济、文化上的联系和大陆"丝道"往来的影响、推动；（二）更重要的，还由于推翻了匈奴奴隶主国家对西域的残酷压迫和统治，得到了和平发展的环境；（三）内地前去的"田卒"和部队开创了农业和制铁等生产，并带去了各种先进的生产经验和技术（如铁器等生产工具、精耕细作、育蚕技术②等等）、文化的直接推动和影响。因此，到后汉，据《后汉书·西域传》等书所述，西域各部的生产都有了较大的发展，人口都有了较快的增长③。所以当时西域各部都支持汉廷和郑吉、班超等人的活动；各部人民都和前去的田卒、部队等汉族劳动人民，共同进行反对匈奴奴隶主和其代理人的斗争、维护"丝道"的斗争以及对自然的斗争等等。今天新疆地下已发现的遗物和遗存④，关于两汉的部分，如由婼羌、且末、于阗至和阗一带，挖出很多汉木简，和阗、于阗古墓中挖出汉帛诗；库车挖出驻节该地的官员李

① 鄯善（本名楼兰）："民随畜牧逐水草"；户一五七〇，口一四一〇〇。焉耆：户四〇〇〇，口三二一〇〇。车师前：户七〇〇，口六〇五〇。车师后：户五九五，口四七七四。山国：户四五〇，口五〇〇〇；民山居。婼羌：户四五〇，口一七五〇；"随畜逐水草，不田作"。且末：户二三〇，口一六一〇。戎卢：户二四〇，口一六一〇。于阗：户三三〇〇，口一九三〇〇。皮山：户五〇〇，口三五〇〇。西夜：户三五〇，口四〇〇〇；"随畜逐水草往来"。莎车：户二三三九，口一六三七三。疏勒：户一五一〇，口一八六四七。龟兹：户六九七〇，口八一三一七；"能铸冶，有铅。"蒲类：户三二五，口二〇三二。

②《汉书·西域传》称大宛"不知铸铁器，及汉使亡卒降，教铸作它兵器。得汉黄白金，辄以为器"。相传乌孙公主带蚕种至乌孙，不过为传入育蚕技术的一例。

③ 如于阗：增至户三二〇〇〇，口八三〇〇〇。蒲类：增至户八〇〇余；"庐帐而居，逐水草，颇知田作，有牛马骆驼羊畜，能作弓矢"。焉耆：增至户一五〇〇〇，口五二〇〇〇。疏勒：发展到有"胜兵三万余人"。西夜：增至"户二五〇〇，口万余"。车师前：增至户一五〇〇余，口四〇〇〇余。车师后：增至户四〇〇〇余，口一五〇〇〇余。莎车：发展成为能独力抗拒匈奴的强大部落。

④ 在新疆，田野考古工作还没有系统进行，估计历代的遗存都将有较多较系统的发现。

崇的印章“李崇之印”及传达命令的汉印牌；在沙雅县有维吾尔人称作“黑太拉克”的长百余华里的汉渠（《汉书·西域传》桑弘羊说：“通利沟渠，务使以时，益种五谷。”），称作“黑太城”的汉城（同书桑弘羊又说：“田一岁有积谷，募民壮健有累重敢徙者诣田所，就畜积为本业，益垦溉田，稍筑列亭，连城而西。”）；焉耆古墓中发掘出汉铜镜、帽饰、陶片等，在四十里外的旧城遗址有许多汉铜钱，等等。这不只反映了经济、文化联系在当时的深度和幅度，也反映了汉族劳动人民在新疆所进行的创造性劳动的一些遗迹。随同政治关系的确立，经济上、文化上的联系便日益紧密起来了。

据《北史》、《魏书》等史籍的记述，从两汉开始建立和发展起来的新疆和内地的经济、文化联系，成了生产以至生活上的重要因素，所以在三国、南北朝间中原分裂的时期，也并没有中断。

到唐朝，西域和内地的经济、文化的联系，有了更大的发展，并进一步形成了不可分割的关系。这同时又促进了西域经济、文化的发展。关于西域经济的发展情况，《新唐书·西域传》说：（于阗）自汉武帝以来，“诏书符节，其王传以相授。人喜歌舞，工纺绩。”① 焉耆已知“逗渠溉田”。龟兹已知道种植“麻、麦、秔、稻、蒲萄；出黄金；俗善歌乐；旁行书；贵浮图法”。高昌已知道农业，“麦禾皆再熟。有草名白叠，撷花可织为布。”② 关于与内地经济文化联系的情况：（一）首先表现为对“朝天至尊道”、“碛路”、“丝道”的开辟、维护和畅通的共同要求。凡“壅掠”商道、破坏贡赐和互市者，都受到反对和非难③。这正反映了在生产资料和生活资料供求上的相互依赖性，尤其是西域对内地的依赖。而此又是关涉到人民群众的共同利害；（二）表现为产品供求量的巨大。仅就回纥说，不只经常有成千的贡使、商贩往来，并常有成千人留住长安和行商全国各地。仅在“贡”、“赐”一项，每次运来内地的东西，除香料、药品、玉石、皮毛等外，马匹就常达几千几万匹，每次从内地运

①《新唐书·西域传》述其从汉代传入蚕种与育蚕，纺织技术，托为如次的传说：“初无桑蚕，丐邻国，不肯出。其王即求婚，许之。将迎，乃告曰：国无帛，可持蚕自为衣。女闻，置蚕帽絮中，关守不敢验。自是始有蚕。女刻石约无杀蚕，蛾飞尽得治茧。”

② 吐鲁番盆地的地下发现证明，最初在当地植棉者为汉人，可能即屯田田卒和其家属。

③《新唐书·西域传》：麴文泰为首的高昌贵族“壅掠”商道，违抗唐廷号令，“其国人谣曰：‘高昌兵，如霜雪；唐家兵，如日月。日月照霜雪，几何自殄灭。’文泰捕谣所发，不能得也。”

回的产品是几千驼载，绸绢即达十万匹①。而此，也正反映了需求上的群众性；（三）表现在物资的交流上，并不限于“贡”、“赐”，交易对手扩至官、商、公、私各个方面，交易场所延及“边州”以至内地各大城市。不只贡使和其左右等人，除正宗贡物外，个人都另携不少货品进行市易；前去西域的朝臣，也都私带货物去“市马规利入”②。由内地输往新疆的物品种类，除铁、铜等金属工具、用具、武器、钱币等外，以绸绢、布帛、粮食、茶、文化品等等为大宗。③ 唐廷对他们的每次赏赐、和他们自己卖物、放债所得的大量货币，不只用在内地市场购买各种物品，且携回西域地方作为交换媒介；（四）还表现为内地先进生产技术、经验等继续传入，如九世纪从漠北徙入新疆的回鹘，吸收了内地的经验和技术成为“善冶金、银、铜、铁为器及攻玉”的民族，并知道使用水力碾磑（水磑），能织制剋丝，等等；（五）至今在新疆，尚保留和已发现许多唐代遗存，如焉耆有建于八世纪的唐建明屋佛寺，旧城遗址发掘出许多“建中通宝”铜钱；库车库木土拉千佛洞发现有汉字“法诚”字样的陶片和汉文佛经残帙一纸，洞壁有僧法超、惠僧等十余人的题字，年月有“大唐大顺五年”（按昭宗大顺仅二年，所谓五年应为乾宁元年，当公元八九四年。这又可证他并非初从内地去的云游或行脚僧），或“乙巳年”、“丁未年”、“壬辰年”等；拜城千佛洞的石龛横额，书：“寐然而静”四字，发现的文书残纸上书：“□□节度押衙特进太常乡（卿）”字样，当地并出土有代宗大历年（公元七六六—七七九）的铜钱；吐鲁番西北雅尔湖有唐西州城遗址

① “自乾元后……每纳一马取直四十缣。岁以数万求售。使者相蹑，留舍鸿胪。”“始回纥至……常参以九姓胡，往往留京师至千人。居赀殖产甚厚……还国，装橐系道……橐它马数千，缯锦十万。”（《新唐书·回纥传》）“先是回纥留京师者常千人，商胡伪服而杂居者，又倍之。县官日给橐饔饩缯。殖赀产，开第舍市肆，美利皆归之。”（《资治通鉴》卷二二五）“大历八年十一月，回纥一百四十人还蕃，以信物一千余乘……是月，回纥使使赤心领马一万匹来求市。”（《旧唐书》卷一九五）“合罗将军呼万岁，捧授金银与缣彩。谁知黠虏启贪心，明年马多来一倍，缣渐好，马渐多。”（《白氏长庆集》卷四）“达览将军等至省，表其马数共六千五百匹，据所到‘印纳马’都二万匹，都计马价绢五十万匹。”（同上卷四十，《与回鹘可汗书》）

② 文宗太和五年诏云：“如闻，顷来京城内衣冠子弟及诸军使并商人百姓等，多有举诸蕃客本钱，岁月稍深，征索不得，致蕃客停滞，市易不获及时。”（《册府元龟》卷九九九）又“时时以玉马与边州相市”。（《新唐书·回鹘传》）“贞元中咸安公主降回纥，诏关播为使，而憬以御史中丞副之，异时，使者多私赍以市马规利入，独憬不然。”《新唐书·赵憬传》）

③《会昌一品集》《赐回鹘可汗书意》：从振武一次即和粜给回纥粮食三千石。唐封演之《封氏闻见记》卷六云“大驱名马市茶而归。”《新唐书·陆羽传》称，回纥“驱马市茶”。

及许多古代遗物，遗址中还发现许多“开元通宝”铜钱，古城外有全同于内地楼阁的雕梁画栋的唐式建筑遗存，古墓中发现有殉葬陶瓷象、泥塑武士、木质女象等唐俑；故宫博物院陈列的唐俑（从将军到武士并男、女），包括有新疆各族服式和面容的形象。《长春真人西游记》云：“抵鳖思马（按即别失八里）大城……因问风俗，乃曰：‘此大唐时北庭端府，景龙三年，杨公何为大都护，有德政……惠及后人，于今赖之。’有龙兴、西寺二石，刻载功德，焕然可观。”这都是和史籍的文字记载相适合，确证了唐书等史籍关于上述记载的完全可靠。

在五代和两宋、辽、金，据新旧《五代史》、《宋史》、《宋会要辑稿》、《辽史》、《金史》、《契丹国志》、《大金国志》等书的记述，新疆与内地经济、文化的联系和相互依赖，在唐朝的基础上又有了进一步的发展。《宋会要辑稿·蕃夷》云：回鹘需要北宋的东西，主要为金、银、铜、铁、银器、冠带、器、币、金首饰及纺织品等；北宋需要的军用以至民用马匹，靠回鹘大量输入，药材、香料、装饰品等也大量输入①，其中药材也是北宋人生活上所必需的。输入的数量是相当大的，如神宗熙宁十年（公元一〇七七年）回鹘私商输入北宋的乳香即达数万斤，元丰八年（公元一〇八五年），输给北宋朝廷的马一项，成价即达一百二十万贯。又如乳香，《宋史·于阗传》说：于阗“地产乳香，来辄群负，私与商贾牟利，不售，则归诸外府，得善价。故其来益多。”回鹘贡使和商人，对“所须物”，除宋廷给予者外，又常在京师及各地，“买卖于市肆。”（《宋会要辑稿·食货》三八）又同书《蕃夷》说：“回鹘因入贡，往往散行陕西诸路，公然贸易，久留不归者有之。”“西京回鹘人有久住京师”，“私买”“香药”。同书《食货》五五说：“物货四流”的西北“沿边州郡”的“秦风一路”，交易额即“岁不知几百千万”。王韶对神宗说，如“于本路置市易司，借官钱为本，稍笼商贾之利，即一岁之入，亦不下一二千万贯”。他们又从辽购买铜、铁等物(《辽史·食货志》)，在上京，“南门之东”并有“回鹘营”，安置“留居上京”的“回鹘商贩”（同上《地理志》）。正由于这种不可分割的联系的存在和发展，西州等地回鹘，常对阻拦到内地通

① 输入内地的土特产，有马、橐驼、硇砂、星矾、羚羊角、腽肭脐、胡黄连、大琥珀、翡翠、碎玉、琉璃、花蕊布、各色貂鼠皮、罽氎、绿野马皮、安西丝、皮靴、白氎布及白玉、胡桐泪、香药、乳香、木香、安息香等。

道的西夏进行战争，并多次打败了西夏武装，使从西州到北宋的道路得以畅通。在葱岭以西的回鹘，也常请求宋廷讨伐阻拦通路的西夏。（宋洪浩：《松漠纪闻》《回鹘》）反映到文化上，例如羽田亨的《西域文明史概论》说：回鹘西徙所散布的地方，“自古为西域文明与中国文明（按即中国内地文明，下同——吕）所繁荣者”，“遂以融通合成之势而发展……此种合成，即可谓回鹘文明之特征。”（郑元芳译，商务本，七九页）在文字上也兼用汉文，如在吐鲁番所发现的木板印刷品中，有回鹘文和汉文等几种文字。这种印刷术，也是“回鹘文活字的字母式结构，只是把王祯所说的四方形的汉字活字改变成为依照字母的长短而变化为长短不一的单字活字”（卡特：《中国印刷术的发明及其西传》一〇三——〇六，一六七——六八页）。这就是说，这等等方面的情况，连西方资产阶级的学者也是无法否认的。德人勒柯克的《中国突厥斯坦地下的宝物》也说：回鹘人在艺术形式上“采用与过去中国人所作的相同方法”，即表现内地和西域文化混合的倾向和色彩。在巴什力克出土的回鹘壁画，“在左边走廊的两边是穿黄袍的印度和尚的画象……同时在右边走廊的右边是三个穿紫色的东亚和尚的画象。”“印度人的名字用梵文，东亚人的名字同时用汉字同回鹘字。”（以上转引自《维吾尔族史料简编》上，八七页）卡特同书又说：吐鲁番的发现的最迷人的地方，是表现了汉人与突厥人等的“种族与宗教的混杂”。《西域文明史概论》述德国人在高昌遗迹中发现的一历书断简，“所记各日子，用索格底、中国、突厥三种称呼，即……次译中国甲、乙、丙、丁等十干之音，末更以索格底语之鼠、牛、虎、兔等配成十二支兽名（按实即我十二支之属性）。又在其上的每第二日……译出中国之木、火、土、金、水五行之名。”沙畹在《摩尼教流入中国考》述宋王延德的《使高昌行记》中说：王于九八一年至高昌时，高昌尚用唐开元七年历（冯承钧译，六〇页）。另方面，西域也给了内地文化以不少的影响和推动。如契丹文字、蒙古文字，都是仿照畏吾儿文创制的；七曜历是经回鹘传入内地的等等。此外，在新疆，又出土了“咸平通宝”、“天禧通宝”等宋代铜钱。凡此等等，均无可驳辩地反映了新疆和内地在经济、政治、文化等方面的不可分割性及其逐步增强的情况。

在明朝，明廷对西域的统治，如前所述，由于针对元室残余势力的关系，与元朝有所不同，因而在财政、经济的关系上也有着相应的差异，但没有改变经济联系的不可分割的性质。据《明史·西域传》说，还在明朝定国之初，

"西域回纥"就不断间关犯难，派人"来贡"；而当时占据哈梅里（即哈密）的元室残余兀纳失里阻隔"贡路"，"来贡者，多为哈梅里所遏"，他们便改"从他道来"——虽然仍常遭到兀纳失里"遣兵邀杀"。在太祖平定元室残余势力的反抗，"定畏吾儿地，置安定等卫"后，尤其在建立管辖丝道和"领西域职贡"、即统辖全疆的哈密王府后，除其时新疆三大部之一的吐鲁番（包括哈密、吐鲁番两个封建势力范围）外，于阗、别失八里两部，《西域传》、《于阗传》说："成祖欲远方万国无不臣服，故西域之使，岁岁不绝。诸蕃贪中国财、帛，且利市易，络绎道途。商人率伪称贡使，多携马、驼、玉石，声言进献。既入关，则一切舟车水陆晨昏饮馔之费悉取之有司……比西归，辄缘道迟留，多市货物，东西数千里间，骚然繁费……"《别失八里传》说："（其时尚）无城郭宫室，随水草畜牧"的别失八里，也是"奉贡不绝"。来贡的人口，仅其中所谓"头目"，即常达数十、百人。在哈密，哈密的安克帖木儿第一次遣使来朝，仅马一项即达四千七百四十匹。宣宗时（公元一四二六——一四三五年），又任安克帖木儿的后人为忠义王，与脱脱的后人忠顺王，"同理国事。自是二王并贡，岁或三四至。"在吐鲁番，《孝宗实录》说是"专仰贡路为生"的（卷八十九）。《明史·西域传》说："其酋叶密里和卓……以景泰三年（一四五二年）偕其妻及部下头目各遣使入贡。"即一个集团之内，也分作多方面来挂钩，以扩大物资交流数量。所以吐鲁番速檀（王），为"请代王（忠顺王）领西域职贡"（《荒徼通考》，《玄览堂丛书》本），一面不断派人向明廷提出请求；一面又不断用武力和脱脱家族进行争夺。由于他们不听从明廷令其停止进攻忠顺王的号令，孝宗弘治六年（一四九三年）明廷乃用："闭嘉峪关，永绝贡道"的办法去加以制裁和控制。果然，"其邻邦不获贡，胥怨阿黑麻（速檀）"，"阿黑麻以绝贡，失互市"，"窘甚"（《西域传》，《平番始末》），被迫只得向明廷"上书"，表示"愿悔过"，请求开关、复市。这正是西域和内地经济联系具有广大群众性基础和不可分割性的具体反映。

在元朝和鸦片战争以前的清朝时期，如所周知，新疆在财政上完全统一于中央朝廷，和内地的经济关系，基本上也和内地各行省相互间的关系一样。这都是无须申述的。文化上，在清朝，新疆到处都有雕梁画栋的内地建筑艺术的楼阁；新疆各民族的语言，都夹有越来越多的汉语以至满语的语汇等等。即此，可以概见一般。

此外，在新疆的吐鲁番盆地、塔里木盆地等处，都发现历代皇朝的铜钱，象库车、叶城、和阗、古鄯善城等处，发现的数量都颇多，而其中又以汉、唐、宋、元者为特多。估计将来在地下，还能发现更多的明、清钱币，及其他各朝钱币。这表明长期以来，新疆和内地就存在着货币统一的契机和特征。

在文化上，除前面已提到的古代遗存外，再提一下在时代上尚不能完全确定的那些遗存，也不是没有意义的。“在古鄯善城即楼兰遗址挖出了《战国策》……在该地古墓中，发现有什锦彩色花丝织品……并织有‘子孙——锦绣’等隶书体的字样。”在吐鲁番一带发现很多汉字墓碑，“其中字迹清楚者有曹太仁、龙屈仁、王才绪、张众汉、范近武等人的墓碑。”当地还“发掘出许多汉文古书，其中有《毛诗·简兮》、《尚书·大禹谟》、《孝经·三才章》、《孝经·明义章》、《佛书·音义》、《文选·序》、《阴阳杂书》、《为开元皇帝祈福文》、《汉文佛经印本》等等”，“还发掘出有汉、维（古维文）合璧的佛经，正面为汉文、背面为古维吾尔文。”（以上据张东月《关于新疆历史的几个问题》，《民族研究》一九五九年第六期，并参阅黄文弼著《塔里木盆地考古记》，斯坦因著、冯承钧译《西域考古记举要》）这不只表明了，长期以来，在新疆的土地上所滋长的内地文化的影响和作用，维吾尔族等新疆各族文化与汉族文化相互渗透的关系，而又表明了汉族人民与新疆各族人民在开创祖国历史和文化上的共同斗争所留下的遗迹，汉族人民协助新疆各族人民，在开创新疆地方的历史和文化上所留下的遗迹。

三　新疆各民族都能成为社会主义祖国民族大家庭中的光荣成员，是历史发展的结果

由于两千多年的历史发展过程，形成了新疆和祖国的不可分割的关系。所以在鸦片战争后到中华人民共和国建国前的一百零九年间，在日益严重的帝国主义侵略和祖国危机日益加深的情况下，在西方帝国主义千方百计地来分裂祖国的阴谋策动下，在资本主义商品象潮水一样泛入新疆的情况下，新疆地方和全国一样，陷入了半殖民地半封建的状态，新疆各族人民和全国其他各族人民

一样，陷入了被奴役的共同命运。新疆各族人民和全国其他各族人民团结一致，共同斗争。凡是违反他们这种愿望的，无不遭到他们的唾弃和反对。来自以印度和中近东为基地的帝国主义魔手，频繁地、直接地伸入新疆，使新疆半殖民地性的程度甚至比内地还要深刻。新疆的经济，一方面较内地具有较多的农奴性及其他落后成分，一方面在资本主义经济方面又远较内地落后，但主要是半封建性的。而此，正决定新疆和全国一致的反帝反封建的共同任务和要求。

由于历史的关系和共同命运、共同要求，所以西方帝国主义和其役使的民族败类，并没能把新疆从祖国分裂出去，他们都受到新疆和全国人民一致的反对，并一个个都在我国人民的面前宣告失败和倒了下去。因此，在旧民主主义革命时期，发生在内地的重大革命运动，几无不在新疆的人民中有反映，如公元一九一一年的辛亥革命，新疆人民很快就以起义来响应。在新民主主义革命时期，新疆人民的斗争，自始就在中国共产党的统一领导下进行的。优秀的共产党员陈潭秋、毛泽民等同志及其他汉、回等族人民的优秀子弟，为着全国的解放，为着领导和组织新疆人民的革命斗争，进行了艰巨的工作和作出了不可磨灭的功绩，他们和新疆各民族出身的革命烈士一起流了最后一滴血，他们的血液将永远凝结在一起。作为人民民主革命一个组成部分的三区革命，它配合人民解放军的入疆，对全国和新疆的解放作出了重要的贡献。这都不是偶然的，而有着历史的内在关联。

作为祖国组成部分的新疆维吾尔自治区，正是历史发展的必然结果。在历史发展的基础上，在党领导的民族民主革命胜利的基础上，新疆各族人民和全国人民一道获得了解放，又随同全国一道过渡到社会主义革命和社会主义建设，并已取得了决定性的胜利和巨大成绩，已根本上改变新疆的面貌①。如果不是团结在一个统一的祖国大家庭内，不是在中国共产党的领导下共同斗争，这一切，都是不能想象的。

（原载《民族团结》，一九六二年第二期，
《新疆日报》一九六二年四月十九、二十日连载。）

---

① 参考王恩茂：《热烈庆祝建国十周年，迎接更伟大的胜利》、赛福鼎：《新疆维吾尔自治区前进的十年》，均见《十年民族工作成就》上册，一九五九年民族出版社版。

关于中国历史上的“百家争鸣”问题[①]

一 不断继起的“百家争鸣”是我国历史的特点之一

关于历史上的“百家争鸣”的问题，过去中国和外国都有这样一种看法：欧洲史上有过两次“百家争鸣”，古希腊时代有一次，文艺复兴时代有一次；而中国只有一次，这就是春秋战国时代的“百家争鸣”。

我的看法不是这样。我认为中国历史上各个时期都出现过“百家争鸣”的局面。“百家争鸣”是中国历史的重大特点之一；只是在秦汉以后，在统一的封建帝国的专制主义的统治下，由于中央朝廷的直接参与，争鸣又常常受到束缚或限制。这个问题在我脑子里装了很久，没有拿出来。为什么没有拿出来？因为我考虑过这是不是标新立异？如果是标新立异，那么拿出来就会产生不好的影响。现在经过反复考虑，还是拿出来了。关于这个问题，我已讲过两次：一次是在政协给民主党派人士讲的；另一次是给北京史学会讲的。今天是第三次。我想这并不是标新立异，中国历史的情况就是这样。

毛主席说过，中国历史有它的特点。我看“百家争鸣”的传统也就是中国历史的特点之一。所谓历史特点，就是在共同性的基础上，在一般规律的基础上，各个国家有它自己的特殊性。中国历史上的“百家争鸣”的全部情况，我认为在毛主席的著作里，把这个特点概括进去了；毛主席提出的“百花齐

① 编者注：本文系著者于一九六二年七月十八、十九日在中共中央高级党校学术报告记录稿。

放、百家争鸣”的方针，是概括了中国历史上的这一特点的。这个看法合适不合适？大家可以研究。在中国历史上，一个浪潮接着一个浪潮的百家争鸣，就是中国历史上比较重大的特点之一。

下面我们先谈谈古代百家争鸣的社会性质和历史性质。

过去的历史家都是把古希腊时代的“百家争鸣”看成是奴隶社会的现象；文艺复兴时代的争鸣看成是封建社会末期、资本主义前夜、资产阶级抬头时期的现象。在我国，过去有些人看到春秋战国时期有百家争鸣，于是他们就把春秋战国看成是中国的古希腊时代，因此，春秋战国的社会性质也必然是奴隶制度。其实，有些东西是共同的，有些东西是不同的。有共同性，还有特殊性。共同规律是一致的，但是各国还有各国自己的特点。所以过去把希腊作为奴隶制度的典型，把日耳曼作为封建制度的典型，不符合这些典型的，就不是奴隶制度或封建制度。这种看法是错误的，这也是欧洲中心论。

所谓“百家争鸣”，就是意识形态方面的斗争，它是社会上层建筑，在一定的生产关系、经济上的利害关系的反映。就是阶级社会在一定时代，各阶级、阶层、同一阶层中各集团或各流派，在思想上、意识形态上相互间的矛盾和斗争或利害冲突。这在各个时代都是不可避免的。有时还交织着民族矛盾在内。阶级、阶层、集团间的矛盾和斗争，不仅体现在经济上、政治上、阶级关系上，同时也不能不反映为意识形态上的斗争。这种斗争发展到一定的程度，加上其他条件的凑合，即社会自然科学知识、生产技术知识的掌握和新的成果的出现，在这些条件下，就必然出现“百家争鸣”。所以，说“百家争鸣”只有希腊那样的奴隶制度才有，或欧洲封建社会末期、资本主义前夜才有，这在历史唯物主义理论上是讲不通的。

在其他许多国家，像日本、俄国、古代中亚细亚和埃及，在它们的具体历史条件下，在奴隶制时代，虽然有过思想斗争，但并没有引起“百家争鸣”。像俄国、日本，特别是日本，在由封建制度到资本主义社会的过渡期间，譬如明治维新前后，虽然有思想战线上的斗争，但是也同样没有引起“百家争鸣”。假使说“百家争鸣”只产生于奴隶社会和资本主义社会前夜，那就和这些国家的历史实际也不符合。

在我国历史上，阶级矛盾、阶级斗争、阶级间的战争，一直到各阶层、集团间的冲突和战争特别丰富，特别复杂，特别突出。民族矛盾、民族斗争，以至民族斗争的最高形式——战争，也是特别丰富、特别复杂、特别突出的。我国“百家争鸣”的传统和其影响作用，又特别丰富。这种斗争，包括民族间、阶级间、阶层间、集团间，以敌对阶级间的矛盾作为基础，在争鸣传统的影响和推动下，反映到思想上，就不能不表现为唯物主义同唯心主义的斗争；在彼此的内部，在同一阶级内部或同一阶层中，又不能不存在各种不同流派的分歧和论争。这种分歧和论争，虽然常常包含属于认识上的问题（譬如我们马克思列宁主义者内部也有认识上的分歧），但更重要的是由于它们各自所反映的社会阶级关系属性及其相互关系。每一个流派，每一个思想家，在反映这种社会阶级属性，反映各阶级、阶层、集团相互间的关系时，各方面都从自己的立场出发，这就不能不发生冲突、争执。在这种形势下，便每每汇成为“百家争鸣”的局面。

从世界其他国家的历史来看，没有出现像我国这样一个浪潮接着一个浪潮的“百家争鸣”的局面。而唯物主义同唯心主义的斗争，在社会思想或哲学史中是贯穿始终的，这是没有例外的。

二　出现在我国历史上的几次“百家争鸣”

下面谈一谈我国历史上出现的几次百家争鸣。到底这些算不算“百家争鸣”，同志们可以研究。在我国历史上某些时期的思想斗争，能不能算“百家争鸣”，我看需要通过具体历史情况，作些具体分析和研究。这里我只提出问题，究竟如何具体研究，需要史学界、哲学界共同努力，特别需要我们的同志们来研究一下。

（一）殷周之际

我们知道，殷朝的天文、历数、医学等方面都有了一定的创造性成果。但是，那时是不是有“百家争鸣”？我们今天的文献不够，资料不足，只能看到那时有朴素的辩证唯物主义的“八卦哲学”同巫教神学之间的斗争。这方面，我在《中国政治思想史》里谈了一些，有的同志不同意这个说法。另一方面，殷朝奴隶主贵族中也反映了教权同王权的斗争。殷朝前期、中期都是巫教僧侣贵族掌权，巫教僧侣在政治上掌权的主要表现方式就是贞卜。到了末期，王曾把部分神权夺回到自己的手中，在甲骨文字上出现有“王贞”的记载。这是有过教权和俗权的剧烈斗争的。

微子、箕子、比干同其他奴隶主贵族之间也有斗争或政治主张和观点的分歧。比干最后被杀，箕子也跑掉了。在朝鲜的平壤牡丹山顶上有箕子墓，有人说是假的。我认为，说完全是假的，还不能证明，说完全是真的，也还不能证明，究竟是真是假，需要进一步研究。我到朝鲜去过两次，有一次到了箕子庙，遇到两个八、九十岁的老人，他们非常热心，说箕子是中国人，来到了朝鲜汉城，对朝鲜的文化有贡献，所以给他修了坟墓和庙宇。

在殷周之际，有这样一些斗争，有思想斗争，政治主张上有分歧，这是不是“百家争鸣”？材料不够，不能下结论，但斗争是肯定有的。

（二）春秋战国

这是大家公认的我国第一次“百家争鸣”。当时科学方面值得特别提出的是炼铁事业的发展和炼钢术的发明。天文、历数、物理、农业技术知识等方面都有了发展。

关于这一时期的社会性质，现在大家的意见还没有一致，有的说是原始公社制，有的说是奴隶制度，有的说是封建制度，也有的说春秋是奴隶制度，战国是封建制。所谓氏族贵族、奴隶主、农奴主，他们的面貌、性格和特点是不同的，氏族公社的自由民、奴隶制度下的奴隶、农奴制下的农奴，他们的性格、面貌和特点也是不同的。这些应该能够认识得很清楚，不至于混淆起来。但是这几年有些著作在这方面似乎有些混淆，自由农民、奴隶和农奴的面目不清，奴隶主和农奴主的面目不清。到底是谁混淆了？我说是人家混淆，我清楚；人家也可能说是我混淆，他是清楚的。大家都应该虚心一点，不固执己见，就不至于影响科学前进。

在战国时期，据我看，初期封建制（也就是封建农奴制）的发展，已经快走完最后一步，逐渐向中央集权的封建专制主义演进。因此引起了社会的部分质变，阶级关系重新构成，形成了错综复杂的斗争形势。譬如封建领主中有大领主、中等领主、小领主、没落领主等阶层，此外还有新兴地主。新兴地主和封建领主的地位互相交替，彼此间利害冲突十分严重。另外还有封建领主同农奴、农民的矛盾。由于这些阶级、阶层、集团间的矛盾和利害冲突，就形成了思想战线上的斗争，或者说在意识形态领域中产生了诸子百家的思想，并展开了诸子百家相互间的思想斗争，也就是争鸣。

春秋战国时期，最主要的是儒家、道家、墨家等学派。在这些学派里，有墨子的唯物主义同老子的唯心主义的斗争。关于墨子，大家的看法不一致，杨向奎同志在《中国古代社会与古代思想研究》一书中说，郭老和我对墨子是相反的两种说法：一是否定，一是肯定。过去还有人说墨子是代表奴隶主的。关于老子，我和范文澜等同志说他是唯心主义，北京大学哲学系有些同志说他是唯物主义。关于荀子，我说荀子包含着唯物论的强烈因素，有上升到了成为系统的唯物论倾向，但没有给他戴唯物主义的帽子，因为他确认人性原来是“恶”的，这是先验主义，恐怕不能说是唯物主义的。但是很多同志说他是唯物主义，这个问题还可以研究。

这时候，一方面有唯物主义同唯心主义的论争；另一方面又有各个派别内部的不同意见的论争。唯心主义内部有很多派别，各个派别之间又有论争。法家有很多派。道家后来有老子正统派和庄子派。儒家有孟子、有荀卿等流派。当然，他们不完全是同时的。墨家后来也有不同的流派，梁启超把他们分为左、中、右三派。各个派别的政治主张不同，在争论中针锋相对，反映了彼此间的利益冲突。此外，参加争鸣的，还有法家、名家、农家、阴阳家等等，所谓诸子百家。

这是我国历史上的第一次“百家争鸣”。

（三）两汉时期

当时的天文、历数学、医学等比以前有了发展，农业、手工业生产技术有了显著的进步。最主要的是中央集权专制主义封建制度的确立和发展。经过前汉的生产恢复和发展，地主阶级越来越富，农民越来越穷，所以两个阶级之间不断出现了紧张局势，先后爆发了三次大规模的农民起义。第一次是秦汉之际的陈胜、吴广为首的起义；第二次是赤眉、绿林、平林的起义；第三次是东汉末年的黄巾大起义。这些大规模的农民起义表现了阶级矛盾的尖锐化。

在封建地主阶级内部，还有这样一些阶层：有大地主，有中小地主。大地主中又有贵族地主，他们是有世袭特权的；有一般地主，没有特权的，其中包括商人地主。此外还有旧领主的残余，项羽就属于这一类。刘邦作了皇帝以后，分封自己的子侄为王，这也是领主制残余。地主阶级内部有这样一些阶层、集团，他们相互间有利害冲突，而且比较尖锐，表现为中央王朝与地方的冲突，曾经爆发了平定所谓吴楚“七国之乱”的战争。前汉末，地主阶级内部又演化为“安刘”、“易姓”两派剧烈的政治斗争。后汉有外戚、宦官、太学生之间的政争，等等。所以阶级之间的矛盾，阶级内部各阶层、集团之间的矛盾，经过前汉初年的经济恢复和发展后，逐渐地发展起来。

这种矛盾和斗争反映在思想战线上，一方面出现了一些比较带有进步倾向的流派：如《淮南子》的作者。关于《淮南子》一书的著者，署名是淮南王刘安，实际上不是他写的，是他的门客写的。这些知识分子写的东西，反映了刘安的一些思想倾向，也反映了他们自己的一些政治要求和思想倾向。所以《淮南子》一书所表现的思想比较复杂，有唯物主义的东西，也有唯心主义的东西。有政治上消极落后的东西，也有比较积极的东西。还有司马迁，这是我国中古史学上一个了不起的人物，他基本上是唯物主义者，还有一些朴素的辩证法观点，文章也写得很好。近年来把他抬得高了一些，好象他比马克思还高明，这是不可比拟的。此外还有扬雄、桓谭、王充、王符、仲长统等人，这些人或者是中古的唯物主义，或者具有强烈的唯物主义倾向。

唯物主义的对立面有董仲舒等人及其流派。董仲舒把儒学神学化了。我们有些哲学家和历史学家写文章说，董仲舒的“天人合一”论是自然规律和社会规律的统一，那末他就成了伟大的辩证唯物主义者了。他们还说董仲舒以前的孔子也有这样的思想，从董仲舒起，一根红线贯穿下来都是这种思想。我不同意这种说法。董仲舒是把儒学降低为神学，把儒学神学化了。他是从神学的立场上替地主阶级说教，归结到所谓“天人合一”论。此外，在他以前的有贾谊、陆贾，表现了由法家学到儒家学的过渡。以后有刘向、刘歆父子，一个是经古文学派，一个是经今文学派。还有参与白虎观和鸿都门辩论会的白虎通派和鸿都门等流派。到了后汉末，则有孔融、郑玄、何休等人，孔融和郑玄是师徒关系，但是属于两个学派，互相论争，有许多见解不一样。上面所提到的这些人，尽管他们的见解中有一点唯物主义的观点，但基本上都是唯心主义的世界观起主导作用。当时的思想家们以“天命”、“性命”、“阴阳五行”、“谶纬”为中心，表现为神学与反神学、唯心主义同反唯心主义的斗争。

上面讲的唯物主义流派，或者具有强烈的唯物主义倾向的流派，那些思想家出现在历史上前后不同的时期，但是在争论中，却表现了鲜明的党派性。例如他们一致同董仲舒等唯心主义流派形成了对立面，批判他们。另外，在自己的唯物主义这一面，则互相肯定，如桓谭对扬雄，王充对桓谭、扬雄，肯定了他们的唯物主义观点，肯定他们的很多主张，并加以宣扬，这表现了鲜明的党派性。

另一方面，前后继起的唯心主义各流派间，自始至终存在着儒家学派同黄老学派之间的论争。表现在桓宽的《盐铁论》中，所谓文学、贤良、大夫、御史、丞相之间的激烈论争。在儒家学派内部，又有经古文学派和经今文学派的论争，等等，这一直到三国、两晋。刘向、刘歆父子和孔融、郑玄师徒之争，就是属于这些不同的学派，他们代表了不同立场、不同集团、不同阶层的利益。

在道家学派中，《淮南子》包含的思想比较庞杂，有强烈的唯物主义倾向，又有不少唯心主义杂质。到后汉末期，出现了以道教为躯壳，但和道教不同的所谓“妖道”、“异端”，如“太平道”、“五斗米道”，这是农民的宗教。现在有人拿这个来证明老子是唯物主义的，其实这些农民宗教和正宗道教是生死敌对和互相斗争的，如《抱朴子》就是非常反对所谓“妖道”的。

（四）两晋南北朝

关于自然科学方面的情况，那时突出的成就是在造船技术和横法炼钢等方面，反映了魏晋南北朝时代生产技术方面的新发现和成就，如这一时期写成的《齐民要术》，则反映了农民生产技术方面的新成果。

从西晋开始，民族矛盾就比较突出，国家由统一走向分裂。在北朝统治区域内，有几种生产方式并存，相互间就产生了斗争。这样，不只引起南朝同北朝社会经济结构的歧异和矛盾，特别引起北朝社会阶级结构更加复杂，因此社会矛盾也就更加复杂。从而又扩大了南朝、北朝之间以及民族之间的矛盾。一直到生产方式趋于一致，民族矛盾基本上消失了，南北才由分裂走向统一。所以，在当时形势下，阶级矛盾同民族矛盾相互交织。当然，民族矛盾不等于阶级矛盾，但在阶级社会，民族矛盾的基本内容实质上是阶级矛盾。北方的生产受到很大破坏，社会残破。北方统治阶级的主体是鲜卑贵族，在那样的社会矛盾下，他们受到汉族和其他各族人民的反对。统治阶级为了要保护他们的统治，极力想在思想意识上来证明他们的统治是合理的。于是一面说外国的东西比中国的好，譬如说佛教是外国的，就说佛教产生的地方乃是真正中国；另一方面，又说他们原来也是黄帝的子孙。南方的大地主统治集团，一方面要维护自己的统治，另一方面，在当时的情况下，对前途感到悲观失望，对社会的现实问题感到无力解决，非常苦闷。中小地主对于居于统治地位的大地主集团失去了信心，非常失望，同时感到社会那样动荡不安，也为自己的前途感到苦闷，等等。

这里提出一个问题，请同志们注意一下。过去托派不注意民族矛盾，不注意几种不同生产方式的矛盾。并且有意掩盖这些矛盾。我们今日应该注意，如果不注意南北朝社会的民族矛盾，不认识北朝有几种不同生产方式并存，及其相互间的斗争，我看就无法认识当时社会的本质，就无法了解当时社会的客观规律，同时也没有办法理解当时社会上层建筑的政治情况和意识形态方面的规律性。这种情况在中国历史上几度出现，如果不掌握这一条，我看，要了解中国历史就有困难。

在这样的社会形势发展过程中，反映在思想意识上，就展开了一幅错综复杂的斗争图画。

从西晋起，有刘勰、刘孝标、范缜、何承天、裴頠等的唯物主义或唯物主义的倾向。在他们的对立面有何晏、王弼、肖子良、葛洪等。此外，佛教里也有些人，如僧佑、郑鲜之、宗炳、僧愍等的唯心主义。

当时存在儒家学、道家学、佛家学。他们争论的主要问题在“有”、“无”之争。唯物主义方面认为一切是从“有”而来；唯心主义说是“无”。这是他们的主要论点。如裴頠写了《崇有论》。刘孝标写了《辨命论》。何晏等主张“本无”，佛教写的东西主张“心无”。接着又就“神灭”、“神不灭”展开了论争。如范缜写了《神灭论》；唯心主义者说神不灭，如南朝的郑鲜之写了《神不灭论》，还有一个和尚曹思文写了《难神灭论》，等等。

争论的另一基本论点是“夷夏”和“反夷夏”。主张“夷夏论”的承认有民族矛盾，“反夷夏论”的不承认民族矛盾。如僧愍写了《责夷夏论》……这些争论在当时也很激烈。

各派内部也有争论。如范宁反对王弼、何晏，说他们为“言伪”，是“祸国、祸一世、罪万代”。

儒、佛、道之间的斗争是很激烈的。在南朝甚至被提到理论原则上来阐明为什么要反佛。南朝的统治者极力想使儒、佛、道调和；而北朝的统治者则说胡人应该信佛。例如和尚佛图澄就是胡人。在北朝道和儒是联合反佛的。道是土生土长的宗教，儒学是地主阶级“治国平天下”的东西。联合反佛的有寇谦之、杨衒之、高谦之等。北朝崔浩，他为了反佛，拜寇谦之为师，企图利用孔子。在当时有所谓“二教说”、“三教说”。北朝佛教的势力很大，超过俗权政治势力。佛教寺院占了很多劳动力，还有武器。有人说佛教要造反，鼓动魏太武帝反佛。北周也反了一次佛。但南朝的反佛与北朝不同，表现为严夷夏的界限以“夷夏论”去反对“反夷夏论”，反映了当时的民族矛盾。

当时不管是南朝还是北朝，斗争是尖锐复杂而且十分剧烈的。南北朝本来是一个国家，分为两个政权，意识形态上各有自己的特点，同时又相互交错。这就是中国历史上的第三次“百家争鸣”。

（五）唐朝

唐朝的自然科学技术发明的成果是更明显了。唐朝是中国中世经济发展相当高的时期，随着唐初的经济恢复和发展，土地兼并强烈地进行。很多小土地所有者失去了土地，大地主享有特权，不负担徭役，徭役和赋税主要加在农民身上；中小地主也要负担，但他们可以转嫁给农民。农民、独立手工业生产者等由于苛重的负担和大量的失去土地，纷纷逃亡，以致后来形成大量的有户无人、有税无地的严重现象。或托于佛教寺院的庇护，成为佛寺的佃耕农民，他们不向封建国家负担赋税徭役，但是要向寺院缴纳自己的劳动成果和服役。因此，僧俗各统治集团间产生了利害冲突，展开了尖锐的斗争。

首先表现为争夺特权、争夺劳动力的斗争，其目的是为了支配农民。佛教寺院里养了成千成万的和尚，不劳而食，享有特权。因此，统治阶级内部的矛盾，反映为寺院地主和世俗地主之间的矛盾，在寺院地主内，又有佛教同道教之间的矛盾。后来表现为宦官同官僚集团及官僚集团内部的矛盾，以及中央与藩镇的矛盾，等等。这些矛盾反映到思想上，在世界观上就表现为唯物论同唯心论的斗争，以及唯心主义各流派间的斗争。

唯物主义者有的以道家的姿态出现，有的以儒家的姿态出现。他们有党派性。他们不受传统的道家、儒家的支配。唯物论者有吕才，他的著作收集在《道藏》里，他反对迷信，反对“禄命生成说”。关于柳宗元，我原来估计为二元论，现在很多同志认为他是唯物论，我又摸了一下，他们的估计是对的。皮日休，他是参加过黄巢农民起义的。此外还有无能子。唯物主义的流派主要是这些，他们与唯心主义的论争，如柳宗元与韩愈之间的论争，吕才与儒道各派的论争，等等，都是针锋相对，比较尖锐的。

唯心主义者有韩愈，他在世界观上、政治上有很多方面是落后的，但他在文章体裁上有功，他反对南北朝的骈体文，提倡散文，所谓“文起八代之衰”。此外有李翱、傅奕、朱仲卿等。佛家里有僧一行（张公谨的孙子）、慧能、普寂、道宣等等。道家学派有孟诜、李淳风、赵归真、王哲、叶法善等。这些都是唯心主义的。

儒、道、佛之间是有斗争的。韩愈、傅奕都反佛，佛教中如道宣、法琳等反对傅奕，道宣有《箴傅奕上废省佛骨表》、法琳的《反傅奕废佛僧事》、《答李仲卿“辨正论”》等等，都是针锋相对的斗争。儒家里的韩愈、李翱在“性”、“情”上也是有分歧的……

唯物主义者或者具有唯物主义倾向的，如柳宗元、刘禹锡等人，在政治上是一致的，但也有分歧，如对于“天”（世界观的争论）、对“均税”等问题就有不同的意见和争辩，他们对于韩愈、李翱的争论也是不一致的。

所以，当时这种斗争，也构成了我国历史上的“百家争鸣”。

（六）两宋

这是第五次出现的“百家争鸣”。当时的自然科学和技术成果，具体表现为火药、印刷术的发明，罗盘针的改进，等等。

两宋的民族矛盾和阶级矛盾自始至终比较突出，这两个矛盾，两宋朝廷始终没有处理好。所以经济力量虽然强，政治上却很软弱。由于两宋封建经济的高度发展，自由商人、手工业者和个体农民等独立生产者经济的增长；大地主集团一方面兼并土地，一方面不断扩大特权，甚至扩展到市场上、商业中，拥有所谓邸店或邸肆，构成了大地主集团同自由商人、手工业者和个体农民以至中小地主之间的矛盾。宋朝的农民和地主之间的矛盾自始至终是比较紧张的。

北宋王朝建立不久，就爆发了王小波、李顺等的起义。大地主集团同独立生产者之间的矛盾开始出现，而且逐渐发展起来。大地主同中小地主之间的利害冲突也日益激烈，表现在特权上、赋役负担上和商业等方面。两宋的大地主集团对辽、金是屈辱妥协的，每年拿出大批的金银、布匹、绸缎等财物缴给辽、金统治者，这些都是从广大人民身上搜刮来的，因此这更加剧了大地主集团同其他阶级、阶层之间的矛盾。这种阶级、阶层之间的矛盾和利害冲突，在整个两宋时期，都是一天天加剧的。虽然是一张一弛的。

两宋时期的民族矛盾表现为辽、金、西夏的统治集团南下在汉族地区进行军事压迫，杀戮人民，掠夺财产，社会生产遭受破坏，这不仅影响到个别的阶级，也影响到各个阶级。民族矛盾集中地表现为政权的对立以至武装对抗。它反过来又加剧了内部阶级矛盾，大地主集团的妥协投降派同人民群众为主体的抗战派展开了激烈的斗争……

这种种矛盾表现到思想上，就展开了一幅错综复杂的斗争局面。这次百家争鸣的浪潮比唐朝要高，范围要广。首先表现在唯物主义同唯心主义两条道路的斗争。唯物主义或者具有强烈的唯物主义倾向的，如张载，有人说他是唯物主义者，我说他有强烈的唯物主义倾向，因为在政治上他是复古的，主张回复到初期封建制度去，他的世界观有许多地方是暧昧的，并且是唯心的。一般说，一个真正唯物主义者不可能在政治主张上是反动的。当然，在特殊条件下，世界观和政治主张也会产生矛盾。如果张载真是一个唯物主义者，就必须从当时历史实际来研究他产生如此矛盾的条件。在唯物主义或其倾向方面，突出的是叶适（叶水心，永嘉学派），此外，还有康与之、陈亮（即陈同甫，永康学派）、李觏等人。王安石具有强烈的唯物主义倾向，但是也有同志估计他为唯物主义者。

在唯心主义方面的，有司马光、吕公著、周敦颐、程颢、程颐、朱熹、陆象山等。他们同唯物主义流派的争论，在世界观上，具体表现为理学同反理学的论争，如叶适、陈亮同朱熹的论争。在理学派内部，周、程、朱、陆各派又有争论，如他们对于“理”、“气”、“性”、“心”、“天理”、“人欲”等方面都有不同的见解，在政治主张上也有分歧。在朱熹和陆象山之间，还有一个调和派，其头子是吕祖谦（即吕东莱）。

此外，还有这样一些流派的斗争，譬如在政治上表现为新党、旧党的斗争，旧党里又有洛社、蜀社、朔社的斗争。

在唯物主义流派里，叶适、陈亮两大流派之间也有分歧。永嘉学派各思想家之间又有不同的意见。

总体来说，这个时期争论的问题集中表现在以下几个方面：

第一，理学与反理学的斗争。理学内部关于"性"、"心"、"理"、"气"、"太极"、"无极"、"天理"、"人欲"等问题上的分歧。

第二，表现在政治上的改革和保守的斗争。改革派对当权大地主阶级的统治提出了反对的意见，但往哪里走却提不出主张来。

第三，表现在对辽、金、西夏的"和"、"战"的问题。

第四，表现为关于"王"、"霸"、"义"、"利"的争论。

（七）明清

元朝的统治是中国历史上的一股逆流，社会停滞以至倒退。明朝社会经济恢复到了宋朝的轨道上并有所发展。自然科学和技术方面如火药、弹药、兵器制造方面有很大的发展。特别是从明朝中叶到明清之际有资本主义萌芽的出现。在明朝中叶以后到鸦片战争以前资本主义萌芽是断断续续的、曲折的。资本主义萌芽出现了，社会阶级构成、阶级关系就出现了新的情况。另一方面，在明、清，由于大地主的土地兼并，下层人民两极分化，扩大了地主同农民之间的矛盾。农民大量从农村流入城市，出现了大量依靠出卖劳动力过活的人。另外，有不少自由商人把自己的资金投放到生产中，直接同生产相结合。

在前一种情况下，明朝的阶级关系非常紧张，农民同地主的矛盾不断扩大，在李自成、张献忠等为首的农民大起义之前，就出现了邓茂七、赵鐩等为首的多次农民起义。在后一种情况下，则出现了城市平民的斗争。城市平民包括知识分子、独立生产者、资本主义萌芽状态下的市民、工人、手工业者。与之相适应的，有沿海、沿江的所谓"海贼"，或称"海寇"、"海盗"，也就是武装商队。

明清之际民族矛盾比较突出。在那样一种形势下，一面出现了清朝统治者对沿海、沿江城市的屠洗政策；一面出现了全国尤其是沿海、沿江城市平民，以及大批农民进入城市，共同进行的反清斗争。

以上种种矛盾和斗争反映到思想意识上，就形成了我国历史上第六次百家争鸣的局面。这次“争鸣”，同样地贯穿了世界观上的唯物主义或具有唯物主义倾向的流派同唯心主义各流派的斗争。唯物主义或具有唯物主义倾向的主要有陈榷、黄绾、王廷相、吕坤、王艮、王夫之、戴震、焦循、颜元、魏源、龚自珍等。他们反对当时的唯心主义流派，反道学、反理学。与他们对立的流派主要有薛瑄、胡居仁、罗钦顺、吴与弼、吕柟、陈献章、王守仁、邹守益、王畿、李二曲、陆陇其、毛奇麟、李光地、孙奇逢、朱彝尊等。

在唯心主义流派中，又有朱、陆二派的斗争。同时，在王阳明学派里，又出现浙江派与江西派等等的斗争。

他们论争的中心主要表现在以下几个问题上：

第一，关于“天理”、“人欲”、“理、气”、“心、性”、“格物”、“致知”、“生、死”等问题的争论。

第二，关于“泥古”与“法后世”，保守与反保守，“夷”与“夏”（民族矛盾），“私利”与“大公”的争论，等等。

第三，表现为反清同仕清。在土地问题上，关于“均田”的争论。

第四，学术上表现为“实用”、“致用”或“明心见性”之争，等等。

在唯物主义各流派之间，也有政治主张上的分歧和争论。

两大流派及其各自的各个流派的论争，又交织表现为古文学与今文学（公羊学）、汉学与宋学、朴学与反朴学之间的争论。

（八）从鸦片战争到中华人民共和国成立以前，整个民族民主革命时期，重点在新民主主义革命时期，这是我国历史上的第七次“百家争鸣”时期

鸦片战争失败以后，资本帝国主义列强开始了对中国的支配。鸦片战争是以英国为首的列强对中国进行侵略，这种侵略已经带有帝国主义的性质了——虽然资本主义还没进入帝国主义时期。中国从这时开始，走上了半殖民地半封建的道路，完全成为半殖民地半封建社会则还有一个过程。外国资本主义商品在不平等条约等特权掩护下，排山倒海般地流入中国城乡。中国封建农村在此以前已经衰落了，现在就更加破产。帝国主义侵入中国以后，一方面极力扶植封建统治；另一方面，把中国原来的商业资本改组为买办资本，逐渐在全国形成一个买办网，以狂风暴雨的形势，把正在萌芽状态的资本主义扼杀于其母体

之内。

因此，鸦片战争以后重新出现的资本主义生产，走的则是极其狭小极为弯曲的道路，因而这样的资产阶级就具有极大的两面性。

中国资产阶级有极大的两面性——一般地说，资产阶级都有两面性。我们也应当了解：东方资产阶级所处的时代是不同的，它在成长与革命过程中，不仅受到国内封建势力的压迫，而且受到外国资本——帝国主义的压迫与侵略，因此，东方的资产阶级，这里主要是指中小资产阶级，又有其反帝反封建的革命性的一面，而在无产阶级领导下，能够在一定程度上参加革命并能够同工人阶级结成反帝反封建的民主统一战线。

由于上面这些情况，因此不断引起社会阶级构成、阶级关系的变化和斗争的不断剧烈。社会基本矛盾是帝国主义和中华民族的矛盾，封建主义同人民大众的矛盾。工人生活一天天恶劣、饥饿、贫困，他们一天一天更加增长反帝反封建的要求，所以成为革命的主力和领导者。资产阶级由于生长在半殖民地半封建社会的基础上，分散、软弱，不能领导人民完成资产阶级民主革命，但它又想开辟自己的前途，想领导革命，但又害怕人民，这就形成了它自身的矛盾。

鸦片战争以后至甲午战争以前，我国出现的资本主义生产，其中官僚资本占了较大的比重，民族资本在当时还刚出现不久，或者说还很小。甲午战争以后，官僚资本特别是国家官僚资本，由于甲午战争战败的结果和战争的影响，受到打击而削弱。另一方面，民族资本逐渐增长，比例逐渐扩大。所以在甲午战争前后，戊戌维新主要是以官僚资本为社会背景。民族资本成长以后，它便成为辛亥革命的社会力量。孙中山说过，他是从甲午战争开始革命活动的。

中国无产阶级比资产阶级出世要早，数量大，具有最强烈、最坚决而彻底的革命性，同时具有特别优秀的品质，同农民有天然的亲密联系。因而出现了无产阶级领导的新民主主义革命。第一次国内革命战争，就是这个革命的第一个大回合，直到一九四九年，在党和毛泽东同志的领导下，经过全国人民的努力，才完成了这个革命。

这一时期中，在自然科学、社会科学方面，在中国社会的基础上，也吸收了外国的一些东西，有些开了花，结了果，有些还没有完全消化。

在思想战线上，整个旧民主主义革命时期一直贯穿着思想上的斗争。毛主席在《论人民民主专政》一文中说过：“先进的中国人，经过千辛万苦，向西方国家寻找真理。”这些仁人志士想找办法，为祖国开辟前途，这是一方面。另一方面，还有一批封建地主阶级的卫道士，如曾国藩，他不仅是封建军阀，在思想上还有一套反动的理论。旧社会的地主买办阶级对曾国藩给予很高的评价，说他“立德”、“立功”、“立言”，抬得比孔子还高。张之洞也有一套封建理论，他们都是为封建地主阶级卫道的，曾国藩在太平天国革命时期就充分表现出他的卫道精神。后来曾国藩、李鸿章、张之洞等为首的洋务派，还提出所谓“中学为体，西学为用”的反动理论。改良派如黄遵宪、王韬、薛福成、陈炽一直到严复等人，他们一方面憧憬资本主义；另一方面又不敢革命，也没有去掉对封建制度和其朝廷的幻想，只希望采取自上而下的改良办法，他们只能称得上是有资本主义倾向的人物。这里值得注意的是太平天国的洪仁玕，他写了《资政新篇》，这恐怕是中国最早具有资本主义倾向的纲领。还有容闳，他到南京去见洪仁玕时提出过七条，这也是具有资本主义或强烈的资本主义倾向的人物。

封建地主阶级的“中学为体，西学为用”，就是想在封建地主阶级统治的秩序下，吸取一些资本主义的科学技术和生产方法，特别是军事工业、交通运输等等方面。这样就产生了洋务派。改良主义发展到了康有为、梁启超、谭嗣同达到了高峰，并和洋务派有所不同，他们想经过一个由上而下的改良，在君主制度的基础上，建立一个君主立宪的国家，为资本主义的发展开辟前途。到了资产阶级革命派兴起后，与之相对立的君主立宪派由康有为、梁启超到张謇这班人物，成了清政府缓和革命的挡箭牌，成了保皇党。所以孙中山、陈天华他们从创立兴中会到同盟会这一时期，都是不自觉地抨击和孤立这一派，并集中反映为“革命”与“立宪”、反满与拥清、共和与君主……之争。

以民族资产阶级为主体的革命派，有孙中山、黄兴、陈天华、邹容、章太炎等人，他们一面反封建，一面同保皇党等流派作斗争。保皇党的主张基本上是反动的。但是，他们要求立宪，在革命派和其革命纲领产生以前，还不能说它不包含一些要求民主的成分，还有某些积极的因素。

当时在这些派别之间进行了反复的斗争，这里有唯物主义同唯心主义的论争。这里附带说一下，我们不能说所有的唯心主义者都是反动的，孙中山在宇宙观上有唯物主义的观点，但占主导地位的是唯心主义，可是他在政治上还是革命的，列宁评［价］他为伟大的革命民主主义者。康有为、谭嗣同、章太炎等人，虽也有唯物主义的倾向，但基本上也都是唯心主义的。所以需要在一定的历史条件下，来作具体分析。

新民主主义革命时期，在思想战线上主要是马克思主义同反马克思主义的斗争。反马克思主义方面有封建主义，即封建地主阶级的思想；有买办阶级的思想；此外，还有为反动派服务的伪马克思主义的托洛茨基派、新生命派（包括食货派），等等。

各个流派相互之间有分歧、有冲突、有斗争，也有打里手架的。在同一个流派中也常常有争执、有斗争。在我们自己的队伍里，也是有分歧、有争执的。譬如古代史分期问题的争论，我和郭老的意见就不同。但这是自己队伍里的分歧，是批评与自我批评的性质，属于争鸣的范围。

三　我国历史上“百家争鸣”的一些特点

从上面所谈的争鸣的情况，我看可以归纳为以下几个特点。

第一，我国历史上的“百家争鸣”，是以中国文化的悠久历史为条件的，是以自然科学知识、技术发展的成果为条件的，它又是同特别丰富的革命斗争传统、阶级斗争传统、“百家争鸣”本身的传统分不开的。每一次争鸣都是同当时社会所达到的科学技术成果、社会生产发展情况相适应的。每次争鸣的产生，都是当时社会各阶级、阶层、集团的矛盾以至民族矛盾发展到一定程度，在一定的形势下出现的。因此，我们可以说，“百家争鸣”是生产关系的反映，也就是经济利害关系的反映，又是和“百家争鸣”传统的影响作用分不开。它是属于阶级斗争的一个方面，是阶级斗争的一个组成部分，不是存在于阶级斗争之外。它是同各阶级、各民族间的经济斗争、政治斗争（包括武装斗争）、大规模的农民战争、民族斗争的形势相适应的。

第二，不论是哪个阶级、哪个学派或哪个思想家，都不能不代表一定的阶级、阶层或集团说话，反映了一定的阶级、阶层、集团的若干利益和要求。他们必然有自己的阶级性格。因此，我们对他们的思想必须进行阶级分析。过去我们同国民党斗争的文章里都有各自的性格，国民党的所谓“三民主义”的文章同我们马克思主义的文章调儿不同。所以我们绝对不容许抹煞阶级性，当然，不是要拘泥于他们出身的阶级成分，否则我们就要变成唯成分论了。我们主要是从他们的思想、政治观点、政治主张所表现的阶级立场来看。特别在斗争非常复杂和严重的时候，不仅要看他们的思想主张怎样，更重要的是要看他们的行动怎样。

他们的思想在世界观上不能不表现出或者是唯物主义，或者是唯心主义。苏联编的哲学史，写中国哲学家时都没有写上他们的世界观，这怎么能叫哲学史？所以我们必须分析这些思想家的世界观。哲学家，尤其是古代思想家，百分之百的唯物主义是很少的，总要有点杂质；百分之百的唯心主义也是很少的，不能不夹杂一些唯物主义因素，我们要看起主导作用的是唯物主义还是唯心主义。不管哪个流派、哪个思想家，都不能不属于哲学史上两条道路的一个方面，中间派是没有的，二元论也是唯心的。

是不是所有的唯心主义哲学家在政治上都是反动的呢？不能这样说，譬如革命民主主义者孙中山，前面说过，他在世界观上是唯心的。所以我们必须从他们的思想行动结合其历史地位和时代环境等等方面进行全面的、具体的分析。另外，也有些人早年是唯物主义，晚年是唯心主义；有些人早年是唯心主义，晚年又是唯物主义，不能孤立地看问题。

是不是所有的唯物主义思想家都是站在被压迫阶级的立场上或进步阶级、阶层的立场上呢？我看也不能完全这样说。属于统治阶级的某些阶层、集团，在他们所属的阶级、阶层、集团的具体利益关系上，在一定的历史条件下，也能出现唯物主义或强烈的唯物主义倾向的思想家。

第三，我国历史上各个时期的“百家争鸣”，不论是敌对阶级间的矛盾和斗争，还是阶级内部的冲突、意见的分歧，总的来说，在争鸣中基本上都是讲道理的、严肃认真的。这是好的一面。但是还有不好的一面，譬如孟子在同杨朱、墨翟两家的争鸣里，骂对方是“禽兽”。所谓“杨朱为我，是无君也；墨氏兼爱，是无父也。无父无君，是禽兽也。”这是不足为法的。又如惠施、公孙龙子在争鸣中，提出一些似是而非的论据和论点，进行诡辩和论争，这是我们要坚决反对的。其他有些是彼此的看法问题，攻其一点，不及其余，只见树木，不见森林，不讲实事，不问是非。如果把这和诡辩结合起来，用来维护自己的错误的论点，这也是要不得的。

第四，每次“百家争鸣”的结果，总是使学术思想丰富了，发展了，把认识提高了一步。同时在客观上总是捍卫了、发展了正确的东西。特别是在同一阶级的内部，认识上的分歧慢慢缩小了，逐步接近了。在争鸣中大家感到不舒服的事不多。朱熹同陆象山争论的时候很恼火，但表面上是很好的。朱熹对叶适、陈亮是和对陆象山有所不同的，他们是有党派性的。

第五，在“争鸣”中，由于统治阶级的朝廷，运用权力来进行干涉，并常常直接参与和进行控制，不只属于人民方面的流派或带有人民性或其倾向的流派，常常受到压制和摧残，甚至对那些不利于其时当权派的思想、主张，也常常受到排斥以至压迫，这都在不同程度上，对“百家争鸣”的进行和开展，起了约束、限制以至摧残的作用。

我国历史上的“百家争鸣”是一个浪潮接着一个浪潮，对于思想的发展直接起了推动作用。

（原载《吕振羽史论选集》，上海人民出版社一九八一年出版）

中国历史上的几次波澜和曲折[①]

同志们！

我认为历史课很重要。我们培养的是秀才，要把这门课尽可能地学好。过去有，现在还有一些人把历史唯物主义放到哲学以外去了，好象哲学只讲辩证唯物主义。这种认识肯定是错误的。谁也不能不承认马克思、恩格斯、列宁、斯大林和毛泽东同志是伟大的哲学家，他们在哲学上谈得更多的是历史唯物主义。可是要想把历史唯物主义学好，离开具体的历史事实是不行的，一定要把历史发展的具体过程了解得比较深刻，比较细致，或者是了解得正确、具体，这样才能真正掌握历史唯物主义的精神实质。因此，我们就不难理解为什么马克思、恩格斯、列宁、斯大林和毛泽东同志是伟大的哲学家，同时也是伟大的历史家。所以，希望同志们把这一门课学好。原来确定五九年班、六〇年班、六一年班的这门课都由我来讲，后来由于我的身体不好，六〇年班请了许多历史学家来讲，这也变成了好事，很多同志讲总比我一个人讲要强多少倍。六一年班比六〇年班请了更多的人来讲这门课，这就更好。今天讲这门课是百家争鸣，这是符合我们党的方针的，对我们党校的同志也是合适的。因为党校的同志们早就具有马克思主义的基础，大家能够分析。

我在这里声明一下：不要把我今天谈的作为指导思想，而是当作不成一家的一家之言。其目的是想给同志们对如何看待百家争鸣问题做一点准备工作。因此，关于如何运用马克思主义理论，特别是如何联系中国历史，学习中国历史，如何运用毛泽东思想来研究中国历史等问题，过去在五九年班讲过一次，

---

① 编者注：本文系著者于一九六二年九月三日、七日在中共中央高级党校讲课记录稿。

这里不专门讲了。那一次讲得比较粗，也不怎么系统，但是，根据我的认识水平，我要讲的基本上就是那一些，希望同志们参考一下。

今天要讲什么呢?

中国的历史很悠久，在发展过程中曾经出现过几个大的波澜和几个大的曲折。这种波澜或曲折，每个国家的历史上都有。恩格斯说：历史常常是跳跃式地和曲折地前进的。在我们这个国家的历史上，特别是在我国封建社会历史发展的过程里，波澜和曲折特别突出（所以我们要突出地讲一下）。

这里面所讲的包括两个方面的问题。一方面的问题是，跳跃和曲折在历史发展过程中带有普遍性，是个一般性的规律。但是，我们的波澜特别突出，这是特殊性。中国社会这样一个特点，是和中国封建社会的长期性（所谓的停滞性）相联的。在第二次国内革命战争时期，我们和托洛茨基派和新生命派有争论。在我们自己的队伍里面也有争论，这两种争论是不同的，和国民党、托派的争论是敌我斗争，而后一种则是自己队伍里面的争鸣。今天讲的不是过去争论的问题，是我在养病期间想到的问题，讲得对不对不要紧，现在是在党校讲，没有出书，也没有写文章发表，如果讲错了，请同志们提出来，我再来改。这是自己不成熟的意见。

讲三个问题。

（一）我们国家封建社会的发展过程中几个较大的跳跃，或者叫跃进——也就是说生产前进中的几个比较突出的大波澜。

在未正式讲以前，我先要说明一下，中国封建社会里面有一个土地制度问题，我今天不讲了，在以后的学习中有些同志要来讲的。关于中国封建社会的土地问题现在还有争论，有的说中国封建社会是从春秋战国开始；有的说春秋战国是奴隶制社会，因为土地还是国有的；有的说中国封建社会初期从秦汉到魏晋南北朝，是土地国有，以后是土地私有。对封建社会的土地私有问题，大家的看法也是不一样的，有的说，土地私有是土地自由买卖；有的说土地私有在封建社会不是自由买卖，到了资本主义社会是自由买卖，封建社会的自由买卖是有限制的，是受封建性的约束。这个问题现在不讲了。

首先讲中国封建社会历史上第一个生产上的大跳跃，或者叫大跃进（当然那个时候的大跃进和现在社会主义的大跃进不能相提并论）。

封建社会代替奴隶社会革命以后必然出现一个生产上的跳跃，每一个社会都是这样的。这个问题斯大林讲过。至于中国封建社会历史上什么时候进行封建主义革命，大家的意见不一致。郭沫若同志认为是在春秋、战国的交替期间。我今天是按照我的看法来讲，这并不是说人家的不对，我的对，我只是按照自己几十年来没有改变的“顽固”见解来讲。

中国封建社会的革命是以武王革命作为标志。但是中国由奴隶制到封建制的转变是一个过渡性不平衡性。斯大林说，由奴隶制到封建制的过渡大概经过了二百年，或者是不会多于二百年。同时，他说由封建主义到资本主义的过渡大概是一百年，也不会超过一百年。我看我们是运用和掌握他的精神，就是说生产方式的变革有过渡性，有过渡期，不一定从他的“一百年”、“二百年”这个数目字里面绕圈子。尤其中国这么一个大国，民族这么多，发展很不平衡（地区之间的发展不平衡，民族之间的发展不平衡），过渡期是比较长的，所以我说由奴隶制到封建制的过渡，是从西周“武王革命”到春秋才完成。但是，各个地区不同，在中心地区，由“武王革命”到“宣王中兴”就完成了，其他一些地方有的晚一些，有的更晚一些。我国在民主改革到社会主义改造以前，各兄弟民族的情况好象是一个历史博物馆（前天李立三同志到我这里来，我说我们是一个历史博物馆，他说是这么一回事，他到云南去看就是这样的）。有原始公社制，有奴隶制，有封建制的前期农奴制，有封建制的后期。按照彝族社会来研究中国的历史，中国就是奴隶制社会；按照西藏社会的情况来研究中国的历史，中国是农奴制社会；按照鄂伦春族、鄂温克族的情况来研究中国的历史，中国就是原始公社制。所以要全面来看，要是只看一点就会搞得一塌糊涂，什么时候都得不到一致。“武王革命”以后，就是说封建主义革命以后，有一个生产上的跳跃，这是人类历史的普遍规律。在中国，按照我的看法，在封建主义革命以后的跳跃，由于国家大、民族多，过渡性、不平衡性等等特点，跃进的情况就不一样。从全国范围来看，表现过渡时间比较长，“武王革命”以后，在西周的过渡是跃进，历史上所谓“成康之治”。西周以后，齐、晋跃进了，这些地方跃进以后，楚、秦跃进了。最后在今天的江苏南部和浙江的吴、越跃进了。所以表现为有的地方已经衰落了，有些地方还在跃进，这样一个交错的形势。关于生产跃进、生产发展，今天不详细讲了，有一些情况同志们可以看书。

前汉社会是中国封建社会生产发展上出现的第二个大波澜。关于生产波澜的情况，同志们可以看一下司马迁的《史记》的《货殖列传》、《平准书》，班固的《汉书·食货志》，它能够说明这时社会生产有一个跃进。为了和革命以后的跃进区别开来，或者叫波澜。

为什么在这个时期生产发展上出现了这样一个波澜？原因在哪里？有一些什么条件？

我认为，首先是由于这个社会比较显著地出现了部分质变，就是说由初期封建制到后期封建制这样一个质变。初期封建制是农奴制，后期封建制是佃耕制。同时，在政治上前期是分散性的，各个封建领主在经济、政治、军事上有相对的独立性。后期封建制是专制主义中央集权的国家，秦汉以后，这种专制主义中央集权的统一的封建国家代替了分散的封建制。由分散到统一，对社会来说是一个进步，所以我们说秦始皇有肯定的一面，这就是很重要的一点。同时在秦汉之交出现了以陈胜、吴广为首的农民起义和农民战争，这种农民起义和农民战争给封建制相当大的打击，封建统治阶级吓了一跳。所以刘邦做了皇帝后，就不能不适应农民的一些要求，在经济上、政治上实行了一系列的改良政策，这种改良政策是对农民的让步，这也促使了生产发展。

再一条，当时黄河中下游、长江中下游地区，从殷周一直到战国，散居了许多民族（当时所谓部族、部落）。在河南中原地区住了不少其他民族，但到秦汉的时候出现了“车同轨、书同文、行同伦”，就是说这个时候形成了汉族，大家都融合了，或者是同化了。在这以前这些民族之间互相有矛盾，这时基本上消灭了。在这以前齐桓公之所以称霸就是因为他“尊王攘夷”，他保护诸夏，而保护诸夏就是保护汉族。

第四条，由于农民战争，迫使前汉朝廷实行了一系列有利于生产发展的政策和措施，汉高祖、汉惠帝、汉文帝、汉景帝连续在这方面做了一些工作，这都促进了生产的发展。

第五条，在汉朝的时候，北方的匈奴，经常打到内地来，也打到东北去。从辽宁起一直到新疆，把新疆统治起来，匈奴一来就烧、杀、抢、掠，把人捉去做奴隶，后来汉朝把它打跑了。匈奴原来叫“匈”，奴是后来加的，是骂人的，不过现在习惯了也无所谓。汉朝一开始就和它作斗争，汉高祖到了大同（白登），把匈奴包围起来了，阻止了它，使它不能对内地、东北、新疆的经济文化进行摧残破坏，同时使得内地中原地区和新疆、东北的经济文化的联系加强了，同时开辟了中国到中亚细亚、欧洲的丝道。

汉朝，特别是前汉的生产发展出现了这样的波澜是因为具备了这样的条件。由于前汉有了这样的发展，前汉当时的经济、文化处在全世界最先进的地位。

唐代出现了我们国家封建社会时代生产发展又一个大的波澜。

所谓盛唐，无论是在经济方面，或在文化方面，都说明是很繁荣的。当时全世界没有一个国家不是仰慕唐朝文化的。同时正因为唐朝发展这样快，力量这么大，和国内其他民族一比，力量大得很，它不怕其他民族的反对，因此李世民就能够在民族政策上提出一个“一视同仁”的政策。李世民基本上没有实行什么民族压迫政策，实行了“一视同仁”的政策。为什么？因为他的力量特别大，文化特别高，国内所有的民族都要和它联系，松赞干布就是这样的，认为唐朝这么大，不能和它打仗，他向唐朝求婚，就成为大唐的藩属。在世界各国，唐朝也是很突出的，所以日本那时很仰慕唐朝的文化，不断从唐朝学习东西，不断派学生到唐朝来留学。

这一次发展的原因何在？有一些什么条件？

首先，也还是隋末全国范围大规模的农民起义、农民战争。小说里面说是“四十八路烟尘，百零八路霾烟”，普遍到全国各个地区，它对封建制度的打击比秦末更凶。

第二条，在隋朝那样的基础上巩固和发展了全国的统一。原来从十六国、南北朝起全国长期是分裂的，里面包括有民族战争，这时南北朝民族同化了，融化成为一支，所以南北朝所谓的张三、李四和后来的张三、李四不是同宗（比如我们姓吕的原来是姜太公的后裔，但是西凉的吕光也是姓吕，那到底是姜太公的后裔还是吕光的后裔呢？我不知道），刘、李、张、王四大姓，实际上是刘、李、张、王四杂姓，这时南北民族矛盾不存在了，南北生产方式达到了一致，所以隋朝能够统一，唐在这个统一的基础上发展和巩固。今天我们国家的疆土除去西南、西北某些边沿以外，除了西藏的松赞干布和文成公主结婚成了唐朝的藩属以外，其他的都是唐朝确定下来的。原来在中原黄河、长江中下游地区，民族不断同化了，同时又发展和扩大了国内各民族之间经济文化的联系和交往。

更重要的一条是唐朝在农民战争的基础上创造了大量的自耕农。唐朝的所谓“均田制”给有劳动力的男女分一定的“口分田”和“永业田”。“口分田”是要按人口分的（实际上唐朝分了一次以后再也没有分），由于南北朝长期以来的战争和人口的死亡，把许多没有主人的土地或者荒地作为均田分了，这一些自耕农的出现大大推进了社会生产的发展。同时唐朝实行了其他不少有利于生产发展的政策，李渊（李世民的父亲）、李世民、唐高宗、武则天，一直到后来的唐明皇（玄宗），都不断地做了一些工作。

这些是主要的，还有很多其他有利条件，生产力本身这时表现有明显的发展，明显的前进。所以唐朝生产发展出现这样的波澜，即所谓“贞观之治”的盛世。

下面讲一讲两宋和辽金的情况。

两宋和辽金是一个矛盾的情况：两宋社会的生产是发展的，生产上出现了一个波澜；但是当时和北宋对立的辽（即在今天的山西地区、河北绝大部分地区，一直到今天的内蒙古自治区和东北）以及辽所占领的汉族地区是衰落的。就是说，辽人原来自己所在地区和以前比较是进步的，但这时汉族地区已经发展到封建制，所以和汉族地区比较它是落后的。辽人占领了汉族地区，用强力推行奴隶制，这是一个逆转。金占领地区很大，山东、河南、江苏、安徽部分地区都占领了，这些地区原来在北宋时代很发展，到金的时候就下降了。这是一个逆转。

两宋发展的条件：

农民战争所起的作用是曲折的。黄巢在全国跑了一个大圈子，从山东、河北打到河南、江西、安徽、福建、广东，又从广东、广西、湖南、江苏、湖北、安徽、陕西打回来，后来出现了一个五代十国的局面。宋结束了五代十国的分裂局面，又恢复到前唐以来那样的发展轨道。

宋朝经过了五代十国，又根据唐朝那样的政策，不但创造了小农、小自耕农，而且创造了其他独立的小生产者经济。赵匡胤当时在开封北面的陈桥时，他的所谓弟弟说：我们要你出来做皇帝，我们大家都拥护你。他说：你们要我做皇帝是不是要发财，你们要发财的话就要听我的话。后来他就给了他们一些发财的机会，给了一些金银财宝，对他们说：你们不要当兵了，回去种地，做小生意，搞手工业生产吧。他把这些人搞回家去成为独立小生产者。

再一条，原来中国经济最发达地区在唐朝以前是黄河中下游，但南北朝时期华北搞得很厉害，西北也是这样，连年战争，把西北的森林砍了，水土保持不了，肥土让风刮走了，让水冲走了。山西太行往西从外面一看是一片平原，向里一看很深的地方盖了房子，从地方志上可以查出来，延安有很多沟是水冲出来的。经过了五代十国，北方很混乱，生产不发展。这时南方的经济，特别是江南的经济慢慢发展起来，长江流域和珠江流域那些小国家的经济也都有发展。同时在辽、金时期北方的汉人不断向南移，把北方的生产技术带到了南方，促进了南方的发展，这给两宋的发展创造了条件。这时在北宋前期一直到南宋前期社会上有两种不同的矛盾，一种是民族矛盾，一种是阶级矛盾，都比较突出，两宋如何处理这些矛盾呢？它应当是适当调整内部的阶级矛盾，才能有力量解决和辽金的民族矛盾。两宋的统治者没有这样做，王安石看到了这一点，提出了一些政策，也实行了一个时期，但是没有能够实行下去。两宋实行了一些传统的改良政策，这些政策对生产起了一些促进作用，但是不能解决两种矛盾交织的情况。两宋在处理民族矛盾和阶级矛盾的政策是倒行逆施的。苏东坡说，天下大患内在民，外在北狄、西戎。他这个见解是不错的。但他又说，内乱不解决就没有办法对外，只有解决了内乱才能对外。因此他用全副精力对付人民。我对苏东坡的评价是六个字：有见解，很保守。当时苏东坡是看到了这些东西。但是统治阶级倒行逆施，不做调整，不愿意放弃一点地主阶级的利益向人民让步，因而束缚了生产的发展。假如处理得好，两宋生产发展速度还要快，规模还要大。由于他倒行逆施，不断缩小两宋地区，并且造成北方生产的衰落，助长辽、金地区的扩大。比如宋高宗不帮助岳飞，把他杀了，实行金的政策，为金人清道。并且由于两宋朝廷这样的倒行逆施，使南方、北方社会生产的差距在相当长的时期扩大了。

两宋经济发展的性质和唐朝不同，它出现了一些新的东西，关于当时发展的情况，过去认为是都市行会手工业发展和独立生产者的经济比重一天一天地扩大。自由商人在两宋时代发展了，以前是个别的。在两宋有几大发明，而且不断改进，有印刷术、火药术的发明并且有若干改进。两宋如果政策对头并且不断地发展下去，中国资本主义萌芽可能出现得早些。

下面讲明朝。

明朝社会生产的发展又出现了一个大的波澜。

明朝生产的发展第一个原因还是由于农民战争和民族战争。农民战争、民族战争和阶级斗争在元朝一开始建立统治以后就在内地以汉族人民为主进行。后来由于元朝对内地的统治加强了，内地的斗争转入地下，很多转到边疆少数民族地区，到四川、广西、贵州、云南的边上。这个战争加深了各民族的互睦关系，加深了各民族人民的联系，在加强全国统一性里面起了作用，这是一方面。

另一方面在战争过程中改变了原来的落后生产方式。比如原来的辽、金在北方实行落后的生产方式，元朝在长江以北实行落后的生产方式，农民战争迫使它们向后期封建制的生产方式转化，由于这样的斗争，到了明朝全国范围都恢复到了两宋社会发展的轨道上，并且使全国的统一发展了，统一的基础更加巩固了，各民族人民之间的关系更加密切了。原来有契丹人、女真人，到了明朝，契丹人和女真人同化成为汉人。顾炎武说：今天华北汉族里面有不少是契丹人、蒙古人、女真人。南方的汉族中，苗族、藏族、彝族也不少。这样一来，民族的内容丰富了，人口扩大了，矛盾逐步消失了。元朝曾下几次命令要蒙古人回北方去，回蒙古去，他们不听，为什么？因为他们的姑娘嫁给了汉人，他们的儿子娶了汉人的姑娘做媳妇，所以不愿意回去了。

同时由于农民大起义，在全国范围内对封建势力的打击是很严重的。明朝的朱元璋本来是农民出身，是皇觉寺的和尚。朱元璋实行了一系列政策，最突出的一点是把很多土地给了没有地或少地的农民，水利工作也做了不少，同时他还实行了一些带有重商主义因素的政策，并且给了农民一些耕牛、农具，解放了元朝使用的大量的奴隶，而且禁止买卖奴隶，禁止使用奴隶。朱元璋统一了国内，除了元朝残余集团回到蒙古地区继续斗争以外，其他的地方差不多都巩固了。正因为明朝的力量比较大，全国统一比较巩固，所以朱元璋对少数民族也实行了“一视同仁”的民族政策（在中国封建历史上，只有两个帝王，一个是李世民，一个是朱元璋实行了一视同仁的民族政策）。元朝和中亚细亚、南洋的往来是很密切的，明朝还是保持了这种往来关系，但是往来商品的性质和内容变化了。元朝和他们往来主要是蒙古贵族和色目人，他们的商品是奴隶制性质的掠夺，及奴隶性的生产。明朝不同，恢复了两宋以来那样性质的生产，而且其中独立小商品生产占的比重不少，因此明朝比宋朝有进一步的发展，比如印刷术，今天我们看的书籍，明版印刷比宋版印刷好。

农业也发展了，农业人口急剧增加，耕地急剧扩大，技术也大大提高了，手工业生产比宋朝大大前进了一步，而且有新的东西出现，出现了个别资本主义的东西，到了明朝中叶可以称得上出现了资本主义萌芽，所以有明朝前期生产这样的发展，表现为郑和七次下西洋（郑和本来姓马不姓郑，是云南回族人），他走遍了西洋，到了南亚西部，到了非洲。当时明朝与各国的往来订立了一种文据，根据这个文据，你这个国家可以来多少人，多少船只，带多少东西和中国做生意，各国都承认。

由于这些原因，明朝生产发展上出现了一个大波澜。

上面讲的是中国封建社会的发展过程中出现的生产发展上几个较大的波澜，这些波澜促使了中国历史发展过程的加快，这是一面。但是，既然有这一面，为什么中国封建社会那么长？为什么当外国进入了资本主义，中国还没有？在全国解放以前中国还吃了一百零九年的苦头？下面谈这个问题。

（二）我国在封建社会历史发展过程里面的几个较大的曲折（逆转）。

欧洲在封建社会初期封建农奴制结束以后，到后期封建社会，大概经过二百年左右的时间就进入了资本主义时期。我国从秦汉到鸦片战争，经过了两千年，上面讲过中国封建社会生产发展有那么几个大的波澜，那么为什么中国封建社会停滞的时间这么长呢？我不全面来谈这个问题，这里只想抽出几个问题来谈一谈。同时从这里也可以看出来，在中国后期的封建制度时代，作为资本主义生产的因素，也不是很晚才出现的。所以有人说秦汉时代就有出卖自己劳动力的人，这时有很多从农村排挤出来的劳动人民出卖自己的劳动，而且不光是雇农了。在战国时代，韩非子就讲到什么是雇农。马克思说，个别雇农在奴隶制时代就开始出现了，不一定是在封建时代才出现。中国从战国末特别是从秦汉以来，就有出卖劳动力的人，到手工业工场做工，不过不多，这里有一点，那里有一点。正由于有这样的情况，所以我们有的历史工作者就说中国的资本主义萌芽从唐朝就有了。有些人说，中国近代史应该从明初开始。我认为，有点因素也不能说是资本主义萌芽。作为资本主义萌芽，马克思曾讲过，一方面有自由出卖劳动力的人口存在（社会上有这样的因素存在并不是偶然的现象，在这里能碰到，在那里也能碰到）；另一方面，资本家直接把资本投入生产，购置设备，雇佣工人（资本家也不是只在某个地方出现一家，起码不是孤独的东西存在在那里）。

为什么中国封建社会经过这么长时间呢？

首先，我想概括地讲一下，以汉族统治阶级为主体的各个王朝对国内其他各个兄弟民族实行的民族压迫政策和民族压迫，也包括军事镇压，这对其他民族的社会发展起了阻碍的作用。但是不能够说所有的统治阶级都是这样的。汉族统治阶级的某些人在某些时候、某些方面、某些措施、某些政策，对兄弟民族社会的发展，也还起过促进的作用，至少在客观上起过这样的促进作用。至于说其他兄弟民族的统治集团对全国的发展起过促退的作用，但某些人在某些时候、某些方面、某些措施也起过促进作用。比如北魏孝文帝改制，对历史的发展是起过促进作用的。比如元对全国的统一，对密切欧亚的交通，起过促进作用。又如清，特别在康熙、乾隆年间，对全国版图的进一步确立和巩固，以及某些政策、某些方面，也起过促进作用。但是我们说，以汉族统治阶级为主体的某个王朝的某些人、某些措施，对少数民族的社会发展起过促退的作用，但是没有造成少数民族地区社会发展出现大的逆转。这是什么原因呢？我认为这是由于汉族地区比较突出的先进，汉族人民同其他各族人民的往来一天天密切；不仅如此，而且早期以来汉族人民就不断到少数民族地区去，所以就引起今天中国的大杂居、小聚居的局面，没有一个民族地区没有汉人，甚至有的民族地区里汉族人口比少数民族的人口多，同时他们在一起共同进行生产，共同进行阶级斗争，这就更加加强了少数民族同汉族先进经济文化的联系，这种联系不断得到发展，以至形成不可分割的联系。这一些方面，又促进了少数民族地区的发展，因而没有引起很大的逆转。

其次，我想谈一谈中国封建社会的几次大逆转。

1. 十六国、南北朝时期，华北社会生产遭到严重的破坏，这是历史进程中遭受一个大的曲折。当时在十六国各个集团相互战争的进程中，最初，某些少数民族人民是和汉族人民一起反对西晋统治阶级的，后来，就转变为各个民族统治阶级为他们自己的利益来进行报复。所以当时的华北地区，不光是汉族人口，各个少数民族人口也是大量死亡，形成了“白骨蔽平原，千里少人烟”的悲惨状况。打来打去，把山上树木全烧了。特别是各个集团有自己的小朝廷，有政费和军费开支，就要征收赋税，再加上军队的掠夺，把生产破坏得很严重。

北魏的南下（从今天的内蒙西部和大同地区南下），在这个过程中不见得完全是坏事，它的南下征来征去，把十六国消灭了，统一起来了，使华北局面得到了适当的安定。但是，它在南下的过程中，对生产力破坏很大。它是奴隶制度，到了一个地方就俘虏人口做奴隶，掠夺牲口、财产，你如果抵抗，它就残酷地镇压。北魏在原来的地方是把它的原始公社制推进到奴隶制，这是一个进步。由于它南下，就同先进的汉族地区的关系更加密切起来，这对它原来奴隶制度的发展有促进的作用。这一方面是好的。但在另一方面，北魏南下以后，就在山西、河北、山东、河南等地区，用强制的办法在已经发展到封建制度后期的先进汉族地区推行奴隶制度，这是一个极大的倒退。当然，它没有完全把汉人的后期封建制度的生产摧毁，但它是奴隶制度，它跟汉人的后期封建制度的生产并存、交叉地存在着，这样就产生了不同生产方式的斗争，这种斗争反映在政治上，就是民族斗争、阶级斗争。这个问题另外再谈。这里反映在生产方式上的斗争，就使得它在汉族地区实行的奴隶制度加快向封建制转化，第一步转化到农奴制，这还是比汉族原来的后期封建制生产落后。所以恩格斯在《反杜林论》中讲过这样一段话："……在长时期的征服中间，文明较低的征服者，在绝大多数的场合上，也不得不和那个国度被征服以后所保有的较高的'经济情况'相适应；他们为被征服的人民所同化，而且大部分甚至还采用了他们的语言。"① 这种情况原则上适应于我们现在讲的情况。当时由于这样的情况，所以就造成了华北地区很大的逆转，并且这一种生产方式斗争的矛盾反映在阶级矛盾、民族矛盾中，就使华北在北魏社会历史里构成了基本矛盾。这一条希望同志们学历史的时候要注意。我们有些历史学家就忽视了这一点，没有从几种不同的生产方式出发，也没有从这个基础上去暴露民族矛盾。假若我们在这几方面能够理解，指出这个时期历史的客观规律，我看这是一个重要问题。当然同志们还可以研究到底有没有几种不同生产方式的斗争，到底是不是像有些人所讲的那样，北魏、辽、金、元南进以后就由氏族制一下子飞跃到封建制，甚至一下子飞跃到后期封建制，那还有什么必然性呢？历史唯物主义又怎样解释呢？我看不能那么讲。当然，我这只是一家在鸣，大家还可以鸣。由于北魏时期华北地区的逆转，北方开始落后于南方了。但是，由于北魏人民进行的阶级斗争和民族战争，在生产方式的斗争中又反映了先进的克服落后的，初期的奴隶制、农奴制不断地加快向后期封建制转化，因此才有北魏孝

---

①《反杜林论》，人民出版社，1957 年版，第 189 页。

文帝的改制，其意义有两条：加速了封建化，加速了汉化。要鲜卑人说汉话，穿汉人的衣服，同汉人通婚，死了按汉人葬礼，就埋葬在河南洛阳的北邙山上，不要搬回老家去。所以北魏孝文帝的改制起了进步作用。经过几百年的斗争，到北魏末期，特别是到北周、北齐，这时的奴隶制、农奴制的生产方式基本上不存在了，已经转化为后期封建制的生产方式，因而北方同南方的生产方式达到了一致，这就为南北的统一打下了基础，而隋文帝就在这样的基础上把南北统一起来了。这是社会的一个大逆转。但是，逆转的矛盾解决（转化过来）以后，又为隋、唐的发展创造了条件。这就叫作辩证法。这是北魏的大逆转。假若不是这样，北方比南方会发展得更快，可能由秦、汉一直发展下去，速度快得多，不一定是几百年，可以早就出现像唐朝那样的发展的局面。

2. 五代、辽、金时期的大逆转。这时华北社会生产又出现了一次大逆转。当时五代十国连年混战，特别是在北方李克用父子同朱温打来打去，在河北、山西一带打得很残酷。同时南方相互间的战争也阻碍了南方发展的速度，也缩小了南方发展的规模，特别是契丹同女真军队的南进。契丹的耶律德光打到洛阳去，他派出去的军队叫“打草”，把洛阳附近几百里的地方都抢光，烧光，杀人，抓浮虏。女真军队南下的时候，把北方很多地方的汉人、契丹人的耳朵手心穿起来，赶到这些地方作奴隶，或者出卖。把牲口杀吃了，房子给烧了。为什么这时汉人、契丹人和其他民族的人民那么反对它呢？牛皋为什么能在太行山搞起来，长南忠义社、八字军怎么搞起来的，就是因为在这些矛盾的基础上搞起来的。由于人民的斗争，阻止了它，使它不能不考虑一下，改制一下，所以破坏得没有那么严重，适当地保卫了自己。同时，我认为契丹人脱离了中央朝廷的统治而建立起政权（耶律阿保机建立的奴隶制政权），女真人脱离了中央朝廷的统治而建立起来的政权也是奴隶制政权，这就使它们自己从原来的原始公社制进到奴隶制，它们这种独立，是革命性的行动，是进步的。以革命为主的独立是有革命性的，那种分裂主义的分裂是倒退。同时它们同汉族地区的联系越来越密切，特别是它们这些地方有广大的汉族人民，使它们这些地区的生产发展得很快。这里插一句，苏联历史专家说北方不能出现奴隶制度，我看我们的北方就出现了奴隶制度。在延安时某些外国历史学家说畜牧区不能够出现奴隶制度，因为用奴隶放牧他可以跑掉的。他们只知道这一条，但不知道，那样一片无边无际的草原，奴隶一个人逃走，没有地方住就不能够生存。

另一方面，它们在先进的汉族地区推行奴隶制。契丹人在山西、河北，特别是女真人在山西的一部分，河南、河北、山东、江苏、安徽的一部分地区，用强制的力量，不仅俘虏很多汉人、契丹人以及其他民族人民，把他们拘縻起来作奴隶，而且在当地占据了很多土地，原来作为牧场，后来作为奴隶制的生产用，它按照自己原来的组织形式把汉人组织起来。契丹的组织叫头下军州，女真的组织叫猛安谋克，这是从氏族制度发展起来的，是它的原始公社制里面的农村公社，后来变成了农奴制的庄园。但汉族在这时已经发展到封建制末期，独立手工业生产有很大发展，并出现行会萌芽，现在它把这一部分地区压回到奴隶制、农奴制的生产基础上来，这是一个很大的逆转。

这里希望同志们注意，它们在华北占领的汉族地区也就形成了几种生产方式的并存和斗争，如奴隶制、农奴制、末期封建制，同时还有其他落后民族的原始公社制，主要的是原来汉人的封建末期的生产方式和契丹、女真强力推行的奴隶制以及由奴隶制转化的农奴制相互之间的斗争。这种斗争，一方面促进了在汉族杂居地区的契丹人、女真人较快的进步，这是好事情；但是另一方面，压制了汉人原来已经发展到封建制度末期这样高度的生产，这是逆转，而且它们的南进，契丹（辽）对北宋、金对南宋不断进行军事掠夺、破坏，以及大量俘虏人口，这就直接使宋朝地区生产的发展受到影响。同时宋朝每年对它的负担很大，贡纳大量的金银财宝、绸、缎、绢、帛，这就使宋朝加重了对人民的压榨和剥削，也就影响了宋朝地区生产的发展（主要是华北地区），这就是辽、金在汉族地区形成的社会生产大逆转。

因此我们说，在南北朝时代生产发展的差距，经过隋、唐的发展，特别是前唐的发展，使这种差距缩小了。当然从唐朝起，南方发展得比北方快一些，所以唐朝国家的财政收入以及供应，是依靠长江流域特别是江南一带，而这时又重新出现了这样一个差距，这也影响了南方社会生产发展的进步，但由于对北方的促退使差距扩大了。然而由于不同生产方式的斗争反映到阶级斗争、民族斗争，它又不断缩小这种差距。而在契丹人、女真人自己原来的地区里以及它占领的汉人地区里，它所实施的奴隶制生产和农奴制生产，辽到灭亡的时候还没有完成末期封建制生产的转化就灭亡了。我们知道，契丹（辽）是被金、宋联合打败的，女真（金）是被宋、蒙联合打败的。因为它们没有完成这样的转化，这就更加促进了历史的逆转，所以致使中国社会的发展又推迟了。

3. 元朝，特别是蒙古军南下和元朝初期，这是我们国家历史发展中又一次大的逆转，关于这个问题我们的史学工作者的意见不是一致的，我还是根据个人的看法讲。为了说明这个问题，我也查了好几年的资料，和有些人的看法还是不一样。有些人说关于蒙古族南下的资料不可靠，不论是国内的资料或是国外的资料，是穆斯林有民族主义情绪的人写的。我想根据《元典章》、《元史》、《新元史》等元朝的文献谈自己的看法。根据这些材料可以概括起来这样几条：

第一条，在成吉思汗建立蒙古政权以前，蒙古族是在金统治下的一个部分。成吉思汗把蒙古族从金的统治下解放出来，并且把各个部落统一起来，同时他使元朝社会由原始公社制进入到奴隶制。关于这方面的材料，《元秘史》里也讲得很清楚。有些同志说在成吉思汗以前蒙古族就已经是封建制，成吉思汗以后仍是封建制。我看这是降低了成吉思汗的作用。成吉思汗的历史作用，我认为：

（1）在以他为首的领导下，蒙古社会有了一次这样革命性的飞跃，这是一个很大的进步。我们不能认为原始公社没有人压迫人、人剥削人，而到奴隶制社会出现了剥削就是一个倒退，这种说法是错误的，由原始公社制到奴隶制是一个历史性的进步。

（2）蒙古原来是在金的统治下，成吉思汗不仅把蒙古地区和原来金人（女真）占领的汉族地区解放出来，而且把蒙古地区和先进的汉族地区更进一步地紧密联系起来，这对蒙古地区的进步又起了推动作用和加快作用，这是一面。另外也有一面，当时蒙古人口很少，为了南下，为了西进，大量的人口离开了当地，脱离了生产，这样使得它的进步性受到了影响。

第二条，蒙古军南下的时候，打了好多次仗，占领了河北、山西、陕西、河南、山东，最后占领全国。蒙古这么少的军队为什么能占这么大的地方？南下的时候伯颜的军队到了临安就不走了，他的策略是兵分两路，象一把钳子一样打南宋：一个是从江西、湖南、广西到了云南，走青海、西藏到了缅甸，最后北进；一个是从广西、湖南，第一步占武汉，后来西进占南京，以后直抵临安（今天的杭州），福建、广东、江西完全是汉人投降的军队打的，如打广东就是张洪范打的。它当时是奴隶制，本身带有落后性、野蛮性、残暴性，所以在它几次南下的时候，那些地方的人民稍微有一些抵抗就杀了，不抵抗就俘虏来做奴隶，一般在打仗的时候是“军马未动，粮草先行”，而蒙古军之所以能够在全世界横行无忌，有一个原因是：它不要先行，它自己把牲口带着，当地如有吃的就不杀牲口，所以它没有后勤的困难。它把当地的牲口都吃了，房子烧了，土地圈起来做牧场。耶律楚材当时对太祖说：陛下，你不要这样搞，你把汉族地区的土地都圈起来放牧，这样，收入少得很，不如让他们搞农业，按时完粮、当差，这样收入比牧畜多得多。元朝皇帝听了他的话，搞了一年，收入是比牧畜多，搞了二三年收入更多了，后来就不圈土地了。耶律楚材在这方面是有功的，不然逆转会更大，这么大的农业、手工业、商业地区变成了牧场，放着牛羊，这怎么行呢？当然，也有人说，关于耶律楚材出这个主意的材料不可靠，写他的传的人是他儿子的部下，所以给他说好话。我认为不能这样无中生有，如果这样对待历史，就成了诡辩。

第三条，蒙古贵族因为人少，他当时统治是用色目人。新疆维吾尔人中有一个叫赤都护，他看到成吉思汗向西南打的时候，就马上派人对他说：我服从你，请你收我做第五个孩子。成吉思汗说：好，我就收你做第五个孩子。所以后来元史里面写维吾尔人做宰相、将军、元帅的多得很，起码有好几十个。色目豪商主要是中亚细亚人。蒙古贵族和色目豪商构成元朝统治集团的主体，他们合在一起（一个是奴隶制，一个是中古时代的商人），任意掠夺，要什么就拿什么，把人抓去做奴隶。元朝搞了很多各种各样的手工业大工场，那里面的人全部是俘虏来的汉人、契丹人、女真人中的手工业工人，完全是奴隶性的。他们通过政治上的特权，垄断了对内对外的商业，这样一来，那种在宋朝已经发展起来的，带有进步性的商业和手工业（比如独立小生产、自由商人）受到了严重的摧残，并且由于那种奴隶制生产和那种通过特权的垄断压倒了它，使它不易兴盛。

第四条，这是特别严重的一条。当时蒙古统治集团俘虏汉人、契丹人、女真人做奴隶，或者把他们拘留起来做农奴。同时还出卖奴隶，元朝出口的商品里就有一项是奴隶。出口商品海关要收税，出口奴隶也要收税。上面我们谈到它圈了土地做牧场，现在它不做牧场了，是不是还圈土地呢？还是圈的。圈了做什么？蒙古贵族和色目豪商实行的是奴隶制，使用奴隶进行生产，圈起来作为农奴制生产的庄园。

另外一面，对原来汉人、女真人、契丹人的农业、手工业、商业，越来越在政治压迫上、经济掠夺上实行奴隶制方式，或者半奴隶制方式的掠夺，实行了这样残酷的压迫，是在长江以北地区，在长江以南杭州一带稍微好一些。但是，同样在长江以南也实行了社疃制，哪块土地是你的，就钉一块牌子上面写上名字，五家一保、五家用一把刀、二十五家派一个蒙古军（长江以北是蒙古军，长江以南是探马军，就是由这些人组成的）。他就是这里的小皇帝，晚上睡觉也不能关门，他要干什么就干什么，所以在汉人地区（包括女真人、契丹人，今天那些女真人、契丹人都变成了汉人）一直到南方的穷乡僻壤都有这样的歌谣："八月十五杀鞑子，灭元朝，家家户户齐动手"，"月光亮亮，齐齐排排，排到明朝好世界"。

蒙古贵族在原来蒙古族地区一直到金和宋的地区，不断实行由奴隶制和农奴制向后期封建制转化。后来不搞奴隶制了，直接搞农奴制，这种转化也在于人民的斗争。蒙古军南下时，汉人、契丹人、女真人联合发动全国范围大规模的反抗活动，到后来元在黄河中下游巩固下来以后，长江、黄河中下游地区的反元斗争转到地下，转为"白莲教"活动，后来朱元璋也是加入"白莲教"的。其他地方的起义军纷纷跑到云南、贵州及四川边境少数民族地区，和他们一起进行反元斗争。从元朝一建立统治起一直到它最后灭亡止共计八十九年，在这期间没有停止过武装斗争。所以如果只看到元朝进步的一面，没看到它逆转的一面，那么各族人民都是"疯子"，不然为什么人民要反抗它呢？

它的转化比较快，表现在这里：在蒙古族自己原来住的地区元朝灭亡的时候，已经没有奴隶制了，转化为封建制。但是，没有完成这个转化，即使在原来金的地区，宋的地区奴隶制、农奴制还是存在着的。转化还有一条是靠各种生产方式的斗争，这种斗争反映为阶级斗争、民族斗争。

我们承认元朝有进步的一面，但从整个情况来讲，促退的一面是主要的。另一方面对中亚细亚交疏的密切和欧洲交通的扩大，这些方面都是有进步性的。有些同志只看成吉思汗统一的一面，没看到另一方面，我认为蒙古军南下，到了元朝特别是元朝初期是我国历史发展过程中一个大曲折，或者是逆转，所以后来朱元璋以及明朝很多文献里都说明朝的生产恢复到唐宋以来的情况。当然，除这些以外还有一些好的作用，比如使蒙古地区和内地的联系更加密切了，统一加强了。全国很多地方，比如西藏正式确定为祖国版图的组成部分是在元朝。关于密切东西方交通，元朝也给明朝创造了一些好的条件。

4. 明末和明清之际。明朝末年统治阶级的军队在反对农民战争中残暴的烧杀，明清之际清军和清政府那种反动措施，那种残暴的行为，这也造成我国历史发展进程中又一个曲折。但是这比起以前的那几次曲折来说要小一些，可是这是一个比较重要的曲折。为什么说是重要的？因为它把资本主义萌芽扼杀了。

明末政治很黑暗，政策是倒行逆施，农民负担那么重，有所谓“三饷”之税。他们在李自成、张献忠领导的农民军起来后，用全副力量对付农民战争。在这期间明朝集中力量反对农民军，明朝军队每到一个地方就烧杀抢掠。当时有这样一种说法，你要说农民军到一个地方有破坏，那不如强盗、贼匪厉害，但是明朝的军队比贼匪还要厉害。明朝的军队像疯子一样，到处烧杀抢掠，破坏得非常严重。比如在四川，张献忠也杀人民，他在这一方面是丧失阶级立场的，所以说张献忠领导的这个农民暴动有反动性，但他不如明朝军队以及后来清朝军队杀得多。明朝对城市里面的自由商人、独立生产者，那么残酷的剥削，引起了沿运河、长江、黄河的城市人民以及云南、江西矿山的矿工一起反对它。这是引起逆转的第一个原因。

第二条是满洲贵族。这也属于女真族。女真在宋时是搞奴隶制，在努尔哈赤以后还是奴隶制，金灭亡后，女真人就没有回去，到关内来的女真是比较进步的，留在当地的是比较落后的，当时叫生女真。少数民族在长期的斗争中被分裂了，因此它们的发展形成了极大的不平衡。努尔哈赤起来做皇帝，脱离了明朝的统治，他把原来地区推进到奴隶制，完成了向奴隶制的转化。从这方面来说，努尔哈赤也和成吉思汗、耶律阿保机、松赞冈布一样是一个值得肯定的历史人物。努尔哈赤建立了奴隶主政权，他在抚顺那一仗把明朝打得很惨，很快就进到了辽沈地区。东北在战国以来就是汉人居住的地区，他在汉人先进地区搞奴隶制，也搞农奴制，进关以后，在河北、大同圈了一些地作牧场，也搞了像农奴制的庄园——“猛安谋克”。努尔哈赤、皇太极、多尔衮都是很能干的，同时有一些汉人帮助他。比如范文程，他很懂得政治，可以说是清初的一个政治家，他说当时的满族男男女女、老老少少只有六十万人（有一次总理和载涛说：你们是赚了钱的，现在一登记满族是二百万，那个时候只有六十万，没有登记的还有很多），人这么少，要来统治这么广大的中国，首先要和汉族地主阶级联合起来，把明朝的政策全部肯定下来，丝毫不要改变，这是第一条。第二条是把明朝地区封建性的农业生产稳定起来。再有一条（也是最麻烦的）要把国内已经发展起来的城市工商业打击下去，并且禁止海外华侨和国内经济的联系。这一条是反动的，他不懂得资本主义萌芽。清政府接受了他的建议，所以没有大搞奴隶制和农奴制，一入关很快就停止了，并且很快地向封建制转化。这有利于生产的发展，所以对汉族地区社会生产的震动不大，这是有进步作用的。以满族为主体的统治者，开始时人民和明朝的残余势力反抗它，后来民族矛盾虽然长期没有解除，但是，人民的武装反抗不像元朝，也不像辽金时期，很快在全国就平定下来了。它做了一些好事，下了一个命令把明朝地主占的地分给了佃户，命令说谁种他的地，这个地就由谁收。这样和缓了土地关系，恢复了农业生产，对汉族地区封建农业生产起了稳定与推进的作用。从这方面来说是有利于历史的前进。

第三条，清军在进入北京以前就曾经有几次大规模的进军，有几次西进一直到了今天的宁夏回族自治区，南下一直到河南、山东，这是为了削弱明朝，因此每一次进行军事上的破坏与掠夺也是很残酷的。当然，每一次的改朝换代都有这种情况，不是清朝才有的，但它更严重的是在于下面一系列政策措施。

清朝当时在商业政策上是尽量恢复和培植钱庄和大批垄断商业（比如北京等地有一些大米商），对金银首饰、财宝等高级商品收税很轻，但是对那些独立小生产者生产的人民日用商品收税很高，关卡很严，对手工业是采取这样的打击政策，特别是对有资本主义萌芽的沿运河、沿海、沿江的城市实行了屠城政策，有所谓“扬州十日”、“嘉定三屠”。实际上不只是这些，在松江、崇明、嘉兴这些地方，都是这样搞的，那里更是资本主义萌芽发展的地方。在清以前，汉族反对其他民族打进来，除了政府军以外，都是农民，这一次不同了，却是城市人民和农民一起守城。清军到一个城市就把这个城市搞光，比如江阴，都城失守以后，杀了很多人，据说只留下八十三人，这八十三人是躲在一个石桥下面才脱身的。他们跑出来以后，腿以下的皮都泡脱了。清军把人搞光了，什么都被摧毁，资本主义萌芽也被摧毁了。所以如果以为中国的资本主义萌芽是直线型的发展，那是错误的。中国的资本主义萌芽在明朝中叶以前是这里一点那里一点，作为资本主义萌芽是从明朝中叶开始的，而明清之际它被扼杀于母体之中。但是社会上有它存在的基础，就根本消灭不了，到了一定的时机总是要出来。社会发展到这一步，有基础存在，所以到了清康熙时代又慢慢出来了，到鸦片战争以前，这种资本主义萌芽已经赶上原来在明朝后期的情况，或者还要高一些。但是外国资本主义进来了，那么多价廉物美的商品加上不平等条约，把中国商业资本纷纷改组成为买办化，资本主义萌芽又被扼杀了。清朝的这些步骤是反动的，清朝对社会曲折所起的作用只有这么大，但这个曲折是重要的，因为资本主义萌芽是新生的东西，被它扼杀了。

中国历史有这样几段大逆转。我们的国家是地大、物博、人口众多，这些条件有利于人类的发展。在清代以前我们一直是站在世界上最先进的地位，为什么到了清代反而落后了，欧洲进入了资本主义，我们没有，我看这与上面所讲的那几个大逆转有关系，当然还可能有其他原因。如果没有上面所讲的那几次大的，或者说是重要的逆转，我国历史发展的进程可能要快得多，可能没有那样严重的停滞——封建社会的停滞。当然，中国封建社会的长期性，或者叫停滞性还有很多原因，上面讲的几个波折，或几个停滞，它的性质还是属于毛泽东同志在《中国革命和中国共产党》中讲的中国封建统治阶级对人民残酷的经济剥削与政治压迫，这是中国封建社会停滞的根本原因。这不只是经济上而且是政治上的残酷压迫。对停滞性的问题，我们国内史学界有不同看法，理解不一样，有待今后进一步探讨。

（三）我国封建社会发展过程中的几次民族矛盾和阶级矛盾比较突出，并且相互交织着。

我们封建时代的各民族，有好多在全国范围内或一部分地区当过家（即建立以它为主体的统治），当然，汉族当家的次数多一些。除了汉族当家以外，满族建立了清朝，蒙古族建立了元朝，满族原来是金，契丹人建立了辽朝。另外，藏族不仅在西藏并扩大到西藏以外建立过政权，西夏是藏族同党项人汇合的一个部落。维吾尔族在新疆甚至还在其他地方也建立过政权，当时同中央朝廷一直保持着从属关系。彝族在云南南诏曾经建立过政权，白族在云南大理也曾建立过政权，等等。

那么，以各民族统治阶级为主建立起来的那些政权，是否因它是统治阶级就认为它统统不对呢？不能这样讲。它们之中某些人，在某些时候、某些方面做过好事，做过有利于祖国发展的事情，所以要具体分析。我们研究历史，脑子里不要先有一个预定的观点，这是一方面。另一方面，各民族的统治阶级，还是从它本阶级的狭隘利益出发，常常用各种各样的方式，使用不同程度的民族压迫政策（包括军事压迫），这就常常引起民族战争。这种民族压迫、民族战争，常常表现为民族矛盾比较突出。在历史上，这种突出的民族矛盾常常同突出的阶级矛盾交织着，所以我们说民族矛盾是阶级矛盾的延长。民族压迫是以阶级压迫为基础的，如果没有阶级压迫，那么民族压迫就没有根据了。我们的社会主义社会是没有民族压迫的，至于有时表现出某些关系不正常，那是历史残余的反映。在社会主义制度下，阶级压迫不存在了，也就没有民族压迫的基础，因此民族压迫也不存在了。但是，民族矛盾是否就等于阶级矛盾呢？我说，民族矛盾不等于阶级矛盾，除了刚才讲的这种民族矛盾以外，民族差别，如语言的差别、风俗习惯的差别、心理状态的差别，等等，这在原始公社制时代就存在了，民族差别存在不存在呢？还存在。现在我们国内各少数兄弟民族的差别仍然存在。这一种差别，甚至到将来共产主义社会相当长的一段时期内，仍然要存在。

这种民族矛盾突出的形势，由于我们上面所讲的，它把落后的生产方式强加于先进民族的地区，这就引起了在生产方式上先进与落后的斗争。这种斗争反映到民族关系上，就使民族矛盾更加剧烈、更加深刻、更加持续，一直持续到先进的克服了落后的才完全转化过来，在它没有转化过来以前，这种矛盾总是比较突出的。上面我们讲到辽、金、元那时的民族矛盾始终比较突出，就是因为它没有完全转化过来。清朝康熙时期以后，民族矛盾还存在。如果说这时民族矛盾不存在了，那不符合事实。比如太平天国革命，反清是它的口号之一。孙中山领导的旧民主主义革命，把反清写在他的纲领里面。为什么呢？就是因为有民族矛盾存在。假如没有民族矛盾，那么写出来就是无的放矢，是天大的主观主义。康熙时期以后，国内各族人民同清朝的矛盾已经不突出了。这时只能够说还有民族矛盾存在。

在我国历史上，第一个民族矛盾比较突出的时期，就是我们谈过的南北朝时期，它是处于民族矛盾和阶级矛盾相互交织的形势，并且是比较突出的。从西晋末期一直到南朝，人民常常武装起来反对晋、反对南朝的统治阶级的。你说那个阶级矛盾还不突出？那么民族矛盾突出不突出？民族矛盾是南朝各阶级（其中包括个别大地主分子以及中小地主在内）共同在一起反对北朝的统治，并且也打仗，打仗就要流血死人。

第二个民族矛盾比较突出的时期，就是辽金同两宋的矛盾。在辽的时期，民族矛盾突出地表现在河北、山西地区的反辽斗争中，不光有农民反对地主阶级的斗争，还包括了有共同利害的各阶级联合起来，反对辽的统治，反对辽的压迫和剥削的斗争。并且它的斗争口号是民族的。为什么说是民族的呢？因为当时在河北、山西有些地方是以知识分子为首的起来进行反辽（以及后来反金）斗争的，他们都是以大宋遗民为号召，这是民族感情的表现，但是他们并不是要恢复宋朝。为什么呢？因为北宋时期几次大规模的农民战争都是反对宋朝的，“宋”带有民族的象征。金军南下以后，当时在湖南以及在东南、湖北等地区，原来反对北宋统治的武装起义农民，这时纷纷起来制止金军南下，皖北“勤王”，就是要求与北宋一起抗金，这里表现了民族矛盾特别突出，说明了原来阶级矛盾突出反宋的农民起义军，现在和宋一起抗金了。当两种矛盾交织在一起时，宋始终看到的是阶级的狭隘利益，不愿意对内部的阶级矛盾作适当的调整（像王安石那样的政策），还是全力对付人民，因此就不得不对辽、金妥协投降，每年榨取人民大量财产贡献给辽、金。这就是第二个民族矛盾比较突出的时期。

第三个民族矛盾比较突出的时期，就是蒙古军南下，当时南方有些大知识分子不愿意拿起武器来反抗，但也不和它合作，所谓“隐居”到深山里面去，反抗蒙古军的包括各阶级、各阶层的人，不光是有从宋的立场上起来反蒙古的，像文天祥这样的人，还有后来领导农民起义的韩山童，也说自已是北宋皇帝的后裔，这也表明了民族矛盾比较突出，像这样的例子很多。

第四，就是上面提到的在明清之际一个短时期内，也出现了比较突出的民族矛盾的形势。清军南下，首先下令要人民薙发，不从者治以军法，激起汉人的反对。由于汉人和清朝的斗争，后来清和缓了一下，就是“男从女不从”，“生从死不从”。同时，这时参加反清斗争的阶级更广泛了，原来反明的农民军如李自成、张献忠的残部，这时变成了一支支持明朝残余政权，来反对清朝的主力。在湖南李过和高氏（李自成妻子）是支持桂王的。在李过失败以后，桂王就跑到原来张献忠领导的农民军残部李定国那里。由于他们反清失败，桂王又逃到缅甸。这也表明了民族矛盾是比较突出的，不过时间不长。

历史上在每次两种主要矛盾交织的形势下，各个民族的人民进行着交错复杂的斗争，一方面阶级矛盾突出了，一方面民族矛盾突出了，同时各个民族的统治阶级欺骗人民，总是要制造隔阂扩大民族矛盾，以便和缓掩盖阶级矛盾，因而使斗争更加复杂，更加曲折。在这种斗争中，各民族人民所遭受的灾难更深远、更严重，正像上面讲的辽、金、元，它们每到一个地方所推行的政治上、经济上的那些措施，那样地烧、杀，抓人做奴隶、农奴，替他们打仗。打仗对人民没有一点利益，离乡背井脱离生产，家里田园荒芜，妻子儿女无人照顾，这种破坏是很严重的。在这种尖锐矛盾的形势下，各民族人民遭受的灾难都比较深远。我们不要因为今天各族人民的灾难过去了，就讲一些漂亮话，历史就是历史，今天发一些牢骚也没什么意思，对待历史要实事求是地分析，是怎样就是怎样，不要标新立异，对待科学要老老实实，不要夹杂个人成见，是怎样就怎样。

正因为有这种斗争，人民在这种矛盾中受的灾难更加深重，那么人民就更要进行大规模的舍生忘死的斗争，因而才能相当地保护自己的利益，使压迫者不得不有所顾虑，减轻压迫，减轻剥削，减轻烧杀和破坏。同时，也正是由于人民的斗争，迫使民族的压迫者和剥削者一方面不能不减轻对人民的剥削和压迫，一方面不能不适当地改变他自己过去的生产方式。在被压迫民族的统治阶级方面，为了要保护自己的利益，就使得那时的矛盾得到处理和解决，比如南朝人民的斗争解决了这个问题，后来辽、金、元时期，这个矛盾也得到部分的解决。同时，到后来由于阶级矛盾的发展，不光是被压迫各民族人民进行的斗争，在压迫民族方面，他们的人民也同被压迫民族一道共同进行斗争，这样，就不光是为当时的历史发展创造了条件，开辟了道路，把历史向前推进一步，而且对建立各民族相互间的关系，促使各民族彼此的接近，建立和发展了某些共同性，减少了一些差别性，这就为我们地大物博、人口众多的祖国创造了条件，奠定了基础。地大物博、人口众多的祖国，也就是我们今天的民族大家庭。这样一个民族大家庭，不是从天上掉下来的，不是偶然的，是我们各族人民世世代代长期斗争所创造出来的。所以我们说，祖国的历史和文化是各族人民共同生产斗争创造的。当然，不光是这一点，还有很多方面，这里只讲这一点。假如单纯讲一点，那就是片面性。

（四）结束语。

我认为，要深入了解我国长期封建社会的历史，并且把它研究清楚，把它的具体过程、具体面貌复现出来，把它的规模、规律揭示出来，这不是人为的“规律”，而是历史的客观规律。臆造规律是主观主义，是历史唯心主义，不是历史唯物主义。历史上应该讨论的问题不少，不光是我讲的这些，但我上面讲的这三个问题，我认为是三个比较重要的方面。因此，依我看来，如果忽视了上述三个方面来研究祖国的历史，比如你想把晋末、南北朝社会的客观规律反映出来，把它的具体面貌复现出来是困难的，或者说不可能。同样，关于辽、金、元的历史也是这样，不去抓这三方面，那对它们当时的存在、社会本质、社会规律，也不可能反映出来，那将要在现象上搞得头昏眼花。尽管这也是“一家”之言，还是没有抓到历史的本质，就是把历史“面貌”刻画出来了，那也不见得是原来的面貌，也只是个别现象的罗列。所以说，多争论一句也没有关系，反正天塌不下来，如果你连晋、南北朝、辽、金、元的社会本质、规律不能摸出来，具体面貌也不能复现出来，想把中国封建社会的全部过程的面貌搞出来，那也是不可能的。

我这里提出的几个问题，目的是供同志们在学习时作参考的。但这只是我个人的看法，用心是好的，想帮助你们学习。当然，要以“百家争鸣”的精神来学习历史。关于马克思主义的基本理论、基本原则问题，你们都做过很多工作了，以往就懂得，现在在党校学习，可以把马克思主义的原则掌握得更稳。由于时间的限制，我讲得特别粗糙，完全是粗线条，比古人画孔夫子、孟夫子的线条还要粗，同时我的看法可能是错误的，特别是我对马克思、恩格斯、列宁、毛泽东著作的学习不够、水平不高，不过我在这里粗粗地讲出来，是供同志们作参考的，特别希望同学们在学完这门课以后，通过系统地听讲，深入系统地阅读一些书，经过研究以后，发现我讲课中的错误，无论如何请你们提出来，这样也有益于使我进步，下次可以讲得正确一点。

（原载《吕振羽史论选集》，上海人民出版社一九八一年出版）

中国历史上民族关系的几个问题

关于我国历史上的民族关系问题，几年来，史学工作者在以往研究成果的基础上，提出了不少带有重大理论原则的问题。下面的几个问题是比较突出的：（一）宋辽、宋金、宋元、明清……间的战争，是否具有侵略和反侵略性质？（二）我国从秦汉以来，是一个多民族的国家，还是一个统一的多民族国家？北朝、辽、金，等等，是中国的一个部分还是外国或“异国”？（三）民族矛盾和阶级矛盾是等同的或性质各异的两种矛盾，等等。

这些问题，都是相互关联的。如战争是否具有侵略和反侵略性质，首先必须看它是出现在一个国家之内还是在国与国之间；出现在一国之内的战争，是不具有侵略和反侵略性质的。同时，战争的存在，进行战争的各方面在政治上的相互敌对，进攻和抵抗、压迫和反压迫，都是民族矛盾的集中表现或其突出形式；但此又不能和阶级压迫、阶级剥削那个根源相分离。

围绕这些问题进一步开展争鸣，对促进历史科学的发展和编辑历史教本，将是有益的。

一

从商周以来，我国就是一个多民族的国家，这是没有争论的。从秦汉以来，由于有三国、十六国、南北朝、五代十国、辽金与两宋的分裂局面，还有像南诏、大理那些独立政权的存在，等等，有的同志便认为我国只是个多民族的国家，而不是统一的多民族国家。我们认为我国自秦汉以来就是个统一的多民族国家。因为在这一长的时期中，社会历史发展的过程或总的趋势，是统一而不是分裂。这种过程和趋势，主要是由占主体地位的汉族、起主导作用的汉族地区的经济结构所决定的。与这种经济结构相适应的政治形态，乃是中央集权的专制主义国家，所以，不论由汉族地主阶级各统治集团间的相互敌对，而出现了像三国那样的分裂局面；或由不同民族的统治集团为主体建立相互敌对的政权，形成分裂局面；但都不能、也没有长期存在下来，其结局都不能不趋向和归于统一。

汉族以外的某些民族的统治集团为主体的各个朝代或政权，是外国、“异国”，还是中国的一部分，它们的历史是外国史还是中国史的一个组成部分？古代的历史家、近代资产阶级的历史家，甚至连具有一些资产阶级革命思想倾向的洪仁玕这类人，都一面把它们看作外国，一面又把“北史”、“辽史”、“金史”等等归入中国史。这是他们没能解决的矛盾，并且也是至今还有意见分歧的问题。对此，我以为应从下面几个方面进行具体分析。

一，我国多民族国家的重大特点之一，是各民族地方的社会生产或历史发展状态，自始就极不平衡。因此，在北魏、辽、金的统治地区内，在元朝统治的全国范围内，在明清之际的东北和河北等地方，都有着多种生产方式的交错并存和相互斗争。在北魏，一面有鲜卑人原住地区的奴隶制，其他落后民族的原始公社制；一面，在汉区，又有鲜卑贵族强力推行的奴隶制、其逐渐演化的农奴制和后期封建制，与汉人的后期封建制相互交错和斗争。而到鲜卑人的奴隶制、农奴制全为后期封建制所代替时，南北便归于统一了。孝文帝的改制，正是在这种矛盾斗争的基础上产生和发挥作用的。这对于鲜卑人说来，是一个很大的进步。与此相适应的阶级构成，也发生了一个极复杂的演化过程。这就是原来在统治集团中占主体地位的是鲜卑贵族，统治诸阶级主要是鲜卑贵族和汉族地主，被统治诸阶级主要是汉族农民、出身于汉、鲜卑及其他民族的奴隶、农奴、牧奴，等等；而后来则都演化为地主和农民两个主要对立的阶级，基本上达到和南朝一致了。

在辽、金，辽或金统治的汉族地区，尤其是金新占的汉族地区，社会生产已发展到了封建制末期，城市的行会、手工业和商业，都很发达，独立小生产和自由商人的经济，也都此较发达。与这种先进的经济并行的，是契丹人或女真人原住地区的奴隶制，强加于汉区的奴隶制，其他民族地方的原始公社制，等等。但在先进生产方式的影响下，更由于民族斗争、阶级斗争的驱迫，奴隶制乃逐渐向着农奴制和后期封建制转化。与此相适应，居于辽或金统治集团的主体地位的，是契丹贵族或女真贵族；构成辽的统治诸阶级，主要是契丹贵族、汉族地主，被统治诸阶级主要是汉族农民、出身于汉、契丹和其他民族的奴隶及逐渐由它演化出来的农奴以至佃农，等等；构成金的统治诸阶级和被统治诸阶级的主要成分及其演化过程，基本上也和辽一样，只是其民族成分更复杂。不过主要都是由女真人、汉人、契丹人组成的。这种变化，对于契丹人或女真人说来，也都是一个很大的进步。只是契丹人和女真人还没有完成到后期封建制的演变前，辽政权就被金、宋联军打垮了，金政权就被元、宋联军打垮了。

在宋、金、元之际的蒙古和元朝，与汉人、契丹人、女真人的封建制生产并行的，有蒙古人的奴隶制和农奴制，等等。但由于各族人民反抗斗争的持续和发展，还由于先进生产方式的影响，致使蒙古贵族强力推行的奴隶制和农奴制，在长江以南的广大地区，只有个别影响，在长江以北，尤其在蒙古人及女真人原来的住区，才较强烈地与末期封建制生产相对抗；直至元朝灭亡，这里还没有完成到末期封建制的演变，且没有完全消灭奴隶制生产，所以朱元璋还不能不一再严令放奴和禁止人口买卖。与此相适应，在蒙古和元朝统治集团中，占主体地位的，首先是蒙古贵族，其次是色目权贵和豪商，统治诸阶级主要包括蒙古贵族、汉族及契丹、女真封建主、色目权贵、豪商等，被统治诸阶级主要包括汉人及其他民族的农民、农奴、牧奴、奴隶，等等。到了元朝灭亡前后，蒙古人的封建制生产已起着主导的作用，留居内地的蒙古人，已与汉人、契丹人、女真人过着相同的经济生活了。这是一个很大的进步，是有利于人类发展的。

明清之际的后金和清朝，居于统治的主体地位的是满洲贵族，并自始就包括一部分汉族大地主和蒙古贵族。在它进入辽沈地区后，又开始实行了农奴制，满洲贵族又开始分化为奴主和农奴主；入关以后，为联合汉族地主阶级和适应他们的要求，建立和巩固其统治，除在个别地区圈地和拘押人口外，在全国绝大部分地区则完全承认和维护汉族地主阶级原来的统治秩序，并促使满人的生产急速封建化。这对满人说来，是一个极大的进步。

二，在北魏、辽、金等朝代或政权产生前和灭亡后，鲜卑、契丹、女真等族，都是在中国国内而不是在国外。拓拔珪为首的鲜卑贵族建立北魏前，鲜卑是西晋的属领，刘渊父子和石勒等相继叛晋时，它仍旧表示对晋廷效忠和服从军事调遣。北朝灭亡前后，鲜卑人已和汉人溶成一体。耶律阿保机为首的契丹贵族建立辽以前，契丹是唐帝国的组成部分，部落长都由唐廷任命和服从军事调遣；辽灭亡后，契丹人未和汉人同化的部分，又都在金的统治下。完颜乌古乃为首的女真贵族建立金以前，女真是辽的属领，在此以前，也一直受中央朝廷的统属；金亡后，女真人没有和汉人同化的部分，又都在元朝疆域之内而受其统属。以成吉思汗为首建立蒙古贵族的政权以前，蒙古是金的属领；在元朝，它是中国的“腹地”（意即内地）；元亡后，回到“塞外”的蒙古人。基本上仍奉行明朝正朔而受其统属。努尔哈赤为首建立后金前，建州女真是明的属领；清亡以后，也没有在中国以外另有个满人的国家。日寇制造的伪“满洲国”之所以不能存在下来，不只由于它是日本帝国主义侵略中国的工具，特别还由于它是违反中国历史的实际和发展趋势的。

三，那些在一定时期并存在中国境内的“国”或政权，彼此都没有相对固定的国界，——不论是历史的或习惯的——而是不断地相互争夺和推移，彼此都想统一全国，骂对方为僭窃。金废帝完颜亮进攻南宋时的一首诗，便是一例。他说：

万里车书一混同，江南岂有别疆封？
提兵百万西湖上，立马吴山第一峰①。

并且它们自己又常互称为“南朝”或“北朝”。这表明它们的存在乃是南北的分裂。同时，彼此人口的相互流动，也没有什么国籍和国界的严格限制与阻拦；醉心仕途的人士，也每每因不得志于此方而去到彼方。甚至发生在彼此境内的民族斗争、阶级斗争，尤其表现在持续的思想斗争上，都是相互影响的、交织的。

因此，北魏、辽、金、宋元之际的蒙古、明清之际的后金，等等，都不是外国，它们与汉族地主阶级为统治主体的朝廷相敌对，都不过是一定时期内的分裂局面。所以在其存在以前和以后，都没有其前身或后身作为独立的国家和

① 编者注：完颜亮《南征至淮扬望江左》。

中国的邻邦，而是都在中国的统属之内。在其存在的期间，与汉族地主阶级的政权相互间，又都是地区上不可分割，政治上相互抑制，经济文化上相互依赖和影响，并且汉族地区的先进生产和文化，始终对全国起着主导的作用。毛泽东同志教导说：中国“共有数十种少数民族，虽然文化发展的程度不同，但是都已有长久的历史。中国是一个由多数民族结合而成的拥有广大人口的国家。”① 这是对多民族的我国的一个高度原则的历史概括。

二

在我国长期的历史过程中，汉族奴隶主或封建主的朝廷，曾打过国内各兄弟民族，并统治和压迫过它们；不少兄弟民族的统治集团，也打过、统治和压迫过汉人及其他兄弟民族。在过去的民族民主革命时期，为着对群众进行反侵略的宣传教育，连我在内，每每未加深思地把这种战争渲染为侵略、反侵略战争。这是不确切的。侵略和反侵略战争，只能发生在国与国之间，一个国家之内的民族战争、阶级战争或同一阶级内部各集团间的战争，是不存在侵略、反侵略战争的前提的。南北朝、宋辽、宋辽金、宋金元、明清……之间的战争，既然都是国内战争，都是压迫和反压迫的民族战争，因此，它们不存在侵略反侵略战争的前提。

那么，进行战争的双方是否就没有是非之分呢？象岳飞和秦桧夫妇那样的人，是否也没有什么忠奸之别？完全不是这样。我国历史上有不少思想家、政治家、军事家，如孟轲、吕不韦、诸葛亮等人，都把战争区别为“义兵”和“不义兵”……毛泽东同志曾经指出：“历史上的战争分为两类，一类是正义的，一类是非正义的。一切进步的战争都是正义的，一切阻碍进步的战争都是非正义的。”② 因此，发生在我国历史上的民族战争，作战的双方，是不能不有正义和非正义之分的。

①《毛泽东选集》第二卷，1969年9月版，第585页。

②《毛泽东选集》第二卷，1969年9月版，第443页。

十六国那些落后集团，为反对西晋朝廷腐朽黑暗的统治，尤其象石勒等人，曾与汉族人民一同参加起义，这是进步的。而在对西晋及各集团的相互战争中，又发挥了残暴、落后的军事掠夺性、民族报复性，给了社会生产与各族人民的生命财产以极大的摧残与危害，则又是反动的。所以，属于所谓“五胡”所建立的各个政权，无不遭到（除与之合作的一部分汉族大地主及他族上层之外）所有汉族人民及他族人民的反对，都是站不稳脚，很快就灭亡了。甚至较开明的像苻坚的前秦，也是这样灭亡的。

拓跋贵族，在统一鲜卑各部，建立北魏政权，把鲜卑人从原始公社制推进到奴隶制所进行的战争，是革命的；进军华北，消灭那些残暴落后的集团，把四分五裂、糜烂不堪的北方统一起来，是带有进步性的；把鲜卑人进一步与汉人的先进经济、文化联系起来，并促使彼此的接近，等等，也都是有进步作用的。而在进军华北和不断对南朝的战争中，不只发作了奴隶制的残暴破坏作用和掠夺性，并把奴隶制和农奴制的生产方式，强加于先进的汉区和汉人，等等，这又都是非正义的、促退的。所以，它虽取得华北地主阶级及他族上层、尤其是大地主的合作，仍不能不遭到汉族等各族人民的反对。

耶律阿保机为首的契丹贵族武装，完颜乌古乃为首的女真贵族武装，铁木真为首的蒙古贵族武装，努尔哈赤为首的满洲贵族武装，把各自的民族统一起来，把本民族从原始公社制推进到文明时代，都是革命的；使本民族得以和先进的汉族更密切地联系起来，尤其在人民斗争的驱迫和先进生产方式的影响下，使本民族较落后的生产方式，逐步封建化以至接近于汉人的生产，等等，也都是有进步作用的。蒙古贵族为主体的元朝，把全国的分裂局面统一起来，把西域（即新疆）划作“腹地”，把西藏正式确定为祖国版图的组成部分，进一步密切了亚欧交通，都是有利于祖国和人类发展的。满洲贵族为主体的清朝，巩固、维护了祖国的疆土，促进了国内各民族人民的联系，在明朝腐朽、残破的基础上，稳定和恢复了农业生产，等等，也都是有利于祖国历史的发展的。但其在南下进军和战争过程中，尤其对人民反抗战争的镇压等方面，又都在不同程度上发作了奴隶制的残暴性、落后性和原始掠夺性，实行了惨酷的烧、杀、抢、掠，并通过强力，掳掠、拘押百千万人民作奴隶、农奴或出卖，还圈地为牧场，在先进的汉区推行奴隶制、农奴制，等等。这都是反动的，阻滞和歪曲了祖国历史的发展。虽然，清军和清廷在这种破坏和反动作用方面，都没有象契丹、女真或蒙古贵族所造成的恶果那么严重、广泛和深远；但它对于有资本主义萌芽的沿海沿江城市的屠洗政策，却是很反动的、促退的。

因此，抵抗契丹、女真、蒙古或满洲贵族的汉族等各族人民的武装斗争，便都是正义的，北宋对辽、宋辽对金、金宋对蒙古、明对后金的战争，也都具有不同程度的正义性。因为这种斗争和抵抗，迫使契丹、女真、蒙古或满洲贵族，不能不逐步抑制、改变其残暴的落后的破坏政策和行动，而使其落后的生产向封建制转变；并且还把辽、金阻止在黄河或淮河以北的地区，使宋区得以沿着唐或北宋以来的社会发展轨道前进。——北方不断遭到摧残和破坏，而南方却相对地保持了继续发展，这与原来先进的北方渐渐转为落后，南方便渐渐转为先进，是与这类情况有关的。

这样，对岳飞或秦桧那样互为对立面的人物的评价问题，也就容易解决了。象岳飞一类人物的全部活动，虽然有若干缺点或错误，“壮志饥餐胡虏肉，笑谈渴饮匈奴血”一类思想，也包含有民族报复主义的成分或情绪；但他们所进行的抗金战争和活动，基本上都是适应历史发展趋势和人民要求的——不只符合于汉族人民的利益和要求，客观上也是有利于女真人民的长远利益和历史发展的，所以是民族英雄或英雄人物。像秦桧一类人，不只直接违反人民的利益和要求，促使历史倒退，而且又对女真贵族的例行逆施，起着恶毒的帮凶作用。所以他是反动大地主，又是女真贵族的代理人（或汉族的内奸）。因此，秦桧和王氏的铁像还是不能扶起来，要永远在岳飞的墓前跪下去，遗臭万年！

有些同志，只看到契丹、女真或蒙古贵族的积极面，如蒙古贵族统一本民族和统一祖国的事业及发展中外交通等一面，完全无视或抹杀其非正义的、主要的一面，便对它所进行的战争和事业，全面肯定。他们不只不从其对社会生产所起的作用进行分析，不从阶级观点进行分析，而又对古今中外史家及有关人民的记述和论证，以至辽、金、元当时的文献，都不加考证和论辩地一概抹杀，甚至斥之为民族主义；对人民所进行的轰轰烈烈的武装反抗，也完全不看在眼里。而他们所持的论点和论据，又大都是似是而非的。这样的研究方法、态度和其论断，我看是值得慎重考虑的。

三

民族矛盾和阶级矛盾，是两种性质不同的东西，还是等同的？

在我国阶级社会的历史过程中（和世界其他多民族国家一样），国内各民族间自始就存在压迫、被压迫及剥削、被剥削的关系，这都是民族矛盾的具体表现。而上述那种民族间的战争，和某一民族的统治集团为主体的朝代所进行的民族压迫和统治，则是这种矛盾的突出形式的具体表现。汉族或其他兄弟民族的统治、剥削阶级，为着自己阶级的利益，去剥削、压迫其他民族，常常是通过一系列的民族压迫政策和战争去实现的。没有阶级的压迫和剥削，就没有了民族压迫和剥削的根源。斯大林说："而建筑在一个民族（确切些说是这个民族的统治阶级）对其余民族的统治上面的多民族国家则与此（按指法、意那种民族国家——吕）相反，它们是民族压迫和民族运动的策源地和主要舞台。统治民族的利益和从属民族的利益之间的矛盾如果不解决，多民族的国家就不能稳固地存在。"① 斯大林在这里虽系就资本主义时代的情况说的，原则上对于古代和中世纪，我认为也是适合的。而对于被压迫、被剥削的民族方面，它们所遭受的压迫和剥削，却常常不只关系被统治被剥削阶级的利害，而是带有民族的共同利害；所以相应而起的反压迫、反剥削的斗争以至武装起义和战争，却不能不是民族的。这种压迫、反压迫、剥削、反剥削的民族斗争或民族矛盾，是以阶级矛盾为基础的对抗性矛盾。自然，这在一定的条件下，也能转化为非对抗性的矛盾。

在不同民族间，是有语言（以至文字）、住区、生产、风习、文化心理状态以至肤色等等差异，其中包括社会历史发展的不平衡和其差异。毛泽东同志批判德波林学派说："他们不知道世界上的每一差异中就已经包含着矛盾，差异就是矛盾。"② 不过，建基于这种差异基础上的民族矛盾，本质上不是对抗

①《斯大林全集》人民出版社 1957 年第 1 版，第 5 卷，第 15 页。

②《毛泽东选集》第 1 卷，人民出版社 1966 年版，第 282 页。

性的，只是在一定的条件下才转化为对抗性的。同时，每个民族都不能不有其内部的矛盾，并不能不反映到民族间的关系上来。这种非对抗性的民族矛盾，从原始部落间的关系开始，直至共产主义在全世界实现后的很远的未来、民族完全消亡止，都会多多少少地、不同程度的存在着。

在阶级社会里，汉族及其他民族的剥削阶级，常利用这种非对抗性的矛盾为其阶级利益服务，利用人民对阶级压迫和民族压迫的关系以及民族内部的阶级关系缺乏正确理解的弱点，常通过各种各样的欺骗、强制的方式和方法，制造民族隔阂和歧视，并每每把本来都是优秀的人类，曲解为所谓优等或劣等民族，等等，以煽起不正常的民族情绪和偏见。这样，不只人为地扩大了民族矛盾，而又人为地把它和对抗性的民族矛盾糅合起来。列宁对俄国国内民族关系问题分析说："在沙皇制度下，对于其他民族的民族压迫，就其残酷性和妄诞性说来是空前未有的，那些被压迫的、受着不平等待遇的民族中间曾积蓄了对君主的强烈仇恨。这种对那些曾经甚至禁止使用地语言并注定人民大众目不识丁的人们之仇恨，转嫁到一切大俄罗斯人的身上，是毫不奇怪的。"① 这在世界各个多民族国家，包括中国在内的历史情况，基本上都是这样。

以往汉族奴隶主或地主作为统治主体的各王朝，或其他兄弟民族的贵族为统治主体的北魏、辽、金、元、清及其他政权，对其他民族所实行的经济的、政治的、军事的压迫和其政策，都是反动的。但是，如果把它们当时的民族政策或军事行动，都等量齐观地看成民族压迫和军事镇压，也是不符合历史事实的，必须一一通过具体历史情况进行具体分析。它们不是没有做过好事，起过进步作用的。某些朝代的某些政策（如李世民、朱元璋等人的"一视同仁"政策、魏孝文帝元宏"改制"的政策，等等）、某些军事行动（如两汉对匈奴的战争维护了内地和西域人民的和平生活；清朝为维护祖国统一、出兵西藏平定殊尔墨特纳布札勒的叛变，出兵新疆平定准噶尔的叛变，等等），基本上都是进步的，所以都得到当时各族人民的支持或同情；在当时，不只都没有因那种措施和行动而引起当时民族关系的紧张，而且对民族矛盾还起了缓和的作用。

---

①《列宁论民族问题》，中国社会科学院民族研究所编，民族出版社，1981 年 12 月版（下册），第 723 页。

历史上我国各民族人民之间的关系，较之世界其他多民族国家，也是有不少特殊情况的。如前所述，在长期历史过程中，由于汉族的主体地位和表现在较先进的经济、文化上的主导作用，形成了彼此间日益密切的不可分割的经济联系和文化交流；更由于在共同进行的几次社会革命、阶级斗争以及反对民族压迫和外来侵略的民族战争中，不分彼此地同生死共命运，又由于在日益发展的交错杂居或大杂居小聚居的情况中，共同进行生产和开拓祖国疆土，等等，故彼此之间不能不加多了相互了解、相互接近、相互帮助，而发展起亲密的友谊，以至消除隔阂和歧视……这都是不可避免的，统治阶级也禁止、离间和阻拦不了的。所以辽亡以后，许多契丹人便留在汉区与汉人一同生活和斗争，金亡以后，不少女真人也留在汉区和汉人一同生活和斗争，元廷多次号召留居内地的蒙古人北归，留居中原和南方的蒙古人多不听命，而仍留在当地和汉人杂处。这在内地，尤其在山东等地，今天还残留不少遗迹。而此，不过是一二事例。

民族矛盾和阶级矛盾的上述情况，我认为基本上能够说明其相互关系；它们既不是两种性质完全不同的东西，也不是等同的。

（原载《学术月刊》一九六三年第一期）

孔子学术讨论中的几个问题

——在山东历史学会、山东历史研究所主办的孔子学术讨论会闭幕式上的发言摘要（一九六二年十一月十二日）

这次学术讨论会，集中全国各地的老年、青年史学工作者于一堂，大家都心情舒畅地发表了自己的意见和进行了争鸣，对我国史学、哲学工作研究的开展，是会产生应有的影响和作用的。对我个人来说，这是一次很好的学习，相信同志们会有同感。

在大家的发言和论文中，涉及的问题面很宽，我现在仅就其中比较重要的几个问题，简略地发表一点个人极不成熟的意见。

关于孔子思想的阶级性问题

如同研究其他阶级社会的历史人物和其思想一样，我们在研究孔子思想时，既不能借古喻今，也不能以今释古。以马克思主义的阶级分析的方法研究孔子，是个根本性的问题。

在讨论中，有的认为孔子的出身是奴隶主贵族，他的思想也是代表奴隶主贵族的；有的认为孔子是代表“平民”、“庶民”或所谓新兴的士阶层人物；有的认为孔子是代表封建领主（或中小领主）阶级、地主（或新兴地主）阶级；有的则认为孔子是代表全民，或者说是超阶级的人物，等等。

孔子是不是超阶级或是代表全民性的人物？这是值得继续展开讨论的重大

问题。我个人认为，不论孔子的出身如何？不能不代表一定的阶级，同时，他的阶级立场和思想的阶级性，也不能不是一致的。

在关于孔子思想的阶级性问题的讨论中，实际涉及了两周社会性质问题，并有着春秋是奴隶制到封建制的过渡期等等意见。对两周思想研究工作者来说，研究这个时期社会性质的确是很重要的。不切实研究这时期的社会性质，对当时的阶级关系和各个阶级的特性及其思想的特性等等，是不可能了解得准确、实在的。关于春秋时代社会性质这个问题，今后还要争鸣，目前尚不能说以某种意见当作定论。

历史上各个阶级的思想，奴隶主、农奴主或所谓新兴地主等等阶级的思想，都有其各自的根本特性的。譬如说，人道主义或其倾向、人本主义或其倾向，究竟是什么阶级在什么时候才能产生这种东西，这是值得深入地进行科学研究的问题。

关于孔子的世界观问题

在这个问题上，也充分开展了争鸣。有的认为孔子的世界观是唯物主义（也有说是原始的或朴素的唯物主义）或唯物主义倾向；有的认为是唯心主义（客观唯心主义或主观唯心主义）；也有的认为孔子没有关于世界观问题的明确论证，或是所谓“以仁为核心的完整的一贯体系”等等。在方法论上，有的认为孔子是形而上学，有的认为是辩证法，也有的认为孔子在思想上包含形而上学、辩证法这两者的成分，只是在程度上有所不同。而在认为孔子的世界观是唯物主义的同志们中，有的认为正由于他出身或代表进步的阶级、革命的阶级或下层人民，才能称其为一个伟大的杰出的思想家或唯物主义者。这两方面的意见，在理论原则上是有很大距离的。我认为从全部人类历史看来，哲学史上的唯物主义与唯心主义两条路线的斗争是和阶级斗争相适应的。唯物主义常是属于进步或革命的阶级、阶层或集团的世界观，唯心主义则常是属于保守或反动的阶级、阶层或集团的世界观。这是历史的一般过程。但这不是说，代表进步或革命的阶级、阶层或集团的思想家，政治上是进步或革命的，在世界观上是没有唯心主义的，如康有为、谭嗣同、章太炎、孙中山，在政治上都是进步的或革命的。孙中山还是一位伟大的民主主义者，但他们的世界观，从主导方面说，我以为不能说是唯物主义，而是唯心主义的。另方面，也有个别的唯物主义者，如英国的培根，我以为他也不是代表当时英国革命的资产阶级或其他进步阶层，但这都是在一定的特殊的历史条件下的产物，不可任意援引去论证一般思想家的世界观，否则，就会搞乱马克思主义关于哲学史性质的规定和其体系。

关于孔子思想中有无辩证法，或其思想中辩证法所占的比重问题。我的看法是：辩证法规律，既然不能不对人类社会的物质生活和思想等等起规定作用，那就不能不在人的思想中都有所反映——不论是朴素的、自觉的或完全不自觉的。因此，不能说，在形而上学者的思想中绝不包含辩证法的成份；也不能说，每个辩证法家的思想中毫不杂入形而上学的成份。归根结底，在于何者起主导作用。对孔子思想的方法论研究，我们也只有在马克思列宁主义、毛泽东思想的指导下，通过有关孔子思想的全部而可靠的材料，进行严肃、认真的恰当的分析和论证。应该尽力避免主观的想象或牵强附会。

关于孔子的政治思想和其对历史的作用问题

讨论中在这个问题上的分歧是很大的。有的认为孔子的政治思想及其对历史的作用，肯定是革命的或进步的，并说中国封建社会的发展，孔子思想所起的作用是巨大的；有的认为孔子的思想对历史的作用是超时代的，对古今中外的作用都是巨大的；有的同志认为孔子在政治上完全是保守的、反动的，对历史只起了促退作用；较多的同志则认为孔子的政治思想和其对历史的作用，有积极和消极的两面，不过有的认为其积极面是主要的，有的则认为其消极面是主要的。以上几种不同的看法，是和同志们各自对孔子所代表的阶级、对两周社会性质的不同认识密切相关的。

我认为，历史上的伟大人物不可能是超时代的人物，他们都只能是在一定时代、为一定阶级服务，对一定的历史时代起着一定的作用。在其以后的时代，就只能在新的时代精神的基础上，批判地吸收其积极的因素。如果孔子是一位对我国中世纪起过伟大作用的人物的话，我认为也只能这样去处理。我还以为，这也正是我们大家与以往曾出现的国粹派或复古主义者根本不同的地方。

但是，如果对孔子的政治思想和其对历史的作用完全否定，我以为也是和孔子以后的我国封建社会历史的具体情况不相符合的，或解释不通的。

关于研究孔子思想中史论结合的一些问题

对于历史或任何部门史的研究，我们大家都是承认史论结合的原则的。史，就是占有全面的可靠的史料；论，就是马克思列宁主义的理论。所以，又叫作理论和实际相结合。

我们大家既然都承认马克思列宁主义、毛泽东思想为我们的理论指导，而有关孔子研究的资料又都是相同的，为什么却得出各种不同的甚至完全相反的结论呢？一般说来，这不能不是属于认识问题，而这又都是与史和论两个方面的问题密切联系的。

有关孔子研究的史料方面，例如《五经》或《六经》与孔子的关系等等，从汉代以来，已争论了两千多年，相信今后的相当时期内还会有争论的。关于《论语》和《史记》中《孔子世家》、《仲尼弟子列传》等，除个别地方或部分外，大家都认为是可以表现孔子思想的；我并且认为那是已把孔子思想的基本轮廓表达出来了。对其他有关文献，也可能而又应该从这个基本轮廓出发去进行衡量。因此，不能由于《论语》的个别地方或个别部分有“阙疑”，而怀疑全部《论语》的可靠性，就认为它不可能作为研究孔子思想的重要史料。关于表现孔子思想的可靠资料和有关资料的解释，这在我们的前人已作过很多工作，其中并有不少有益的成果；如果我们对于原文或注释，用严肃的科学态度去钻研，而不是从自己预定的观点出发或牵强附会，我想那是可以减少分歧，使论证逐步接近的。

关于掌握和运用马克思列宁主义理论的问题，在这里只谈谈有关奴隶制社会和封建制社会的一些意见，与古代和中世纪分期问题有关的一些意见。关于奴隶制社会和农奴制社会的不同特点，各自的生产关系、剥削关系上的形式和内容，奴隶主和农奴主、奴隶和农奴等等，究竟各有一些什么不同的根本特点或性格，我认为这需要从经典著作中去全面地深入地研究一下。马克思列宁主义经典作家关于这些方面的论证和规定，都是从人类的奴隶制社会、农奴制社会的全部历史实际概括出来的。我们还可以从世界各国的奴隶制、农奴制的历史实际进行比较、研究。究竟我们在这些方面，是否有违反或片面理解马克思主义经典作家的某些论证或语句的地方，是值得我们每个人重视的。

关于孔子研究成果的批判继承问题

几千年来，关于研究孔子的著述，真是汗牛充栋；即从近代、从鸦片战争以来，或从“五四”以来，关于孔子研究的著述，也是不少的，而且是有着创造性的成果的。同其他方面的学术研究一样，批判地继承既有的成果，是发展学术研究和不断提高我们的研究水平的客观规律，而且是马克思列宁主义的严肃学风所要求的。

记得在第二次国内革命战争时期，关于某个问题的提出和论证，常常是叙述什么人在什么时候和什么地方提出的，什么人又在什么时候和什么地方肯定了它的某些方面，批判了它的某些错误和缺点，又作了何种新的论证，等等；如果这是有关创造性的成就或贡献，那他们就是作出了创造性的成果或发展了创造性的成果。这样，就使后起者或其以后的研究工作，不仅不能掠前人之功和偷懒取巧，更重要的，还使他们不在已解决了的问题上去重复工作和浪费气力。这样，就会加速学术发展的进程，并使后起的研究工作者清楚了解某些学术问题的发展过程和其具体情况。我国以往的汉学家或朴学家，在这方面的做法，以及外国某些资产阶级学者在这个方面的做法，我认为也是值得取法的——在马克思列宁主义学风的基础上去批判的吸取。要以批判的继承的态度去对待某一个学术问题和其论证的发展过程，就必须占有其全部资料和情况；否则，也是会发生错误的。

自解放以来，我们在史学研究上进行了巨大的工作，作出了巨大的成就，出现了大量的、其中还不少是优秀的新人，这真正是可喜的现象。但我们在有些问题上，也重复了自第二次国内革命战争以来已论证过或已解决和接近解决的问题，对既有成果的批判与继承还作得不够，马克思列宁主义的严肃学风也还没有完全树立起来。这些，都须我们进一步努力。

（原载《文史哲》一九六三年第一期）

在纪念王船山逝世二百七十周年学术讨论会开幕式上的讲话[①]

同志们：

首先，我有机会参加这样一次盛大的学术讨论会，得到这样一次学习和提高的机会，我要表示感谢。

关于我们这一次王船山逝世二百七十周年学术讨论会的方针和开法等等方面，省委书记周礼同志的讲话很正确、很全面，我表示完全赞同，并表示在讨论过程中以行动来贯彻。李［达］老的开幕词和潘［梓年］老的讲话也都很好。我相信，这次学术讨论会在湖南省委的正确领导和重视下，一定能开得很好。

这次讨论会是湖南哲学社会科学联合会和湖北哲学社会科学联合会联合举办的，同时也吸收了全国各地知名学者参加。这在我国学术运动史上是一次盛会，开这样的会，在解放以前是不能设想的。我相信，我们这一次讨论会，对于王船山的研究，对于推进我国思想史上其他思想家的研究，对于推进我国哲学社会科学的研究，毫无疑问将要产生一定的影响和作用。因此在这里，我预祝这次学术讨论会成功。让我们向湖南省委表示诚恳的感谢和敬意，向举办这次讨论会的湖南哲学社会科学联合会和湖北哲学社会科学联合会，以及有关的同志，表示诚恳的感谢。

王船山生长于我国中世纪的末期，也就是封建制度开始崩溃的时期，是我国明清之际的一位杰出的唯物主义思想家和爱国主义者。同时，也是一位长期

① 编者注：本文系根据著者一九六二年十一月十八日讲话记录稿整理。

被埋没的伟大思想家。因此，我们对王船山的研究，时间还不很长。特别是几十年以来，我们对于王船山，一方面虽已进行过若干研究，并已取得若干创造性的成果；但是，由于王船山在过去长期被埋没，我们的研究还是不够的。就以《船山遗书》而论，是不是已经能够把王船山的思想全貌完全地、生动地、具体地反映出来了呢？不能。特别是，对这部分已经印出的王船山的著作，到今天为止，我们也还没有系统地进行过校勘工作。听说湖南的同志在省委领导下，进行了几年艰苦的工作，搜集了许多可贵的资料。但是不是可以这样说：关于王船山思想的分析工作和史料工作，还需要我们继续付出力量，进行比较深入、系统、全面的研究？

对于历史方化遗产，我们必须根据毛泽东思想所指示的方针，进行批判地继承，去其糟粕，取其精华，这是历史工作者的一项重要任务，我们批判地研究王船山，并不是为研究而研究，而是要通过这一研究，来为无产阶级的政治服务，为社会主义建设服务，为共产主义运动服务。因此，我们的研究，是以马克思列宁主义毛泽东思想为指导的。但是某些研究，我们也需要与非马克思主义的学者们团结合作。

王船山生活在一定的历史时代。那时的中国封建社会，一方面已开始崩溃，在封建社会内部，有了资本主义因素的萌芽；同时又是民族矛盾比较突出的时代。由于当时的社会，当时的民族矛盾和阶级矛盾，具有一定特点，当时各阶级、阶层、集团、流派及其思想，都是具有一定性格、一定的特点的。因此，我是这样看的：在研究王船山的思想时，首先要切切实实摸一下明末清初的社会形势，当时的阶级构成、阶级关系和民族关系等等方面的具体情况究竟是怎么样的；尤其是，当时社会在经济上、政治上、文化思想上究竟有哪些新的东西？哪些新的东西又有什么新的特点？譬如说：当时有资本主义萌芽出现。在资本主义萌芽出现后，在社会阶级构成上不能不出现一些新东西，产生了新兴的市民阶级。市民阶级与以往的商人有何不同？和以后的资产阶级有何不同？与封建地主阶级又有哪些同、哪些异？我这样说，丝毫无意要大家肯定王船山思想是代表市民阶级的，我不过是举一个例子。还有一个问题，我也是有这样看法：在历史上，每当社会矛盾尖锐复杂的时期，常常产生某些历史人物，同那样的社会历史情况相适应。他们的思想和政治主张，常常产生了或者包含着不同程度的矛盾性。我建议：研究王船山的思想，是不是把上面这样一些问题，摸深、摸清、摸透、摸准，这对于我们研究全部思想史，都是有益的。

王船山的思想，根据我的粗浅的研究，有很多东西是他以前的进步的思想家和革命的思想家所没有的新东西。王船山的思想在逻辑上是比较严密的。这是一方面。另方面，我们看到，又好像王船山的思想有若干自相矛盾的东西。这对我们研究王船山，常常是难以解决的问题。对于这一问题，如何进行解释呢？根据我个人的粗浅研究的结果，那些东西，并不算矛盾，仅仅因为王船山是产生在那样一个时代，是那样一个时代的思想家。因此，与其说他有矛盾，不如说是那样的思想家有他的时代必然性。因此王船山既不同于他以前的进步的革命的思想家，也不同于他以后的民族民主革命（包括旧民主主义革命和新民主主义革命）时期革命的、以至于带有进步倾向的思想家的思想体系的思想。因此，他的思想带有多面性、矛盾性。是什么样的社会阶级、阶层的思想家才具有这一些思想呢？我们可以摸一摸，我把这一问题提出来，是抛砖引玉，向到会的同志们请教。

最后请让我再一次预祝大会成功！

（纪念王船山逝世二百七十周年学术讨论会学术组整理）

在纪念王船山逝世二百七十周年学术讨论会闭幕式上的讲话[①]

在发言之前，我有两点声明：其一，昨天发的开会通知上说，有我的重要发言，我不敢当。我声明我的发言不是重要的发言，而是和大家一样的发言，没有什么我的发言重要，其他人的发言就不重要。其二，我这个人讲话，南腔北调。北方人听起来，说我有点南腔，回到湖南，又说我有点北调，这点要请同志们原谅。

现在，我开始我的发言。首先请让我向领导这一次学术讨论会的中共湖南省委和湖北省委表示诚挚的敬意和感谢，向组织这次讨论会的两湖哲学社会科学学会联合会表示衷心的谢意。

这次学术讨论会开得很好，很成功。关于王船山思想的各方面，在大家提出的论文，小组讨论和大会发言中都谈得较深入；对于关键性的问题，同志们都能够无拘无束地提出自己的论点，并坚持自己认为应当坚持的观点。这就是党的“百家争鸣”的方针的具体体现。对我个人说来，也从这次学术讨论会中学到了很多东西，得到很大提高。我相信参加这次会的每一位同志，也会有同样的感觉。这样的学术讨论会，对我们今后开展王船山思想的研究，对我国思想史的研究，对哲学社会科学的研究，对批判地继承文化遗产的工作，都将产生很大的作用和影响。

这次学术讨论会所以能够取得这样大的成就，首先是由于中共湖南省委的正确领导和巨大关怀，始终正确贯彻了党的“百花齐放”、“百家争鸣”的方

---

① 编者注：根据著者一九六二年十一月二十六日讲话记录稿整理。

针。同时，也是与来自全国各个地方的特别是两湖的哲学社会科学工作者始终认真严肃地对待这次讨论会，以及和全体工作同志辛勤的工作分不开的。还应该指出，湖南哲学社会科学联合会和湖北哲学社会科学联合会，也为这次会议做了很充分的筹备工作和组织工作。

我个人对王船山的研究，可以这样讲：在我从事学术活动的早年时期，对王船山的思想作过一些探讨，认为王船山是唯物主义者，而且是第一次提出了不同于庸俗进化论的进化论思想，等等。今天我还是研究得不深不广，还是很粗浅，看到很多同志研究得很好，我感到惭愧，当然也很高兴。惭愧的是自己不如青年同志，高兴的是，我们马克思主义者就是相信一代比一代强嘛!

现在就同志们在论文中与发言中提出的问题，从以下几点谈谈我个人不成熟的粗浅的意见。

一　关于王船山的时代和他思想的阶级性问题

王船山出身于中小地主家庭，这在他的自传和自述中讲得很清楚。但这个问题我不打算多谈，因为它对讨论王船山思想的阶级性没有决定作用。我们不是唯成分论。我们谈的是他的思想的阶级性问题。关于这个问题，大家在讨论中分歧不少，有的同志认为他的思想代表中小地主；有的说代表地主阶级反对派；有的说代表地主阶级的不当权派：还有的说基本上代表中小地主，同时也代表或反映市民的一些利益和要求。与此不同，有的同志则认为王船山的思想是代表农民，包括中农、佃农和自耕农等等在内，或者认为只代表自耕农；另外一些同志认为王船山的思想是代表市民阶级。也有个别同志认为王船山思想是代表士大夫的，也就是认为不光是代表某一阶级的利益，不光是某某一阶级的代言人，等等。

大家所根据的历史材料都是《船山遗书》及其他有关的资料，另外方面，大家又都同意运用马克思列宁主义阶级分析方法进行分析，结论为什么不同呢？这表明我们大家在认识上有距离，同时对史料的掌握和理解也有距离。因此应该说，我们还是有工作可做，还是可以继续努力。因此对这些问题，我们可以继续开展争鸣。学术讨论是从来没有谁作结论说谁对谁错的，人人有坚持己见的自由。这里我只谈谈个人的看法。

在我看来，在阶级社会里，任何一个思想家，不管他是多么大的思想家，多么正派的思想家，或者多么渺小的思想家，以及多么错误的思想家，通通不能不站在一定的历史时代的一定阶级的立场上。这一定时代是与一定阶级构成的；因此，他不能不站在某一阶级的立场上，或者说代表一定的阶级、阶层和集团的利益，说他不代表一定阶级、阶层或集团的利益，不充当一定阶级、阶层或集团的代言人，这在人类历史上的阶级社会时代是不存在的。

关于我们国家历史上的所谓士大夫，我想简单说一下，不作训诂考证。"士"在孔子以前，叫"武士"，属于统治阶级中最低的等级。春秋战国之际，"士"是指文士，也就是知识分子；到秦汉以后，"士"便完全成了知识分子的专称，是封建官僚的后备队，所谓"学而优则仕"。当然，也有从知识分子中分化出来的，同封建阶级相敌对的人，历史上这些人有不少，在这里不多讲。所谓"大夫"，在秦以前在西周和春秋时代，是天子或者诸侯属下的官位和职位，实际上常常是属中层等级的贵族或领主（之所以称贵族或领主，是因为现在我国关于奴隶制社会与封建制社会的分期还有争论。说领主是为西周封建论说话的，我主张这一说，说贵族是为春秋战国之际封建论说话的）。在秦汉以后的封建专制主义（这也是从多数人的意见讲话，也还有人不同意）的长时期中，"大夫"不是封建统治机构内的官僚就是封建朝廷给予的荣誉性的官衔。所以说，秦汉以后的"士大夫"，不过是官僚后备队的称谓。过去陶希圣也说过：士大夫有权无地，地主有地无权。同志们的意见当然和他有本质的区别。

我们要深入地论证王船山思想的阶级性，应该首先摸清王船山生平的时代，也就是要从明清之际的社会形势出发。因为一个思想家，不是生活在半空之中，我们要研究一下当时的社会形势，阶级构成怎样？阶级之间关系怎样？这一阶级又有一些什么特点？要从这些方面去研究。不然，随便给王船山扣一顶帽子，是不行的。

当时社会形势怎样呢？我在《简明中国通史》中已大致谈了一下，这里不详细谈。当时明清之际，阶级矛盾与民族矛盾交错着。清军入关南下以前，阶级矛盾突出，基本表现为全国性大规模的农民起义和农民战争，而且是一浪接一浪地发展。清军入关，特别是南下以后，民族矛盾突出，阶级矛盾相对缓和，集中表现为农民军都转向为联明抗清。如李自成之妻高氏和其侄李过同何腾蛟联合，张献忠的农民军李定国等也联明抗清。此外，全国各地城镇乡村人民也组织轰轰烈烈的抗清斗争，特别突出的是在沿江沿海几个城市，如扬州、江阴、常州、无锡、崇明、嘉定等等地方，城市市民和手工业工人全体动员，附近农民也跑到城市进行反抗，一直战到最后。表明这个时期的民族矛盾比较突出。这时期总的形势是这样。但是由于清朝采取一些步骤，民族矛盾便很快缓和下去了。当此之后在很长一段时期内，民族矛盾还是存在。所以后来太平天国起义和辛亥革命时，又提出了“反满”的口号，但是民族矛盾突出的时期过去了。

明末占地最多的是藩王、阉党、宦官以及一般的大地主，他们且不断地扩大对土地的兼并，形成土地的集中。大量的农民相继丧失了土地，被迫从农村中排挤出来，或者流离失所，或者跑到城市；甚至有一些中小地主也相继失去一些以至于全部的土地。农民所负担的地租、赋税，还有种种苛捐杂税，十分繁重。大地主对这些赋税是不负担的，中小地主虽要负担，但它尽可能地转嫁到农民身上。所以农民要求减轻赋税负担，同时也有均田的强烈要求，要求把土地平均分配给人民。李自成与李岩在河南提出减轻赋税，得到广大人民的支持，“均田”口号也在江南提出了。

清从入关起即宣布承袭明朝的一切社会制度和秩序，同时大力推行稳定封建农村社会的政策与措施，譬如宣布以前耕种藩王土地的人，只向国家缴纳田赋，“三饷”不要了，许多苛捐杂税免除了，同时还宣布以后“滋生人丁，永不加赋”。这些政策，比较有效地把明末残破的农村生产比较快地稳定下来。民族矛盾也跟着一步一步地缓和了。吴三桂后来反清，除了吴三桂的行为为人民所不齿外，也因为民族矛盾缓和，所以群众响应的不多。农民毕竟是封建社会的一个阶级，正如斯大林说，农民是皇权主义者。有人不同意，认为它只适用于俄国。我还是有点相信斯大林，认为不仅适用于俄国，而且适用于世界各国，当然也适用于中国。由于清朝政府一系列安定农村社会的步骤和政策，农民在现实利益面前，放下了反清的斗争，再也不高喊“反清复明”的口号。

另外，明朝中叶以后，已经开始出现富农。这些富农，虽有严重的封建性，但也有资本主义性质，特别在经济作用方面。他们和一般农民不同，已经具有农村资本主义萌芽的性质。

关于明代出现了资本主义萌芽问题，大家是有争论的。我看它的出现，是中国社会发展中的一件大事。哪怕它是软弱的，但标志着中国封建社会开始崩溃，它富有生命力，将一步步冲破封建制度的蛋壳壳。但是明中叶开始出现的资本主义萌芽，不是一帆风顺的。明清之际，清军入关南下后，对沿江、沿海城市实行血洗政策，据说江阴的人被杀得所剩无几，同时还采取一系列的反动政策，对手工业者课以重税，对山西钱庄则很优待，这样资本主义萌芽就被扼杀了。到乾隆时，资本主义萌芽重又出现，但到鸦片战争，外国资本入侵中国，又给扼杀了。毛主席说："如果没有外国资本主义的影响，中国也将缓慢地发展到资本主义社会"。这概括了鸦片战争以前中国资本主义萌芽发展的历史情况。今天有人说：不要谈清军在沿江沿海的血洗政策，不然会影响民族团结。我认为这是以虚无主义对待历史，是错误的。

同时，明中叶以后，在沿江沿海反矿监盐税使的斗争比较激烈，两湖地区，在武汉、重庆，也爆发了这种斗争。有人说：衡阳恐怕没有资本主义萌芽吧，我看不能这样说。邵阳比衡阳还落后，邵阳有用竹大量生产纸的，销售各地，虽是地主经营，但里面也有资本主义因素。这些城市的武装抗清斗争，大体说来都是市民或以市民为主体联合农民的斗争。而且领导这些斗争的，有不少人是出身商人家庭，或者与东林党复社有关。这些情况，同志们可以进一步研究一下。当然不要把那些手工工场主想得和后来的民族资产阶级一样，民族资产阶级也有封建性。手工工场主不仅本身有许多封建性，而且尽量依靠封建官府控制、压迫和剥削工人，否则就不能活下去。他们还没有那样的独立能力。但他们是市民阶级中最积极的成分。市民阶级是从他的前身自由商人发展而来的，但与原来的自由商人不同，已经包含有资本主义萌芽的新的社会性质。当然与后来的资产阶级也不同，因为它还处在萌芽状态，本身还带有很大的封建性，还没有力量，也没有明确的要求来突破封建的束缚；但另一面又不能不具有一定的革命性。

下面再讲一下中小地主与大地主阶级。他们有没有矛盾。我认为不仅有矛盾，而且相当严重。突出的表现在赋税上，中小地主要担负赋税，大地主是完全不负担的，有的有负担，却把它飞洒出去，飞洒到农民和中小地主身上。大地主对土地的兼并危及到中小地主，他们在乡里横行霸道，但另一方面，在当时封建社会已开始进入崩溃，特别是阶级矛盾和民族矛盾交叉出现时，地主阶级首先一个基本的要求是维护本阶级利益。在共同利益下，他们之间的矛盾又不能不渐渐地缓和下去。属于地主阶级内部的中小地主只可能在共同的阶级利益的前提下追求自身的利益，所以他们在历史上只能提出在一定历史条件下的不同程度的改良主张和要求，而不能提出反封建的东西。反封建的东西是与他们无缘的，是他们所拒绝的，反封建的倾向、反封建的行动是不可能要求他们的。

另外我想提一下当时的行会商业和行会手工业的发展情况。他们都是属于封建性的，此外还有一种垄断性的商业，是官府或大官僚、大地主开办的。他们之间是有矛盾的，尤其是自由商人和垄断性商人的矛盾更为突出。他们可能提出一些什么要求呢?

我认为，以上就是当时的阶级、阶层的基本情况。王船山的思想究竟适应于上面哪一个阶级和阶层的基本要求和特点，或者说基本上代表某一阶级或某一阶层的要求而又同时反映某些阶级或某些阶层的利益，这都有待于我们根据全部可靠资料进行深入一步的研究。

我个人的意见，还是和《简明中国通史》一样，认为王船山是代表市民阶级的，本身充满着那个时代的矛盾。如果王船山没有封建的一面，只有进步的一面，当时社会不存在那样的阶级，如果说只有封建的一面，没有进步的一面，那么王船山思想很多内容就要按照朱熹与二程去修改，不修改一下便讲不通。

二　关于王船山的世界观问题

王船山的世界观，大多数人肯定是唯物主义的，但具体评价上是有区别的。有的同志认为王船山是整个中世纪时代最伟大、最杰出的唯物主义者，或者说已达到了封建社会哲学发展所能达到的典型高度的历史形态；有的同志认为王船山是朴素的辩证唯物主义者，或者认为他是朴素唯物主义者。此外，也有个别同志认为：王船山的哲学在心和理这两个问题上是两元论，也就是说还没有跳出程朱学派的圈子。我觉得王船山对心、理的论证在《四书训义》“夫子之道忠恕而已矣”这一节里面讲得很深刻，很明确，而且比较全面，没有什么含糊的地方，请同志们参阅一下。

另外，又有个别同志认为王船山哲学是理气一元论者。但所谓“理气一元论”，有的名词一样，内容又有区别。其中有一种说法，认为王船山是理气一元论者，在中国哲学史上找不到什么客观唯心主义，也不能用世界哲学史上的唯物主义与唯心主义两条道路的斗争来看待中国哲学史。还有一种说法，认为王船山的理气一元论是一种特殊形态的理气一元论体系。另外还有人认为：不能认为某些思想家相信鬼神就不是唯物主义者；反之，也不能认为某些思想家不相信鬼神就不是唯心主义。另外，又有人认为：王船山有唯物思想也有唯心思想，虽然唯物主义多点，但说他是唯物主义却高了一点。凡此种种看法，尚不能说谁对谁错，可以继续争鸣，通过争鸣，一步一步接近解决。可能争鸣要争很久，甚至要争几十年。在民主革命时期，我们除与托派争执外，我们内部也有争鸣，如我和郭老就有争鸣，一直到现在还没有达到一致。同志们今天提出的意见里面，其中有一些问题，在我们今天还不能不算是比较重大的新问题，希望大家能继续争鸣。

下面谈谈王船山哲学与程朱理学的关系，或者范围大一点说，同宋明理学的关系。这两者仅仅是某些方面的不同，即王船山的哲学是基本上属于程朱系统，或者某些方面未超过程朱的圈子呢？还是批判的扬弃和批判的终结了包括程朱派理学在内的宋明理学成为与程朱根本不同的新的哲学派别？其次，王船山哲学范畴里面的所谓理、气、性、天等等与宋明理学中理、气、性，有没有区别？这些都值得我们深入地进行讨论，一一的搞清楚。我的意见认为：借古人的词汇、范畴，喊古人的口号，穿古人的衣服，来表达自己时代的新要求，这样的事例在历史上中外都不少。关于中国哲学史上有没有客观唯心主义，有没有唯物主义与唯心主义两条道路的斗争问题，我认为世界观的问题，归根结底都是存在与思维、物质与精神的关系问题，都不能不归之于唯物主义与唯心主义两种形态及两条道路的斗争。在唯心主义阵营中，有没有客观唯心主义？我认为，在某些国家，某些时代，某些阶级的特定条件下，它的世界观不能不表现为客观和主观的唯心主义，不管它在中国或世界其他国家哲学史上所用来表达的述语或范畴如何不同，这一切通通在实质上不能不归结于发展过程中所共有的，都是人类历史发展的客观规律。如果说王船山哲学内所阐述的理、气以及类似的范畴，不过在于说明客观世界及其法则或规律的统一。假使这样，我认为可以说，王船山的哲学达到了相当高度的唯物主义。如果理气一元论意味着这样的内容，那么应该说，这种说法与有些同志的看法，只是程度上的不同，而没有原则上的分歧。但是从论文和发言看来，个别同志在论证王船山哲学是理气一元论时，用的述语相同，含意是有区别的。

其次，谈谈关于唯物主义和唯心主义对历史产生的不同作用的问题。在我看来，唯物主义一般说是属于革命和进步的阶级、阶层或集团的世界观，唯心主义是属于保守的或反动的阶级、阶层或集团的世界观。但既然说一般，就不是全部的。在一定的特殊的历史条件下（还需要具体分析），政治上是代表进步的以致革命的思想家，在世界观上也可能是唯心主义的，如我国旧民主主义革命时代的康有为、章太炎、谭嗣同、孙中山就是这样。关于孙中山，列宁讲过是“伟大的民主主义者”，但在世界观上是唯心主义的。因此我们不能任意援引个别进步阶级的革命家的世界观是唯心主义，就随便解释某个革命阶级、进步阶级的思想家的世界观也是唯心主义；反过来，也不能任意援引个别反动阶级的思想家的世界观是唯物主义，就随便解释某个反动阶级、反动人物的世界观也是唯物主义的。

我认为哲学史中的哲学家不属于唯心主义就属于唯物主义。唯物主义多些，占主导地位，就属唯物主义；反之，就属唯心主义。二元论也属唯心主义。既然有唯物主义和唯心主义的划分，也就有两条道路的斗争。

再其次，谈谈相信鬼神与世界观的关系的问题。我认为，只有无产阶级才能是彻底的无神论者，以往的各个阶级都是多少有些杂质。无产阶级以前的劳动阶级，包括封建社会的农民阶级、奴隶制社会的奴隶阶级，以及原始公社时的人民，由于当时在自然力支配面前都无能为力（当然这种无能为力是有程度上的不同的，奴隶阶级比原始社会的人强，而农民阶级又比奴隶阶级强，但通常是无能为力的），在不同程度上靠天吃饭，因此没有办法摆脱对自然界的不同程度的迷信。我们是否从这个角度去观察这问题呢？世界观是反映一定的阶级的。但哲学家的世界观与群众的认识是有区别的。从世界观的原则高度来看，有神论是不能与唯物主义溶在一起的，只能说是杂质。墨子有关天志的思想，同志们研究一下：他是从世界观中提出的？还是从组织群众的政治要求中提出的？恩格斯讲过，过去农民领袖常常用宗教来组织发动群众。我们不能把墨子的天志论与他的唯物主义世界观混为一谈。同样也不能设想得出结论：有神论可以同唯物主义结合在一起。费尔巴哈是有神论，你不能把他说成是唯神论吧！当然，唯心主义，不管是客观唯心主义或主观唯心主义，不管他是采取任何形式，躲躲闪闪，追到最后，不能不归之于有神论的。老子的天道观是躲躲闪闪的唯心主义。关于这一点，有人不同意，说老子是唯物主义，甚至认为中国哲学到老子把天道观推翻了，从此就没有天道观，这是不符合历史事实的。

下面讲讲王船山的历史观问题。关于王船山的历史观，有这样几种看法：有的同志说他是唯物主义或者有其倾向，有的同志说他是唯心史观，也有一些唯物主义或唯物史观的因素。恩格斯说：马克思主义以前的唯物主义者在自然观上是唯物的，但在社会观上不能达到历史唯物主义水平。归根结底他们不能认识这一切东西起决定作用的是生产关系。这是对的。但不能因此就说，在古代没有用朴素的唯物主义观点或唯物主义倾向来观察历史运动、历史发展的人。我们研究问题，不应该从经典上的原则出发作出结论，而应该从具体的历史出发。笼统地说王船山的历史观是唯心主义，这是与恩格斯的结论不一致的。中国的历史发展的基本规律和世界一样，但有其特点。比如阶级斗争那么丰富，民族那么多，民族斗争那么丰富；还有，中国历史上的哲学那么发展，哲学家的数目，比世界历史上的哲学家的总和只有多不会少。这些，都是特点。还有一个问题，同志们可以研究百家争鸣的问题。欧洲只希腊时一次，文艺复兴时一次，中国到底有几次？过去有人按外国的规律来找中国的争鸣，这是钻牛角尖。我们对历史上某一个哲学家历史观的评价，要从具体材料出发，不要从原则出发，要分析他对社会存在与社会意识的关系的论断如何？或论断的倾向如何？王船山的历史观，从印行的船山遗著看来，是唯心的，或者基本上是唯心的？还是朴素的历史唯物主义的，或者仅有这种倾向、因素？当然不可能是历史唯物主义的；但是不是有这种朴素的唯物主义的东西，可以进一步研究。

在讨论王船山的进化论观点时，对他是否接触到了社会的质变的问题，大家有争论。我认为：他在《读通鉴论》和《宋论》及其他著作中，论证得比较明确，从太古到他那个时代，都有自己的看法，甚至拿少数民族的材料作类比的研究。我们当然不能设想王船山用马克思主义质变论观点来看问题，那不可能，假使有的话，或者是倾向，或者是朴素，他不可能从经济决定的方面来看，但是否有其倾向？

三　关于王船山的政治思想、主张和民族观

王船山在政治上的确常常有自相矛盾的东西。这种矛盾复杂的情况，原因何在？我看是由于王船山所处的历史时代某些阶级本身的矛盾性的反映。同志们在讨论、论文和发言中，也有不少自相矛盾的论证，这也是很自然的。有的同志一方面认为王船山思想是伟大的，对历史的作用也是伟大的，马克思主义以前任何的思想家都比不上，对以后的民族民主革命也有很大影响；但是另一方面又说他的思想是士大夫或地主立场出发，这适应不适应？另外，有的同志说，王船山代表资产阶级前身的市民阶级，是伟大的唯物主义，但是在政治上是保守的。有的同志认为王船山提出“宽以养民，任教不任法”，主张相对君权的改良主义；有的同志认为王船山不惟彻底地击破了数千年的封建社会君权至上的谬论，而且为中国近代史上民族民主革命撒下了具有无限生命力的种子，包括有保卫民主，君权可革的民主思想；有的同志认为他反对科举，但不反对“九品中正”，维护等级制度，但又不要独裁专制，主张简政轻刑，抑制农民起义，主张吸收中小地主参加政权。我看，都有些理由，可以继续争鸣。我们从王船山的著作来看。在政治上一方面和传统的君主制度相联系着，认为君主制度是必用的，他并没有说不要君主去选大总督。另一方面他又提出“天下非一姓之私也”的观点，而这和《礼运》中“大同”是不同的。他在发展观上承袭变法改制的思想，但又提出可承、可继、可革，明确提出革命改制，这是王船山以前没有任何人提出过的。《易》上有“汤武革命顺乎天而应乎人”的话，但在王船山以前的思想家没有人敢提到。在对君与民、治与乱等等关系上，王船山一面体现了传统的思想，但另一方面，又反复地强调人民的力量，珍视人民的普遍意愿。他说：“‘天聪明自我聪明，天明威自我明威’。即民之聪明明威，而见天的违顺，则秉天以治人，人之可从违者，审

矣。”对农民起义，他也有自己的看法：一方面，认为统治者对起义的农民应该采取适当的步骤去控制它，利用它；但另一方面，他解释农民起义的原因和作用不仅是比较深刻、客观，而且是比较大胆的。他公然敢说农民起义是从哪里来的，并且说孔鲋到陈涉、吴广那边去是可以原谅的。这说明他的多面性和矛盾性，对张献忠的态度是比较复杂曲折的问题，可以具体地研究一下。

关于土地问题，我们不要要求他和共产党的土地改革、土地纲领一样。王船山一方面承认地主阶级土地私有制，但另一方面又提出了改革主张和富民思想。

另外，对生产、商业等等问题，他的思想和主张也有两面性。当时商业有三种性质，王船山没有加以分别。他一方面认为商业是好的，必要的，不可少的，应该扶持的，但另一方面又把商业骂得一塌糊涂。

另外，王船山提出了“天理皆人欲”这一思想。对于欲望、物质生活、饮食、男女方面的这个思想我看是很新鲜的。从人类的历史上，哪一个阶级在什么时候才能提出这样的思想呢，我看是表现了一种新的社会力量。

另外，王船山对于过去的儒家，连同孟子、子思在内的思想，进行了无情的抨击和批判。但有一条，对孔子始终不敢公开批判，而且总是借儒家的语言，穿孔子的衣裳，喊孔子的口号；另方面，他对从孟子到宋明理学，他站在公开的对立面加以抨击与批判。

这一切从保守方面来说，他主张维系君主制度及其权力，不敢批判孔子，孔子什么都好；但另一方面，他又反保守，说“可继可革”，“天下非一人事”，应归天下于公，进步到如此程度。这是革命的一面，我认为应当重视他的这一面，因为这在王船山以前没有或不可能有的，这些思想反映在思想上面是中国历史前进中极不平常的东西，我们应充分重视这还不完整的、不完全成熟的东西。

关于王船山的民族观的问题，多数同志认为王船山是热烈的爱国主义者。在这前提下，有的同志认为王船山是从民族立场出发，并且实际进行过反对清朝掠夺的武装斗争，爱国主义是王船山思想的灵魂和核心，或者说，王船山爱国主义思想的核心是反对民族压迫，他从民族主义出发，把民族主义的利益放在高于一切的地位，有强烈的民族自尊心，表现着强烈的爱国主义情感。有人认为王船山是卑视和歧视少数民族的大汉族主义，并根据其所说：“歼之不为不仁，夺之不为不义，诱之不为不信”的话，说王船山的错误是大汉族主义。我认为王船山的话不是空洞和抽象的，是有其具体对象的，是有其内容的，是对满族贵族而说的。有的同志曾谈到王船山称少数民族为神明之裔，他并曾经逃到苗族地区，穿苗衣，改苗姓，也可能是说苗话，可见王船山并不歧视少数民族，也并不认为少数民族天然是落后的。有的同志认为王船山主张“严夷夏之大防”，是汉族的正统观点、民族孤立观点，有碍民族融合，但在反民族压迫斗争中有现实意义和战斗意义。有的同志认为王船山的爱国主义民族观是狭隘的有偏见的，有精华和糟粕两方面等等，我看都可以继续争鸣。

王船山爱国主义性质，确实是一个比较复杂的问题。王船山的反清斗争，和顾炎武、黄宗羲以及东南地区市民的反清斗争同样坚决。他对清军的屠杀政策不共戴天，对降清做官的人深恶痛绝。他曾到桂林参加南明的抗清斗争，又曾组织抗清活动，不剃发，不改服饰，终身不同清廷合作。这些是否忠于明朝呢，但他又主张“天下非一姓之私”，说朝代的改换，张、王、李都可以，这不是矛盾吗？同时，在王船山著述中，他对明末的黑暗腐朽、倒行逆施是痛心疾首的。他是不是从大汉族主义的立场进行抗清呢？上面说过，王船山避难深入苗族地区，同当地民族一起生活，穿苗衣，改用苗姓，策动苗瑶人民一同抗清，说他是大汉族主义和卑视少数民族，不能这样讲吧。那么，王船山是否有朴素民族主义的思想呢？我看恐怕是有的。人类历史上，不管封建地主阶级和资产阶级都是有民族主义的。这种思想，当反对民族压迫时，就表现为爱国主义。但有其阶级性。农民是反民族压迫和外来侵略的主力，我国历史上有这种传统，在历史上只有无产阶级才能够成为爱国主义和国际主义相结合的国际主义，在无产阶级以前，人家有民族主义就加一顶大民族主义的帽子，这是非历史主义的。同时王船山还以自己在落后民族地区耳闻目见的实际调查来研究太古时代社会，即我们所谓原始社会的类比材料，这种实事求是的调查研究和刻苦钻研的踏实作风，与顾炎武一样，是突出的优点之一。我们不能从这里找到王船山歧视、卑视少数民族的任何言论。

王船山的学风是踏踏实实的，亲自作调查研究，对前人文化遗产及创造性，都是采取严肃认真的态度去对待，丝毫不苟。这些也有不少值得我们批判地继承、学习。

关于传统问题，特别是毛泽东思想与传统的关系问题。中国有着优良的文化传统，我们如何去继承它呢？毛主席说得很清楚，要批判地继承它，去其糟粕，取其精华。也就是说，在马克思列宁主义和毛泽东思想基础上批判地继承它，来发展中华民族的文化。

我以上所讲的，可能有不少错误，可能与年高德劭的同志有出入，希望批评指教。

（原载《吕振羽史论选集》，上海人民出版社一九八一年出版）

在湖南省历史学会座谈会上的发言

会议主席：谢华（湖南历史考古研究所所长）

出 席 人：吕振羽、吴泽、谢华、刘寿祺、方克等共七十五人。

地　　点：湖南宾馆三楼会议室。

时　　间：一九六二年十二月七日上午。

谢：湖南省历史家学会趁这次王船山讨论会在长沙举行之际，请吕老和吴泽同志座谈。大家提的问题很多，中外古今都有，由于时间关系，经与吕老商量，仅就其中一些关键性问题扼要地谈谈，以促进我们的教学和研究工作……现在就请吕老先谈。

吕：谢老要我先谈，我就先发言，座谈还是大家谈。预先声明，对于我那几本小册子和吴泽同志的几本书，以及这次来长沙先后的几次发言，大家有意见，可以提；今天来不及，今后还可写了寄来。

同志们提出的十个问题，我看可以归纳为六个问题。这六个问题，我谈一下，吴泽同志谈一下，大家也谈谈，谢老总结性地谈。这几个问题，在全国史学界也是存在的，属于百家争鸣的范围，提出过，也解答过，目前还没有结论，大家还可发表意见，将来大家意见一致了，就会有结论，因为真理只有一个。

现在我先谈谈湖南历史科学工作者主要应做些什么？如何做？

这个问题，我只能提些意见，不成熟，只供参考。搞什么？如何搞？最后还是省委宣传部决定的问题。过去安徽提出过这个问题，我提过意见。现在就湖南谈谈。地方史不能独立起来，通史、断代史、专门史都有全国性，中国史就是中国的历史；但是地方史不能不有地方性，要把地方的特点突出来。湖南历史考古工作究竟有什么条件？湖南历史究竟有些什么特点？照我的初步看法，湖南是开发较早的地区之一，这次在省博物馆看到湖南出土的殷商铜器很多，表明殷朝疆土已到了湖南。关于铁器问题，有人认为楚国在春秋时有铁器的记载是不可靠的，而要凭地下发掘出来的材料，现在湖南已有春秋晚期的铁兵器出土，总算是可靠的了。过去总认为湖南落后，所谓“南蛮鴃舌”之人；现在看来，并不如此，湘西、邵阳一带较落后，但是长沙、衡阳、永州、常德一带较发达。湖南很有东西可以研究，汉民族与当地民族的关系还可摸一下；殷朝以前，新石器文化遗址湖南已发现多处，湖南与湖北、江西、江苏、浙江、福建是一个系统，省博物馆有“几何印纹陶”与“石锛”，具有吴越文化特点。这也说明原始社会的考古工作，在湖南还大有文章可做。

但更重要的，湖南历史研究的重点应放在近现代史上。在鸦片战争以后，在旧民主主义和新民主主义革命时期，湖南不但不比其他地区落后，而且是很突出的。新民主主义革命时期事迹多得很，如马日事变后，湖南群众有大规模武装斗争，在武岗、新化、浏阳、湘潭等地有许多农民武装起来打许克祥。李寿轩、姚喆（他们现在都是上将、中将）说他们都是那时当兵出去的。水产部副部长袁炎烈曾在洞口黄桥铺领导暴动，后来到广西与韦拔群同志一起搞斗争，可以去访问这些同志。就是旧民主主义革命时期的事迹也很丰富，辛亥革命两大领导者——孙文与黄兴，其中黄兴领导的华兴会主要在湖南活动。还有会党头子谭人风、焦达峰、陈作新等，也在湖南活动较多。溯远一点，太平天国革命也可以去摸一下，洪大全是会党（天地会）领袖，其势力不只在湖南，还到外省去了，可到衡阳等地去调查一下。太平天国军队的老兄弟主要是湖南人，他们由广西出发，一路上死人很多，经湖南、湖北发展至五十万，其中湖南人可能有三十万。因此，湖南的历史研究重点可以放在近现代，特别是现代，这是有传统的。民间有此传统，也容易去摸，一些当事人还活着，有些事情要留传下来了。

湖南出了毛主席，还有他的亲密战友少奇同志。特别是毛主席，是当代最伟大的马克思主义者，对马列主义作了创造性发展。他是全国和全世界的人物，但他毕竟是湖南人，早期在湖南活动、受教育，开创了湖南的群众运动，建立了湖南地方的党组织，这个影响是很深远的，而且这些材料在别处找不到，或者不全面。我们党的骨干及牺牲的烈士在湖南是很多的，别处难于找到他们的材料。旧民主主义革命对湖南影响也很深。我小时在长沙读书，语文教师汪根甲讲课从不拿书，随便讲，骂刘邦，也讲黄兴、宋教仁、蔡松坡等人的资料，我过去和他的内弟同学，经常到他家去玩，听到过一些。这些资料湖南研究起来方便些、全面些。因此我建议：湖南历史研究工作可全面搞，但要着重抓近现代，近现代的重点又要放在现代。如果是这样，我们首先就要集中力量搞资料工作。听说同志们近几年做了许多有益的工作，出了《湖南历史资料》，前年就看见了。现在要订计划，找线索，抓紧搞些资料的调查收集工作，重点也要放在现代，近代也要搞。对少数民族历史的调查，是主席早就提出的，并作过指示，这是主席的英明。人大常委会的“民委”担负了这个任务，搞过一次调查，但不全面，主席说还要搞一次。现在已有少数民族历史资料五千万字，我看湖南也可以抢救一下。全国政协出的《文史资料》，总理抓得紧，我给他们提了意见，要他们到湖南来搞一下。湖南可以自已先搞，不一定等中央。当然，搞资料以后可以写文章。又，资料主要搞正面的，但只有正面没有反面，这也不是辩证法，反面的也要搞。湖南的土豪劣绅地主买办阶级的反革命经验非常丰富，如我办塘田战时讲学院，到邵阳时，一位朋友请我吃饭，席上有人恭维我，说我是西南学者，但当晚他就打电话给国民党政府，说我在活动，幸好我未受骗……这个例子表明与他们斗争很不简单。所以，反面的也要搞，但不是为他们作传，不是表扬他们，而是为了复原我党的斗争历史。

历史唯物主义是历史研究的理论基础，所以搞历史，特别是搞近现代史，首先要把毛泽东思想的精神实质掌握住。斯大林未死时，苏联学者曾著文说毛泽东著作在理论上发展了马列主义，在历史上说，本身就是一部现代史，故搞历史必须把马列主义特别是毛泽东思想好好掌握，尤其要善于运用。同时，毛泽东同志是湖南人，毛泽东思想的产生与湖南关系更密切，我们更要好好掌握。怎样才叫掌握了毛泽东思想？我看不能仅仅引用毛主席的文句，有些先生写文章引用毛主席的词句比我们多，但不见得就是掌握了。过去党的历史上也有这种人，写文章一万字，起码有六千字是引文，那不能算是掌握了马列主义毛泽东思想的精神实质。我看掌握毛泽东思想的精神实质，首先一条，历史科学是理论战线的一部分，因此它必须在党的领导下，根据党的政策，为党的每个时期的政治任务进行斗争，为党的理论战线服务，而不是学院式的。第二条是既把历史复现，真正不歪曲历史，又把历史的规律反映出来，而且是真正的客观规律，不是臆造的规律。现在我就谈到这里，下面还打算谈谈“史论结合”的问题。

吴：我想谈谈历史人物的评价问题，包括个人与人民群众在历史上的作用问题。

问题的提出是因为旧史家都以帝王将相为主写历史，故人们提出打破王朝体系问题。上海也搞得很热烈，于是魏晋南北朝不提了，提三百年大混战；秦皇、汉武、唐太宗都不提了，只写公元。写历史就以农民战争为纲，王朝名字都不用了。这在当时起了很大的作用，对旧的封建正统史观起了猛烈的冲击作用。后来大家发觉问题不是那么简单，阶级斗争是否仅仅表现在农民战争上？是不是还有其他形式？王朝要不要用？打破王朝体系，这个体系如何理解？统治阶级的人物如何处理？曹操、武则天、康熙、殷纣王等如何评价？现在农民战争问题还在继续考虑，王朝体系问题已经有一个大概一致的看法了。首先，我认为王朝体系是客观存在的东西，不能随便调前调后，增加减少。打破王朝看怎么打法？如果是以帝王将相为中心的历史体系和封建的道统史观，这应该打。王朝本身和王朝顺序，不能打。（吕：写国民党统治时期的历史，不写蒋家王朝就无法写。）其次，关于个别历史人物，马克思主义者从来不否认他们的历史作用，但不能写成王侯将相的历史，不能陷入英雄史观。同时，中国是个多民族国家，不以帝王将相为中心，而把历代王朝概括在几种社会形态里，找出由一种社会形态转入另一种社会形态的规律，这就不会陷入旧的封建正统主义的人物史观。总之，王朝体系与封建正统史观要区别开来。

关于历史人物评价问题。我们首先要弄清楚这个人物所处的时代的社会性质与社会经济情况，从而进行阶级分析。如果社会性质没有搞清楚，随便套用别人关于社会性质的意见，就不落实，就不能正确评价历史人物。有人说搞思想史的不必研究好社会史，我看不能这样分工，必须自己深入研究社会史，不能随便套用人家的意见。其次还要说明这个人物属于这个社会（和时代）的哪个阶级和阶层？这个阶级是上升的还是没落的？这个阶级的历史任务是什么？再次，仅仅抓住社会的基本矛盾还是不够的，还不能解决具体问题；而且，每一个社会除了基本矛盾还有主要矛盾，基本矛盾和主要矛盾要联系起来看，二者有时是一致的，有时是不一致的。如封建社会基本矛盾是地主与农民的矛盾，故有农民战争，但有时民族矛盾上升为主要矛盾，农民军又去抗击外来侵略了。还有，统治阶级内部矛盾，也在一定程度上反映了阶级斗争，与基本矛盾联结起来。如农民战争之后，统治阶级被迫向农民让步，这时统治阶级有开明与顽固派的斗争。还有，要弄清这个历史人物是站在矛盾的哪一面？历史是通过解决矛盾而前进的，开明派如得胜，对社会是有利的。这样就可以避免把历史人物绝对化。（吕：近几年来有些人一说历史上的人，好就好得与毛主席一样了，没有具体分析，不能解决问题）。我们研究历史人物要看他站在矛盾的哪一方面，如他能反映一些人民的要求，得到人民的支持，社会就可前进一步；如反动阶级方面，顽固保守方面胜利了，就要用农民战争来解决。因此，对历史人物的评价要从基本矛盾、主要矛盾、矛盾的主要方面及一定阶级的历史任务来看，不要简单化。

封建史家和资产阶级史家不可能对历史人物作出正确评价，所以我们要翻案。曹操、武则天、殷纣王等要重新评价，但不能简单地翻。（吕：现在对这些历史人物的讨论意见，都不是结论。）坏的翻好，好的翻坏。武则天一翻，比今天的女委员、女部长还好。（吕：有人干脆说成比蔡畅、邓颖超还好）看不出她是中国的一个封建帝王，看不出她是封建时代地主阶级的代表，这怎么理解？殷纣王的翻案，七十六条罪状，一层一层翻掉，只剩下《尚书》的六条，其中又有几条不成，剩下二条，最后一条也没有了。有人说纣王用象牙筷子是对艺术有贡献，那么刖罪者之胫、剖孕妇之腹是不是对解剖学有贡献呢？这是什么样的阶级分析观点，什么样的阶级分析方法？（吕：吴泽同志是说，研究历史不要抓不相干的，要抓能说明问题的东西。以前有人说朱元璋的下巴长，是不是长瘤子？我说不必研究，那不能说明朱元璋是个什么人。）有人说曹操是中国历史上杰出的政治家，我看不能这样笼统的说，要说明他究竟是哪个时期、哪个阶级的杰出政治家？我认为他只是东汉封建贵族的一个政治家。应该指出这个历史人物的阶级局限性、历史局限性，不能漫无边际。武则天在前期反对大贵族有积极作用，但后来腐朽了，因为他们毕竟是地主阶级，中小地主在打倒大地主后，自己就要变成了大地主。（吕：中小地主阶级的人物反映进步要求的，总不能长久，只是一个短暂时期，王安石如此，武则天也只是前期反映了一些中小地主要求，以后还是变了。历史上没有中小地主长期占统治地位的朝代。）

因此，我们翻案要具体分析，只能指出他在当时历史条件下所起的作用，不能漫无边际地抬高人家。一定要抓住阶级分析。这就有历史观点和阶级观点的关系问题。二者要统一起来，否则就会偏到一边去。忽视阶级分析，一味强调历史作用，就会把历史人物美化；抓住了阶级分析而忽略了历史观点，又会把历史人物全盘否定。阶级观点和历史观点如何统一？有人说站在无产阶级立场看历史人物就没有一个好的，因而要站在当时被统治阶级立场来分析。这是谬论，这不是阶级观点和历史观点的统一。我们认为阶级观点和历史观点的统一应该是：站在无产阶级立场，以历史主义观点对历史人物进行具体分析，看他对历史起了促进还是促退作用。

评价历史人物的标准问题。标准越多越不清楚，我看就只要这样一条：看他在当时起促进作用还是促退作用？零零碎碎的拼凑几条是得不出正确评价的。如有人把曹操一床被子盖十年（说他生活俭朴）作一条与统一中国的历史作用并列起来，就无法讲清曹操了。因此，要抓住当时的阶级矛盾、主要矛盾、历史任务，再看这个人物起了什么历史作用，总之，要抓住主要的，其余的细节就不必一一罗列了。

吕：我谈谈“史论结合”及其有关的一些问题。“史论结合”是我们的民族提法，马克思主义原文是理论同实践的统一。为什么现在强调这个问题呢？这有历史的原因，解放前搞地下工作时，我们写的历史书，因条件限制，资料是不多的，有人就攻击为庸俗社会学。后来，旧社会来的一些先生们又提出“史料即史学”。史料没有马克思主义分析怎么叫史学呢？资产阶级烦琐考据是不对的，但也要肯定他们有某些成绩。我们一些同志不去占有资料，就把经典著作或前辈著作中的条条写下来，或者不是占有第一手资料，而是第二手、第三手资料，只拿个别例证来证明自己预定的观点。这也不是马克思主义。列宁说，到社会历史上去找个别例证是多得很的（大意是这样）。“史”就是资料，“论”就是马列主义、毛泽东思想，这是没有问题的。问题是如何结合法？是否先搞几条理论就叫“论”，再加几条史料就叫结合？我看这不叫结合，而是凑合，这是教条主义，不是历史唯物主义。这几年出了一些马恩列斯毛论什么一类的书，这有好处，易于查考，但必须指出有副作用，有些懒汉不去系统地学习经典著作，只去找现成的。我们说的“史论结合”是：对资料必须全面地占有，正面的、反面的都要占有，这就要下苦工夫，不能拿现成的；对这些资料必须用马列主义毛泽东思想进行深入的分析，从而得出结论。这样，既不是拿引用的理论原则代替结论，同时又能反映历史的具体性、生动性。原则和客观规律要从历史的具体事实里体现出来，又不是史料的堆积。这里不是反对大家引用经典著作。最好是消化资料，对资料要融化成为自已的东西。我的《简明中国通史》，引的东西少，一些人说资料贫乏，我就加几个注，引些东西，后来有人就说好。我主张用自己的话，把资料融化成为自己的东西，这对读者也有好处。

历史研究进行的步骤如何？我谈点狭隘经验。所谓狭隘经验，就是我个人的经验，不见得适合大家。

我们过去搞历史与同志们不同，是被动的，是为了同敌人作斗争，敌人从哪方面来，我们就从哪方面应战，所以我们搞的东西很杂。我的《中国政治思想史》是为了与陶希圣的政治思想史作斗争写出来的。今天大家可按计划来搞。我搞历史研究是分三个步骤："约"、"博"、精。"约"就是对马克思主义的理论和方法与历史知识打基础，选读有关经典著作和历史著作。细读几年与研究直接有关的经典著作，掌握能说明问题的资料。"博"是尽可能系统地读读有关的全部经典著作，与有关的全部原始资料，正面的和反面的资料。陶希圣他们主要搞战国以前的东西，我们就要根据他们的论点看原始材料和有关经典著作，还要把有关的说法及日本关于这方面的东西（日本人的著作气魄大、有系统，只是不深刻）看看，这是个例子。要有"皓首穷经"的精神；当然，无书不读是吹牛皮，因此要"精"。"博"的工夫我还没有做完，"精"我也还未达到，但我感到需要。所谓"精"，是指把马列主义毛泽东思想的精神实质掌握住，成为自己的东西，能得心应手，分析问题基本上不会出错误，正如党性成为共产党员的天性一样；对资料要掌握关键性的东西，不要牵强附会，不要任意解释，不要主观武断，不要存成见。这样经过认真的不存成见的研究，得出的结论基本上是正确的，自己确实认为正确，就坚持。如古史分期问题，我与郭沫若同志争论了几十年，我自认是他的私淑弟子，但我不随便放弃自己的意见。

我还有篇东西谈了"约"、"博"、"精"，在《中国青年》上登了。

科学性、倾向性问题。百家争鸣的方针没有问题，但我们的认识有问题。所谓科学性，就是史论结合，就是复现历史的本来面目，揭发历史的客观规律。史料堆积不能叫科学，史料考据是为历史科学服务的。只有用马列主义毛泽东思想对历史事实（包括考据的成果）进行分析，得出科学的结论，才叫科学研究；但具有多少科学性，这就要看你反映了多少历史的本来面目。你反映了多少历史的本来面目，就算有多少科学性。百分之百的科学性是为数不多的，很困难的。但历史研究是不断前进的，科学性不断增加。因此，不要怕批评，不要把科学与个人名利联结起来，为了科学和真理，为了无产阶级事业，只有对与不对，没有你的或我的见解之分，我错了，可以被批判，也可自我批判。真正为了人民，科学性少不要紧，以后会扩大的。倾向性就不同，有两种：一种是不自觉的，不仅与马列主义对立，而且与现在党的方针政策对立，这属于认识问题，即使有倾向性也不把它作为倾向性看，属于百家争鸣范围。另一种倾向性是自觉的，按照他主观预定的观点立场，通过研究和著作来反对马克思主义，反对六条标准，这是倾向性，但因为这种人还要活下去，可以改造，故不要轻易戴帽子，因为这会影响百家争鸣，影响科学的发展。

与这个问题有关的是历史科学怎样为无产阶级政治服务？有人说，现代史好服务，近代史就不大好服务了，古代史怎样服务法？有人说可“借古喻今”。这是非科学的。在与国民党斗争时，我们用过，起过作用；但从历史科学本身来说，是不科学的。因此，我们不能“借古喻今”，而只能“厚今薄古”。历史科学到底如何为政治服务呢？有人说，一是总结历史上的经验教训，二是宣传爱国主义。我看要抓住更重要的一条，就是复现历史的本来面目，揭发历史的规律，也就是揭发了真理。凡是真理，都是为无产阶级政治服务的。通过这种工作就可以进行马克思主义教育，提高干部和群众的政治水平、理论水平。而且，马列主义毛泽东思想是对历史的科学总结，不了解历史，对马列主义毛泽东思想的精神实质就不能认识透彻，我们揭发了历史的规律，就可帮助干部和群众掌握毛泽东思想的精神实质。不是这样去服务，就是狭隘的。这样，厚今薄古、由中及外等等就可以解决了，古代史也可以为政治服务了。还有一条，马列主义毛泽东思想是对历史上所有优秀文化成果都给予批判的继承，故对历史的研究可以丰富马克思主义的内容，促进马克思主义的发展。

（湖南省历史学会整理）

谈对历史人物的评价[①]

一九六二年十二月十二日下午，中国科学院哲学社会科学部学部委员、马克思主义史学家吕振羽同志回到了故乡，特别来到邵阳师专。陪同前来的有湖南师范学院院长刘寿祺同志和吕振羽同志的夫人江明同志以及地委宣传部部长张瑞川等同志。我校师生对吕老、刘老等革命前辈不辞劳苦来我校访问表示热烈的欢迎。

吕老在我校活动历时三小时左右。全校教师举行了座谈会，并请吕老谈谈有关历史科学问题。在老师们提出问题后，吕老即席作了解答，对我校教师启发很大。现将谈话整理于后。

开始，刘寿祺同志介绍了吕老是中国马克思主义历史学家。

吕老一开始就说：我是本地人，从一九二三年离开邵阳之后，有三十多年了，没有好多机会回邵阳，仅仅回来过三次，抗日战争中回来过一次，解放初一次。这次回来，我很高兴。邵阳地区变化很大，我这次回来就感到面目大变，好些地方都不认得了。邵阳市办了好几个工厂，还办了这样一个新型的高等学校，真令人高兴。邵阳师专有这么大的规模，这么多的学生，还有这么多的教师……这一切，没有中国共产党是不可能想象的。

在大革命时期，我们邵阳地区也曾经卷起革命的大风暴，当时武冈就有思思学校、思思学社作为地下党对群众进行宣传教育和组织工作的据点。那时牺牲的同志不少，像欧阳东、邓中禹同志就是当时牺牲的两位好同志（欧、邓是思思学社的发起人、思思学校的主办人）。他们同于一九二七年五月二十一

① 编者注：本文系著者在湖南邵阳师范专科学校教师座谈会上的讲话。现据记录稿整理编入。

日长沙反革命政变后，被国民党反动派杀害的。邵阳市的循城学校也是当时党的地下活动据点之一。当时党的负责人向萱同志也在大革命失败后牺牲的。这类事迹还不少。但是有些经不起革命考验的人就倒下去了，成了历史的渣滓，像隆回的彭述之就是一个。这样当时剩下来仍然在革命队伍里的同志就不多了。有些牺牲了的同志都是对革命坚决而又是有才干的志士。当时国民党反动派的镇压、屠杀是极其残酷的，说“宁肯错杀一万，不许漏走一个。”所以剩下来的就不多了。在抗战时候，我们党又在今天的邵阳县塘田市办了一个战时讲学院。党派了不少同志到学院工作，教育培养出一批干部，组织了群众，进行了错综复杂的斗争。塘院当时发展有五十多个党员、一百八十多个民先队员。学院被国民党反动派三路派兵封闭后，还在今邵阳金秤市、洞口县的洞口市及新宁、城步、绥宁建立起地下党。现在留下的党员同志也不多了。

研究马克思主义就必须研究革命斗争的历史，继承和发扬革命传统。我建议你们将教学与科研结合起来，利用寒暑假，作一些调查研究，搜集整理这些革命资料，研究整理革命先烈的斗争事迹。我这次到湖南省历史博物馆只看到有塘田战时讲学院的两件遗物，一是招生广告，一个是被封闭的“塘田战时讲学院全体学生告别武冈人士节”，另外还有两枚校徽。其他如大革命失败后的黄桥起义的事迹、思思学校的事迹等等，都没有实物陈列。因此，你们是否可以帮助革命博物馆和湖南历史研究所作些工作？在这个方面是可以作出成绩来的。要是能把发生在本地的革命斗争事迹调查整理工作，利用乡土教材进行社会主义教育、革命传统教育，岂不很好？

你们刚才提出的问题很多，也都是很重要的、有分量的问题。这说明你们的学术水平是不低的。这也说明邵阳地委领导得好、领导得正确。这些问题是当前全国史学界普遍提出和正在讨论的一些重要的问题。这些问题我不能够一下答复，史学界也不能一下子就作出结论。并且我还要声明，我不是什么家，更不是什么权威。我没有很好地搞过历史研究，我是一面搞党的工作，一面搞点历史的。只有郭老（沫若）、范老（文澜），他们才是专家，才是权威。但是，对于你们提出的问题，我只能表示一点个人意见，免得你们过分失望。

首先谈谈历史科学如何为社会主义服务的问题。一般说来有这么几条：1. 就是从历史中吸取革命斗争的经验教训；2. 阐明历史发展规律，坚定我们的革命信心，使我们深信社会主义、共产主义是必然要到来的；3. 马列主义、毛泽东思想是从总结历史事实中得出来的，从人类全部历史中批判地继承了优秀的传统，而又对历史上所提出的问题作了科学的回答。因此，我们通过对历史事件的研究、对历史人物的正确评价，就能进一步丰富马克思列宁主义；4.向人民群众进行爱国主义教育。这四条是一般的看法、一般的说法。

另外，我还有一条，这是我个人的，正确不正确，我们一起来商量。马列主义是历史的产物，毛泽东思想为什么产生在中国？因为对中国历史，马、恩、列、斯当时没有可能全部接触到，只有毛泽东同志才能对历史所提出的问题，一一给予回答，一一给以检验，并作了高度的原则概括，给马克思列宁主义以巨大的创造性的发展。中国近代历史上提出的民族民主革命问题，列宁和斯大林给我们指出了方向，但系统、全面地解决问题，只能在毛泽东思想领域内得到解决。在列宁逝世以后有关世界共产主义运动的重大原则问题，也必须从毛泽东思想中去找答案。毛泽东思想是马列主义与中国革命历史实际相结合的马克思主义。我们要研究马列主义和毛泽东思想，就必须研究它的精神实质，就必须了解历史发展的真正过程和具体情况，这就必须进行历史研究。否则，要学好马列主义、毛泽东思想是不可能的，或者说是很困难的。因此，我们学习历史就能帮助我们更好地了解马列主义的精神实质。这一条是我个人的意见，对不对，请你们去讨论吧！

你们提出的第二个问题，归纳起来就是关于对历史人物的评价问题。你们刚才对好些人物的看法，我看是对的，同时你们钻研得相当深。这里，我不能一个个去谈，只谈一点一般的看法。我看对历史人物的评价，不管他是什么样的人物，思想家也好，政治家也好，文学家也好……我们去评价的原则只有一个。具体怎样评法，大家是有一些分歧意见的。

近几年来，我们有些同志一讲某人好，就要到古代去找中国的马克思列宁主义者，就几乎要把历史上的女英雄讲成女马克思主义者，讲成是现代的蔡大姐（蔡大姐就是蔡畅，也是邵阳地区永丰人）。其实到古代去找一个完人是困难的，是不可能的，古代是找不出一个马列主义者的。对于历史人物，有些人［得到］肯定的要多一些，有些人［得到］肯定的要少一些，有些人就应该完全否定。如秦桧是应该完全否定的。曾经有人提出来说，既然宋金的斗争是国内问题，就应该到岳飞的坟墓上去把秦桧夫妇扶起来，说不要让他们再跪了。这是不对的。秦桧夫妇，无论从哪方面来说，都是两个坏蛋，都是应该否定的，所以应该让他们永远跪下去。对历史人物就得依据历史材料进行具体分析，应该肯定的就得肯定。历史嘛，就应当实事求是。

标准只有一条，就是斯大林在联共（布）党史里提出的那一条——这一条是普列汉诺夫说的，就是看他对历史起什么作用，是对历史起促进作用呢，还是对历史起促退作用。理解了这一条后，对毛泽东同志的指示就好理解了。起促进作用，又一定是符合人民利益的，就是应该肯定的；起促退作用，又一定是不符合人民利益的，就是应该否定的，所以必须具体分析。分析时，不要死死抓住一点不放，正如毛泽东同志说的：不能抓住一点，不及其余。应该看他们的全部历史过程，看他们在各个不同历史时期的具体表现。国民党员也有进步、叛变其原来的阶级转到无产阶级立场而加入共产党的。共产党内也有动摇成为叛徒的，如彭述之就是大革命中的叛徒。总之，应该按照历史的具体过程去分析。

家庭成分也要看一看，但不要当做唯一的标准。中国共产党人就有很多是出身非无产阶级的。家庭成分只有参考作用，关键问题要看他是否背叛本阶级、看他的思想和行动，他所宣传或服从的纲领和行动。

看历史人物，不仅要听其言，更重要的还要观其行。单听他口头上说一说不算，还必须看他的行动和效果。蒋介石在逃窜台湾以前，也说要“土地改革”，想以之骗人。如果若干年后，竟有人说他也“主张土改”，那岂不跟我们共产党差不多了！因为他嘴里讲土改，实际上是反对土改、反对革命。所以嘴里讲的不算，要看行动。在这里，应该提到，人是会变的，我们鼓励人变好，不鼓励人变坏。在党和毛主席领导下，要改造思想，非无产阶级思想可以改造过来的，立场观点是可以改变的。

刚才徐老师（师专古典文学教师——整理者注）提到对苏东坡的评价问题，我看就是个好例子。苏东坡起先同意范仲淹的变法主张，可是后来又不同意王安石的变法主张。最后当王安石免相、司马光重做宰相、完全废除了王安石的新法之后，他又反对司马光。对于这样的人，我们就应该按他的全部历史发展过程进行具体分析、实事求是的评价。是好的就是好的，是坏的就是坏的，不要绝对化，不要把他讲死了。在文学上我看也应该如此。不过我声明，我不大懂文学。思想性怎样就是怎样，艺术性怎样就是怎样，有人民性就有人民性，没有人民性就不要非讲它有人民性不可。有艺术性的作品也不一定有人民性，但是人们还是喜欢读他，像李后主的词，就不要因为人们喜欢读就说它有人民性，就说它思想性高。李后主的词大家读了以后感到有兴趣，喜欢看。我看，这并不是由于他的思想性强或有人民性。我这个人也有点保守，我现在有时也还要读读这些古诗词，当然思想性强、艺术性高的作品我是更喜爱的。观察古人的作品，有的只有艺术性，没有人民性，如李后主的词没有人民性，有人却偏偏说他有人民性。我喜欢欣赏他的词，但我主张对那些没有人民性的作品不要硬给加上人民性。苏东坡也要具体分析，他到海南岛那一段就有点人民性。三苏很出名，据传苏东坡还有个妹妹，古代看不起妇女，所以不见经传。其实像花木兰、穆桂英等女英雄，人民喜欢唱她们、歌颂她们，也可能是真的，只是古代人不把她们写入经传而已。苏轼进步的时候，就讲过同情人民的话；保守的时候，就保守到在皇宫里捧皇后的脚。这样，我们在评价的时候，就必须实事求是，哪一点好就好，哪一点不好就不好，好则好，坏则坏，还他以历史的本来面目。不要绝对化，不要一认为好，就把他捧到马列主义的座位上，一不好就完全否认。好与不好，就看他对历史起的作用如何。

至于农民领袖，也不要单看他的出身成分，当然成分有些作用，但主要是看他是不是同农民一道革命，是否革命到底。历史农民起义领袖就有不少是不出身于农民的，但他们与革命同始同终，当然出身于农民的革命领袖更是很多的。

至于民族英雄，我想真正的民族英雄是主观上从本民族利益出发，客观上也同时符合别的民族的利益；如果不符合别的民族的利益，就不是英雄，只能说是狗熊！我们打倒了日本反动派，既符合我们的民族利益，同时也符合日本人民的利益。岳飞之所以是民族英雄，是因为他一方面保护了本民族人民的利益，保护了本民族劳动人民的生命财产，保护了生产的发展，另一方面也是符合女真族的利益的，符合女真族劳动人民的利益，因而促进了历史的发展。正因为这样，人民群众才支持他，历史上也肯定他。

吕老谈完这个问题，时间已五点了，但他精力仍然非常充沛，并且还一再说，我谈得片面，大家一起谈、一起讨论，百家争鸣嘛。

五点多钟，吕老等才离开我校。全体教师恋恋不舍送出校门，吕老再三阻止，向老师们挥手致意告别。

吕老同我校教师座谈的时间虽不太长，但给我们的教育启发很大，全体教师感谢不尽，并一致要求吕老解答更多的问题，期待吕老从武冈、新宁、邵阳县转回来时再来我校作讲演。

（邵阳师范专科学校教师王兰藩整理）

吕振羽史论选集·自序

这本集子是应华东师范大学中国史学研究所吴泽同志主编的当代史学家丛书要求，选辑而成。它涉及我在经济史、社会史、思想史、民族史和史学理论等方面的部分写作，粗略地反映了我自一九三〇年以来研究中国历史的历程。收进去的文章，大多已在报刊上发表，有的曾编入拙著《中国社会史诸问题》、《史论集》等书里；有的是我早年的作品，为保持历史的面貌，这次重印，除改正个别错字外，基本上未作修改；有的是六十年代，我在中共中央高级党校的讲演稿，还有在湖南《纪念王船山逝世270周年学术讨论会闭幕式上的讲话》，现在整理出来，第一次和读者见面。

山雨欲来，“文化大革命”前夕，我一度不得不中断研究和写作，这期间，我读报时有所感触，陆续写了约数十万字的《史学评论》；此外，就是已部分收在这个集子里的《学吟诗草》（原十卷，约三千首）。我不是诗人，主要是借以咏史和抒怀，却未注重推敲韵律，难免有不周和错误；但它反映了我的史学观点和思想感情。我想，读者或许也是这样去看待它的。

以前，我曾以战斗在史学领域的一名小兵自励。现在，我虽年届八旬，仍壮心不已，“倔强犹欲看锥花”。回顾五十年来，我从选题到著述，每每是感于历史使命。如今，“雨过明朗万里天”，在党中央的领导下，全国人民斗志昂扬地迈开了新长征的雄健步伐。我献上这本集子，用以表示一个普通党员对党和人民的赤子之心。

这本集子在编辑过程中，江明同志和桂遵义同志做了很多工作，并得到上海人民出版社王有为同志的热忱支持，谨致谢意。

一九八〇年六月于北京

（原载《吕振羽史论选集》吴泽主编，江明、桂遵义选编，一九八一年上海人民出版社出版）

附 记

本卷编辑过程中，得到贺晓舟、刘莉、負喜红、张斌、吕杰、王瑞、李想、张颖华、张怡、褚艳红、党为、朱东方、王娟等青年教师和研究生的协助。贺晓舟做了主要的协助工作。

编 者

2011 年 11 月